중국언어학

— 오래된 이야기

김현철
김애영
민재홍
유성은
김현정
김 박
신지언
共譯

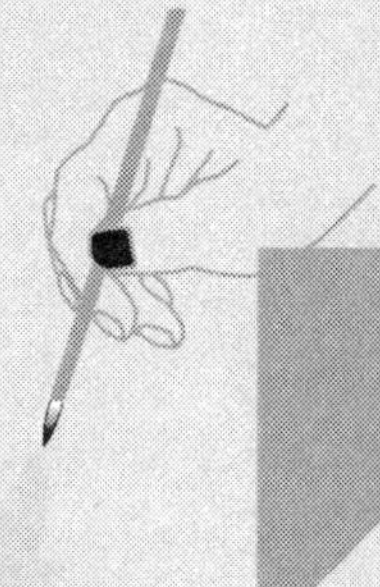

신아사

저자 서문

최근 김현철 등 여섯 명이 보낸 편지를 받고서 졸저인『中國言語學史』가 한국어로 번역되었고 머지않아 출판된다는 것을 알고 몹시 기뻤다.

본인은 중국의 상해 復旦대학에서 여러 해 동안 교편을 잡으면서 중국 언어학의 역사가 매우 길고 그 성과 또한 풍성한 것을 깊이 느꼈다. 일찍이 1세기 초, 즉 漢代에 이미 언어학이 학문으로 성립되었다. 여러 시대를 거치면서 우수한 언어학자와 저작들이 생겨나 中華民族의 정채롭고 다양한 문화발전사의 중요한 한 부분을 차지하게 되었다.

언어학은 아주 오래된 학문 분야일 뿐만 아니라 범국가적인 학문 분야이다. 외국의 언어학 역사에서는 중국의 언어학과 동양의 언어학을 아주 드물게 언급하고 있으며, 설령 언급을 하더라도 과학적이지 못한 "어문학(문헌학)" 정도의 위치에 놓고 있다. 그러나 이것은 중국 및 동양 언어학의 실제와 부합되지 않는 것이다. 왜냐하면 첫째 그들의 연구가 인도·유럽어를 중심으로 한 것이며, 둘째 중국과 동양 언어학에 대한 그들의 이해 정도가 미미하기 때문이다. 사실 모든 나라마다 각기 자기 나름대로의 언어를 가지고 있으며 스스로의 언어 연구의 역사 발전도 지니고 있다. 중국에서는 일찍이 漢代에 세계적인 언어학자인 揚雄과 許愼이 출현하였다. 양웅이 지은『方言』은 세계 최초로 西漢 시대 각 지방의 말을 연구한 언어학 저작이며, 허신의『說文解字』는 처음으로 한자의 구조 규칙을 분석하고 부수를 세운 책으로 이미 2,000년 전의 저작들이다. 지금 우리가 자전을 찾을 때도 허신이 만든 부수를 사용하고 있으며, 서양과 일본의 중국학자들 역시 아직도『說文解字』를 연구하고 있다. 한 권의 책이 2,000년을 넘어 이와 같이 가치를 지니고 있는 것은 세계 언어학사에 있어 매우 드문 일일 것이다.

한·중 양국은 가까운 우방으로 본인은 김현철 등 몇 사람이 졸작인『中國言語學史』를 한국어로 옮겨 출판한다는 소식에 다시 한 번 큰 감사를 드린다. 이것은 앞으로 한·중 양국의 문화 교류에도 일익을 담당할 것이며 또한 동양 언어학 연구의 발전도 촉진시킬 것이다.

끝으로『中國言語學史』가 한국 학술계에 공헌할 기회를 갖게 된 것을 무한히 기쁘게 생각하며, 한국의 여러 학자와 독자들의 아낌없는 가르침을 간절히 바란다.

복 지 진

중국 상해 복단대학에서

1995년 4월 2일

序 文

最近收到金鉉哲君等六位來信, 知道拙著『中國語言學史』已翻譯成韓文, 不久將出版. 我是很欣慰的.

我在中國上海復旦大學任教多年, 深感中國語言學歷史悠久, 成果豊富. 早在世紀初, 卽我國漢代, 語言學便興起並建立. 各個歷史時期, 均有優秀語言學家和著作, 並成爲中華民族多采多姿文化發展史的重要組成部分.

語言學旣是一門古老學科, 也是一門世界性學科. 在外國語言學史中, 很少提到中國語言學和東方語言學; 要是提及, 往往被置予不科學, "語文學"的位置. 這是不符合中國語言學和東方語言學實際的. 所以如此, 一則因爲他們的研究是以印歐系語言爲中心; 二則因爲他們對中國語言學和東方語言學了解甚少的緣故. 其實, 每個國家都有自己的語言, 也都有自己語言研究的歷史發展. 中國早在漢代就出現了諶稱世界語言大師揚雄和許愼. 揚雄所著『方言』是世界上第一部調查研究西漢時代各地方言的語言學專著. 許愼所著『說文解字』, 分析漢字的結構規律創立部首, 至今已近兩千年. 我們現在查字典, 還在用他所創立的部首. 日本·西方等漢學家, 仍在對『說文解字』進行學習研究. 一部著作, 跨越兩千年還有如此價値, 這在世界語言學史上也是少有的.

韓中兩國是友好的鄰邦. 我十分感謝金鉉哲等諸君, 把拙著『中國語言學史』飜譯成韓文, 將在貴國出版發行. 這將對中韓兩國文化交流起作用, 並將促進東方語言學研究的發展.

我很高興能有機會把拙著『中國語言學史』一書, 獻給韓國學術界, 並誠懇地盼望能得到貴國專家和讀者的指正.

濮 之 珍
於中國, 上海, 復旦大學
1995年 4月 2日

역자 서문

1992년 겨울의 일이다. 여러 사람이 중국언어의 역사에 대해 공부를 하고자 모였다. 그 때 택한 책이 바로 濮之珍(1987.7)의『中國語言學史』이다. 이 책이 출판될 때까지만 해도 王力(1981.8)의『中國語言學史』를 제외하고는 중국에서조차도 중국언어학의 역사에 관련된 책이 나오지 않고 있었다. 王力의 책과 濮之珍의 책은 완전히 다른 체제로 구성되어 있다. 濮之珍의 책은 朝代別로 광범위하고 세심하게 정리가 잘 되어 있을 뿐만 아니라 분량면에 있어서도 王力의 책과는 비교가 되지 않을 정도다. 濮之珍의 책이 나온 이후 胡奇光(1987.11)의『中國小學史』, 邵敬敏·方經民의『中國理論語言學史』(1991), 向熹의『簡明漢語史』(1993), 何九盈의『中國古代語言學史』(1995)와『中國現代語言學史』(1995) 등이 출판되었고, 국내에서도 이미 王力의 책(1983.10)과 胡奇光의 책(1997.4)이 번역되어져 나왔다.

처음에는 그저 내용만 간략하게 훑어볼 작정이었으나 시간이 갈수록 욕심이 더해져 중국 어법과 문자학, 음운학, 목록학을 전공한 역자들이 오늘의 이 책을 번역하게 된 것이다. 긴 시간이었다. 중간에 임시 교정본을 역자들의 자비로 간이 출판(1996.9)하여 교재로도 사용하였다. 힘이 닿는 대로 고치고 모르는 부분이 있으면 전문가에게 자문도 구해 오역을 최소화하였지만 여전히 미흡한 생각이 든다. 우리 역자들의 학문적 미천함을 탓으로 감히 위안을 삼는다.

일러두기를 대신 해 본 역서를 소개하면 다음과 같다.

1. 濮之珍의 원서는 1987년 7월 上海古籍出版社에서 나왔으나, 본 역서는 1990년 11월 대만의 書林出版有限公司에서 출판된 책을 저본으로 번역하였다.
2. 濮之珍이 인용한 원문 가운데 잘못된 글자는 우선 1차 자료와의 비교를 통해 교감하였으며, 보충설명이 필요한 부분은 역주로 처리하였다.
3. 본서에 나타난 각 朝代와 年號 및 인물의 생졸년도를 가장 일반적인 年數로 표기하여 이해를 돕도록 하였다.
4. 중국어로 표기된 외국인 인명이나 외래어는 가능한 한 우리말 독음과 해당 외국어로 찾아서 표기하고 인명은 생졸년도를 밝혔다.
5. 僻字 및 혼동되기 쉬운 글자의 경우에도 우리말 독음을 달아 놓았다.
6. 濮之珍 원서에서 편집상의 오류 등으로 눈에 띄게 중복되는 부분은 앞뒤를

정확하게 살펴 생략하였다.

끝으로 이 책이 세상의 독자들에게 전해지기까지 역자들을 이끌어 주시고 학문적 기초를 쌓도록 도와주신 연세대 許璧 교수님, 崔玲愛 교수님과 기꺼이 출판을 허락해 주신 新雅社 鄭鉉杰 대표님과 식구들 그리고 수많은 질문에도 흔쾌히 도움을 주신 중앙대 李康範 선생님과 서문(1995.4)을 보내 주신 上海 復旦大學의 濮之珍 선생님께도 고마움을 전한다.

1997년 겨울

역자 일동

재판 서문

1997년 12월 초판이 나온 지 1년여의 시간이 흘렀다. 再版의 기회를 통해 많은 오류를 고칠 수 있었다. 신랄한 지적과 정성스럽게 틀린 곳을 고쳐 주신 이규갑 선생님과 김시연 동학에게 감사의 뜻을 전한다. 98년 여름 문화관광부 선정 우수학술도서로 뽑힌 영광을 모든 독자에게 돌리며, 다시 한 번 신아사 식구들의 노고에 감사드린다.

1999년 2월 20일

다시 내면서

"중국어란 무엇인가?" 중국언어학을 연구하는 우리를 늘 고민하게 만드는 화두였다. 중국언어의 역사를 거슬러 올라 옛 중국인들이 생각하고 천착했던 현상들을 하나씩 살펴보고 이해하면서 현대 중국어의 모습을 제대로 알고 이해할 수 있게 해 주는 데 이 책은 반드시 필요하다.

중국언어학을 제대로 공부하려면 어떻게 하는 게 좋을까? 그 연구의 대상과 임무는 무엇인가? 이러한 끊임없는 질문 속에 우리는 '계승'과 '발전'이라는 태도로 일관하고 거기에 '실사구시(實事求是)'하는 정신에 근거하여 줄곧 3천여 년의 역사를 거슬러 중국어의 본 모습을 살펴보았다.

우리가 소중하다고 여기는 것들을 실현할 수 있게 해 준 신아사 식구들에게 다시 한 번 감사의 말씀을 전한다.

2014년 9월 중추(中秋)
역자 일동

目 次

제1장 서 론

제2장 先秦시기의 언어 연구

제3장 秦漢魏晋시기의 언어 연구

제4장 南北朝에서 明代까지의 언어 연구

제5장 清代의 언어 연구

제6장 '5·4'운동 이후 중국의 현대 언어학

중국언어학

오래된 이야기

제1장
서 론

제 1절 중국 언어학사 연구의 대상과 임무

중국 언어학사 연구는 중국 언어학의 역사적 발전 과정, 즉 각 역사 시기의 언어학자와 언어학 저작 및 그 시기의 언어학을 대상으로 한다. 중국어 연구의 역사는 유구하며 그 연구 성과 역시 매우 풍부하여 중요한 문화유산 가운데 하나로 자리잡고 있다.

국내외 학자들은 언어학사 연구에 있어 적지 않은 성과를 이루었다. 중국에서는 일찍이 胡樸安(1878~1947)의 『中國文字學史』와 『中國訓詁學史』 및 張世祿(1902.10~1994.11.16)의 『中國音韻學史』 등의 저작이 있었다. 이러한 저작은 전통적인 '小學'의 영향을 받아 중국의 언어학사를 文字學史·音韻學史·訓詁學史의 세 가지 방면으로 나누어 서술한 것으로 편리할 뿐만 아니라 중국 언어학사 연구에도 지대한 공헌을 하였다.

지난 30여 년간의 연구 성과를 보면 다음과 같다. 1958년 科學出版社에서 岑麒祥(1903.9~1989.12)의 『語言學史概要』를 출판하였고, 『中國語文』은 1963년 제 3기로부터 1964년 제 2기까지 王力(1900.8.10~1986.5.3)의 『中國語言學史』를 연재하였다.(현재 이미 山西人民出版社에서 출판됨) 이외에도, 『中國語文』은 1956년부터 「中國語言學史話」 여러 편을 계속해서 발표하였으며, 국내의 각종 사회과학 및 인문과학 잡지에 중국의 언어학자와 언어학 저작을 소개한 글이 잇달아 발표되었다. 이상의 연구는 중국 언어학사에 있어 진일보한 토론과 연구의 중요한 성과물이다.

외국의 언어학사 연구에 대한 저작으로는 덴마크의 두 언어학자인 톰슨(V. Tomsen: 1842~1927)의 『十九世紀末以前的語言學史』(黃振華譯, 科學出版社, 1960년)와 페데슨(H.Pedersen)의 『十九世紀歐洲語言學史』(錢晋華譯, 科學出版社, 1958년)가 이

미 번역되어 출판되었다. 또 趙世開(1926.11～)가 번역한 영국의 언어학자 로빈스(Robert Henry Robins: 1921～)의 『語言學簡史』가 1977년 『語言學動態』 제 2기에 게재되었는데 이미 출판되었다. 이러한 외국의 언어학사에 대한 연구 성과는 중국 언어학사를 연구하는 데 진보적인 작용을 하였다.

언어학은 역사가 깊은 세계적인 학문 분야이다. 중국 언어학의 역사는 유구하며 역대로 언어학자뿐만 아니라 언어학 저작도 매우 풍부하다. 중국 언어학계는 이처럼 풍부한 언어학 유산을 기초로 하여 實事求是의 정신으로 분석·연구하고 계승 발전시키는 태도를 가져야 한다. 또한 중국 언어학사 중의 뛰어난 언어학자와 그들의 과학적 연구 성과를 세계의 언어학계에 소개하는 문제에 있어서도 성실히 연구하고 노력하는 자세를 지녀야 할 것이다.

서양 언어학자의 언어학사 저작에는 서양의 언어학사만 보일 뿐, 중국 언어학사는 보이지 않는다. 그 이유는 우선 한자가 배우거나 이해하기 어렵기 때문이다. 文字의 이러한 장애로 인하여 외국 언어학자가 중국의 언어학사를 연구하기란 매우 어려운 일이었다. 또 다른 이유는 중국의 언어학사를 연구하는 언어학자가 매우 적었고 외국에 소개된 중국 언어학사의 연구 성과 역시 적었기 때문이다. 그러므로 오랫동안 유럽의 언어학계에서는 언어과학은 19C 초에 세워졌다는 사실이 매우 보편적인 견해로 받아들여져 왔다. 왜냐하면 19C 초 유럽에서는 역사비교 언어학이 생겨났고, 이로 인해 보통 언어학이 생겨나 언어과학에 매우 중요한 작용을 하였기 때문이다. 그러므로 서양 언어학계에서는 19C 이전의 언어 연구, 특히 동양 민족의 언어 연구를 소위 '과학 이전의 言語學' 혹은 '語文學'으로 인식하고 있다. 이러한 견해는 중국 언어학계에도 영향을 미쳤다.

중국은 예로부터 언어학을 그다지 중시하지 않았다. 예를 들면 역사서 중의 儒林傳에는 언어학자에 관한 전기가 매우 적다. 『漢書』에 「揚雄傳」이 있고, 『後漢書』에 「許愼傳」이 있는데, 이것은 揚雄(53B.C.～A.D.18)은 辭賦의 작가이고, 許愼은 經學家이기 때문이다. 이처럼 언어학을 중시하지 않았고, 또 언어학 연구에 종사하는 사람도 적었기 때문에 오늘날까지도 완전하게 해결하지 못한 문제들이 남아 있는 것이다.

이중에서 가장 큰 문제는 고대 중국에 있어서의 언어학(Linguistics)의 存在有無 문제이다. 岑麒祥은 『語言學史概要』라는 책에서 19C 이후의 언어 연구만이 과학적이라고 인식하였다. 王力은 『中國語言學史』의 '前言'에서 "중국의 '5 · 4'운동 이전의 언어 연구는 대략 어문학(文獻學 : Philology)의 범주에 속한다."라고 하였으며,

또 "아편전쟁 이전의 중국 언어학은 기본적으로 어문학이고, …… 어문학은 약 2,000년간 중국 언어 연구의 주요 대상이었다."라고 하였다. 물론 이것은 이 두 사람의 과거의 견해이다. 1960년대 『中國語文』에는 이들과는 견해를 달리하는 논문이 발표되었다. 그러나 이후에도 계속적으로 이 문제에 대해 토론하지는 않았다. 그러므로 중국 고대의 언어 연구가 언어학 분야인지 또는 어문학 분야인지에 대한 구분이 명확하지 않다. 언어학과 어문학은 비록 문자상으로는 한 글자 차이지만 개념에 있어서는 褒貶의 두 개념을 가지고 있다. 또한 王力은 『中國語言學史』 '前言'에서 "어문학과 언어학은 다른 것으로 전자는 주로 문자나 書面言語의 연구, 즉 문헌 자료의 고증과 훈고적 탐구가 중심을 이루며 이 연구는 비교적 엉성하고 체계적이지 못하고, 후자는 언어 그 자체를 연구 대상으로 하며 과학적이고 체계적인 연구를 통하여 치밀하고 전면적인 언어 이론의 결과를 얻을 수 있다."라고 하여 이 두 가지를 구분 짓고 있다. 언어학과 어문학의 구분은 몇 천 년 동안의 언어 연구 작업과 연구 성과에 대한 총괄적인 견해와 평가로서 매우 중요한 문제이며 반드시 다시 검토되고 재인식되어져야 할 것이다.

고대 중국에는 어문학만이 있었을 뿐 언어학은 없었다고 생각하는데, 그 이유는 다음 세 가지이다. 첫째, 중국 고대 언어학 연구의 대상은 文字이지 언어가 아니라는 점이다. 둘째, 중국 고대 언어학은 경전을 해석하기 위한 것이라는 점이다. 셋째, 이러한 연구의 성과는 비교적 단편적이고 체계적이지 못하다는 점이다. 그러나 이러한 이유는 겉보기에는 옳은 것 같으나 설득력이 부족하다.

첫째로, 문자가 생기기 이전에는 단지 口語(입말)만 있었고 문자가 생기고 나서야 書面語(글말)가 있게 되었다. 이렇듯 언어는 구어와 서면어라는 두 가지 존재형식으로써 사람과 사회에 이바지하는 것이다. 그러므로 고대 언어학 연구의 주요 대상은 문자이고 또한 서면어를 연구하는 것이라고 하여 언어 자체에 대한 연구가 없었다고 할 수는 없는 것이다. 더욱이 서면어는 구어에 비해 규범적이다. 고대에는 과학적인 조건의 제약으로 인하여 구어를 기록할 방법이 없었다. 그러므로 서면어, 즉 문자를 연구 대상으로 삼았던 것이다. 과학이 발달한 오늘날 설령 녹음기 같은 기계의 도움을 받아 언어를 연구한다 하더라도 그 기계의 작용은 단지 구어를 기록하는 데 있다. 그러므로 어떤 면에서 보자면 기계의 작용과 文字는 서로 유사한 것이다. 따라서 '문자와 서면어'를 '언어 그 자체'와 대립시킨다는 것은 타당하지 않다는 것을 알 수 있다. 왜냐하면 이 두 가지는 사실상 나눌 수도 없고 대립될 수도 없는 것이기 때문이다. 문자가 있는 언어를 연구함에 있어 문자와 서면어는 필수적인 요소이며, 문자가 없는 언어를 연구할 때는 온갖 방법을 동원하여 언어를 기록한 후에야 비로소 연구를 진행할 수 있는 것이다. 심지어는 외국의 고대 언어학도 문자와 서면어를 연구 대상으로 삼고 있으므로, 중국 고대 언어학 연구 대상이 문자와 서면어라고 하여 중국 고대 언어학이 언어과학의 분야에 속하지 않는다고 보는 것은 타당하지 않은 것이다.

이 밖에 중국 고대 언어학 연구의 사실로 미루어 보아도 이러한 표준으로 중국 고대 언어 연구가 어문학인지 혹은 언어학 연구인지를 구분 짓기는 어렵다. 王力은 "'어문학'이 중국 언어학을 2,000년 동안 지배했다."라고 하면서, 또 한편으로는 揚雄의 『方言』이 "중국어 방언학의 최초의 저작이며", 聲訓이 "이미 어문학의 범위를 벗어나서 언어학의 범주에 들어섰고", 『切韻』은 "사실상 詩賦에 적용하기 위한 범위를 벗어나 언어학의 영역에 진입했다."는 사실 등을 인정하지 않을 수 없었다고 했다. 그러므로 중국 고대에 언어학이 없었다고 말할 수는 없는 것이다.

둘째로, 중국 고대 언어학은 경전 해석을 위한 것으로 경학의 예속물로 여겨졌기 때문에 단지 어문학일 뿐이지 언어학은 아니라고 생각하였다. 중국 고대 언어학 연구의 시작은 사실상 경전 해석을 위한 것이었다. 그러나 어떠한 학문 분야의 흥기에는 언제나 그 목적이 있는 것이며 언어학도 예외는 아닌 것이다. 이런 상황은 중국 고대뿐만 아니라 외국의 고대에 있어서도 마찬가지였다. 외국의 언어 연구도 처음 시작은 고전 문헌을 강독하기 위한 것이었다. 로빈스도 『語言學簡史』에서 이런 점을 이야기했다. 제 3장에서 로마의 언어학을 소개하면서 그는 "이 시기의 특징은 고전 문헌 주석을 위주로 하여 구어를 중시하지 않았다."라고 지적하였고, 또 제 4장에서는 중세기 서양 언어학에 대해 "이 시기는 라틴어 수업과 성경 번역을 위주로 하였는데, 주요한 성과는 '純理語法(Speculative Grammar)'을 이룬 것이며 문장법 연구도 생겨나게 되었다."라고 설명하였다.

각 나라마다 언어와 사회 발전 상황이 다르기 때문에 언어학의 시작과 발전의 양상도 다르다. 중국 고대 先秦시기에는 '말은 소리가 다르고 문자는 형태가 달랐고',[1] 秦漢의 통일 이후 '문자를 같이 쓰는'[2] 업적이 이루어졌다. 이로 인해 고대 언어학의 발전은 먼저 字書의 흥기에서 시작되었다. 한자가 表意文字인 까닭에 漢代에는 今文經과 古文經의 문제가 있었다. 이 때문에 고전 문헌을 배우고 유가 경전을 강독하고 해석하는 데에 많은 문제가 생겨나게 되었다. 따라서 訓詁學과

1 '語言異聲, 文字異形.'
2 '書同文'

文字學이 가장 먼저 발전하게 되었다. 고대 인도와 그리스 언어학에서는 어법 연구가 가장 먼저 시작되었는데, 이는 그들의 언어 구조가 중국어와 다르기 때문이다. 그러나 고전 문헌 강독을 위주로 한 최초의 연구 목적은 일치하고 있다. 중국 고대 언어학 연구는 경전 해석을 하기 위해 시작되었으며 또한 이것은 언어의 실제적인 문제를 해결하기 위한 것으로 당연한 일이라 하겠다.

경전 해석을 위주로 한 언어 연구에 대해 좋지 않은 견해가 생겨난 까닭은 서양 언어학자들의 견해에 영향을 받았기 때문이다. 스위스 언어학자인 소쉬르(Ferdinand de Saussure:1857~1913)는 '언어 연구를 위한 언어 연구'라는 구호를 내걸었는데 몇 사람이 그의 견해를 받아 들였다. 사실 어떠한 학문 분야도 '연구를 위한 연구'라는 것은 있을 수 없으며, 반드시 일정한 목적을 위한 것이어야 한다. 물론 소쉬르가 제창한 '언어 연구를 위한 언어 연구'라는 견해는 그 당시 언어 과학의 독립적 연구에 대해 긍정적인 의의를 지니고 있었다. 그러나 이런 견해를 절대화시켜 오히려 언어 연구에 나쁜 영향을 주게 되어 여러 해 동안 언어 연구가 실제에서 벗어나 있게 되었던 것이다.

셋째로, 중국 고대 언어 연구가 비교적 단편적이고 체계적이지 못하므로 어문학에 속할 뿐 언어학이라고는 부를 수 없다는 것이다. 이런 견해 역시 중국 고대 언어 연구의 실제와 부합되지 않는다.

중국의 언어 연구는 유구한 역사를 지니고 있어 세계적인 언어 연구와 비교하여 볼 때 조금도 손색이 없다. 예를 들어, 선진 시기에 荀子가 언어의 사회적 본질에 대해 명백히 서술한 것은 매우 과학적이었다. 漢代에 이르러 중국에서는 이미 揚雄과 許愼 같은 뛰어난 언어학자와 그들의 언어학 저술인『方言』,『說文解字』등이 출현했다.『方言』은 살아 있는 언어를 대상으로 하였고, 각지의 방언을 수집하여 조사하고 연구하였으며, 또한 시간과 공간을 결합한 연구를 진행하여 漢代의 공동어와 방언의 기본 현황을 반영해 내었다. 기원 초기에 揚雄이 이러한 언어학 저작을 써낼 수 있었다는 것은 놀라운 일이다. 세계 언어학사에 있어 揚雄의『方言』은 처음으로 '공동어(通語)'와 '방언'의 개념을 제시하였고, 아울러 공동어와 방언 사이의 복잡한 발전과 변화의 관계를 지적해 내었다. 그러나 유럽에서는 19C 말에 이르러서야 비로소 방언사전이 출현하였다. 중국 고대 언어학사에 있어『爾雅』와『方言』으로 부터『說文解字』에 이르기까지 중국 언어학은 큰 발전 단계를 거쳤다.『爾雅』는 단지 字義만을 언급했으나,『說文解字』에서는 字義뿐만 아니라 字形과 字音도 다루었다.『爾雅』는 단지 자료를 수집하고 나열했을 뿐이지만『說文解字』는 한자에 대한 과학적인 연구를 진행하여 한자의 구조 법칙을 연구해 냈고 과학적 체계를 이루어 중국 고대 최초의 字典이 되었다.

표의문자인 한자는 그 자체로 음을 나타내지 못하기 때문에 중국 고대 언어학의 연구에는 어느 정도 제한이 있었다. 그러나 어음연구를 가지고 말한다면 세계 언어학사상 중국 고대의 어음연구가 비교적 빠르고 연구 성과도 뛰어나다고 할 수 있다. 漢末과 魏晋南北朝부터 불교의 전래와 산스크리트어의 영향으로 중국에서는 어음연구가 시작되었다. 중국 고대 어음학자들은 외부로부터 영향을 받고 거기에 중국어의 실제 상황을 연계시켜 중국어의 聲母·韻母와 聲調 계통을 분석해 내었고, 또한 『切韻』의 음계와 '36字母' 그리고 '等韻'과 『中原音韻』 등 어음 분야에서의 우수한 성과를 이룩하였다. 더욱이 顧炎武(1613～1682), 戴震(1723～1777), 段玉裁(1735～1815), 王念孫(1744～1832), 王引之(1766～1834)와 江有誥(?～1851) 등 淸代 언어학자들의 연구 방법은 비교적 과학적이었고 업적 또한 매우 뛰어났다. 그들은 漢代의 언어학을 정리하고 발전시키는 한편 청대 언어학에 있어서도 새로운 영역을 개척하였으며 선진의 고음 연구 분야에 있어서도 놀라운 업적을 남겼다. 중국 고대에 '小學'이 '경학의 예속물'이었다고 한다면 청대에 이르러서는 이미 대성황을 이루게 되었던 것이다.

결론적으로 중국 언어학은 유구한 역사와 빛나는 업적을 가지고 있다. 다만 사회발전과 언어 특징이 서로 다르기 때문에 중국 고대 언어학사는 자기만의 발전 과정을 가지게 되었던 것이다. 중국 고대 언어학자들은 중국어와 한자를 연구 대상으로 하였고, 중국어와 한자의 객관적 규율에 대한 연구를 과제로 삼았다. 과학적인 임무란 바로 객관적인 사물의 본질을 나타내고 객관적인 사물 자체의 발전 규칙을 발견하고 인식하는 것이다. 이렇듯 중국의 풍부한 언어학 유산을 놓고 볼 때, 무슨 이유에서 중국 고대에는 '언어학'은 없었고 단지 '어문학'만이 있었다고 말할 수 있겠는가?

중국 언어학사 연구의 대상과 임무는 바로 중국 언어학의 역사 발전을 연구하는 것이며 각 역사 시기의 언어학자와 언어학 저작, 그리고 그 시기의 언어학을 연구하는 것이다. 중국 언어학의 역사 발전은 독립적인 것이 아니므로 사회 발전의 역사와 연계시켜야 하며, 중국어를 사용하는 사람의 역사를 토대로 하여 연구해야 한다. 각 시기의 정치 상황이나 철학 사상 및 사회 사조와 문학의 발전은 언어학의 발전에 어느 정도 영향을 미쳤다. 예를 들어 선진 제자의 '이름과 사실의 다툼(名實之爭)'은 언어 사회의 본질에 대한 인식과 관계가 있으며, 위진남북조 시기에 중국 고대 언어학이 어음 연구로부터 발전한 것은 당시의 불교 유입과 산스크리트어의 영향 및 당시 문학계에서 聲律을 중시한 것과 무관하지 않으며, '5 · 4'운동은 중국 현대 언어학의 형성과 발전에 많은 영향을 주었다. 그러므로 언어학의 역사와 발전을 연구함에 있어 이러한 사실들에 세심한 주의를 기울여야 한다.

물론 비교적 체계적이고 과학적인 중국 언어학사를 저술하는 것이 결코 쉬운 일은 아니다. 그러나 이러한 작업은 매우 필요한 것이다. 王力이 이미 처음으로 『中國語言學史』를 써내어 중국 언어학사 연구의 길을 열어 주었다. 중국 언어학사를 연구하고 중국 고대 언어학사의 우수한 전통을 발전시키며 중국만의 민족적 특색과 기백을 지닌 언어학의 과학적 체계를 세우는 데에는 지속적인 노력이 필요하다. 다시 말하면 自古以來 중국 언어학의 역사 발전 규칙을 과학적으로 제시하여 옛 것을 오늘의 현실에 맞게 받아 들여야만 한다는 말이다. 만약 이렇게 하지 않는다면 계속해서 그리스나 서양 언어학을 예로 들어 설명할 수밖에 없게 될 것이니 이는 옳지 못한 일이다. 그러므로 중국 고대 언어학의 寶庫를 여는 데 노력을 아끼지 말아야 할 것이다.

제2절 언어학사에 있어 '계승'문제에 대한 올바른 태도

인류 문화가 끊임없는 발전을 해 올 수 있었던 요인 가운데 중요한 한 가지는 前代의 것을 잘 이어받았다는 것이다. 역사상 우수한 학자들이 큰 성과를 이룰 수 있었던 까닭도 그들의 창조 정신뿐만 아니라 전인의 뛰어난 문화유산을 정확하고 훌륭하게 계승했다는 데 있다. 예를 들면 許愼(58～147)은 창조적 정신으로 『說文解字』라는 뛰어난 언어학 저작을 써냈는데, 이는 許愼 이전에 이미 李斯의 『倉頡篇』, 趙高의 『爰歷篇』, 胡毋敬의 『博學篇』에서 揚雄의 『訓纂篇』, 史游의 『急就篇』에 이르기까지 수많은 字書들이 있었기 때문이다. 이런 字書들은 모두 5천여 자를 싣고 있다. 이외에도 『方言』, 『爾雅』 등의 언어학 저술이 있다. 許愼은 전인들의 기초 위에 자수를 더하여 9,353자를 실었다. 그는 단지 숫자만 늘린 것이 아니라 한 걸음 더 나아가 한자의 形·音·義를 설명하고 한자 구조에 대한 법칙을 이끌어 내어 『說文解字』는 중국 언어학사에 있어 가장 가치 있는 저작이 되었다. 許愼 역시 『說文解字·敍』에서 그 스스로 "널리 많은 사람들의 의견을 수집했다."[1]라고 한 것처럼 전인들의 우수한 문화유산을 계승하는 것은 매우 중요한 일이 아닐 수 없다. 揚雄(53B.C.～A.D.18)은 「揚雄答劉歆書」에서 『方言』을 쓰는 과정에서 嚴君平이 수록한 1천여 자와 林閭翁孺가 수집한 방언을 참고했다고 말했다. 陸法言(562～?)의 『切韻』 역시 六朝 시대의 각 韻書들을 계승한 것으로 토론 과정에서 주로 顔之推(531～590 이후)와 蕭該의 주장을 존중하여 편집하였다. 陸法言은 『切韻序』에서 "여러 학자들의 音韻書와 고금의 字書를 취하였다."[2]라고 분명히 밝히고 있으며, 또 "蕭該와 顔之推의 것을 많이 받아들여 결정했다."[3]라고 하였다. 위에서 말한 바와 같이 한 학문 분야의 발전 과정에 있어 문화유산을 정확히 받아들이고 계승하는 것은 매우 중요한 일인 것이다.

계승 문제에 있어 두 가지 다른 태도가 있는데, 하나는 계승을 하면서 발전해 가는 것이고, 다른 하나는 계승만 하고 발전하지 않거나 발전할 엄두조차도 내지 못하는 것이다. 후자는 학문 발전에 전혀 도움이 안 되는 태도이다. 예를 들면 『說文

1 "博采通人."
2 "取諸家音韻, 古今字書."
3 "蕭·顔多所決定."

解字』와 『切韻』은 중국 언어학사에서 권위 있는 저작이라 할 수 있는데 후대의 언어학은 이 두 권의 책을 따르기만 했을 뿐 감히 손도 대지 못하였다. 許愼이 『說文解字』를 쓴 시대는 漢代였고 당시의 글자체는 小篆을 표준으로 삼았었다. 한자는 사회 발전에 따라 변화하고 발전하는 것으로 이미 篆書를 거쳐 隸書로 변하고 다시 楷書·行書로 발전했다. 그러나 과거의 어떤 이들은 小篆만을 표준으로 삼으려 하였고 심지어 후대에 출토된 甲骨文 조차도 인정하려 들지 않았다. 더 예를 들자면 『切韻』이 나타내고 있는 것은 中古音系로 중국어 어음은 사회 발전에 따라 크게 변화하여 이미 『切韻』이 대표하는 중고음 체계와는 다르게 발전하였다. 그러나 과거의 어떤 사람은 『切韻』만을 고집하고 그 범위에서 벗어나려 하지 않았다. 그러나 周德淸(1277~1365)은 역대 운서의 합리적인 부분을 계승했을 뿐만 아니라 당시의 실제 언어에 맞추어 『切韻』계통의 운서와는 다른 새로운 운서인 『中原音韻』을 써내어 중국 언어학사에 뛰어난 공헌을 하였다. 이처럼 옛 문화유산을 잘 계승하여 실제 언어와 관련하여 발전시킨 周德淸의 과학적 태도는 배울 만한 것이다. 계승이 창조에 있어 중요하다는 것은 중국 언어학사에 있어서도 마찬가지이다. 王國維(1877.12~1927.6)는 『觀堂集林』에서 郭璞의 『爾雅注』와 『方言注』를 매우 추앙하였다. 郭璞은 音義와 訓詁에 정통하여 고서에 주석을 가했을 뿐만 아니라 창조적으로 발전시켰다. 그는 『爾雅』에서 당시의 언어로 古語에 注를 달았으며 揚雄의 『方言』과 晋代의 살아 있는 방언 자료를 응용했다. 『方言注』에서 그는 당시의 晋代 방언과 揚雄의 『方言』을 연관시켜 비교하였고, 또한 漢代 언어가 晋代로 발전해 오면서 어떤 것은 그대로 남아 있는 것도 있지만 일부는 이미 변화 발전하였으며 또 어떤 漢代 방언은 晋代로 와서 이미 통용어가 되었다고 지적하였다. 漢代로부터 晋代에 이르기까지의 중국어의 변화 발전은 후세의 언어 연구에 귀중한 자료를 제공해 주는데 예를 들면 다음과 같다.

> 『爾雅·釋鳥』: 鳲鳩는 鵠鵴(뻐꾸기)이다. 注 : 지금의 布穀(뻐꾸기)이다. 江東에서는 穫穀이라 부른다.
>
> 『方言』卷一 : 釗·薄은 부지런히 힘쓰다(勉)라는 뜻이다. 秦晋에서는 釗 또는 薄이라고도 했다. 그러므로 鄙語로는 薄努라고 하는데 이는 勉努와 같다. 注 : 지금 사람들이 말하는 '노력'이다.

'布穀', '努力'은 지금도 여전히 쓰이는 말이다. 郭璞注와 현대 중국어를 비교해 보면 현대 중국어 어휘들의 어원과 발전 상황을 알 수 있다.

근대의 경우, 현대 언어학의 특징을 구비하고 있는 '切音字'와 표준중국어 어법학을 세운 『馬氏文通』 등에 이르기까지 모두 중국 전통 언어학의 기초 위에서 계승 발전된 것이다. 淸末 언어학자인 盧戇章(1854~1928)은 '中國切音新字'를 만들었고, 王照(1859~1933)는 '官話合聲字母'를 편찬했는데, 그들의 언어 문자 개혁 사상은 서양학문의 영향을 받았고 표음문자가 표의문자보다 쉽다는 이론에 근거한 것으로 이는 전인들을 계승한 것이다. 宋·明 이래로 한자는 복잡하고 어렵다는 것이 보편적인 견해였다. 宋代의 鄭肅은 이미 "외국 문자는 간결하나 중국 문자는 번잡하다."[4]라는 인식을 가지고 "외국 문자의 장점은 문자가 간결하므로 빨리 쓸 수 있다는 것이고, 중국 문자의 단점은 문자가 번잡하므로 느릴 수밖에 없다는 것이다."[5]라고 말했다. 明代 方以智(1611~1671)는 다시 어문관계로부터 이론상의 해설을 하면서 "문자의 어려움 또한 통용자와 가차자 때문이었다. 어떤 사물이 한 글자에 속하고 각 글자는 하나의 뜻만 가진다면 서양에서의 경우와 마찬가지로 사물로 인해 음이 합쳐지고 음에 따라 글자를 이루게 되어 중복되지도 않고 겹쳐지지도 않으니 더욱 뛰어나지 않겠는가!"[6]라고 하였다. 그들이 연구하여 만든 '切音字'체계는 聲母와 韻母를 합쳐 만든 것으로 이 역시 反切의 전통을 계승하여 응용한 것이다.

淸末 어문 개혁 이론은 전통 언어학의 기초 위에서 한층 더 발전된 것이다. 그들은 拼音에 찬성하는 한편 "언어를 통일하고, 글과 말이 서로 통해야"[7]할 것을 분명히 하였다. 盧戇章은 '正字'를 주장했으며 또 '正音'을 요구했다. '切音新字'에 대해서도 그는 "하나의 腔을 표준으로 하여 …… 통용되는 正字와 각 省의 正音으로 삼으면 전국의 언어 문자가 일률적으로 따르게 될 것이니 …… 중국이 크다고 해도 하나로 통일될 것이다."[8]라고 지적했다. 王照도 '京話'를 언어 통일의 표준으로 삼을 것을 주장했는데, 그는 "언어는 반드시 하나로 귀납되어야 하니 마땅히 京話를 채택해야 한다. 이로써 北으로는 흑룡강, 西로는 太行宛路, 南으로는 양자강, 東으로는 바다에 이르기까지 사방 수 천리의 수많은 중국인이 모두 京話를 이해하게 된다."[9]라고 말했다. 그러므로 淸末의 '切音字'는 拼音체계와 실천의 이행 방면에서 뿐만

---

4 "外文巧, 中文繁."

5 "外國之巧, 在文書簡, 故速; 中國之患, 在文書繁, 故遲."

6 "字之紛也卽緣通與假耳, 若事屬一字, 各字一義, 如遠西因事乃合音, 因音而成字, 不重不共, 不尤愈乎?"

7 "統一語言, 文話相通."

8 "當以一腔爲主腦……爲通行之正字, 爲各省之正音, 則十九省語言文字旣從一律. ……中國之大, 猶如一家."

9 "語言必歸劃一, 宜取京話. 因此北至黑龍江, 西逾太行宛路, 南距揚子江, 東傅于海, 縱橫數千里, 萬余兆人, 皆解京話."

아니라 후인들에게도 귀중한 경험과 교훈을 남겨 주었고, 언어 이론에 있어서도 귀감이 되는 유산을 남겼다.

『馬氏文通』의 경우, 馬建忠(1845~1900)이 비록 '自序'에서 "이 책은 서양 문법을 모방해서 지은 것이다."[10]라고 말하고는 있지만, 중국 어법학사상 유래 없던 대작인 『馬氏文通』이 중국의 전통 어법 연구는 계승하지 않고 단지 서방 어법학의 영향만을 받아 이루어졌다는 것은 있을 수 없는 일이다. 馬氏가 "글자(품사)는 虛字와 實字로 나뉜다."[11]라고 한 사실에서 『馬氏文通』이 바로 중국의 전통 어휘 분류법을 따른 것임을 알 수 있다. '實字'·'虛字', 이 두 개의 술어는 일찍이 宋代에 사용되었던 것인데 '虛·實'의 개념에 대해서는 漢代까지 거슬러 올라갈 수 있다. 『詩毛傳』, 『說文解字』 등의 경전 고적 가운데서 이미 문장의 처음과 끝에 助字가 쓰인 것을 볼 수 있는데 해석해 보면 실제로는 뜻이 없는 '辭'나 '詞'이다. 『馬氏文通』 이전에 이미 『語助』·『虛字說』·『助字辨略』 등 허사를 연구한 전문 저술이 있었다. 이런 저작은 『馬氏文通』의 창작에 자료를 제공해 주었을 뿐만 아니라 虛字의 해석에도 도움을 주었다.

문장법 방면에 있어서도 『馬氏文通』은 인도·유럽어법을 그대로 답습하지 않고 중국어의 특징에 주의를 기울이고 있다. 『馬氏文通』의 '句讀論'은 중국어의 실제 상황과 연관시켜 論旨를 편 것이다. 『馬氏文通』은 '例言' 첫머리에서 "이 책의 本旨는 전적으로 句讀를 논하는 데 있다. 句讀[12]란 글자들이 모여서 이루어지는 것이다. 글자는 句讀에서 반드시 놓이는 위치가 있어야 하고 글자들이 서로 짝을 이룰 때는 같은 종류를 따라야 한다. 종류가 구별된 후에 나아가 句讀를 논하게 된다."[13]라고 하면서 그 요지를 밝히고 있다. 『馬氏文通』은 중국어의 실제 상황에서 출발하여 위치(位)와 낱말(詞)을 강조하고 구법의 작용에 대해서도 詞序와 虛詞의 작용을 강조하였다. 그는 "중국어의 동사는 변하지 않는다. 그러므로 오직 동사 위치의 선후를 보아야만 句讀를 구별할 수 있다. 만약 서양의 古今文字처럼 동사에 변화가 있어 이러한 문장법에서 동사의 변화가 형용사와 같은 것을 讀(分句)로 본다면 句讀는 분명해 질 것이다."[14]라고 하였다. 이는 분명히 중국어 어법의 특징을 살핀 것이

10 "此書係仿葛朗瑪而作."

11 "字分虛實."

12 구두: jùdòu.(譯註)

13 "是書本旨, 專論句讀, 而句讀集字所成者也, 惟字之在句讀也, 必有其所, 而字字相配, 必從其類, 類別而後進論夫句讀焉."

14 "華文之動字無變, 故惟以動字之位之先後, 以爲句讀之別. 若泰西古今文字, 其動字有變, 故遇此種句法, 率以動字之變同乎靜字者爲讀, 而句讀判然矣."

다.

그러므로 『馬氏文通』의 성과는 서양 어법 연구의 영향을 받은 한편 전통 어법을 계승 발전시켰다는 데 있다고 할 수 있다. 馬建忠은 "이 책은 고금을 통하여 창조성이 뛰어난 책이다. 무릇 창조적인 견해에 속하는 것들은 실천 없이 빈말만 해서는 안 되는 것이며 반드시 확실한 증거가 있어야 하는 것이니, 그런 후에 모든 사람들의 신의를 얻게 될 수 있다."[15]라고 하였다. 그러므로 『馬氏文通』은 중국의 체계적인 어법학의 창시적 저작으로 귀중한 정신적 유산이며, 또한 언어학사를 연구하는 데 있어 계승해야 할 우수한 전통인 것이다.

---

15 "此書爲古往今來特創之書, 凡事屬創見者, 未可徒託空言, 必確有憑證, 而後能見信於人."

제3절 언어학사 연구는 '實事求是' 정신에 근거해야 한다

중국 언어학사 연구는 實事求是의 정신에 근거해야 한다. 실사구시의 정신과 방법을 학습하고 운용하여 중국 고대 언어학 및 서양 언어학을 정확하게 연구해야 한다. 외국의 언어학자들이 쓴 언어학사 저작 중에는 전문적으로 중국 언어학사를 논한 부분이 없으며, 또한 19C 이전의 언어 연구는 과학적이지 못하였다고 여기고 있다. 이런 견해는 중국 언어학계에 영향을 미치게 되어 중국 언어학자 중 어떤 사람은 '19C' 분계선에 동의하기도 하는데 이 분계선은 중국 고대 언어학을 '비과학적인'것으로 구분지어 버렸다.

이처럼 중국 고대 언어학을 경시하는 태도는 그 시대의 사회사상에 그 근원을 두고 있다. 淸末 이래 근 100년간 舊中國은 반봉건·반식민지로 전락하여 일부 사람들이 자신들의 전통 문화는 대수롭지 않게 여기고 서양 문화를 지나치게 숭상하였는데 언어 과학에 있어서도 이런 경향이 반영되고 있는 것이다. 胡適(1891~1962)은 "칼그렌[1]이 몇 년간 이룩한 것은 顧炎武 이래 300년간 중국학자들의 지면상의 성과를 능가한다고 말한 바 있다. 물론 칼그렌 같은 저명한 학자를 실사구시적 태도로 분석해 본다면 칼그렌이 중국 음운학의 연구에 공로가 있었다는 것은 분명한 사실이다. 그러나 그의 성취도 중국학자들의 연구를 바탕으로 한 것이며 그 위에 음표를 사용한 분석과 연구를 통해 얻은 것이다. 그러나 역시 과거 그의 중국어에 대한 부정확한 견해, 즉 중국어는 단음절 고립어로서 낙후된 언어라는 견해는 반드시 바로 잡아야 할 것이다. 이런 잘못된 견해는 과거의 서양 언어학계에도 좋지 않은 영향을 주었다.

물론 어떤 학문 분야일지라도 국제 교류를 중시해야 하며 폐쇄적인 태도를 취해서는 안 된다. 실제로 문화의 교류는 학문의 발전에 도움이 된다. 예를 들면 중국 고대 어음 연구의 흥기 및 淸末 어법 연구의 흥기에는 문화의 교류가 적극적인 작용을 하였다. 또한 '5·4' 시기에 서양의 일반 언어학 이론과 방법을 도입하여 발음의 생리 기초 및 물리 기초를 고찰하고 과학적인 실험 방법을 통한 어음분석으

1 스웨덴의 언어학자인 Klas Bernhard Johannes Karlgren(1889~1978)을 가리키며 高本漢은 中國名이다.(譯註)

로 중국의 어음 연구가 과학화되고 정밀화되는 방향으로 발전하도록 추진한 것 등도 그러한 예이다. 결론적으로 실사구시의 정신에 근거하여 외국의 언어학을 분석하고 연구하여 그들의 연구 방법을 배워야 할 것이지만 그것들을 중국 언어학사 연구에 대한 평가의 표준으로 삼아서는 안 될 것이다.

중국 고대 언어학을 허무주의적 태도로 대하는 것도 물론 옳지 않지만 지나치게 추종하는 것도 좋지 않은 태도이다. 예를 들어 淸代 언어 연구의 성과는 매우 뛰어나다. 특히 乾嘉學派의 실사구시적 태도는 조금도 빈틈이 없는 治學방법으로 배울 만한 것이다. 그러나 그들도 결점이 없었다고는 말할 수 없는데, 예를 들어 과다하고 번잡한 고증 같은 것들은 교훈으로 삼을 만한 것이 못된다. 『馬氏文通』을 놓고 보더라도 이 책의 역사적인 위상은 인정하지만 결점이 없다고는 할 수 없다. 사상체계면에서만 보자면 옛 것이 옳고 지금 것은 그르다는 태도는 잘못된 것이다. 『馬氏文通』의 예문은 모두 古文으로 그는 '自序'에서 "『四書』, 『三傳』[2], 『史記』, 『漢書』와 韓愈의 문장 등에서 취하여 이를 역대 문장의 으뜸으로 삼았다."[3]라고 하였다. 또 "지금 취한 것 중 증거로 삼을 만한 것은 韓愈에 이르러 끝이 났다."[4]라고 했고, "문장의 도는 고인이 지금 사람 보다 훨씬 낫다."[5]라고도 하였다. 그는 문장은 옛 것일수록 좋고 韓愈 이후에는 좋은 문장이 없다고 생각하였다. 이러한 옛 것이 정통이라는 復古主義的 사상 경향은 옳지 않다. 그러므로 전인의 연구 성과에 대해 실사구시의 정신과 방법을 배우고 응용함으로써 객관적이고 사실적으로 전인의 성과를 평가하여 찌꺼기는 버리고 정수만을 흡수하여야 할 것이다. 또한 중국 언어학사를 연구하여 그 발전 법칙을 제대로 익히는 것은 중국의 현대 언어학을 더욱 발전시키기 위한 것이다.

결론적으로 중국 언어학사는 유구한 역사와 풍부한 유산을 가지고 있는 중화민족이 창조한 찬란한 역사적 문화유산의 중요한 구성 요소이다. 실사구시의 정신과 방법에 근거해서 분석하고 연구하여 다음과 같은 목표에 도달해야 한다. 첫째 중국 언어학의 역사적 발전 개황을 이해하고, 둘째 중국 언어학에 있어서 각 시기의 성과 및 한계를 인식하며, 셋째 언어학사 과정 중 계승할 것과 비판할 것을 정확하게 판단한다.

---

2 『左傳』, 『穀梁傳』, 『公羊傳』을 말함.(譯註)

3 "取『四書』·『三傳』·『史』·『漢』·韓文, 爲歷代文詞升降之文宗."

4 "今所取爲憑證者, 至韓愈氏而止."

5 "爲文之道古人遠勝今人."

제2장

先秦시기의 언어 연구

제1절 개 설

세계 각국을 통틀어 중국은 세계에서 가장 큰 나라 중의 하나로, 중국의 영토는 유럽 전체의 면적과 거의 비슷하다. 이러한 광활한 영토 위에 넓고 비옥한 땅은 衣·食의 자원을 제공하였고, 전국에 걸친 크고 작은 산맥은 광대한 삼림을 자라게 하였으며, 풍부한 광산 자원을 저장하게 하였다. 또한 많은 강과 호수 등은 水運과 灌漑의 이로움을 주었고, 긴 해안선은 해외 각 민족과의 교통에 편리함을 가져다주었다. 고대로부터 중화민족의 선조들은 이 광대한 토지 위에서 노동하고 생활하며 성장하였던 것이다.

1. 중국어의 기원과 발전

인류는 類人猿으로부터 진화하여 생긴 것으로서, 고대 猿人類부터 인류까지 기나긴 地質時代를 거쳐 적어도 100여만 년의 역사를 지닌다. 중국은 인류 발원지의 하나로 인류 발전의 주요 지대로서 유구한 역사와 문화를 지니고 있다. 1956년부터 1957년까지 중국 雲南省 開遠 小龍潭에서는 유인원의 어금니 화석 열 쌍이 발견되었는데, 고고학적인 연구에 의하면 지금으로부터 약 천만여 년 전의 것이라고 한다. 대략 백만년 이전부터 원시인류가 이미 중국의 대지 위에서 노동하고 생활하며 번성하였다. 雲南省 元謀, 陝西省 藍田, 北京 周口店, 山西省 芮城, 貴州省 黔西 觀音洞, 河南省 三門峽과 湖北省 大冶 등지에서는 이미 여러 차례 上古 시대 인류의 유골과 유물이 발견되어 차츰 중국 역사발전의 서막을 열기 시작했다.

중국어는 중국 上古 시대 선조들의 노동활동 중에 생겨났고, 사회발전에 따라

날로 풍부해졌다. 원시시대의 인류는 무리생활을 하였다. 역사적으로 볼 때 노동은 세계를 창조하였고 인간 그 자체를 낳았다. 노동은 도구를 만들었으며 사람의 器官과 思惟를 발전시켰다. 이 원시인류는 이미 서로 간에 무언가를 말하지 않으면 안 되게 되었으며 이렇게 해서 언어가 생겨나게 되었다.[1] 인류가 언어를 갖게 됨으로써 서로 교제하고 생각을 교환할 수 있게 되었다. 다시 말해 언어는 인류의 진화와 사회 발전에 커다란 촉진작용을 하였던 것이다.

중국 국내의 原始人

北京猿人 ── 1929년 북경 서남쪽 房山縣 周口店 동굴에서 약 50만 년 전에 생존했던 猿人의 두골, 어금니, 아래턱뼈, 몸통뼈 화석이 발견되었다. 그들은 이미 자갈 등과 같은 돌멩이를 고르고 깨뜨려서 날카로운 돌조각을 만들었고, 그것을 무기나 생산 도구로 사용할 줄을 알았다. 이 猿人은 '中國猿人北京種'[2]이라 命名되며, 인류의 긴 진화 과정에 비추어 볼 때 周口店에서 발견된 '북경원인'은 비교적 원시시대에 속하는 인류로 알려져 있다. 그들은 이미 인류로 진화되었지만 몇 가지 면에서는 아직도 적지 않은 원시성을 지니고 있다. 북경원인은 몇 십 명이 하나의 무리, 즉 原始人群을 이룬다. 이 무리는 그들의 사회조직이고 기본적 사회단위이며 또한 초기의 인류사회이다.

丁村人 ── 1954년 山西省 襄汾縣에서 세 개의 어금니와 대량의 석기가 발견되었다. 이 사람들을 '丁村人'이라 부른다. 丁村人은 北京猿人에 비해 상당한 발전이 있었다. 체질상으로 볼 때, 그들은 北京猿人보다 상당히 발전하여 이미 古人段階에 도달하였다. 猿人은 原始人群에 속하나, 古人은 原始人群에서 씨족제도로 넘어가는 중간단계이다. 중국의 古人段階에 속하는 원시인류는 丁村人 뿐만 아니라 廣東省 韶關 馬壩圩의 馬壩人, 湖北省 長陽의 長陽人이 있다. 석기의 제작으로 볼 때 丁村人도 北京猿人에 비해 이미 상당한 진전이 있었다. 그들의 사회조직은 대체적으로 이미 원시적 집단생활의 亂婚상태를 벗어나 씨족결혼의 단계로 들어섰다. 이러한 혼인관계는 그들 사회조직의 기초이며 原始人群에서 씨족제도로 넘어가는 하나의 중요한 부분이다. 씨족제도는 이 시기에 서서히 싹트기 시작했다.

---

1 독일의 사회주의 사상가인 엥겔스(Engels, Friedrich:1820～1895, 중국명:恩格斯)의 책을 중국어로 번역한 『勞動在從猿到人轉變過程中的作』과 『自然辨證法』(1957:人民出版社, 139～140쪽)을 참조한 것임.(譯註)

2 일반적으로 '北京猿人(Sinanthropus pekinensis)'이라고 칭함.(譯註)

古人은 新人[3]으로 진화되었는데 新人段階에 이르러 씨족제도가 형성되기 시작했다. 중국의 新人段階에 속하는 原始人類는 다음과 같다. 華南지방에는 廣西省 柳江 通天岩의 柳江人이 있으며, 西南지방에는 四川省 資陽 黃鱔溪의 資陽人이 있고, 華北 지방에는 북경 周口店 龍骨山의 山頂洞人이 있다. 그리고 內蒙古 自治區와 寧夏 回族 自治區의 河套지구에는 河套人이 있다.

河套人 —— 內蒙古 自治區에 있는 薩拉烏蘇河와 甘肅省 水洞溝 등지에서는 약 20만년 전 인간의 치아 한 쌍과 다량의 구석기가 발견되었다. 이 석기 중에는 뾰족한 모양의 석기, 찍개, 각종의 깎개들이 있는데 고고학상 이를 '河套文化'라 부른다. 이 시기 사람들의 신체구조는 현대인류와 매우 비슷하며 석기도 이미 구석기 중기로 진입하였다.

山頂洞人 —— 周口店 猿人 洞窟의 山頂 동굴에서 약 10만 년 전의 인골화석과 석기, 골기, 장식품이 발굴되었다. 골기에는 짐승 뼈를 갈아 만든 골침이 있는데, 이미 짐승 가죽으로 간단한 옷을 만들 수 있었음을 알 수 있다. 장식품 중에는 구멍을 뚫은 짐승의 이빨, 물고기뼈, 겉껍데기[4], 조개껍데기[5] 등이 있고, 또한 적철광으로 빨간 물을 들인 石珠가 있음으로 보아 당시에 이미 美的 관념이 있었던 것 같다. 山頂洞人은 河套人에 비해 진일보하여 모계 씨족사회의 사회생활을 했는데, 그들은 周口店 龍骨山 山頂上 東北部의 한 자연동굴 속에서 살았기 때문에 山頂洞人이라 불렸다. 동굴은 길이가 약 12m, 너비가 약 9m, 면적이 약 90㎡로, 십여 명에서 수십 명까지 생활할 수가 있었다. 동굴 안은 上室과 下室로 나누어진다. 上室은 동굴의 입구에 있는데 그들의 공동거실이고, 下室은 동굴의 깊은 곳에 있는데 그들의 공동묘지이다. 山頂 동굴 주위의 광활한 지대는 그들에게 수렵, 어로, 채집을 제공해 주는 생활의 터전이었다. 山頂洞人의 신체구조는 이미 현대인의 단계에 이르렀다고 말할 수 있고, 석기도 이미 구석기 말기로 접어들었다.

결론적으로 고고학적 발굴과 연구에 의거하여 중국 국내의 西北, 華北, 東北, 西南 등지에서 이미 舊石器 및 점차 진화한 遺蹟이 발견되었음을 알 수 있다. 비록 자료가 불충분하여 앞으로 고고학자들의 계속적인 발견이 기대되지만 한 가지 인정할 수 있는 것은 중국 국내에는 4·50만년 동안 사람들이 살았고, 그들은 각자의 노동 활동 속에서 자연계와 투쟁하였으며, 또한 자기의 언어와 자신들의 문화를

3 현재의 인류와 동일종인 호모사피엔스에 속하는 化石인류를 말함.(譯註)
4 조가비와 같은 연체동물의 외투막에서 분비한 석회질이 단단히 굳어서 된 겉껍데기를 말한다.(譯註)
5 주로 고막이나 살조개 등의 껍질을 말한다.(譯註)

창조하기 시작하였다는 것이다.

연구에 의하면 '北京猿人'의 뇌는 이미 현대 원숭이류 보다 더 크고 잘 발달하였는데, 뇌용량이 평균 1,075㎖로서 현대 원숭이류의 평균 뇌용량 415㎖보다 한 배 반 이상 크다. 여섯 개의 비교적 온전한 두골에는 최대 뇌용량이 1,225㎖인 것이 있는데, 이미 현대인의 평균 뇌용량 1,400㎖에 접근하였다. 그들의 뇌구조는 복잡하고 잘 발달되어 있어 현대 원숭이류와는 비교할 수조차 없다. 오랜 기간의 체질 형성 과정 중 오른손이 왼손보다 훨씬 많이 사용되었기 때문에 대뇌의 왼쪽이 오른쪽보다 약간 크다. 柳江人, 山頂洞人의 두골은 이미 현대인 두골의 기본 특징을 갖추었다. 그들 뇌의 발달 정도로 보아 그들은 이미 언어를 갖고 있었을 것이다. 언어는 노동 중에 혹은 노동과 더불어 생겨나는 것이다. 언어와 노동의 관계는 노동이 먼저이고, 그 후에 언어와 노동이 함께 하여 두 개의 중요한 원동력이 되었다. 이 둘의 영향으로 원숭이의 뇌가 점점 사람의 뇌로 변하였고, 뇌와 그것을 뒷받침해 주는 다른 감각기관들이 점차 분명하게 의식하게 되었으며, 추상능력과 추리 능력이 발전하였다. 또한 역으로 노동과 언어에 작용을 가하여 이 둘의 발전을 위해 점점 더 새로운 원동력을 제공하였던 것이다.

전설 속의 중국 上古 시대의 거주민

上古 시대의 중국 영역 안에는 조상이 서로 다른 씨족과 부락들이 많이 살고 있었는데 그들은 각자 자기만의 씨족 언어와 문화를 가지고 사회의 발전에 따라 장시간 상호간의 영향과 투쟁을 통하여 점차 융합되고 발전되어 갔다. 전설과 신화로 上古 시대 거주민 분포의 일반적인 상황을 추측해 보면 다음과 같다.

동쪽에 거주하는 사람들을 통칭하여 '夷族'이라 불렀는데 太皞는 그 중 한 씨족의 유명한 족장이었다. 太皞의 姓은 風으로 신화에서는 그가 사람머리에 뱀의 형상을 하고 있었다고 한다. 그러므로 夷族은 아마도 뱀을 토템으로 하는 씨족이었을 것이다. 夏나라 때 山東에는 任·宿·須句·顓臾 등 4개의 小國이 있었는데 太皞의 後裔였다고 한다. 伏羲가 그려 전하는 八卦에는 太皞 혹은 太皞族에서 나왔다고 전해진다. 八卦는 '—'(陽性)과 '--'(陰性)의 두 가지 선으로 '☰'(乾)·'☷'(坤) 등 8개의 卦形을 만들었는데, 각각의 卦는 동일한 속성의 사물을 대표한다. 이러한 기록 방법은 전설 속의 結繩記事6의 방법에 비해 진일보한 것이다. 이로써 당시의 언어가

---

6 새끼줄을 묶어 일을 표시하는 것으로 문자가 생기기 이전의 일종의 기억보조 수단이었다. 일이 크면

이미 사회 발전에 따라 크게 발전하였고, 노동 활동과 자연계 및 사회와의 투쟁 속에서 그들이 이미 언어의 부족을 느꼈기 때문에 文字에 대해 어렴풋한 요구가 생겨나게 되었음을 알 수 있다. 이후 전설 속의 黃帝族은 象形文字를 창조하였다. 그리하여 八卦는 卜筮의 부호로 바뀌게 되었고 원래 가지고 있던 '일을 기록한다(記事)'는 부호로서의 의미는 잃게 되었다.

북쪽과 서쪽에 거주하는 사람들을 통칭하여 '狄族·戎族'이라 부르며, 남쪽에 거주하는 사람들을 통칭하여 '蠻族'이라 한다. 그 중 九黎族이 가장 먼저 중부 지역으로 진출하였다. 九黎는 9개의 부락연맹으로 蚩尤는 九黎의 족장이었을 것이다.

炎帝族은 중부 지역에 거주하였는데 炎帝의 姓은 姜이고 西戎 羌族의 한 支流로 서쪽에서 유목생활을 하다 먼저 중부 지역으로 들어와 九黎族과 오랫동안 부락간에 충돌하다가 최후에는 涿鹿으로 쫓겨났는데 黃帝族의 도움으로 蚩尤를 죽였다.

黃帝族은 원래 먼저 서북쪽에 거주하고 있었다. 전설에 의하면 黃帝는 일찍이 涿鹿 지방의 山灣에서 유목생활을 하던 중에 炎帝族을 도와 蚩尤를 무찔렀다고 한다. 후에 炎·黃 두 부족은 阪泉[7]에서 세 차례 크게 격돌하였는데 黃帝는 "炎帝와 阪泉의 교외에서 세 번의 전쟁을 치른 후에 炎帝를 무찔렀고",[8] 이 전쟁 후에 전설 속의 黃帝의 後裔는 남쪽으로 크게 세력을 확장하여 黃河 유역까지 진출하였는데, 나중에는 長江과 漢水 유역에까지 이르렀다. 남쪽으로 진출하는 동안에도 많은 전쟁을 하여 "52차례의 전쟁을 치른 후에 천하를 모두 얻었다."[9]고 한다.

黃帝의 姓은 姬이고 軒轅氏, 또는 有熊氏라고도 한다. 古書속에는 黃帝와 관련된 전설들이 특히 많다. 예를 들면 玉[10]으로 무기를 만들고, 배·수레·활·화살을 만들고 五色으로 옷을 물들였으며, 黃帝의 처 嫘祖[11]가 養蠶을 하고, 倉頡이 文字를 만들고, 大撓가 干支를 만들고, 伶倫이 樂器를 만들었다는 등등이 그러한 예들이다. 虞·夏 二代는 黃帝를 始祖로 받들었다. 이러한 전설들은 대부분 戰國·秦漢 때 학자들의 牽强附會에서 나온 것이 많다. 그러나 고대 학자들이 黃帝가 華夏族의 始祖라고 인식하고 있었던 것으로 보아 그와 관련된 모든 문물제도가 黃帝로부터

새끼줄의 매듭을 크게 지어 놓고 일이 작으면 새끼줄의 매듭을 작게 지어 놓았다고 한다.(譯註)
『易經·繫辭下』: "上古結繩而治, 後世聖人易之以書契."
『周易正義·繫辭』疏: "事大, 大結其繩: 事小, 小結其繩."

7 阪泉은 河北 懷來縣에 있다고 함.

8 『史記·五帝本紀』: "與炎帝戰于阪泉之野, 三戰, 然後得其志."

9 "五十二戰而天下咸服."

10 단단한 돌을 가리킴.

11 濮之珍 원문에는 螺祖라고 되어 있으나 嫘祖의 잘못이다.(譯註)

비롯되었다는 것을 알 수 있다.

씨족제도 시대에 각 씨족은 자기만의 언어와 문화를 가지고 있었다. 씨족 간에는 경제·문화적으로 서로 영향을 주었고 정치·군사상으로 전쟁과 겸병이 있었으며 언어도 사회의 발전에 따라 발전되고 변화하였다. 씨족이 나누어지면 언어도 분화되었고 씨족이 통일되면 언어도 통일되었다.

전설 속의 黃帝는 먼저 炎帝族을 도와 九黎族의 족장 蚩尤를 무찔렀고 각 씨족을 통솔하여 炎帝族을 무찔러 중부 지역에 진입하였다. 黃帝族은 군사적으로 많은 씨족들을 겸병하였고, 정치적으로는 중부 지역을 통일하였으므로 그 언어도 우위를 점하여 각 씨족언어를 통일시키는 작용을 하였다. 黃帝의 史官 倉頡이 문자를 만들었다는 전설은 바로 사회가 발전하자 언어도 일정한 단계까지 발전하여 사람들이 문자를 필요로 하게 되었음을 반영해 주는 것이라고 할 수 있다. 荀子는 「解蔽」편에서 "문자를 좋아하는 사람은 많지만 倉頡만이 유일하게 전해지는데 이는 그가 이 일에 전념했기 때문이다."[12]라고 하였는데 이는 그런 상황을 구체적으로 설명해 주는 좋은 예이다.

華夏族文化

전설에 의하면 華夏族 형성 과정에 있어 세 차례 대규모의 부락전쟁이 있었다고 한다. 첫 번째는 炎帝族의 共工氏와 蚩尤의 전쟁이고, 두 번째는 黃帝와 蚩尤의 전쟁이며, 세 번째는 黃帝와 炎帝가 阪泉의 교외에서 벌였던 전쟁이다. 이 전쟁 후에 전설 속의 黃帝의 後裔는 남쪽으로 크게 세력을 확장하였다. 이런 씨족 부락들이 남쪽으로 옮겨 간 후에 그 곳에 원래 있던 씨족부락들 뿐만 아니라 그들 자신들도 분화되고 개조되었다. 원래 다른 씨족 부락들 간에는 서로 섞여 거주하고 通婚을 했을 뿐만 아니라 필요에 따라 연맹을 맺기도 하였다. 이런 모든 것들은 그들 원래의 씨족 부락의 경계선을 무너뜨린 것으로 민족 형성의 첫 발을 내디딘 것이다. 이후 그들은 서로 융합되기 시작하여 華夏族을 이루었다.

『尙書』의 「堯典」 등에는 堯·舜·禹의 禪讓故事를 서술하고 있다. 春秋戰國 시대에 특히 儒·墨 두 학파는 모두 이 세 皇帝를 떠받들고 본받았다. 堯는 陶唐氏라고도 하는데 平陽[13]에 도읍을 정하였고 서쪽에 거주하였다. 舜은 有虞氏라고도 하며 諸

12 "好書者衆矣, 而倉頡獨傳者, 壹也."

13 지금의 山西省 臨汾縣을 말함.

馮[14]에서 태어났고 동쪽에 거주하였다. 禹는 원래 陽城[15]에 있다가 후에 翟[16]으로 도읍을 옮겼다. 그들은 모두 부락의 우두머리로 후에 부락연맹의 대족장으로 추대되었다. 黃帝 이후의 제왕들은 黎와 苗를 정벌하는 것이 주요 사업이었다. 禹가 대족장일 때 苗와의 전쟁에서 승리하여 苗族을 長江 유역으로 내쫓았다. 이후 禹가 陽에서 翟으로 옮긴 뒤에 苗族이 다시 黃河 유역으로 진입하지 못하도록 하였다. 이때부터 華夏族은 中原 지역에서 그 위치가 더욱 공고해졌다. 華夏族은 中原 일대[17]를 차지하여 이미 위대하고 찬란한 華夏文化의 발전을 배태하고 있었다.

河南城 澠池縣 仰韶村에서 신석기시대 말기의 유적지가 발견되었는데 그 곳에 많은 磨製의 석기·골기·도기들이 있었다. 석기로는 칼·도끼·공이와 방직용 석제 방추 등이 있었고 골기에는 재봉용 바늘이 있었으며, 도기에는 사발·솥 등이 있었다. 고고학에서는 이를 仰韶文化라 명명한다.

현재 이미 대량의 仰韶文化 유적지가 발견되어 서북 지역에 광대하게 분포되어 있는데, 關中·豫西·晋南 일대가 중심 지역이다. 西安 半坡의 仰韶文化 유적지는 지금으로부터 대략 5,600~6,080여 년 전의 것으로 추정된다. 이 유적지와 여기서 출토된 석기 등의 유물로 당시 사람들의 생활상을 추정해 보면 다음과 같다. 첫째, 각 유적지에서 많은 돌도끼가 발견되었는데 돌도끼는 당시 농업생산에 쓰던 도구 중의 하나였다. 유적지는 또 강과 계곡지대에 많이 위치하고 있었는데, 토지가 비옥하여 농사짓기가 편했던 것으로 보아 당시에는 농업이 생산 중에서 중요한 부분을 차지했음을 알 수 있다. 둘째, 仰韶文化 유적지에서 돼지·말·소 등의 뼈가 많이 발견되었는데 그 중 돼지의 것이 가장 많다. 돼지의 대량 사육은 당시의 주거 생활이 상당히 안정되어 있었고 목축 역시 중요한 생산분야였음을 보여 준다. 셋째, 방추·골침 및 대량의 陶片의 발견은 이미 수공업이 보편화되었음을 설명해 준다. 넷째, 甘肅 지역의 각 유적지 중에서 玉片·바다 조개 등이 발견되었다. 玉은 新疆에서 온 것이고 조개는 沿海 지역에서 온 것으로 추정되는데 당시의 甘肅의 주민과 沿海 지역의 주민 간에 이미 교환관계가 있었음을 알 수 있다. 다섯째, 화살이 이미 보편적으로 사용되었다. 여섯째, 仰韶文化 유적지에서 나온 도기는 일반적으로 아름다웠다.

---

14 지금의 山東省 諸城縣을 말함.

15 지금의 河南省 登封縣을 말함.

16 지금의 河南省 禹縣을 말함.

17 주로 黃河 中流 양쪽 강언덕을 말함.

仰韶文化는 고대 중국 사람들이 창조한 중요한 문화유적 중의 하나로 전설에 의하면 神農氏시대 이후에 黃帝·堯·舜으로 계승되면서 옷을 만들고 "나무를 파서 배를 만들고 나무를 깎아 노를 만들고, 나무를 잘라 공이를 만들고 땅을 파서 절구를 만들었으며, 나무를 구부려 활을 만들고 나무를 깎아 화살을 만들었다."[18]고 한다. 仰韶文化 유적지에는 대체로 이런 전설의 증거가 될 만한 유적들이 있다. 이로써 仰韶文化가 華夏族文化였음을 추측할 수 있다.

이상을 종합해 볼 때, 중국 역사 중 商代 이전에는 문자로 기재된 것을 찾아볼 수 없으며 연구하기도 비교적 어렵다. 그러나 유적지의 발굴과 고고학자들의 연구 및 고대 전설과 관련된 것들을 참고해 보면 대체로 다음과 같이 말할 수 있다. 첫째, 黃帝族이 中原 지역에 진입한 이후 堯·舜·禹 3代의 끊임없는 발전을 거쳐 경제생활·군사업적·문물제도 등의 방면에서 아주 큰 진보가 있었는데, 仰韶文化가 바로 좋은 증거이며 더욱이 여기서부터 발전되어 후에 위대하고도 찬란한 華夏文化가 자라나게 되었다. 둘째, 黃帝族이 中原을 차지한 이후 오랜 기간동안 발전하면서 잇따라 炎帝族·夷族과 苗族의 일부분이 점점 융합되기 시작하여 春秋 시대에 華族이라 불리고 漢代 이후에는 漢族이라 불리게 된 초보적인 기초가 형성되었다. 셋째, 언어 방면에 있어서의 상황을 살펴보면, 上古 시대의 언어는 씨족 사회에 이르러 씨족 사회의 분화에 따라 분화되었고, 또한 씨족의 병합에 따라 융합되었다. 그러나 씨족 사회에서는 씨족이 자주 분화·독립되었기 때문에 언어에 있어서도 분화가 우위를 차지하였다. 黃帝族이 中原을 차지한 이후에 계속해서 수많은 다른 씨족을 병합하였고 그 때문에 黃帝族의 언어 또한 다른 수많은 씨족의 언어를 계속해서 융합하여 당시 부락 연맹의 공동어가 되었다. 『墨子·兼愛』편에 禹가 苗族을 정벌하면서 "여러 백성들이여, 모두 나의 말을 들어라. 나 같은 작은 사람이 감히 난을 일으키려는 것은 아니다. 불손한 苗族에게 하늘의 벌을 내리려는 것이다. 이에 나는 그대들 여러 제후들을 이끌고서 苗族을 정벌하는 것이다."[19]와 같이 맹세한 말이 기록되어 있다. 禹는 당시 부락 연맹의 대족장이었으며, 각 씨족을 거느리고 苗族을 치러 가는데 있어 공동 언어는 필수적인 것이었다. 그러므로 黃帝族 언어가 발전하여 夏禹 시대에 이르러서는 이미 씨족 공동어로부터 점차 부락 연맹의 공동어로 발전하였고, 더욱이 春秋 시대에는 '雅言'[20]이라 불렸으며, 漢代 이후에는 漢語(중

18 『易經·繫辭傳』: "刳木爲舟, 剡木爲楫, … 斷木爲杵, 掘地爲臼, … 弦木爲弧, 剡木爲矢."
19 "濟濟有衆, 咸聽朕言, 非惟小子, 敢行稱亂, 蠢玆有苗, 用天之罰, 若予旣率爾群對諸群, 以征有苗."
20 夏言이라고도 함.

국어)라 불리게 되는 초보적인 기초와 근원이 형성되었음을 알 수 있다.

2. 漢語는 漢藏語族에서 분화되어 독립적으로 발전하였다

역사 비교언어학은 역사 비교법을 사용하여 몇 종의 親屬言語와 방언의 역사적 비교를 통해 語音의 대응 규칙을 제시해 내었으며, 母語의 계통을 재구하여 친속언어와 방언의 역사 발전을 설명함으로써 세계의 언어를 친속관계에 따라 몇 개의 語族으로 나누었다. 漢語는 漢藏語族에서 분화되어 독립적으로 발전한 것이다.

역사 비교법을 통한 역사비교언어학은 언어과학의 촉진과 발전에 영향을 주었다. 그러나 친속관계가 없는 언어의 연구에는 아무런 효과가 없으며 또한 언어 통일의 과정도 설명할 수 없는 한계를 지닌다. 서양 언어학자들은 주로 인도·유럽의 언어만을 연구하였으며, 그 밖의 語族에 대해서는 아직 연구가 철저하지 못하며 또한 어떤 語族의 분합에 대해서는 아직까지 쟁론이 분분한 실정이다.

漢藏語族과 관련된 상황을 서술해 보면 다음과 같다.

漢藏語族(Sino-Tibetan Family)[21]의 분포 지역은 서쪽으로 인도의 캐시미르(Kashmir)에서 시작하여 西藏 고원을 지나 아시아 대륙의 남부를 따라 중국 동부의 태평양 해안까지 쭉 이어지며 네 개의 語系로 나눠진다.

漢語系 : 漢語는 漢族의 언어로서 중국의 주요 언어이며, 세계에서 사용인구가 가장 많고, 또한 가장 발달된 언어 중의 하나이다. 漢語는 지금으로부터 6천여 년 전에 이미 문자가 있었다. 예를 들어 西安의 半坡에서 출토된 채색 도기에는 기호를 새긴 것이 있고, 山東省 泰安의 大汶口에서 출토된 도기문자는 중국 최초의 의미를 지닌 문자로, 한자의 역사를 6,000년 전으로 끌어 올려놓았다. 근대에 발견 출토된 商代의 甲骨文字는 이미 3,000년의 역사를 지니고 있으며 일련의 규칙을 가지고 있는 상당히 발달된 문자이다. 漢語는 언어 계보 분류상 漢藏語族에 속하며, 중국 내의 壯語·傣語·侗語·黎語·藏語·夷語·苗語·瑤語 등과 국외의 泰語·緬語 등과 모두 친속언어이다. 중국어의 주요 방언은 北方方言·吳方言·湘方言·贛方言·閩北方言·閩南方言·粵方言·客家話의 8개 방언 구역으로 나뉜다. 현대 漢語의 민족 공동어는 北京語音을 표준음으로 하고, 北方話를 기초방언으로 하며, 모범적인 현

21 언어의 계통을 분류하는 우리말 용어로 '語族', '語系', '語群', '語派', '語類' 등이 사용되고 있지만, 본서에서는 '語族'의 하위분류로 '語系'를, '語系'의 하위분류로 '語群'을 사용하였다. 또한 괄호 속에 영어로 표기하여 이해를 돕도록 하였다.(譯註)

대 白話文 저작을 어법 규범으로 삼는 普通話이다.

중국 국내의 漢藏語族에 속한 언어는 漢語 외에도 3개의 語系가 있다.

侗傣語系(Kam-Tai) : 주로 廣西·雲南·貴州·湖南省 지역과 廣東省의 海南島에 분포하며, 3개의 語群으로 나눌 수 있다.

壯傣語群 : 壯語·布依語·儂語·沙語·傣語를 포함한다.

侗支語群 : 侗語·水家語를 포함한다.

黎語群 : 黎語.

藏緬語系(Tibeto-Burman) : 주로 西藏·西康·四川·雲南·貴州·青海·甘肅·湖南省 지역에 분포하며, 4개의 語群으로 나눌 수 있다.

藏語群 : 藏語·嘉戎語·羌語·西蕃語·俅語·怒語를 포함한다.

彝語群 : 彝語·傈僳語·納西語·哈尼語·拉祜語·白語 등을 포함한다.

景頗語群 : 景頗語를 포함한다.

緬語群 : 緬語·載瓦語·臘訖語 등을 포함한다.

苗瑤語系(Miao-Yao) : 주로 貴州·湖南·廣西·雲南·廣東省 등의 지역에 분포하며, 2개의 語群으로 나눌 수 있다.

苗語支 : 苗語.

瑤語支 : 瑤語.

漢藏語族 언어의 특징

1) 聲調가 있다. — 모든 음절에 고정된 성조가 있다. 성조의 숫자는 일반적으로 3개에서 8개에 이른다. 동일한 언어의 다른 방언들 사이에는 성조의 숫자도 차이가 있다. 대체적으로 말해 藏緬語系 언어의 성조 숫자는 侗傣語系와 苗瑤語系 각 언어의 성조에 비해 숫자가 적다.
2) 대부분의 낱말은 單音節의 語根을 기초로 한다. — 이런 언어에 속하는 낱말들이 모두 단음절이라는 말은 아니며, 어떤 언어는 매우 많은 多音節語를 가지고 있기도 하다. 그러나 이런 다음절어는 대다수가 두 개 혹은 더 많은 단음절 어근 또는 한두 개의 단음절 어근과 한 개의 부가성분이 결합해서 이루어진

것이다. 다음절 어근도 있으나 숫자가 많지 않다.

3) 附加成分의 작용은 제한적이다. ── 비록 약간의 부가성분이 있지만, 알타이어족과 인도·유럽어족에서 부가성분으로 표시할 수 있는 어법범주가 漢藏語族에서는 종종 낱말의 위치나 助詞 혹은 다른 낱말로 표시된다.
4) 類別詞가 있다. ── 중국어에서 '這個人(이 사람)'·'兩匹馬(두 필의 말)'의 '個'·'匹'을 類別詞[22]라 부른다. 藏緬語系에 속한 언어가운데 藏語와 景頗語 등 類別詞를 별로 사용하지 않는 몇 개 언어를 제외하고는 일반적으로 풍부한 類別詞가 있으며, 類別詞의 위치는 각 語系마다 다르다.
5) 語順이 매우 중요하며, 비교적 고정되어 있다. ── 일반적으로 낱말의 순서는 비교적 고정적이다.

3. 문자의 탄생과 언어·문자 문제의 첫 출현

언어에 비해 문자는 늦게 생겨났다. 그러나 문자가 나온 이후로 언어는 시간과 공간의 제약을 받지 않게 되었는데, 먼 곳에 전해질 수 있을 뿐만 아니라 후세까지도 남을 수 있게 된 것이다. 문자는 각 민족의 정치·경제 및 문화를 발전시키고, 역사문헌과 전적을 보존하며 인류문화의 보고를 풍부하게 하는 데 대단히 큰 공헌을 했다.

한자는 漢族이 漢語를 기록할 때 쓰던 것으로 그들 선조의 오랜 시일에 걸친 노동활동 가운데 만들어진 것이다. 한자는 세계에서 역사가 가장 길고 오래된 문자 중의 하나이다. 한자가 만들어진 연대는 지금 비록 명확히 단정할 수는 없지만 大汶口의 도기문자와 西安 半坡村의 석기시대 유적지에서 출토된 문물을 통해 볼 때 6,000년 전으로 거슬러 올라간다. 고고학 연구에 의하면 석기시대의 半坡村人은 이미 간단한 집을 짓고 개를 키우며 옷감을 짤 줄도 알았으며 각기 다른 형식의 도기를 제작할 줄도 알았는데 그 도기 위에 그림이나 기호를 새긴 것이 있었다. 연구에 따르면 이러한 기호는 이미 몇 백 개가 발견되었으며 문자의 초기 단계에 속한다고 한다.

山東省 大汶口에서 출토된 도기문자는 모두 여섯 개이다. 하나는 𠀘자[23]로 꽃 모양이며 붉은 색의 염료로 회색 도자기 안쪽에 씌어져 있고 大汶口 유적지에서 출토되었다. 나머지 다섯 개는 모두 도자기의 입구에 새겨진 것으로 그 중 네 개는

22 量詞를 가리킴.
23 音은 忽 : hū.

莒縣 陵陽河 유적지에서 출토되었다. 하나는 斤자로 자귀 모양이고 하나는 戌자로 살인용의 큰 도끼모양이다. 또 하나는 [炅山]자[24]인데 윗부분은 태양, 가운데는 불, 아래는 산 모양으로 작렬하는 태양 아래 산에 불이 나는 상황을 반영하고 있다. 다른 한 글자는 炅자인데 [炅山]자의 簡體로 산의 모양을 없앤 것이다. 또 諸城縣 前寨에서 출토된 도기조각 위에 새겨진 글자도 역시 [炅山]자인데, 주의할 점은 莒縣에서 출토된 것과 필획이나 구조가 완전히 똑같다는 것이다. 이런 문자가 비록 그리 많이 발견되지는 않았지만 다음과 같은 몇 가지 특징을 지닌다. 첫째, 그 문자들은 후대에 나온 商周의 銅器銘文과 甲骨卜辭 및 도기·옥기·석기 등에 쓰여 있는 문자와 맥을 같이 하므로 중국 문자의 원조가 되며 현재 중국에서 발견된 가장 이른 민족문자인 것이다. 둘째, 그 문자들은 이미 정리와 통일의 과정을 거쳐 정제되고 규범에 맞아 어떤 것들은 秦나라 때 정한 小篆이나 唐代에 정한 楷書와 비슷하다. 또한 이미 簡體가 있었다는 점에서 그것들이 최초에 만들어진 문자가 아님을 알 수 있다. 셋째, 그 문자들은 이미 넓은 지역에서 통용되던 문자였다. 大汶口 문화 유적은 山東省 大汶口와 曲阜·兗州 일대를 중심으로 고대 黃河 하류의 남쪽 기슭과 淮河 북쪽 기슭 사이에 널리 분포하는데 그 구역은 대략 10여 만㎢이다. 曲阜는 少昊의 옛 성터로 少昊國의 옛 수도이다. 따라서 大汶口 문화는 당연히 少昊 문화를 포함하는 것이다.

결론적으로 大汶口 문화와 도기문자의 발견은 80년 전[25]에 발견된 安陽의 甲骨文과 함께 중국의 역사가 4천여 년이 아니라 6천여 년이며 그 기원이 夏왕조가 아닌 黃帝 시대로부터 비롯되었음을 실증하는 것이다. 大汶口의 문자를 殷虛문자와 비교해 보면 대략 1,500~1,600년에서 2,000년 정도 이른데 이것은 현재 볼 수 있는 중국 최초의 意符文字로서 이미 매우 진보한 것으로 갓 생겨난 원시문자가 아니다.

商代의 甲骨文은 3천여 년 전의 古文字로 이미 일정한 구조법칙을 갖춘 상당히 발달한 문자이다. 甲骨文은 商代 후기의 것으로 거북이 배딱지와 소의 어깨뼈 위에 새겨 판 일종의 문자이다. 1899년 河南省 安陽의 小屯村에서 출토되었으며 발견지점이 殷의 옛 도읍지 자리였기에 '殷虛文字'라고 부른다. 그 내용이 대부분 당시 통치자가 점을 친 것이기 때문에 '卜辭'라고도 부른다. 甲骨文은 출토된 후 많은 학자들의 주의를 끌었으며, 고증과 주석을 실은 책들이 연이어 출판되어 나왔다. 몇 년이 지나 모두 16,7만 편을 발굴했는데 單字는 모두 3,500자 정도였으며 그

---

24 音은 熱 : rè.

25 濮之珍이 이 글을 쓸 당시가 1979년이고, 갑골문이 발견된 것이 1899년이므로 80년 전이라 한 것이다. (譯註)

중 이미 해석된 것이 1,700여 자이다. 字體를 보면 甲骨片 위에 새긴 것으로 필획이 섬세하고 비교적 작으며 正方型이 대다수이고 圓型은 매우 적다. 문자구조는 單體에서 合體로 나아갔을 뿐만 아니라 많은 形聲字도 생겨났다. 한자를 구성하는 방법, 즉 '六書'의 원칙도 甲骨文 가운데 이미 초보적으로 나타났다. 字體의 수량과 구성방식으로 볼 때 甲骨文은 이미 오랜 기간의 역사발전을 거쳐 일정한 구성법칙을 갖고 있는 상당히 진보된 문자라고 볼 수 있다. 그러나 甲骨文 가운데 많은 글자들은 필획·구조면에서 아직도 정형화되지 않은 것이 있다.

한자가 거북의 배딱지나 소의 어깨뼈에 새겨져 있으면 甲骨文이라 부르고 鐘鼎銅器 위에 새겨져 있으면 金文 혹은 鐘鼎文이라 부르는데, 나중에는 대나무나 비단 위에 쓰기도 했다. 사회발전에 따라 한자의 字體도 점점 복잡한 것에서 간단한 것으로 바뀌어 大篆에서 小篆으로 小篆에서 隷書로 발전했으며 나중에 또 楷書로 발전했다. 그와 동시에 行書體와 草書體도 나타났다.

언어와 문자가 생기고 서적이 생겨나자 곧이어 필연적으로 언어·문자의 문제가 출현했다.

원시의 역사문헌으로는 商代의 甲骨文과 周代의 銅器銘文이 전해져 온다. 商王朝는 미신을 숭상하여 제사·정벌·사냥·출입·추수·날씨·질병 등을 거북이 배딱지를 이용하여 길흉을 점쳤고, 또 그 위에 점을 친 날짜와 사람 이름, 내용 및 결과 등을 새겨 놓았다. 甲骨文의 대다수는 占卜文字이며 記事文字는 소수이다. 西周사회는 더욱 발전했고 언어와 문자도 그러한 사회의 발전에 따라 변화·발전해 갔다. 西周의 青銅器 銘文은 내용이 광범위해졌으며 글자 수도 증가했다. 周 宣王 때의 '毛公鼎' 銘文의 경우 497자[26]나 되어 당시 한 편의 문헌으로 보아도 손색이 없을 정도였다. 이 시기의 청동기는 공덕을 기록하였으며 또한 '曶鼎'이나 '矢人盤' 등과 같이 법률상의 계약 역할을 한 것도 있었다. 商周 시대에는 통치자 곁에 사관이 있어 전문적으로 통치자를 위한 '記事'와 '記言'을 책임졌다. '記言'의 결과물로 전해지는 것이 바로 『尙書』이다. '記事'는 編年大史記를 이루었는데 보존되어 오는 것으로 『春秋』와 『竹書記年』 등이 있다.

『尙書』는 중국 고대의 역사문헌을 모아 엮은 것으로 기록 연대가 대체적으로 노예제 시대에 해당한다. '尙'은 上代라는 뜻이고 '書'는 歷史簡冊을 말하는 것으로 지금의 말로 '尙書'는 上古의 史書이다. 예를 들어 『尙書·多士』의 내용을 보면,

26 현존하는 청동기 銘文 중 가장 긴 것이다.(譯註)

商朝가 멸망한 후로 商의 유민들은 주나라에 불복하였기 때문에 周公이 그들에게 “너희들도 알다시피 殷나라에는 전해 오던 典冊이 있었으니, 殷이 夏의 천명을 바꾸었다.”[27]라고 하는 대목이 있다. 周公은 이것으로 殷의 유민들을 설득시켰으며 周가 殷을 친 것을 殷이 周를 친 선례로 설명했다. 따라서 殷의 유민들은 周나라 사람을 원망할 필요가 없게 되었다. 이것 또한 商왕조가 夏를 멸망시킨 일이 본래 商왕조의 ‘冊’과 ‘典’에 기록되어 있었음을 설명한다.

竹簡은 썩기 쉬워 몇 십년 혹은 백년 정도 지나면 전해질 수가 없다. 『春秋』는 본래 魯나라의 역사로 마땅히 伯禽이 魯王으로 봉해지는 것으로부터 시작되어야 한다. 그러나 지금 보이는 『春秋』는 春秋 시대로 들어선 지 48년이 지난 魯 隱公 재위 때부터 기록되어 있다. 이것은 분명히 魯 哀公 이후 자료를 정리할 때 魯 隱公 이전의 竹簡이 이미 파손되어 있었음을 말하는 것이며, 隱公 이후의 竹簡도 이미 손상되어 가고 있었음을 설명해 주는 것이다. 예를 들면 다음과 같다.

> 『桓公14年』云, “夏, 五……”
> 『莊公24年』云, “冬, 郭公 ……”

이는 분명히 문자가 손상되어 빠져 있음을 보여 주는 것이다.

春秋戰國 시대는 百家爭鳴의 시기로 중국의 학술사상이 번영하기 시작한 때이다. 당시 각 유세가들은 모두 자신의 학설로 임금이나 당시 사람들을 설복시키려 했으며 그 방법으로 고대의 역사를 증거로 삼았다. 그러므로 그들은 모두 힘을 다해 고대 문헌사료를 수집했다. 예를 들어 『左傳』에서는 『尙書』를 53번이나 인용하고 있으며 18편을 열거하고 있다. 『墨子』에서는 『尙書』의 篇名을 22차례나 인용하고 있으며 儒家의 『論語』·『孟子』·『荀子』와 法家의 『管子』·『韓非子』, 史書인 『國語』·『戰國策』과 雜家의 『呂氏春秋』는 모두 『尙書』를 자주 인용하였고, 편명을 언급한 것도 40여 편이 된다. 그 중 伏生이 전한 秦 博士本 28편 이외에도 대략 30편이 된다. 이 30편의 『尙書』는 戰國 시대까지 남아 있었지만 후대에는 없어졌다.

戰國 시대 사람들이 인용한 책 중에는 서로 다른 점이 많다. 예를 들면 儒家의 교재 중에 「甘書」가 있는데 『墨子·明鬼下』에도 이것이 있다. 두 책에서 인용하고 있는 중심 내용은 완전히 같지만 문장에는 큰 차이가 있다. 더욱이 『墨子』 하나만 놓고 보더라도 같은 책을 인용하면서 서로 어긋나는 데가 있다. 예를 들면 「非命」

27 “惟爾知, 惟殷先人有冊有典, 殷革夏命.”

上·中·下 세 편에서 모두 「仲虺之誥」를 인용하였는데 글자가 서로 부합되지 않는다. 또한 「天志」 中篇과 「非命」 上·中·下篇에서 모두 「太誓」를 인용했는데 여기에도 매우 큰 차이가 있다. 이는 竹簡을 베끼는 과정에서 錯簡과 脫簡 및 錯字·脫字·增字·誤字가 생기기 쉽기 때문에 자연적으로 나타나는 차이이며 여기서 언어·문자의 문제가 발생하게 되는 것이다. 이 때문에 『春秋』가 '斷爛朝報'[28]라고 비난받는 것이다. 후세에 춘추의 세 가지 해석으로 『左傳』·『公羊傳』·『穀梁傳』이 나왔다. 『左傳』은 역사적 사실에 근거하여 해석한 것이고 『公羊傳』과 『穀梁傳』은 처음으로 낱말 뜻과 어법 방면의 연구를 시작한 것이다. 그러나 이 두 권의 목적은 의문 나는 것을 풀고 어려운 글자를 해석하는 데에 있었으므로 각종 어문 현상을 종합하여 분석하고 귀납하는 연구는 할 수 없었다.

西周 시대는 중국 노예제 사회의 전성 시기였다. 이 시기에는 노예제 경제가 商代에 비해 더욱 발전했으며 번영된 모습을 보여 주었다. 정치·군사 방면에서 보면 武王은 사방으로 정벌을 나가 많은 국가와 부락들을 공격하여 멸망시키고 수많은 포로들을 사로잡았다. 『周逸書·世俘』의 기록에 의하면, 武王은 99개의 나라를 멸망시켰으며, 17여만 명을 참수하였고, 300여만 명의 포로를 잡고, 625부락을 항복시켰다. 이러한 숫자는 정확하지는 않지만, 周나라가 초기에 동쪽으로 정벌을 나가 획득한 포로와 전리품 및 약탈한 재화의 규모를 보여줄 뿐만 아니라 周 왕조의 정치상의 통일도 보여주고 있는 것이다. 그러므로 언어와 문자의 발전에 있어서도 통일 작용을 촉진시켰다.

周왕조는 통일을 이룬 후 토지와 노예들을 제후들에게 나누어 주었다. 周代의 계층 구분은 뚜렷했는데, 일반적으로 여섯 계층, 즉 天子, 諸侯, 卿, 大夫, 士와 庶人·工·商으로 나누어진다. 士는 자유농민에 속하며, 士 이상의 계층이 노예주 계급이며, 士 이하가 노예였고, 庶人·工·商이 생산 노예계급에 속한다. 周나라는 초기에 수공업자들을 비교적 중시하였는데, 『尙書·酒誥』에 기록된 포로로 잡힌 수공업자 노예들에 대한 태도를 보면, "헛되이 죽이지 말고 다만 그들을 교화시켜라."[29]라고 적고 있다. 광대한 노예계급은 자신들의 지혜와 두 손을 이용한 힘겨운 노동을 통해 西周의 농업과 수공업의 끊임없는 발전을 촉진하였으며 대량의 사회적 부를 창조하였다.

생산 도구의 진보와 井田制의 관개시설, 전답의 배수 등 전답관리를 잘하여 농업생산은 커다란 발전을 이루었다. 예를 들면, 『詩經·小雅·甫田』에서는 다음과 같이

28 여러 조각이 난 조정의 기록을 말하는 것으로 王安石이 『春秋』를 헐뜯어 한 말이다. (譯註)
29 "毋庸殺之, 惟姑教之."

말하고 있다.

증손자네 농작물이 가득 쌓여 있는데
높이가 언덕도 같고 산등성이 같아라.
증손자네 곡물 통가리 가득찬 것이
언덕도 같고 산등성이 같아라.
기장과 피, 벼와 수수 모두 잘 여물었으니
농부들 모두 기뻐하네.
신령이 우리 임금께 큰 복을 내리시니
만수무강하리라.[30]

또 『詩經·周頌·豊年』을 보면 다음과 같다.

풍년이 드니 기장도 잘 되고 벼도 잘 되었네.
가득한 식량 높고 높은 것이
억으로 만으로 많구나.
술 빚고 단술을 걸러 조상들께 바쳐 올리고
온갖 예를 다 갖추니 모두에게 복을 내려 주시네.[31]

이 두 편의 시는 당시 농업 생산물의 풍부함을 잘 반영하고 있다. 노예주 계급이 착취한 각종의 식량은 너무나 많아 다 보관할 수 없을 정도였다. 그래서 도처에 곡식 창고가 있었다. 노예주 계급들은 노예들의 피와 땀으로 이루어진 곡식을 이용하여 훌륭한 술을 빚어 조상께 제사를 지내고 영원한 降福을 기원하였다.

청동기의 출현으로 농업이 발전했으며 수공업의 발달로 인해 상업은 사회·경제의 필수불가결한 부분이 되었다. 西周의 상인들은 당시의 수공업자들과 마찬가지로 노예주 계급에 예속되었다. '工商食官'[32]은 주로 귀족들을 위하여 운영되었다.

상품교환이 날로 빈번해짐에 따라 도시에 시장이 출현하였다. 『周禮·質人』의 기록에 의하면 "質人은 시장의 재화, 백성, 우마, 병기, 진기한 물품을 관장하는 사람으로 모든 매매행위는 質人이 조절하였다."[33]라고 하였다. 質人의 임무는 바로

---

30 "曾孫之稼, 如茨如梁. 曾孫之庾, 如坻如京. 乃求千斯倉, 乃求萬斯箱. 黍稷稻粱, 農夫之慶. 報以介福, 萬壽無疆."

31 "豐年, 多麥多稌, 亦有高廩, 萬億及秭. 爲酒爲醴, 烝畀祖妣. 以洽百禮, 降福孔皆."

32 『國語·晋國四』 참조.
중국 고대의 상공업은 노예주 귀족들이 독점하였는데 서주 때 왕실에서 제후·경대부·사에 이르기까지 모두 각자 수공업을 가지고 공장을 경영하였고, 또 사정·차정·도정·공정 등 관직을 두어 경영하고 관리하였다. 서주의 상인과 수공업자는 모두 노예주 귀족들에게 예속되어 대신 경영하였다.(譯註)

33 "質人掌成市之貨賄, 人民, 牛馬, 兵器, 珍異, 凡賣買者質劑焉."

시장을 관리하는 것으로, 매매 계약서를 그가 정하고 발행했다. 東周 시대에 이르러 천자의 지위는 약해졌으며 春秋戰國 시대를 전후하여서는 五霸七雄으로 나뉘어 할거하는 상황이 나타났다. 노예들은 계속해서 노예주 계급의 잔혹한 통치에 저항하였다. 문화적으로도 官學이 私學으로 발전하는 모습을 드러내었다. 이때부터 학습과 교육은 國子와 귀족에만 한정되지 않고 민간에도 보급되게 되었다.『論語·子路』 중에 기록된 孔子와 제자간의 대화중에 다음과 같은 것들이 있다.

孔子가 衛나라 백성의 많음을 보고 말하기를 "많도다."[34]하니 冉有가 "이미 백성들이 많아졌다면 또한 무엇을 보태 주어야 합니까?"[35]하고 물으니 孔子가 "그들을 부유케 해주어야 한다."[36]라고 대답하니, 또 염유가 다시 "이미 백성들이 부유해졌다면 또 무엇을 보태 주어야 합니까?"[37]라고 물으니 孔子가 "그들을 가르쳐야 한다."[38]라고 대답해 주었다. 여기서 孔子가 문화교육을 중시하고 있음을 알 수 있다.

또한『孟子·滕文公下』를 보면 孟子의 제자인 彭更이 "수레 수십 대를 뒤따르게 하고 뒤따르는 자 수백 명을 거느리고, 제후들에게 돌아다니며 대접을 받는다면 이는 너무 지나친 일 아닙니까?"[39]라고 물어 보았는데 이것으로 당시 문화의 보급과 교육의 발전을 살펴볼 수 있다. 孔子에게는 3천여 명의 제자가 있었는데 그 중의 대다수가 평민이었다. 다수의 평민들이 학습하고 교육받을 기회를 가짐에 따라 문화는 급속히 발전하게 되었고 언어와 문자방면에 있어서도 해방과 진보를 가져왔으며,『尙書』·『春秋』에서『論語』·『孟子』에 이르는 고대 漢語의 서면어들도 풍부하게 발전했다는 것은 매우 분명한 일이다. 교육의 보급과 문화의 향상이 학술사상적인 면에 반영된 것은 春秋戰國 시대의 백가쟁명인데 이것은 중국 역사에 있어 처음으로 문화가 향상되었음을 보여주는 것이었다. 이러한 학술사상 방면에서의 활동과 사회가 발전하고 번영하는 과정 속에서 교제와 사상 교류의 수단으로 작용하는 언어와 문자는 필연적으로 학습과 연구의 대상이 되어 중국의 고대 언어학 연구가 싹트기 시작하였다.

---

34 "庶矣哉."
35 "旣庶矣, 又何加焉?"
36 "富之."
37 "旣富矣, 又何加焉?"
38 "敎之."
39 "後車數十乘, 從者數百人, 傳食于諸候, 不亦泰乎?"

4. 小學의 흥기

사회가 발전함에 따라 언어와 문자 역시 발전하게 되며 이를 배우고 가르치는 일 또한 필요해 진다. 이러한 이유로 '小學'이 흥기하게 되었다. '小學'이라는 말이 처음으로 보이는 곳은 『大戴禮記·保傅』편이다. 『大戴禮記·保傅』의 기록을 보면 "태자가 점점 자라 여비를 맞이할 때에 이르면 곧 小學에 들어가게 되는데, 이 小學이라는 것은 배움을 행하던 궁궐을 말한다. ……옛날에 여덟 살이 되면 外舍로 나아가 小藝를 배우고 小節을 실행하게 된다."[40]라고 하였다. 西周 시대는 노예제 사회의 전성 시기로서 여덟 계층으로 나누어져 있었는데 당시에는 단지 귀족들만이 교육을 받을 수 있었다. 小藝에 관해서 『周禮·地官·保氏』에서 설명하기를 "保氏는 왕의 잘못을 간하고 나라의 자제들을 교육하는 일을 관장하였는데, 이에 그들에게 六藝를 가르쳤다. 六藝란 五禮, 六樂, 五射, 五馭, 六書, 九數를 말한다."[41]라고 하였고, 또 "이에 六儀를 가르쳤다. 六儀란 祭祀之容, 賓客之容, 朝庭之容, 喪紀之容, 軍旅之容, 車馬之容을 말한다."[42]라고 하였다. 그러므로 周나라의 교육 제도 중에서 小學이란 본래 六藝(小藝)와 六儀(小節)를 배우는 것을 가리켰으나, 후에 小學의 함의가 점점 축소되어 다만 六藝 중의 하나인 '書'만을 가리키게 되었음을 알 수 있다. 다시 말해 오로지 언어와 문자에 대해 학습하는 것만을 지칭하게 된 것이다. 東漢 사람 崔寔은 『四民月令』에서 다음과 같이 기록하고 있다.

> 정 월: 농사일이 시작되기 전에 성장한 아이들에게 태학에 들어가 五經을 배우도록 하였으며 얼음이 녹는 것이 보이기 전에 어린아이들에게 小學에 들어가 문장을 배우도록 하였다.[43]
> 팔 월: 여름이 물러가면 정월과 마찬가지로 어린아이들에게 小學에 들어가도록 하였다.[44]
> 시 월: 농사일이 끝나면 정월과 마찬가지로 어린아이들에게 小學에 들어가게 하였다.[45]
> 십일월: 벼루가 얼어붙을 때가 되면 어린아이들을 小學에 들여보내 『孝經』·『論語』를 읽도록 하였다.[46]

---

40 "及太子少長知妃色則入小學, 小學者所學之宮也. ……古者八歲而就外舍, 學小藝焉, 履小節焉."
41 "保氏掌諫王惡而養國子之道, 乃敎之六藝: 一曰五禮, 二曰六樂, 三曰五射, 四曰五馭, 五曰六書, 六曰九數."
42 "乃敎之六儀: 一曰祭祀之容, 二曰賓客之容, 三曰朝庭之容, 四曰喪紀之容, 五曰軍旅之容, 六曰車馬之容."
43 "農事未起, 命成童以上入太學, 學五經, 不見冰釋, 命幼童入小學學篇章."
44 "署退, 命幼童入小學如正月焉."
45 "農事畢, 命幼童入太學如正月焉."
46 "硯冰凍, 命幼童讀孝經, 論語篇章入小學."

'小學'이 문자의 의미를 포함한 것은 여기에서 비롯되었다. 그러므로 고대 '小學'이란 언어와 문자를 학습하는 것을 가리킨다. 예를 들어 『漢書·藝文志』 중의 '小學類'란 字書들을 모아 놓은 것이다. 春秋戰國 시대에 『史籀篇』이라는 책이 있었는데, 이는 秦나라 사람들이 아동들에게 글자를 가르치기 위해 만든 책으로 현재는 전하지 않는다. 秦代와 西漢 시대에 들어와서는 李斯의 『倉頡篇』, 趙高의 『爰歷篇』, 胡毋敬의 『博學篇』, 司馬相如의 『凡將篇』, 史游의 『急就篇』, 李長의 『元尙篇』, 揚雄의 『訓纂篇』 등의 책이 나오기 시작했다.

李斯의 『倉頡篇』, 趙高의 『爰歷篇』 및 胡毋敬의 『博學篇』은 漢代에 들어와 『倉頡篇』으로 통칭되었으며 '三倉'으로 불려지기도 하였는데, 모두 3,300자를 수록하고 있다. 揚雄의 『訓纂篇』에 이르러서는 『倉頡篇』과 같이 글자 수가 늘어나 5,340자가 되었다. 漢 和帝(89～105)때 사람인 賈魴이 또한 『滂喜篇』을 지었다. 후인들이 『倉頡篇』을 上篇으로 삼고 『訓纂篇』을 中篇으로, 『滂喜篇』을 下篇으로 삼아 이 세 책을 '三倉'이라고도 불렀다. 위에서 말한 여덟 편의 저서 중에서 『急就篇』은 전해지고, 『倉頡篇』은 殘簡[47]만이 있으며, 그 나머지 저서들은 이미 산실되었다. 그러나 원래 책이 망실되었다 하나 그 단편들은 다른 저서들의 인용문 속에서 보이는데, 예를 들면 『說文解字』에서 『倉頡篇』 중의 '어린아이들이 가르침을 받는다.'[48]라는 구절을 인용하고 있는 것을 들 수 있다. 淸代 孫星衍(1753～1818)은 이러한 저서들 속에 보이는 인용문들을 수집하여 『倉頡篇』 세 권을 지었는데, 한 권은 續篇이며 나머지는 補篇이다.

47 王國維의 『流沙墜簡』에 보임.
48 '幼子承詔.'

제2절 先秦시기 諸子들의 언어·문자에 관한 토론

1. 언어·문자연구의 시작

『論語·顔淵』에 季康子가 孔子에게 정치에 관해 물어 보는 구절이 있는데 孔子가 이에 대답하기를 "政者, 正也. 子帥而正, 孰敢不正?"이라고 하였으니 이는 "정치(政)라는 것은 올바름(正)입니다. 당신이 솔선수범하여 자신을 단정히 한다면 누가 감히 단정치 않겠습니까?"라는 의미이다. 『孟子·滕文公上』에서는 夏·商·周 三代의 田租가 서로 다름을 설명하고 있으니, 夏에서는 貢, 商에서는 助, 周에서는 徹이라고 하였다. 孟子는 이것을 다음과 같이 해석하였다. "徹者, 徹也; 助者, 藉也." 즉 孟子는 '徹'(관통하다)로써 '徹'을 해석하였는데, 이는 본래의 글자대로 해석하는 방법이다. 徹은 일반적으로 쓰여도 그 뜻이 통하는 글자이다. '助'는 '~을 근거로 하여'라는 뜻으로, 즉 나라에서는 인민의 역량을 근거로 하여 공유 토지를 경작한다는 뜻이다. 동일 문장 중에서 孟子는 또한 夏·商·周 三代의 학교 명칭이 서로 다름을 서술하고 있는데 夏에서는 校, 殷商에서는 序, 周에서는 庠이라 하였다. 孟子는 이것을 "庠者, 養也; 校者, 教也; 序者, 射也."라고 해석하였다. 옛 사람들은 '教'와 '養'을 구분하지 않았으니, 예를 들어 『周禮·地官·保氏』의 "태자에게 도를 가르치다."[1]에서 '養'은 '教'의 뜻으로 쓰인 것이다. '射'는 六禮의 하나로, 여기에서는 학교에서 전수하는 모든 지식과 기능을 대표하고 있다.

위에서 거론한 字義와 관련된 훈고 해석이 발전하여 후대에 이른 것이 바로 '聲訓'이다. 소위 '聲訓'이란 것은 同音字 또는 雙聲·疊韻字를 이용하여 字義를 해석하는 방법이다. "政者, 正也"란 동음으로 해석을 단 것이다. "庠者, 養也; 校者, 教也; 序者, 射也"란 바로 疊韻을 이용한 해석이며 聲母 역시 비슷하다. 물론 孔子와 孟子가 이와 같이 字義를 해석한 것은 그들의 정치사상을 나타내고자 함이 주된 목적이다. 그러나 이것은 또한 고대의 언어와 字義에 관련된 연구의 시작을 보여주는 것이기도 하다.

또한 『左傳』 文公 7년에 보면 荀林父가 先蔑에게 진나라에 사신으로 나가지 말

---

1 "而養國子之道."

것을 권하는 장면이 서술되어 있다. 荀林父는 先蔑과 동료로서 아는 것은 모두 말해 주었다. 그러나 先蔑은 그의 말을 듣지 않았다. 이에 荀林父는 『詩·大雅·板』의 제3장을 낭송하여 先蔑에게 충고하였다. 先蔑은 여전히 그의 권고를 듣지 않았다. 그가 읊은 시 속에는 "내가 비록 다른 일을 하고 있으나, 너와는 동료이다."[2]라는 구절이 있는데 '寮'자는 보편적으로 쓰이는 글자가 아니기 때문에 荀林父는 이것을 "같은 관직을 寮라고 한다."[3]라고 해석하였다. 이것은 실제로는 『詩經』 중의 字義를 해석한 것이다. 또한 『孟子·梁惠王下』에는 齊 景公이 太師에게 명하여 군신이 함께 즐길 수 있는 樂章을 만들도록 하는 부분이 있다. 樂章의 명칭은 '徵招'·'角招'이며, 그 중에는 '畜君何尤'라는 구절이 있다. 孟子는 齊 宣王이 '畜君'의 의미를 이해하지 못할 것이라고 생각하여 "畜君者, 好君也."라는 해석을 덧붙였다. '好君'이란 것은 '悅君'[4]이며, 이는 또한 군신이 함께 즐긴다는 뜻이다. 전체 뜻은 "신하가 군왕을 즐겁게 하는 것이 무슨 죄가 있는가"이다.

이상 몇몇의 예들을 보면 알 수 있듯이, 언어와 문자란 인간이 사상을 교류하는 도구이기 때문에 사회가 발전하면 언어도 발전하게 되는 것이다. 또한 사회적인 교류의 실천이 필요하게 됨에 따라 언어·문자에 관한 연구가 점점 흥기하게 되었다.

2. 문자의 기원에 관하여

춘추전국시대 많은 철학가와 사상가들은 언어와 문자에 대하여 토론하고 연구하였으며 비교적 과학적인 접근을 시도하였다.

문자의 기원에 관한 가장 오래된 기록은 『易經·繫辭傳』에 보이는데, "包羲氏는 천하의 왕이 되어 위로는 하늘에서 모양을 살피고 아래로는 땅에서 법칙을 살피고 鳥獸의 무늬가 땅에 새겨진 것을 살피고 가깝게는 사람에게서 취하고 멀게는 사물에서 취하여 이에 八卦를 지었다. 이로써 신명의 이치를 통하게 하고 만물의 정을 구별케 하였다. …… 상고시대에는 結繩을 지어 다스렸고, 후세에는 성인이 書契로 이를 대신하였는데 백관이 이로써 다스렸고 만민은 이로써 살피었다."[5]라고 하였다. 『史記·周本紀』의 기록에 의하면, 『周易』은 殷周 무렵에 기원하는 것으로 伏羲가

2 "我雖異事, 及爾同寮."
3 "同官爲寮."
4 임금을 기쁘게 하는 것.
5 "包羲氏之王天下也, 仰則觀象於天, 俯則觀法於地, 觀鳥獸之文與地之宜, 近取諸身, 遠取諸物, 於是作八卦, 以通神明之理, 以類萬物之情.……上古結繩而治, 後世聖人易之以書契, 百官以治, 萬民以察."

八卦를 지었다는 설은 믿을 수가 없다. 그러나 文王이 64卦로 발전시켰다는 것은 西漢 이전에는 학술계에서 공인된 견해였다. 중국의 몇몇 소수민족 지역에서는 과거에 항상 鳥獸의 뼈를 이용하여 일의 길흉을 점쳤다. 그 방법은 앞면과 뒷면을 이용하여 일의 가능함과 불가능함을 판정하는 것이었다. 이것은 『周易』에서 '--'(陰), '－'(陽) 두 개 부호의 의미를 사용한 것과 비슷하다. 『易經·繫辭傳』에서의 '近取諸身'이 가리키는 것은 남녀 두 성별의 차이이다. '遠取諸物'이 가리키는 것은 인류 이외의 晝夜·寒暑·암수·生死 등의 자연현상과 사회현상이다. 『易經』에서는 복잡한 자연과 사회현상으로부터 陰(--)과 陽(－)이라는 두개의 범주를 추상해 내었으며, 세계는 바로 이 두 종류의 대항성 물질세력(陰·陽)의 운동과 발전이라고 인식하였다.

『易經·繫辭傳』의 이러한 기록은 문자의 기원에 관하여 두 가지 주의할 만한 점을 지니고 있다.

첫째, 문자는 갑자기 생겨난 것이 아니며 문자의 창조는 반드시 일정한 과정을 거쳐야만 한다는 것이다. 인류가 언어를 갖게 된 이후로 언어는 인류사회의 발전에 매우 커다란 촉진작용을 하였다. 그러나 언어는 한 가지 결점을 가지고 있는데, 말하고 나면 사라져 버리는 것으로 다른 지역에 전해질 수 없으며 이후까지 남아 있지 않는다는 것이다. 이 때문에 인류사회가 일정한 단계까지 발전하게 되자 곧 문자가 생겨났다. 그러나 문자란 단번에 창조될 수 없는 것이며 인류의 선조는 문자를 창조하기 위해서 辛苦의 과정을 거쳤다. 물론 한자가 생겨나기 이전에 『易經·繫辭傳』에 보이는 것처럼 八卦와 結繩의 단계를 거쳤는지에 대해서는 아직 연구가 필요하다. 그러나 문자가 생겨나기 이전에 사람들은 실물을 이용하여 기억을 돕고 교제하는 데 이용하였다. 예를 들어 남미의 페루인들은 일찍이 각종의 크고 작은 매듭을 이용하여 갖가지 양식을 만들어 내고 그것으로 일을 기록하고 명령을 내리기도 하였다. 중국의 소수 민족인 獨龍族도 과거 문자가 없었을 때 結繩과 刻木을 이용하여 일을 기록하였다. 따라서 『易經·繫辭傳』에는 문자가 창조되기 이전에 사람들이 이미 매듭과 八卦를 이용하여 일을 기록하였다고 적고 있다. 이는 인류의 선조들이 문자를 창조하기 위해 거친 일련의 과정으로 이러한 견해는 문자발전의 객관적인 규칙에 비교적 부합된다.

둘째, 『易經·繫辭傳』에서는 문자를 창조한 것은 '聖人'이라고만 하였지 어느 한 개인을 명확히 가리키지는 않았다. 언어·문자라는 것은 일종의 사회현상이며, 사람들의 교제와 사상교류의 도구이다. 따라서 인류의 언어·문자를 한 개인이 창조해 낸다는 것은 있을 수 없는 일이다. 『易經·繫辭傳』에서 "후세의 성인들이 이를 書契로 바꾸었다."[6]라고 하였는데 이는 비교적 정확한 견해이다. 중국의 민간에는 "모든 이가 성인이다."[7]라는 구절이 전해지고 있는데 문자란 대중들이 창조해 낸 것으로 보여진다.

이외에도 한자의 기원에 대해 살펴보면 고대 중국에서는 '창힐이 글자를 만들었다'[8]라는 전설이 있다. 許愼은 『說文解字·敍』에서 말하기를 "황제의 史官인 倉頡이 새와 짐승의 발자국을 보고 무늬와 이치가 서로 다름을 알아 처음으로 書契를 만들었다."[9]라고 하였다. 그러나 『易經』의 시대가 許愼보다 훨씬 빠르며, 『易經·繫辭傳』에서는 한자의 기원에 대해 "후세 성인이 그것을 書契로 바꾸었다"라고만 하고 있다. 그렇다면 東漢 시대의 許愼이 어떻게 倉頡이 글자를 만든 것을 알 수 있었겠는가. 일찍이 전국시대에 荀子는 「解蔽」편에서 "문자를 좋아하는 사람은 많지만 창힐만이 유일하게 전해지는데 이는 그가 그 일에 전념했기 때문이다."[10]라고 하였다. 문자란 여러 사람들에 의해 만들어지는 것이지만 너도나도 만들어 낸다면 혼란을 면치 못할 것이며 교제에 영향을 미치게 될 것이다. 따라서 문자가 일정단계까지 발전하게 되면 누군가 이를 연구·정리하고 규범화시켜야 한다. 倉頡은 아마도 고대에 문자의 정리에 참가한 사람이었을 것이다. 이렇게 본다면 荀子의 견해가 비교적 과학적이라 할 수 있다.

3. 名과 實의 문제에 관한 討論

춘추전국 시기는 낡은 노예제도가 서서히 붕괴되고 새로운 봉건사회 질서가 끊임없이 생겨나는 시기였다. 이처럼 격렬한 변혁의 시기에 많은 사물들의 이전의 명칭은 이미 새로운 내용의 실체에 적응할 수 없게 되었다. 또한 각종 새로 생겨난 명칭은 사회의 공인을 얻지 못하였다. 이러한 상황은 사회생활 영역 안에서 특히 두드러지게 나타났고, 이데올로기상의 '名'과 '實'이라는 논쟁을 불러 일으켰다. 선진 시기의 몇몇 중요한 사상가들은 거의 모두 소위 '正名'의 문제를 제기하였다. 그들은 사상 논쟁 중에 상대방을 제압하고자 하였기 때문에 '名實'에 관한 논쟁은

6 "後世聖人易之以書契."
7 "衆人是聖人."
8 '倉頡造字.'
9 "黃帝之史倉頡, 見鳥獸蹄迒之跡, 知分理之可相別異, 初造書契."
10 "好書者衆矣, 倉頡獨傳者壹也."

점차 認識論과 論理學의 연구로까지 발전하였다. 또한 당시 철학 사상의 중요한 문제가 되어 戰國시기에 이르러서는 名辯思潮를 형성하였다.

孔子의 '名'과 '實'에 대한 견해는 다음과 같다. 孔子의 이름은 丘이고, 자는 仲尼이다. B.C.551년(周 靈王 21년)에 태어나 B.C.479년(周 敬王 41년)에 사망하였다. 그는 일생 동안 주로 魯나라에서 활동하였다. "周禮는 魯나라에 이르러 다하였다."[11]라고 하였는데, 魯나라는 춘추시대 문화의 중심으로 풍부한 문물전적을 갖고 있었다. 孔子는 周禮에 위반되는 행위를 격렬하게 반대하였다. 예를 들어 周禮에서는 단지 天子만이 八佾[12]을 이용한 樂舞를 출 수 있게 규정하였고, 諸侯는 六佾의 樂舞를, 大夫는 四佾의 樂舞를, 士계급은 단지 二佾의 樂舞를 쓸 수 있었다. 魯나라의 季氏는 대부였는데도 불구하고 八佾을 사용하였다. 이때 孔子는 "이것을 할 수 있다면, 그 무엇인들 차마 할 수 없겠느냐!"[13]라고 하였는데, 이 말은 '季氏가 天子의 樂舞 의식까지도 윗사람의 것을 함부로 사용하니, 또 어떤 일인들 하지 못하겠는가?'라는 뜻이다.

孔子는 正名의 주장을 폈는데, 그 정치적 함의는 周禮를 척도로 하여 명분을 바로 잡는 것이었다. 그는 齊 景公에게 "임금은 임금다워야 하고, 신하는 신하다워야 하고, 어버이는 어버이다워야 하며, 자식은 자식다워야 한다."[14]라고 하였다. 이것이 바로 正名의 주요 내용이다. 郭沫若은 『十批判書』에서 孔子의 正名은 명분에만 그친 것이 아니라, 이미 名辯思想을 갖고 있다고 여겼다. 孔子의 正名은 주로 정치상의 명분을 말하는데, 그의 정치적 견해 가운데에서도 객관사물[實]과 개념[名] 사이의 관계를 나타내고 있다. 그는 정치적 혼란은 명분을 바로 잡지 않았기 때문에 생겨나는 것이라고 생각했다. 그는 '名'을 제일의 것으로 간주하고, 현실세계의 '實'이, 周公이 만들어 놓은 '名'을 위반함으로써 많은 異常현상이 생겨났다고 여겼다. 그는 周禮가 무너지는 형국을 구하기 위해서는 '名'에 대한 정확한 인식이 있어야만 한다고 강조하였다. 이것은 '名'과 '實'의 관계를 뒤엎은 것이다. 물론 일정한 조건 아래에서 正名은 많은 작용을 한다. 명확한 개념은 사회 활동에 대해 어느 정도 적극적인 의의를 갖는다. 그러나 이러한 작용을 확대할 수는 없다. 왜냐하면 당시 정치상의 혼란은 사람들의 개념이 불분명한 데서 생겨난 것이 아니라 많은

11 "周禮盡在魯."
12 每佾은 8名을 말한다.
13 "是可忍也, 孰不可忍也!"
14 "君君, 臣臣, 父父, 子子."

사회 모순이 드러낸 필연적인 결과이기 때문이다.

老子의 '名'과 '實'에 관한 견해는 다음과 같다. 老子의 이름은 老聃이고, 생졸연도는 명확하지 않다. 대략 B.C.580년(周 簡王 6년)에 태어나서 B.C.500년(周 敬王 20년)에 사망한 듯하다. 선진제자들은 '名'과 '實'의 문제에 대해 격렬한 논쟁을 전개하였는데, 그 중 가장 먼저 이 문제를 제기한 사람이 老子이다. 그는 『道德經』에서 다음과 같이 말하였다.

> 이름지을 수 있는 이름은 참 이름이 아니다. 이름이 없음은 천지의 本質이요, 이름이 있음은 만물의 母體이다.[15]

老子가 『道德經』에서 언급한 '常名'은 객관사물과 본질을 연관시킨 개념이다. 즉 '참 이름(可名)'은 명칭을 가리키는 것으로, 언어상의 단어이다. 老子는 可名(명칭)을 객관사물과는 본질적 연관이 없고 단지 개념을 나타내는 부호라고 여겼다. 언어가 처음 시작될 때 왜 하늘을 하늘이라 하고 땅을 땅이라 했는가? 명칭과 객관사물은 필연적 연관성이 없기 때문에 老子는 "無名, 天地之始."라고 한 것이다. 그러나 老子는 또한 '名'의 의의와 역할을 부정하지 않고 "有名, 萬物之母."라고 지적하여, 중국 역사상 최초로 名과 實을 불가분의 것으로 여긴 사람이 되었다. 또한 그는 중국 언어학사상 비교적 과학적으로 명칭과 객관사물간의 관계를 지적한 최초의 사람이다. 이러한 그의 '名'과 '實'에 대한 견해는 후세에 비교적 커다란 영향을 주어, 그 이후 몇몇 철학가와 사상가들 중에 老子의 견해를 받아들인 사람도 있고 그의 견해를 발전시킨 사람도 있다.

예를 들어 墨子[16]는 「貴義」편에서 "장님이 흰 것과 검은 것을 알지 못하는 것은 그 이름을 모르는 것이 아니라 그것을 선택할 줄 모르는 것이다."[17]라고 하였다. 이 말은 '장님이 흑백을 알지 못하는 것은 결코 그들이 흑백이라는 명칭을 알지 못해서가 아니다.'라는 의미이다.

楊朱[18]는 "실체에는 명칭이 없고, 명칭에는 실체가 없으므로, 名·實은 거짓된 것일 뿐이다."[19]라고 하였다. 이 말은 '사물은 본래 이름이 없고, 명칭도 곧 사물이

15 "名可名, 非常名. 無名, 天地之始; 有名, 萬物之母."
16 戰國 初期 魯나라 사람 墨翟(468~376 B.C.)을 말함.
17 "瞽不知白黑者, 非以其名也, 以其取也."
18 戰國 初期 魏나라 사람으로 哲學者이다.
19 "實無名, 名無實, 名實僞而已矣."

아니다. 명칭은 단지 사물을 가정해 주는 부호일 뿐이다.'라는 의미이다.

그러므로 墨子와 楊朱는 老子의 견해를 받아들여, 명칭과 객관사물 사이에는 본질적이고 필연적인 연관성이 없다는 것에 역점을 두었다.

趙나라 사람 公孫龍子(약325~250B.C.)에 이르러 '名'과 '實'의 견해가 진일보하였다. 그는 「名實論」에서 "그 實質을 바로 잡는 것은 그 이름을 바로 하는 것이다. 명칭이 올바르게 되면 이것은 이것으로 저것은 저것으로 부르게 된다. 저것을 저것으로 정했는데 저것이라 부르지 않는다면 이는 옳지 않은 것이다. 이것을 이것으로 정했는데 이것이라 부르지 않는 것도 옳지 않은 것이다."[20]라고 하였다. 즉 객관사물의 이름은 사람들이 정하는 것으로, 어떤 사물의 명칭이 정해지기 이전에는 이것을 저것이라 부를 수 있다. 예를 들어, 명칭이 확정되기 전에는 하늘을 땅이라 부를 수 있다. 그러나 각 사물의 명칭이 정해진 후에는 이것을 저것이라 부를 수 없으니 즉 하늘을 하늘이라 하고 땅을 땅이라 하는 것을 바꾸어서도 안 되고 바꿀 수도 없다는 것이다.

'名'과 '實'의 문제가 언어학에 반영된 것이 단어와 객관사물의 관계이며, 이것이 사실상 언어의 본질적인 문제이다. 이 문제는 언어학 이론 가운데 중요한 기초 이론 중의 하나이다. 고대로부터 많은 사상가와 철학가들이 이 문제에 주의를 기울였다. 예를 들면 고대 그리스의 몇몇 철학가 및 사상가들은 이미 단어(명칭)와 사물(실체)의 관계가 필연적인 것인지 인위적인 것인지에 대해 토론하였다. 중국 고대 선진 제자 각 학파들도 '名'과 '實'의 문제에 대해 격렬한 토론을 벌였다.

단어와 객관사물의 관계는 처음에는 필연적인 것이 아니었다. 예를 들어 책상을 왜 책상이라 하고 의자를 왜 의자라 부르게 되었는지 처음에는 필연적 연관성이 없었다. 서양 언어학파 중 과거의 어떤 학파는 단어의 임의성을 단편적으로 확대하여 단어는 단어이고 객관사물은 객관사물이라고 하였다. 그들은 언어란 개인 행위의 결과로 말하는 사람의 의지에 따르는 일종의 주관적인 부호라고 여겼는데, 이러한 견해는 비과학적인 것이다.

단어와 사물의 관계는 처음부터 필연적인 것은 아니었지만 임의적이거나 주관적인 것도 아니다. 왜냐하면 첫째, 단어와 사물의 관계가 처음에는 필연적이지 않다고 해서 모든 단어와 사물의 관계가 모두 가설적이거나 임의적이라고는 말할 수 없기 때문이다. 언어 가운데 일부분의 단어는 가설적 성격을 지니기 시작하였는데, 예를

---

20 "正其所實者, 正其名也, 其名正則唯乎其彼此焉. 謂彼而彼, 不唯乎彼則彼謂不行. 謂此而此, 不唯乎此, 則此謂不行."

들어 一·二·三·四·五·六·七·八·九·十은 처음에는 가설적 성격을 갖고 있었다. 그러나 二十·三十·四十·五十 …… 등의 단어는 가설적 성격이 적고 論證的이다. 왜냐하면 언어 가운데 어떤 새로운 단어의 구성도 모두 각종의 구체적인 언어체계와 각 언어요소 사이의 규율적 관계라는 엄격한 제약을 받아야 하기 때문이다. 언어는 주관적 부호이어서도 안 되고, 주관적 부호일 수도 없다. 둘째, 단어와 사물의 관계는 처음에는 필연적 연관성이 없기 때문이다. 그러나 어떤 사물이 일정한 명칭을 갖게 되고 사회의 공인을 얻게 되면 어느 누구도 고칠 수 없는 것이다.

'名'과 '實'에 관한 토론은 발전하여 전국시기의 荀子(298~238B.C.)에 이르러서는 보다 발전되고 비교적 과학적인 인식을 갖게 되었다. 荀子는 「正名」편에서 "명칭에는 본래부터 정해진 바가 없고 사람들의 약속에 따라서 명명되는 것이니, 약속이 확정되어 습관화되면 그것을 합당한 명칭이라 하고 습관화된 약속과 다르면 합당하지 않다고 한다."[21]라고 하였다. 이 말은 사물과 명칭의 관계를 정확하게 설명하고 있으며, 또한 언어의 사회적 본질을 잘 지적하고 있다.

21 "名無固宜, 約之以命, 約定俗成謂之宜, 異於約則謂之不宜."

제3절 荀子의 언어학 사상

荀子(298~238B.C.)는 기원전 3세기 戰國 말기 趙나라 사람으로, 이름이 況이며 중국 제일의 사상가이다.

선진시기에 언어학은 아직 하나의 독립된 학문 분야로 성립되지 않았기에 荀子는 언어학자는 아니었다. 그러나 그는 진보적이고 실증적인 관점을 갖고 철학 사상의 문제를 토론하면서 언어와 관계되는 문제도 언급하였는데, 예를 들면 언어의 본질, 언어와 사유, 언어의 발전 등으로, 기본 언어학의 이론 방면에 관한 이러한 그의 견해들은 오늘날 살펴보아도 여전히 가치가 있다.

1. 낱말과 개념, 언어와 사유의 관계를 논함

荀子는 언어란 인류가 교제하고 사상을 교류하는 도구이며, 또한 사유의 도구라고 인식하였다. 그는 「正名」편에서 말하기를 "形體·色彩·文理는 눈으로 구별하고, 소리의 淸濁·調和와 不調和 및 그 밖의 기이한 소리는 귀로 구별하고, 단맛, 쓴맛, 짠맛, 싱거운 맛, 매운 맛, 신맛이나 그 밖의 기이한 맛은 입으로 구별하고, 향내, 구린내, 풀썩는내, 비린내, 지린내, 말의 노린내, 소의 노린내와 그 밖의 기이한 냄새는 코로 구별하며, 아픔, 가려움, 차가움, 뜨거움, 미끄러움, 거칠음, 가벼움, 무거움은 형체의 촉감으로 구별하며, 마음이 풀어지거나 맺힘, 기쁨, 노함, 슬픔, 즐거움, 사랑함, 미워함, 욕심은 마음으로 구별한다."[1]라고 하였다. 순자는 우선 사람들이 시각 등의 감각기관을 통해 객관 세계를 인식한다는 것을 지적했는데, 이 말은 사람들의 객관 세계에 대한 인식이 감성 인식으로부터 시작된다는 것이다. 계속해서 그는 "마음에는 徵知[2]가 있다. 徵知는 귀로 소리를 들으면 그 소리를 알 수 있고, 눈으로 사물을 보면 그 사물을 알 수 있다. 그러나 徵知는 반드시 인간의 감각기관이 사물의 같고 다름을 분별한 이후에 비로소 작용한다."[3]라고 하였는데, 이것으로부터 두 가지를 알 수 있다. 첫째, 荀子는 인류가 감각기관을 통해 감성인식을 획득한

1 "形體色理以目異, 聲音淸濁調竽奇聲以耳異, 甘苦鹹淡辛酸奇味以口異, 香臭芬鬱腥臊洒酸奇臭以鼻異, 疾養滄熱滑鈹輕重以形體異, 說故喜怒哀樂愛惡慾以心異."

2 이해능력을 말함.(譯註)

3 "心有徵知. 徵知, 卽緣耳而知聲可也, 緣目而知形可也. 然而, 徵知必將待天官之當簿其類, 然後可也."

이후에 '心有徵知'한다는 것을 알고 있었다. 즉 감성 인식에 대해 사고를 계속하여 취사선택함을 인식했다. 다시 말해 인류는 먼저 감성 인식이 있은 이후에 비로소 이성 인식이 있다는 것이다. 둘째, 荀子는 이성인식은 감성인식을 기초로 한다는 것을 밝혀냈다. 대뇌가 사고를 계속하려면 반드시 먼저 청각을 통해 소리를 알아야 하고 시각을 통해 형태를 알아야 한다. 왜냐하면 이성인식적 사고는 반드시 각종 감각기관이 각각 스스로 外物과 접촉하는 기초 위에서 진행되는 것이기 때문이다. 그러므로 徵知는 반드시 인간의 감각 기관이 사물의 같고 다름을 분별한 이후에 비로소 작용한다는 것이다.

荀子가 말하는 '心有徵知'라는 것은 대뇌가 사고를 진행하여 개념의 인식이 형성된 단계를 가리킨다. 사람들은 풍부하고도 복잡한 객관 사물에 대해 추상적인 개괄을 통해 개념을 형성하고, 그 후에 낱말을 가지고 개념을 표현한다. 荀子는 「正名」편에서 "이런 후에 그에 따라 명명한다. 같은 사물이면 같은 명칭을, 다른 사물이면 다른 명칭을 붙인다. 단일한 말로 이해할 수 있으면 單名을 붙이고 單名으로 이해되기에 부족하면 複名을 붙인다. 單名과 複名이 서로 위배되는 바가 없으면 共名을 사용한다. 共名으로 하더라도 해로울 것이 없다. 이는 실체가 다른 사물은 다른 명칭을 갖는다는 것을 알기 때문이다. 그러므로 실체가 다른 사물은 명칭을 달리하기 때문에 그것을 어지럽힐 수 없는 것이다.……그러므로 만물이 비록 많다 하더라도 때로는 두루 총괄시키고자 할 때가 있는데 이 때 그것을 物이라 한다. 物이란 大共名이다. 共名을 더 큰 데까지 추론하여 더 이상 共名으로 할 수 없는 데에 이르러서야 멈춘다. 또 때로는 만물을 하나하나 구별할 필요가 있는데, 이 때 그것을 鳥獸라 한다. 鳥獸는 大別名이다. 別名을 더 작은 데까지 미루어 더 이상 別名으로 할 수 없는 데에 이르러서야 멈춘다."[4]라고 하였는데, 이 문장에서 荀子는 객관사물은 풍부하고 복잡하여 사람들은 감성인식의 기초 위에서 풍부하고도 복잡한 객관사물에 대한 추상적인 개괄, 즉 '同則同之, 異則異之'의 개념을 형성한다고 지적하였다. 개념은 단어의 기초 위에서 형성되는 것이기에 '單足以喩則單, 單不足以喩則兼', '知異實者之異名也.'라고 한 것이다. 다시 말해 사람들이 추상적으로 개괄하고 개념을 형성하여 명칭을 정하고 취사선택함에 있어 같은 종류는 같은 이름으로

4 "然後隨而命之, 同則同之, 異則異之. 單足以喩則單, 單不足以喩則兼. 單與兼無所相避則共, 雖共不爲害矣. 知異實者之異名也, 故使異實者莫不異名也, 不可亂也, ……故萬物雖衆, 有時而欲偏擧之, 故謂之物. 物也者, 大共名也. 推而共之, 共則有共, 至于無共然後止. 有時而欲偏擧之, 故謂之鳥獸. 鳥獸也者, 大別名也. 推而別之, 別則有別, 至于無別然後止."

다른 종류는 다른 이름으로 나타낸다. 즉 다른 사물에 대해서는 다른 개념을 형성하여 다른 명칭을 취하고, 단수 명사는 단수의 명사를 나타내며 단수 명사가 복수의 명사를 나타낼 수는 없다. 『荀子集解』에서 王先謙(1842~1917)은 注를 달아 말하기를 "그 사물만을 비유한다면 말이라고 하며, 그 털의 색깔로 비유한다면 흰말, 노랑말로 비교해서 말한다."[5]라고 하였다.

사람들은 추상적인 언어사유가 있은 후에야 개념·판단·추리의 형식을 이용하여 자연계와 사회의 규칙을 이해할 수 있다. 荀子는 또한 "그러므로 만물이 비록 많다고 하더라도 때로는 두루 총괄시키고자 할 때가 있는데, 이 때 그것을 物이라 한다. 物이란 大共名이다."[6]라고 하였다. 추상과 개괄의 범위·정도·크기가 다르기 때문에 荀子는 세밀하게 '物'이라는 大共名이 있으면 '鳥獸'라고 하는 큰 別名이 있다고 지적하고 있다. 여기서 荀子는 낱말과 개념의 관계, 언어와 사유의 관계를 과학적으로 지적해 냈고, 또한 낱말의 개괄성을 제시하였다. 荀子의 이 두 가지 인식은 매우 중요한 것이다. 언어와 사유의 관계에서 볼 때 언어는 인류의 추상적 사유의 도구이며, 인류는 언어를 사용한 추상적 사고를 통해 객관세계를 인식한다. 언어가 없다면 지식의 전승과 사유의 발전도 모두 불가능하다. 언어의 발달은 문명의 발달을 촉진하였고, 음성 언어는 인류 역사상 동물계로부터 벗어나 사회를 이루어 자신의 사유를 발전시키고 사회생산을 조직하도록 하였으며, 자연역량과 함께 보다 진보된 역량을 얻도록 도와주었다.

이밖에도 荀子는 "同則同之, 異則異之"라고 하여 개념이 추상적으로 객관사물의 본질속성을 개괄하며 이러한 개념은 단어로 표현되는 것으로 그 때문에 언어 가운데 단어는 추상적 개괄성을 지니고 있다는 것을 지적하였다.

2. 언어의 사회적 約定性을 논함

'名'·'實'의 문제를 토론함에 있어 荀子는 諸子의 기초 위에서 진일보한 분석과 연구를 통한 과학적인 관점을 제시하였다. 荀子는 중국 언어학사에 있어 최초로 언어의 사회적 본질을 제시했으며, '名'과 '實'의 관계를 지적하였다. 그는 「正名」편에서 "명칭은 본래 정해진 것이 없고 사람들의 약속에 따라 명명되는 것이니, 약속이 확정되어 습관화되면 그것을 합당한 명칭이라 하고 습관화된 약속과 다르면 합당하

5 "喩其物, 則謂之馬. 喩其毛色則謂之白馬·黃馬之比也."
6 "故萬物雖衆, 有時而欲偏擧之, 則謂之物. 物也者, 大共名也."

지 않다고 한다."[7]라고 했는데, 이 말은 '名'과 '實'의 관계에 관한 것이며 명칭과 객관 사물의 관계에 관한 것이기도 하다. 또한 이는 고대 희랍 철학가들이 몇 백년 동안 논쟁하여도 해결하지 못한 문제를 매우 분명하게 해결하였으며, 중국 고대 선진제자의 '名'·'實'에 관한 논쟁에 대해서도 결론을 맺고 있다.

荀子가 지적한 '名無固宜'는 명칭과 객관 사물의 관계가 처음에는 본질적인 연관이나 필연적인 관계가 없다는 것이며 그렇지 않다면 세계의 각종 언어는 모두가 하나이어야 한다는 것이다. 사실상 각종의 다른 언어는 각각 다른 언어형식을 사용하여 동일한 객관 사물을 표현한다. 그러므로 명칭은 인류 사회가 객관사물을 표현하기 위해 가정한 각종 부호에 불과한 것이다. 다시 말해 '約之以命'임을 알 수 있다. 그러나 이러한 가정은 결코 개인 의지의 독단적인 가정이 아니며 인류사회의 '約定俗成'이다. 사물의 명칭이 일단 인류 사회의 '約定俗成'을 거친 후에는 어떠한 사람도 결코 마음대로 고쳐서는 안되며 고칠 수도 없는 것이다. 이는 荀子가 지적한 "異于約, 則謂之不宜"와도 일치한다. 언어는 인류사회가 사상을 교제하고 교류하는 도구이기에 개인이 마음대로 고칠 수 없다. 여기에서 荀子가 심각하게 제시한 '名'과 '實'의 변증관계는 '名'이 '實'에 대해 본질의 관계가 아니며, 개인 의지의 독단적인 부호도 아니라는 것이다. 객관 사물이 일단 인류사회의 '約定俗成'을 통해 명칭으로 정해진 다음에야 비로소 객관적인 내용과 사회적인 내용을 갖게 되어 다시는 어떠한 가상의 부호가 아닌 것이 되는데, 이것이 바로 언어의 사회적 속성이다.

3. 방언과 공동어의 관계를 논함

春秋戰國시대에 漢語의 방언은 비교적 복잡하였다. 그 가운데 중요한 것으로 南·北 두 계통으로 나눌 수 있는데, 南에는 楚語와 越語가, 北에는 夏語가 있었다. 荀子는 「儒效」편에서 말하기를 "楚나라에 살면 楚나라 사람이 되고, 越나라에 살면 越나라 사람이 되며, 夏나라에 살면 夏나라 사람이 된다."[8]라고 했고, 또 「榮辱」편에서는 "越나라 사람은 越나라 풍습에 안주하고, 楚나라 사람은 楚나라 풍습에 안주하며, 군자는 中原의 풍습에 안주한다."[9]라고 했는데, 이 문장의 본의는 풍속습관을 말하는 것으로, 荀子의 의견에 의하면 언어도 풍속습관에 속한다. 언어의 사회적인

7 "名無固宜, 約之以命, 約定俗成謂之宜, 異于約則謂之不宜."
8 "居楚而楚, 居越而越, 居夏而夏."
9 "越人安越, 楚人安楚, 君子安雅."

본질 면에서 볼 때 荀子의 이러한 견해 역시 근거가 있다. 荀子는 평생 여러 지역을 돌아다녔는데 남쪽으로는 楚나라, 북쪽으로는 燕나라, 동쪽으로는 齊와 魯나라, 서쪽으로는 秦과 隴에까지 다다랐기 때문에 언어의 사용경험이 풍부했다. 그는 당시의 풍부하고도 복잡한 언어 현상에 대한 관찰과 분석을 통하여 당시의 漢語 중 지역 방언이 많았음을 인식하고 있었다. 다시 말해 '居楚而楚', '居越而越'임을 알았던 것이다. 이밖에도 지역 방언을 초월한 하나의 '雅言'이 있었는데, 이것이 당시 통용지역이 비교적 넓은 漢語의 공동어였음을 인식하였다. 이러한 분석과 인식은 漢語의 실제와 부합하는 것이다. 漢語는 옛부터 공동어와 방언의 두 가지 형식이 존재하였다. 과거에 어떤 서양 언어학자는 漢語에 대한 연구 부족으로 일방적으로 漢語의 방언 분기를 주장하며 漢語에는 공동어가 없었음을 강조했는데 이 견해는 옳지 않은 것이다. 漢語는 自古以來로 공동어가 있었으며, 현대 漢語의 민족 공동어는 역사가 오래 된 북방 방언의 기초 위에서 발전해 온 '普通話'[10]이다.

荀子는 또한 진보적인 관점으로 언어의 발전과 변화를 인식하였다. 荀子가 "만약 왕이 다시 일어난다면 반드시 예전에 있던 명칭을 좇아 새로운 명칭을 제정할 것이다."[11]라고 했는데, 楊倞이 注를 달아 말하기를 "이름이 좋으면 그것을 따를 것이고, 좋지 않으면 다시 짓는다."[12]라고 했다. 이 말은 사회 정치가 대변혁을 맞았을 때 언어도 사회의 발전·변화에 따라 발전하고 변화됨을 말한 것이다. 언어는 語音·語法·語彙의 3요소로 구성되는데, 그 중에서 사회 발전에 따라 가장 뚜렷이 발전하고 변화하는 부분은 語彙다. 새 낱말이 생겨나면 옛 낱말이 소실되고 또한 수많은 기본 어휘의 계속적인 사용이 있게 된다. 荀子는 풍부하고도 복잡한 언어 현상에 대해 관찰하고 분석한 후, 언어가 사회의 발전·변화에 따라 발전하고 변화하는 것임을 지적하는 한편, 계승성과 고정성도 풍부함을 지적했다. 그의 이러한 견해는 언어의 실제에 부합되는 것이다.

결론적으로 일찍이 기원전 3세기 중국 戰國시대의 사상가였던 荀子는 실질을 중시하고 실용을 숭상한 뛰어난 언어학자였다. 뿐만 아니라 그가 언어와 사유, 언어의 사회적 본질, 언어의 발전 등 언어학의 기본 이론문제를 매우 탁월하게 그리고 과학적으로 인식한 것은 세계 언어학사에서도 찾아보기 드문 경우라고 하겠다.

---

10 官話 중 1949년 이후의 표준어를 말함. 그 이전에는 國語라고 지칭함.(譯註)
11 "若有王者起, 必將有循于舊名, 有作于新名."
12 "名之善者循之, 不善者作之."

『순자·정명』(발췌)

후왕이 사물의 명칭을 확정하였는데 형벌의 명칭은 商代를 따르고 관직의 명칭은 周代를 따랐으며 예절 의식에 관한 명칭은 『儀禮』를 따랐다. 만물에 붙여지는 각종 일반 사물의 명칭은 중국에서 이미 행해지는 풍속과 공통적인 약속을 따랐고, 먼 지역의 풍속이 다른 곳은 이것에 따라 이름을 정하여 서로 통하도록 하였다. 사람에 관한 명칭은 다음과 같다. 나면서부터 그러한 것을 性이라 한다. 본성이 서로 화합하여 생겨난 정신과 외계 사물의 접촉으로 감응이 일어나는 것은 자연스러운 것이니 이를 性이라 한다. 性 가운데 좋아하고 미워하고 기뻐하고 노하고 슬퍼하고 즐거워하는 것을 情이라 한다. 情이 그러하여 마음에서 선택하는 것을 慮라하고 마음속에서 고려한 후에 본능이 거기에 따라 행동하는 것을 人爲라고 한다. 思慮가 오랜 시간 동안 쌓이고 본능이 반복하여 운용된 이후에 형성되는데(행위 규범) 그것을 作爲라고 한다. 이익에 따라 행동하는 것을 事라고 하고 정의에 따라 행동하는 것을 德行이라고 한다. 그러므로 사람에게 있어 어떤 것을 아는 것을 知라하고, 知가 합당한 바가 있음을 智라하고, 智가 사람에게 있어 능한 바를 能이라 한다. 이러한 능력이 객관 사물과 접촉한 후에 형성되는 것을 재능이라 한다. 본성이 상하게 되는 것을 病이라 하고 우연히 만나게 되는 것을 命이라 한다. 이러한 사람에 있어서의 각종 명칭은 후왕이 정한 이름이다.

그러므로 왕이 사물의 명칭을 제정함에 있어서는 명칭이 정해지면 실체가 변별되고 道가 행해지면 뜻이 통하니, 백성들을 신중하게 이끌어 하나가 되게 한다. 그러므로 말을 분석하여 함부로 이름을 정하여 正名을 어지럽히고 백성들을 미혹되게 하여 백성들 사이에 시비 논쟁이 많아지게 하는 사람을 大姦이라 한다. 그 죄는 符節·度量을 위조한 죄와 같다. 그러므로 백성들이 감히 기이한 말에 의탁하여 正名을 어지럽히지 못하게 되면 그 백성들은 성실하게 된다. 성실하면 부리기 쉽고 부리기 쉬우면 공을 이룬다. 백성들이 감히 기이한 말에 의탁하여 正名을 어지럽히지 않는다면 그들은 모두 법에 복종하고 법령을 근엄히 따를 것이니 만약 이러하다면 왕의 업적이 오래도록 전할 것이다. 업적이 오래도록 전하여지고 공이 이루어지는 것은 다스림의 극치로써 이것은 정해진 명칭을 근엄히 지킴으로써 얻을 수 있는 효능이다.

오늘날에는 聖王이 죽고 명칭을 준수하는 일에 나태하여지자 기이한 말들이 나타나고 名과 實이 어지러워지고 是非의 경계가 불분명하여져 비록 법을 지키는 관리나 여러 儒學者들이라 할지라도 모두 혼란스러워졌다. 만약 왕이 다시 일어난다면 반드시 장차 예전에 있었던 명칭에 따르고 새로운 명칭을 제정할 것이다. 그러므로 이름을 지으려고 한다면 이름을 같고 다르게 하는 까닭과 이름을 짓는 기본 원칙을 살피지 않을 수 없다.

생김새와 마음이 다른 사람들이 어떤 사물에 대하여 각각 다르게 이해하고 서로 다른 萬事(萬象)에 대해서는 名과 實이 혼란되고 뒤엉켜서 귀한 것과 천한 것이 불분명하여지고 같은 것과 다른 것의 구별이 없어질 것이니, 만약 이렇다면 사상에 있어서 반드시 서로 이해하지 못하는 병폐가 생기고 일이 곤궁에 빠지는 어려움이 있을 것이다. 그러므로 知者는 그것을 분별해서 각종 명칭을 제정하여 실제 사물을 나타내면 위로는 귀한 것과 천한 것의 구별을 분명히 하고 아래로는 같음과 다름을 분별할 수 있다. 귀한 것과 천한 것의 구별이 명백해지고 같은 것과 다른 것이 분별되면 사상이 서로 이해되지 못하는 병폐가 사라지고 일이 곤궁에 빠지는 어려움이 없게 될 것이니, 이것이 바로 명칭이 있어야 되는 까닭이다.

그렇다면 무엇을 근거로 하여 명칭의 같고 다름을 구별하는가? 사람의 감각 기관에 근거한다. 모든 인류는 사물에 대한 감각 기관의 인식이 서로 같으므로 그것을 다른 유사한 것으로 비유해서 서로 통하게 하니, 이것이 사람들이 명칭을 정하여 서로 간에 이해를 기대할 수 있는 이유이다. 사물의 形體·色彩·文理는 눈으로 구별하고, 소리의 淸濁·調和와 不調和 및 그 밖의 기이한 소리는 귀로 구별하고, 단맛, 쓴맛, 짠맛, 싱거운 맛, 매운 맛, 신맛이나 그 밖의 기이한 맛은 입으로 구별하고, 향내, 구린내, 향초내, 풀썩는내, 비린내, 지린내, 말의 노린내, 소의 노린내와 그 밖의 기이한 냄새는 코로 구별하며, 아픔, 가려움, 차가움, 뜨거움, 미끄러움, 거칠음, 가벼움, 무거움은 형체의 촉감으로 구별하며, 마음이 풀어지거나 맺힘, 기쁨, 노함, 슬픔, 즐거움, 사랑함, 미워함, 욕심은 마음으로 구별한다. 마음에는 인식 능력이 있는데 인식 능력은 귀에 의해 소리를 들으면 그 소리를 알 수 있고 눈에 의해 사물을 보면 그 사물을 알 수 있다. 그러나 인식 능력은 반드시 인간의 감각 기관이 사물의 같고 다름을 분별한 이후에 비로소 작용한다. 五官이 그것을 다스려서 인식하지 못하고 마음이 그것을 인식하고서도 그것의 이치를 설명할 수 없다면 사람들은 모른다고 하지 않을 수 없으니, 이것에 따라서 같고 다름을 분별한다.

이런 연후에 그에 따라 명명한다. 같은 사물이면 같은 명칭을, 다른 사물이면 다른 명칭을 붙인다. 단일한 말로 족히 이해할 수 있으면 單名을 붙이고 單名으로 이해되기에 부족하면 複名을 붙인다. 單名과 複名이 서로 위배되는 바가 없으면 共名을 사용한다. 비록 共名으로 하더라도 해로울 것이 없다. 이는 실체가 다른 사물은 다른 명칭을 갖는다는 것을 알기 때문이다. 그러므로 실체가 다른 사물은 명칭을 달리 하기 때문에 그것을 어지럽힐 수 없는데, 이는 실체가 같은 사물에는 같은 명칭을 부여하는 것과 같다. 그러므로 만물이 비록 많다 하더라도 때로는 두루 총괄시키고자 할 때가 있는데 이 때 그것을 物이라 한다. 物이란 大共名이다. 共名을 더 큰 데까지 추론하여 더 이상 共名으로 할 수 없는 데에 이르러서야 멈춘다. 또 때로는 만물을 하나하나 구별할 필요가 있는데 이 때 그것을 鳥獸라 한다. 鳥獸는 大別名이다. 別名을 더 작은 데까지 미루어 더 이상 別名으로 할 수 없는 데에 이르러서야 멈춘다. 명칭에는 본래부터 정해진 바가 없고 사람들의 약속에 따라서 명명되는 것이니, 약속이 확정되어 습관화되면 그것을 합당한 명칭이라 하고 습관화된 약속과 다르면 합당하지 않다고 한다. 명칭에는 본래부터 어떤 사물을 대표하는 것이 있는 것이 아니라 약속을 통해서 어떤 사물이 어떤 사물을 나타낸다고 命名하는 것이니, 약속이 확정되어 습관화되면 그것을 개념을 나타내는 명칭이라 한다. 명칭에는 본래 좋은 것이 있으니 단순 명쾌하여 모순되지 않는 것을 좋은 명칭이라 한다. 사물에는 형태는 같은데 실체가 다른 것이 있고 형태는 다른데 실체가 같은 것이 있는데, 이런 것들은 구별할 수 있다. 형태가 같고 실체가 다른 사물은 비록 하나의 명칭을 사용할 수는 있지만 두 개의 실체로 본다. 형태는 변했으나 실체는 변하지 않고 다른 명칭을 사용하는 것을 化라고 한다. 형태가 변하였어도 실체는 변함이 없다면 하나의 실체라고 한다. 이것이 사물의 실질을 고찰하여 명칭을 제정하는 법도를 확정해야 하는 까닭이며 이것이 명칭을 제정하는 준칙이다. 후왕이 제정한 명칭은 살피지 않을 수가 없다.

『荀子・正名』(節錄)

後王之成名[1]: 刑名從商, 爵名從周[2], 文名從『禮』[3]; 散名之加於萬物者, 則從諸夏之成俗曲期, 遠方異俗之鄕則因之而爲通[4]. 散名之在人者: 生之所以然者謂之性[5]. 性之和所生, 精合感應, 不事而自然謂之性[6]. 性之好・惡・喜・怒・哀・樂謂之情. 情然而心爲之擇, 謂之慮, 心慮而能爲之動, 謂之僞[7]. 慮積焉, 能習焉, 而後成, 謂之僞. 正利而爲謂之事, 正義而爲謂之行[8]. 所以知之在人者謂之知, 知有所合謂之智[9], 智所以能之在人者謂之能. 能有所合謂之能[10]. 性傷謂之病, 節遇謂之命[11]. 是散名之在人者也, 是後王之成名也.

故王者之制名, 名定而實辨, 道行而志通, 則愼率民而一焉. 故析辭擅作名以亂正名, 使民疑惑, 人多辨訟, 則謂之大奸; 其罪猶爲符節度量之罪也[12]. 故其民莫敢託爲奇辭以亂正名, 故其民愨[13]; 愨則易使, 易使則公[14]. 其民莫敢託爲奇辭以亂正名, 故壹於道法而謹於循令矣[15], 如是則其迹長矣[16]. 迹長功成, 治之極也, 是謹於守名約之功也[17].

今聖王沒, 名守慢, 奇辭起, 名實亂, 是非之形不明, 則雖守法之吏, 誦數之儒[18], 亦皆亂也. 若有王者起, 必將有循於舊名, 有作於新名. 然則所爲有名[19], 與所緣以同異, 與制名之樞要, 不可不察也.

異形離心交喩, 異物名實玄紐, 貴賤不明, 同異不別[20], 如是, 則志必有不喩之患[21], 而事必有困廢之禍. 故知者爲之分別, 制名以指實, 上以明貴賤, 下以辨同異. 貴賤明, 同異別, 如是則志無不喩之患, 事無困廢之禍, 此所爲有名也.

必將待天官之當簿其類然後可也[22]. 五官簿之而不知, 心徵之而無說, 則人莫不然謂之不知, 此所緣而以同異也. 然後隨而命之, 同則同之, 異則異之; 單足以喩則單, 單不足以喩則兼[23]; 單與兼無所相避, 則共; 雖共, 不爲害矣. 知異實者之異名也, 故使異實者莫不異名也, 不可亂也, 猶使同實者莫不同名也[24]. 故萬物雖衆, 有時而欲徧擧之, 故謂之物. 物也者, 大共名也. 推而共之, 共則有共, 至於無共然後止, 有時而欲徧擧之[25], 故謂之鳥獸. 鳥獸也者, 大別名也. 推而別之, 別則有別, 至於無別然後止. 名無固宜, 約之以命, 約定俗成謂之宜, 異於約則謂之不宜[26]. 名無固實, 約之以命實, 約定俗成謂之實名[27]. 名有固善, 徑易而不拂, 謂之善名[28]. 物有同狀而異所者, 有異狀而同所者, 可別也. 狀同而爲異所者, 雖可合, 謂之二實. 狀變而實無別而爲異者, 謂之化; 有化而無別, 謂之一實. 此事之所以稽實定數也[29]. 此制名之樞要也; 後王之成名, 不可不察也.

1 後王 : 楊倞이 注한 『非相』에서 "近時之王"이라 했는데 옳다. 名 : 古人의 '名'은 현대의 '詞'에 해당한다. 後王之成名 : 근대의 사물의 이름 정함을 가리킨다.
2 爵名 : 爵位, 官職의 명칭.
3 文名 : 예절 의식에 관한 문장을 말함. 『禮』 : 周代의 『儀禮』를 말함.
4 散名 : 일반 사물을 가리키는 낱말. 諸夏 : 여기서 말하는 夏聲은 통용어로 후세에서 말하는 官話이다. 曲 : 『曲禮』의 曲과 같으며 상세하게 살폈다는 뜻이다. 期 : 서로 잘 알고 말뜻을 해석한다는 뜻. 여기서 '曲期'는 '散名'을 이어 말한 것으로 散名의 각종 涵義를 뜻한다.
5 性 : 천부적인 본질.
6 精合感應 : 정신과 사물이 서로 접촉하는 것. 전체 문장은 사람의 감각 기관이 사물에 접촉하여 심리상의 반응을 일으키는 것은 배우지 않고도 할 수 있는 자연현상이라는 뜻.
7 擇 : 選擇. 慮 : 思慮. 能 : 本能. 僞 : 作爲.
8 正 : ~에 비추어 보다. 行 : 德行.
9 知 : 지적 본능을 말함. 合 : 지적 본능과 外物의 접촉을 말함. 智 : 사물에 대한 인식.
10 能 : 재능.
11 節 : 마침, 우연히. 節遇 : 우연히 만나다.
12 擅作名 : 마음대로 명칭을 만듦. 爲 : 위조를 말함. 전체 문장은 마음대로 명칭을 만드는 것은 符節이나 度量을 위조한 죄와 같다라는 뜻.
13 慤 : 音은 què, 성실하다.
14 公 : 『讀書雜志 · 荀子補遺』에서 인용한 顧千里의 說을 따르면 公은 功으로 읽는다.
15 道法 : 政教라는 말과 같다.
16 迹長 : 政令이 멀리까지 행해진다라는 뜻.
17 名約 : 명칭을 제정하는 데 있어서의 사회적 약속성.
18 數 : 名數. 誦數之儒란 經書를 공부하는 사람을 말함.
19 所爲有名 : 명칭이 있어야 하는 까닭.
20 交喩 : 서로 이해한다는 뜻. 玄 : 王念孫의 校注에서는 '互'라고 함. 互細란 혼란스럽다는 뜻. 전체 문장은 사물은 名과 實이 다르므로 만약 명칭이 없다면 표현이 뒤엉킬 것이라는 뜻.
21 志不喩 : 사상 인식의 전달이 명확하지 않다.
22 簿 : 郭嵩燾는 기록과 같은 의미라고 함. 當簿其類란 五官이 각종 사물의 기록을 담당한다는 뜻. 전체 문장의 뜻은 明心의 徵知作用은 감각 기관이 외계 사물을 접촉하는 것에 따라 사물을 분별하며 이것이 명칭을 정하는 근거가 된다는 것이다.
23 單 : 單名. 兼 : 複名.
24 猶 : 여전히. 王念孫의 校注에 따르면 "異"는 "同"의 誤記라고 함.
25 徧 : 兪樾은 "이 徧字는 偏字의 誤記이다. 위에서 말한 徧擧之는 보편적이란 뜻이므로 大共名이라 하였고, 여기서 말하는 徧擧之는 단편적이란 뜻이므로 大別名이라 한 것이다."라고 하였다.
26 名無固宜 : 이 句의 뜻은 어떤 명칭으로 어떤 사물을 나타내는 것에는 필연적인 관계가 있는 것이 아니라 사회가 어떤 사물에 대해 어떤 명칭을 부여하여 그것이 습관화되면 합당한 명칭이고, 사회의 습관에 어긋나면 합당하지 않은 명칭이라는 뜻이다. 唐代의 楊倞은 "만약 天이라 하기로 약속했다면 사람들은 모두 그것을 天이라 한다."라고 하였다.
27 實 : 개념.
28 徑易 : 平直, 즉 단순 명쾌하다는 뜻. 拂: 위배되다. 荀子가 名實의 관계를 논술한 것에 따르면 명칭에는 본래 명쾌한 것도 없고 정해진 것도 없으며 약속에 따라 습관화되는 것이라 한다. 이는 언어의 사회적 본질을 정확하게 논술한 것이다. 또한 단순 명쾌한 것이 좋은 명칭이라는 사실도 제기하였다.
29 稽 : 고찰하다. 方孝博은 "이 구절은 名稱의 數와 實體의 數사이의 관계를 설명한 것이다. 그러므로 '稽實定數'라 한 것이다. 실체가 같으면 명칭이 같고 실체가 다르면 명칭도 다르니 명칭의 數와 실체의 數는 서로 부합하지 않는다"라고 하였는데, 이 글에 의거하여 개괄과 분류를 설명하였으니, 즉 언어의 사회적 본질 및 그것의 名·實·數 등 이 세 가지의 관계를 말하는 것이다.

제3장

秦漢魏晋時期의 언어 연구

제1절 개 설

秦漢 시기(221B.C.～A.D.220)는 중국 언어학사에 있어 매우 찬란했던 시기이다. 이 시기에는 문학가 司馬相如(179～118B.C.), 사학자 司馬遷(145 혹은 135～87B.C.), 수학자 張蒼(256～152B.C.), 천문학자 張衡(78～139), 의학자 張仲景과 華陀 등 뛰어난 인물들이 대거 등장했다. 언어학 방면에 있어서도 揚雄(53B.C.～A.D.18), 許愼(58～147), 劉熙 등의 언어학자들이 나타났다.

先秦 시기의 중국 고대 언어학은 아직 초기 단계에 머물러 있었으므로 언어학자도 없었고, 이 방면의 전문 저작 또한 없었다. 秦漢 시기로 발전해 가면서 점차 언어학이 생겨나게 되었다. 西漢(202B.C.～A.D.8) 때에는『爾雅』와 揚雄의『方言』이, 東漢(25～220) 때에는 許愼의『說文解字』와 劉熙의『釋名』등 언어학 분야의 전문저작과 뛰어난 언어학자들이 대거 출현하였다. 그러므로 漢代(202B.C.～A.D.220) 언어학의 성과로 중국 고대 언어과학이 건립되었다고 할 수 있다. 중국 고대 언어학이 漢代에 흥기하여 건립되었다는 사실은 당시 중국어의 발전이나 사회 발전과도 밀접한 관계가 있다.

1. 秦漢 시기에 이미 '民族'의 4대 특징을 갖춤

秦漢 시기에 중국은 이미 漢族을 위주로 하는 통일국가를 이루었고 '民族'의 4가지 특징을 갖추었다. '민족'의 4가지 특징이란 바로 공동의 언어, 지역, 경제생활 및 심리상태를 말한다.

공동의 언어

秦始皇(259~210B.C.)은 중국을 통일한 후 중앙집권의 통일국가를 세웠다. 秦 이전에는 "경지구분 방식과 도로폭이 달랐고 법률제도도 같지 않았으며, 의관의 격식도 달랐고 말에도 차이가 있었다. 그리고 문자도 그 형태가 달랐다."[1] 秦始皇이 펼친 일관된 통일정책 중 언어·문자 방면의 중대한 정책인 '書同文(동일한 문자 쓰기)'은 바로 전국의 문자를 통일시키는 것이었다.

周代의 문자는 大篆으로 籒文이라고도 부르는데 字體의 필획이 매우 복잡하였다. 春秋戰國 시기(770~222B.C.)에 六國에서 통용되던 문자는 籒文의 기초 위에서 이루어진 것으로 '小篆' 또는 '秦篆'이라 불린다. 秦始皇은 중국을 통일한 후 李斯(?~208B.C.)의 의견을 받아들여 문자통일 정책을 실시하였는데 小篆으로 正字를 삼았고 기타 다른 지역에서 통용되던 異體字는 폐지하였다. 동시에 李斯의 『蒼頡篇』, 趙高(?~207B.C.)의 『爰歷篇』, 胡毋敬의 『博學篇』 등의 아동용 識字教本을 편찬하였다. 이러한 字書들 역시 모두 小篆을 이용해 쓴 것이다. 위와 같은 조치들은 당시의 문자통일과 한자 규범화에 매우 큰 영향을 주었다.

隸書는 秦에서 비롯되어 漢魏 때 보편적으로 사용되었다. 晋(265~420) 衛恒(?~291)의 『四體書勢』에서는 "秦은 이미 篆書를 쓰고 있었지만 아뢸 일이 많고 번잡하였으며 篆字도 쓰기에 어려워 隸人[2]에게 쓰는 것을 돕도록 했기 때문에 그것을 隸字라 하였다."[3]라고 하였다. 程邈이 당시 이러한 書體를 수집하고 정리하였는데, 이로 인해 후세에 그가 隸書를 만들었다는 전설이 생겨났다. 隸書의 구조는 六書의 전통을 타파하고 楷書의 기초를 세웠으며 서면어 사용의 효율을 향상시켰다. 隸書의 탄생은 한자 변천사에 있어 하나의 전환점이라 할 수 있다.

周秦으로부터 兩漢에 이르기까지 중국어의 발전상황을 보면, 春秋戰國시대부터 황하 유역 일대에 비교적 광범위한 지역에서 쓰이던 공동어가 漢代에 이르러 점차 전국민의 언어로 발전하였고, 또 한편으로는 언어가 점차 일치되어 가고 있는 가운데서도 방언이 여전히 존재하고 있었다.

春秋戰國시대는 列國이 패권을 다투던 시기이다. 정치·경제·문화 각 방면의 영향과 끊임없는 전쟁의 발발로 황하 유역 일대의 華夏 여러 민족의 언어는 점차

---

1 "田疇異畝·車塗異軌·律令異法, 衣冠異制·言語異聲, 文字異形."
2 서리나 아전의 직분에 해당됨.
3 "秦既用篆, 奏事繁多, 篆字難成, 卽令隸人佐書, 曰隸字."

융합되어 지역성을 띤 공동어를 형성하게 되었다. 『論語·述而』편에서 말하기를 "孔子(551~479B.C.)께서 말씀하실 때는 당시에 통용되는 말을 사용하셨으니 『詩經』·『書經』을 읽으실 때나 禮를 행하실 때 모두 당시에 통용되는 말을 사용하셨다."[4]라고 하였다. '雅言'이란 곧 바른 말이란 뜻이다. 淸代 사람들은 雅言이란 당시 유행하던 '官話'라고 생각하였다. 역사적 사실로 볼 때 孔子는 列國을 돌아다니며 유세하였고, 晋나라 公子 重耳는 먹고 살기 위해 이곳저곳을 전전하였으며, 墨子(478?~392?B.C.)는 楚가 宋을 공격하는 것을 막았고, 蘇秦(?~317B.C.), 張儀(?~309B.C.)는 여러 나라에서 유세하며 돌아다녔음을 알 수 있는데, 이런 사실은 당시 지리적으로 인접한 각 나라들이 언어면에서 이미 상당히 일치하고 있었음을 보여준다. 특히 서면어 방면에 있어서는 더욱 그러하다. 그러나 각 나라에는 여전히 자기만의 방언이 존재하였다. 예를 들면 『孟子』의 "楚나라 사람이 있었는데, 자기 아들이 齊나라 말을 하기를 원했다."[5]라는 구절과 『戰國策·秦策』의 "鄭나라 사람들은 다듬지 않은 玉을 璞이라 하고, 周나라 사람들은 소금에 절여 말리지 않은 쥐고기를 樸이라 한다."[6]라는 구절에서 보이는 바와 같이 각 지역의 언어는 어휘·어음 방면에서 차이가 있었음을 알 수 있다. 『禮記·王制下』에서도 역시 "천하 백성들의 언어는 각기 다른 바가 있다."[7]라고 하였다. 秦漢의 통일을 거쳐 중국은 중앙집권의 봉건대국이 되어 중국어는 더욱 통일성을 갖추게 되었다. 秦漢 이래로 문자통일 정책이 시행되어 서면어는 어법이나 어휘 측면에서 그 통일성이 더욱 강화되었다. 한자는 표의문자이기 때문에 통일된 문자가 생겨나자 어음에 있어서 방언이 생겨났지만, 서면어에서는 오히려 완화되었다. 각기 다른 지역에서 서로 다른 방언을 쓰는 사람들도 한자나 서면어의 사용을 통하여 서로 교제하고 사상을 교류할 수 있었으니, 문자통일은 공동언어의 형성과 발전을 촉진하고 확대시키는 역할을 하였던 것이다.

공동의 지역

秦 이래 漢민족은 비교적 고정된 공동지역을 가지고 있었다. 秦의 영역은 東으로는 바다, 南으로는 五嶺[8]에 이르렀고, 西北쪽으로는 臨洮[9]에서 시작되어 秦·趙·

4 "子所雅言, 『詩』·『書』·執禮皆雅言也."
5 "有楚人欲其子之齊語也."
6 "鄭人謂玉未理者曰璞, 周人謂鼠未臘者曰樸."
7 "五方之民, 言語不通." 여기서 五方은 中央과 夷蠻戎狄을 말한다.(譯註)
8 大庾·騎田·都龐·萌渚·越城을 가리킴.
9 지금의 甘肅省 岷縣을 가리킴.

燕의 옛 長城을 지나 東北 遼東에까지 이른다. 이것이 당시에 확정된 중국의 영역이었으며 이곳에 사는 주민들은 대개 漢族이었다.

공동의 경제생활

秦始皇은 중국을 통일하자 경제 방면에서 다음과 같은 조치를 취하여 공동의 경제생활을 촉진시켰다. 우선 咸陽을 중심으로 하는 도로망을 세웠고, 같은 폭의 도로를 만들어 교통을 개선하고 전국을 통일시켰다. 경제방면에서도 각지의 물자교류를 촉진시켜 경제생활의 번영을 가져왔다. 다음으로는 수로를 만들었다. 『史記·河渠書』와 『漢書·溝洫志』의 기록에 따르면 秦漢시대에 長江·淮水·黃河 등 중국 주요 하천이 이미 관통해 있었으며 경제 물자 유통에 매우 큰 영향을 주었다고 한다. 셋째로 秦은 통일 이후 대대적인 이민 사업을 벌였는데, 예를 들면 六國을 멸망시킨 후 천하의 부호들 12萬을 咸陽으로 이주시켰고 그 중 일부의 부호들을 巴蜀 등지로 보냈다. 또한 蒙恬(?～210B.C.) 장군이 30萬 대군을 이끌고 匈奴를 정복하여 內地의 거주민을 이동시켜 지금의 甘肅省 황하 이남의 河套 등지에 44縣을 만들었다. 이는 문화를 전파하고 생산력 및 경제를 발전시키는 데 있어 큰 역할을 하였다.

공동 문화를 촉진하는 공동의 심리 상태 — 행동과 윤리

漢族 문화권내에서 秦漢시대에 점차 사람들의 공동 심리 상태가 형성 되었는데, 주로 조상을 숭배하고 효도를 중시하는 등의 孔孟의 정통적인 유가사상이었다.

이상으로 秦漢 시기에 漢민족은 이미 앞에 나온 민족형성의 네 가지 조건을 갖추고 있었으며, 漢민족이 이미 형성되었고, 또한 그들의 공동어도 생겨나 발전하였음을 알 수 있다.

秦代는 매우 짧았으나 秦을 계승하여 일어난 兩漢의 통치기간은 매우 길었다. 兩漢은 秦의 기초 위에서 경제의 토대를 세우고 상부구조 각 영역에서 기초를 다졌다. 이 시기에 국가는 더욱 통일되어 정치·경제·문화 등의 방면에서 모두 진일보한 발전을 이루었다.

漢 武帝(156～87B.C.)가 즉위하자 중국은 이미 봉건제와 大統一을 공고히 하는 시기로 접어들었다. 정권을 확고히 하기 위해서는 풍부한 경제력이 기초가 되어야만 했으므로, 漢 武帝 즉위 후 곧 봉건전제주의 중앙집권에 적합한 재정정책의 제정에

착수하였다. 예를 들면 전국의 鹽鐵을 일률적으로 관리하고 화폐와 전국의 식량을 통일시켜 관리하는 것 등이었다. 동시에 상품경제도 상당히 활발하였고 관영상업의 규모도 매우 컸으며 각지의 물건들이 대량으로 유통되었다. 『鹽鐵論·通有篇』의 "있고 없음을 헤아려 만물을 통용시킨다."[10]라는 기록으로 제후국간의 경제적인 연계도 크게 강화되었음을 알 수 있다.

경제 발전과 상업 발달로 漢代의 시장은 매우 번성했다. 班固(32~92)의 「兩漢賦」, 張衡의 「西京賦」 및 「三輔黃圖」의 기록을 보면 長安에는 아홉 개의 시장이 있었는데 6개는 서쪽에, 3개는 동쪽에 있었음을 알 수 있다. 그 밖에 太學 부근에 槐市가 있었는데 이는 문물시장이었다. 東漢 때에는 시장에 서점까지 있어 王充(27~97?)은 늘 그 곳에서 책을 읽곤 하여 박학했다 한다. 『史記·貨殖列傳』에서는 장안 이외에도 당시의 중요한 도시는 19개로 洛陽, 邯鄲, 臨淄, 宛, 江陵, 吳, 合肥, 番禺, 成都 등이 있었다고 하였다. 漢代에는 中原 지역과 關中 지역을 기본으로 전국의 크고 작은 도시를 연결시켜 전국 백성의 경제생활과 전국의 정치역량의 통일 및 전국 언어의 교류와 통일·발전에 도움이 되었다.

漢 武帝는 중국 역사상 최초로 대외무역을 중시한 황제였다. 그는 백여 명에서 몇 백 명에 이르는 사신들을 멀리 安息[11], 奄蔡[12], 條支[13], 身毒[14], 黎軒[15]으로 파견하였으니 해마다 5, 6차례에서 10여 차례까지, 짧으면 몇 년에서 길면 8, 9년씩 외국에 가 있었다. 출국하는 사신은 모두 대외무역의 임무를 띠고 있었다. 당시 중국의 주된 수출 상품이 견직물이었기 때문에 대외무역의 육로를 가리켜 '비단길'이라 했으며 지금까지도 그렇게 불린다. 西漢은 수도 長安에, 東漢은 수도 洛陽에 모두 '蠻夷邸'를 세워 외국인 사신들과 상인들에게 거처를 제공하였다. 西漢에는 大鴻臚를 설치하여 외교 사무와 무역 업무를 담당하게 했는데 외국 사신과 상인의 접대를 전문으로 하였다. 大鴻臚 아래에는 行人[16], 통역관, 別火[17] 및 郡邸[18]가 있었다. 東漢 시기에 "장사치들이 국경에서 날마다 대접을 받았다."[19]라는 말로 미루어 보아 중국

10 "均有無而通萬物."
11 지금의 이란을 가리킴.
12 지금의 里海 동북쪽을 가리킴. 里海는 러시아 남부와 이란과의 국경에 있는 세계 최대의 호수인 카스피해(Caspian Sea)를 말함. 鹹水湖이며 內陸湖임.(譯註)
13 지금의 아랍을 가리킴.
14 지금의 인도를 가리킴.
15 로마 제국을 가리킴.
16 외국에 파견되는 사신을 가리킴.
17 刑吏를 말함.
18 각 군의 회관을 말함.

인과 거래하는 외국 상인의 수가 이미 상당한 수에 다다랐음을 짐작할 수 있다.

秦漢 시기에는 문화면에서도 고도의 발전을 이루었는데 언어학 방면에서의 중요한 점은 識字교육을 중시한 것과 '今古文經'의 논쟁으로 생겨난 訓詁學의 발전이다.

2. 識字教育의 중시가 문자 연구를 촉진시킴

周代로부터 이어져 온 '小學'이란 識字教育을 말한다. 예를 들어 『漢書·藝文志』 속의 小學類 저서는 識字教本을 말한다. 秦始皇은 중국을 통일한 이후 '書同文' 정책을 실시하였으며, 또한 李斯의 『倉頡篇』, 趙高의 『爰歷篇』, 胡毋敬의 『博學篇』을 학동들을 위한 識字教本 및 字體의 교본으로 삼았다. 漢代에는 이 세 권의 책을 『倉頡篇』으로 통칭하였으며, '三倉'이라 부르기도 하였는데 모두 3,300자의 글자를 수록하고 있다. 漢은 중국을 통일한 이후 識字教育을 매우 중시하였다. 識字教育 방면에 있어 秦代에 전해져온 '三倉'을 계승한 것 이외에도 司馬相如의 『凡將篇』, 揚雄의 『訓纂篇』, 史游의 『急就篇』, 李長의 『元尙篇』과 같은 새로운 識字教本이 있었다. 『倉頡篇』에서 『訓纂篇』에 이르기까지 수록된 글자 수가 증가하여 5,340자에 이르렀다. 漢 和帝(89～105)에 이르러 賈魴은 『滂喜篇』[20]을 지었다. 이상에서 말한 8편의 저서들 중에서 『急就篇』만이 전해지고, 『倉頡篇』은 殘卷만이 전하며 나머지 책들은 모두 散失되었다.

이제 『急就篇』을 간단히 소개하여 秦漢 시기 字書들을 이해하는 데 도움을 주고자 한다.

『急就篇』은 일명 『急就章』이라고도 하며 西漢의 史游가 지은 것이다. 史游는 漢 武帝때 黃門令을 지냈다. 현존하는 『急就篇』은 34장으로 이루어져 있으며, 성명·의복·음식·기구 등을 韻文으로 기록하였다. 대부분 7字句로 되어 있으며 이 책으로 학동들에게 글자를 가르쳤다. 이 책은 첫 구절의 '急就' 두 글자를 빌어 편명으로 삼았다. 宋代 晁公武는 『郡齋讀書志』에서 말하기를 "急就라는 것은 뜻이 알기 어려운 글자를 빨리 알 수 있게 해주는 것을 말한다."[21]라고 하였다.

『急就篇』은 모두 2,016자를 수록하고 있는데, 첫 다섯 구에서 이 字書를 편찬하게 된 목적과 취지를 설명하고 있다.

---

19 "商胡販客日款於塞下."

20 '喜'는 '熹'와 통용되어 쓰인다. 그래서 162쪽, 212쪽에서는 '熹'라고 적고 있다.(譯註)

21 "急就者, 謂字之難知者, 緩急可就而求焉."

> 속성으로 글을 배울 수 있는 이 교본은 다른 것과는 달리 사물의 명칭과 사람의 이름을 나열해 놓았는데, 같은 종류끼리 분류해 놓아 뒤섞이지 않게 하였다. 소요되는 시간이 적어 진실로 즐거우니 정성을 다하여 힘써 배우면 반드시 기쁨이 있을 것이다.[22]

'急就'란 빨리 이룰 수 있다는 뜻이며, '觚'란 글자를 깨우칠 때 쓰던 목판을 말한다. '奇觚'란 顔師古(581～645)의 注에 의하면 '기묘하게 좋은 책'[23]을 말한다. 전체 문장의 뜻은 이 책은 글자를 빨리 배울 수 있는 기묘한 識字教本으로 다른 책들과는 다르다는 것이다. 두 번째 구와 세 번째 구는 이 책의 체제가 성명·의복·일상용품 등의 순서에 따라 배열되어 있음을 말해주고 있다. 네 번째 구중의 '約'이란 적다는 뜻이다. 그러므로 '用日約少'의 의미는 소비되는 시간이 적다라는 뜻으로, '速成'의 의미도 갖고 있으므로 자신이 편찬한 『急就篇』이 글자를 빨리 배울 수 있는 識字教本이기 때문에 잘 배우기만 하면 '반드시 기쁨이 있을 것'[24]이라는 것을 말하는 것이다.

『急就篇』의 첫 부분은 132개의 姓氏를 열거하고 있는데 매 姓氏에 2字, 復姓에는 1字를 더해 놓아 3字句를 이루고 있다. 예를 들면 다음과 같다.

> 宋延年·鄭子方·衛益壽·史步昌·周千秋·趙孺卿·爰展世·高辟兵·鄧萬歲·秦眇房·郝利親·馮漢强·戴護郡·景君明·董奉德·桓賢良 ……

위에서 나열한 성명은 진짜 사람의 이름은 아니며, 史游가 추상명사·동사·형용사를 가지고 이름으로 편성하여 학동들에게 글자를 가르치는 데 편리하도록 3字1句로 만들어 놓은 것이다.

『急就篇』의 두 번째 부분은 사물의 명칭에 관한 것으로, 예를 들면 다음과 같다.

> 금(錦)수(繡)만(縵)모(旄)리(離)운(雲)작(爵), 승(乘)풍(風)현(縣)종(鐘)화(華)동(洞)락(樂), 표(豹)수(首)락(落)막(莫)토(免)쌍(雙)학(鶴), 춘(春)초(草)계(鷄)교(翹)부(鳧)옹(翁)탁(濯). …… 세(貰)대(貸)매(賣)매(買)판(販)사(肆)편(便), 자(資)임(賃)시(市)라(贏)필(匹)폭(幅)전(全). …… 도(稻)서(黍)출(秫)직(稷)률(栗)마(麻)갱(秔), 병(餅)이(餌)맥(麥)반(飯)감(甘)두(豆)갱(羹), 규(葵)구(韭)총(葱)해(韰)료(蓼)소(蘇)강(薑), 무(蕪)이(荑)염(鹽)시(豉)혜(醯)작(酢)장(醬). …… 리(梨)시(柿)내(柰)도(桃)대(待)로(露)상(霜), 조(棗)행(杏)과(瓜)제(棣)산(馓)이(飴)당(餳), 원(園)채(菜)과(果)라(蓏)조(助)미(米)량(糧) ……

---

22 "急就奇觚與衆異, 羅列諸物名姓字, 分別部居不雜廁, 用日約少誠快意, 勉力務之必有喜."
23 '奇好之觚'
24 '必有喜'

모두 7字 1句로 이루어져 있고, 韻이 있어서 읽기에 편하며 차례대로 錦繡, 음식, 의복, 臣民, 기물, 벌레와 물고기, 복장, 음악, 형체, 병기, 車馬, 궁실, 식물, 동물, 질병, 약품, 喪葬 등에 관한 각 방면의 어휘들을 서술하고 있다.

『急就篇』의 세 번째 부분은 '五官'[25]에 관한 것이다. 예를 들면 다음과 같다.

> 宦學諷詩孝經論, 春秋尙書律令文, 治禮掌故砥厲身, 智能通達多見聞. 名顯絶殊異等倫, 抽擢推擧白黑分, 迹行上究爲貴人, 丞相御史郞中君.……

이 책의 마지막 부분은 4字句로 漢代의 흥망성세를 노래하는 것으로 끝을 맺고 있다. 이 책은 漢代로부터 전해져 오는 완정한 識字教本으로 그 속에 실려있는 많은 글자와 어휘들이 지금까지도 사용되고 있어 중국어의 연원이 오래되었다는 것과, 현대 중국어가 고대 중국어로 부터 발전해 왔음을 설명해 주고 있을 뿐만 아니라 중국어의 어휘연구에도 많은 자료를 제공해 주고 있다.

漢나라는 識字教育을 중시하였다. 『漢書·藝文志』에서 말하기를 "옛날에는 여덟 살이 되면 소학에 들어갔으며, 그러한 까닭에 周官의 保氏가 나라의 자제들을 가르치는 일을 관장하였는데 六書로써 그들을 가르쳤다. 六書란 象形, 象事, 象意, 象聲, 轉注, 假借를 말하는 것으로 글자를 만드는 근본이다. 漢이 흥하자 蕭何는 법령을 제정하고 그 법조문을 기록하여 말하기를 '태사는 학동들에게 시험을 치게 하였는데, 그 중 9천자 이상을 외우는 자만이 관리가 될 수 있었다. 또한 六體로서 그들을 시험하여 성적이 가장 뛰어난 자를 尙書御史史書令史로 삼았다. 관리와 백성이 글을 올릴 때 쓴 것이 혹 바르지 아니하면 늘 이를 문책하였다.'라고 하였다. 六體라는 것은 古文, 奇字, 篆書, 隸書, 繆篆, 蟲書를 말하는 것으로, 모두 고금문자를 두루 알 수 있게 하고 인장을 새기고 幡信[26]을 기록하던 것을 말한다."[27]라고 하였다. 許愼 또한 『說文解字』에서 "학동들은 17세 이상이 되어야 비로소 籒書(大篆) 9천자를 외우는 일을 거쳐 관리가 될 수 있었다. 또 八體로써 그들을 시험하고, 태사에게 보내어 그 중 성적이 가장 우수한 자를 尙書史로 삼았으며, 쓴 것이 바르지 못하면 항상 이를 문책하였다."[28]라고 하였다. 이상의 기록으로 漢代에는 識字教育이 중시

---

25 五官이란 司徒, 史馬, 司空, 史士, 史寇를 가리킨다.(譯註)

26 幡信이란 옛날 표식이 있는 기를 사용하여 명령을 전달하던 것을 말한다.(譯註)

27 "古者八歲入小學, 故『周官』保氏掌養國子, 教之六書, 謂象形·象事·象意·象聲·轉注·假借, 造字之本也. 漢興, 蕭何草律, 亦著其法, 曰: '太史試學童, 能諷書九千字以上, 乃得爲史. 又以六體試之, 課最者以爲尙書御史史書令史. 吏民上書, 字或不正, 輒擧劾.' 六體者, 古文·奇字·篆書·隸書·繆篆·蟲書, 皆所以通知古今文字, 摹印章, 書幡信也."

되었으며 籒書 9천자 이상을 외우는 시험을 통과해야만 관직을 맡을 수가 있었음을 알 수 있다. 또한 '八體'[29]를 시험하였는데, 여기서 우수한 자가 尙書史가 될 수 있었다. 한편으로는 관리들이 황제에게 올리는 글 중에 잘못된 글자가 들어 있기도 했는데, 이것이 적발되면 처벌을 받았다. 그러므로 漢代에는 '識字'가 관리를 선발하는 준칙으로까지 되었기 때문에 '소학에 능통하는 것'[30]이 매우 중요한 일이었다.

『漢書·藝文志』에 기록된 바에 의하면 "『倉頡』에는 古字가 많았으나 세상의 선생들이 그 독음을 알지 못했으므로 宣帝(73~49B.C.)때 그 정확한 독음에 능한 齊나라 사람을 불러들였다. 張敞이 그에게서 배웠고 다시 이를 외손자 杜林에게 전하여 해석하고 나열하게 하였다."[31]라고 하였다. 이 말은 『倉頡篇』에는 많은 古字가 쓰여져 있는데, 漢代의 선생들이 때때로 잘못 읽어 漢 宣帝 때에 특별히 독음이 정확한 齊나라 사람을 불러들여 낭독하게 하였으며, 다시 張敞에게 이를 전하도록 하였다는 뜻이다. 元始 年間(1~5)에 이르러서는 전국에서 소학에 능통한 사람 백여 명을 소집하여 조정에서 그들이 알고 있는 글자를 기록하게 하였다. 이와 같이 국가에서 識字教育을 매우 중시하였으므로 '소학가'들 또한 존중을 받았음을 알 수 있다. 『漢書·揚雄傳』에는 "揚雄이 '經' 중에서 『易經』보다 훌륭한 것이 없다고 여겨 『太玄』을 지었고, '傳' 중에서는 『論語』보다 더 나은 것이 없다고 여겨 『法言』을 지었으며, 史篇으로는 『倉頡』보다 훌륭한 것이 없다고 여겨 『訓纂』을 지었다."[32]라고 기록되어 있다. 『揚雄傳贊』에서는 揚雄이 『訓纂』을 『太玄』·『法言』 등의 저서와 똑같이 불후의 사업으로 여겼다고 말하고 있다. 다시 말해 漢代에는 識字教育으로 인해 문자에 대한 연구가 매우 중시되었고, 이로써 今古文經 논쟁이 생겨나 중국 고대 언어학 연구가 시작된 것이다.

3. 今古文經 논쟁이 언어 연구를 촉진시킴

漢나라는 통일을 이룬 후 문화와 사상적 측면에서 중요한 세 가지 정책을 시행하였다. 그 정책이란 바로 오로지 儒家 사상만을 존중하고, 민간에서 서적을 바치도록

28 "學僮十七以上始試諷籒書九千字, 乃得爲吏. 又以八體試之, 郎移太史幷課最者以爲尙書史, 書或不正, 輒擧劾之."

29 八體란 『說文解字』에 보이며, 大篆·小篆·刻符·蟲書·摹印·署書·殳書·隸書를 말한다.

30 '通小學'

31 "『倉頡』多古字, 俗師失其讀, 宣帝時徵齊人能正讀者, 張敞從受之, 傳至外孫子杜林, 爲作訓詁, 幷列焉."

32 "揚雄認爲『經』莫大于『易』, 作『太玄』; 『傳』莫大于『論語』, 作『法言』; 史篇莫善於『倉頡』, 作『訓纂』."

장려하며, 五經博士를 세우는 것이었다.

漢 초기에는 장기간에 걸친 전쟁으로 인한 파괴적 상황에 대처하기 위해 먼저 사회의 생산과 발전을 회복시켜야 했기 때문에 통치자들은 백성들의 부담을 줄이고 생활을 안정시키기 위한 정책들을 취하였다. 漢 武帝 때에 이르러 통치가 견고해지고 사회가 발전하였으며, 大統一의 요구에 맞추어 董仲舒(179~93B.C.)가 말한 '百家를 배척하고 오로지 儒家의 통치만을 숭상한다.'[33]라는 건의를 채택하였다. 漢 武帝가 즉위한 후 가장 먼저 단행한 큰 사업은 바로 전국의 문인들을 불러 모으고 자신이 직접 과거문제를 출제하고 그 답안을 채점하는 일이었다. 그리고 公羊大師 董仲舒와 公孫弘을 최고의 서열로 뽑고 유가가 아닌 다른 제자백가들은 모두 배척하여 유학은 이로부터 독보적인 위치를 차지하게 되었다. 유가를 숭상하기 위해서는 유가의 경전이 필요하였으나 秦始皇 때의 焚書坑儒로 인해 많은 서적들이 산실되었다. 이로 인해 漢 武帝 때부터 민간에서 책을 헌납하는 일이 시작되었으며, 成帝(32~7B.C.) 때에는 또한 각지에 사람을 파견하여 서적을 수집하였는데, 劉歆(?~23)의 『七略』에 기록된 바에 의하면 '백 년 동안에 모인 책이 산과 같았다'[34]라고 말할 정도였다고 한다. 후에 成帝는 또 劉歆의 아버지 劉向(77B.C.~A.D.6)에게 궁중에 보관되어 있는 經·諸子·詩·賦 등의 서적들을 교정하여 기록하도록 하여 그가 20여 년 동안 이 일에 종사하였다. 劉歆은 부친의 유업을 계승하여 『七略』을 완성하였다. 『七略』은 중국 최초의 도서분류 목록으로 六藝略, 諸子略, 詩賦略, 兵書略, 術數略, 方技略 등으로 분류된다. 班固(32~92)가 지은 『漢書·藝文志』는 바로 『七略』을 저본으로 삼은 것이다. 『七略』의 원본은 후대에 산실되었고, 淸代의 洪頤煊(1765~1833), 馬國翰, 姚振宗 등의 輯本이 있다. 유가의 경전으로 중요한 것은 『詩』, 『尙書』, 『易』, 『樂』, 『春秋』 등으로 '六藝'라 불리운다. 후에 『樂』이 산실되었으니 실제로는 '五經'이다. 漢代에 수집한 유가경전은 주로 이 다섯 권의 경전이었는데, 경전에 쓰여진 글자의 자체가 서로 달라 今古文經 논쟁이 일어나게 되었다. 先秦시기에는 문자는 형태가 다르고 언어는 소리가 달라 秦 초기에 李斯가 '書同文' 정책을 제창하였으니, 이는 당시 언어와 문자가 복잡했음을 설명해 준다. 이런 상황은 漢代에 이르러 먼저 今古文經 논쟁에 두드러지게 나타났다.

先秦 시기의 유가경전은 秦의 분서갱유로 인하여 모두 태워지고 산실되어 漢初에는 몇몇 유생들에 의해 구전으로만 전수되다가 당시의 문자인 隷書로 기록되었는데,

---

33 '罷黜百家, 獨尊儒術.'

34 '百年之間書積如山.'

이것이 바로 今文經이다. 예를 들면 『尙書』는 중국 上古 시대의 역사문헌 총집으로 주로 商周 노예제 왕조시대 통치자들의 공문서였다. 그 중에서도 주된 것은 이야기의 기록인데, 어떤 것은 東周·戰國시대의 옛 전설들을 근거로 하여 虞·夏의 史實들을 다시 편찬하고 기록한 것도 있다. 漢代에 얻은 『尙書』는 秦나라 박사인 濟南 사람 伏生이 전한 것이다. 그는 秦末에 난리가 일어나자 『尙書』를 벽 속에 감추어 두었다가 漢 惠帝에 이르러 挾書令[35]이 폐지된 후 다시 그것을 꺼냈다. 그러나 안타깝게도 이 竹簡은 이미 많은 분량이 썩어 없어졌고, 그가 나머지들을 긁어모아 겨우 28편만을 남길 수 있었으며 이것으로 齊와 魯나라에서 제자들에게 전수하였다.

그의 제자들은 이를 전수받은 후에 西漢 '尙書學'의 三家를 형성하였다. 즉 歐陽高가 창시한 '歐陽氏學', 夏侯勝이 창시한 '大夏侯氏學', 夏侯建이 개창한 '小夏侯氏學'을 말한다. '尙書學' 三家는 漢 武帝부터 宣帝 때까지 모두 學官에 세워졌다. 그들이 가르친 것은 伏生의 28편과 武帝 때 민간에서 바친 「太誓」[36]를 합쳐 모두 29편이다.[37]

伏生이 전한 『尙書』 판본은 秦에서 통행되던 小篆體를 이용하여 쓴 것이다. 제자들이 전하여 西漢에 이르러 三家를 형성하게 되었는데, 이때의 『尙書』는 이미 漢代에 통행되던 隸書로 바꾸어 쓴 것이다. 『尙書』 古文 판본이 출현한 후에는 隸書本 『尙書』를 今文이라고 하여 三家를 今文三家라고 칭하였다. 『尙書』중 周初의 각편은 岐周 방언을 이용해 쓴 것인데, 漢代에 이르러서는 이를 이해하는 사람이 매우 적어졌다. 예를 들어 司馬遷의 『史記』에서는 몇몇 알기 쉬운 문장만을 인용하였으며, 殷周의 誥文을 인용하는 데 있어서 어떤 것은 간혹 고쳐 쓰기도 하였다. 漢代의 통치자들이 유가경전을 수집하고 오로지 유가의 학술만을 존중하여 五經博士를 세운 것은 통치를 공고히 하기 위함이었다. 그러므로 박사들의 경전해석은 경전해석 자체를 위한 것이 아니라 통치자들을 위한 봉사였던 것이다. 이 때문에 몇몇 今文經經師들은 先秦의 『尙書』 등 경전에 대하여 모르는 것도 억지로 아는 것으로 만들어 주관적으로 뜻을 해석하여 통치자를 위해 봉사함으로써 관직과 후한 녹봉을 얻기도 하였다.

35 秦始皇이 제정한 禁書令으로 민간인이 醫藥이나 卜筮에 관한 것 이외의 책을 못 가지게 한 法律을 말한다.(譯註)

36 僞書임.

37 歐陽氏는 「盤庚」을 3편으로 나누어 모두 31편이 되었다.

今文經學

董仲舒는 西漢 今文經學의 창시자로 유학을 변형시켜 陰陽五行의 今文經學을 만들었다. 今文經學은 '五經'에 대해 微言大義를 궁구하였고, 거기에다 비교할 수 없는 것도 억지로 비교하면서 통치자들을 위해 봉사하였다. 예를 들어 董仲舒가 이야기한『春秋』大統一의 뜻은 바로 직접적으로 漢 왕조의 통치를 위한 것으로 이로 인해 그는 學官에 세워졌다. 漢 武帝 때에는 五經博士를 두었으며 조정에서는 수도에 太學을 세워 五經을 가르쳤다. 일반적으로 '五經'을 잘 해석하는 사람에게는 博士 칭호를 주었다. 매 '經'마다 열 사람을 두어 '五經'에는 모두 50명이 있었으며 그들은 博士弟子라고 불렀다. 博士弟子는 1년에 한 번씩 있는 시험을 거쳐 성적이 上等·中等인 자는 관직을 제수 받았고 下等인 자는 강제로 퇴학당하였다. 漢 昭帝 때에는 博士弟子들이 백 명으로, 宣帝 때에는 2백명, 元帝 때에는 1천 명, 成帝 때에는 3천여 명으로 증가하였다. 당시 황제가 내린 조서와 관리와 백성들이 올린 上書는 모두 '經文'을 인용토록 하였는데, 이로 미루어 '經學'이 흥성했음을 알 수 있다. 이렇게 되자 儒學과 官道가 결부되어 조정에서 학교를 세웠을 뿐만 아니라 지방에서도 학교를 세웠으며 이에 따라 비교적 광범위하게 언어·문자에 대한 연구가 촉진되었다.

東漢의 劉秀[38]는 즉위한 후에 符命과 讖緯를 이용하여 통치를 강화하였으며, 그의 손자인 漢 章帝(76~88)는 한 걸음 더 나아가 讖緯說과 儒家經典을 결합시켰다. 그는 일찍이 白虎觀에 유학자들을 모아 모든 경전의 같고 다름을 연구하고 해석하게 하였다. 현존하는『白虎通』은 바로 당시 토론의 총결인 것이다.『白虎通』은 '聲訓'을 많이 이용하여 뜻을 해석하였고, 劉熙가 지은『釋名』에도 영향을 주었다. 今文經學은 陰陽五行化하여 讖緯·迷信思想과 결합하였고, 經師들의 경전해석 역시 번잡한 경향으로 나아갔다. 예를 들어『書經』大師 秦延君은 10여만 자를 이용하여 '堯典' 두 글자를 해석하였고, 3만여 자를 이용하여 '曰若稽古' 네 글자를 해석하였다. 결론적으로 今文經學은 비록 일시에 성행하기는 하였으나 실사구시적인 학문이 아니고 번잡스러웠기 때문에 古文經學이 흥기하자 곧 쇠락의 길을 걷게 되었다.

---

38 漢 光武帝(25~57)를 가리킴.(譯註)

古文經學

古文은 본래 經書를 써낸 글자체를 가리키는 것인데, 여기서는 先秦 시기의 大篆이나 籒書의 자체를 이용하여 쓴 儒家經典을 가리킨다. 漢代는 先秦으로부터 멀지 않은 시대로, 先秦 시기 大篆을 이용해서 쓴 古文經書가 때때로 발견되었고, 漢代 초기에 민간에 책을 헌납할 것을 장려하였을 때에도 古文『尙書』가 출현한 적이 있다. 伏生이 가르친 『尙書』는 본래 古文으로 쓰여진 것이다. 顧頡剛(1893～1980)의 연구에 의하면 古文『尙書』는 전후 여섯 차례 출현한 적이 있다고 한다. 『漢書·楚元王傳』의 기록에 의하면 孔安國이 魯 恭王에게 孔子의 집을 헐다가 발견한 '벽속의 古文尙書'를 바쳤고, 劉歆이 이것을 學官에 세울 것을 청하였으나 今文經學家의 반대에 부딪쳤고, 이로 인해 今古文經 간의 싸움이 일어나게 되었다고 한다. 『漢書·景十三王傳』에는 東漢 초에 河間獻王이 古文『尙書』를 얻었다는 전설이 기록되어 있다. 이후에 杜林은 竹簡에 옻칠로 쓴 古文『尙書』를 얻게 되었는데, 이 古文『尙書』는 衛宏, 賈逵(30～101), 馬融(79～165), 鄭玄(127～200), 그리고 王肅(195～256) 이 잇달아 傳注를 달았다. 이 傳注들은 문자·훈고·명물 및 제도 등의 방면에 노력을 기울여 세상에 크게 드러나게 되었다. 古文經學은 비록 私學이었지만 많은 유명한 학자와 大師들을 배출해 냈다. 예를 들어 『易經』 방면에는 鄭衆(?～83)·馬融 등이, 『尙書』 방면에는 杜林·賈逵 등이, 『詩經』 방면에는 衛宏·鄭衆 등이, 『禮記』 방면에는 賈逵·馬融 등이, 『春秋』 방면에는 服虔 등이 있다. 『後漢書·賈逵傳』에서 말하기를 "鄭衆과 賈逵의 학문이 수백 년간 행해졌으며, 마침내 모든 유학자들의 祖宗이 되었다."[39]라고 하였다. 賈逵는 許愼의 스승으로 許愼이 후에 『說文解字』를 편찬할 때 그의 영향을 받았을 것이다.

古文經學은 착실하게 연구하는 학문의 전통을 계승하여 문자·훈고의 연구를 중시하였으며, 字義에 따라 경전의 뜻을 해석하였기 때문에 복잡하고 번잡한 今文經學과는 다른 것이었다. 예를 들어 옛 서적들 속에는 한 글자에 여러 가지 뜻을 지니고 있는 글자가 자주 보이는데, 齊字와 같은 글자는 篆文에서는 라고 썼고, 金文에서의 최초의 형체는 또는 였다. 許愼은 『說文解字』에서 "벼와 보리의 싹이 위로 평평하게 올라오는 것을 말하며, 象形이다."[40]라고 하였는데, 이것이 齊字

39 "鄭·賈之學, 行乎數百年中, 遂爲諸儒宗."
40 "禾麥吐穗上平也. 象形."

의 본뜻이다. 이 뜻은 引申되어 '정직하다'라고도 쓰이는데, 『毛詩·小宛』의 "人之齊聖."에 대해, 毛傳에서는 "齊는 바름이다."[41]라고 하였다. 또 引申되어 '같다'라는 뜻으로도 쓰였는데 『春秋』 襄公 20년 『左氏傳』에서 "이와 함께 동맹을 맺다."[42]라고 하였으며, 杜預(222~284)의 注에서는 "齊는 함께라는 뜻이다."[43]라고 하였다. 이것은 또 '처하다'라는 뜻으로도 引申되어 쓰였는데 『爾雅·釋地』에서 "州에서 남쪽으로 떨어져"[44]라고 하였고 郭璞(276~324)의 注에서는 "齊는 적중의 뜻이다."[45]라고 하였다. 齊는 또한 '평등'이라는 뜻으로도 引申되어 쓰였는데 『莊子·漁父』에서 "이로써 평민들을 교화하였다."[46]라고 하였으며, 注에서는 "齊는 같다는 뜻이다."[47]라고 하였다.

古書 중에는 假借字도 자주 보이는데 역시 '齊'를 예로 들어 보면 어떤 경우에는 '삼가하다'의 '齋'로 假借되어 쓰였으니, 『論語』에서 "반드시 삼가함 같아야 한다."[48]라고 한 것과 같다. 孔穎達의 注에서는 "齊는 엄숙하고 경건한 모양"[49]이라고 하였다. 어떤 경우에는 '분량'의 '穧'로 假借되어 쓰였는데, 『周禮·亨人』에서는 "이로써 물과 불의 양을 조절하다."[50]라고 하였다. 鄭玄의 注에는 "齊는 다소의 양을 가리킨다."[51]고 되어 있다. 어떤 경우에는 '조절'이나 '조정'의 '劑'로 假借되어 쓰였는데 『禮記·少儀』에서 "축축한 것은 어울릴 수 없다."[52]라고 하였다. 鄭玄의 注에서는 "齊는 조화스러움이다."[53]라고 하였다. 어떤 경우에는 '배꼽'의 '臍'로 가차되어 쓰였는데 『春秋』 莊公 6년 『左氏傳』에서 "후에 임금이 배꼽을 씹다."[54]라고 하였다. 杜預의 注에는 "배나 배꼽을 깨무는 것과 같다."[55]라고 되어 있다. 古書 속의 一字多義 및 假借 등 자주 보이는 현상에 대해서 鄭玄은 "처음에는 썼으나 갑작스레 그 글자가 없어져 음이 비슷한 것으로 가차하여 쓰기도 하였는데 그것에 가까운 것을

41 "齊, 正也."
42 "以受齊盟."
43 "齊, 同也."
44 "岠, 齊州以南."
45 "齊, 中也."
46 "以化於齊民."
47 "齊, 等也."
48 "必齊如也."
49 "齊, 嚴敬貌."
50 "以節水火之齊."
51 "齊, 多少之量也."
52 "有湆者不以齊."
53 "齊, 和也."
54 "後君噬齊."
55 "若齧腹臍."

취하였을 뿐이다."[56]라고 하였다.

따라서 古文經學은 박실한 학문 전통을 보전하고 문자와 훈고의 연구에 중점을 두었으며, 字義에 따라 경전의 뜻을 해석하여 복잡하고 번잡한 今文經學과는 달랐음을 알 수 있다. 古文經學은 儒家經書를 역사적 저서로 간주하였다. 예를 들어 『春秋』를 해석한 『左傳』 같은 경우 주된 내용은 사실을 서술한 것이었기 때문에 先秦 시기의 學術觀을 잘 보전하고 있다. 이것은 今文經學인 『公羊傳』이 微言大義만을 해석하고 그 뜻을 引申하여 비교할 수 없는 것에 억지로 갖다 붙여 통치자들을 위해 봉사하였던 것과는 다른 것이다. 古文經學은 경전을 해석할 때에 미신을 배척하였으며, 혹 있다 하더라도 미신적인 요소는 극히 적었는데 이 또한 陰陽五行化한 今文經學과는 다른 점이었다. 또한 古文經學은 소수의 유생들이 개인집에서 서로 전수한 것으로서, 당면한 세상사에 영합하였던 博士들의 今文經과는 다른 것이었다. 漢 王莽 때에는 『左氏春秋』, 『毛詩』, 『周禮』, 古文『尙書』 등 네 분야의 경학박사를 두었다. 이렇게 되자 今古文經은 쓰고 있는 글자의 자체가 다를 뿐만 아니라 내용과 문장에도 차이가 있었으며, 고대 인물과 제도에 대한 견해 또한 달랐다. 『詩經』을 예로 들면 今文經學에는 齊·魯·韓의 三家가 있으며, 古文經學에는 '毛詩'가 있다. 『尙書』의 今文經學에는 歐陽·大小夏侯가 있으며, 古文經學에는 孔安國의 『尙書』가 있다. 따라서 今古文經 두 파의 색깔은 뚜렷하게 나누어졌고 그 한계 또한 매우 분명하였다.

經學은 西漢 때부터 시작되어 2,000년간을 내려오면서 서적도 매우 많아졌다. 이 많은 장서들을 귀납해 보면 주로 세 가지 유파로 나뉘는데 바로 西漢의 今文經學, 東漢의 古文經學, 그리고 宋學이다.

결론적으로 사회의 발전, 경제의 번영, 학술사상의 쟁론, 그리고 특히 漢代 經學崇尙의 풍조로 인해 언어와 문자에 대한 연구가 발전하게 된 것이다. 중국 고대의 언어학은 漢代로부터 언어학자와 언어학 저서들이 출현하게 되었다고 말할 수 있으며, 그 중에서도 가장 먼저 흥기한 것은 훈고학으로, 훈고학이 제일 먼저 흥기한 것과 『爾雅』의 출현은 漢代의 경학숭상과 밀접한 관계가 있다.

---

56 "其始書之也, 倉卒無其字, 或以音類比方假借爲之, 趣於近之而已."
陸德明의 『經典釋文·敍錄』에서 鄭氏說을 인용한 것이 보인다.

제2절 중국 고대 최초의 언어학 저작『爾雅』

漢代에 들어와『爾雅』·『方言』·『說文解字』·『釋名』등 연이어 네 권의 중요한 언어학 저작이 출현하였다. 이 네 권은 중국 고대 언어학의 가장 중요한 저작일 뿐만 아니라 현존하는 고대 언어학 서적 중 역사가 가장 유구한 저작으로서 내용이 풍부하고 체제도 참신하다. 또한 후에 지대한 영향을 미쳐 訓詁學·音韻學·文字學·語彙學 등을 연구하는 데 기초를 다지고 길을 여는 역할을 하였다.

1.『爾雅』명칭의 유래

漢代에는 經學을 숭상하여 '訓詁'가 생겨났다.『說文』에서 "詁는 옛 글을 풀이하는 것이다."[1]라고 하였다. '故言'은 옛 말이며, 옛 사람들이 전하는 경전의 뜻에 대한 해석이다. 漢代에는 學官에『詩』·『書』·『禮』·『易』·『春秋』를 세우고 '五經'이라 하였다. 學官은 곧 학교로서, 학교에서는 경서를 가르쳤는데 마음대로 가르칠 수 있는 것이 아니었다.『漢書·藝文志』에서는 "고문을 읽을 때는 마땅히 바름에 가까워야 한다. 그러므로 고금의 말을 이해해야만 알 수 있다."[2]라고 하였다. '爾'는 가깝다는 뜻이고, '雅'는 바르다는 뜻이므로, '讀應爾雅'는 바로 '정확하게 해석해야 한다'는 뜻이다. 그렇다면 어떻게 해야 '爾雅'[3]라고 할 수 있을까? 그것은 故訓에 달려있다.『爾雅』의 책이름은 바로 여기에서 비롯된 것이다.

2.『爾雅』의 저자

『漢書·藝文志』에서는『爾雅』의 저자가 누구라고 지적하지 않았다. 晋代 郭璞(276~324)의『爾雅·序』에서도 다만『爾雅』는 "대개 中古[4]에 출현하였으며, 漢代에 흥성하였다."[5]라고만 하였고, 저자가 어떤 사람인가는 설명하지 않았다. 역대로『爾雅』의 저자가 누구인가에 대해서는 자못 이설이 많다.

---

1 "詁, 訓故言也."
2 "古文讀應爾雅, 故解古今語可知也."
3 바름에 가깝다.
4 여기서의 中古는 周代를 가리킴.
5 "蓋興於中古, 隆於漢氏."

劉歆은 『西京雜記』에서 다음과 같이 말하였다.

> 郭偉는 字가 文偉이며 茂陵 사람으로 책 읽기를 좋아하였는데 周公이 『爾雅』를 만들었다고 생각했다. 그러나 『爾雅』에 張氏 집안의 둘째 아들 孝友가 나오는데, 孝友는 宣王 때 사람이므로 周公이 지은 것이 아님이 분명하다. 내가 일찍이 揚子雲(揚雄)에게 물었더니 揚子雲이 말하기를 '孔子의 제자 중에 游와 夏가 있는데, 이들은 『爾雅』에 기록된 것으로 六藝를 해석한 사람들이다.'라고 했다. 선친(劉向을 가리킴)께서 「外戚傳」의 역사가 빠진 것을 알고 나에게 『爾雅』를 가르쳤으니, 『爾雅』는 小學이다. 또한 孔子가 魯나라의 哀公을 가르칠 때 『爾雅』를 말하였으니, 『爾雅』의 기원은 오래되었다. 옛것을 전하는 학자들은 '周公이 『爾雅』를 기록했으며, 張仲孝友 등에 대한 것은 후대인들이 지어낸 것일 뿐이다.'라고 하였다.[6]

鄭康成[7]의 『五經異義』에서는 "내가 듣기에 『爾雅』는 孔子의 문하생들이 지은 것이다. 이로써 六藝의 의미를 설명하였으니, 아마도 거의 틀리지 않는다."[8]라고 말하고 있으며, 또 張逸에게 대답하여 말하기를 "『爾雅』의 문장은 복잡하여 한 사람이 지은 것이라 볼 수 없고, 孔子의 제자들이 지은 것으로 역시 한 사람이 지은 것이 아니다."[9]라고 하였다.

魏나라 사람 張揖의 「上廣雅表」에서는 "제가 듣기에 옛날에 周公이 唐(堯)·虞(舜)를 이어서 서술하고, 문무를 으뜸으로 삼고 공경하였으며, 四海를 평정하고, 成王을 삼가 보필하였다. …… 6년간 예법을 제정하여 이로써 천하를 이끌었으며, 『爾雅』 1편을 지어 그 뜻을 설명하였다. 지금 세간에서 전하는 3편의 『爾雅』는 孔子가 증보했다고도 하고, 혹은 子夏가 추가하였다고도 하며, 叔孫通이 증보했다고도 하고, 沛公 梁文이 고증했다고도 말하는데, 이는 모두 해석가 자신들의 말로 先師들이 구전한 것에 올바른 근거가 없으므로 성인이 말한 것도 의심스러워 밝힐 수 없다."[10]라고 하였다.

陸德明(550～630)의 『經典釋文』에서는 "『爾雅』는 訓으로써 五經을 풀어놓은 것으로, 문장의 같고 다름을 밝히고 草木鳥獸의 이름을 많이 기록하여 놓았는데, 넓게

---

6 "郭偉字文偉, 茂陵人也. 好讀書, 以爲『爾雅』周公所製. 而『爾雅』有張仲孝友, 孝友, 宣王時人, 非周公之製明矣. 余嘗以問揚子雲, 子雲曰: 孔子門徒, 游·夏之儔, 所記以解釋六藝者也. 家君(指劉向)以爲「外戚傳」史佚教其子以『爾雅』, 『爾雅』, 小學者. 又記言孔子教魯哀公言『爾雅』, 『爾雅』之出遠矣. 舊傳學者云周公所記也, 張仲孝友之類, 後人所作耳."

7 鄭玄(127～200)을 말함. 康成은 그의 字.(譯註)

8 "某之聞也, 『爾雅』者孔子門人所作. 以釋六藝之旨, 蓋不誤也."

9 "『爾雅』之文雜, 非一家之著, 則孔子門人所作, 亦非一人."

10 "臣聞昔在周公, 纘述唐虞, 宗翼文武, 剋定四海, 勤相成王,……六年制禮以導天下. 著『爾雅』一篇以釋其意義. 今俗所傳三篇『爾雅』, 或言仲尼所增, 或言子夏所益, 或言叔孫通所補, 或言沛郡梁文所考, 皆解家所說, 先師口傳, 既無正譣, 聖人所言, 是故疑不能明也."

살피면서도 미혹되지 않았다. 爾는 가까움(近), 雅는 바름(正)의 의미이다. 가까우며 바른 것을 취한다는 뜻이다. 「釋詁」편은 周公이 지은 것이며 「釋言」이하는 仲尼가 더하고, 子夏가 채우고, 叔孫通이 보태고, 梁文이 보충하고 張揖이 상세하게 논한 것이다."[11]라고 적고 있다.

宋代의 歐陽修(1007~1072)는 『詩本義』에서 『爾雅』에 대해 "문장의 이치를 살펴서 秦漢間의 『詩經』을 공부하던 자들이 『詩經』 博士의 옛말 풀이 자료를 모아 엮은 책"[12]이라고 하였다.

일본의 內藤虎次郎은 『爾雅新硏究』에서 『爾雅』 각 편의 제작 연대를 비교적 상세하게 고찰하였다. 그는 "『爾雅·釋詁』편은 아마도 70제자와 멀지 않은 시대에 지어진 것이거나 70제자의 만년에 제작된 것이며, 戰國 초기에 여러 편으로 보태어진 것일 것이다. 그리고 「釋言」편은 70제자 시대의 작품으로 孔子가 素王[13]이던 시대에 지어진 것으로 稷下 학문이 흥성하던 시대에 보태어진 것이다. 「釋訓」편은 더욱 많은 시대를 포함하고 있는데, 「釋言」편과 더불어 대체로 漢初에까지 이어지면서 수시로 보태어진 것이다. 「釋親」에서 「釋天」까지의 각 편들은 『公羊春秋』가 발달하고 『禮』學이 성행한 시대, 즉 荀子를 전후한 시대로부터 漢代 后倉·高堂生의 시대에 제작된 것이다. 「釋地」이하 「釋水」에 이르는 각 편은 역시 戰國시대 말엽부터 漢初에 이르는 시대에 이루어졌다. 「釋草」에서 「釋獸」까지의 각 편중 어떤 것은 『詩經』을 해석한 것이기 때문에 옛부터 존재했던 것이나, 漢初에 이르러서야 완성되었다. 마지막 「釋畜」편은 漢代 文·景帝 시대에 제작된 것으로 여겨진다."[14]라고 하였다.

梁啓超(1873~1929)는 『古書眞僞及其年代』에서 『爾雅』에 『詩經』의 말을 해석한 부분이 많다고 여기고, 그 제작 연대를 『詩經』 이후라고 하였다. 또한 그는 「釋地」에서 九州와 五岳 및 漢初의 지리를 풀이하고 있으므로, 周公 시대의 책이 아님은

---

11 "『爾雅』所以訓釋五經, 辨章同異,多識草木鳥獸之名, 博覽而不惑者也. 爾, 近也. 雅, 正也. 言可近而取正也. 「釋詁」一篇蓋周公所作, 「釋言」以下, 或言仲尼所增, 子夏所足, 叔孫通所益, 梁文所補, 張揖論之詳矣."

12 "考其文理, 乃是秦漢間之學『詩』者, 纂集說『詩』博士解詁."

13 帝位에 오르지는 않으나, 임금의 덕망을 갖춘 사람으로 儒家에서는 孔子, 道家에서는 老子를 이른다.(譯註)

14 "在『爾雅』中之「釋詁」, 殆作於距七十子不遠之時代, 或製作於七十子之晚年乎! 迨後戰國初年, 有種種附益. 而「釋言篇」乃七十子時代之作品, 卽製成於孔子爲素王之時代, 殆稷下學問興盛之時有所附益. 「釋訓篇」尤含有各種之時代, 與「釋言篇」大體亘於漢初, 隨時有所附益. 「釋親」以下至於「釋天」各篇, 『公羊春秋』發達, 『禮』學盛行之時代, 卽從荀子前後, 至於漢后倉·高堂生之時所製作也. 「釋地」以下, 至於「釋水」各篇, 亦從戰國之末, 至漢初而成也. 自「釋草」至「釋獸」各篇, 或因解『詩』之故而自古時已存在者, 然製成迨在漢初之時焉. 最後「釋畜篇」想是從漢文·景之時所製成." 江俠庵의 『先秦經籍考』를 참조.

물론이고 孔子 이전의 것도 아니다. 이는 漢代의 유학자가 검사하기에 편리하도록 하기 위해 과거와 동시대인의 고서에 대한 훈고 중에서 필요한 것만을 뽑아서 기록한 것이다. 『爾雅』는 본래 叔孫通이 편찬한 것이다. 『禮記』 중의 일부분에서는 劉歆에 이르러 『爾雅』에 능통한 자 천여 명을 모아 각자 자료를 기록하게 하였는데, 『爾雅』는 아마도 이 때 방대한 자료가 되었던 듯하다고 말하였다.

張心澂은 『僞書通考』에서 "『爾雅』는 漢과 漢 이전의 자전을 묶어 계속하여 증보한 것으로 한 사람의 손에 의해 이루어진 것이 아니므로 『漢書·藝文志』에도 작자에 대한 언급이 없다."[15]라고 하였다.

郭沫若(1892～1978)은 『甲骨文字硏究』에서 "『爾雅』가 비록 周公이 지은 것이라고들 하지만 사실은 周秦 무렵에 수집하여 이루어진 것으로 그 속에는 秦漢 사람들의 말도 많이 들어 있다."[16]라고 하였다.

이제까지 서술한 바를 종합하여 보면, 西漢부터 이미 『爾雅』의 저자문제에 대한 논쟁이 있었음을 알 수 있다. 이러한 의견들은 주로 아래의 두 가지로 귀납된다. 한 가지는 명확하게 『爾雅』를 편찬한 구체적 인물을 밝히고 있는 것으로, 예를 들면 周公, 孔子, 孔子의 제자인 子游(506B.C.～?), 子夏(507B.C.～?) 등과 叔孫通, 劉歆 등이고, 또 다른 한 가지는 구체적 인물을 제시하지 않은 것이다. 현재로서는 『爾雅』의 저자가 누구인지 말하기가 곤란하다. 왜냐하면 『漢書·藝文志』에서도 『爾雅』의 저자를 명확하게 밝히고 있지 않기 때문이다. 그러므로 후인들이 『爾雅』의 저자를 고증하기는 더욱 곤란할 것이다. 『爾雅』의 본문인 「釋詁」와 「釋言」을 예로 들어 보자.

「釋詁」:

서(舒)·업(業)·순(順)은 실마리(敍)이다. 서(舒)·업(業)·순(順)·서(敍)는 실마리(緖)이다.[17]

월(粵)·우(于)·원(爰)은 어조사(曰)이다. 원(爰)·월(粵)은 어조사(于)이 다.[18]

량(亮)·개(介)·상(尙)은 보좌함(右)이다. 좌우(左右)는 보좌함(亮)이다.[19]

구(遘)·봉(逢)은 만남(遇)이다. 구(遘)·봉(逢)·우(遇)는 만남(逆)이다. 구(遘)·봉(逢)·우(遇)·오(逆)는 만남(見)이다.[20]

희(希)·과(寡)·선(鮮)은 적음(罕)이다. 선(鮮)은 적음(寡)이다.[21]

15 "『爾雅』一書, 當係漢及漢以前之字典, 陸續有增益, 非成于一手, 故『漢志』亦無主名."
16 "『爾雅』雖號稱爲周公所作, 然實周秦之際之所纂集, 其中且多秦漢人語."
17 "舒·業·順, 敍也. 舒·業·順·敍, 緖也."
18 "粵·于·爰, 曰也. 爰·粵, 于也."
19 "亮·介·尙, 右也. 左右, 亮也."
20 "遘·逢, 遇也. 遘·逢·遇, 逆也. 遘·逢·遇·逆, 見也."
21 "希·寡·鮮, 罕也. 鮮, 寡也."

이(伊)는 어조사(維)이다. 이(伊)·유(維)는 어조사(侯)이다.[22]

「釋言」:
잠(潛)은 깊음(深)이다. 잠(潛)·심(深)은 깊음(測)이다.[23]
규(葵)는 헤아림(揆)이다. 규(揆)는 헤아림(度)이다.[24]

이것은 '互訓'이나 '遞訓'의 방법을 사용하였을 뿐만 아니라, 동의어나 의미가 관련된 단어를 발견하면 그것을 모아 함께 배열한 것이며, 후에 또 다른 단어들을 발견하면 다시 배열하였기 때문에 중복현상이 생겨난 것이다. 만약 『爾雅』가 한 시대 한 사람의 손에 의해 만들어진 것이라면 이러한 현상은 설명하기가 곤란하다. 이 밖에도 『爾雅』의 내용에 있어서의 모순과 체제의 불일치 및 고서를 인용한 것을 놓고 보더라도 『爾雅』는 한 시대 한 사람의 손에 의해 이루어진 것이 아니라는 것을 알 수 있다. 예를 들면 「釋山」에서 이미 "河南을 華, 河西를 嶽, 河東을 岱, 河北을 恒, 江南[25]을 衡이라고 한다."[26]라고 하였으며, 또 "泰山을 東嶽, 華山을 西嶽, 霍山을 南嶽, 恒山을 北嶽, 嵩山을 中嶽이라 한다."[27]라고 하였다. 다시 예를 들면 쌍음절어를 해석한 것은 「釋訓」의 체례인데, 또한 「釋詁」에도 보인다. 예를 들어 「釋詁」下에서 "關關, 噰噰은 소리가 조화로운 것이다."[28]라고 한 것 등이다.

그러므로 今本 『爾雅』는 여러 사람의 손을 거쳐 이루어진 것이지 한 시대 한 사람의 손에 의해 이루어진 것이 아님을 알 수 있다. 현재 『爾雅』는 일반적으로 周秦 시대에 이루어진 것으로 믿고 있다. 그러나 東漢 이후 東晋 初까지 郭璞이 『爾雅』에 注를 달기 전까지는 계속 보충되고 추가되었다. 『爾雅』의 편찬은 漢代 經學의 흥성 및 儒生들의 경전해석과 불가분의 관계에 있다. 그러므로 『爾雅』는 훈고서라고 할 수 있는데 『爾雅』 중의 훈고는 종종 古人들의 傳과 注에서 증명된다.[29] 예를 들면 다음과 같다.

『爾雅·釋詁』에서 '儼·恪·祗·翼·諲·恭·欽·寅·熯은 공경함이 다.'라고 하였다.[30]

---

22 "伊, 維也. 伊·維, 侯也."
23 "潛, 深也. 潛·深, 測也."
24 "葵, 揆也. 揆, 度也."
25 濮之珍의 원문에 河南이라고 되어 있으나, 『爾雅』 원문에 의거하여 江南으로 고친다.(譯註)
26 "河南華·河西嶽·河東岱·河北恒·江南衡."
27 "泰山爲東嶽, 華山爲西嶽, 霍山爲南嶽, 恒山爲北嶽, 嵩山爲中嶽."
28 "關關, 噰噰, 音聲和也."
29 王力의 『中國語言學史』 참조.
30 "『爾雅·釋詁』: 儼·恪·祗·翼·諲·恭·欽·寅·熯, 敬也."

儼은 『離騷』에서 '탕왕과 우왕은 공경하여 합할 것을 구하였네.'라고 하였으며, 王逸은 '儼은 공경함이다.'라고 注하였다.[31]
恪은 『詩·商頌·那』에서 '일을 집행함에 삼가함이 있다.'라고 하였으며, 毛傳에서는 '恪은 삼가함이다.'라고 하였다.[32]
祇는 『詩·商頌·長發』에서 '하느님만을 공경하네.'라고 하였으며, 鄭玄의 毛詩箋에서는 '祇는 공경함이다.'라고 하였다.[33]
翼은 『詩·小雅·六月』에서 '위엄스럽고도 삼가함이 있네.'라고 하였으며, 毛傳에서는 '翼은 삼가함이다.'라고 하였다.[34]
諲은 禋과 같다. 『詩·大雅·生民』에서 '삼가 제사지내다.'라고 하였으며, 毛傳에서는 '禋은 삼가함이다.'라고 하였다.[35]
恭은 『漢書·賈誼傳』에서 '삼가 아름다운 은혜를 받드네.'라고 하였으며, 顔師古는 '恭은 삼가함이다.'라고 注하였다.[36]
欽은 『書·堯典』에서 '넓은 하늘을 삼가 따르게 하다.'라고 하였으며, 『史記』에서는 '敬順昊天'이라고 하였다.[37]
寅은 『逸周書·祭公篇』에서 '寅이여 寅이여.'라고 하였으며, 孔晁는 注에서 '寅은 敬이다.'라고 하였다.[38]
熯은 『詩·小雅·楚茨』에서 '나는 매우 존경한다.'라고 하였으며, 毛傳에서는 '熯은 敬이다.'라고 하였다.[39]

중국 고대의 언어학 방면에서 가장 먼저 발전한 것은 훈고학이며, 최초의 언어학 저서는 『爾雅』이다. 이것은 우연한 일이 아니라, 당시의 사회발전과 문화발전에 따라 언어와 문자에 대한 실제적 요구가 부합된 것이다.

3. 『爾雅』의 내용과 체제

『爾雅』가 책으로 이루어진 것은 최소한 漢 武帝 이전인 기원전 2C로 보여지는데, 이는 武帝 시대에 이미 犍爲文學의 『爾雅注』가 있었기 때문이다.[40]

『爾雅』는 모두 19편으로 되어 있다.

---

31 "儼, 『離騷』: '湯禹儼而求合兮.' 王逸注: 儼, 敬也."
32 "恪, 『詩·商頌·那』: '執事有恪.' 毛傳: '恪, 敬也.'"
33 "祇, 『詩·商頌·長發』: '上帝是祇.' 鄭箋: '祇, 敬也.'"
34 "翼, 『詩·小雅·六月』: '有嚴有翼.' 毛傳: '翼, 敬也.'."
35 "諲, 同禋, 『詩·大雅·生民』: '克禋克祀.' 毛傳: '禋, 敬.'"
36 "恭, 『漢書·賈誼傳』: '恭承嘉惠兮.' 師古注: '恭, 敬也.'"
37 "欽, 『書·堯典』: '欽若昊天.' 『史記』作'敬順昊天.'"
38 "寅, 『逸周書·祭公篇』: '寅哉, 寅哉.' 孔晁注: '寅, 敬也.'"
39 "熯, 『詩·小雅·楚茨』: '我孔熯矣.' 毛傳: '熯, 敬也.'"
40 犍爲는 郡名이며 文學은 官名이다. 작자의 성명은 고증할 수 없으며 책은 이미 산실되었다.

釋詁第一 釋言第二 釋訓第三 釋親第四
釋宮第五 釋器第六 釋樂第七 釋天第八
釋地第九 釋丘第十 釋山第十一 釋水第十二
釋草第十三 釋木第十四 釋蟲第十五 釋魚第十六
釋鳥第十七 釋獸第十八 釋畜第十九

『爾雅』 19편에 수록된 낱말과 전문명사는 2,091 항목으로 모두 4,300개의 낱말을 수록하고 있다. 그 중에 자주 쓰이는 낱말은 모두 623항목의 2,000여 개 낱말로 「釋詁」·「釋言」·「釋訓」 세 편에 나뉘어져 들어가 있고, 낱말의 총수는 책 전체의 반을 차지한다. 이러한 낱말의 내원은, 첫째는 경전에서 자주 쓰이는 낱말이고, 둘째는 일상적으로 쓰이는 낱말이며 셋째는 각지의 풍속에 맞는 異語들이다. 그 중에서 각지의 풍속에 맞는 異語들을 제외하면 자료의 대부분은 『易經』, 『詩經』, 『尙書』, 『春秋』三傳, 『國語』, 『論語』와 같은 당시의 경전들에서 취한 것이다.

「釋詁」·「釋言」·「釋訓」에 수록되어 있는 낱말은 명사, 동사, 형용사, 부사 등으로 비교적 복잡하다. 이 세 편의 체제상의 구별은 대략 다음과 같다.

「釋詁」는 옛 사람들이 사용하던 同義語를 열거하였고, 마지막에 하나의 낱말로 해석하였다. 예를 들면 다음과 같다.

> 초(初)·재(哉)·수(首)·기(基)·조(肇)·조(祖)·원(元)·태(胎)·숙 (俶)·락(落)·권여(權輿)는 시작함(始)이다.[41]
> 임(林)·증(烝)·천(天)·제(帝)·황(皇)·왕(王)·후(后)·벽(辟)·공 (公)·후(侯)는 임금(君)이다.[42]

언어는 사회의 발전에 따라 발전하므로, 시대와 지역에 따라 차이가 있다. 위에서 열거한 두 句에서, '初' 이하는 訓이 '始'이고, '林·烝' 이하는 '君'으로 풀이하였다. 지금 보면 그 중 어떤 字나 詞(단어)는 '始'와 '君'의 의미를 지니고 있으나 어떤 것은 이미 '始'나 '君'의 의미를 지니고 있지 않은 것도 있다. 郝懿行(1757~1825)의 『爾雅義疏』를 참고하면 '初' 이하의 字나 詞가 어떻게 '始'로, '林·烝' 이하의 字나 詞가 어떻게 '君'의 의미로 풀이되는가를 이해할 수 있으며, 비로소 『爾雅』라는 책이 古義와 故訓을 보존하고 있다는 사실을 알 수 있게 된다. 이것은 중국어 語義(詞義) 연구에 매우 가치있는 것이다.

---

41 "初·哉·首·基·肇·祖·元·胎·俶·落·權輿, 始也."
42 "林·烝·天·帝·皇·王·后·辟·公·侯, 君也."

「釋言」편은 대부분이 常用語이고, 해석되는 것이 종종 한 개의 單詞만을 갖고 있으며, 많아야 두세 개의 詞를 넘지 않는다. 예를 들면 다음과 같다.

> 환(還)·복(復)은 돌아감(返)이다.[43]
> 고(告)·알(謁)은 청하는 것(請)이다.[44]
> 격(格)·회(懷)는 옴(來)이다.[45]
> 무(貿)·고(賈)는 파는 것(市)이다.[46]

「釋訓」편에 수록된 詞는 사물의 모양을 묘사하는 데 중점을 두고 있으며, 해석되는 詞는 대부분이 疊字이다. 예를 들면 다음과 같다.

> 명명(明明)·근근(斤斤)은 살피는 것(察)이다.[47]
> 조조(條條)·질질(秩秩)은 지혜로움(智)이다.[48]
> 목목(穆穆)·숙숙(肅肅)은 공경함(敬)이다.[49]
> 제제(諸諸)·편편(便便)은 분별함(辯)이다.[50]

제4권 「釋親」 이하에 모아 놓은 것은 모두 고유명사이다. 예를 들면 「釋親」에는 모두 96항목을 모아 110개의 고유명사를 수록하고 있는데, '종족(宗族)'·'외가의 친척(母黨)'·'부인의 친척(妻黨)'·'혼인(婚姻)'의 네 종류로 나뉘어져 있다. 예를 들면 다음과 같다.

> 아버지를 考, 어머니를 妣라 한다.[51]
> 남자로서 먼저 태어난 사람을 兄, 나중에 태어난 사람을 弟라고 한다.[52]
> 남자에게 있어 먼저 태어난 여자를 姊, 나중에 태어난 여자를 妹라고 한다.[53]
> 아버지의 자매를 姑라고 한다.[54]

---

43 "還·復, 返也."
44 "告·謁, 請也."
45 "格·懷, 來也."
46 "貿·賈, 市也."
47 "明明·斤斤, 察也."
48 "條條·秩秩, 智也."
49 "穆穆·肅肅, 敬也."
50 "諸諸·便便, 辯也."
51 "父爲考, 母爲妣."
52 "男子先生爲兄, 後生爲弟."
53 "男子謂女子先生爲姊, 後生爲妹."
54 "父之姊妹爲姑."

또 예를 들면 「釋草」편에는 모두 252항목에 460여개의 단어를 수록하고 있는데, 어느 것이 雅名이고 俗名인지, 혹은 동일한 사물인데 명칭이 다르다거나, 혹은 동일한 사물인데 그것의 일부분만을 따라서 이름을 지은 것들에 대해서 일일이 나열하고 있다. 예를 들면 다음과 같다.

> 藿은 산부추이다. 茖은 달래이다. 葝은 염교이다. 蒚은 산마늘이다.[55]
> 과라나무의 열매를 하눌타리(栝樓)라고 한다.(郭璞은 지금 齊나라 사람들이 이것을 天瓜라고 부른다고 注하였다.)[56]
> 戎叔을 왕콩(荏菽)이라고 한다.(郭璞은 즉 잠두콩[胡豆]이라고 注하였다.)[57]
> 筍은 대나무의 싹이다.(郭璞은 싹이라고 注하였다,)[58]

결론적으로 『爾雅』의 訓詁는 당시에 통용되던 단어의 상용되는 의미로 해석한 것으로 王國維는 「爾雅草木蟲魚鳥獸釋例」에서 『爾雅』는 "세속의 것으로 전아한 것을 풀이하고 지금의 것으로 옛 것을 풀이하였다."[59]라고 언급하였으니, 이렇게 해야 비로소 訓詁의 역할을 할 수 있었던 것이다. 만약 자주 쓰이지 않는 낱말의 자주 쓰이지 않는 의미로 해석하였다면 적절하지 못했을 것이다.

『爾雅』는 중국 고대 언어학 최초의 훈고 전문서인 동시에 字義와 語義를 연구한 최초의 언어학 전문서이다. 언어는 사회현상의 하나로 사회 발전과 함께 발전하는데, 이는 語彙(詞彙)와 語義에 비교적 빠르게 반영된다. 『爾雅』는 고대의 서로 비슷하거나 가까운 字義와 語義를 한 곳에 모아 당시의 상용사로 해석하여 古義의 보존과 語義의 발전변화 등에 있어 많은 귀중한 자료를 제공해 준다. 역대로 많은 학자들이 『爾雅』를 연구하고 분석하였는데, 그 가운데 陳玉樹(1853~1906)는 『爾雅釋例』 5권에서 『爾雅』 釋例를 모두 45류로 나누어 매우 주도면밀하게 분석하였으며, 胡樸安(1878~1947)은 『中國訓詁學史』에서 『爾雅』 釋例를 다음과 같이 8류로 개괄하였다.

① 문자는 같으나 뜻풀이가 다르다.

동일한 문자를 사용한 말의 뜻풀이가 비록 다르더라도, 뜻은 여전히 같다. 예를

---

55 "藿, 山韭. 茖, 山葱. 葝, 山䪥. 蒚, 山蒜."
56 "果蓏之實, 栝樓.(郭注: 今齊人呼之爲天瓜.)"
57 "戎叔謂之荏菽.(郭注: 卽胡豆也)"
58 "筍, 竹萌.(郭注: 初生者.)"
59 "釋雅以俗, 釋古以今."『觀堂集林』5권 참조.

들어 '憮', '龐'은 '크다(大)'의 뜻이고, '憮', '龐'은 '있다(有)'의 뜻이다. '憮', '龐'의 문자는 같은데, 하나는 '크다'로, 하나는 '있다'로 서로 다르게 뜻풀이하였다. 『爾雅義疏』에서는 '憮, 龐'은 모두 '크다'와 '있다'로 해석하는데, '있다'와 '크다'의 뜻은 가깝다."[60]라고 하였고, 『易·雜卦』에서는 "있다(有)와 크다(大)는 많다(衆)라는 뜻이다. 有와 大는 모두 넉넉하고 많다는 뜻이다. 따라서 그 뜻은 서로 비슷하다."[61]라고 하였다. 이밖에도 예를 들면 "績은 業이고, 績은 功이다."[62] "康은 靜이고, 康은 安이다."[63]와 같은 것 등이 모두 이러한 예에 속한다.

② 문자는 다른데 뜻풀이가 같다.

문자는 서로 다르지만 그 뜻풀이가 서로 같다. 예를 들면 '皇', '王'은 '군주'로 뜻풀이한다. 皇은 즉 王字이다. 『尙書·洪範·五行傳』에서는 "임금의 법칙을 세워서 사용하다."[64]라고 하고, 또는 '皇極'이라고도 하였다. '嘏', '假'는 '크다'로 뜻풀이한다. 嘏는 假字이다. '京', '景'은 '크다'로 뜻풀이한다. 京은 景字이다. 『史記·高祖功臣表』에서 "高京의 제후 周成"[65]이라고 하였는데 『漢書』에서는 '高景侯'라고 하였다. '漠', '謨'는 '도모하다'로 뜻풀이한다. 『詩·小雅·巧言』에서 "성인이 그것을 도모하다"[66]라고 하였다. 『經典釋文』에서는 "또 漠이라고 쓰며, 謨라고 쓴 本도 있다."[67]라고 하였다. 이러한 예는 매우 많다.

③ 뜻풀이는 같으나 의미가 다르다.

예를 들면 '治', '肆', '古'를 '故'라고 뜻풀이한 것이다. '治', '古'는 '오래되었다'는 의미의 '故'이고 '肆'는 '그러므로'라는 의미의 '故'이다. '載', '謨', '食', '詐'는 '僞'라고 뜻풀이한 것이다. '載', '謨'를 '僞'로 뜻풀이하였으니, '僞'는 '~을(를) 하다(爲)'의 의미이다. 또한 '食', '詐'를 '僞'로 뜻풀이하였으니, 여기서의 '僞'는 '속이다(欺)'의 의미이다.

---

60 "憮·龐旣訓大又訓有者, 有·大義近."
61 "大有, 衆也. 有與大皆豐厚之意. 故其義相成矣."
62 "績, 業也; 績, 功也."
63 "康, 靜也; 康, 安也."
64 "建用王極."
65 "高京侯周成." 周成은 周苛의 아들을 말한다.(譯註)
66 "聖人莫之."
67 "又作漠, 一本作謨."

④ 뜻풀이는 다르나 의미가 같다.

예를 들면 「釋詁」에서 "俶은 비롯함이다."[68]라고 하였고 "俶은 짓는 것이다."[69]라고 하여 하나는 '始'로 또 하나는 '作'으로 서로 다르게 뜻풀이하였다. '作'은 또 '始'로도 뜻풀이한다. 『詩·魯頌·駉』 毛傳 및 『廣雅』에서는 모두 "作은 始이다."[70]라고 하였으니 의미가 역시 같다. "烝은 무리이다."[71]라고 하였고, "烝은 군주이다."[72]라고 하여 하나는 '君'으로, 또 하나는 '衆'으로 서로 다르게 뜻풀이하였다. '君'은 또 '衆'으로도 뜻풀이한다. 『白虎通』 및 『廣雅』에서는 모두 "君은 무리이다."[73]라고 하였으니 '羣'은 즉 '衆'으로 의미가 같다. "介는 큼이다."[74]라고 하였고 "介는 착함이다."[75]라고 하여 하나는 '大'로 또 하나는 '善'으로 서로 다르게 뜻풀이하였다. '善'은 또 '크다'로도 풀이한다. 『詩·大雅·桑柔』 鄭玄箋에서는 "善은 大와 같다."[76]라고 하였으니 의미가 역시 같은 것이다.

⑤ 상반되는 것으로 뜻풀이 한다.

"哉는 시작함"[77]이고 "在는 마침"[78]이다. '在'는 즉 '哉'이다. 始終은 서로 반대되는 뜻이다. "落은 사는 것"[79]이고 "落은 죽는 것"[80]이다. 生死는 서로 반대되는 뜻이다. "愉는 즐거움"[81]이고 "愉는 고됨"[82]이다. 勞苦와 快樂은 서로 반대되는 뜻이다.

---

68 "俶, 始也."
69 "俶, 作也."
70 "作, 始也."
71 "烝, 衆也."
72 "烝, 君也."
73 "君, 羣也."
74 "介, 大也."
75 "介, 善也."
76 "善猶大也."
77 "哉, 始也."
78 "在, 終也."
79 "落, 生也." 濮之珍의 책에서는 '始'로 되어 있으나 『爾雅』 원문에 '生'으로 되어 있어 '生'으로 고쳐 해석하였다.(譯註)
80 "落, 死也."
81 "愉, 樂也."
82 "愉, 勞也."

⑥ 같은 字로 뜻풀이한다.

예를 들면「釋詁」에 "于는 於이다.[83]"라고 하였는데 段玉裁(1735~1815)가 말하기를 "무릇『詩經』·『書經』에서는 于字를 쓰고『論語』에서는 於字를 썼다. '于'는 '於'의 古今字이다.「釋詁」는 今字로서 古字를 풀었다."[84]라고 하였다. 미루어 보건대 '迺'는 '乃'이다.『列子』·『經典釋文』에서 "迺는 乃의 古字이다."[85]라고 하였다. "賡은 계속 이어짐"[86]이다.『說文』에서는 '賡'을 '續'의 古字로 삼았다. "遹은 서술함"[87]이다.『經典釋文』에서 "遹은 述의 古字이다."[88]라고 하였다. 이것은 모두 今字로 古字를 풀이한 것이다.

⑦ 같은 소리로 뜻풀이한다.

"錫은 주는 것"[89]이다.『經典釋文』에서 "錫은 천천히 읽으면 音이 賜이다."[90]라고 하였다. "係는 계속됨"[91]이다. 즉 '係'를 '繼'로 읽었다.『後漢書·李固傳』에서 "여러 신하들이 계속 마음에 두고 근심하다."[92]라고 하였으니, 즉 '係望(근심하다, 마음에 두다)'의 의미이다. "盡은 나아감"[93]이다. 즉 '盡'을 '進'으로 읽었다.

⑧ 서로 돌아가면서 뜻풀이한다.

'遹', '遵', '率', '循'을 '自'로 풀었다. '遹', '率', '自'는 또 '循'으로 풀었다. 郝懿行은 이런 것을 '서로 돌아가면서 뜻풀이하는 것'[94]이라고 하였다. '法', '則', '刑', '範', '矩', '律'은 '常'으로 풀었다. '刑', '範', '律', '矩', '則', '常'은 또 '法'으로 풀었다. 이처럼 서로 돌아가면서 글자를 뜻풀이하는 방법은 매우 일반적인 것이다.

---

83 "于, 於也."
84 "凡『詩』·『書』用于字,『論語』作於字. '于', '於'古今字.「釋詁」以今字釋古字也."
85 "迺, 古乃字."
86 "賡, 續也."
87 "遹, 述也."
88 "遹, 古述字也."
89 "錫, 賜也."
90 "釋, 徐音賜."
91 "係, 繼也."
92 "群下繼望."
93 "盡, 進也."
94 "輾轉相訓."

4.『爾雅』의 공헌

『爾雅』는 중국 최초의 언어학 저작으로 고대 典籍에 수록된 단어를 모아 놓은 어휘 총집이다.『漢書·藝文志』에서는 "고문을 읽을 때는 마땅히 바른 것에 가깝게 읽어야만 고금의 말을 이해하고 이를 알 수 있다."[95]라고 하였다. 漢代에는 일찍이 『爾雅』와『論語』·『孟子』·『孝經』을 함께 學官에 세워 고대 문헌을 배우고 익히는 기본서로 삼았다. 郭璞은『爾雅·序』에서 말하기를 "爾雅라는 것은 訓詁의 本旨를 통하게 하며, 詩人의 興과 읊조림을 기록하고, 고대의 흩어진 말들을 모은 것이며, 實質은 같으나 呼稱이 다른 것을 辯論한 것이다. 진실로 九流를 두루 통하게 하며 六藝를 알게 하는 중요한 열쇠이다. 널리 배우는 사람들에게 도움을 주는 심오한 이치이며, 글을 짓는 사람들에게 도움을 주는 풍부한 자료이다. 이에 온갖 사물에 의혹됨이 없게 하고 널리 鳥類·禽獸·草木의 이름을 알게 하는데『爾雅』만한 것이 없다."[96]라고 하였다.『爾雅』는 이처럼 고대 언어학의 각 방면에서 여러 가지 영향력을 발휘하여 매우 큰 공헌을 하였던 것이다.

『爾雅』는 고대 중국어의 어휘를 같은 것끼리 분류한 전문 저서로서, 고대 중국어 어휘의 연구에 큰 획을 그었다. 또한 이러한 분류를 통해『爾雅』는 고대 문헌을 읽는 것을 목적으로 하는 저작이 되었을 뿐만 아니라, 나아가 독립적으로 어휘를 연구하는 학문 분야를 개척하는 저작이 되었다.『爾雅』는 연관성이 없는 어휘자료들을 단순히 쌓아 놓은 것이 아니라 분류해 놓은 것으로, 동시대 辭書 수립의 규범으로서 고대 중국어 어휘를 연구한 저서 중 규모를 갖춘 최초의 저작이다. 그러므로 『爾雅』는 중국 고대 언어학의 맹아에서 성립에 이르는 標識라고 할 수 있다.

『爾雅』의 출현은 고대 중국어 문학언어의 형성발전이 이미 상당히 성숙한 단계에 도달했다는 것을 말해주고 있다.『爾雅』에서 수집한 단어는 모두 2,091 항목으로 통용어와 전문용어 두 부분을 포괄하고 있고, 수록된 낱말의 총수는 약 4,300여 개이며 그 중에서 통용되는 단어의 조목은 623개, 낱말의 수는 모두 2,000여 개로 대략 전체 낱말 수의 반을 차지한다. 이 책은 19편으로 나뉘어져 있으며 실제로는 통용사전과 백과명사사전의 규모를 갖추고 있어 후세의 辭書에 선구적 역할을 하였다.

---

95 "古文讀應爾雅, 故解古今語而可知也."

96 "夫『爾雅』者, 所以通訓詁之指歸, 敍詩人之興咏, 摠絶代之離詞, 辨同實而殊號者也. 誠九流之津涉, 六藝之鈐鍵, 學覽者之潭奧, 摛翰者之華苑也. 若乃可以博物不惑, 多識於鳥獸草木之名, 莫近於『爾雅』."

『爾雅』의 편차와 훈고는 어휘 연구에 있어 이미 통용어와 전문용어, 기본어휘와 일반어휘로 구분할 수 있었다는 것을 반영해 주고 있다. 예를 들면 「釋詁」 191개 항목에서 매 항목마다 하나의 낱말을 사용하여 이 항목 안에 있는 같은 종류의 낱말을 해석하는 것이 그러한 예이다. 이러한 해석에 쓰일 수 있는 낱말은 그것의 어휘가 반드시 사람들이 이해하고 유용되는 바가 있어야만 비로소 다른 낱말을 해석할 수 있는 것으로, 제1조의 '始'같은 것이 그런 예이다. 이처럼 해석에 쓰일 수 있는 낱말은 기타의 같은 종류의 낱말에 비해 자주 사용되고 더욱 기본적인 것들로 지금의 기본 어휘와 비슷하다. 그러나 각 항목 중에서 같은 종류의 낱말이라도 자주 쓰인 것도 있고 자주 쓰이지 않은 것도 있으며 또 어떤 것은 발전하고 변화되기도 하였으니 한층 더 깊이 연구해 볼 필요가 있는 것들이다.

『爾雅』는 고대사회의 문물제도와 고대인의 객관 사물에 대한 의식을 반영하고 있다. 예를 들면 「釋親」 부분에서는 고대 봉건가족의 종법사회제도를 반영하고 있다. 「釋草」, 「釋木」, 「釋蟲」, 「釋魚」 부분에서는 그 異名들이 많기 때문에 '세속의 것으로 전아한 것을 풀이하거나, 지금의 것으로 옛 것을 풀이하는'[97] 방법을 사용하고 있다. 「釋獸」나 「釋畜」 부분에서는 異名이 적기 때문에 그 형체의 특징에 따라 구별하고 있다. 또한 「釋獸」와 「釋畜」으로 나누어 말·소·양·개·닭·돼지를 여섯 가축(六畜)이라고 하였으니, 이는 가축 사육이 先秦 시대에 이르러서는 이미 엄격하게 집짐승과 들짐승으로 나뉘어져 있었음을 반영해 주고 있다. 따라서 『爾雅』는 經典에 대한 訓詁 뿐만 아니라 중국 고대 백성의 일상생활 용어에도 중점을 두고 있어서, 경전의 문헌에만 국한되어 있었던 것이 아님을 알 수 있다.

『爾雅』는 시기가 오래되었으며 편찬자도 한 사람에 의한 것이 아니기 때문에 단점도 지닌다. 예를 들면 동의어·유사어의 배열이 과학적이지 못하다. 즉 「釋詁」에서 "育·孟·耆·艾·正·伯은 우두머리(長)이다."[98]라고 하였는데, 郭璞의 注에서는 "育·養은 또한 기르다이며 正·伯은 모두 관직의 우두머리이다."[99]라고 하였다. '長'과 '官長'은 다른 의미의 낱말이므로 함께 놓는 것은 옳지 않다.

후세에 『爾雅』를 연구하는 사람들은 '두 의미가 한 항목에 있는 것을 꺼리지 않는다.'[100] 또는 '한 가지 뜻풀이에 두 가지 의미'[101] 등의 說法을 이용하여 『爾雅』

97 "釋雅以俗, 釋古以今."
98 "育·孟·耆·艾·正·伯, 長也."
99 "育養亦爲長, 正伯皆官長."
100 "二義不嫌同條."
101 "一訓兩義."

의 편찬에 있어서의 결점을 보완하고 있으나 사실상 이는 불필요한 일이다. 왜냐하면 『爾雅』의 편찬은 한 사람에 의한 것이 아니라 아마도 각 시대마다 증보가 있었을 것이므로, 편집이 그다지 과학적이지 못하고 체제도 정연하지 못하기 때문이다. 또한 漢代의 經師들은 기존의 규범들을 고수하여 개정을 가하지 않았으며, 후세의 몇몇 학자들은 『爾雅』·『說文』을 맹신하여 마치 신명스러운 경전을 다루듯 하였다. 따라서 체제상의 결점이나 불합리한 점은 감히 볼 수도 없었고, 도리어 갖가지 이유로 그것들을 설명하였다. 물론 『爾雅』가 부족한 점이 있고 편찬에 있어서 결점이 있기는 하지만, 『爾雅』는 여전히 중국 고대 언어학사에 있어 최초의 가치 있는 전문 저작인 것이다.

5. 『爾雅』의 주석

『爾雅』의 원문은 해석이 간략하여 이해하기가 쉽지 않다. 東漢에서 晋에 이르기까지 주석을 한 사람은 劉歆·樊光·李巡·孫炎 등 10여 명인데, 지금까지 전해 오는 것은 晋代 郭璞의 『爾雅注』뿐이다. 郭璞의 『爾雅注』는 여러 책을 인증하여 『爾雅』의 훈고를 주석하는 한편, 당시의 구어와 방언을 사용하여 先秦 古語를 訓釋하였고, 秦代의 어휘를 대량으로 수록하였다. 그 중에는 통용어도 있고 방언도 있는데 江東方言이[102] 가장 많다. 예를 들면 다음과 같다.

「釋詁」: 惈·憐·惠는 愛(사랑하다)의 뜻이다.
郭注 : 지금 江東에서는 憐으로 통한다.[103]
「釋草」: 과라나무의 열매는 하눌타리이다.
郭注 : 지금 齊人들은 이를 天瓜라 한다.[104]

郭注는 중국어의 역사와 중국어의 방언을 연구하는 데 중요한 자료이다. 宋代의 邢昺(932～1010)은 『爾雅疏』를 지었다.

淸代에 『爾雅』를 연구한 사람은 비교적 많다. 그 중 중요한 사람으로는 邵晋涵과 郝懿行이 있다. 邵晋涵(1742～1796)은 『爾雅正義』를 지었는데, 문자의 교정에 중

102 長江以南으로 현재 南京을 중심으로 하는 지역을 말함.
103 "「釋詁」: 惈·憐·惠, 愛也. 郭注: 今江東通呼爲憐."
104 "「釋草」: 果臝之實栝樓. 郭注: 今齊人呼之爲天瓜." 濮之珍 원문에 「釋草」가 빠져 있으나, 『爾雅』 원문에 의거해 추가하였다.(譯註)

점을 두고 古注를 채록하여 옛 서적으로 『爾雅』를 증명하였으며, 郭璞의 注와 邢昺의 疏를 보충하였다. 郝懿行(1757~1825)은 『爾雅義疏』를 지었는데 聲音으로 훈고를 파악하는 데 착안하였다. 그래서 '소리로써 뜻을 구하니 음이 가까우면 뜻이 통한다'[105]는 방법을 사용하여 문자의 장애를 제거하고 어원을 탐구하여 그 성과가 전인들보다 훨씬 뛰어났다. 이 밖에 王念孫(1744~1832)의 『爾雅郭注刊誤』도 참고할 만하다.

6. 『爾雅』의 영향

『爾雅』는 중국 고대 언어학의 연구 성과 가운데 그 영향이 가장 지대한 저작이다. 秦漢이래 적지 않은 언어학 저작이 『爾雅』의 영향을 받았다. 『爾雅』이후 '雅'자가 책이름에 많이 쓰여 『小爾雅』, 『廣雅』, 『埤雅』, 『駢雅』, 『通雅』 등과 같이 중국 고대 언어학에서 이른 바 '雅學'의 학풍을 이루었다. 예를 들어 『小爾雅』는 현재 『孔叢子』 속에 보존되어 있다. 내용은 「廣詁」, 「廣言」, 「廣訓」 등 13장으로 나누어져 있다. 그 중에서 도량형 3장을 제외하면 모두 『爾雅』를 보충한 것이다. 체제 역시 『爾雅』를 모방하였다. 淸代 戴震(1723~1777) 등의 고증에 의하면 『小爾雅』는 후대 사람이 편찬한 것이라고 한다. 『小爾雅』에는 「廣義」·「廣名」·「廣服」·「廣物」 등이 있는데, 『爾雅』의 분류에서 언급하지 않은 부분을 보충하였을 뿐만 아니라, 또한 어휘를 독립적으로 연구하기도 하였다. 淸代 胡承珙(1776~1832)이 『小爾雅義證』을, 宋翔鳳(1779~1860)이 『小爾雅訓纂』을, 葛其仁이 『小爾雅疏證』을 지었다.

『廣雅』는 三國시대 魏나라의 張揖이 지은 것이다. 목차와 序의 편찬은 『爾雅』에 의거하고 있으며, 漢代 사람의 箋注와 『三蒼』[106], 『說文』, 『方言』 등의 책들을 두루 채집하여, 『爾雅』에서 갖추지 못했던 부분을 증보하였으므로 『廣雅』라고 하는 것이다. 내용상 『爾雅』에 대해 보충을 하고 있다. 예를 들어 「釋詁」에서는 『爾雅』의 어휘에서는 보이지 않는 것이 300여 항목이나 된다. 「釋親」 부분에서는 사람의 탄생과 인체의 명칭에 대하여 40여 항목을 보충하였다. 「釋天」 부분은 『廣雅』에서 小類를 증설하였는데, 예를 들면 '年紀', '九天', '天度', '宿度' 등과 같은 것들이다. 雅學類의 책들은 사회발전과 시대진보에 따라 새로운 어휘들을 신속하게 기록하고

---

105 "因聲求義, 音近義通."

106 『蒼頡篇』·『爰歷篇』·『博學篇』을 말함.

있는데, 이것은 중국어 어휘의 발전을 연구하는 데 매우 중요한 자료가 된다. 淸代 王念孫은 『廣雅疏證』에서 소리에 따라 의미를 추구하여 『廣雅』의 잘못된 부분을 정정하고 빠진 것을 보충하였는데 매우 세밀하고 치밀하다.

『通雅』는 明代 方以智(1611～1671)가 지은 것이다. 어휘의 풀이를 판별하고 증명한 책으로 先秦諸子·史籍·方志·小說·古音과 古義의 고증 등에서 자료를 취하였고, 방언과 속어도 부문별로 나누어 뜻을 풀이하였다. 인용한 책들은 모두 출처를 분명히 밝히고, 체제를 신중하고 엄격히 하여 고대 중국어 연구와 어원의 탐구에 있어서 중요한 참고서가 된다.

결론적으로 『爾雅』는 중국 고대 언어학에서 최초로 단어의 뜻을 해석한 전문 서적으로 漢初의 학자들이 周漢의 서적들과 舊文들을 모아 증보하여 만들어낸 것으로 今本은 19편이다.

처음 「釋詁」·「釋言」·「釋訓」 3편은 일반 어휘를 수록했는데, 古書 중의 동의어를 각 조목별로 분별귀납하였고, 각 조목은 하나의 통용어로 해석했다. 「釋親」·「釋官」·「釋器」 이하 각 편들은 각종 문물제도의 명칭에 대한 해석들이다. 『爾雅』는 중국 고대 전적 어휘의 총집으로 단어의 뜻과 고대 사물의 명칭을 고증하는 데 중요한 자료이다. 후세의 경학가들은 모두 『爾雅』를 근거로 유가경전을 해석하였다. 唐宋 때에 『爾雅』는 '十三經'의 하나가 되었다. 『爾雅』의 주석본으로는 晋代 郭璞이 注하고 宋代 邢昺이 疏한 '十三經注疏本'이 가장 많이 통용되고 있으며, 淸代 邵晋涵의 『爾雅正義』, 郝懿行의 『爾雅義疏』가 비교적 상세하다.

『爾雅』는 중국 고대 언어학의 첫 번째 전문 연구서이자 중국 고대 훈고학 최초의 전문서로서 중국 고대 언어학 연구에 미친 영향이 매우 지대하다. '雅學'을 형성했을 뿐만 아니라, 『方言』·『說文』·『釋名』에도 큰 영향을 주었다. 그러나 『方言』·『說文』·『釋名』이 『爾雅』의 영향을 받았다고는 하나, 또한 각각 다르게 발전하여 중국 고대 언어학 연구의 독자적 길을 열어 『爾雅』와 함께 중국 고대 언어학의 4대 주요 저작이 되었으며, 중국 고대 언어학의 4대 派別을 형성하고 발전하여 후에 訓詁學·音韻學·文字學·語彙學을 연구하는 학자들에게 길을 열어주는 역할을 하였다.

『이아주·서』

곽 박

『爾雅』라는 것은 訓詁의 本旨를 통하게 하며, 詩人의 興과 읊조림을 기록하고, 古代의 흩어진 말들을 모은 것이며, 實質은 같으나 呼稱이 다른 것을 辯論한 것이다. 진실로 九流를 두루 통하게 하며, 六藝를 알게 하는 중요한 열쇠이다. 널리 배우는 사람들에게 도움을 주는 심오한 이치이며, 글을 짓는 사람들에게 도움을 주는 풍부한 자료이다. 이에 온갖 사물에 의혹됨이 없게 하고 널리 鳥類·禽獸·草木의 이름을 알게 하는 데 『爾雅』만한 것이 없다. 『爾雅』는 中古(周秦 후기)에 흥기하여 漢代에 융성하였다. 豹鼠를 이미 구별할 수 있어, 그 공헌이 또한 두드러졌다. 훌륭한 유학자와 널리 견문을 갖춘 선비들과 문장을 능란하게 짓는 文客들은 그것의 뜻과 풀이를 공경하고 익히고 깊이 탐미하지 않은 것이 없다. 나는 무지한 것을 헤아리지 못하고 어려서 그것을 익혀 29년간 깊이 연구하였다. 비록 注를 단 사람이 10여명에 이르지만, 상세하게 갖추지는 못했다. 또한 많은 오류를 범하였으며 빠뜨리고 소홀히 한 부분이 많다. 이에 다시 다른 견해들을 엮고 舊說을 모았으며 여러 나라의 말을 살피고 民歌와 俗語들의 기록을 채집하였다. 그리고 樊光·孫炎의 학설을 뒤섞었고, 널리 群言들을 보고 잘못된 것들을 다듬고 소(蕭)와 랑(稂) 같은 하찮은 것들은 제거하여 事理에 심오하고 잘 드러나지 않은 것이 있으면 근거를 끌어다 증명하였다. 깨닫기 쉬운 것은 빼고 논하지 않았으며, 따로 『爾雅音義』와 『爾雅音圖』를 만들어 이해하지 못할 부분이 없게 했다. 빗자루를 들어 길을 깨끗하게 닦아 놓아 업적을 남길 사람들을 기대한다. 그리하여 장래 군자들도 이 길을 지나가도록 하게 하리라.

『爾雅注·序』

郭 璞

夫爾雅者, 所以通詁訓之指歸[1], 敍詩人之興詠[2], 摠絶代之離詞[3], 辯同實而殊號者也[4]. 誠九流之津涉[5], 六藝之鈐鍵[6]. 學覽者之潭奧[7], 摛翰者之華苑也[8]. 若乃可以博物不惑, 多識於鳥獸草木之名者, 莫近於『爾雅』. 『爾雅』者, 蓋興於中古, 隆於漢氏. 約鼠旣辨[9], 其業亦顯. 英儒贍聞之士, 洪筆麗藻之客, 靡不欽玩耽味爲之義訓. 璞不揆檮昧[10], 少而習焉, 沈研鑽極二九載矣. 雖注者十餘, 然猶未詳備, 並多紛謬, 有所漏略, 是以復綴集異聞, 會禾卒 舊說, 考方國之語, 採謠俗之志, 錯綜樊孫[11], 博關羣言, 剟其瑕礫[12], 搴其蕭稂[13], 事有隱滯, 援據徵之, 其所易了, 闕而不論, 別爲音圖, 用祛未寤[14], 輒復擁篲淸道[15], 企望塵躅者, 以將來君子爲亦有涉乎此也.

1 指는 본래의 의미(本旨)를 뜻한다.
2 興 : 詩의 六義 중 하나이다. 詩에서 먼저 다른 사물을 말하여 이것으로 읊고자 하는 사실을 나타내는 것을 興이라고 한다. 詠은 노래(歌), 읊조림(長言)이다. 『詩經』序에서 말하기를 “말로 부족하여 탄식하고, 탄식으로 부족하여 노래로 읊조린다(言之不足故嗟嘆之, 嗟嘆之不足故永(同詠)歌之)”라고 하였다. 『爾雅』에 수록된 『詩經』 단어들을 통계내 보면 대략 전체의 1/10을 차지한다.
3 摠은 總과 같다. 絶代는 古代를 가리킨다. 離詞에서 離는 分散된다는 뜻이며, 가까운 곳을 離, 먼 곳을 別이라고 한다. 여기에서는 『爾雅』에 수록된, 古代의 각지에 분산된 단어들을 가리킨다.
4 辯同實而殊號 : 『爾雅』의 ‘文異訓同(글자는 다르지만 해석은 같다)’을 가리킨다. 예를 들어 皇, 王은 君(임금)이라 해석하고 嘏, 假는 大(크다)라고 해석한다.
5 九流 : 『漢書·藝文志』에서는 “儒家者類, 道家者類, 陰陽家者類, 法家者類, 名家者類, 墨家者類, 縱橫家者類, 雜家者類, 農家者類”들을 九家라고 하였다. 여기에서는 諸子百家의 古代典籍들을 가리킨다. 전체 문장의 의미는 『爾雅』는 古代典籍들을 학습하는 데 있어서 중요한 참고서로서, 강을 건너려면 배를 타야하는 것과 마찬가지라는 뜻이다.
6 六藝 : 六經으로서 『詩經』·『書經』·『易經』·『禮記』·『春秋』·『樂經』을 가리킨다. 鈐은 자물쇠, 鍵은 열쇠를 가리킨다. 즉 『爾雅』는 六經을 배우기 위한 중요한 참고서로서 자물쇠를 여는 열쇠와 같다는 뜻이다.
7 潭奧 : 潭은 깊다는 뜻이며, 潭奧는 깊고 오묘하다는 말과 같다.
8 擒翰者 : 擒翰은 作文과 같은 말이다. 擒翰者는 글을 짓는 사람을 가리킨다.
9 豹鼠旣辨 : 『爾雅·釋獸』에는 표범무늬가 있는 쥐라고 나와 있다. 郭璞注에서는 쥐의 무늬가 표범과 같은 것이 있는데 漢 武帝때 이 쥐를 잡았고 孝廉耶 終軍이 이를 알아보아 비단 백필을 하사받았다고 하였다.
10 揆는 헤아리다는 뜻이다. 檮昧: 檮는 음이 濤와 같고 無知한 모양을 나타낸다. 여기에서는 郭璞의 겸양어로 쓰였다.
11 樊孫 : 樊光과 孫炎을 가리킨다.
12 剟 : 음은 duō이며, 가르다(割)는 뜻이다. 瑕는 옥위의 반점이다. 礫는 작은 돌, 부서진 돌을 말한다. 전체의 뜻은 반점이나 잡스러운 부분을 갈아내고 제거한다는 의미이다.

13 搴 : 음은 qiān이며, 뽑아버린다는 뜻이다. 蕭는 풀이름으로 쑥이다. 稂은 음이 láng이며 강아지풀을 말한다.
14 袪: 음은 jū이며, 제거한다는 뜻이다. 寤는 깨닫다는 뜻으로 이해하다, 분명히 알다라는 의미이다.
15 彗는 빗자루이다.

제 3절 揚雄의 언어관 및 『方言』의 성과

1. 揚雄과 『方言』

揚雄(53B.C.～A.D.18)은 西漢의 문학가이자 철학가·언어학자로, 字가 子雲이며 蜀郡 城都[1] 사람이다. 成帝 때(32～7 B.C.)에 給事黃門郎이 되었고 王莽 때(9～23)에는 校書天祿閣을 지냈으며 나중에 大夫에까지 올랐다. 그는 언사에는 서툴렀으나 문장으로 세상에 이름을 떨쳤다. 초기에는 詞賦를 좋아하였는데, 형식에 있어서 司馬相如의 『子虛』·『上林』 등의 賦를 모방하여 『長楊賦』·『甘泉賦』를 창작하여 司馬相如와 이름을 나란히 하였다. 후에는 유가사상에서 출발하여 "詞賦는 賢人·君子들이 시를 짓고 노래하는 올바른 형태가 아니다."[2]라고 여기고, 詞賦를 가벼이 여겨 "보잘것 없는 재주를 장부는 행하지 않는다."[3]라고 하였다. 그리고는 방향을 바꾸어 철학을 연구하였다. 그 후 『論語』를 모방하여 『法言』을 지었고, 『易經』을 모방하여 『太玄經』을 지었다. 언어학 방면에서는 『爾雅』의 체제를 모방하였고, 또 다른 영역을 개척하여 중국 고대 언어학의 중요 저작인 『方言』을 창작하고 西漢 시대 각지의 방언을 기술하였다. 또한 『蒼頡篇』[4]을 계승하여 『訓纂篇』을 편집하였다. 揚雄에게는 원래 문집이 있었으나 이미 산실되었다. 明代 사람이 지은 『揚子雲集』을 淸代의 嚴可均(1762～1843)이 다시 편집하였는데 이것이 가장 상세한 문집이다.

『方言』의 전체 이름은 『輶軒使者絶代語釋別國方言』으로서, 원래는 15권인데 今本은 13권이다. 晋代에 이르러 郭璞이 注를 단 『方言注』가 나왔다. 淸代에는 戴震의 『方言疏證』과 錢繹의 『方言箋疏』가 출판되었는데 정리와 설명이 매우 자세하다. 최근 나온 周祖謨(1914.11～1995.1.14)의 『方言校箋』은 南宋의 李文이 전수한 四部叢刊影印本을 저본으로 하여, 戴震·盧文弨(1717～1795)·劉臺拱(1751～1805)·王念孫 등의 각 저술과 기타의 저작 30여 종을 아울러 참고하여 지은 것으로, 비교적 좋은 판본으로 여겨진다. 후에 吳曉鈴이 지은 『通檢』은 『方言』 및 郭璞의

---

1 지금의 四川省을 말함.
2 "詞賦非賢人君子詩賦之正."
3 "雕蟲篆刻, 壯夫不爲."
4 제 2장 제 1절(37쪽)에서와 같이 『蒼頡篇』을 『倉頡篇』으로 쓰기도 함.(譯註)

『方言注』 중 글자와 단어를 종합하여 지은 색인이다.

揚雄의 『方言』은 중국어 방언학 분야 최초의 저작으로서, 前人의 성과를 흡수하기도 하였지만 역시 자신의 창작이라는 점이 중요하다. 應劭는 『風俗通義序』[5]에서 '周秦시대에는 일찍이 매년 추수 이후 농한기에 통치자가 사신들을 파견하여 輶軒車를 타고 목탁을 흔들며 농촌 각지에 가서 시가민요와 방언을 채집하도록 하는 제도가 있었다.'고 하였다. 채집해 온 자료들은 鄕에서 邑으로 보내지고, 邑에서 國으로 보내지며, 마지막에는 모아서 周 天子에게 바치었다. 통치자는 이것을 이용해 풍속과 민정을 살폈으며, '문을 나서지 않아도 천하의 일을 다 아는'[6] 효과를 거두었다. 이러한 자료들은 해마다 채집·누적되어 갔으며, 모두 조정의 秘室에 보존되었다. 그러나 안타깝게도 秦代가 멸망할 때 조정 秘室에 보관되어 있던 자료들은 거의 모두 산실되었다. 漢代 이후에 이르러 방언학이 흥기했고, 蜀郡 사람인 嚴君平은 '소장한 자료가 千字에 미치지 못했다.'[7]라고 하였다. 揚雄의 스승인 臨邛 땅의 林閭翁孺도 방언을 개략적으로 정리하기도 했었으니, 揚雄은 前人의 기초 위에서 漢代의 방언을 조사한 것이었다.

『漢書·揚雄傳』과 「劉歆與揚雄書」, 「揚雄答劉歆書」, 郭璞의 『方言序』 등의 자료로 보아 周秦 때 이미 방언의 채집작업이 진행되었고, 秦이 망한 후에 잠시 중단되었다는 것을 알 수 있다. 또한 漢代에 다시 방언의 채집이 시작되었다. 방언 수집작업을 한 사람으로는 蜀郡의 嚴君平과 臨邛의 林閭翁孺 및 劉向·劉歆·揚雄 등 다섯 사람이다. 漢代에 방언 수집작업에 주의를 기울인 것은 당시의 정책과 관련이 있다. 「劉歆與揚雄書」에서는 다음과 같이 말하고 있다.

> 지금 황제께서는 경전의 해석에 마음을 두시고, 다른 언어들에 정력을 쏟아 사방의 일을 살피는데 있어서 사람들을 각지로 보내는 번거로움 없이 앉아서 세속의 말들을 알고자 하시니, 바로 당신이 뜻을 펼칠 수 있는 시기입니다.[8]

『漢書·食貨志』에서는 그 목적이 "왕된 자는 문틈으로 몰래 보지 않아도 천하를 안다."[9]에 있다고 지적하였는데, 즉 통치자는 방언의 수집을 통하여 각지의 상황을 이해하고 그로써 정치상의 통치를 강화시킨다는 것이다. 이 때문에 『漢書』의 本紀

---

5 濮之珍 원문에 『風俗通』이라고 되어 있으나 『風俗通義』의 잘못이다.(譯註)
6 '不出戶牖, 盡知天下.'
7 '財有千言'
8 "今聖朝留心典誥, 發精于殊語, 欲以驗考四方之事, 不勞戎馬高車之使, 坐知傜俗; 適子雲攘意之秋也."
9 "王者不窺牖戶而知天下."

에는 대신들을 파견하여 천하를 순행하게 하고 풍속을 돌아본다라는 기록이 자주 나온다. 예를 들어 『漢書·宣帝紀』에는 "大中大夫인 彊 등 12인을 보내어 천하를 순행하게 하여 홀아비와 과부들에게 안부를 묻고, 풍속과 관리의 득실을 살피고, 풍부한 재능을 지닌 선비들을 천거하였다."[10]라는 구절이 있다.

또한 『漢書·平帝紀』에서는 "太僕인 王惲 등 여덟 사람에게 사람을 딸려서 符節을 주어 보내, 천하를 나누어 돌아다니게 하면서 풍속을 살피게 하였다."[11]라고 하였으니, 소위 '覽觀風俗'이란 사실상 민요를 수집하는 동시에 방언도 수집하는 일을 말한다. 淸代 王先謙(1842～1917)은 "옛날에 민요를 수집하던 사신들은 단지 여러 나라를 돌아다니며 단순히 시편만을 늘어 놓은 것이 아니고, 상이한 풍속이나 말에 대해서는 반드시 성음과 훈고를 갖추어서 함께 조정에 바쳤다."[12]고 지적하였다.

또 다른 방면에서 보면 秦·漢 兩代는 중앙집권 대국이 된 후에 사회의 발전과 경제·문화의 발전으로 말미암아 언어 발전이 촉진되었다. 전국 각지 언어의 교류와 융합은 공동어의 통일성을 강화시켰다. 이처럼 풍부하고 복잡한 언어 활동은 당시의 언어학자인 揚雄 등에게 언어 연구에 좋은 자료를 제공하였다. 揚雄은 43세 때, 즉 기원전 11년에 長安에서 黃門侍郎을 지내고 있었다. 그는 漢 成帝에게 글을 올려 자신에게 3년간의 봉록을 주고 공무에서 벗어나 학문 연구에만 전념할 수 있게 해 주기를 요청하였다. 이에 成帝는 그의 요청에 응하여 봉록을 예전처럼 주고 그 위에 상금 6만냥을 더 주었다. 그리고 그에게 특별히 궁안의 고대 전적을 모아 놓은 곳에서 책을 볼 수 있도록 허락하였다. 이로부터 그는 전국 각지의 방언 어휘를 수집하기 시작하였다. 그는 붓과 기름먹인 비단을 가지고 직접 각지의 방언을 조사하여 기록하였다. 揚雄이 조사한 대상은 서울에 온 관리와 조정에 천거된 孝廉[13] 및 돌아가면서 서울을 지키는 사병들이었다. 그는 이처럼 각기 다른 지역·계층·직업을 가진 사람들의 방언을 기록하고 각각의 세목에 귀납시켰다. 「揚雄答劉歆書」에는 그가 方言을 수집한 상황이 기록되어 있다.

> 그러므로 천하의 孝廉 및 내륙의 衛卒이 모이는 곳을 알아내면 저는 언제나 세 치의 가는 붓을 쥐고 기름먹인 비단 세 척을 가지고 가서 서로 다른 말들을 물어 돌아오는 즉시 납으로 서판에 기록하였는데, 이것이 오늘날까지 27년에 이릅니다.[14]

---

10 "遣大中大夫彊等十二人循行天下, 存問鰥寡, 覽觀風俗, 察吏治得失, 擧茂材異倫之士."

11 "遣太僕王惲等八人置副·假節, 分行天下, 覽觀風俗."

12 "前古採風使者方行列國, 匪獨陳其詩篇而已, 其於異俗殊言, 必將備其聲音訓詁, 隨以上進."

13 擧人을 말함.(譯註)

14 "故天下上計孝廉及內郡衛卒會者, 雄常把三寸弱翰, 齎油素四尺, 以問其異語, 歸卽以鉛摘次之於槧, 二

『西京雜記』 중에도 揚雄이 방언을 수집한 상황이 기록되어 있다.

> 揚雄은 일하기를 좋아하여 항상 납과 서판을 가지고 여러 지역의 관리들을 따라다니면서, 다른 지역·먼 지역을 막론하고 사방의 말을 물어 이것으로 輶軒들이 조사하여 적어온 것을 보충하였다.[15]

揚雄은 27년간 방언을 조사하였는데, 70세(17)되던 해 王莽의 '國師' 劉歆이 揚雄에게 이 책을 보고자 한다는 편지를 보내왔다. 이는 劉歆이 그 때 圖書總目提要와 같은 류의 『七略』을 편찬하고 있었는데, 揚雄의 책을 그 속에 넣고자 했기 때문이다. 揚雄은 「揚雄答劉歆書」에서 이 책을 짓게 된 동기와 과정을 이야기하고, 또한 아직 다 완성하지 못했기 때문에 다른 사람에게 보여 주고 싶지 않으니 만약 劉歆이 권세를 빌리거나 폭력을 사용하여 강제로 이 책을 보고자 한다면, '목을 매어 죽음으로써 명을 따르겠다.'고 말하였다. 대략 이런 이유로 劉歆은 책을 얻고자 하는 생각을 단념할 수밖에 없었고 揚雄은 이듬해에 세상을 떠났다.

揚雄은 무엇 때문에 劉歆에게 자신의 『方言』을 끝까지 보여 주려 하지 않았으며, 또한 말투까지 그렇게 격앙되어 있었겠는가? 아마도 당시에는 다른 원인들이 더 있었겠지만 기록된 바가 없어 단정할 수는 없다. 그러나 이것으로 揚雄이 『方言』을 매우 귀하게 여겼음을 알 수 있다. 이 때문에 劉歆의 『七略』[16]에는 揚雄의 『方言』이 기록되어 있지 않다. 『七略』을 근거로 하여 편찬한 『漢書·藝文志』에는 揚雄의 저작이 기록되어 있는데, 그 중 단지 『方言』만 기록되어 있지 않다. 『漢書·揚雄傳』에도 심지어 揚雄의 저작 『方言』에 대한 기록조차 없어, 예로부터 揚雄이 『方言』을 지었는가에 대한 논쟁이 있어 왔다.

2. 『方言』의 저자

東漢의 개인 저작에서도 揚雄이 『方言』을 지었다거나 혹은 『方言』이라는 책명이 언급되어 있지 않다. 그러나 許愼의 『說文解字』에서는 『方言』의 문장과 今本 『方言』이 매우 유사하다고 설명하고 있는데, 이것은 『方言』이 이미 최초의 저본이 있었음을 충분히 증명해 주고 있는 것이다. 東漢 말년 應劭가 지은 『風俗通義』와 常璩의

十七歲於今矣."

15 "揚子雲好事, 常懷鉛提槧, 從諸計吏, 訪殊方絶域四方之語, 以爲裨補輶軒所載."

16 이미 없어지고 전하지 않음.

『華陽國志』에서 모두 『方言』은 揚雄이 지은 것이라고 말하고 있다. 다만 『漢書·藝文志』와 『揚雄傳』에서만 揚雄이 『方言』을 지었다는 말을 하고 있지 않다. 따라서 宋代 사람들은 저자명을 揚雄에게 의탁한 것일 수도 있다고 의심하기 시작하였다. 揚雄이 『方言』을 지었는가의 여부에 대해 『四庫全書總目提要』에서는 "반복하여 탐구해 봐도 그 眞僞에 대해서는 명백한 증거가 없다."[17]라고 하였다. 관련 자료를 근거로 하여 볼 때 『方言』이 일반적으로 유전되기 시작한 것은 東漢 和帝(89~105) 이후라는 것을 알 수 있다.

먼저 王充(27~약97)의 『論衡』을 보면, 揚雄의 문장과 『太玄』·『法言』 두 책을 칭찬하는 부분은 많으나 『方言』에 대해선 언급하지 않았다. 그러나 「齊世篇」에서는 다음과 같이 말하고 있다. "揚雄이 『太玄』을 만들고 『法言』을 지었으나, 張伯松은 이를 한 번도 보려고 하지 않았다. 이는 그가 揚雄과 어깨를 나란히 하는 인물이었기에 그 말을 천시한 것이다. 揚雄을 張伯松의 앞에 두면, 張伯松은 그를 금궤라 여길 것이다."[18] 이 말은 揚雄이 「揚雄答劉歆書」에서 말한 다음의 글과 부합하고 있다. "張伯松은 일찍이 저에게 말하기를 '아버지(張吉)와 할아버지(張敞)께서는 經典의 훈고에 밝으셨다.'라고 하면서 저에게 권고하기를 이 편목으로써 이룰 바를 잘 드러내 보이라고 하였습니다. 伯松이 가로되 '이는 하늘의 해와 달처럼 영원할 책이다!'라고 하였고, 또 말하길 '아마도 양웅이 지은 『太玄經』의 효용은 쥐똥·소똥과 같을 것이다.'라고 하였습니다."[19] 그러나 王充은 『方言』에 대해서 한 마디도 하지 않았다. 許愼의 『說文解字』에서 方言으로 字義를 해석한 것 가운데 今本 『方言』과 일치하는 것이 매우 많다. 그러나 許愼은 揚雄이 지은 『方言』에 대해 말하지 않았고, 『方言』의 서명에 대해서도 말한 바가 없다. 또한 許愼의 『說文解字』는 漢 和帝 永元 12년(100)에 저술되기 시작되어 建光 元年(121)에 완성되었다. 이상의 두 가지 사실로 볼 때, 漢 和帝 때엔 아직 『方言』이라는 서명이 없었음이 분명하다. 漢 靈帝(168~189)·獻帝(189~220)에 이르러 應劭는 『漢書集解』에서 『方言』을 분명하게 인용하기 시작하였고, 또한 '揚雄 『方言』' 이라 칭했다. 그는 또 『風俗通義序』에서 揚雄의 「揚雄答劉歆書」 원문을 더욱 상세히 인용하였고, 또한 『方言』은 '무릇 9천자'라고 말하였다. 이를 근거로 추측해 보면, 『方言』은 漢末 應劭시대에 이미 보편

17 "反復推求, 其眞僞皆無顯據."

18 "揚子雲作『太玄』, 造『法言』, 張伯松不肯壹觀; 與之併肩, 故賤其言. 使子雲在伯松前, 伯松以爲金匱矣."

19 "張伯松嘗爲雄道, 言其父及其先君憙典訓, 屬雄以此篇目頗示其成者, 伯松曰: 是懸日月不刊之書也. 又言恐雄爲『太玄經』, 由鼠坻之與牛場也."

적으로 전해지기 시작했음을 알 수 있다. 또 魏의 孫炎이 注한『爾雅』가『方言』을 인용했고, 張揖이 지은『廣雅』역시『方言』의 단어를 대량으로 수록하고 있으므로, 漢末에『方言』이 널리 퍼졌다는 좋은 증거가 될 것이다.

『方言』의 저자가 揚雄인지의 여부에 대해서는 계속 논쟁이 있어 왔다. 宋代 洪邁(1123~1202)는 揚雄의 저작이 아니라 여겼고, 淸代의 戴震·盧文弨·王先謙 등은 여러 이유를 제시하며『方言』의 저자가 揚雄이라고 하였다. 1956년 9월에 출판된『方言校箋及通檢』의「自序」에서 周祖謨는 "『方言』이 揚雄의 저작인지의 여부는 단정하기가 매우 어렵다."[20]라고 하였다. 이 책에서 그는 羅常培(1899.8~1958.12)의 관점에 동의한다고 하면서 다음과 같이 말하였다.

> 『方言』은 중국 최초의 비교방언 어휘집이다. 저자가 揚雄인지의 여부에 대해서는 洪邁와 戴震이 정반대의 논리를 폈는데, 후에 盧文弨·錢繹·王先謙 등은 모두 戴震의 설에 찬성하여『方言』은 揚雄이 지은 것이라 여겼다. …… 그러나 나는 應劭의 말을 믿는다. …… 우리는 다음과 같이 추측할 수 있다.『方言』은 결코 한 사람이 지은 것이 아니며, 周秦에서 西漢末까지의 민간언어에 대한 가치 있는 기록이다. 揚雄 이전에 莊遵(嚴君平)과 林閭翁孺는 일부의 자료를 보존하거나, 혹은 정리된 요강을 초안하였다. 揚雄 역시 전인의 취지를 계승하여 '注續'을 첨가하였다. 그의 '注續'에 보존된 자료는 근거없이 무책임하게 쓴 것이 아니라 군중에게서 나온 것이다. 그는 자신이 직접 輶軒車를 타고 각지에 가서 방언이나 다른 말들을 조사하지는 않았지만, 각지의 사람들이 집중되어 있다는 도시의 장점을 이용하여 당시의 지식인(孝廉)과 병사(衛卒), 기타 평민과 소수민족의 언어까지도 기록하였다. 그가 사용한 방언 조사법은 '항상 세 치의 가는 붓을 잡고 기름 바른 비단 4척을 가지고 다른 말을 물어, 돌아오자마자 납으로 서판에 기록하는 방식'이었다.(「揚雄答劉歆書」에 나오며,『西京雜記』도 함께 참조) 이것은 바로 현대의 언어학자들이 필드웍을 할 때, 카드에 기록하고 (돌아와서) 곧 바로 배열 정리하는 것과 같은 방법이다.『方言』은 중국 언어학사상 '하늘의 해와 달처럼 영원할' 奇書라 하는데, 이는『方言』이 문자로 기록된 언어를 대상으로 삼지 않고 대중의 살아 있는 언어를 대상으로 삼았기 때문이다.[21]

결론적으로 볼 때,『方言』의 저자가 揚雄이라는 점에 동의하며, 이 책이 西漢

---

20 "『方言』是不是揚雄所作, 很不容易斷定."

21 "『方言』是中國的第一部比較方言詞匯. 它的著者是不是揚雄, 洪邁和戴震有正相反的說法, 後來盧文弨·錢繹·王先謙都贊成戴說, 認爲『方言』是揚雄所作. …… 我自己却很相信應劭的話, …… 咱們可以推斷: 『方言』並不是一個人作的, 它是從周秦到西漢末年民間語言的可靠的記錄. 揚雄以前, 莊遵(就是嚴君平)和林閭翁孺或者保存了一部分資料, 或者擬定了整理的提綱. 到了揚雄本身, 也願意繼承前人的旨趣, 加以'注續'. 他'注續'的資料不是憑空杜撰的, 而是從群衆中來的, 他雖然沒有坐着輕便的輶軒車到各處去調查方言殊語, 可是他利用各方人民集中都市的方便, 記錄了當時知識分子(孝廉)兵士(衛卒), 其他平民乃至少數民族語言. 他所用的調查方言法是'常把三寸弱翰, 油素四尺, 以問其異語; 歸卽以鉛摘次之於槧.'(「答劉歆書」, 並參閱『西京雜記』) 這簡直是現代語言工作者在田野調査時, 記錄卡片和立刻排比整理的功夫. 這正是中國語言史上一部'懸之日月不刊'的奇書, 因爲它是開始以人民口裏的活語言作對象而不以有文字記載的語言作對象的."

·東漢 사이의 수많은 방언자료를 포괄하고 있어 매우 귀중하다고 여겨진다. 『方言』은 중국 고대 언어학사상 최초로 방언어휘를 비교한 전문 저서이며, 또한 세계 언어학사상 최초로 방언어휘를 비교한 전문 저작임에 틀림없다.

3. 『方言』의 내용과 체제

今本 『方言』은 모두 13권으로, 『隋書·經籍志』와 『新唐書·藝文志』에 저록된 권수와 일치한다. 그러나 劉歆과 揚雄이 서로 주고받던 편지에서는 15권이라 하였고, 郭璞의 『方言注序』 에서도 '三五之篇'이라 하였으니, 권수에 있어서는 今本과 다르다. 이러한 변동은 六朝시기에 생겨난 것이다. 글자 수를 보면 應劭의 『風俗通義序』에서는 9,000자라고 말하고 있으나, 戴震의 통계에 의하면 현재 郭璞의 注에는 11,900여 자가 있어, 應劭의 판본보다 약 3,000여 자 정도가 많다. 이러한 글자들이 어느 시기에 첨가되었는지 고증하기는 어렵다. 그러나 郭璞 이전에 증가되었다고 추정할 수 있다. 왜냐하면 대체로 어떤 저작에 대한 뛰어난 주석본이 생겨난 후에는 쉽게 변동이 있을 수 없기 때문이다. 예를 들어 郭注 『方言』은 찾아 낼 수 있는 佚文이 매우 적으니 이것이 좋은 증거가 된다.

今本 『方言』은 모두 13권으로, 1권·2권·3권·6권·7권·10권·12권·13권은 단어를 풀이해 놓은 것이고, 4권은 의복과 제도를 풀이하였으며, 5권은 기물을, 8권은 짐승을, 9권은 병기를, 11권은 곤충을 풀이하였다. 『方言』은 체제면에 있어서 『爾雅』를 모방하였다. 그러나 『爾雅』가 글자에 대한 훈고의 나열에 불과한 반면, 『方言』은 살아있는 방언과 구어를 조사하여 방언어휘를 비교한 전문적 서적이라 할 수 있다. 예를 들면 다음과 같다.

> 黨·曉·哲은 知(알다)라는 뜻이다. 楚 지방에서는 黨, 혹은 曉라 하였으며, 齊·宋 일대에서는 哲이라 하였다.[22]
> 豬를 北燕과 朝鮮 일대에서는 豭라 하였고, 關東關西에서는 彘라 하기도 하며 豕라 하기도 하였다. 南楚에서는 豨라 하였다. 그 새끼는 豚 또는 豯라 하였고, 吳·揚 일대에서는 豬子라 하였으며, 그 돼지우리나 속에 까는 풀은 橧이라 하였다.[23]
> 布穀은 關東關西와 梁·楚 일대에서는 結誥라 하였고, 周魏 일대에서는 擊穀, 關西에서는 布穀이라 하기도 했다.[24]

---

22 "黨·曉·哲, 知也. 楚謂之黨, 或曰曉, 齊·宋之間謂之哲."(卷一)

23 "豬, 北燕·朝鮮之間謂之豭, 關東西或謂之彘, 或謂之豕, 南楚謂之豨, 其子或謂之豚, 或謂之豯, 吳揚之間謂之豬子, 其檻及蓐曰橧."(卷八)

患은 아들이다. 湘水·沅水 지역에서는 대체로 아들을 患이라 하였으니, 이는 東齊에서 子라 한 것과 같다.[25]

이로써 『方言』과 『爾雅』가 다름을 알 수 있다. 『爾雅』가 단지 동의어 및 뜻이 가까운 단어를 함께 열거한데 반해, 『方言』은 더 나아가 이러한 어휘들에 대해 어떤 것은 지역에 따른 방언, 어떤 것은 통용어, 어떤 것은 古語라고 지적하였다. 또한 이러한 어휘들이 西漢에 이르러 어떻게 발전하고 변화하였는지를 기록하였다. 다시 말해 일찍이 기원 초에 揚雄은 풍부하고 복잡한 언어 현상을 분석하여 아주 어렵게 통용어와 방언 및 古語를 구분해 낼 수 있었다. 다시 이것들을 나누어 설명하면 다음과 같다.

통용어(通語)

통용어는 '凡語', '凡通語' 또는 '通名'이라 칭해지는데, 전국적으로 통용되는 말이다. 이것은 지역적 제한이 없으며, 西漢시기에 통행 지역이 비교적 광범위했던 공동어를 말한다. 예를 들면 다음과 같다.

膠·譎은 詐(속이다)의 뜻이다. 涼州 西南지역에서는 膠라 하고, 關東·關西에서는 譎 또는 膠라 한다. 詐는 通語이다.[26]
嫁·逝·徂·適은 往(가다)의 뜻이다. 집으로부터 나가는 것을 嫁라 하고, 여자가 출가하는 것을 嫁라 한다. 逝는 秦·晋지방의 언어이다. 徂는 齊나라 말이다. 適은 宋魯의 언어이다. 往이 凡語이다.[27]
金小·嫽는 好(예쁘다)의 뜻이다. 青徐·海岱 지역에서는 金小 혹은 嫽라 한다. 好가 凡通語이다.[28]

일정 지역과 지역 사이의 통용어

통용지역이 비교적 넓은 방언을 말하는데, 예를 들면 다음과 같다.

亟·憐·憮·惓은 愛(사랑하다)의 뜻이다. 東齊·海岱 지역에서는 亟이라 하고, 關西와 秦晋

---

24 "布穀, 自關東西·梁楚之間謂之結誥, 周魏之間謂之擊穀, 自關而西或謂之布穀."(卷八)
25 "患者, 子也. 湘沅之會, 凡言是子者謂之患, 若東齊言子矣."(卷十)
26 "膠·譎, 詐也. 涼州西南之間曰膠, 自關而東西或曰譎, 或曰膠. 詐, 通語也."(卷三)
27 "嫁·逝·徂·適, 往也. 自家而出謂之嫁, 由女而出謂嫁也. 逝, 秦晋語也. 徂, 齊語也. 適, 宋魯語也. 往, 凡語也."(卷一)
28 "金小·嫽, 好也. 青徐·海岱之間曰金小, 或謂之嫽. 好, 凡通語也."(卷二)

지역에서는 서로 존경하고 사랑하는 것을 亟이라 한다. 陳·楚·江淮 지역에서는 憐이라 하고, 宋·衛·邠·陶 지역에서는 憮 또는 俺이라 한다.[29]
逢·逆은 迎(맞이하다)의 뜻이다. 關東 지역에서는 逆이라 하고, 關西 지역에서는 迎 또는 逢이라 한다.[30]
釗·薄은 勉(힘쓰다)의 뜻이다. 秦晋에서는 釗 또는 薄이라 한다. 그러므로 지방언어로 薄努라고 하는데, 勉努와 같다. 南楚의 외곽에서는 薄努라 하는데, 關東·周鄭지역에서는 勔釗라고 하며, 齊魯에서는 昻兹라고 한다.[31]

일정한 지역의 언어

통행되는 지역이 비교적 좁은 방언이며, 예를 들면 다음과 같다.

叨·惏는 殘(쇠잔하다)의 뜻이다. 陳과 楚에서는 惏이라고 하였다.[32]
憑·齘·苛는 怒(성내다)의 뜻이다. 楚에서는 憑이라고 하였고, 사소한 화는 齘라고 하였으며, 陳에서는 苛라고 하였다.[33]
撊·梗·爽은 猛(사납다)의 뜻이다. 晋과 魏에서는 撊이라고 하였고, 韓과 趙에서는 梗, 齊와 晋에서는 爽이라고 하였다.[34]

古今語

'古雅之別語'라고 불리기도 하는데, 예를 들면 다음과 같다.

假·狢·懷·摧·詹·戾·艐은 至(이르다)의 뜻이다. 邠·唐·冀·兗에서는 假라고 하거나 狢라고 하였다. 齊와 楚의 교외에서는 懷라고 하기도 한다. 摧·詹·戾는 楚지역 말이고, 艐은 宋지역 말로서 모두가 古雅의 別語이며, 오늘날에는 같이 쓰기도 한다.[35]
敦·豐·龐·夰·幠·般·蝦·奕·戎·京·奘·將은 大(크다)의 뜻이다. 보통 사물이 큰 것을 豐이라고 한다. 龐은 매우 크다는 뜻이다. 東齊와 海岱에서는 夰라고 하였으며 幠라고 하기도 하였다. 宋·魯·陳·衛에서는 蝦라고 하였으며 戎이라 하기도 하였다. 秦과 晋에서는 보통 사물의 장대함을 蝦라고 하였으며 夏라고 하기도 한다. 秦과 晋에서는 보통 사람이 큰 것을 奘이라고 하였고 壯이라 하기도 한다. 燕의 북쪽 변경과 齊·楚의 교외에서는 京이라 하기도 하고 將이라 하기도 한다. 모두 古今語로서 처음엔 각 나라가 서로 왕래하지 않아 각기

29 "亟·憐·憮·俺, 愛也. 東齊·海岱之間曰亟, 自關而西·秦晋之間凡相敬愛謂之亟, 陳·楚·江淮之間曰憐, 宋·衛·邠·陶之間曰憮, 或曰俺."(卷一)

30 "逢·逆, 迎也. 自關而東曰逆, 自關而西或曰迎, 或曰逢."(卷一)

31 "釗·薄, 勉也. 秦晋曰釗, 或曰薄. 故其鄙語曰薄努, 猶勉努也. 南楚之外曰薄努, 自關而東·周鄭之間曰勔釗, 齊魯曰昻兹."(卷一)

32 "叨·惏, 殘也. 陳楚曰惏."(卷二)

33 "憑·齘·苛, 怒也. 楚曰憑, 小怒曰齘, 陳謂之苛."(卷二)

34 "撊·梗·爽, 猛也. 晋·魏之間曰撊, 韓·趙之間曰梗, 齊·晋曰爽."(卷二)

35 "假·狢·懷·摧·詹·戾·艐, 至也. 邠·唐·冀·兗之間曰假, 或曰狢. 齊·楚之會郊或曰懷. 摧·詹·戾, 楚語也. 艐, 宋語也. 皆古雅之別語也, 今則或同."(卷一)

> 다른 말이었으나 지금은 같이 쓰이기도 한다. 옛 책에서는 속어를 바르게 기록하고 있으므로 그 方言을 잃지 않았다. 그러나 후인이 알지 못하니, 이를 위해 해석을 한다.[36]

중국은 自古以來로 다민족 국가였기 때문에 언어와 문자가 서로 달랐다. 열국간의 패권다툼과 七雄간의 각축을 겪고 나서 秦나라가 천하를 통일하게 되자, 각지의 언어는 서로 영향을 미쳐 교류하며 융합·통일되었고, 漢代에 이르러서는 점점 공동어를 형성하게 되었다. 이러한 공동어는 방언의 기초 위에서 발전하고 형성된 것이다. 揚雄은 조사와 연구를 통해 당시 언어의 실제 상황들을 『方言』에서 충실히 반영해 내었으니, 즉 방언도 존재하고 통용어도 존재 하였던 것이다.

『方言』에서는 대부분 여러 개의 지명을 동시에 나열하고 있는데, '秦晋'·'齊魯'·'燕代'·'自關而東'·'自關而西' 등이 그것이다. 동시에 거론되는 이러한 지역들은 언어체계에 있어서 밀접한 관계를 맺고 있다. 또한 함께 거론되는 지역의 방언들이 얼마나 많은가 하는 것도 당시 언어의 상황을 어느 정도 반영하고 있다. 자세히 살펴보면 방언지역의 출현빈도는 서로 같지 않다. 卷마다 인용한 지역의 빈도가 다르다. 예를 들어 1卷과 2卷은 秦晋의 방언을 가장 많이 열거하고 있다. 1卷에서는 秦의 방언을 22번, 晋의 방언을 22번 들고 있다. 2卷에서는 秦의 방언을 21번, 晋의 방언을 24번 들고 있다. 그러나 5卷에서는 秦의 방언을 단지 2번만 인용하고 있을 뿐이며, 晋의 방언은 한 번도 인용하지 않았다. 그리고 楚지역의 방언을 23번, 魏의 방언을 25번 인용하고 있다. 매 卷마다 치중한 방언이 있는가에 대해서는 연구가 더 필요하다.

이밖에 『方言』에서는 秦晋의 방언기록이 가장 많고, 語義 설명 역시 가장 자세하다. 때로는 秦晋의 언어를 중심으로 하여 각지의 방언을 풀이하기도 하였는데, 예를 들면 다음과 같다.

> 娃·嫷·窕·艶은 美(아름답다)라는 뜻이다. 吳·楚·衡·淮에서는 娃라고 하였으며, 南楚 밖에서는 嫷라고 하였다. 宋·衛·晋·鄭에서는 艶이라고 하였으며, 陳·楚·周南에서는 窕라고 하였다. 關西와 秦晋에서는 보통 美色을 好라고 하거나 窕라고 하였다. 따라서 吳에는 館娃之宮이 있었고, 秦에는 榛娥之臺가 있었다. 秦晋에서는 아름다운 모습을 娥라고 하였으며, 아름다운 자태를 窕라고 하였고, 아름다운 얼굴을 艶이라고 하였으며, 아름다운 마음을 窈라

36 "敦·豐·龐·乔·幠·般·嘏·奕·戎·京·奘·將, 大也. 凡物之大貌曰豐. 龐, 深之大也. 東齊·海岱之間曰乔, 或曰幠. 宋·魯·陳·衛之間謂之嘏, 或曰戎. 秦·晋之間凡物壯大謂之嘏, 或曰夏. 秦·晋之間凡人之大謂之奘, 或謂之壯. 燕之北鄙·齊楚之郊或曰京或曰將. 皆古今語也, 初別國不相往來之言也, 今或同. 而舊書雅記故俗語, 不失其方, 而後人不知, 故爲之作釋也."(卷一)

고 하였다.[37]

秦晋의 방언이 아마도 漢代 공동어의 기초가 되는 방언일 가능성이 매우 높다는 것을 알 수 있다. 일찍이 춘추시대에 '雅言'이란 것이 있었다. 『論語·述而』 편에서 "孔子께서 말씀하실 때는 당시에 통용되는 말을 사용하셨으니 『詩經』·『書經』을 읽으실 때나 禮를 행하실 때 모두 당시에 통용되는 말을 사용하셨다."[38]라고 하였다. 漢人들은 '雅言'을 '正言'이라고 해석하였다. 鄭玄은 말하기를 "선왕의 법전을 읽으려면 반드시 그 음을 정확히 하여야만 하고 그런 연후에야 의미가 완전해진다."[39]라고 하였다.[40] '雅'자의 훈고에서 볼 때, 漢人들의 이러한 해석은 정확한 것이다. 『論語』에서는 孔子가 雅言을 말하고자 하였음을 특별히 지적하고 있다. 따라서 雅言은 분명히 정규적인 독서언어였음을 짐작할 수 있다.

清代 사람들은 雅言에 대해 한 걸음 더 나아가 雅言이 곧 '夏言'이라고 해석하였다. 『荀子·榮辱』편에서 말하기를 "월나라 사람은 월나라에 안주하고, 초나라 사람은 초나라에 안주하고, 군자는 중원에 안주한다. 이것은 지식·능력·자질·본성이 그런 것이 아니라 행동과 습속이 다르기 때문이다."[41]라고 하였다. 또 같은 책 「儒效」편에서는 "초나라에 살면 초나라 사람이 되고, 월나라에 살면 월나라 사람이 되며, 中原에 살면 中原 사람이 된다. 이것은 천성이 그런 것이 아니라 오랜 습속이 쌓여서 그렇게 된 것이다."[42]라고 하였다. 여기의 '君子安雅'와 '居夏而夏'는 같은 뜻이다. 雅와 夏는 같은 뜻으로, 夏는 바로 중원을 말하는 것으로 楚·越과 대칭이 된다. 夏는 황하 중부 지역으로, 劉端臨(劉臺拱)은 雅言을 바로 '王都之言'[43]이라고 생각하였고, 劉寶楠(1791～1855)은 당시의 '官話'[44]라고 생각하였다. 이로서 雅言은 당시의 공동어였음을 알 수 있다.

夏言은 晋語를 위주로 하였는데, 이는 晋나라가 夏의 옛 읍에 나라를 세웠을 뿐만 아니라 한동안 霸主였기 때문이다. 晋語는 당시의 정치·문화생활에서 매우

---

37 "娃·嫷·窕·艶, 美也. 吳·楚·衡·淮之間曰娃, 南楚之外曰嫷, 宋·衛·晋·鄭之間曰艶, 陳·楚·周南之間曰窕. 自關而西, 秦·晋之間凡美色或謂之好, 或謂之窕. 故吳有館娃之宮, 秦有榛娥之臺. 秦晋之間美貌謂之娥, 美狀爲窕, 美色爲艶, 美心爲窈."(卷二)

38 "子所雅言, 詩·書·執禮皆雅言也."

39 "讀先王典法必正言其音, 然後義全."

40 何晏의 『論語集解』에 인용된 것을 참조.

41 "越人安越, 楚人安楚, 君子安雅. 非知能材性然也, 是注錯習俗之節異也."

42 "居楚而楚, 居越而越, 居夏而夏. 是非天性也, 積靡使然也."

43 『論語駢枝』를 참조.

44 『論語正義』를 참조.

중요한 위치를 차지하고 있었기에, 각지의 방언 중에서도 우세한 위치를 차지할 수 있었다. 후에 秦나라가 강대해져 중원을 통일한 이후에 秦語와 晋語는 서로 교류·융합하여 영향력 있는 큰 方言區를 형성하였다. 秦·漢 兩代가 중앙집권적 봉건대국이 된 이후에 언어의 통일성도 더욱 강화되었다. 따라서 西漢 말 揚雄이 지은 『方言』에 '通語'·'凡語' 등의 명칭이 나타나게 된 것이다. '通語'·'凡語'란 당시의 공동어이다. 西漢 때 長安에 도읍을 정하게 되자, 당시의 '通語'는 과거의 秦晋 방언의 기초 위에서 발전하게 되었다. 이 밖에도 漢代의 일반저작과 戰國시대의 서면어는 서로 계승되고 있어 그다지 큰 변화가 없음을 알 수 있다. 예를 들어 司馬遷(145 또는 135 B.C.～?)의 『史記』, 王充의 『論衡』, 應劭의 『風俗通義』 등은 모두 漢代 문학언어의 면모를 대표할 수 있는 것들이다. 각 방면의 문헌자료들은 모두 중국어가 漢代에 이미 '독특한 한민족'의 민족공동어로 형성되도록 발전하였다는 사실을 나타내 준다. 揚雄의 『方言』에 보이는 通語는 그 좋은 증거이다.

『方言』에서 말하는 방언 지역은 매우 복잡한데 정리하면 다음과 같다.

옛 國名 : 秦·晋·魏·趙·燕·齊·魯·衛·宋·陳·鄭·周·楚·吳·越 등이다. 일반적으로 말하자면 비교적 큰 지역을 가리킬 때는 晋이라 하고 비교적 작은 지역을 가리킬 때는 韓·趙·魏라고 하였다.
이런 국가들은 戰國시대 때 영토변화를 일으키기도 하여, 위에 나열한 國名이 어느 지역을 가리키는지는 그 대강만을 알 수 있을 뿐이다.

州名 : 幽·冀·幷·豫·青·兗·徐·揚·荊·雍·涼·梁·益 등이다. 漢代에 雍州는 涼州로, 梁州는 益州로 바뀌었다. 『方言』에서 말하는 '雍涼之間'이나 '梁益之間'은 하나의 지역으로 보아야 한다.

郡名 : 代·汝南·沛·平原·臨淄·會稽·廣漢·蜀·巴 등이다.

縣名 : 曲·阜·鉅·野·郢 등이다.

水名 : 江(長江)·河(黃河)·汾·濟·汝·潁·淮·泗·湘·沅·洌水 등이다.

山名 : 岱(泰山)·衡·嵩·九嶷 등이다.

기타 國名과 民族名 : 朝鮮·甌 등이다.

이밖에도 函谷關을 경계로 하여 '關東' 혹은 '自關而東', '關西' 혹은 '自關而西'라고 하였는데 이것이 가장 큰 구분표지였다.

『方言』은 항상 두 개 이상의 지역을 나란히 열거하였는데, 예를 들면 秦晋·趙魏·燕代·齊魯·鄭韓周·東齊海岱之間과 같은 것들이다. 이것들은 병열한 두 개 혹은 두 개 이상 지역의 방언이 비교적 가깝다는 것을 나타낸다.

과거에 어떤 사람은 『方言』에서 나열한 지역 상황을 근거로 연구하여 西漢의 방언지역을 14개 방언구로 나누었는데, 이는 오늘날의 연구에 참고가 될 만하다.

이 14개 방언구는 다음과 같다.

① 秦·晋
② 梁 및 楚의 서부
③ 趙·魏와 黃河 以北지역
④ 宋·衛 및 魏의 일부
⑤ 鄭·韓·周
⑥ 齊·魯
⑦ 燕·代
⑧ 燕의 代지역 북쪽 변경과 朝鮮·洌水
⑨ 東齊·海岱지역과 淮泗(靑徐)(夷語에 섞여 들어감)
⑩ 陳나라의 汝水·潁水·江·淮水
⑪ 南楚(蠻語에 섞여 들어감)
⑫ 吳나라의 揚州와 越지역
⑬ 西秦(羌語에 섞여 들어감)
⑭ 秦晋의 북쪽 변경(狄語에 섞여 들어감)

4. 『方言』과 『爾雅』의 관계

『方言』은 모두 13권 675항목으로 이루어져 있다. 매 항목마다 두 부분으로 나누어져 있는데, 앞부분은 雅語이고 뒷부분은 방언이다. 방언 부분은 저자가 조사하고 연구하여 수집한 것이다. 그렇다면 앞부분은 어디서 난 것인가? 明代 陳與郊(1544~1610)의 『方言類聚』는 『爾雅』의 편집형식을 이용해 『方言』의 내용을 분류한 저서이다. 『方言類聚』에 대해서는 『四庫全書總目提要』 上卷에서 다음과 같이 말하고 있다.

> 『方言類聚』는 4권으로 明代의 陳與郊가 편찬한 것이다. 揚雄의 原本을 편집한 것인데, 『爾雅』의 篇目에 의거하여 釋詁·釋言 등 16분야로 나누고 있으며, 따로 編次를 만들어 같은 무리끼리 모아 놓았다. 예를 들어 原本 3卷의 "氓은 백성이다."에서 "棖은 따르다이다."에 이르기까지를 첫 권에 옮겨 넣어 釋詁로 하고 있다. 原本 첫권에 있는 "黨은 새벽이다."라는 두 구절은 釋言에 들어가는 것인데, '敦豊龐夵'의 뒤에 실려 있다. 郭璞의 原注는 매 절의 뒤에 합쳐져 달려있는데, 한 칸을 내려서 구별하고 있다. 간혹 두 줄로 注를 싣고 있기도 한데 陳與郊가 고증한 것과 음이나 자획의 차이를 대략적으로 설명한 것일 뿐이다.[45]

陳與郊의 『方言類聚』는 『爾雅』의 분류체계를 『方言』에 응용한 것이다. 그러나

45 "『方言類聚』四卷, 明陳與郊撰. 是編取揚雄原本, 依『爾雅』篇目, 分爲釋詁釋言等十六門, 別爲編次, 使以類相聚. 如原本第三卷, "氓, 民也"至"棖, 隨也"數語, 移入卷首爲釋詁. 其原本卷首"黨, 曉也"兩節則列爲釋言, 反載于"敦豊龐夵"一節之後. 郭璞原注則總付每節後, 低一格以別之. 間有雙行夾注, 爲與郊所考訂者, 僅略及音切字畫之異同而已."

그에게 있어서 『方言』은 그저 『方言』이고 『爾雅』는 그저 『爾雅』일 뿐, 『方言』과 『爾雅』의 진정한 관계에는 주의를 기울이지 못했던 것이다. 그러나 이로 인해 『方言』과 『爾雅』의 관계에 점차 주의를 기울이게 되었다. 예를 들어 『方言』 제1권에는 다음과 같이 나와 있다.

黨·曉·哲, 知也. 楚謂之黨, 或曰曉. 齊宋之間謂之哲

群詁例字 詁訓字卽母題 方言

(풀이글자)
雅詁

俺 雅詁(풀이글자)가 뒷쪽의 방언에서 나온 것이라고 한다면, 어째서 몇몇 항목에서는 앞쪽의 雅詁와 뒷쪽의 방언이 달라 서로 부합하지 않는가? 방언이 雅詁보다 많을 때가 있는데, 제1권의 예를 들면 다음과 같다.

> 娥·嬿은 好(좋다)라는 뜻이다. 秦에서는 娥라고 하고, 宋·魏지역에서는 嬿이라고 하며, 秦晋지역에서는 보통 예쁘고 어린 사람을 娥라고 한다. 關東과 黃河 濟水 지역에서는 媌 혹은 姣라고 하기도 한다. 趙·魏·燕·代의 지역에서는 姝라고 하거나 妦라고 한다. 關西와 秦晋의 옛 수도에서는 妍이라고 한다. 好는 통용어이다.[46]

때로는 雅詁가 方言보다 많기도 한데, 예를 들면 다음과 같다.

> 慎·濟·曆·惄·濕·桓은 憂(근심)라는 뜻이다. 宋衛에서는 慎이나 曆라고 한다. 陳·楚에서는 濕 또는 濟라고 한다. 關西와 秦晋지역에서는 惄 또는 濕이라고 한다. 關西와 秦晋지역에서는 뜻이 있으나 이루지 못하는 것, 원하나 얻지 못하는 것, 높이 올라갔으나 떨어진 것, 얻었지만 중간에 잃은 것을 濕 또는 惄이라고 한다.[47]

제12권과 제13권에서는 대부분의 항목에 방언이 없고 오직 雅詁만이 있다. 예를 들면 다음과 같다.

> 爰·喛, 哀也.(卷十二)

46 "娥·嬿, 好也. 秦曰娥, 宋魏之間謂之嬿, 秦晋之間凡好而輕者謂之娥. 自關而東河濟之間謂之媌, 或謂之姣. 趙魏燕代之間曰姝, 或曰妦. 自關而西秦晋之故都曰妍. 好, 其通語也."

47 "慎·濟·曆·惄·濕·桓, 憂也. 宋衛或謂之慎或曰曆. 陳楚或曰濕, 或曰濟. 自關而西秦晋之間或曰惄, 或曰濕. 自關而西秦晋之間, 凡志而不得, 欲而不獲, 高而有墮, 得而中亡, 謂之濕, 或謂之惄."

儒·輸, 愚也.(卷十二)
裔·歷, 相也.(卷十三)
裔·旅, 末也.(卷十三)

주지하다시피 『方言』은 미완성의 작품이다. 제12권과 제13권에는 단지 雅詁만이 있으므로 저작과정의 흔적을 엿볼 수도 있다. 이는 저자가 먼저 雅詁를 모은 뒤, 雅詁에 근거하여 방언을 수집하였음을 설명하고 있는 것이다. 『方言』은 미완성 작품이므로 저자가 새롭게 정리하지 못하였다. 따라서 몇몇 항목에서는 雅詁와 방언이 서로 부합하지 않고 있어, 제12권과 제13권처럼 雅詁만 있는 현상이 나타나게 된 것이다. 그렇다면 이러한 雅詁는 도대체 어디에서 온 것인가? 『方言』의 雅詁는 『爾雅』에서 온 것이라 여겨진다. 즉 『方言』은 『爾雅』에 근거하여 우선 雅詁를 배열하고 난 후 다시 방언을 구한 것이다. 이는 이 두 저서의 구체적인 내용의 배열과 대조를 통하여 증명할 수 있다.

(1) 雅詁형식의 대조

『爾雅』의 雅詁 편집배열 형식을 귀납하여 보면 다음의 세 가지로 나눌 수 있다.

第1式 初(초)·哉(재)·首(수)·基(기)·肇(조)·祖(조)·元(원)·胎(태)·俶(숙)·落(락)·權輿(권여)는 始(시작)의 뜻이다.·[48]
如(여)·適(적)·之(지)·嫁(가)·徂(조)·逝(서)는 往(가다)의 뜻이다.[49]
殷(은)·齊(제)는 맞추다(中)의 뜻이다.[50]
第2式 明明(명명)·斤斤(근근)은 察(살피다)의 뜻이다.[51]
條條(조조)·秩秩(질질)은 智(지혜롭다)의 뜻이다.[52]
第3式 女는 아름답다이다.[53]
鬼之라는 것은 돌아감을 말한다.[54]

제 1식은 여러 개의 풀이글자를 열거하고, 대표 해석자(母題)로 의미가 비슷한 류를 묶어서 한 句의 맨 마지막에 놓고 있는 양식이다. 또한 반드시 어조사 '也'로

---

48 "初·哉·首·基·肇·祖·元·胎·俶·落·權輿, 始也."(「釋詁」)
49 "如·適·之·嫁·徂·逝, 往也."(「釋詁」)
50 "殷·齊, 中也."(「釋言」)
51 "明明·斤斤, 察也."(「釋訓」)
52 "條條·秩秩, 智也."(「釋訓」)
53 "女爲媛."(「釋訓」)
54 "鬼之爲言歸也."(「釋訓」)

끝을 맺고 있다. 제 2식은 대표 해석자의 형식에 있어서는 제 1식과 같다. 그러나 열거하고 있는 풀이글자가 모두 중첩된 複合詞로서 풀이글자 부분이 다르다. 제 3식은 가장 정제되지 못한 것으로, 풀이글자와 대표 해석자가 일정하지 않으며, 전체 항목이 마치 한 구절과 같다.

『方言』의 雅詁조직 형식도 귀납하면 역시 세 종류로 나눌 수가 있다.

第1式 黨(당)·曉(효)·哲(철)은 知(앎)의 뜻이다.[55]
 倰(릉)·憮(무)·矜(긍)·悼(도)·憐(련)은 哀(슬퍼함)의 뜻이다.[56]
第2式 迹迹(적적)·屑屑(설설)은 不安의 뜻이다.[57]
第3式 작은 것을 펼쳐 크게 하는 것을 廓이라 한다.[58]
 東齊지역에서는 壻를 倩이라 한다.[59]

이상의 예에서 보듯이 『方言』 雅詁의 3가지 형식은 『爾雅』 雅詁의 3가지 형식과 비슷함을 알 수 있다.

(2) 대표 해석자가 비슷한 것의 대조

『爾雅』의 卷1 「釋詁」는 150항목이고, 「釋訓」은 114항목, 「釋言」은 272항목으로 모두 536항목이다. 『方言』 13권은 1권·2권·3권·6권·7권·10권·12권·13권 등 8권을 취하여 모두 528항목이다. 『方言』의 528항목과 『爾雅』의 536항목의 대표해석자를 대조·연구해 보면 대표해석자가 서로 비슷한 것이 68번으로 모두 228항목이다. 예를 들어 설명하면 아래와 같다.

대표해석자	『爾雅』 항목순/권수		『方言』 항목순/권수
大	3/一	26/三	12/一 21/一 24/一 95/十三 36/十三 131/十三
勉	33/一	28/三	32/一
美	41/一	20/三	3/二 124/十三 140/十三
和	42/一	6/三	107/十三
病	52/一	44/三	21/三 48/十三
思	55/一	16/三	11/一

55 "黨·曉·哲, 知也."(卷一)
56 "倰·憮·矜·悼·憐, 哀也."(卷一)
57 "迹迹·屑屑, 不安也."(卷十)
58 "張小使大謂之廓."(卷一)
59 "東齊之間壻謂之倩."(卷三)

敬	1/二	3/三	28/六
危	4/二	10/三	37/六
止	14/二	15/三	24/十二 25/十二
作	31/二	19/三	51/六 19/十三
淸	39/二	64/四	18/十二 43/十二
愛	49/二	21/三	6/一 17/一 26/七

(3) 雅詁의 내용비교

첫째, 雅詁가 완전히 같다.

烈(열)·枿(알)은 餘(나머지)의 뜻이다.[60](『爾雅』卷二)
烈(열)·枿(알)은 餘(나머지)의 뜻이다.[61](『方言』卷一)

둘째, 雅詁의 일부분이 같다. 예를 들면 아래와 같다.

① 弘(홍), 廓(곽), 宏(굉), 溥(부), 介(개), 純(순), 夏(하), 幠(무), 厖(방), 墳(분), 嘏(하), 丕(비), 奕(혁), 洪(홍), 誕(탄), 戎(술), 駿(준), 假(가), 京(경), 碩(석), 濯(탁), 訏(우), 宇(우), 穹(궁), 壬(임), 路(로), 淫(음), 甫(보), 景(경), 廢(폐), 壯(장), 塚(총), 簡(간), 菿(도), 昄(판), 晊(질), 將(장), 業(업), 席(석)은 大(크다)의 뜻이다.[62](『爾雅』卷一)
敦(돈), 豊(풍), 龐(방), 乔(개), 幠(무), 般(반), 嘏(하), 奕(혁), 戎(술), 京(경), 奘(장), 將(장)은 大(크다)의 뜻이다.[63](『方言』卷一)
碩(석), 沈(심), 巨(거), 濯(탁), 訏(우), 敦(돈), 夏(하), 于(우)는 大(크다)의 뜻이다.[64](『方言』卷一)
墳(분), 地(지)는 大(크다)의 뜻이다.[65](『方言』卷一)

② 逆(역)은 迎(맞이함)의 뜻이다.[66](『爾雅』卷四)
逢(봉), 逆(역)은 迎(맞이함)의 뜻이다.[67](『方言』卷一)

③ 迄(흘), 臻(진), 極(극), 到(도), 赴(부), 來(래), 吊(조), 艐(종), 格(격), 戾(려), 懷(회), 摧(최), 詹(첨)은 至(다다름)의 뜻이다.[68](『爾雅』卷一)
假(가), 絡(락), 懷(회), 摧(최), 詹(첨), 戾(려), 艐(종)은 至(다다름)의 뜻이다.[69](『方言』卷一)

---

60 "烈·枿, 餘也."
61 "烈·枿, 餘也."
62 "弘·廓·宏·溥·介·純·夏·幠·厖·墳·嘏·丕·奕·洪·誕·戎·駿·假·京·碩·濯·訏·宇·穹·壬·路·淫·甫·景·廢·壯·塚·簡·菿·昄·晊·將·業·席, 大也."
63 "敦·豊·龐·乔·幠·般·嘏·奕·戎·京·奘·將, 大也."
64 "碩·沈·巨·濯·訏·敦·夏·于, 大也."
65 "墳·地, 大也."
66 "逆, 迎也."
67 "逢·逆, 迎也."
68 "迄·臻·極·到·赴·來·弔·艐·格·戾·懷·摧·詹, 至也."
69 "假·絡·懷·摧·詹·戾·艐, 至也."

④ 始(시), 適(적), 之(지), 嫁(가), 徂(조), 逝(서)는 往(가다)의 뜻이다.[70](『爾雅』卷一)
嫁(가), 逝(서), 徂(조), 適(적)은 往(가다)의 뜻이다.[71](『方言』卷一)
⑤ 悼(모), 憐(련), 惠(혜)는 愛(사랑함)의 뜻이다.[72](『爾雅』卷二)
憮(무), 俺(엄), 憐(련), 牟(모)는 愛(사랑함)의 뜻이다.[73](『方言』卷一)
亟(기), 憐(련), 憮(무), 俺(엄)은 愛(사랑함)의 뜻이다.[74](『方言』卷一)

결론적으로 배열형식으로 보나 또는 대표 해석자와 雅詁의 대조·연구면에서 보더라도『方言』과『爾雅』의 관계를 확실히 알 수 있는데, 즉『方言』의 雅詁는『爾雅』에 근거하였다는 것이다.『爾雅』와『方言』은 중국 고대언어학사에 있어 가장 중요한 저작이다. 역대로 학자들은 이 두 저작을 토론하고 연구하였으나 아직도 해결하지 못한 문제들이 남아 있다. 揚雄은 중국언어학사에 있어 언어를 연구대상으로 삼은 최초의 언어학자이다. 1세기 초에 그는 사람들이 사용하는 생생한 입말(口語)을 조사·연구대상으로 삼았으니, 이는 세계 언어학사에 있어서도 보기 드문 일이다.『方言』에 쓰인 문자는 대부분 標音의 작용을 갖고 있다. 古人들이 이미 만들어 놓은 글자들을 따라서 쓰기도 하였는데, 예를 들면 "儇은 영특함이다."[75]라고 한 것이나,『說文』에서 "慧는 영특함이다."[76]라고 한 것이나,『荀子·非相』편에서 "궁벽한 시골의 영특한 사람"[77]이라고 한 것 등이 그러한 예들이다. 음이 비슷하여 빌려 쓴 글자들도 있다. 예를 들면 "黨은 앎이다."[78]라 하였는데 '黨'은 지금의 '懂'字이다. 또한 "寇·劍·弩는 큼이다."[79]라고 하였는데, 이 세 글자에는 모두 大(크다)의 의미는 없다. 이 밖에도 揚雄 자신이 만든 글자가 있는데, 예를 들면 '俺'을 '愛'로, '悛'을 '哀'로, '妦'[80]를 '好'로 해석한 것 등이다. 이상에서 든 예들 중 제일 첫 번째 것만이 의미와 관계가 있으며 나머지는 사실상 모두 表音符號에 지나지 않는다. 만약 당시에 揚雄이 현대와 똑같은 발음기록 도구를 갖고 있었다면, 후대의 학자들은 그가 살아있는 구어를 중시했던 깊은 뜻을 더욱 쉽게 이해할 수 있을 것이다. 이것 역시 능히 '언어'를 연구대상으로 삼을 수 있었던 揚雄의 탁월한 언어

70 "始·適·之·嫁·徂·逝, 往也."
71 "嫁·逝·徂·適, 往也."
72 "悼·憐·惠, 愛也."
73 "憮·俺·憐·牟, 愛也."
74 "亟·憐·憮·俺, 愛也."
75 "儇, 慧也."
76 "慧, 儇也."
77 "鄉曲之儇子."
78 "黨, 知也."
79 "寇·劍·弩, 大也."
80 '不用切'로 발음은 'fēng'이다.(譯註)

학적 사상을 반영한다. 이밖에도 前人들은 『方言』에 기이한 글자가 많다고 하였는데, 이는 문자를 쓰는 법이 달랐기 때문이다. 만약 언어학의 관점에서 본다면 이러한 기이한 글자들은 사실 音을 나타낸 것에 불과하다. 다시 말해 일찍이 2,000년 전에 揚雄은 漢代 당시의 방언을 조사하되 이미 한자를 음표로 사용할 수 있었던 것이다. 이 점은 언어학사에 있어 대서특필할 만한 일이다.

揚雄이 문자를 주음에 이용하였다는 것을 이해한다면 『方言』 중의 기이한 글자도 쉽게 이해가 될 것이다. 예를 들면 '咺'은 '喧'과, '唏'는 '欷'와, '慭'은 '懰'과, '夰'는 '介'와, '脅閱'은 '脅嚇'과, '踏'은 '蹋'과, '絡'은 '恪'과, '獡'은 '愬'와, '蓋'은 '燼'과, '惓'은 '棬'과, '賀'는 '荷'와 같다고 한 것 등이 모두 명확한 예들이다. 또한 예나 지금이나 쓰이는 말이 같지만 『方言』에서 쓴 글자와 현재 일반적으로 쓰이는 글자가 다를 뿐인 경우도 있다. 예를 들면, "어린아이가 그치지 않고 우는 것을 咣이라 한다."[81]라고 하였는데, 지금은 '嗆'이라고 쓴다. "好는 釥(아름답다)"라 하였는데, 지금은 '俏'라고 쓴다. "獪(교활함)를 姡"라 하였는데, 현재는 '猾'이라 쓴다. "罌(술단지)는 瓬"라 하였는데, 현재는 '缸'이라 쓴다. "臿을 喿"라 하였는데, 현재는 '鍬'라 한다. "僉을 棓"라 하였는데, 현재는 '棒'이라 쓴다. "불로 말리는 것을 煼"라 하였는데, 지금은 '炒'로 쓴다. "나무를 재단하는 것을 鋠"라 하였는데, 지금은 '劈'으로 쓴다. 이런 글자들의 소리와 뜻은 모두 같다. 그러므로 문자만을 고수하고 언어는 소홀히 한 채 『方言』에는 기이한 글자가 많다고 말할 수는 없는 것이다. 이른바 기이한 글자라는 것은 그가 당시의 방언을 기록할 때 사용한 음표부호일 뿐이며, 현재 쓰이는 글자와 비교해 보면 그다지 기이할 바가 없다.

『方言』은 당시의 입말을 기록한 것이기 때문에, 언어의 본질적인 특성으로 인하여 사회의 발전에 따라 발전한 것도 있고 수천 년 동안 변하지 않은 것도 있다. 그러므로 『方言』에서 예로 든 漢代 방언 중 현대 방언 속에 보존되어 있는 것이 있는데, 이는 주로 입말에 남아 있다. 예를 들면, "慧를 鬼라 한다."[82]라는 기록이 있는데, 현대 입말에서도 한 사람이 영민하고 총명할 때 "這個人鬼得很(이 사람은 아주 총명하다)"이라고 말한다. 여기에서 '鬼'자는 여전히 '慧'자의 의미를 지니고 있다. 또한, "憂를 慭라 한다."[83], "물건을 모은 것 중, 작은 것을 일러 揫라 한다."[84],

---

81 "少兒泣而不止謂之咣."

82 "慧謂之鬼."

83 "憂謂之慭."

84 "斂物而細謂之揫."

"사람이 살찌고 풍만한 것을 䑋이라 한다."[85], "그릇이 깨지는 것을 披라 한다."[86], "그릇이 깨졌지만 금이 가지 않은 것을 璺이라 한다."[87], "음식을 탐내는 것을 茹라 한다."[88], "庸을 倯이라 한다."[89], "子를 崽라 한다."[90], "사물이 나서 자라지 않는 것을 㜷라 한다."[91], "서로 밀고치는 것을 攩이라 한다."[92], "밥바구니를 筲라 한다."[93]라는 기록 등은 모두 일반적으로 유행하는 말들이다. 만약 揚雄이 『方言』에 기록해 놓지 않았다면, 이러한 입말이 일찍이 漢代에 있었다는 사실을 알 방법이 없다. 또한 『方言』에 기록된 몇몇 古語 중에 현대 방언 가운데 그대로 보존되어 있는 것도 있다. 그러나 언어는 발전하고 변하는 것이므로 『方言』에 기록된 古語의 어음이 현대 방언의 독음과 반드시 같은 것은 아니다. 예를 들어 "아는 것을 黨이라 한다."[94]라는 것은 현재 북방에서 말하는 '懂'이고, "물건이 큰 것을 奘이라 한다."[95]라는 것은 지금 북방에서 말하는 'zhuǎng'이다. "眄을 睇라 한다."[96]에서 음은 '睇'으로, 오늘날 북방에서 말하는 '瞜(lōu)'이다. "닭이 엎드려 알을 품고는 있는데 아직 부화되진 않고, 막 부화하려 하는 것을 涅라 한다."[97]라는 기록이 있는데, 현재 普通話에서는 '寡(guǎ)'라 한다. "錘는 무겁다라는 뜻이다."[98]라고 하였는데, 현재는 '秤錘(저울추)'를 '秤(tó)'라 한다. "絓는 지탱하다의 뜻이다."[99]라고 하였는데, 현재 普通話에서는 비단 위의 실결을 '絓絲'라고 하는데, 음은 'guà'이다. "오랫동안 익숙해 있는 것을 酋라 한다."[100]라고 하였는데, 현재 보통화에서는 'qiǔ'라고 말한다. 이런 예들은 모두 古語의 흔적인 것이다.

揚雄은 비교적 과학적인 언어학 관점을 갖고 있었으므로 당시의 실제 언어에서부터 출발하여 27년이라는 오랜 기간동안 조사하고 연구하여 풍부하고 복잡한 언어현

---

85 "人肥盛曰䑋."
86 "器破曰披."
87 "器破而未離謂之璺."
88 "貪飮食者謂之茹."
89 "庸謂之倯."
90 "子曰崽."
91 "物生而不長曰㜷."
92 "凡相推搏或曰攩."
93 "飯筥謂之筲."
94 "知謂之黨."
95 "物大謂之奘."
96 "眄曰睇."
97 "雞伏卵而未孚, 始化曰涅."
98 "錘, 重也."
99 "絓, 持也."
100 "久熟曰酋."

상을 과학적으로 분석할 수 있었다. 郭璞은 『方言注序』에서 칭찬하기를 "九服(전국 각지)의 소실된 언어를 고찰하고, 六代[101]의 絶語를 모아 서로 다른 단어의 운류를 분류하고, 발음은 다르지만 뜻이 같은 것을 명확하게 밝혔다. 여러 지역의 민가를 가려내고 구분하여, 다르지만 뒤섞이지 않고 두루 통하게 하였다."[102]라고 하였다. 『方言』은 횡적으로 당시 각지의 방언을 조사하고 기록했을 뿐만 아니라 종적인 면, 즉 언어의 역사발전과 변천도 소홀히 하지 않았다. 그러므로 『方言』에 기록된 언어는 고금 방언 및 일반적으로 유행하는 통용어를 모두 포괄하고 있다. 『方言』에서 '某地語'·'某地某地之間語'라고 말한 것은 모두 각지의 방언이다. 또 '某地某地之間通語'라고 한 것은 통용 구역이 비교적 넓은 大方言區의 방언을 말한다. '通語'·'凡語'·'凡通語'·'通名' 또는 '四方之通語'라고 한 것은 모두 漢代 당시의 통용어, 즉 공동어이다. '古今語' 혹은 '古雅之別語'라고 말한 것은 고대의 방언을 가리키는 것이다. 기록된 방언지역을 살펴보면, 한 지역을 단독으로 언급한 것이 있는데 이는 한 지점의 방언 구역을 말한 것이다. 두 지역이 함께 열거된 것은 비교적 넓은 방언구역을 말한 것이다. 揚雄은 27년간 방언을 조사·연구하였기 때문에 방언·통용어·古今語를 분석할 수 있었고, 또한 각 방언구역을 나열할 수 있었다. 이로써 그는 중국 언어학사상 漢代의 방언구역 및 분포도를 그려낸 첫 번째 사람이 되었다.

이 밖에 『方言』은 일반 어휘나 방언뿐만 아니라 몇몇 전문용어까지 기록하였는데, 이러한 전문용어는 漢代의 사회·문화 상황을 반영하고 있다. 예를 들어 제 3권에 나와 있는 "臧·甬·侮·獲은 奴婢의 卑稱이다."[103]라는 구절은, 漢代에는 노예를 부리는 것이 매우 보편적인 일이었음을 보여주고 있다. 제 4권에 기록된 의복 및 신발에 대한 단어는 漢代 사람들이 입었던 옷의 모습을 반영하고 있다. 제 5권에는 양잠 도구에 대해 서로 다른 지역의 각기 다른 명칭을 기록하고 있으니, 이로써 漢代에는 양잠이 남북 모두에서 매우 보편적인 작업이었음을 알 수 있다.

결론적으로 일찍이 2,000년 전 揚雄은 광대한 국민의 입말을 연구 대상으로 삼아, 27년간의 조사·연구를 통해 비교·정리함으로써 방언·통용어·古今語 및 그 관계를 과학적으로 분석할 수 있었고, 또한 漢代 방언지역의 분포개황을 기록할 수 있었다. 이 같은 과학적인 언어학 사상과 언어학 연구 성과는 중국 고대 언어학사에 있어 가치가 매우 크고 세계 언어학사에 내놓아도 그 가치가 매우 뛰어나므로 그야

101 唐·虞·夏·商·周·秦을 말함.
102 "考九服之逸言, 標六代之絶語, 類離詞之指韻, 明乖途而同致, 辨章風謠而區分, 曲通萬殊而不雜."
103 "臧·甬·侮·獲, 奴婢賤稱也."

말로 중국 언어학사에서 '다시는 나올 수 없는' 奇書라고 할 수 있는 것이다.

5. 『方言』의 영향

晋代 郭璞은 揚雄의 언어학 사상과 방언의 연구방법을 이해하여 『方言』에 注를 달았고, 晋代의 방언을 예로 들어 揚雄이 기록한 방언과 비교하였다. 郭璞 이후 몇몇 사람들이 표면적으로 『方言』의 체제에 따라 비슷한 어휘들을 비교한 저작을 남겼으나 실제로 그들은 揚雄처럼 언어를 연구대상으로 하는 언어학적인 사상을 체득하지는 못하였다. 또한 揚雄과 같이 27년 동안 지속적으로 조사·연구하는 과학적인 방법을 지니지 못하였다. 이와 같은 저작은 두 종류로 나눌 수 있다. 첫째는 전문적으로 고서에서 방언 어휘를 찾아내어 揚雄의 『方言』을 보충하는 것이고, 둘째는 상용적으로 쓰이는 속어의 연원을 고증하는 것이다. 전자에 속하는 저서로는 清代 杭世駿(1696～1773)의 『續方言』이 있는데, 이 책은 唐宋 이전의 經·史·傳·注·音義字書 및 기타 저작 안에 있는 고대 방언 어휘를 모아 놓은 것이다. 이후로도 程際盛의 『續方言補』, 徐乃昌의 『續方言又補』, 程先甲의 『廣續方言』, 張愼儀의 『續方言新校補』 등이 나왔다. 揚雄은 사람들의 살아있는 입말을 대상으로 삼아 연구·조사하여 기록·배열·정리했고, 漢代 언어의 실제상황을 기록하여, 언어발전의 규칙을 반영했다. 그러나 杭世駿 등은 단지 고서 속에서만 방언 어휘를 찾고 베껴 썼는데, 어느 정도 성과가 있다고 할 수는 있으나 揚雄의 『方言』에 비하면 그 가치가 떨어진다.

다른 한 종류의 책은 唐宋 이래 필기체 저작 속에서 발전해 온 것이라고 할 수 있다. 예를 들어 唐代 顔師古(581～645)의 『匡謬正俗』, 宋代 王應麟(1223～1296)의 『困學記聞』, 明代 陶宗儀(1316～?)의 『輟耕錄』, 清代 趙翼(1727～1814)의 『陔餘叢考』 등에는 모두 '속어에는 근본되는 것이 있다'[104]라고 기록되어 있다. 이 방면의 저작들은 明清 이래로 적잖이 출현하였는데, 역시 두 가지로 분류할 수 있다. 하나는 특정 지역의 상용 속어를 고증한 것으로 예를 들면 王樹枏(1852～1936)의 『畿輔方言』, 孫錦標의 『南通方言疏證』, 李實의 『蜀語』, 張愼儀의 『蜀方言』, 胡韞玉의 『涇縣方言』, 胡文英의 『吳下方言考』, 范寅의 『越諺』, 毛奇齡(1623～1713)의 『越語肯綮錄』, 茹敦和의 『越語釋』 등이 있다. 閩방언에 관한 것으로는 劉家謀의 『操風

104 '俗語有所本者.'

瑣錄』이 있고, 粵방언에 관한 것으로는 詹憲慈의 『廣州話本字』, 楊恭恒의 『客話本子』와 근래 羅翽云의 『客方言』 등이 있다. 이 외에도 일반 地方志에 산견되는 것들은 열거할 수 없을 정도이다. 다른 하나는 일반 상용 속어를 고증한 것으로, 예를 들어 岳元聲(1557～1628)의 『方言據』, 楊愼(1488～1559)의 『俗言』, 錢大昕(1728～1804)의 『恒言錄』, 翟灝(?～1788)의 『通俗編』, 張愼儀의 『方言別錄』, 孫錦標의 『通俗常言疏證』과 謝璿의 『方言字考』 등이 있으며, 이외에 雜纂의 단편에 보이는 것들도 적지 않다.

이상에서 볼 때, 역대로 많은 사람들이 방언·속어에 관심을 갖고 있었으며 또한 이 방면에 관하여 많은 저작을 써냈음을 알 수 있다. 그러나 그들은 모두 揚雄과 같이 입말을 연구 대상으로 할 수 없었으며, 揚雄처럼 실제 방언을 조사하는 과학적인 방법을 사용할 수 없었다. 바로 羅常培가 『方言校箋·序』에서 평론한 바와 같이 그들은 모두 "시종 문자 속에서만 빙빙 돌 뿐 언어에서 출발하지 못했다. 『方言』의 항목·계통·관점·방법을 이해하고 응용할 수 있는 사람은 사실 아무도 없었다고 할 수 있다. 애석하게도 중국 언어의 역사에서 가장 일찍이 발달했던 어휘학이 『方言』 이후 빛을 잃어, 1세기경에 이미 이루어진 언어과학적 방법을 계속해서 발전시킬 수 없었다."[105]

章炳麟(1869.1～1936.6)은 『新方言』에서 고금의 음이 달라지는 규칙을 운용하여 당시의 살아있는 언어를 정리했다. 그는 唐宋 이래의 몇몇 방언 저술에 대해 만족하지 않고, 戴震이 『轉語』에서 "뜻에서 의심스러운 것은 소리로 구하고, 소리에서 의심스러운 것은 뜻으로 바로잡는다."[106]라고 말한 방법에 따라 『新方言』을 지었다. 이 책은 6개의 항목을 세워 20종류의 단어를 해설했고, 고금의 음이 달라지는 규칙을 활용하여 현대 일부 단어의 역사적·지역적인 교착·변화 현상을 설명하였다. 그러나 그도 결국 문자의 속박에서 벗어나지 못하고 '글로는 다 쓸 수 없는'[107] 단어를 모두 『爾雅』·『說文解字』 속에서 本字를 찾으려 했으며, '지금의 특수한 말이 黃帝·漢에 어긋나지 않는다'[108]라는 것을 억지로 증명하려 했으니, 이는 발전적인 관점을 지니지 못한 탓이다. 예를 들면, 그는 '小乖乖'의 '乖'는 『說文解字』의

105 "始終在文字裏兜圈子, 很少曉得從語言出發. 能够瞭解並應用『方言』本書的條·系統·觀點·方法的, 簡直可以說沒有人. 可惜從中國語言史上發達最早的詞彙學, 從『方言』以後, 就這樣黯淡無光, 不能使第一世紀左右已經有了逼近語言科學的方法繼續發展."

106 "疑於義者, 以聲求之; 疑於聲者, 以義正之."

107 '筆札常文所不能悉.'

108 '今之殊言不違姬·漢.' 黃帝의 姓이 '姬'이다.(譯註)

‘佳’자의 假借이며, ‘頑皮’의 ‘皮’는 『爾雅』의 ‘婆娑, 舞也.’의 ‘婆’자의 音轉이라고 하였다. 그는 모든 방언의 낱말은 반드시 周·秦·兩漢에서 근거를 찾을 수 있다고 하여 지나치게 견강부회하기도 하였다.

6. 郭璞의 『方言注』

揚雄의 언어학 사상을 잘 이해한 저서로는 郭璞의 『方言注』를 들 수 있다. 郭璞(275~323)은 聞喜 사람으로 『晋書』에 그의 傳이 있다. 郭璞은 音·義·訓·詁에 정통했으며, 옛 서적의 정리와 주석에 많은 공헌을 세웠다. 문학 방면에서 그는 『楚辭』·『山海經』·『穆天子傳』을 정리·주석했으며, 언어학 방면에서는 『爾雅』·『方言』·『三蒼』[109]을 주석했다. 그의 『爾雅注』와 『方言注』는 글자의 뜻을 해석할 때 모두 당시의 말로 古語를 설명했다. 그는 『爾雅注』에서 자주 揚雄의 『方言』과 晋代의 방언을 인용하여 古語를 해석하고, 『方言注』에서도 晋代의 방언을 들어 揚雄이 기록한 漢代 방언과 서로 비교하기도 하였다. 낱말에 있어서는 고금어의 뜻이 서로 가까움을 증명하기도 하고, 낱말은 같으나 말이 서로 다른 것을 설명하기도 했다. 지역적으로는 특정 古語가 어떤 지역에 그대로 보존되어 있다는 것을 명확히 지적하도 하고 혹은 어느 古語가 그 지역에는 존재하지 않으나 다른 지역에 남아 있음을 지적하기도 했다. 반면 특정 지역의 방언이 더욱 발전하여 통용어가 되기도 했으니, 이는 바로 郭璞이 서문에서 말한 ‘점차 의미가 넓어져 미치지 못하던 바도 나타내게 되었다.’[110]는 것을 뜻한다. 王國維(1877.12～1927.6)는 『書郭注方言後二』 중에서 일찍이 郭注의 이러한 정신을 지적했다. 즉 郭璞은 揚雄 『方言』의 정신을 이해하여 문자 고유의 격식을 깨뜨리고 입말을 연구 대상으로 삼아 晋代 언어로 揚雄이 기록한 漢代 언어를 주석할 수 있었으니, 이는 중국어의 역사적 발전에 매우 귀중한 언어 자료를 남겨 놓은 것이다. 郭璞의 『爾雅注』와 『方言注』가 언어학 방면에 끼친 공헌은 다음과 같다.

첫째, 郭璞은 晋代의 언어로 고대의 단어를 해석했다. 이것이 郭注 중에서 가장 뛰어난 점이다. 이는 그가 언어학 사상과 관점을 구비하고 있었으며, 문자에 구속되지 않고 언어의 발전·변화를 주목할 수 있었음을 설명한다. 이와 같이 당시의 언어를 이용하여 발전·변화와 비교·연구의 각도에서 주석을 해나간 방법은 매우 과학

---

109 『三蒼』은 2장 1절(37쪽)에서와 마찬가지로 『三倉』으로 쓰기도 함.(譯註)
110 ‘觸事廣之, 演其未及.’

적이고도 뛰어난 방법이다. 이러한 주석 방법은 『爾雅』·『方言』 두 책의 草木·鳥獸·蟲魚·器物 등 전문용어 부분에서 가장 많이 쓰였고 표현도 가장 풍부하다. 郭注에 인용된 晋代의 언어 가운데는 晋代의 통용어도 있고 방언도 있다. 예를 들면 다음과 같다.

> 『爾雅·釋鳥』에 나온 '鳲鳩·鵲鵴'를 郭注에서는 '지금의 뻐꾸기이다. 양자강의 동쪽에서는 穫穀로 불렀다.'라고 해석하였다.[111]
> 『方言』에는 '劍·薄은 勉(힘쓰다·애쓰다·노력하다)의 뜻이다. 秦晋지역에서는 劍이라고 하며 혹 薄라고도 하였다. 따라서 俗語의 薄努는 勉努와 같다.'라고 하였다. 郭注에서는 '오늘날의 努力이라는 말과 같다.'라고 해석하였다.[112]
> 『方言』에는 '娥·嫁는 好(아름답다)라는 뜻이다. …… 趙·魏·燕·代의 지역에서는 姝, 혹은 妦라고도 한다. …… '라고 하였다. 郭注에서는 '昌朱反이며 음은 株이다. 또한 전국적인 통용어이다.'라고 해석하였다.[113]

郭注에서 '通言'·'通語'·'通呼'라고 분명히 지적한 것은 모두 晋代의 통용어를 말한다.

또한 郭注에서는 晋代 某 지방의 방언으로도 해석하였다.

> 『爾雅·釋詁』에서 '濟는 霽(그치다)라고 한다.'라고 나와 있다. 郭注에서는 '南陽 사람들은 비가 그쳤다는 것을 霽라고 한다.'라고 해석하였다.[114]
> 『方言』에서는 '拌은 棄(버리다)의 뜻이다. 楚에서는 보통 물건을 집어 치우다라는 뜻을 拌, 혹은 敲라 하였다. …… '라고 하였다. 郭注에서는 '오늘 날 汝水와 潁河 지역의 언어도 그러하다.'고 해석하였다.[115]

또한 郭注에는 晋代에 비교적 광범위하게 쓰이던 大方言이 있는데, 예를 들면 다음과 같다.

> 『爾雅·釋詁』에는 '劑·翦은 齊(가지런하다)라는 뜻이다.'라고 나와 있다. 郭注에서는 '남방 사람들은 가위를 劑刀라고 했다.'라고 해석하였다.[116]
> 『爾雅·釋詁』에는 '遷·運은 徙(옮기다)라는 뜻이다.'라고 나와 있다. 郭注에서는 '오늘 날

111 "『爾雅·釋鳥』: 鳲鳩·鵲鵴. 郭注: 今之布穀也. 江東呼爲穫穀."
112 "『方言』: 劍·薄, 勉也. 秦晋曰劍, 或曰薄. 故其鄙語曰薄努, 猶勉努也. 郭注: 今人言努力也."(卷一)
113 "『方言』:嫁·娥, 好也. …… 趙·魏·燕·代之間曰姝, 或曰妦. …… 郭注: 昌朱反,.音株, 亦四方通語."(卷一)
114 "『爾雅·釋詁』: 濟謂之霽. 郭注: 今南陽人呼雨止謂霽."
115 "『方言』: 拌, 棄也. 楚凡揮棄物謂之拌, 或謂之敲. …… 郭注: 今汝·潁間語亦然."
116 "『爾雅·釋詁』: 劑·剪, 齊也. 郭注: 南方人呼剪刀爲劑刀."

> 양자강 동쪽 지방은 遷徙라고 한다.'고 해석하였다.[117]
> 『方言』에는 '扇을 關東에서는 箑라고 칭했다. 關西에서는 扇이라고 칭했다.'라고 나와 있다. 郭注에서는 '오늘 날 江東 지방에서도 扇을 箑으로칭한다.'고 해석하였다.[118]

郭璞은 『爾雅注』·『方言注』 두 권의 책에서 비교적 큰 방언 지역을 열거 하였는데, 荊楚·關西·河北·齊[119]·江南[120]·江東 지역의 방언을 정리하여 東晋 시대의 방언구역 개황을 잘 반영하였다. 이 중에 가장 많이 열거했던 방언은 江東 방언인데, 『爾雅注』와 『方言注』 두 책에서는 모두 170 군데에 걸쳐 江東 방언을 열거하였다. 江東은 長江 하류 南岸 일대 지역을 지칭하는데, 이 지역은 東晋의 정치·경제·문화의 중심지이자 또한 郭璞 및 북방 士族들이 남쪽에 와서 생활한 거주지이기도 하였다. 江東 방언은 한 구역을 형성하였는데 바로 吳방언이다. 郭璞의 두 책에 대한 注는 吳語 방언의 역사적인 발전면에서 볼 때 중국 언어학에 매우 귀중한 자료를 제공하고 있다.

둘째, 『爾雅』·『方言』 두 책 속의 어떤 글자들은 시대적인 제약으로 후세 사람들이 잘 이해하지 못하는 부분들이 있는데, 郭璞의 注에서는 이들을 명료하게 밝혔다. 예를 들면 다음과 같다.

> 『爾雅』에는 '疆·界·邊·衛·圉는 垂(변경)라는 뜻이다.'라고 나와 있다. 郭注에서는 '疆場·境界·邊旁·營衛·守圉는 모두 외곽 지대에 있는 것이다.'라고 해석하였다.[121]
> 『方言』에는 '虔·儇은 慧(현명)라는 뜻이다.'라고 나와 있다. 郭注에서는 '慧了(영특하다).'라고 해석하였다. 또한 『方言』에는 '烈·枿은 餘(남다)라는 뜻이다.'라고 나와 있는데, 郭注에서는 '殘餘'라고 해석하였다. 『方言』에는 '孑·蓋은 餘(남다)라는 뜻이다.'라고 나와 있는데, 郭注에서는'遺餘'라고 해석하였다. 『方言』에는 '謫은 怒(노하다)의 뜻이다.'라고 나와 있는데, 郭注에서는 '相責怒(서로 책망하고 비난하다).'로 해석하였다.[122]

무릇 注에서 '謂某某'라고 해석한 것은 대부분 이 종류에 속한다. '謂某某'라는 설명은 "이것은 어떠어떠한 의미를 나타내는 것이다."[123]이다. 이것은 제한하여 설명하는 방식이다. 따라서 『爾雅』·『方言』 중 單字만 열거되었고 그 내포된 뜻이

117 "『爾雅·釋詁』: 遷·運, 徒也. 郭注: 今江東通言遷徙."
118 "『方言』: 扇, 自關而東謂之箑. 自關而西謂之扇. 郭注: 今江東亦通名扇爲箑."
119 혹은 東齊를 가리킴.
120 揚子江 중부의 南岸을 가리킴.
121 "『爾雅』: '疆·界·邊·衛·圉, 垂也.' 郭注: 疆場·境界·邊旁·營衛·守圉, 皆在外垂也."
122 "『方言』: '虔·儇, 慧也.' 郭注: '謂慧了.' '烈·枿, 餘也.' 郭注: '謂殘餘也.' '孑·藎, 餘也.' 郭注: '謂遺餘也.' '謫, 怒也.' 郭注: '謂相責怒也.'"
123 "這是指甚麽意思來說的."

명확하지 않은 단어들은 郭璞의 注를 통해 내포된 뜻이 명확해졌다.

셋째, 낱말 뜻을 명확하게 설명하기 위해 郭注에서는 종종 二音節語를 이용하여 『爾雅』·『方言』 원서의 單音節語를 해석하였다. 예를 들면 다음과 같다.

> 『爾雅』에는 '苞·蕪·茂는 豊(풍부하다)의 뜻이다.'라고 나와 있는데, 郭注에서는 '苞叢·繁蕪는 모두 豊盛의 뜻이다.'라고 해석하였다.[124]
> 『方言』은 '渾은 盛(무성)이다.'라고 해석하였는데, 郭注에서는 '們渾은 肥滿의 뜻이다.'로 해석하였다. 『方言』은 '慝은 愧(부끄럽다)의 뜻이며, 梁·宋에서 慝이라 하였다.'고 해석하고 있는데, 郭注에서는 '敕慝은 또한 慙貌(부끄러운 모습)의 뜻으로 해석된다.'라고 하였다. 『方言』은 '偍는 往(가다)의 뜻이다.'라고 해석했는데, 郭注에서는 '偍諧는 行貌(걷는 모습)의 뜻이다.'로 해석하였다. 『方言』은 '踞은 力(힘)의 뜻이며, 東·齊지역에서 踞로 썼다.'라고 해석하고 있는데, 郭注에서는 '律踞은 힘이 많이 있는 모습.'이라고 해석하였다.[125]

고대 중국어에는 單音節語가 비교적 많은데, 이것은 고대 중국어의 실제상황이 그러한 것일 수도 있고 고대 필기상황의 어려움으로 인해 되도록이면 글을 간결하게 하려고 힘썼기 때문에 그러한 것일 수도 있다. 사회가 발전하고 필기구가 개량됨에 따라 중국어도 발전하였다. 魏晋南北朝시대의 『世說新語』를 살펴보면 多音節語가 비교적 빠른 속도로 발전했는데, 그 중에서 특히 二音節語가 빠르게 발전하였다. 이것은 중국어 어휘 발전의 실상과 부합된다. 현대 중국어에서도 역시 二音節語가 우위를 차지하고 있다. 郭璞의 『爾雅注』·『方言注』는 晋代의 중국어가 單音節語에서 多音節語, 특히 二音節語로 발전하는 추세를 반영하고 있는 것이다.

넷째, 郭注에서는 때로 통용어를 이용하여 방언의 특수한 단어 혹은 특수한 문자를 해석하였다. 예를 들면 다음과 같다.

> 『方言』에는 '台는 養(기르다)의 뜻이다.'라고 나와 있는데, 郭注에서는 '台는 頤(기르다)와 같다.'라고 해석하였다. 『方言』에서는 '鬱悠는 思(생각하다)의 뜻이며, 晋·宋·衛·魯 지방에서 鬱悠라 한다.'라고 해석하였는데, 郭注에서는 '鬱悠는 鬱陶(깊이 생각에 잠긴 모양)와 같다.'라고 해석하였다. 『方言』은 '惛은, 양자강과 湘水 사이에서는 頓悶(근심이 잠시 멈춤)이라고 한다.'고 해석하였는데, 郭注에서는 '頓悶은 頓悶(울적한 마음이 잠시 멈추다)과 같다.'고 해석하였다. 『方言』은 '남쪽 楚지방에서는 愁(근심), 恚(원망, 노하다), 憒(어리석다), 毒(원망, 잔인)의 심정을 가지면서도 겉으로 드러내지 않은 것을 氏惆라고 한다.'라고 해석하였는데, 郭注에서는 '氏惆는 懊憹(마음이 언짢다)와 같다.'라고 해석하였다. 『方言』은 '麋은 老(늙다)의 뜻이다.'라고 해석하였는데, 郭注에서는 '麋은 眉(눈썹)와 같다.'라고 해석하였

124 "『爾雅』: 苞·蕪·茂, 豊也. 郭注: 苞叢·繁蕪, 皆豊盛也."

125 "『方言』: '渾, 盛也.' 郭注: '們渾, 肥滿也.' '慝, 愧也, 梁·宋曰慝.' 郭注: '敕慝,.亦慙貌也.' '偍, 行也.' 郭注: '偍諧, 行貌.' '踞, 力也. 東齊曰踞.' 郭注: '律踞, 多力貌."

다.[126]

郭注에서 ‘猶某某’라고 해석한 것은 대부분 이 종류에 속한다. 그러므로 郭璞은 揚雄의 『方言』에서 通用語·方言·古今言語의 차이점을 구별할 수 있었고, 또한 통용어로 방언과 古語를 해석할 수 있었던 것이다.

다섯째, 郭注에서는 단어의 변화[語轉]에 대해 설명을 덧붙였다. 예를 들면 다음과 같다.

> 『方言』에는 ‘蔿·譌·譁는 化(변하다)의 뜻이다.’라고 나와 있는데, 郭注에서는 ‘모두 化의 聲音이 변한[轉] 것이다.’라고 주하였다. 『方言』은 ‘蘇는 草(풀)의 뜻이다.’라고 해석했는데, 郭注에서는 ‘蘇는 蘆(갈대)와 같으며 단어가 변한 것이다.’라고 주하였다. 『方言』은 ‘燕지방 동북쪽과 朝鮮 洌水 사이에서는 臿을 斛라고 한다.’고 해석하였는데, 郭注에서는 ‘湯科反이며, 역시 鍬의 聲音이 변한(轉) 것이다.’라고 주하였다.[127]

이런 것들은 모두 소리로 인하여 변화가 생겨난 ‘轉語’를 설명하고 있다. 또한 어음이 옳지 못함으로 인해 발생한 ‘轉語’를 설명하기도 하였으니, 예를 들면 다음과 같다.

> 『方言』에는 ‘宋·魏·陳·楚지역 그리고 양자강과 淮水 지역에서는 薄을 苗 혹은 麴이라고 한다.’고 나와 있는데, 郭注에서는 ‘이것은 楚聲에서 변해왔다.’고 설명하였다. 『方言』에는 ‘吳·越지방에서는 외모를 꾸미는 것을 竘 혹은 巧라고 한다.’고 나와 있는데, 郭注에서는 ‘이것은 楚聲에서 변한 것일 뿐이다.’고 설명하였다.(‘楚’라고 말하는 것은 ‘傖’이라고도 말하는 것과 같다.)[128]

결론적으로 『方言』은 중국 언어학사에 있어서 뛰어난 저작으로, 郭璞의 뛰어난 注로 인하여 더욱 그 빛을 발하게 되었다.

清代 한학가들은 『方言』을 매우 중시하여 수 차례 이 책을 교감하고 상세하게 주석을 달았다. 예를 들어 戴震의 『方言疏證』, 盧文弨의 『重校方言』, 劉臺拱의 『方言補校』, 錢繹의 『方言箋疏』, 王念孫의 『方言疏證補』 등의 해석본들은 모두 『方言』을

126 “『方言』: ‘台, 養也.’ 郭注: ‘台猶頤也.’ ‘鬱悠, 思也. 晋·宋·衛·魯之間謂之鬱悠.’ 郭注: ‘鬱悠猶鬱陶也.’ ‘惛, 江湘之間謂之頓愍.’ 郭注: ‘頓愍猶頓悶也.’ ‘南楚愁恚憒毒而不發謂之氐惆.’ 郭注: ‘氐惆猶懊憹也.’ ‘麋, 老也.’ 郭注: ‘麋猶眉也.’”

127 “『方言』: ‘蔿·譌·譁, 化也.’ 郭注: ‘皆化聲之轉也.’ ‘蘇, 草也.’ 郭注: ‘蘇猶蘆, 語轉也.’ ‘臿, 燕之東北朝鮮洌水之間謂之斛.’ 郭注: ‘湯科反. 此亦鍬聲轉也.’”

128 “‘薄, 宋魏陳楚江淮之間謂之苗, 或謂之麴.’ 郭注: ‘此直語楚聲轉也.’ ‘吳越飾貌爲竘, 或謂之巧.’ 郭注: ‘語楚聲轉也.’(說‘楚’猶如說‘傖’)”

교정하고 설명하는 업적을 남겼다. 그들의 정리와 연구를 통해 『方言』은 비로소 비교적 완벽한 판본을 갖게 되었다. 周祖謨의 『方言校箋』은 '後山轉精(후에 나온 것이 더욱 뛰어나다)'이라 할 수 있는 완정본이며, 吳曉鈴의 『通檢』은 『方言』을 더욱 깊이 연구하기 위한 기초를 마련해 주었다.

서방 언어학이 중국 언어학에 영향을 미치기 시작한 이래, 방언조사 연구의 방법적인 면과 방언을 기록하는 도구 측면에서 큰 발전과 개선이 있었다. 방언조사의 규모가 예전보다 많이 확대되었고 성과 또한 두드러졌다. 그러나 일찍이 2,000년 전에 揚雄의 『方言』이란 저작에서 언어를 연구대상으로 한 진보적인 관점과 현지에 가서 직접 조사하는 방법 등은 설령 오늘날에 와서 보더라도 매우 정확한 것이다. 이것은 중국 고대 언어학사상 훌륭한 업적이며 세계 언어학사에서 보더라도 『方言』은 뛰어난 언어학 걸작임에 분명하다.

『방언주·서』

곽 박

내가 듣건대 『方言』이 지어진 것은 조정에서 사신을 보내어 여러 나라를 돌아다니면서 다른 말들을 널리 살피고 채집한 것에서 나왔다고 한다. 수레가 다니는 곳, 인적이 닿는 곳이라면 모두 上奏 文書에 담았다. 周秦 말엽에 이 일이 점차 쇠퇴해져 남아 있는 것이 없게 되었다. 揚雄에 이르러 심오하고 뛰어난 재주로 오랜 세월에 걸쳐 엮어 모아 마침내 이 책을 만들었다. 이에 15편을 지었으니 홀로 연구한 업적이 두드러진다. 그러므로 집을 나서지 않고 앉아서 사방을 살필 수 있고, 번거롭게 묻지 않아도 사물을 보면 이름을 알 수 있다. 각지의 숨겨진 말들을 살펴보고 六代의 전해지지 않는 말들까지도 수집하였으며, 지역에 따라 다른 단어들의 각기 다른 발음을 분류하여 발음은 다르지만 뜻이 같은 것을 명확하게 밝혔다. 여러 지역의 민가들을 가려내고 구분하여, 다르지만 뒤섞이지 않고 두루 통하게 하였다. 진실로 많이 보고 통달한 奇書요, 해·달과 비유할 수 있는 뛰어난 책이다. 나는 어려서 바른 해석을 익히고 두루 여러 지역의 말들을 접해 다시 그것을 해석함에 사물에 근거하여 널리 해석하고 미치지 않은 것까지 추론하여, 잘못되고 빠진 부분을 모아 정리하였다. 燕石 같은 美玉으로 琬琰과 같은 禮器의 흠집을 메꾸고자 하였으니 후학들이 널리 깨닫고 두루 살펴 볼 수 있기를 바라노라.

『方言注·序』

郭 璞

蓋聞方言之作, 出乎輶軒之使[1], 所以巡遊萬國, 採覽異言. 車軌之所交, 人迹之所蹈, 靡不畢載, 以爲奏籍. 周秦之季, 其業隳廢, 莫有存者. 暨乎揚生[2], 沈淡其志, 歷載構綴[3], 乃就斯文. 是以三五之篇著[4], 而獨覽之功顯. 故可不出戶庭, 而坐照四表[5]; 不勞疇咨[6], 而物來能名. 考九服之逸言[7], 標六代之絶語[8], 類離詞之指韻[9], 明乖途而同致. 辨章風謠而區分, 曲通萬殊而不雜; 眞洽見之奇書, 不刊之碩記也. 余少玩雅訓, 旁味方言, 復爲之解, 觸事廣之, 演其未及, 摘其謬漏. 庶以燕石之瑜[10], 補琬琰之瑕[11], 俾後之瞻涉者, 可以廣寤多聞爾.

1 輶軒之使 : 輶軒은 고대 마차중의 하나이다. 周秦代의 제도에 의하면 매년 8월 추수가 끝난 후에 조정에서는 '輶軒車'에 사신을 태워 목탁을 들고 各地에 가서 民謠와 異語方言들을 수집하게 하였으니, 이는 民情과 風俗을 이해하는 데 쓰였다고 한다.

2 揚生 : 揚雄을 말함.

3 歷載構綴 : 揚雄은 「揚雄答劉歆書」에서 말하기를 27년에 결쳐 『方言』을 썼다고 하였다. 歷載란 매우 오랜 시간이 경과하였다는 것을 말한다. 構綴이란 구성하였다는 말로 『方言』의 편찬을 말한다.

4 三五之篇 : 『方言』15권을 말한다. 今本 『方言』은 13권이다.

5 四表 : 사방의 먼 곳을 이름.

6 疇咨 : 疇는 '누구(誰)'의 의미이고, 咨는 '물어보다'의 의미이다. "不勞疇咨"는 다른 사람에게 물어볼 필요없이 '사물의 이름을 보면 알 수 있다(物來能名)'는 의미이다.

7 九服 : 사방 천리를 일러 王畿라고 한다. 九服은 王畿 밖의 9개 지역을 말하는 것으로 5백리마다 1等이라고 하며 따로 侯服, 甸服 등이라고 하기도 한다.

8 六代 : 唐·虞·夏·商·周·秦을 말한다. 이상의 두 句는 揚雄의 『方言』은 전국 각지의 方言을 고찰하였으며, 또한 예로부터 전하지 않는 말까지도 수집하고 있다는 의미이다.

9 離詞 : 다른 말을 뜻한다. 이상의 몇 구는 郭璞이 『方言』을 칭찬하고 있는 말로, 『方言』은 횡적으로는 전국 각지의 방언을 고찰하였고, 또한 종적으로는 고대 언어의 역사적 발전 변화에 주의를 기울였으며, 풍부하고 복잡한 언어현상에 대해 지역을 구분하여 通語·方言·轉語 등을 변별하였고 자세하게 조목을 나누고 분석하여 다름 속에서 같음을 구하고 같음 속에서 다름을 밝힐 수 있었으니 시간과 공간을 종합한 연구방법의 시작이라고 할 수 있다는 말이다.

10 燕石之瑜 : 燕石은 옥과 같은 돌의 일종. 瑜는 아름다운 옥이다.

11 琬琰 : 琬圭와 琰圭, 즉 아름다운 옥으로 만든 禮器를 말한다.

「유흠이 양웅에게 주는 글」[1]

삼가 아룁니다. 지난 번 명을 받아 五官郎中 田儀와 官婢 陳徵·駱驛 등이 몰래 서책을 훔친 일은 즉시 그날 저녁에 잡아 관부로 압송했습니다. 명에 따라 夏·殷·周秦의 軒車使者와 遒人使者들이 매해 8월에 각지를 돌아다니며, 대체어·동요·가사를 구하여, 가장 일목요연한 세부 목록을 얻고자 하였습니다. 郝隆이 정성을 다해 며칠 동안 그것을 구하였으며, 모은 것 중에는 그 목록만 있을 뿐 내용은 보이지 않았습니다. 저의 선친(劉向)께서 여러 번 孝成帝에게 마땅히 여러 선비들로 하여금 훈고를 모두 모아야 한다고 말씀드렸습니다. 『爾雅』에서 언급한 것과 『五經』의 풀이 가운데 『爾雅』와 부합되지 않는 것은 이해하기 어려운 약점이 있고, 여러 경적들에 미쳐도 모두 증거가 없으므로 박사들은 절세의 박학한 자들인데 때때로 그들의 견해가 옳지 않은 경우도 있었습니다. 그 당시 成帝께서 아직 뜻을 두지 않아 선친 역시 홀로 수집할 수 없었습니다. 저에 이르러서도 그것을 연구할 겨를이 없었으니 어찌 새로 지을 틈이 있었겠습니까? 당신께서 홀로 고대의 絶言과 각 나라의 언어를 채집하여 15권으로 만들었으며 그 해석한 것이 대략 많다고 들었지만 그 상세한 조목을 알지 못합니다. 당신의 고담한 재주와 심오한 사려가 아니었다면 여러 해 동안 치밀하게 연구해도 이 책을 이루지는 못하였을 것이니 정말로 애쓰셨습니다. 제가 비록 선친에게는 미치지 못하지만 선친의 바른 해석을 잘 알았고 三代의 서적들이 집에 잘 간직되어 있으나 다 헤아리지는 못했습니다. 당신께서 『方言』을 쓰셨다니 매우 훌륭하십니다. 漢 왕실에서는 경전의 해석에 신경을 쓰고 다른 언어들에 힘을 쏟아 사방의 일을 살피는데 있어서 사람들을 각지로 보내는 번거로움 없이 앉아서 세속의 말들을 알고자 하니, 바로 당신이 뜻을 떨치는 시기와 부합되는군요. 창고를 열고 널리 베풀지 않으면 널리 알려지는 바가 없으니, 어찌 홀로 보배를 가졌다고 하겠습니까? 위로는 충성과 믿음으로 황제께 알리고, 아래로는 하찮은 자들에게까지 은혜를 베푸는 것이 바로 지식을 쌓는 것이고 선을 베푸는 것입니다. 대개 소하(蕭何)가 法律을 만들고 장창(張蒼)이 曆法을 계산한 것이 모두

1 濮之珍 원문에는 「揚雄答劉歆書」의 문장이 「劉歆與揚雄書」 보다 앞에 나와 있지만 내용상 「劉歆與揚雄書」를 앞에 놓아 의미가 통하게 하였다.(譯註)

막부에서 이루어졌고, 황제에게 바쳐 漢 왕실에 공을 세워 이름이 무궁토록 전해집니다. 진실로 번영한 시대에는 위태롭지 않게 잘 보존되지만, 곤궁한 시기에는 틀림없이 흩어지니 오늘에 이르게 된 것입니다. 지금 삼가 아랫사람을 통해 편지를 보내니 완비된 목록을 주셔서 이를 기록으로 남겨 漢 왕실의 뛰어난 경전이 되게 할 수 있기를 원합니다. 유흠이 삼가 머리를 조아려 아룁니다.

「劉歆與揚雄書」[1]

歆叩頭[2]. 昨受詔迩五官郎中田儀與官婢陳徵, 駱驛等私通[3]盜刷越巾事, 卽其夕竟歸府. 詔問三代周秦軒車使者 遒人使者[4], 以歲八月巡路, 宋[5]代語 僮謠 歌戲, 欲得其最目[6]. 因從事郝隆宋之有日, 篇中但有其目, 無見文者. 歆先君數爲孝成皇帝言, 當使諸儒共集訓詁, 『爾雅』所及, 『五經』所詁, 不合『爾雅』者詁籀爲病[7], 及諸經氏之屬, 皆無證驗, 博士至以窮世之博學者, 偶有所見, 非徒無生而生是也. 會成帝未以爲意, 先君又不能獨集. 至於歆身, 脩軌[8]不暇, 何偟[9]更創? 屬聞子雲獨採集先代絶語·異國殊語以爲十五卷, 其所解略多矣, 而不知其目. 非子雲澹雅之才, 沈鬱之思[10], 不能經年銳精以成此書, 良爲勤矣! 歆雖不遘過庭, 亦克識先君雅訓, 三代之書蘊藏於家, 直不計耳. 今聞此, 甚爲子雲嘉之已. 今聖朝留心典誥, 發精於殊語, 欲以驗考四方之事, 不勞戎馬高車之使, 坐知傜俗, 適子雲攘意之秋也. 不以是時發倉廩以振贍, 殊無爲明, 語將何獨挈[11]之寶? 上以忠信明於上, 下以置恩於罷朽, 所謂知蓄積, 善布施也. 蓋蕭何造律, 張蒼推曆, 皆成之於帷幕, 貢之於王門, 功列於漢室, 名流於無窮. 誠以隆秋之時, 收藏不殆, 飢春之歲, 散之不疑, 故至於此也. 今謹使密人奉手書, 願頗與其最目, 得使入籙, 令聖朝留明明之典. 歆叩頭叩頭.

1 본문 앞에 "雄爲郞一歲, 作繡補靈節龍骨之銘詩三章, 及天下上計孝廉雄問異語紀十五卷. 積二十七年, 漢成帝時, 劉子駿與雄書從取方言曰(雄이 郞이 된지 일년만에 「繡補」「靈節」「龍骨」 등 銘詩 세 편을 지어, 서울에 온 관리와 조정에 천거된 擧人들에게 雄이 각 지역의 異語를 물어 15권을 지으니 27년의 노력으로 이루어진 것이다. 漢 成帝때 劉子駿이 揚雄에게 글을 적어 方言을 취록하라고 말하였다)"라는 52字가 있는데, 戴震의 주석본에 의거하여 여기서는 삭제하였다.

2 劉歆 : 西漢 때의 유명한 경학가 겸 목록학자이다. 생졸연도가 정확치 않은데, A.D. 23년에 사망하였다. 그의 부친 劉向을 계승하여 중국의 첫 번째 목록학 관계 저서인 『七略』을 완성하였다. 劉歆의 傳은 『漢書』 卷36 「楚元王傳」에 보인다.

3 通 : 戴本에서는 '逋'로 적고 있다. '逋'는 '도망'의 뜻이다.

4 遒人使者 : 盧文弨은 "『玉海』에서는 『古文苑』을 인용하여 '遒人' 두 글자가 '軒車使者' 앞에 있다고 하였는데, '使者' 두 자는 없다."라고 하였다.

5 宋 : 宋 밑에 原注에서는 '宋의 音은 求인데, 於加切이라고도 읽는다.'라고 하였다. 盧文弨는 "내생각에 '求'와 音이 同一하다."라고 하였다.

6 最目 : 저서에 알맞은 취지와 뜻에 부합하는 것들을 모아 목록화한 것이다.

7 詁籀 : 錢繹은 "'詁籀'은 '詰籀'의 잘못이다."라고 하였는데, '詰屈(이해하기 어렵다)'라는 뜻이다.

8 脩軌 : 盧文弨는 "'脩軌'는 마땅히 '循軌'로 해야 한다."라고 언급하였다. '脩'는 '循'과 뜻이 통하기 때문이다. '脩'는 '修'와 같다.

9 偟 : 『釋言』에서는 '偟'을 '暇(시간, 겨를)'의 뜻으로 풀이하였다.

10 思 : 盧文弨는 "『古文苑』에서는 '思'를 '志(뜻)'으로 풀이하였다."라고 하였다. 李善은 任昉의 『王文憲集序』를 注하면서 이를 인용하여 '志(뜻, 사려)'로 해석하였다.

11 挈 : 原注에서는 '挈'을 '絜'로 적기도 하였다. '挈'은 '提(들다)'의 뜻이다. '絜'은 '潔'과 같다.

「양웅이 유흠에게 답하는 편지」

삼가 雄은 머리 조아려 아룁니다. 내려 주신 서신에 매우 감사하거늘 게다가 田儀의 일까지 명백하게 하셨으니 깊은 배려에 감사합니다. 田儀와 저는 同鄕 사람으로 어릴 적부터 이웃으로 성장하여 서로를 아꼈습니다. 제가 보기에 그는 행동거지를 정채롭게 하려 하여 그릇된 바를 하지 않는 듯 하였던 자입니다. 그래서 그를 천거하여 저의 일을 맡기기도 하였습니다. 그러나 뜻밖에도 조정의 관리로 있으면서 오욕이 드러나게 되었으니 천거하였던 자는 두려워하며 눈썹을 내리고 있고 임용되었던 자는 할 말이 있어도 말을 삼키고 혀를 누그러뜨리고 있습니다. 남을 알아보는 품덕은 堯 임금조차 이를 얻지 못해 근심하던 것이니 제가 어찌 부끄럽지 않겠습니까? 삼가 머리를 조아립니다. 또 칙명으로 殊言 15卷을 지었는데, 그대께서는 어떻게 이를 아셨습니까? 삼가 진실 되게 감히 믿음을 어기지 않았던 것입니다. 저는 어렸을 적부터 스승을 모셔 章句를 제대로 배우지 못했고, 또한 五經에 대해서도 해석하지 못하는 부분이 있었습니다. 일찍이 先代에 왕명을 받은 사신이 輶軒이란 가마를 타고 돌아다니며 채집하여 올린 글들이 모두 周나라와 秦나라의 창고에 보관되어 있다가, 이것이 파괴되면서 유실되어 볼 수 없다고 들었습니다. 오로지 蜀나라 嚴君平과 臨邛 땅의 林閭翁孺만이 훈고학을 매우 좋아하여 輶軒을 타고 다니던 사신이 올린 글의 대강을 볼 수 있었습니다. 翁孺는 저의 외가쪽 가까운 친척이고 또 君平은 사사로이 저를 아껴 어릴 적에 그가 소장하고 있던 주대의 유서를 저에게 주었는데, 君平이 소장하고 있던 기록은 천자를 넘지 못했습니다. 그리고 翁孺는 대체적인 조례를 정리했을 따름입니다. 翁孺가 몇년 뒤 죽자 그의 아내는 蜀郡에서 집안의 자식들을 돌보다가 자식도 없이 죽었습니다. 제가 비로소 글을 짓게 되니 먼저 『縣邸銘』·『王佴頌』·『階闥銘』을 지었고, 또 『成都城四隅銘』을 썼습니다. 蜀나라 사람 중에 楊莊이란 사람이 있어 侍從官이 되어 成帝에게 이를 낭송해 드렸더니, 成帝께서 이를 매우 좋아하시어 司馬相如의 글처럼 여기셨기에 저의 글이 이로써 세상에 드러났던 것입니다. 이 여러 글들은 그대의 선친(劉向)께서 일찍이 보았던 것이기 때문에 다시 上奏하지는 않았습니다. 제가 侍從官이 된 해에 스스로 上奏하기를, 어렸을 적에 배우지 못하였으나 마음 속으로 심오하고 뛰어난 글을 좋아하므로 3년간 봉직을 받지 않고 봉직의 수고로움에서 벗어나 편하고 텅 빈 마음으로 학문의 길에 나설 수 있기를 바란다고 하였습니다. 왕께서는 오히려 조서를 내려 봉직을 빼지 않으시고, 尙書 벼슬에 제수하시어 筆墨과 6만량의 금전을 내리시며 옛 글들을 모아둔 황실의 서적 창고에 보관된 책을 볼 수 있도록 해주셨습니다. 그 후 일년 뒤 세 章의 銘詩 『繡補』·『靈節』·『龍骨』을 지었는데 成帝께서 이를 좋아하시어 그 뜻을 다할 수 있었습니다. 그러므로 서울에 온 관리와 조정에 천거된 擧人 및 돌아가면서 서울을 지키는 사병들이 모이면 저는 언제나 세 치의 가는 붓과 기름먹인 비단 세 척을 가지고 서로 다른 말들을 물어 돌아오는 즉시 납으로 서판에 기록하였는데, 이것이 오늘날까지 27년에 이릅니다. 지역마다 말이 서로 다르므로 이 모두를 덮을 수 있는 바를 비교하고 생각하여 상세히 모두 모아 의심되는 바를 없게 하였습니다. 張伯松이 저의 賦·頌 따위의 글을 좋아하지는 않았지만 뛰어난 바가 있다고 여겼습니다. 그는 일찍이 저에게 말하길 "아버지(張吉)와 할아버지(張敞)께서는 經典의 훈고에 밝으셨다."라고 하면서 저에게 권고하기를 이 편목으로써 이룰 바를 잘 드러내 보이라고 하였습니다. 伯松이 가로되 "이는 하늘의 해와 달처럼 영원할 책이다!"라고 하였고, 또 말하길 "아마도 제가 지은 『太玄經』의 효용은 쥐똥 · 소똥과 같은 것으로, 만약 잘 쓰여진다면 오곡이 결실을 맺어 온 나라 백성들을 배부르게 할 수 있지만 그렇지 않다면 길에 버려지는 똥에 불과할 것이다."라고 하였는데 저는 이에 매우 감복하였습니다. 어찌 伯松과 저만이 은덕이 있고, 어찌 그대와 저 사이만 틈이 있겠습니까? 마땅히 없어져야하지 않겠습니까? 견마지로를 아끼지 않고 다하여 임금께서 수고로이 수레를 몰고 가지 않아도 막부에서 이역만리의 말을 다 알게 되었고 후세에 전할 수 있게 되었으며, 그 말을 漢나라 서적에 넣게 되었으니 진실로 저의 마음은 끊어질 듯 감사하고 지극한 생각이 미치고 있습니다. 聖朝가 멀리까지 그 빛을 발하려 그대로 하여금 이를 구하게 하였으니, 그대의 뜻이 저의 마음과 같습니다. 죽을 날에도 오늘의 영광이 있을 것이니 감히 변심하거나 애석해 하지 않습니다. 어려서는 品行으로 고향에서 알려지지 못했고, 자라서는 조정에서 공적을 쌓거나 왕조의 전책에 명언을 남기지 못하였고, 言詞만 두루 살피고 글쓰기만을 하되 끝까지 밀고나가려 하므로 무엇 하나 빠뜨릴 수 없고 태만히 할 수 없습니다. 그대께서 기어코 위세로써 저를 위협하려 하시고, 무력으로써 능멸하여 이 저서를 바치도록 하실 수는 있지만, 아직 완성되지 못하여 보여 드릴 수 없습니다. 그런데도 그대께서 끝까지 고집하신다면 저는 죽음으로써 명을 따를 것입니다. 만약 기간을 연기해 주신다면 필히 애석하게 여기는 바가 없도록 할 것입니다. 제가 바라는 것은 그대께서 조정을 잘 보필하시는 것이고, 그렇게 된다면 저는 여한이 없을 것이니 어디 감히 숨기는 바가 있겠습니까? 오로지 이 일만을 오래도록 규범 삼아 책을 지으니 죽음은 오히려 작은 일이 될 것이고, 저는 감히 이렇게 행할 것입니다. 이에 삼가 使者를 돌려보냅니다. 揚雄이 머리 조아리며 올립니다.

「揚雄答劉歆書」

雄叩頭. 賜命謹至, 又告以田儀事[1], 事窮竟白, 案顯出, 甚厚甚厚. 田儀與雄同鄉里, 幼稚爲鄰, 長艾[2]相愛, 視覬動精采, 似不爲非者. 故舉至日雄之任也. 不意淫迹汙暴於官朝, 令[3]舉者懷赧而低眉, 任者含聲而宛舌[4]. 知人之德, 堯猶病諸[5], 雄何慚焉! 叩頭叩頭. 又敕以殊言十五卷, 君何由知之? 謹歸誠底裏不敢違信. 雄少不師章句, 亦於五經之訓所不解. 常聞先代輶軒之使奏籍之書, 皆藏於周秦之室, 及其破也, 遺棄無見之者. 獨蜀人有嚴君平[6]·臨邛林閭翁孺者[7]深好訓詁, 猶見輶軒之使所奏言. 翁孺與雄外家牽連之親. 又君平過誤, 有以私遇少而與雄也, 君平財[8]有千言耳. 翁孺梗概之法略有. 翁孺往數歲死, 婦蜀郡掌氏子, 無子而去. 而雄始能草文, 先作『縣邸銘』·『王佴頌』·『階闥銘』及『成都城四隅銘』. 蜀人有楊莊者爲郎[9]誦之於成帝[10], 成帝好之, 以爲似相如[11], 雄遂以此得外見. 此數者皆都水君[12]嘗見也, 故不復奏. 雄爲郎之歲, 自奏少不得學, 而心好沈博絶麗之文, 願不受三歲之奉, 且休脫直事之繇, 得肆心廣意, 以自克就. 有詔可不奪奉, 令尚書賜筆墨錢六萬, 得觀書於石室[13]. 如是後一歲作『繡補』·『靈節』·『龍骨』之銘詩三章, 成帝好之, 遂得盡意. 故天下上計孝廉及內郡衛卒會者, 雄常把三寸弱翰[14], 齎油素四尺[15], 以問其異語, 歸卽以鉛鏑次之於槧[16], 二十七歲於今矣. 而語言或交錯相反, 方覆論思, 詳悉集之, 燕其疑[17]. 張伯松不好雄賦頌之文[18], 然亦有以奇之. 常爲雄道言其父及先君憙典訓[19], 屬雄以此篇目頗示其成者. 伯松曰, "是懸日月不刊之書也." 又言恐雄爲『太玄經』, 由鼠坻之與牛場也, 如其用, 則實五稼, 飽邦民, 否則, 爲柢糞, 棄之於道也. 而雄般之[20]. 伯松與雄獨何德慧, 而君與雄獨何譖隙, 而當匿乎哉! 其不勞戎馬高車, 令人君坐幃幕之中, 知絶遐異域之語, 典流於昆嗣, 言列於漢籍, 誠雄心所絶極, 至精之所想遘也. 扶聖朝遠照之明[21], 使君求此[22], 如君之意, 誠雄散之之會也. 死之日, 則今之榮也. 不敢有貳, 不敢有愛[23]. 少而不以行立於鄉里, 長而不以功顯於縣官[24], 著訓於帝籍, 但言詞博覽, 翰墨爲事, 誠欲崇而就之, 不可以遺, 不可以怠. 卽君必欲脅之以威, 陵之以武[25], 欲令入之於此, 此又未定, 未可以見, 今君又終之[26], 則縊死以從命也. 而可且寬假延期[27], 必不敢有愛. 雄之所爲, 得使君輔貢於明朝, 則雄無恨, 何敢有匿! 唯執事圖之. 長監於規繡之[28], 就死以爲小雄敢行之. 謹因還使, 雄叩頭叩頭.

1 田儀事 : 劉歆이 보낸「劉歆與揚雄書」중에 언급하고 있는 五官郎中 田儀의 圖書 절도와 관련된 일.
2 艾 :『方言』卷6에는 "'佼'는 '艾'와 같은데, '자라다·성장하다'의 뜻이다. 東齊·魯·衛 일대에서는 '늙다'라는 의미로 '佼' 또는 '艾'를 사용한다."라는 기록이 있다.
3 令 : 원문에는 '今'으로 되어 있는데, 戴震이 문맥 의미를 고려하여 '令'으로 고쳤다.
4 苑 : 원문에는 '寃'으로 되어 있다. 盧文弨는『漢書·揚雄傳』에 근거하여 "말을 하고자 하는 자는 혀를 누그러뜨려야 말이 나오는 법이다(欲談者宛舌而固聲)"라고 하면서 '苑'으로 고쳤다.
5 諸 : '之(가다)'의 뜻이다. 常 : 戴震 本에서는 '常'을 '嘗'으로 적고 있다. 輶軒之使 : 應劭는『風俗通義·序』에서 "周秦시대에는 매년 팔월 輶軒을 타고 다니는 관리를 파견하여 다른 지역의 방언을 구하였다.(周秦常以歲八月, 遣輶軒之使, 求異代方言.)"라고 하였다. '輶'는 音이 'yóu'로 옛날 경수레의 일종이다. 조정에서는 輶車를 타고 다니는 관리를 파견하였는데, 이로써 '輶軒之使'라는 명칭이 붙게 되었다.
6 嚴君平 : 西漢 때 蜀나라 사람이다.
7 林閭翁孺 : '林閭'은 複姓이고, '臨邛'은 지금의 四川省 邛崃縣이다.
8 財 : '才(재능)'와 같다.
9 郞 : 皇帝의 侍從官을 말한다.
10 成帝 : 西漢 成帝 劉驁의 재위 기간은 32B.C.~A.D.7이다.
11 相如 : 司馬相如(179~118 B.C.)는 蜀郡 成都 사람으로, 西漢의 유명한 辭賦家이다.
12 都水君 : 劉向을 가리킨다.『漢書·劉向傳』에 "成帝가 즉위한 뒤 劉向을 中郞에 제수하고, 都水使者로 삼았다.(成帝卽位召拜爲中郞, 使領護三輔都水使者)"라는 기록이 보인다.
13 石室 : 고대 조정의 도서 및 전적을 보관하던 곳을 말한다.『史記·太史公自序』,에는 "司馬遷이 太史令이 되고 나서, 史記 및 石室 金匱의 서적들을 모아 편집하였다."라는 기록이 있다.
14 弱翰 : '筆(붓)'을 말한다.
15 齎油素四尺 : 기름을 먹인 비단을 말하는데, 방언을 수집하여 빨리 기록하는데 편리했다.
16 槧 : 나무를 깎아 판을 만들고 그 목판에 文字를 기록한다는 뜻이다.
17 燕 : '安, 息(멈추게 하다, 풀어 주다)'의 의미이다.
18 張伯松 : 이름은 竦(송)이고, 張敞의 손자이다.
19 言其父及先君 : 글자가 의심스러운 것은 '衍文'이라고 말하였다. '其父'는 張吉을 말하는 것이고, '先君'은 張敞을 가리킨다. 憙 : '熹'와 같다.『說文解字·敍』에서는 "孝宣 때『倉頡篇』을 읽는데 능통한 자가 있었는데, 張敞이 이를 이어받았다.(從受之. 孝宣皇帝時, 召通『倉頡』讀者, 張敞從受之.)"라고 적고 있다.
20 般之 : '般'의 反切은 '蒲官切'이고, 의미는 '즐겁다, 기뻐하다'의 뜻이다.
21 扶 : 發語詞 '夫'와 같다.
22 : '求(구하다, 궁구하다)'의 의미이다.
23 愛 : '吝惜(애석해 하다)'의 뜻이다.
24 縣官 : '王畿(天子의 都城 근처)'를 '縣'이라 한다.『禮記·王畿』에는 "天子의 縣內(天子之縣內)"라는 구절이 있는데, 여기서는 조정을 가리킨다.
25 陵 : '능멸하다'의 뜻이다.『中庸』에 "계급이 높은 윗사람이라 하더라도 아랫사람을 능멸하지 않는다.(在上位不陵下.)"라는 문장이 있다.
26 終之 : '極, 盡(다하다)'의 뜻이다.
27 而 : '如(만약)'의 뜻이다. 古代에는 '而'과 '如'를 通用하였다.
28 長監於規繡之 : 錢繹은『方言箋疏』에서 "'오래도록 이것을 규범 삼아 책을 지으니 죽음은 오히려 작은 일이 될 것이다.'라는 것을 뜻한다.(言當長以所規爲監, 緝成其書, 以死爲輕.)"라고 풀이하였다.

제4절 許愼의 언어관과『說文解字』의 성과

1. 許愼과『說文解字』

許愼(58～147)은 자가 叔重이며 汝南郡 召陵[1] 사람이다. 지금의 郾城縣 許莊에는 許愼과 그의 아들 許沖의 묘가 있다. 許愼의 생애와 자취에 대해서는 范曄의『後漢書·儒林傳』에 다음과 같은 기록이 있다. "許愼은 성격이 성실하고 어려서 경서에 박학하여 馬融은 항상 그를 추대하고 공경하였다. 당시 사람들이 말하기를 '五經에는 許叔重과 비길 만한 사람이 없다.'[2]라고 하였다. 五經에 대한 견해가 달랐으므로 이에『五經異議』를 편찬하였고, 또『說文解字』14편을 지었으니 모두 세상에 전한다."[3] 許沖의『上說文解字表』에서는 또한 다음과 같이 서술하고 있다. "나의 부친은 太尉南閣祭酒 愼으로, 본래 賈逵에게서 古學을 배우셨다. 대개 성인들은 문장을 함부로 짓지 않고 근거가 있었다. 그리하여 오늘날 五經의 도가 밝게 빛나게 되었고, 문자 역시 생겨난 근본이 있게 되었다.『周禮』에서 부터 漢律에 이르기까지 모두 六書를 배우도록 한 것이 그 취지를 계승한 것이다. 교활한 말이 문장을 그르치고 학자들을 의혹케 할까 두려웠기 때문에 부친은 널리 사리에 통달한 사람들에게 묻고 賈逵에게서 이를 고증하여『說文解字』를 지었고, 六藝와 전적에 보이는 의미로 각 글자에 뜻풀이를 하였다. 天地·鬼神·山川·草木·鳥獸·虫虫蟲·雜物·奇怪·王制·禮儀·世間人事에 관한 글자를 싣지 않은 바가 없으니, 모두 15권이고 133,441자이다."[4] 당시 古文經學家였던 馬融 역시 許愼을 매우 추앙하고 존경하였다. 許愼은 또한 古文經學의 대가 賈逵의 제자였다. 賈逵는 今文經에 뛰어났을 뿐만 아니라 古文經學에도 조예가 깊었다. 그는 漢 章帝 建初 4년(79)에 일찍이 班固·傅毅·博士議郎 및 여러 유생들과 北宮 白虎觀에서 五經의 차이를 강론하였고, 建初 8년(83)에는 조서를 받들어 黃門署에서 제자들을 위해『春秋左氏傳』,『穀梁傳』,

---

1 지금의 河南省 郾城縣의 동쪽을 가리킴.

2 '五經無雙許叔重.'

3 "愼性實篤, 少博學經籍, 馬融常推敬之. 時人爲之語曰: '五經無雙許叔重. '以五傳說臧否不同, 于是撰爲『五經異議』, 又作『說文解字』十四篇, 皆傳于世."

4 "臣父故太尉南閣祭酒愼, 本從(賈)逵受古學. 蓋聖人不空作, 皆有依據. 今五經之道昭炳光明, 而文字者具本所由生. 自『周禮』·漢律皆當學六書, 貫通其意. 恐巧說衺辭, 使學者疑. 愼博問通人, 考之于逵, 作『說文解字』, 六禮群書之詁皆訓其意;而天地·鬼神·山川·草木·鳥獸·虫虫 蟲·雜物·奇怪·王制·禮儀·世間人事, 莫不畢載. 凡十五劵, 十三萬三千四百四十一字."

古文『尙書』, 『毛詩』 등을 가르쳤다. 許愼은 처음에는 汝南郡에서 功曹를 지내다가 나중에 孝廉으로 천거되었고, 洛陽에 와서는 太尉府의 南閣祭酒를 지냈다. 南閣祭酒는 太尉府의 주요 인물이었기에 그는 충분히 賈逵에게 학문을 배울 수 있었다. 賈逵는 漢 和帝 永元 13년(101)에 죽었는데, 이 기간까지 許愼은 줄곧 太尉府에 있었다. 그가 『說文解字』를 지은 것은 賈逵에게서 古文經學을 배운 것과 매우 밀접한 관계가 있다. 『說文解字』의 後敍는 永元 12년(100)에 지어졌으니, 바로 賈逵가 세상을 떠나기 1년 전이다. 許愼은 漢 安帝 永初 4년(114)에도 馬融·劉珍 및 博士議郎 50여명과 함께 東觀에서 五經·諸子·史傳을 교감하였다. 建光 元年(121)에 許愼이 병이 나서 집에 머물렀을 때, 비로소 그의 아들 許沖에게 『說文解字』를 올리도록 하였다. 이때는 그가 『說文解字』 後敍를 쓴 시기로부터 이미 22년이나 지난 때이다.

許愼의 생졸년은 고증할 길이 없다. 淸나라 사람들은 賈逵의 생년인 漢 光武帝 建武 6년(30)에 근거하여, 許愼은 漢 明帝 永平初(永平元年, 58)에 태어났을 것이라고 추측하고 있다. 죽은 해에 대해서는 『後漢書·西南夷夜郞傳』에서 말한 "桓帝 때에 마을 사람 尹珍은 스스로 荒裔에서 났다고 하여 예의를 몰랐으나, 마침내 汝南의 許愼에게서 經書圖緯를 수학하였다."[5]란 기록에 근거하여, 許愼은 아마도 漢 桓帝 初年(建和元年, 147)에 죽었을 것이라고 추측하고 있다. 許愼의 저작에는 『五經異義』와 『淮南子注』가 있으며, 陳壽祺의 『五經異義疏證』의 輯注가 비교적 자세하다.

『說文解字』는 『說文』이라고도 하며 本文 14권과 敍目 1권으로 되어 있는데 지금은 宋初 徐鉉의 교정본이 전한다. 매권마다 상하로 나뉘어지고 모두 30권이다. 수록된 글자 수는 9,353자이고 重文이 1,163개이다. 문자형체와 편방구조에 따라 540부로 나누어 부수에 따라 글자를 배열하는 部首編排法을 창시하였다. 자형은 小篆을 위주로 하고 古文·籒文 등의 異體는 重文으로 열거하였다.

許愼의 『說文解字』는 前代 字書를 기초로 하여 발전한 것이다. 그는 韻語를 이용하여 한자를 모은 것이 아니라, 과학적으로 한자의 구조를 분석하여 수많은 한자들을 형체의 구조에 따라 분류한 것이다. 즉 形旁이 같은 종류를 함께 모아 한 부수 밑에 나열하였고, 부수는 다시 篆書 형체의 유사성에 근거하여 앞뒤의 순서를 정하였다. 이처럼 번잡하고 복잡한 한자를 유기적으로 배열하고 조직해 나간 것은 전대미문의 것으로 순수한 許愼 자신의 창조인 것이다.

---

5 "桓帝時郡人尹珍自以生于荒裔, 未知禮義, 乃從汝南許愼, 應奉受經書圖緯."

許愼은『說文解字』속에 당시에 볼 수 있는 고문자를 모두 기록하였으니, 이것이『說文解字』가 중국 고대언어학에서 매우 중요한 저서가 되게 한 이유 중의 하나이다. 만약『說文解字』가 없었다면 秦漢 이전의 고문자는 매우 알기가 어려웠을 것이니,『說文解字』는 先秦의 고문자를 연구하는 데 있어서 매우 큰 도움이 된다. 許愼이『說文解字』라는 언어학 전문서를 쓸 수 있었던 까닭은 무엇보다도 그가 문자에 대해 정확한 견해를 가지고 있었기 때문이다. 그는 말하기를 "문자라는 것은 經藝[6]의 근본이고, 王政의 시작이며, 前人들이 後人에게 남겨놓는 바이고, 후인들이 옛 것을 알게 되는 바이다."[7]라고 하였다. 그는 언어학적인 관점에서 문자가 교제와 사상 교류의 도구라는 것을 파악하였고, 또한 역사상의 政治·經濟·社會 각 방면의 상황을 문자로 기록하여 前人이 後人들에게 계승하고, 後人은 이로써 옛 것을 알 수 있다는 사실을 인식하였다. 許愼은 언어와 문자의 사회작용을 이해하였다. 그리하여 고문자를 기록하고 보존하였으며 더 나아가 수많은 한자를 분석·연구하여 한자의 구조규칙을 연구해 내었다. 그는 당시 어음의 분기와 한자의 특징을 살펴보고 한자의 구조에 규칙이 있음을 알게 되었다. 이에 창조적으로 자형을 분류하고, 처음으로 부수를 만들어 복잡하고도 많은 한자를 규칙적이고 조직적으로 배열하였다. 다년간의 노력으로 2세기 초에는 중국 언어학사상 최초의 字典을 지어내게 된 것이다.『說文解字』는 또한 세계 언어학사에서도 최초의 字典 가운데 하나이다. 段玉裁는『說文解字·敍』를 注한 부분에서 다음과 같이 말하였다.

> 이것은 이제까지 없었던 책으로, 許愼의 독창적인 저서로 그물 위에 그물이 있는 것 같고, 갖옷을 지을 때처럼 요령을 집어 말하고 있으며, 근원을 탐구하여 종류를 귀납하고 있고, 요체를 잡아 자세하게 설명하고 있으니,『史籒篇』·『倉頡篇』·『凡將篇』의 난잡하고 무질서한 체제와는 비교할 수가 없다.[8]

2. 許愼이『說文解字』를 저술한 원인

첫째, 사회발전에 따른 필요이다. 앞에서 말했듯이 漢代는 識字敎育을 중시하여 識字와 벼슬길을 결합시켜 字體와 識字로 관리를 등용하는 시험을 보았기 때문에,

---

6 經典과 六藝를 말함(譯註).

7 "文字者, 經藝之本, 王政之始, 前人所以垂後, 後人所以識古."

8 "此前古未有之書, 許君之所獨創, 若網在綱, 如裘挈領, 討原以納流, 執要以說詳, 與『史籒篇』·『倉頡篇』·『凡將篇』雜亂無章之體例, 不可以道里計."

秦漢 시대에는 字書가 비교적 많이 출현하였다. 그러나 東漢 시대에 이르러 識字教育이 점차 중시되지 않았다. 어떤 사람들은 문자에 대해 마음대로 해석하여 "말머리 모양을 한 사람이 長이라 하고"[9] "사람이 十을 쥐고 있는 것이 斗이다."[10]라고 하기도 하였다. 문자에 대해 깊은 연구를 한 許愼은 이처럼 자기 마음대로 字義를 해석하거나 교육을 중시하지 않는 현상을 보고, 識字教育에 좋은 자서가 필요함을 깊이 깨달아 해박한 문자학 지식으로 '文'을 설명하고 '字'를 해석하여 중국언어학사에 있어 최초의 문자학 전문서인 『說文解字』를 써내게 되었던 것이다.

둘째, 漢代에 경학이 흥성하여 今古文經 논쟁을 겪었기 때문이다. 今古文經은 두 가지 다른 서체로 쓰여진 漢代 유가경전의 傳本으로, 근거·해설·관점 및 연구방법이 모두 다르기 때문에 다른 학술유파로 발전하였다. 이 두 학파는 建武 이후 東漢 말에 이르기까지 정치와 학술면에서 첨예한 대립을 벌였다. 古文經學家는 今文經學派를 쓰러뜨리기 위해, 먼저 경학에 있어서 古文字學의 중요성을 제기하였다. 당시에 許愼과 가까운 시기의 古文經學家인 盧植이 일찍이 상소를 올려 다음과 같이 말한 바가 있다.

> 古文·科斗文은 孔子의 경전해석에 가까운 것인데 세속에 압도당하여 小學類로 떨어졌다. 古文이 일어난 이래로 儒教經典에 통달한 학자들인 班固·賈逵·鄭興 父子 등이 모두 古文을 매우 좋아했다. 지금 『毛詩』·『左傳』·『周禮』에 기록이 전하는데 『春秋』와 서로 관계가 밀접하니 마땅히 博士를 두어 學官에 세워야한다.[11]

盧植이 말하고자 한 것은 古文經學家가 古文·科斗文를 연구하는 것은 결코 문자만을 알기 위한 것이 아니라 '爲實'[12]을 위해서라는 것이다. 구체적으로 말하면 古文經學家가 古文·科斗文을 연구하는 것은 『毛詩』·『左傳』·『周禮』를 정리하기 위한 것으로 일반적으로 말하는 '小學'과는 다르다. 다시 말해 漢初의 '倉頡讀者'들의 단지 학동들의 識字를 위한 '小學'과는 다르다는 것이다. 세상에서 '古文·科斗'를 '小學'으로 떨어뜨린 것은 불합리한 일이므로 마땅히 이 학문의 지위를 높여 박사를 두어 학관에 세워야 한다는 것이다.

---

9 "馬頭人爲長."

10 "人持十爲斗."

11 "古文科斗近于爲實, 而厭抑流俗, 降在小學. 中興以來, 通儒達士, 班固·賈逵·鄭興父子, 并敦悅古文. 今『毛詩』·『左氏』·『周禮』各有傳記, 其與『春秋』共相表裏. 宜置博士, 爲立學官." 『後漢書·盧植傳』을 보시오.

12 '爲實'이란 공자의 경전을 정리하는 것을 말한다.

許愼의 아들 許沖의 上疏에서도 許愼이 『說文解字』를 지은 목적은 古文經을 발양시키고 孔子 六經을 해석하기 위한 것임을 구체적으로 설명하고 있다. 『說文解字』는 오늘날 보면 가장 오래된 字典이지만 許愼의 시대에서 보면 古文經學家가 경전을 설명하기 위한 전문 저서인 것이다. 許愼은 『說文解字·敍』에서 아래와 같이 명백히 말하고 있다.

> 문자라는 것은 經藝의 근본이며 王政의 시작이다. 前人이 後人에게 전해주는 바이고 後人이 옛 것을 알 수 있도록 해 주는 바이다. 그러므로 '근본이 서면 道가 생겨난다'고 하였으니, 천하의 지극한 원리를 안다면 혼란되지 않을 것이다. 지금 나는 篆文을 위주로 하면서 古籒와 일치시키고, 널리 박학한 학자들의 의견도 취하여 그들의 견해가 크건 작건 믿을 만한 증거가 있으면 각 견해를 고증하여 종류별로 정리하고 오류를 해결하여 배우고자 하는 이를 깨우치고 그 신기한 뜻에 통달하게 하였다. 부수에 따라 글자를 나누되 섞이지 않게 안배하였고, 우주 만물을 모두 실었으며 그 뜻이 명확하지 않은 것은 비유로써 설명하였다. 孟喜의 『易』, 孔安國의 古文『尙書』, 毛亨의 『毛詩故訓傳』, 『周禮』, 『春秋左氏傳』, 『論語』, 『孝經』 등은 모두 古文으로 되어 있다. 그 중에서 알지 못하는 것은 빼버리고 그대로 두었다.[13]

셋째, 許愼은 실제 언어문자에 바탕을 두어 명확한 언어학 관점을 가지고 있었기 때문에 『說文解字』라는 뛰어난 언어학 저작을 써낼 수 있었던 것이다. 許愼의 언어학 사상은 주로 다음의 세 방면에서 드러난다.

① 언어문자는 발전한다는 관점을 가지고 있었다. 예를 들면 문자의 생성에 대해서 '八卦'와 '結繩'이 있은 후에 비로소 '書契'가 생겼다는 견해를 제기하였고, 문자의 창작에 대해서는 "사물의 모양을 본떴기 때문에 '文'이라 하였고, 그 후에 형체와 소리가 결합하여 '字'라고 하였다. '文'은 물상의 근본이요, '字'란 자꾸 늘어나 점점 많아짐을 말한다."[14]라고 하였다.

② 복잡한 한자를 분석하고 연구함에 한자의 造字規律을 제기하였으니, 이것이 바로 六書이다. '六書'란 말은 『周禮·保氏』에 가장 먼저 보이며 六書에 대한 연구는 兩漢 때 시작되었다. 漢代에는 '六書'연구에 대해 세 가지 견해가 있었는데 예를 들면 다음과 같다.

---

13 "文字者, 經藝之本, 王政之始, 前人所以垂後, 後人所以識古. 故曰: 本立而道生, 知天下之至嘖而不可亂也. 今敍篆文, 合以古籒, 博採通人, 至于小大. 信而有證, 稽譔其說, 將以理羣類, 解謬誤, 曉學者, 達神恉, 分別部居, 不相雜廁也. 萬物咸睹, 靡不兼載, 厥誼不昭, 爰明以諭. 其稱『易』孟氏·『書』孔氏·『詩』毛氏·『禮』周官·『春秋』左氏·『論語』·『孝經』皆古文也. 其於所不知, 蓋闕如也."

14 "依類象形故謂之文, 其後形聲相益卽謂之字. 文者, 物象之本; 字者, 言孳乳而浸多也." 『說文解字·敍』 참조. 濮之珍 원문에 '文者, 物象之本.' 부분이 빠져 있으나 『說文解字·敍』에 의거 추가하였다.(譯註)

> 班固는 『漢書·藝文志』에서 '옛 사람들은 8세가 되면 小學에 입학시켰고 周官 保氏가 관리의 자제들을 교육시키는 일을 담당하여 그들에게 六書를 가르쳤으니, 바로 象形·象事·象意·象聲·轉注·假借로서 이것이 造字의 근본이다.'[15]라고 하였다.
>
> 鄭衆이 注한 『周禮·保氏』에서 말하기를 '육서란 象形·會意·轉注·處事·假借·諧聲이다.'[16]라고 하였다.
>
> 許愼은 『說文解字·敍』에서 말하기를 '『周禮』에 8세가 되면 小學에 들어가는데 保氏가 관리의 자제들을 가르침에 먼저 六書부터 하였다고 했는데 여기서 六書란 첫째, 指事로서 보면 한 눈에 (그 가리키는 바를) 알아볼 수 있고 살피면 그 뜻이 드러나는 것이니, 上·下가 그 예이다. 둘째는 象形으로 그 물건을 그리는데 형체에 따라 그려내는 것으로, 日·月이 그 예이다. 셋째는 形聲으로 사물로써 이름을 삼아 소리가 비슷한 것을 취하여 서로 이루어지는 것이니, 江·河가 그 예이다. 넷째는 會意로서 비슷한 類를 합하여 나타내고자 하는 바를 보여주는 것이니, 武·信이 그 예이다. 다섯째는 轉注로서 類가 되는 하나의 표준을 세워 놓고 같은 뜻이면 서로 돌려쓰는 것이니, 考·老가 그 예이다. 여섯째, 假借로서 본래 그 글자가 없어 소리에 의탁한 것이니, 令·長이 그 예이다.'[17]라고 하였다.

六書說은 許愼에게서 시작된 것은 아니지만 許愼의 六書 명칭이 비교적 타당하고 六書에 대해 내린 정의도 명확하다. 許愼 이후로 六書에 대한 연구는 중국 고대언어학에 있어서 전문적인 연구과제가 되었다.

③ 許愼은 실제 사회와 관련시켜 언어와 문자 문제를 파악하였다. 예를 들면 그는 사회 발전과 사회 활동의 수요 면에서 한자 형체의 발전변화를 파악하였다. 許愼은 『說文解字·敍』에서 다음과 같이 말하였다.

> 그 후에 제후들이 자신의 정치에만 힘을 쓰고 天子의 통치를 받지 않게 되자, 藝樂이 자신에게 해가 됨을 싫어하여 전적을 다 없애 버렸다. 전국이 일곱 나라로 나뉘어 농지의 계산법, 車涂, 律令, 衣冠, 언어, 문자를 나라마다 달리하였다. 진시황이 천하를 통일하자, 이에 丞相 李斯가 문자 통일에 대한 상소를 올려 秦나라 문자와 같지 않은 것은 모두 없애버렸다. 이 때 李斯는 『倉頡篇』을, 中車府令 趙高는 『爰歷篇』을, 太史令 胡毋敬은 『博學篇』을 지었는데, 모두 史籒의 大篆에서 취하되 생략하거나 자형을 고쳤다. 이것이 이른바 小篆이라는 것이다. 秦나라가 모든 經書를 불태우고 舊典을 정리할 당시 관리와 사병을 대량 선발하고 戌役이 흥하여 官吏와 獄吏의 사무가 많아져 비로소 隷書가 생겨났는데, 간략하고 쉽게 쓰는 경향을 추구하니 古文은 이로 인해 사라지게 되었다.[18]

---

15 "班固『漢書·藝文志』: '古者八歲入小學, 故周官保氏掌養國子, 教之六書, 謂象形·象事·象意·象聲·轉注·假借. 造字之本也.'"

16 "鄭衆注『周禮·保氏』: '六書: 象形·會意·轉注·處事·假借·諧聲也.'"

17 "許愼『說文解字·敍』: '『周禮』八歲入小學, 保氏教國子, 先以六書. 一曰指事. 指事者, 視而可識, 察而見意, 上下是也. 二曰象形, 象形者, 畫成其物, 隨體詰詘, 日月是也. 三曰形聲, 形聲者, 以事爲名, 取譬相成, 江河是也. 四曰會意, 會意者, 比類合誼, 以見指撝, 武信是也. 五曰轉注, 轉注者, 建類一首, 同意相授, 考老是也. 六曰假借, 假借者, 本無其字, 依聲托事, 令長是也.'"

18 "其後諸侯力政不統于王, 惡藝義之害己而皆去其典籍, 分爲七國. 田疇異畝, 車涂異軌, 律令異法, 衣冠異制, 言語異聲, 文字異形. 秦始皇帝初兼天下, 丞相李斯乃奏同之, 罷其不與秦文合者, 斯作『倉頡篇』, 中

許愼은 이 단락에서 언어발전과 사회발전의 관계를 언급하였다. 그는 '言語異聲'과 '文字異形'이 일곱 나라로 분열된 결과임을 지적하였다. 언어와 문자의 분화는 사회의 분화와 관련이 있다. 秦始皇이 통일한 후 문자는 점차 통일되었다. 秦은 小篆을 정통 규범 문자로 삼고, 小篆과 다른 문자는 모두 없애버렸다. 이로써 문자의 통일이 사회의 통일과 관계있다는 사실을 알 수 있다. 許愼은 언어와 문자가 사회활동에서 중요한 역할을 한다는 점을 인식하였다. 그는 "문자는 經藝의 근본이고, 王政의 시작이며, 先人들이 後人들에게 남겨놓는 바이고, 後人들이 옛 것을 알게 되는 바이다."[19]라고 하였다. 이 말은 세 가지 의미를 내포하고 있으니, 첫째, 모든 '經藝'는 서면 문자를 통하여 표현되므로, '文字者, 經藝之本.'이라 한 것이다. 둘째, 정권 기구 역시 언어 문자를 통하여 국가를 다스리므로 '王政之始'라고 말한 것이다. 셋째, 사회의 발전, 문화유산의 보존 및 계승, 사회활동 경험의 전수 등은 모두 언어와 문자의 기록을 벗어날 수 없으므로, 그는 '前人所以垂後, 後人所以識古.'라 말한 것이다. 일찍이 2세기에 許愼이 이처럼 과학적인 견해를 갖고 있었다는 사실은 실로 중국 언어학사의 빛나는 한 페이지를 이룬 것이다.

결론적으로 사회발전에 따른 필요성, 今古文經 논쟁, 許愼의 뛰어난 언어학적 관점으로 중국에서는 2세기에 빛나는 언어학 저작인 『說文解字』가 등장하게 된 것이다. 『說文解字』는 또한 중국 언어학사에 있어 그 위치가 매우 중요하다. 위에서도 지적하였듯이, 『爾雅』는 중국 고대 언어학 건립의 시작이며, 『說文解字』는 중국 고대 언어학이 성숙한 단계에 다다랐음을 나타낸다. 『說文解字』는 중국 고대 언어학의 역사발전에 미친 영향이 매우 지대하다. 그 연구 성과 가운데는 지금까지도 가치 있는 것이 있으니, 예를 들면 '部首'의 창제와 사용이다. 부수는 한자의 구조규칙, 한자의 본의에 대한 해석 등에 있어서 지금까지도 중요한 역할을 하고 있으며, 세계 언어학사에서도 보기 드문 일이다. 앞으로도 언어학적인 관점에서 『說文』을 더욱 깊이 있게 연구해 나가야 할 것이다.

車府令趙高作『爰歷篇』, 太史令胡毋敬作『博學篇』, 皆取史籒大篆或頗省改, 所謂小篆者也. 是時秦燒滅經書, 滌除舊典, 大發隸卒, 興役戍, 官獄職務繁, 初有隸書以趣約易, 而古文由此絶矣."

19 "文字者, 經藝之本, 王政之始, 前人所以垂後, 後人所以識古."

3. 『說文解字』의 내용과 체제

獨體는 '文'이고, 合體는 '字'이므로, 『說文解字』란 바로 '文'과 '字'를 해설한다는 뜻이다. 『說文解字』는 15권이었는데, 현재본은 매권이 上·下권으로 나뉘어져 모두 30권이다. 수록된 글자는 모두 9,353자이고, 籒文, 異體를 합쳐 1,163자로 重文이라 하였다.

許愼은 9천여 자를 편방에 따라 540개의 部首로 분류하였다. 부수의 배열은 '一'部에서 '亥'部까지로, 즉 "一部에서 시작하여 亥部로 끝난다."[20]. 이것은 漢代 陰陽五行家들의 "만물은 一에서 생겨나서, 亥로 끝난다."[21]라는 唯心主義 철학사상에 의거하여 배열한 것이다. 部首의 전후 차례는 대체로 형체에 근거하여 배열하였다. 곧 형체가 서로 가까운 것, 서로 관련된 것을 함께 배열하였다. 예를 들면, '頁, 百, 面, 首', '又, 左, 支' 등이다. 한 部首 안에서는 뜻이 가까운 글자들을 함께 묶었다. 예를 들면, '言'部에는 '訕, 譏, 誣, 誹, 謗'의 순서로 배열되었고 또 '肉'부에는 '肓, 腎, 肺, 脾, 肝, 膽, 胃' 등으로 배열되었다. 간혹 확실한 규칙이 없는 것도 있다. 그러나 대체로 540部의 배열순서는 許愼의 사고와 연구를 통하여 이루어진 것이다. 그는 형체가 서로 같은 것, 혹은 의미가 서로 같은 部首를 함께 배열하여 540部라는 큰 분류를 만들어, 意符의 작용을 이해하고 더 나아가 글자의 뜻을 이해하는 데 도움을 주었다.

『說文』은 문자학 원칙, 즉 六書 체계에 따라 동일한 意符를 가진 글자는 동일한 部首 안에 분류하였다. 매 部首 내의 글자는 기본적으로 비슷한 것끼리 모아 놓았다. 예를 들어 '木'部에는 대체적으로 먼저 나무의 이름을 배열하고, 그 다음에 나무의 각 부분을 열거하였다. '木, 柢, 根, 末, 果, 杈, 枝, 條, 枚' 등이 그것이다. 그 다음으로 다시 목제품을 열거하였다. '水'部도 먼저 물의 이름을 열거하고, 그 후에 물과 관련된 동사와 형용사를 나열하였다.

許愼은 문자학 원칙에 근거하고, 다시 의미를 고려하여 글자의 차례를 배열하였다. 후세에는 部首 檢字法으로 바뀌어, 필획수에 따라 순서를 정하였다. 실제 사용가치로 볼 때, 형체로 글자를 찾았으므로 사용에 편리하다. 또한 언어의 발전에 따라 한자의 意符도 발전하여, 어떤 것은 意符의 역할을 하지 않게 되었고, 어떤

20 "始一終亥."
21 "萬物生于一, 畢終于亥."

音符는 표음의 역할을 잃어버리게 되었다. 이 때문에 후세의 字典에서는 자형에 의거하여 部首를 나누고 다시 필획수에 따라 순서를 정함으로써 실제 사용에도 편리함을 더해 주었고, 언어와 문자 발전의 추세와 규칙에도 부합하게 되었다.

4. 『說文解字』의 글자풀이 체제

『說文』의 글자 풀이는 먼저 部首를 분석하고, 이 部首에 속하는 글자들이 모두 같은 部首로부터 나온다는 것을 설명한다. 이것들은 뜻에서도 서로 연관이 있다. 예를 들면 다음과 같다.

一 : 태초의 시작이다. 道는 一에서 세워지고 하늘과 땅이 나뉘어, 만물이 생겨나게 되었다. 一이 있는 글자는 모두 一을 따른다.[22]

示 : 하늘이 모습을 나타내, 사람에게 길흉을 보여주는 바이다. 形符 二과 위로부터 드리워진 세 가지로 구성되는데, 해·달·별이다. 천문을 봄으로써 時俗의 변화를 관찰하고, 신과 관련된 일을 보여준다. 示가 있는 모든 글자는 모두 示를 따른다.[23]

『說文』은 매 글자에 대해 먼저 字義를 풀이하고, 그 다음 글자의 형체 구조를 풀이하며 글자의 독음을 지적하기도 한다. 六書에 따라 예를 들면 다음과 같다.

象形은 그 물건을 그리는데 형체에 따라 그려내는 것으로, 日·月이 그 예이다.[24]

日 : 가득차다이다. 태양의 정수로, 이지러지지 않는다. 口와 一로 이루어졌으며, 象形이다. 무릇 日이 있는 글자는 모두 日을 따른다. ㅂ이 古文字形이고 象形이다.[25]

月 : 모자란 것이다. 太陰의 정수로, 象形이다. 月이 있는 글자는 모두 月을 따른다.[26]

屮 : 초목이 처음으로 생겨나는 것이다. 丨으로 나오는 모습을 본떴으며 가지와 줄기가 있다. 古文에서는 간혹 艸字로 쓰기도 하였는데, 徹이라고 읽는다. 屮이 있는 글자는 모두 屮을 따른다.[27]

鳥 : 긴꼬리를 가진 새의 총칭이다. 象形으로 새의 발 모양이 匕와 비슷하므로 匕를 形符로 한다. 鳥가 있는 글자는 모두 鳥를 따른다.[28]

---

22 "一 惟初太始, 道立于一, 造分天地, 化成萬物. 凡一之屬皆从一."

23 "示 天垂象見吉凶所以示人也. 从二(古文'上字')三垂日月星也, 觀乎天文以察時變, 示神事也. 凡示之屬皆从示."

24 "象形者, 畫成其物, 隨體詰詘, 日月是也."

25 "日 實也, 太陽之精不虧, 从口一, 象形. 凡日之屬皆从日. ㅂ古文象形."

26 "月 闕也, 太陰之精, 象形, 凡月之屬皆从月."

27 "屮 艸木初生也, 象丨出形, 有枝莖也. 古文或以爲艸字, 讀若徹. 凡屮之屬皆从屮."

28 "鳥 長尾禽總名也. 象形, 鳥之足似匕, 从匕, 凡鳥之屬皆从鳥."

指事는 보면 한 눈에 무슨 형제인지 알 수 있고 살피면 그 뜻을 알아볼 수 있는 것이니, 上·下가 그 예이다.[29]

二 : 높다는 의미이다. 古文은 丄[30]로, 指事이다. 二이 있는 글자는 모두 二를 따른다.[31]
二 : 낮다는 뜻으로, 二을 뒤집어 놓으면 二가 된다. 丅는 篆文의 下이다.[32]

形聲은 사물로써 이름을 삼아 소리가 비슷한 것을 취하여 서로 이루어지는 것이니, 江·河가 그 예이다.[33]

江 : (양자강) 물은 蜀 湔氐 외곽에서 발원하고 崏山에서 바다로 들어간다. 形符는 水, 聲符는 工이다.[34]
河 : (황하) 물이 燉煌[35] 변방 昆侖山에서 발원하여 바다로 모이는 것으로, 形符는 水, 聲符는 可이다.[36]
瑛 : 옥이 빛나는 것으로, 形符는 玉, 聲符는 英이다.[37]
椵 : 책상을 만들 수 있는 나무로, 形符는 木, 聲符는 叚이며, 독음은 賈이다.[38]
楛 : 나무로, 形符는 木, 聲符는 苦이다. 『詩經』에서 말하기를 '나무들이 울창하구나.'라고 하였다.[39]
榗 : 나무로, 形符는 木, 聲符는 晋이다. 『尙書』에서 말하기를 '대나무 화살이 榗과 같다.'라고 하였다.[40]

會意는 비슷한 類를 합하여 나타내고자 하는 바를 보여주는 것이니, 武·信이 그 예이다.[41]

武 : 楚 莊王이 말하기를, '무릇 武란 공적을 그치고 병사를 거두는 것이다. 따라서 싸움을 그만두는 것이 武이다.'라고 하였다.[42]
信 : 성실하다는 것으로, 人과 言으로 이루어진 會意이다.[43]
鳴 : 새소리로, 鳥와 口로 이루어졌다.[44]
休 : 쉬는 것으로, 사람이 나무에 기대어 있는 것이다.[45]

---

29 "指事者, 視而可識, 察而可見, 上下是也."
30 濮之珍 원문에 '丅'로 되어 있으나 틀린 것으로 '丄'로 고친다.(譯註)
31 "二 高也, 此古文丄, 指事也. 凡二之屬皆从二."
32 "二 底也, 从反二爲二. 丅篆文下."
33 "形聲者, 以事爲名, 取譬相成, 江河是也."
34 "江 水出蜀湔氐徼外崏山入海, 从水, 工聲."
35 濮之珍 원문에 '焞煌'이라고 잘못 표기되어 있어 고친다.(譯註)
36 "河 水出焞煌塞外昆侖山發原注海, 从水, 可聲."
37 "瑛 玉光也, 从玉英聲."
38 "椵 木可作牀几, 从木叚聲, 讀若賈."
39 "楛 木也, 从木, 苦聲. 『詩』曰: 榛楛濟濟."
40 "榗 木也, 从木, 晋聲. 『書』曰: 竹箭如榗."
41 "會意者, 比類合誼, 以見指撝, 武信是也."
42 "楚莊王曰: '夫武, 定功戢兵, 故止戈爲武.'"
43 "信 誠也, 从人, 从言, 會意."
44 "鳴 鳥聲也, 从鳥, 从口."
45 "休 息止也, 从人依木."

轉注는 종류별로 하나의 표준을 세워놓고 같은 뜻이면 서로 돌려쓰는 것이니, 考·老가 그 예이다.46

老 : 늙은 것으로, 70세를 老라 하며, 人과 毛와 匕로 이루어졌다. 턱수염과 머리카락이 희게 변한 것을 말하는데, 무릇 老가 있는 글자는 모두 老를 따른다.47

考 : 늙은 것으로, 形符는 老의 생략된 자형이고, 聲符는 丂이다.48

假借는 본래 그 글자가 없어 소리에 의탁한 것이니, 令·長이 그 예이다.49

令 : 명령하는 것으로, 亼과 卪로 이루어졌다.50

長 : 오래고 멀다는 것으로, 兀과 匕로 이루어졌으며, 聲符는 亾이다. 兀이란 높고 멀다는 뜻으로, 久가 匕로 변한 것이다. 𠃊는 亾를 뒤집어 놓은 것이다. 무릇 長이 있는 글자는 모두 長을 따른다.51

『說文解字』는 한 글자에 대하여 한 가지 의미만으로 풀이하였는데, 이것이 바로 그 글자의 本義이다. 간혹 다른 의미로 풀이하기도 했는데, 예를 들면 다음과 같다.

賕 : 법을 어겨 재물로 사죄하는 것으로, 形符는 貝, 聲符는 求이다. 일설에 물건으로 돈을 저당 잡히는 것이라고도 한다.52

枉法은 곧 법을 어기는 것이고, 법을 어기는 것은 죄이다. 재물로 사면을 구하는 것이 賕의 의미이다. 載質은 물건으로 돈을 저당 잡히는 것이다. 『說文解字』에서 말한 賕의 본의는, 다른 의미와(別義) 거의 같다. 그러나 『說文解字』에서 따로 말한 것은 견해가 다르다는 것을 표시한다. 예를 들면 다음과 같다.

詾 : 오가는 말, 또는 어린아이가 아직 똑똑하게 말하지 못하는 것을 뜻하기도 하고, '기원하다'라는 뜻이기도 하다. 形符는 言, 聲符는 匋이다. 詾로 혹은 包를 따르기도 한 것이다.53

『說文解字』 자체에는 反切이 없고, 諧聲字의 聲符로부터 독음을 대강 알 수 있다. 許愼은 음을 밝혀야 한다고 여길 때에는 直音을 사용해 '讀若某(某와 같이 읽는다.)'

---

46 "轉注者, 建類一首, 同意相授, 考老是也."

47 "老 考也, 七十曰老, 从人毛匕, 言須髮變白也, 凡老之屬皆从老."

48 "考 老也, 从老省, 丂聲."

49 "假借者, 本無其字, 依聲托事, 令長是也."

50 "令 發號也, 从亼卪."

51 "長 久遠也, 从兀从匕, 亾聲. 兀者, 高遠意也, 久則變匕. 𠃊者, 倒亾也. 凡長之屬皆从長."

52 "賕 以財物枉法相謝也. 从貝, 求聲. 一曰載質也."

53 "詾往來言也. 一曰小兒未能正言也. 一曰祝也. 从言, 匋聲, 詾或从包"

라고 注했다. 위에서 예로 든 '椵'는 '讀若賈'라고 했다. 讀若의 음과 그 해석하는 글자의 음이 같은 것도 있고 비슷한 것도 있다. 전하는 『說文解字』 판본의 反切은 徐鉉이 孫愐의 『唐韻』에 근거해 매 글자 아래에 음을 표시한 것으로, 漢나라 때의 독음과는 일치하지 않는다. 許愼의 시대에는 아직 反切이 없었으므로 '讀若某'라고 注音할 수밖에 없었다.

『說文解字』는 경전을 인용하여 그 쓰임을 예로 들었는데 다음과 같다.

> 湎 : 술에 빠지는 것으로, 形符는 水, 聲符는 面이다. 『周書』에서 말하기를 "감히 술에 빠져서는 안 된다."라고 하였다.[54]
>
> 琚 : 아름다운 佩玉으로, 形符는 玉, 聲符는 居이다. 『詩經』에 이르기를 "아름다운 佩玉으로 보답하다."라고 하였다.[55]
>
> 玠 : 큰 홀을 말하며, 形符는 玉, 聲符는 介이다. 『周書』에 이르기를 "큰 홀을 받들다."라고 하였다.[56]

5. 『說文解字』에 쓰인 글자의 유래

첫째, 문자 형체 자료의 유래는 許愼이 『說文解字·敍』에서 말한 바와 같이 "이제 篆文을 서술하고 古文·籒文과도 합치되게 한다는 것이다."[57] 즉 周秦 이래로 오랫동안 사용된 9,353개의 小篆體를 규범으로 삼았음을 말한다. 이외에도 1,163 개의 古文, 籒文, 大篆 등 다른 글자체를 異體字로 처리했는데, 예를 들면 다음과 같다.

> 一 : 태초의 시작이다. 道는 一에서 세워지고, 하늘과 땅이 나뉘어, 만물이 생겨나게 되었다. 一이 있는 글자는 모두 一을 따른다. 弌은 一의 古文이다.[58]
>
> 旁 : 旁은 얇은 것이다. 形符는 上인데 무엇을 나타낸 것인지 명확치 않고 聲符는 方이다. 㫄은 旁의 古文이다. 𣃦 역시 旁의 古文이다. 雱은 籒文이다.[59]
>
> 禮 : 예의이다. 神을 섬겨 복에 이르는 바이다. 形符는 示와 豊이고 豊이 다시 聲符 역할을 한다. 𠕁은 禮의 古文이다.[60]

둘째, 『說文解字』에 나온 매 글자마다의 해석의 근거에 대해 許愼은 『說文解字

54 "湎 沈於酒也, 从水, 面聲. 『周書』曰: 罔敢湎于酒."
55 "琚 瓊琚, 从玉, 居聲. 『詩』曰: 報之瓊琚."
56 "玠 圭也, 从玉, 介聲. 『周書』曰: 稱奉介圭."
57 "今敍篆文, 合以古籒."
58 "一 惟初太初, 道立於一, 造分天地, 化成萬物, 凡一之屬皆从一. 弌, 古文一."
59 "旁 薄也. 从二闕, 方聲. 㫄, 古文旁. 𣃦, 亦古文旁. 雱, 籒文."
60 "禮 履也. 所以事神致福也. 从示, 从豊, 豊亦聲. 𠕁, 古文禮."

·敍』에서 “여러 사람의 의견을 널리 취하되, 크고 작은 것에 이르기까지 모두 믿을 만하고 증거가 있다.”[61]라고 하였다. 연구에 의하면『說文解字』는 문자의 形·音·義 각 방면의 해석에 있어서 孔子와 董仲舒 등 31명의 해설을 인용했으며, 博士說이라 말한 것도 8명이 있다. 漢代에 전하는 고대 문헌, 즉 孟喜의『易』, 孔安國의 古文『尙書』, 毛亨의『毛詩故訓傳』,『周禮』,『周官』,『春秋左氏傳』,『論語』,『孝經』,『老子』,『爾雅』 등과 같은 34종의 古籍文獻을 인용하기도 했는데, 예를 들면 다음과 같다.

> 璠 : 번여옥으로, 魯나라의 보옥을 말한다. 形符는 玉, 聲符는 番이다. 孔子가 말하기를 ‘아름답구나, 번여옥! 멀리서 보면 빛나는 것 같고, 가까이서 보면 푸른 진주 같도다. 한 개도 좋고, 두 개도 좋구나.’라고 하였다.[62]
>
> 瑗 : 구멍이 큰 옥으로, 임금이 계단을 오를 때 매던 것이다. 形符는 玉, 聲符는 爰이다.『爾雅·釋器』에서는 ‘구멍이 옥 둘레의 두 배인 것을 瑗이라 하고, 옥 둘레가 구멍의 두 배인 것을 璧이라 한다.’라고 하였다.[63]
>
> 琥 : 군대를 출동시킬 때 사용했던 瑞玉으로 호랑이 무늬가 있다. 形符는 玉, 聲符는 虎이다.『春秋傳』에서 말하기를 ‘子家子에게 한 雙의 호랑이 모양을 한 玉琥를 준다.’라고 하였다.[64]

셋째,『說文解字』에 인용된 方言과 俗語는 약 170여 항목으로 그 중『方言』에 보이는 것은 약 60여 항목이다. 또한『說文解字』에서 인용한 方言과『方言』은 서로 비슷하며, 문자 형체에서만 약간의 차이가 있다.『說文解字』의 釋文에는 揚雄이 설명한 方言이 13條라고 지적하고 있으나, 이 13條는 지금 전하는『方言』에는 보이지 않는다. 그러므로『說文解字』에서 인용한 方言과 관계된 자료들은『方言』과 유래가 같은 것도 있으나 모두『方言』에서 나온 것은 아니다.

그외에『說文解字』에 수록된 9,353자는 대부분이 常用字인데, 그 중에는 2,000년 후인 지금까지도 여전히 자주 쓰이는 것이 있다. 그러므로『說文解字』가 비록 많은 고적문헌을 참고하긴 했지만 사실상 당시 중국어의 실제로부터 출발한 것이라고 할 수 있다.

---

61 “博采通人, 至于小大, 信而有證.”

62 “璵璠 魯之寶. 从玉, 番聲. 孔子曰: 美哉璵璠, 遠而望之奐若也, 近而視之瑟若也, 一則理勝, 二則孚勝.”

63 “瑗 大孔璧, 人君上除陛以相引. 从玉, 爰聲.『爾雅』曰: 好倍肉謂之瑗, 肉倍好謂之璧.”

64 “琥 發兵瑞玉, 爲虎文. 从玉, 虎聲.『春秋傳』曰: 賜子家子雙琥.” 濮之珍 원문에는 ‘賜子家雙琥.’라고 되어 있으나『春秋左傳·昭公三十二年』의 원문에 따라 고쳤다.(譯註)

6.『說文解字』의 공헌

『說文解字』는 중국 고대 언어학사상 또 하나의 훌륭한 저작으로 다른 언어학 저작에 비할 수 없을 만큼 그 성과와 영향이 지대하다. 그러므로 중국어발전사와 중국 고대 언어학사에 있어 매우 중요한 위치를 차지하고 있다. 이러한『說文解字』의 공헌을 살펴보면 다음과 같다.

(1)『說文解字』이전의 고대 전적 속에도 문자를 해석한 기록이 있었다. 예를 들면『論語』에서 孔子가 "政이란 올바른 것이다."[65]라고 하였고,『孟子』에서 "庠이란 것은 양육함이다."[66]라고 하였고,『左傳』宣公 12年에서 "문자라는 것은 止와 戈가 武가 되는 것이다."[67]라고 한 것 등이다. 이것은 엉성하게 문자를 설명한 것으로 체계적이지 못하다.『說文解字』이전에도『史籀篇』,『倉頡篇』,『凡將篇』과 같은 字書가 있었으나 대부분 망실되었고, 四字句로 된 識字敎本이라는 것만을 알 수 있다. 현존하는 것은 史游의『急就章』인데 이 책의 체제와 배열 역시 三, 四字句 혹은 七字句의 韻으로 된 識字敎本이다. 許愼 이후에야 비로소 字形構造 즉 文字偏旁에 따라 部首를 세우는 방법을 창안하게 되었다. 顔之推는『顔氏家訓·書證篇』에서 許愼의 공적을 칭찬하면서 "만약『說文解字』의 설을 믿지 않는다면 문자의 點이나 劃이 무슨 뜻인지 전혀 모른다."[68]라고 하였다. 段玉裁의『說文解字·敍』注에서도 다음과 같이 지적하였다.

> 周代의 글자 책으로 漢代에 보존 된 것으로는『史籀』十五篇이 있는데, 그 체제는 대략 후대의『三倉』과 같다. 許愼이 인용한『史』의 姚下, 匋下, 奭下 세 편은 후대의『倉頡傳』,『倉頡故』와 성질이 대체로 같다. 秦의『倉頡篇』,『爰歷篇』,『博學篇』을 합하여『倉頡篇』이라 하였는데 매 장은 15句이며, 매 구절마다 네 자씩으로 구성되어 있다.『訓纂篇』,『滂熹篇』의 형식도 이와 같다.『凡將篇』은 매 구절마다 일곱 자씩으로 구성되어 있다.『急就篇』도 이와 같다. 그 체제는 필요한 글자를 취하여, 文理에 따라 韻을 가진 句를 배열하였는데, 후세의『千字文』과 같이 어지럽게 뒤섞인 것이라 할 수 있다. 識字라는 것은 그 글자를 대략 아는 것으로, 그 글자 모양이 잘못된 경우도 있고 그 音義도 상세하지 못하다. 비록 揚雄의『倉頡訓纂』, 杜林의『倉頡訓纂』, 그리고『倉頡故』가 있지만 해석이 산만하고, 임의로 의미를 敷演

---

65 "政者, 正也."

66 "庠者, 養也."

67 "夫文, 止戈爲武."

68 "若不信『說文』之說, 則冥冥不知一點一畵有何意焉."

> 하여 자형의 원래 字音과 字義가 형성된 원인을 파악하지 못했다. 許愼은 음은 의미에서 나오고, 의미는 형태를 빌어 나타난다고 여겼다. 聖人이 글자를 만들던 당시에는 뜻에 의거하여 음이 있게 되고, 음이 있게 되자 모양이 갖추어졌다. 글자를 배우는 사람들은 반드시 형체를 살펴서 음을 알고, 음을 따져서 뜻을 알아야한다.[69]

許愼의 『說文解字』는 前人의 字書를 기초로 하여 발전했지만, 이것은 창조적인 발전이라 하겠다. 前人들의 字書는 어지럽게 섞여 있지만 『說文解字』는 한자의 形體, 意義, 聲音의 세 가지 관계를 잘 설명하고 있다. 이 점은 許愼이 언어와 문자를 연구한 중요한 방법이다. 『說文解字』를 볼 때, 먼저 해설 가운데 '說形', '訓義', '釋音' 세 부분을 분석해야 한다. 예를 들면 다음과 같다.

> 禱 : 일을 알려서 福을 구하다라는 뜻이고, 形符는 示이고 , 聲符는 壽이다.[70]
> 詩 : 마음을 말하며, 形符는 言이고 聲符는 寺이다.[71]
> 諜 : 軍중의 적의 간첩이라는 뜻이고, 形符는 言이고 聲符는 枼이다.[72]
> 謜 : 천천히 말하다는 뜻이고, 形符는 言이고 聲符는 原이다. 孟子가 말하기를 "그러므로 천천히 말하며 왔다."라고 하였다.[73]

許愼의 『說文解字』는 먼저 뜻을 풀이하고 다음으로 형체를 설명했으며, 그 다음에 音을 해석했다. 해석하는 과정에서 형체를 글자 풀이의 근거로 삼아 글자풀이와 형체의 분석이 서로 부합하고 있으니, "形과 義는 서로 의존한다."[74]는 것은 『說文解字』의 중요한 원칙이었다. 後人들이 字義를 연구할 때도 역시 許愼의 『說文解字』에 근거하여 '本義'와 '假借'를 설명했다. 한자는 表意文字로써 일찍이 東漢시대부터 許愼이 小篆 字形에 근거하여 字形, 字義, 字音을 조리 있게 분석하였다.

字書의 발전과 중국 고대 언어학의 역사발전에서 볼 때, 許愼의 『說文解字』는 확실히 과학적이며, 독창성이 풍부한 未曾有의 언어학 저작이다.

---

69 "周之字書, 漢時存者, 『史籒』十五篇, 其體式大約同後代『三倉』. 許所引『史』篇三: 姚下·匋下·奭下, 略如後代『倉頡傳』·『倉頡故』. 秦之『倉頡』·『爰歷』·『博學』合爲『倉頡篇』者, 每章十五句, 每句四字, 『訓纂』·『滂熹』同之. 『凡將篇』每句七字, 『急就』同之. 其體例皆雜取所需用之字, 以文理編成有韻之句, 與後世『千字文』無異, 所謂雜厠也. 識字者略識其字, 而其形或譌, 其音義皆有所未諦. 雖有揚雄之『倉頡訓纂』, 杜林之『倉頡訓纂』·『倉頡故』, 而散而釋之, 隨字敷演, 不得字形之本始, 字音·字義之所以然. 許君以爲音生于義, 義著于形. 聖人之造字, 有義以有音, 有音以有形. 學者之識字, 必審形以知音, 審音以知義."

70 "禱 告事求福也. 从示, 壽聲."

71 "詩 志也. 从言, 寺聲."

72 "諜 軍中反閒也. 从言, 枼聲."

73 "謜 徐語也. 从言, 原聲. 孟子曰: 故謜謜而來."

74 "形義相依."

(2) 許愼의 『說文解字』는 복잡한 한자 字形의 구조를 깊이 있게 분석하였고, 최초로 部首를 나누었다.

『說文解字』는 모두 540部로 나뉘어졌으며, 9,353개 篆文과 1,163개 重文을 포함하고 있는데, 이는 중국 언어학사상 최초의 일이다. 許愼은 수많은 한자의 字形 구조를 분석하고 규칙을 찾아내어 540部로 나누었다. 매 部마다 하나의 部首를 세웠다. 매 部首는 또한 몇 개의 글자를 가진다. 형체면에서 한 部首와 관련이 있는 字들은 같은 부류에 귀속시켰다. 각 部간의 배열순서는 대체로 형체에 따라 연계시켰으니, 즉 '一'에서 시작해서 '亥'로 끝난다. 部마다 안에 있는 글자의 배열은 의미가 비슷한 것을 함께 배열하였다. 이로 인해 수 만개의 한자가 처음으로 체계와 조리가 서게 되었다. 許愼은 自敍에서 다음과 같이 말하였다.

> 이 『說文解字』 14篇은 540部로 나누어져 있으며, 9,353개의 篆文과 1,163개 重文을 포함했고, 해설에 쓰인 글자는 133,441개였다. 部首를 세움에 一을 처음으로 삼았다. 비슷한 형체를 가진 글자끼리 모으고, 사물을 분류함에 같은 종류끼리 모았으므로 이치가 서로 통한다.(즉 540部가 서로 연결됨을 말함) 복잡하지만 그리 심하지는 않으며, 字形으로 서로 연계시키는 방식으로 전개하여(하나의 形으로 540개의 形을 이끌어 냄을 말함) 이로써 모든 근원을 구하고자 했다.(이것은 許沖이 올린 글에서 말한 것처럼 天地鬼神, 山川草木, 鳥獸蚰蟲, 雜物奇怪, 王制禮儀, 世間人事에 이르기까지 기록되지 않은 것이 없음을 말하는 것이다.)[75]

部首로 部를 나누는 방법은 오늘날에도 여전히 사용되고 있다. 다만 部를 나누는 데 있어서 언어와 문자가 발전하고 변화했기 때문에 부분적인 변화가 있을 뿐이다. 한자는 형체를 위주로 하므로 형체에 따라 部首를 나누어 분류하였다. 許愼이 창시했던 이러한 한자 분류원칙은 지금까지 보존되어 사용되고 있다. 許愼은 이미 한자 형태구조의 규칙을 정확하게 파악하고 있었으므로 이와 같이 지대한 영향을 미칠 수 있었던 것이다. 淸代 段玉裁는 다음과 같이 칭찬하였다.

> 모든 글자를 합하여 部首를 540개로 나누었다. 部마다 하나의 部首를 세워 같은 部首에 속한 글자에 대해서는 "무릇 어느 것에 속한 글자는 모두 어느 것을 따른다."라고 하였다. 이로써 형체가 세워져 音義가 쉽게 드러났다. 글자마다 그가 속한 部首가 있다. 그리하여 540字로 천하의 古今문자를 체계적으로 해석할 수 있게 되었다. 『說文解字』가 나오기 이전에는 이러한 책이 없었으니, 이것은 許愼의 독자적인 창조이다.[76]

75 "此十四篇, 五百四十部·九千三百五十三文·重一千一百六十三, 解說凡十三萬三千四百四十一字. 其建首也, 立一爲端. 方以類聚, 物以群分, 同條牽屬, 共理相貫(意指五百四十部是互相聯繫的) 雜而不越, 據形系聯, 引而申之(意指由一形引至五百四十部形), 以究萬原. (這就是許沖上表裏所說的: 天地鬼神·山川草木·鳥獸蚰蟲·雜物奇怪·王制禮儀·世間人事·莫不畢載.)"

(3) 字義 해석에 있어서 許愼의 창조적인 견해가 있었다.

첫째, 字義의 해석에 있어 許愼은 글자의 本義를 파악하여 訓詁의 문제를 근본적으로 해결하였다. 本義는 모든 引申義의 출발점이고 先秦古籍과 밀접한 관계를 가지고 있으며, 漢代는 고대와 그리 멀지 않으므로 글자의 本義 탐구는 字形 풀이 작용을 겸한 것이다. 후대로 갈수록 글자의 本義는 더욱 중요해져 주요한 지식이 되었다. 이는 언어가 발전함에 따라 일반 사람들이 많은 글자들에 대한 本義를 모르고 있었기 때문이다. 예를 들면 다음과 같다.

> **捷** : 빼앗는 것이다. 전쟁에서 빼앗아 얻는 것이다.[77]

獵은 聲訓이다. 捷이 동사로 쓰일 때는 전리품을 얻는 것을 나타내며, 명사로 쓰일 때는 전리품을 나타낸다.『春秋·莊公三十一年』에서 "齊나라 후작이 와 戎에게서 얻은 전리품을 바쳤다."[78]라고 했는데, 이 글자의 本義와 부합된다. 또 예를 들면 아래와 같다.

> **秉** : 볏단이다. 볏단을 쥐고 있는 손의 모양이다.[79]

『詩·小雅·大田』의 "저쪽에 남은 볏단이 있네(彼有遺秉)"는 '秉'字의 本義로 쓰인 것이다. 언어가 발전하고 변화함에 따라 볏단이었던 秉의 本義는 쓰이지 않고, '손에 촛불을 들다[秉燭]'와 같이 '들다', '쥐다' 등의 뜻으로 引申되었다. 李白의「春夜遊桃李園序」에서 "옛 사람들은 촛불을 들고 밤에 나와 놀았으니 정말 그럴만한 이유가 있었다."[80]라고 한 것이 그 예이다. 다시 '파악하다', '주관하다' 등으로 引申되었으니, 예를 들면 '공평하게 처리하다.'[81]와 같은 것이다. 이로써『說文解字』는 고대 중국어 어휘의 寶庫임을 알 수 있다.

둘째, 許愼은 字義를 해석할 때, 한 낱말로 뜻을 풀이하는 것에 만족하지 않고 구체적이고 형상적인 묘사를 더하여 서술하였는데, 이러한 해석은『爾雅』에서 이미

---

76 "合所有之字, 分別其部爲五百四十. 每部各建一首, 而同首者則曰 '凡某之屬皆從某.' 於是形立而音義易明. 凡字必有所屬之首. 五百四十字可以通釋天下古今之字. 此前古未有之書, 許君之所獨創."『說文解字注』를 참조.

77 "捷, 獵也. 軍獲得也."

78 "齊侯來獻戎捷."

79 "秉, 禾束也. 从又持禾."

80 "古人秉燭夜遊, 良有以也."

81 '秉公處理.'

시작되었던 것이다. 예를 들면 『爾雅』에서 "남쪽에 비익조라는 새가 있는데, 어울리지도 않고, 날지도 않으니 그 이름을 鶼鶼이라 한다."[82]라고 하였는데, 『說文』은 이 방면에 있어서 더욱 풍부하게 수록하고 있다. 예를 들면 다음과 같다.

蒲 : 물풀로, 자리를 만드는데 쓰기도 했다.[83]
桂 : 나무로, 모든 약초의 으뜸이다.[84]
鸚 : 앵무새로, 말할 수 있는 새이다.[85]
狼 : 개와 비슷하고 뾰족한 머리와 하얀 얼굴을 하고 있는데, 앞은 높고 뒤는 넓다.[86]
豹 : 호랑이와 비슷하고 둥그런 무늬가 있다.[87]
象 : 남쪽 越나라의 큰 코끼리로 긴 코와 이빨을 가지고 있고, 3년에 한번 새끼를 낳는다.[88]

또한 『說文』의 해설은 대부분 本字와 연결되어 二音節語가 된다. 예를 들면 '干은 범하는 것(犯)이다', '哀는 불쌍히 여기는 것(閔)이다', '摜은 익히는 것(習)이다', '患은 근심하는 것(憂)이다', '匕는 변하는 것(變)이다'[89]와 같은 것들로서 干犯, 哀閔, 習慣(摜), 憂患, 變化(匕)로 해석한 것이다.

許愼은 박학다식했으므로 『說文解字』가 담고 있는 내용이 풍부할 뿐만 아니라, 백과사전적 성격을 띠고 있어, 중국 고대언어학사에 있어 훌륭한 字典이 되었고, 후세에 끼친 영향이 매우 컸다. 오늘날 편집된 字典과 詞典들은 本字·本義방면에 있어 여전히 『說文』에 근거하고 있으니, 『說文』이 한자의 本義방면에 끼친 공헌은 매우 탁월한 것이다. 甲骨文·金文이 출토된 이래로 古文字學 연구가 활발해졌고, 『說文』의 字形·字義 방면에서도 적지 않은 수정이 가해졌는데, 만약 『說文』의 교량적 역할이 없었다면 후인들의 甲骨文·金文 연구에 큰 어려움이 있었을 것이다.

(4) 『說文』은 언어와 문자의 연구방법을 제공하였다.

段玉裁는 『說文解字注序』에서 許愼의 『說文』은 『三倉』·『急就篇』과 다름을 제기하면서, "許愼은 소리는 뜻에서 생겨나고 뜻은 자형으로 드러난다고 생각하였다. 聖人이 글자를 만들 당시에는 뜻이 있은 후에 소리가 있었고 소리가 있은 후에

82 "南方有比翼鳥焉, 不比不飛, 其名謂之鶼鶼."
83 "蒲, 水艸也, 或以作席."
84 "桂, 木, 百藥之長."
85 "鸚, 鸚䳇, 能言鳥也."
86 "狼, 似犬, 銳頭白頰, 高前廣後."
87 "豹, 似虎, 圜文."
88 "象, 南越大象, 長鼻牙, 三年一乳."
89 "干, 犯也. 哀, 閔也. 摜, 習也. 患, 憂也. 匕, 變也."

형체가 있었다. 배우는 사람이 글자를 익힐 때는 반드시 형체를 헤아려 소리를 알고 소리를 헤아려 뜻을 안다."[90]라고 하였다. 『說文解字』에서는 形體·字義·聲音 세 가지의 상호관계를 천명하였는데, 이는 許愼이 언어문자를 연구한 중요한 방법이다. 段玉裁는 또 다음과 같이 말하였다.

> 許愼은 형체를 위주로 하고 형체에 의거하여 소리와 의미를 말하였다. 그가 말한 의미는 다른 책에서 말하고 있는 것과 전혀 다르다. 다른 책에는 假借가 많다. 즉 그 글자는 대부분 본래 글자가 아니다. 許愼은 오직 글자의 本義만을 말하였으므로, 어떤 것이 本義인지 알기 때문에 어떤 것이 假借인지도 안다. 그러므로 본의야말로 가차를 가려낼 수 있는 지침이다.[91]

許愼의 『說文』 해석은 形體·字義·聲音 세 가지를 서로 연결시킨 방법으로, 古代의 언어문자를 탐색하여 언어와 문자 연구에 새로운 길을 열어준 것이다. 하지만 本字와 本義에 너무 얽매였다는 단점도 지닌다. 주지하다시피 문자는 말의 쓰기형식이다. 이러한 쓰기형식과 언어라는 '자연 산물'을 비교해 보면 문자는 부차적인 것이다. 한자를 가지고 말한다면, 한자는 일종의 表意文字로 한자의 構造·形象·偏旁으로 종종 낱말의 의미를 반영해 낼 수 있다. 그러나 절대화시킬 수는 없는 것이니, 만약 자형구조를 낱말의 의미를 짐작하는 유일한 방법으로 삼는다면, 牽强附會하게 되어 글자만 보고 뜻을 대강 해석하게 될 것이다. 특히 후세에 『說文』을 연구하는 사람들 가운데 어떤 사람은 『說文』에서 말하는 本字·本義에만 지나치게 매달리게 되어 『說文』을 敎條로 보게 되므로, 과학적인 발전에 도움이 되지 못할 것이다.

(5) 『說文解字』는 당시의 문자를 통일하고 규범화시키는 작용을 하였다.

春秋戰國 시기에는 여러 제후국으로 나뉘어짐에 따라 언어와 문자가 각기 달랐다. 秦나라는 통일 후, 문자 통일 작업을 계속하여 秦나라의 문자와 같지 않은 것은 모두 없앰으로써 "동일한 文字 쓰기"[92] 정책에 어느 정도 효과가 있었다. 漢代 許愼 시기에는 秦나라와 이미 320여 년의 거리가 있었으므로 隸書는 漢代에 통용 字體가 되어 발전하였고, 今古文經 논쟁은 문자의 해석에 혼란을 가져왔으니, 예를 들면

---

90 "許君以爲音生于義, 義著于形. 聖人之造字, 有義以有音, 有音以有形. 學者之識字. 必審形以知音, 審音以知義."

91 "許以形爲主, 因形以說音·說義. 其所說義與它書絶不同者, 它書多假借, 則字多非本文. 許惟就字說其本義, 知何者爲本義, 乃知何者爲假借, 則本義乃假借之權衡也."

92 "書同文."

문자에는 '八體'[93]와 '六技'[94]가 있다는 것이다. 또 어떤 사람은 문자를 마음대로 해석하기도 하였는데, 예를 들면 『說文解字』에서 거론되는 "말 馬자 위에 사람 人자가 있는 것이 長이고, 사람이 十을 쥐고 있는 것이 斗이다."[95]와 같은 것들이다. 또 緯書[96]에 기록되어 있는 바와 같이 "地는 土·力·一로 이루어졌고, 十에 一이 있는 것이 士이며, 曰은 口에 一이 들어있는 것이고, 史는 구부러진 中과 一로 되어 있으며, 두 개의 口에 土가 들어 있는 것이 喜다."[97]라는 것 등이다. 許愼은 이러한 상황에 대해 문자 정리 작업에 대한 책임을 맡고, 篆文을 중요한 표준 형체로 삼는 한편, 또 古文·籒文·篆文 등 別體 1,163字를 重文으로 하였으니, 『說文解字』는 당시 문자에 통일화와 규범화 작용을 함께 병행하였던 것이다.

7. 『說文解字』의 단점

『說文』은 위대한 저작이지만 단점이 전혀 없는 책이라고는 할 수 없으며 한계성과 부족한 면도 갖고 있다. 『說文』의 인식상의 한계는 주로 두 가지 측면에서 나타난다.

첫째, 語義에 대한 인식에서 드러난다. 語義에 대한 『說文』의 해석은 대부분 정확하고 그 글자의 本義를 보존하고 있다. 그러나 『說文』이 보존하고 있는 몇몇 語義는 당시 社會思想, 陰陽五行說 등의 영향을 받았다. 語義의 해석에서 엿볼 수 있는데, 예를 들면 다음과 같다.

> 一 : 태초의 시작이다. 道는 一에서 세워지고, 하늘과 땅이 나뉘게 되고 다시 만물이 생겨나게 되었다.[98]
>
> 示 : 하늘이 모습을 나타내 사람에게 길흉을 보여주는 바이다. 形符 二와 위로부터 드리워진 세 가지로 구성되는데, 해·달·별이다. 천문을 봄으로써 時俗의 변화를 관찰하고, 신과 관련된 일을 보여준다.[99]

---

93 본서 3장 1절의 각주 28에도 설명이 나와 있으며, 179쪽 『說文解字·敍』의 주석 37에 상세하게 나와 있으므로 참고하기 바란다. 八體란 秦나라 때에 쓰인 여덟 가지 書體로, '大篆'·'小篆'·'刻符'·'蟲書'·'摹印'·'署書'·'殳書'·'隸書'를 말한다.(譯註)

94 唐蘭은 『中國文字學』에서 '六技'를 分化, 引申, 假借, 孳乳, 轉注, 緟益으로 설명하고 있다.(譯註)

95 "馬頭人爲長, 人持十爲斗."

96 緯書란 經書에 假託하여 미래의 일을 설명한 책으로 '七緯'가 있는데, '易緯', '書緯', '詩緯', '樂緯', '禮緯', '春秋緯', '孝經緯' 등 일곱 가지를 말한다.(譯註)

97 "地爲土力一, 十夾一爲士, 曰爲口含一, 史爲屈中一, 兩口含土爲喜."

98 "一 惟初太始, 道立于一, 造分天地, 化成萬物."

99 "示 天垂象, 見吉凶, 所以示人也. 从二二古文上字, 三垂, 日月星也, 觀乎天文以察時變, 示神事也."

둘째, 문자 발전에 대한 보수적 태도에서 드러난다. 『說文』은 문자를 정리하고 규범화하는 데 매우 큰 공헌을 하였다. 許愼 시대에 이미 隸書가 출현하였는데, 그렇다면 許愼은 이를 어떻게 대하였는가? 한자의 발전으로 볼 때 隸書의 출현은 커다란 일로서, 한자 구조에 큰 변화가 생긴 것이다. 삐뚤삐뚤한 필획이 곧고 반듯한 필획으로 바뀜으로써 쓰기 효과에 큰 발전이 있었다. 그런데 許愼은 隸書에 대해 옳지 않은 인식을 갖고 있었는데, 문자의 발전에 대해 보수적인 태도를 견지하였던 것이다. 그는 篆書를 正體로 삼았으며 隸書가 출현하여 六書를 망쳤다고 생각하였다. 그는 『說文解字·敍』에서 "처음에 隸書가 있게 되어 간략하고 쉽게 쓰는 방향으로 나아갔으므로 古文이 이로 말미암아 끊어지게 되었다."[100]라고 하였으니, 이는 문자가 篆書에서 隸書로의 발전되어 가는 것에 대한 인식이 부족하였다는 사실을 반영해 준다.

셋째, 시대적인 한계이다. 許愼은 후세에 출토된 甲骨文과 金文을 보지 못하였다. 이로 인해 몇몇 글자의 형체가 잘못되었다. 후인들은 甲骨文과 金文에 의거하여 『說文』을 수정하였다. 이외에도 『說文』은 해설 방면에 부족함이 있으니, 예를 들면 다음과 같다.

① 互訓(서로 바꾸어 풀이만 해놓고, 설명은 없다) : 改는 '바꾸다'이다. 更 역시 '바꾸다'이다. 追는 '쫓다'이다. 逐도 '쫓다'이다. 警은 '경계하다'이다. 戒도 '경계하다'이다.[101]
② 疒部에 속하는 글자 : 疾, 痛, 瘣, 疴, 痡, 瘽, 瘵, 瘼, 癀, 瘌, 疵 등 모두 '病'자 한 글자를 이용하여 해석하였고, 語義의 차이를 설명하지 않았다.
③ 三, 凵, 久, 才, 乇, 㐺, 克, 耑, 丏, 毌, 萈, 巜, 燕, 它 등은 모두 部首만 있고 거기에 속한 글자들이 없다.

8. 『說文解字』의 영향

『說文解字』는 당시에 상당히 중시되어 後漢의 經學家 鄭玄 같은 학자는 『三禮』를 注하면서 『說文』의 몇몇 부분을 인용하였는데, 『考工記·冶氏注』·『儀禮·既夕禮注』 및 『小戴記·雜記注』에 보인다. 또한 應劭의 『風俗通義』와 晋灼의 『漢書注』에서도 이를 인용하였다. 『說文解字』의 학문을 전한 사람으로는 孟生·李喜로부터 많은 학자가 있다. 이 책을 모방하여 字書를 지은 것이 있는데, 晋 呂忱의 『字林』,

100 "初有隸書, 以趣約易, 而古文由此絶矣."
101 "改, 更也; 更, 改也. 追, 逐也; 逐, 追也. 警, 戒也; 戒, 警也."

梁 顧野王의 『玉篇』 및 宋 司馬光의 『類篇』 등이다.[102] 역대 『說文解字』를 연구한 사람은 작자를 '許君'이라 존칭하였고, 『說文』을 '許書'라 칭하였으며, 그 학문을 '許學'이라 칭하였으니 그 영향이 매우 대단하였음을 알 수 있다.

『說文』에 대한 정리작업은 徐鉉·徐鍇 형제로부터 시작되었다. 徐鉉(916~991)은 五代 宋初의 文學家로 字는 鼎臣이고 揚州 廣陵[103] 사람이다. 처음에 南唐에서 벼슬하였고, 후에 宋으로 귀화하여 散騎常侍에 이르렀다. 동생 徐鍇와 이름을 나란히 하여 '大小二徐'라고 칭해졌다. 문자학에 통달하여 일찍이 句中正과 더불어 『說文解字』를 교정하면서 본문 속에 19字를 보충하고, 經典으로 전하고 時俗에서도 통용되지만 『說文』에 싣지 않은 402字를 본문에 덧붙였는데, 후인들은 이를 '大徐本'이라 칭하였다. 徐鍇 역시 五代 宋初의 文字學家로 字는 楚金이며, 徐鉉의 동생이다. 세칭 '小徐'라 일컬어진다. 관직은 內史舍人이었다. 文字學에 통달하여, 『說文解字繫傳』 40권을 지었으며, "形聲이 서로 생겨나고, 音義가 서로 관계하는 이치"[104]에 관심을 가졌다. 또 여러 갈래 儒家의 舊說을 해설하였다. 또 孫愐의 『唐韻』에 근거하여 『說文解字篆韻譜』 5권을 지었다. 二徐 이후에 『說文』에 注를 단 사람은 더욱 많은데 段玉裁가 가장 유명하다. 近代 丁福保(1874.8~1952)는 과거에 『說文』을 연구한 저작들을 묶어 『說文解字詁林』을 펴냈다. 正編과 補編이 무려 80여 권에 달하는 방대한 저작이다. 清代 注釋本으로는 100여 종이 있으며 그 중 『說文』 4大家가 가장 유명한데 다음과 같다.

清代 段玉裁(1735~1815)는 『說文解字注』를 지었는데, 清代에 『說文』을 연구한 주요 저작 중의 하나이다. 段玉裁는 먼저 『說文』의 체제와 宋代 이전의 여러 책들이 인용하고 있는 『說文』의 문장을 근거로 하여 그 잘못을 교정하였고, 다시 古書에서 사용한 字義를 가지고 『說文』의 설명을 천명하고 一字多義의 유래를 설명하였다.

桂馥(1736~1805)은 『說文解字義證』 50권을 지었다. 이 책은 古書를 많이 引證함으로써 『說文』 해석의 근원을 탐구하였고, 전후의 여러 설을 보충하고 條例를 잘 배열하였으며 자료가 풍부하다.

王筠(1784~1854)은 『說文句讀』 30권을 지었다. 段玉裁의 『說文注』, 桂馥의 『說文義證』 및 기타 『說文』을 연구한 여러 책을 채록하여 번잡한 것은 버리고 요점만을 나열하고 있어 초심자에게 편리하다. 그는 또 『說文釋例』 20권을 지었는데, 앞의

---

102 『字林』은 현재 輯本이 있고, 『玉篇』 詳本은 殘卷이 있으며, 『類篇』은 완정본이 현재 전한다.
103 지금의 江蘇省 揚州를 가리킴.
104 "形聲相生, 音义相轉."

14권은 六書 및『說文』의 條例와 체제를 설명하였고, 뒤의 6권은『說文』에 대한 의문점을 늘어놓았다. 각 권의 뒤에 '補正'을 덧붙여 金石古文을 이용하여『說文』의 자형과 해설을 보충하였다.

朱駿聲(1788～1858)은『說文通訓定聲』18권과『柬韻』1권을 지었다.『說文』9,000여 자에 다시 7,000여 자를 더하여서, 形聲 聲符 1,137개를 분석하였고, 이들을 古韻에 따라 18部로 분류하였다.『說文』의 체제를 바꾸어 古韻 및 形聲 聲符에 따라 배열함으로써, 聲音과 訓詁가 서로 통하는 논리로『說文』을 매우 자세하게 설명하였다.

결론적으로『說文』은 중국 고대 언어학사상 매우 중요한 저작으로 淸代 언어학의 기초를 닦았을 뿐만 아니라 후세 언어학 연구와 발전에도 지대한 영향을 미쳤다. 그리고 세계언어학사에 있어서도 찬란한 빛을 발하는 뛰어난 저작으로 자리매김할 수 있을 것이다.

『설문해자·서』

허 신

옛날에 庖犧氏가 천하에 왕노릇할 때에, 위로는 天文을 살피고 아래로는 地物을 살피며 새와 짐승의 모양새와 땅의 생김새를 살폈다. 가까이로는 신체에서 본뜨고 멀리로는 사물에서 본떴다. 이에 처음으로 易의 八卦를 만들어 (문자의) 법도를 후세에 남겨 주었다. 神農氏에 이르러서는 結繩으로 정치를 행하여 여러 가지 일들을 통괄했으나, 일이 매우 복잡해지자 꾸밈과 거짓이 생겨났다. 黃帝의 史官인 倉頡이 새와 짐승의 발자국을 보고 그 무늬의 형적이 서로 다름을 발견하였는데, 여기에서 계시를 얻어 처음으로 書契를 만들었다. 모든 관리들이 書契로써 훌륭하게 다스릴 수 있었고 모든 사람과 사물의 관계가 이로써 명확하게 관찰되어졌으니, 이러한 사실은 대개 易의 夬卦에 근거한 것이다. '夬卦가 왕정에서 드러난다'는 것은 書契를 이용하여 왕의 조정에서 교화를 베풀고 밝힌다는 것을 말한 것이다. '군자가 아래 사람에게 공록을 베풀고, 자신은 덕을 쌓아 법령을 밝히는 것이다.' 倉頡이 처음 문자를 만들 때에는 대개 모양의 유사함에 의거하여 그 형체를 본떴기 때문에 文이라고 하였다. 그 후 文의 형체와 음이 서로 합쳐져 글자를 이루었는데, 이를 字라 하였다. 文은 사물의 모양을 근본으로 삼은 것이고, 字는 새로 태어나(파생되어) 점점 많아진다는 것을 말한다. 대쪽이나 비단에 기록한 것을 書라 하는데, 이 書는 사물의 형상과 같게 한다는 뜻이다. 그 후 五帝·三王의 시대에 이르러 (倉頡의 고문은) 고쳐지고 바뀌어 倉頡이 처음 만든 것과는 그 모양이 달라졌다. 泰山에서 제사를 드린 朝代가 72代였는데 모두 글자의 모양이 달랐다. 『周禮』에 의하면, '8세가 되면 소학에 입문하는데 保氏가 공경대부의 자제를 가르칠 때 六書를 가장 먼저 가르쳤다.'라고 하였다. 첫째는 指事인데 지사라는 것은 보아서 (그 가리키는 것을) 알 수 있고 (그 글자를)자세히 살피면 뜻을 깨달을 수 있는 것으로 上, 下가 그것이다. 둘째는 象形인데 상형이라는 것은 그려서 그 사물의 모양을 이룬 것이고 형체에 따라 (자획의 선이) 구부러진 것으로 日, 月이 그것이다. 셋째는 形聲인데 형성이라는 것은 사물로 이름을 삼고 음을 더하여 이루어진 것으로, 江, 河가 그것이다. 넷째는 會意인데 회의라는 것은 무리들(상형이나 지사)을 나란히 배열하고 (그것들의) 뜻을 합쳐서 가리키는 바를 드러내는 것으로 武, 信이 그것이다. 다섯째는 轉注

인데 전주라는 것은 뜻이 같은 글자들을 모아 놓고 그 중에서 하나를 대표로 삼아 (대표자와 그 나머지 글자들이) 같은 뜻으로 서로 주고받는 것으로 考, 老가 그것이다. 여섯째는 假借인데 가차라는 것은 본래 그 글자가 없기 때문에 자음에 의지하여 뜻을 기탁하는 것으로 令, 長이 그것이다. 周 宣王의 시대에 이르러 太史인 籒는 『大篆』 15편을 지었는데, 古文과는 다소 차이가 있었다. 그런데 孔子가 정리한 『六經』과 左丘明이 저술한 『春秋傳』은 모두 고문으로서 그것의 의미를 탐색하여 해석할 수 있다. 그 후 제후들이 무단정치를 일삼자 천자는 이들을 통솔할 수 없게 되었다. (제후들은) 禮樂이 자신들에게 해가 되는 것을 싫어하여 (그것에 관련된) 서적을 모두 없애 버렸다. (천하가) 7국으로 나뉘자 농지는 측량 단위를 달리 하였고, 수레바퀴의 넓이도 서로 다르게 되고, 국법도 서로 달라지고, 복식 제도도 다르게 되고, 말의 소리도 다르고, 문자의 형체도 다르게 되었다. 秦始皇帝가 천하를 통일하자 이에 丞相 李斯(?~208B.C.)는 천하의 문자를 통일시키고 秦의 문자와 다른 것을 없애 버리자고 상소를 올렸다. 李斯는 『倉頡篇』을 지었고, 中車府令인 趙高는 『爰歷篇』을 지었고 太史令 胡毋敬은 『博學篇』을 지었다. 이들은 모두 太史 籒의 大篆을 따랐지만 간혹 생략하고 고친 것도 있었으므로 이를 小篆이라 하였다. 이 당시에 秦은 경서를 불태우고 고서를 없애 버렸다. 대대적으로 군사를 발동하여 국가사업을 일으켰다. 그리하여 관리와 옥리들의 업무가 많아지게 되자, 비로소 隷書를 만들어 간략하고 쉬운 형태를 추구하였는데 古文은 이러한 연유로 없어지게 되었다. 이로부터 秦의 서체에는 8체가 존재하게 되었는데, 大篆, 小篆, 刻符, 蟲書, 摹印, 署書, 殳書, 隷書이다. 漢이 흥기하자 草書가 생겼다. 尉律의 직책이 있어, 17세 이상 學童은 응시할 수 있었는데 9천 글자를 암송하고 그 뜻을 추연해 낼 수 있으면 史가 될 수 있었다. 다시 8體로 시험을 보았는데, (다시) 郡에서 太史에게 보내고 (太史는) (籒書와 8體를) 아울러 시험하여 최고 득점자를 尙書史로 삼았다. (그리고 관리나 백성들의) 글에 잘못이 있으면 그 때마다 죄상을 밝혔다. 지금은 尉律이 있어도 시험하지 않고 문자도 연구하지 않으니 문자의 체제 원리를 이해하지 못한 지가 오래 되었다.

孝宣皇帝 때에 『倉頡篇』의 음독에 대해 통달한 사람을 불러들였는데 張敞(?~152B.C.)이 그들에게 전수 받았다. 凉州刺史 杜業, 沛땅 사람 爰禮, 講學大夫 秦近도 역시 『倉頡篇』을 읽을 수 있었다. 平帝 때에는 爰禮 등 100여 명을 불러들여 未央宮에서 문자를 말하게 하고 爰禮를 小學元士로 삼았다. 黃門侍郞 揚雄은 문자를 채집하여 『訓纂篇』을 지었는데, 『倉頡篇』을 포함한 14편 5,340자로서 여러 서적

에 실린 문자들이 대략 집록되었다. 王莽 新이 섭정하던 기간에 太司인 空甄豊 등에게 전적을 교정하게 하였다. 이들은 禮樂을 제정하기 위해 온 힘을 다한다고 생각하면서 간혹 고문을 개정하기도 하였다. 당시에는 六書가 있었는데 첫째는 古文으로 孔子 古宅의 壁中書 이고, 둘째는 奇字, 즉 고문이면서 (형체가) 다른 것이고, 셋째는 篆書, 즉 小篆이고, 넷째는 左書로서 秦의 隷書인데, 이는 秦始皇이 下杜 사람 程邈에게 명하여 만들도록 한 것이다. 다섯째는 繆篆으로서 인장에 새기는 글씨체이고, 여섯째는 鳥蟲書로서 군대의 깃발에 새기는 서체이다. 壁中書는 魯恭王이 孔子의 고택을 허물다 얻은 『禮記』, 『尚書』, 『春秋』, 『論語』, 『孝經』을 말한다. 또 北平侯 張敞이 『春秋左氏傳』을 바쳤다. 郡國에서도 왕왕 산천에서 鼎과 彝器를 얻었는데, 그 銘文은 전대의 고문이어서 모두 벽중서의 고문과 비슷했다. 비록 고문자의 원류(의 자세함)를 다시 볼 수는 없었지만 그 자세한 내용에 대해서는 대략적인 설명을 할 수 있었다. 그러나 세상 사람들은 모두 벽중서의 고문에 대해 크게 비난하고 헐뜯어 기이한 것을 좋아하는 사람들이라 여기고 바른 문자를 틀리게 고치고 孔氏의 벽에 알 수 없는 글자를 날조하여 상용되던 隷書를 어지럽혀 세상을 혼란스럽게 한다고 여겼다. 그런데 도리어 今文派의 諸生들은 글자해석과 경전풀이를 편한대로 하고, 秦의 隷書를 倉頡 때의 글이라고 하면서 '아버지와 아들이 대대로 전하였는데 어찌 바꿀 수 있겠는가?'라고 하였다. 이에 왜곡해 말하기를, "말머리 모양을 한 사람을 長이라 하고, 사람이 十을 쥔 것이 斗자며, 虫자는 中자를 굽힌 것이다."고 하였다. 廷尉가 법률을 해설할 때에도 글자의 형태로써 법례조문을 해석하기까지 하였는데, "苛人受錢(법률을 집행하는 사람이 뇌물을 받는다)의 苛字는 止와 句가 합쳐진 글자다."라고 하였다. 이와 같은 類가 매우 많은데, 모두 孔氏의 고문과 부합되지 않으며 史籀(大篆)와도 다르다. 俗儒와 鄙夫들은 자기가 익힌 바를 완고히 고수하면서 들어보지 못했던 것에는 귀를 막아 그 이치를 알지 못한다. 문자에 정통한 사람의 학설도 들은 적이 없으며, 六書 체제의 법칙도 본 적이 없다. 고문을 괴이하다 하고 俗說을 올바르다고 하면서 자신들이 아는 것은 심오하고 정밀한 것이며 또 성인의 심원한 의미를 궁구할 수 있다고 생각하였다. 또 『倉頡篇』의 '幼子承詔(학동들이 스승의 가르침을 받든다)'는 구절을 보고 '옛날 黃帝가 지은 것이며 그 언사에 신선의 술법이 있다'고 하였다. 그 미혹과 오류를 깨닫지 못하니 어찌 잘못되지 않겠는가? 『尚書』에서 "나는 고인의 의지를 보고자 한다"라고 한 것은 반드시 옛 법도를 준수하고 함부로 천착부회하지 않겠다는 것을 말한다. 孔子가 "나는 오히려 史官이 의심나는 일들에 대해 적지 않고 비워놓은 채 남겨둔 글을 보았는데, 지금은 그런 자세가 없어졌다."고 하였는데, 대개 모르면서 묻지 않는 행위를 비난한 것으로서, 사람들이 자신의 사견을 고수하여 시비에 올바른 표준이 없게 되고 교묘한 해설과 사악한 언사로 천하의 배우는 사람들을 미궁에 빠지게 한 것이다. 무릇 文字는 經藝의 根本이자 王政의 시작이다. 전인들은 문자를 통해서 후세에 남길 수 있고 후인들은 문자를 통해서 옛날을 알 수 있다. 그래서 "근본이 서면 도가 생겨난다.", "천하의 심원한 이치를 알면 어지럽혀지지 않는다."고 한 것이다. 이제 篆文을 질서 있게 나열하고 古籒와 합치시킨다. 문자에 정통한 사람들의 학설을 널리 채택하고, 그들의 견해가 크든 작든 믿을 만한 증거가 있으면 그 설을 考究하여 설명하였다. 그렇게 함으로써 만물의 부류를 분석하고 오류를 해명하여 배우는 사람에게 문자 체제의 심오한 의미를 깨닫도록 일러주려는 것이다. 部首에 따라 글자를 나누어 섞이지 않게 안배하였다. 우주 만물을 모두 살펴서 싣지 않은 것이 없다. 문자의 의미가 밝혀지지 않기 때문에 명확하게 밝혀서 깨우치려 하는 것이다. 증거를 밝히기 위해 孟喜의 『易』, 孔安國의 古文『尚書』, 毛亨의 『毛詩故訓傳』, 『周禮』, 『春秋左氏傳』, 『論語』, 『孝經』을 예로 들었는데 모두 古文이다. 알지 못하는 바에 있어서는 빼 버리고 언급하지 않는다.

『說文解字·敍』

許 愼

古者庖犧氏之王天下也[1], 仰則觀象於天[2], 俯則觀法於地, 視鳥獸之文[3], 與地之宜[4], 近取諸身, 遠取諸物, 於是始作『易』八卦[5], 以垂憲象[6].及神農氏[7], 結繩爲治, 而統其事, 庶業其繁[8], 飾僞萌生[9]. 黃帝之史倉頡[10], 見鳥獸蹏迒之跡[11], 知分理之可相別異也, 初造書契,百工以乂, 萬品以察[12]. 蓋取諸夬[13], 夬揚于王庭, 言文者宜敎明化於王者朝廷, 君子所以施祿及下, 居德則忌也. 倉頡之初作書, 蓋依類象形,故謂之文[14].其後形聲相益, 卽謂之字. 文者物象之本, 字者言孳乳[15]而寖多也[16].箸於竹帛謂之書[17]. 書者, 如也. 以迄五帝三王之世, 改易殊體, 封于泰山者七十有二代, 靡有同焉.『周禮』[18]八歲入小學, 保氏[19]敎國子[20], 先以六書[21].一曰指事, 指事者, 視而可識, 察而見意, 上下是也. 二曰象形, 象形者, 畵成其物, 隨體詰詘, 日月是也. 三曰形聲, 形聲者, 以事爲名, 取譬相成, 江河是也. 四曰會意, 會意者, 比類合誼, 以見指撝, 武信是也. 五曰轉注, 轉注者, 建類一首, 同意相受, 考老是也. 六曰假借, 假借者, 本無其字, 依聲托事, 令長是也. 及宣王太史籒[22], 著大篆[23]十五篇, 與古文或異[24].至孔子書『六經』[25], 左丘明述『春秋傳』, 皆以古文, 厥意[26]可得而說. 其後諸侯力政[27], 不統於王. 惡禮樂之害己, 以皆去其典籍, 分爲七國, 田疇異畝, 車涂異軌, 律令異法, 衣冠異制, 言語異聲, 文字異形. 秦始皇帝初兼[28]天下, 丞相李斯[29]乃奏同之, 罷其不與秦文合者[30].斯作『倉頡篇』[31], 中車府令[32]趙高作『爰歷篇』, 太史令胡母敬作『博學篇』[33], 皆取史籒大篆, 或頗省改, 所謂小篆者也. 是時秦燒滅經書, 滌除舊典. 大發吏卒, 興戍役. 官獄職務繁, 初有隸書[34], 以趣[35]約易, 而古文由此絶矣[36]. 自爾秦書有八體, 一曰大篆, 二曰小篆, 三曰刻符, 四曰蟲書, 五曰摹印, 六曰署書, 七曰殳書, 八曰隸書[37]. 漢興有草書. 尉律[38], 學僮十七以上始試. 諷籒書九千字[39], 乃得爲使. 又以八體試之, 郡移太史並課[40]最[41]者以爲尙書史. 書或不正, 輒擧劾之. 今雖有尉律不課, 小學不脩, 莫達其說久矣[42]. 孝宣皇帝時, 召通『倉頡』讀者, 張敞從受之[43].凉州刺史杜業[44], 沛人爰禮, 講學大夫秦近亦能言之. 孝平皇帝時, 徵禮等百餘人[45], 令說文字未央廷中, 以禮爲小學元士. 黃門侍郎楊雄採以作『訓纂篇』.凡『倉頡』以下十四篇, 凡五千三百四十字, 群書所載, 略存之矣. 及亡新居攝[46], 使大司空甄豐等校文書之部. 自以爲應制作, 頗改定古文[47].時有六書[48], 一曰古文, 孔子壁中書也[49].二曰奇字[50], 卽古文而異者也. 三曰篆書, 卽小篆, 秦始皇帝使下杜人程邈所作也[51].四曰左書[52], 卽秦隸書. 五曰繆篆, 所以摹印也. 六曰鳥蟲書, 所以書幡信也[53]. 壁中書者, 魯恭王壞孔子宅[54], 而得『禮記』·『尙書』·『春秋』·『論語』·『孝經』.又北平侯張敞獻『春秋左氏傳』[55].郡國亦往往於山川得鼎彝[56], 其銘卽前代之古文, 皆自相似. 雖叵復見遠流, 其詳可得略說也.[57] 而世人大共非訾[58], 以爲好奇者也. 故詭更正文, 鄉壁虛造不可知之書, 變亂常行, 以燿於世[59].諸生競逐說字解經誼, 稱秦之隸書爲倉頡時書, 云父子相傳, 何得改易, 乃猥曰[60], 馬頭人爲長, 人持十爲斗, 蟲者屈中也. 廷尉說律[61], 至以字斷法, 苛人受錢[62], 苛之字止句也. 若此者甚衆, 皆不合孔氏古文, 謬於史籒. 俗儒鄙夫玩其所習, 蔽所希聞. 不見通學, 未嘗覩字例之條. 怪舊藝而善野言[63], 以其所知爲秘妙, 究洞聖人之微恉. 又見『倉頡篇』中幼子承詔[64], 因號古帝之所作也.其辭有神仙之術焉.其迷誤不諭, 豈不悖哉.[65] 書曰, 予欲觀古人之象[66].言必遵修舊文而不穿鑿. 孔子曰, 吾猶及史之闕文, 今亡矣夫[67].蓋非其不知而不問. 人用己私, 是非無正, 巧說衺辭[68], 使天下學者疑. 蓋文字者, 經藝之本, 王政之始. 前人所以垂後[69], 後人所以識古. 故曰本立而道生[70], 知天下之至嘖而不可亂也[71].今敍篆文[72], 合以古籒, 博采通人, 至於小大. 信而有證, 稽譔其說[73].將以理群類, 解謬誤[74], 曉學者, 達神恉[75], 分別部居[76], 不相雜廁也[77].萬物咸睹[78], 靡不兼載[79].厥誼不昭[80], 爰明以諭[81].其偁『易』孟氏·『書』孔氏·『詩』毛氏·『禮』周官·『春秋左氏』·『論語』·『孝經』皆古文也. 其於所不知, 蓋闕如也[82].

1 庖犧氏 : 伏戲, 宓羲, 伏羲, 包犧라고도 한다. 전설상의 古代 帝王 중의 하나로, 백성들에게 어업과 수렵, 목축을 가르쳤고 八卦를 만들었다.
2 象 : 現象. 法 : 뜻이 象과 같다.
3 文 : 무늬(紋)를 말한다.
4 宜 : 마땅한 바, 적당한 바를 말한다.
5 八卦 : 『周易』에 보인다. 즉 乾, 坤, 震, 巽, 坎, 離, 艮, 兌를 말한다. 매 卦는 일정 속성을 공유한 사물을 나타낸다.
6 垂 : '드러내다, 보여주다'의 의미이다. 憲象 : 法象이다.
7 神農氏 : 전설상의 古代 帝王 중의 하나이다. 백성에게 농경을 가르쳤고, 藥草를 발견하였다. 結繩의 방법으로 사건을 기록하였다. 『易經·繫辭下』 孔疏에서는 鄭玄의 『周易注』를 인용하여, "사건이 크면 커다란 매듭을 지었고, 일이 작으면 작은 매듭을 만들었다."라고 하였다.
8 庶業 : 각종의 일을 말한다. 其 : 極과 같은 뜻이다.
9 飾僞 : 문장의 꾸밈, 틀림을 말한다. 萌生 : 많다는 뜻이다. 이상 두 句의 내용은 다음과 같다. '사회가 발전함에 따라 結繩으로 사건을 기록하게 되었는데, 많은 문식과 오류가 생겨나게 되어 結繩의 방법으로는 더 이상 문제를 해결할 수 없게 되었다.'
10 黃帝 : 전설에 보이는 中國 中原 각 종족의 先祖이다. 武功과 文化 방면에 공헌이 있었다. 倉頡은 蒼頡로도 쓴다. 전설에서는 皇帝의 史官으로, 漢字의 창시자이다.
11 蹏 : 蹄와 같은 뜻이다. 迒: 禽獸의 족적을 말한다.
12 百工 : 백관을 가리킨다. 乂 : 다스림을 뜻한다. 萬品 : 각종 사물을 가리킨다. 察 : '밝히다. 고찰하다'의 뜻이다.

13 夬 : 卦名으로, 乾 밑에 兌 위에 있다.
14 文 : 書契를 말한다. 施祿及下 : 문장에 능한 자는 공록이 더하여지는 것이다. 居德則忌 : 자기를 규율삼는 것은 德을 귀히 여기고 문식을 귀하게 여기지 않는 것이다.
15 孳乳 : 파생됨을 말한다.
16 段玉裁가 『左傳·宣公十五年』에 근거하여 뜻을 보충한 것을 참고하였다. 寖 : 점점의 뜻이다.
17 書 : 같다는 뜻이다. 문자가 처음에 생겨날 때 같은 類에 근거하고 형상을 본뜬 것을 실제 사물의 모습과 같게 한다는 뜻이다.
18 周禮 : 周制(周나라의 제도)를 말한다.
19 保氏 : 관직 명칭으로, 교육을 관장하였다.
20 國子 : 公卿大夫의 자식을 말한다.
21 六書 : 六藝의 하나로, 漢字의 構造를 말하는데, 指事, 象形, 形聲, 會意, 轉注, 假借이다.
22 太史籒 : 段玉裁는 "太史는 관직명이고, 籒는 인명인데, 이를 줄여서 史籒라고 한다. 『漢書·藝文志』에는 '『史籒』15편'이라고 하였는데, 이는 '周 宣王의 太史가 大篆 15편을 지었다'라는 注가 있다. 또 '『史籒篇』은 周나라 史官이 學童들에게 가르치던 책이다.'라고 하였는데, 그 姓은 상세하지 않다."라고 말하였다.
23 大篆 : '籒文'을 말한다. 『史籒篇』이라는 이름에서 유래하였다. 글자체가 복잡한데, 王國維가 고증한 바에 따르면, 周秦 시기의 西土文字이다. 『說文解字』에서는 223字를 籒文이라고 밝혀 실었다.
24 與古文或異 : 여기서 古文은 실제로 壁中書의 文字를 가리킨다. 이는 漢代 孔子의 집 벽속에서 발견된 藏書로, 또한 科斗文(글자체가 조잡하고 가늘다)이라고 부른다. 六國文字는 東土文字라고 불렀다. 『說文解字』에는 396字가 보인다.
25 六經 : 『易』, 『尙書』, 『詩』, 『禮』, 『樂』, 『春秋』를 가리킨다.
26 厥意 : 古文字의 의미를 말한다. 厥이란 '他'의 의미이다.
27 政 : '정벌하다'의 뜻이다. 王念孫은 "힘으로 서로 정벌하는 것이다."라고 말하였다.
28 兼 : '겸병, 통일하다'라는 뜻이다.
29 李斯(?~208B.C.) : 楚 上蔡(지금의 河南 上蔡) 사람이다. 書를 올려 문자 통일을 요청하였고, 小篆으로 文字를 규범화할 것을 상주하였다. 문자 통일에 상당한 공헌을 하였다.
30 罷 : '폐지'의 의미이다. 秦文은 小篆을 말한다. 『史記·秦始皇本紀』에는 "26년에 …동일한 문자를 사용하였다.(二十六年…書同文字)"라는 기록이 있다.
31 倉頡篇 : 『漢書·藝文志』에는 "『蒼頡篇』 7章은 秦 丞相 李斯가 지은 것이다."라는 기록이 있다. 그러나 지금은 실전되었고 輯本이 있다.
32 中車府令 : 관직명으로, 수레와 마차를 관장하는 관리이다. 『漢書·藝文志』에서는 "『爰歷篇』 6章은 車府令 趙高가 지은 것이다."라고 하였다. 그러나 책은 전하지 않는다.
33 太史令 : 관직명으로, 천문과 율력을 관장하였다. 胡毋가 姓이다. 『漢書·藝文志』에서는 "『博學篇』 7章은 太史令 胡毋敬이 지은 것이다."라고 하였다. 또한 "漢이 흥하자, 민간의 스승들이 『蒼頡篇』, 『爰歷篇』, 『博學篇』 3편을 모아 60字를 1章으로 삼아 모두 55章을 만들었는데, 이것이 『蒼頡篇』이다."라고 하였다. 小篆은 모두 3,300字이다. 淸代 孫星衍, 任大椿, 近代 王國維 등에게 輯本이 있는데, 王國維의 판본이 가장 상세하다.
34 隸書 : 『漢書·藝文志』에는 "이 때 처음으로 隸書를 만들었는데, 관리들의 업무가 많아지게 되어 좀더 편리한 방향으로 나아가기 위하여 隸書를 만들게 되었다."라는 기록이 있다. 隸書는 小篆의 비뚤비뚤한 필획을 간단하게 하여 반듯한 정방형의 書體로 만든 것이다.
35 趣 : '趨'와 같은 뜻으로, '나아가다'의 의미이다.
36 而古文由此絶矣 : 여기서 말하는 古文은 隸書 이전의 각종 古文字를 말한다.
37 自爾 : '이로부터'의 뜻이다. 八體 : 大篆은 春秋戰國 때 秦國에서 통행하던 문자이고, 小篆은 秦 통일 후 법으로 제정한 문자이다. 刻符는 부절에 새기는 문자로 글자체는 篆書이다. 칼로 새기기 때문에 필획이 비교적 곧다. 蟲書는 鳥蟲書라 하기도 하는데, 필획의 처음과 끝이 새의 머리나 벌레의 모양과 유사하기 때문에 명칭이 유래한 것이다. 글자체는 小篆에 속하며 깃발이나 부절에 사용되었다. 摹印은 도장에 쓰였는데, 글자체는 역시 小篆이다. 署書는 봉인이나 題字에 사용되었는데, 실물이 전해지지 않는다. 秦書八體는 모두 小篆에 속하는데, 그 사용처는 약간 다르다. 殳書의 '殳'는 음이 [shū]로 고대의 兵器인데, 殳書는 병기에 새겨 놓은 문자를 말한다. 자체는 小篆이다. 隸書는 관리들이

사무를 편리하게 하기 위해 만든 書體이다.

38 尉律 : 尉는 廷尉로, 관직명이다. 律은 律令이다.

39 諷籒書九千字 : 『漢書·藝文志』에서는 "글자 9,000字를 암송하고 풀이할 수 있어야 史가 될 수 있다.(能諷書九千字以上, 乃得爲史)"라고 적고 있다. 籒를 『說文』에서는 竹部에 배치하고 있으며, "籒는 책을 읽는다.(籒, 讀書也)"라고 풀이하였다. 史는 郡縣의 문서를 작성하는 관리를 말한다.

40 郡移太史並課 : '太史'는 '太史令'을 말한다. '課'는 '심사하다'의 뜻이다. '並課'는 '함께 모이게 하여 심사하다.'의 뜻이다

41 最 : 심사의 등급을 말하는데, 높은 사람을 '最'라 하고, 낮은 사람을 '殿'이라 한다.

42 達 : '통달하다'의 뜻이다.

43 張敞 : 張敞의 字는 子高이고, 河東 平陽(지금의 山西 臨汾) 사람이다. 생졸년이 정확치 않다. 從受之: 『蒼頡篇』을 읽을 줄 아는 사람을 따라 『蒼頡篇』의 音義를 공부하였다.

44 杜業 : 張敞의 外孫子이다.

45 徵禮等百餘人 : 『漢書·藝文志』에는 "元始에 이르러 小學에 통달한 학자를 두루 불러들였는데, 그 수가 백여 명에 이르렀다. 각기 그들에게 궁전에서 글자를 기록하도록 하였으니, 揚雄이 가장 두드러졌고 그는 『訓纂篇』을 지었다."라는 기록이 있다. 『漢書·平帝紀』에 이 일이 기록되어 있는데, 元始 5년의 일이다. 『訓纂篇』은 字書로 60字를 1章으로 하였다. 총 34章 2,040字인데, 책은 이미 망실되었고, 淸 馬國翰의 輯本이 있을 뿐이다.(濮之珍 원서에 馬同翰으로 되어 있으나 馬國翰의 잘못으로 고친다.:譯註)

46 亡新居攝 : 王莽이 攝政할 때를 가리킨다.

47 古文 : 여기서 古文이란 孔子의 壁中書를 말한다.

48 六書 : 秦代 八體 중 두 종류를 뺀 여섯 종류의 서체인 六書를 가리킨다.

49 壁中書 : 『漢書·藝文志』에서는 "武帝 末 魯 恭王이 孔子의 집을 부수어 궁궐을 넓히고자 하였는데, 古文으로 된 『尙書』·『禮記』·『論語』·『孝經』 등 수십 편을 얻게 되었다."라고 하였다. 연구에 따르면 이는 戰國時代 六國文字로서 東土文字라고도 칭하였다.

50 奇字 : 古文 異體字를 말한다. 『說文』에 수록된 奇字는 매우 적다. 『說文』의 예를 보면, "儿은 고문 奇字로서 人이다. 无은 고문 奇字로서 无이다."라고 하였다.

51 秦始皇帝使下杜人程邈所作也 : 段玉裁는 이 13글자를 다음 구절인 '卽秦隸書' 다음에 놓아야 문맥상 이치가 통한다고 하였다.

52 左書 : 左는 '佐'의 뜻으로 '돕는다'라는 의미로 해석된다. 隸書는 쓰기가 편리하여 小篆의 보조수단이 될 수 있으므로 명칭이 붙은 것이다.

53 幡信 : '幡'의 음은 [fān]이고, '旛'과 같은 뜻이다. 幡信은 부절과 같은 종류의 器物로, 고대에는 깃발에 군대의 번호나 명칭을 적어 이를 서로간의 신호로 삼았다.

54 魯恭王 : 漢 景帝의 아들 劉余가 받은 封地가 魯國이고 그 시호가 恭王이다.

55 張敞 : 張敞(?~152 B.C.)은 陽武(지금의 河南省 陽原) 사람이다. 秦나라 때 御史가 되었고, 후에 漢에 귀화하여 北平侯에 封해졌으며 丞相을 역임하였다.

56 鼎彝 : '鼎'은 본래 밥을 지을 때 불을 때는 도구이고, '彝'는 술잔이다. 이 두 명사를 합하여 '鼎彝'는 '청동기'의 통칭이다.

57 雖叵復見遠流, 其詳可得略說也 : '叵'의 음은 [pǒ]이고 '不可'의 뜻이다. 이 구절의 의미는 '비록 역사적인 源流를 살펴볼 수는 없지만 대략적인 상황은 알 수 있다.'는 뜻이다.

58 非訾 : '비난, 훼방'의 의미이다.

59 燿 : '耀'와 같은 뜻이다.

60 猥[wěi] : '함부로, 제멋대로'의 뜻이다.

61 廷尉說律 : '廷尉가 字形을 분석하여 법률 조문을 분석하였다.'라는 뜻이다.

62 苛人受錢 : 본래의 의미는 '뇌물을 받는 것이 불법이라고 꾸짖다.'라는 뜻이다. '苛'는 본래 '呵'인데, '苛'字를 빌려 사용한 것이다. '苛'는 '艸'와 '可'로 이루어진 회의자인데, '艸'를 '止'로 '可'를 '句'로 잘못 풀이하였다. 字形에 근거하여 '苛人受錢'라는 구절을 잘못 해석한 것이다. 許愼은 이처럼 字形에 근거하여 마음대로 해석한 것을 비판하였다.

63 怪舊藝 : 전통 지식을 괴이하다고 여기고 오히려 속설을 믿는다.

64 幼子承詔 : 王筠은 다음과 같이 언급하였다. "'幼子承詔'는 『倉頡篇』의 한 구절이다. 幼子는 학동을

가리키는 것이고, 承詔는 스승의 가르침을 받든다는 뜻이다. 그런데 俗儒들은 『倉頡篇』을 李斯가 지은 것이라는 것을 알지 못하였고, 임금이 명을 내리는 것을 詔라고 여겨, 『倉頡篇』을 古帝가 지은 것이라고 한 것이다."

65 諭 : '깨닫다, 이해하다'의 뜻이다. 悖[bèi] : '잘못되다, 어지럽게 되다'의 뜻이다.

66 予欲觀古人之象 : 象은 '物象'으로, 고대의 문물제도를 말한다. 이 구절은 『尙書·益稷』편에 보인다.

67 吾猶及史之闕文, 今亡矣夫 : 『論語·衛靈公』편에 보인다. 본래 의미는 '나는 史書에서도 의심나서 비워 놓은 것들을 보았으나 요즘 세상에는 볼 수 없다.'라는 것이다. 許愼은 漢代 당시의 몇몇 小學家들이 자기 마음대로 견강부회하는 현실을 안타깝게 생각한 것이다.

68 衺 : '邪'와 같은 뜻이다.

69 垂 : '전해주다, 물려주다'라는 뜻이다.

70 本立而道生 : 『論語·學而』편에 보이는데, 원문은 "君子務本, 本立而道生.(君子는 근본에 힘쓰고, 근본이 서면 道가 생겨난다.)"이다. 도덕과 수양을 위해서는 근본과 기초를 올바르게 쌓아야 한다. 許愼은 이를 인용하여, 文字가 기초가 되고 있음을 강조하였다.

71 知天下之至嘖而不可亂也 : 『易經·繫辭傳上』에 이 구절이 보인다. '嘖'[zé]는 '通賾'(심오함에 통달하다)이다. '賾'은 '심오함'을 말한다.

72 今敍篆文 : 段玉裁는 注에서 "이 구절부터 끝까지는 許愼 자신이 책의 체제를 서술한 것이다."라고 말하였다.

73 稽譔 : '널리 고증하다'의 뜻이고, 譔은 '풀이하다'의 의미이다.

74 解謬誤 : 王筠은 "속세의 학자들이나 평범한 사람들이 내세우는 잘못된 학설을 없애는 것이다."라고 하였다.

75 達神恉 : '達'은 '통달하다'라는 의미이고, '恉'는 '旨'와 같은 뜻이다.

76 分別部居 : 『說文解字』 전권에 수록된 9,353字를 나누어 540部의 部首로 안배하였다는 뜻이다.

77 雜厠 : '厠'는 '置'(배치하다)와 같은 뜻이다. 즉 540部로 나누어 서로 섞이지 않게 배치하였다는 것이다.

78 咸 : '皆, 都'(모두)의 뜻이다.

79 靡 : '無'와 같다.

80 厥 : '其'(그)와 같은 뜻이다. '誼'는 '義'와 같은 의미이다. 段玉裁는 注에서 "'誼'란 字義, 字形, 字音을 겸하는 것을 말한다."라고 하였다. '昭'는 '明'(밝히다)의 뜻이다.

81 爰明以諭 : 경전을 인용하여 설명하는 것으로, 段注에서는 '諭'를 '告'로 풀이하였다.

82 闕如 : '빼 버리고 언급하지 않는다'의 뜻이다. '闕'은 '缺'과 같다.

제 5절 漢語 語源을 연구한 전문서『釋名』

1.『釋名』의 저자 및 시대

劉熙는 漢末의 훈고학자로, 字는 成國이며 北海[1] 사람이다. 그는 어원학 관점에서 훈고를 연구했다. 그의 저작『釋名』은 음이 같거나 비슷한 글자로 뜻을 해석했으며, 또한 당시의 어음과 古音의 다른 점에 주의하여 漢語어원학의 주요한 저작이 되었다.『釋名』은 모두 27편으로 8권으로 나뉘어져 있다. 체제는『爾雅』를 모방하여 音訓을 사용하고 음이 같거나 비슷한 글자로 字義를 해석하여 사물 명칭의 유래를 규명했는데, 그 중에는 주관적으로 穿鑿附會한 곳도 있다. 그러나 어원을 연구하고 古音과 古義를 고증한 것은 참고할 만한 가치가 있다.『釋名』은 淸代에 이르러서야 주석본이 있게 되었는데, 가장 빠른 것이 畢沅의『釋名疏證』이며 뒤에 王先謙의『釋名疏證補』, 成蓉鏡의『釋名補證』과 吳翊寅의『釋名疏證校議』가 나왔다.

『隋書·經籍志』는『釋名』 8권은 劉熙가 편찬한 것이라고 수록하고 있다. 지금 전하는『釋名』은 漢代 徵士 北海 사람 成國 劉熙가 편찬한 것을 말한다. 陳振孫의『直齋書錄解題』와 馬端臨의『文獻通考』에서도 마찬가지로 적고 있다.『顔氏家訓·音辭篇』에서는 劉熹가『釋名』을 지었다고 했다.(『文選注』에서는 李登『聲類』의 "熹는 熙와 같다."[2]를 인용함.)『釋名』의 저자는 원래 문제가 없었지만,『漢書』에는 劉熙의 傳이 없고『後漢書·文苑傳』에는 劉珍이『釋名』 30편을 편찬했다고 되어 있다. 劉珍은 字가 秋孫으로 일명 寶이며, 南陽 蔡陽 사람으로 永初(107~113)중에 謁者[3]가 되었고, 延光 4년(125)에 宗正을 배알하고 그 다음 해에 세상을 떠났다. 그는『釋名』 30편을 편찬하여 문물의 호칭을 가려냈다. 劉珍은 安帝 때 사람으로 順帝 永建 元年에 세상을 떠났다. 劉珍의『釋名』은 후에 전하는 책도 없고 기록도 보이지 않는다. 劉熙의『釋名』이 대대로 저술로서 보이나, 事略은 그다지 증명할 만하지 못하다.『續博物志』에 漢나라 博士 劉熙가 있고,『直齋書錄解題』·『中興館閣書目』·『文獻通考』에는 모두 漢나라 徵士[4]로 기록하고 있다.『隋書·經籍志』는

---

1 지금의 山東省 濰坊 西南을 말함.
2 "熹與熙同."
3 永初는 東漢 安帝 劉祜의 연호를 謁者는 사방으로 파견되는 使者를 말함.(譯註)
4 학문과 덕행이 높아 임금이 부르나 벼슬하지 않는 사람을 말함.

『大戴禮記』 13권에서 말하기를 “梁나라에는 『諡法』 3권이 있었는데, 後漢 安南 太守 劉熙가 주했으나 없어졌다.”[5]라고 하였다. 이로써 『釋名』에 安南 太守 劉熙가 편찬한 것이라는 말이 있어 『釋名』의 저자에 대해 비로소 의문을 갖게 되었다. 淸代 『四庫全書總目提要』에서는 “『後漢書·劉珍傳』에 劉珍이 편찬한 『釋名』 30편을 말하고 있는데, 책 이름이 서로 같고 성 또한 같다. 鄭明이 『秕言』을 지었는데 상당히 의심스럽다.”[6]라고 하였으며, 淸代 畢沅·錢大昕은 『三國志·吳志·程秉傳』을 고증하여 “交州로 난을 피했다가, 劉熙와 대의를 논하여 드디어 五經에 널리 통했다.”[7]라고 하였다. 「薛綜傳」에서는 “어려서 친족에게 의지하여 벽지인 交州에서 劉熙에게 배웠다.”[8]라고 했으며, 「韋曜傳」에서는 “曜는 獄吏로서 劉熙가 지은 『釋名』을 보고 진실로 훌륭한 것이 많다는 상서를 올렸다.”[9]라고 했다. 畢沅은 ‘『釋名』은 劉珍이 시작하고 劉熙가 뒤이었다는 것이 의심스럽다’고 생각했다. 畢沅, 錢大昕이 고증한 바를 종합해 보면 두 개의 『釋名』이 있었는데 劉珍의 『釋名』은 일찍이 없어지고 劉熙의 『釋名』만이 전해지게 된 것이 아닐까 여겨진다. 지금 전하는 『釋名』은 劉熙가 편찬한 것이라는 데에는 의심할 만한 것이 없다. 또한 劉珍이 順帝 永建 원년에 세상을 떠난 것과 94년이 지난 후 漢나라가 망하고 10년 후에 吳나라가 세워져 程秉·薛綜이 모두 劉熙와 교류한 것을 참고해 보면, 劉珍과 劉熙와의 차이가 최소한 50년 이상이 된다. 또한 郝懿行의 『劉熙釋名考』에서도 劉熙가 漢나라 獻帝 劉協 建安 시기의 사람이라고 여겼고, 『釋名』이 반드시 220년 이후에 나온 것은 아니라고 하였다.

2. 『釋名』의 내용과 체제

『釋名』이란 사물의 이름을 해석하고자 지은 것이다. 모두 27편이며, 분류는 『爾雅』와 거의 같다. 내용은 다음과 같다.

卷一 : 釋天 釋地 釋山 釋水 釋丘 釋道
卷二 : 釋州國 釋形體
卷三 : 釋姿容 釋長幼 釋親屬

5 “梁有『諡法』三卷, 後漢安南太守劉熙注, 亡.”
6 “『後漢書·劉珍傳』稱珍撰『釋名』三十篇, 其書名相同, 姓又相同, 鄭明選作『秕言』. 頗以爲疑.”
7 “避亂交州, 與劉熙考論大義遂博通五經.”
8 “少依族人, 避地交州, 從劉熙學.”
9 “曜因獄吏上書, 見劉熙所作『釋名』, 信多佳者.”

卷四 : 釋言語 釋飮食 釋采帛 釋首飾
卷五 : 釋衣服 釋宮室
卷六 : 釋床帳 釋書契 釋典藝
卷七 : 釋用器 釋樂器 釋兵 釋車 釋船
卷八 : 釋疾病 釋喪制

『爾雅』와 비교해 보면, 『爾雅』의 釋詁·釋訓·釋言 및 釋草·釋木·釋蟲·釋魚·釋鳥·釋水·釋畜 등 10편이 없다. 『爾雅』의 釋親이 釋長幼·釋親屬으로 확대되었고, 『爾雅』의 釋器는 釋采帛·釋首飾·釋床帳·釋用器·釋樂器·釋兵·釋車·釋船으로 확대되었으며, 『爾雅』의 釋地는 釋地·釋州國·釋道로 확대되었다. 그러나 釋天·釋地·釋山·釋水·釋丘·釋宮室·釋樂器는 『爾雅』의 체제와 같다. 釋形體·釋姿容·釋言語·釋飮食·釋書契·釋典藝·釋疾病·釋喪制는 『爾雅』에는 없는 것이다. 畢沅은 『釋名』을 일러, '방언과 속어를 참고했고, 古今을 합하여 고증했으며, 名物의 다름을 밝혔고, 典禮의 차이점을 변별했으니, 진실로 『爾雅』·『說文解字』이후 없어서는 안될 책이다'라고 했다.

名物과 典禮를 변별하고 밝힌 부분은 『爾雅』·『說文解字』보다 범위가 넓다. 예를 들면 『說文解字』에는 韡자가 없고 『新附』에서는 鞮에 속한다고 했다. 『釋名·釋衣服』에서는 "韡는 '跨'이다. 두 발을 각각으로 하여 말에 타는 것이다. 본래는 胡服으로써 趙 武靈王이 입었던 것이다."[10]라고 했다. 『爾雅·釋丘』에는 陽丘에 관한 것이 없다. 『釋名·釋丘』에서는 "언덕이 높은 것을 陽丘라고 하는데, 매우 높아 태양과 가깝다는 것이다."[11]라고 했다.

즉 같은 名物, 典禮이면서도 명칭이 다른 것 또한 상당히 많은데, 『說文解字』에서는 "평평한 흙에 나무가 모여 있는 것을 '林'이라 한다."[12]라고 했고, 『釋名·釋山』에서는 "산에 나무가 모여 있는 것을 '林'이라 한다. '林'은 '森'으로 나무가 많은 모양이다."[13]라고 했다. 『爾雅·釋宮』에서는 "좁고 길쭉하게 굽은 것을 '樓'라 한다"[14]고 했는데, 『釋名·釋宮室』에서는 "樓란 출입문에 화살 구멍이 드문드문 뚫려 있는 모양을 말한다."[15]라고 했다.

시대가 바뀜에 따라 명칭이 달라졌고, 명칭이 비록 같아도 음의 변화로 해설이

10 "韡, 跨也. 兩足各以一跨騎也. 本胡服, 趙武靈王服之."
11 "丘高曰陽丘, 體高近陽也."
12 "平土有叢木曰林."
13 "山中叢木曰林. 林, 森也. 森森也."
14 "狹而修曲曰樓."
15 "樓, 言牖戶諸射孔婁婁然也."

달라졌다. 예를 들면 『說文解字』에서는 "산은 '宣'이다. 널리 기운을 흩뜨려 만물을 생겨나게 하는 것이다."[16]라고 했는데, 『釋名』에서 "산은 '생산하다'라는 뜻이다."[17] 라고 했다.

『釋名』은 『爾雅』·『小爾雅』보다 300여 년 후에 나왔으며, 『說文解字』보다는 약 100년 정도 후에 나왔으므로 당시 名物典禮에 대해 상당히 참고할 만한 가치가 있다.

『釋名』에서 풀이한 名物·典禮를 모두 합하면 1,502가지가 되는데, 비록 완비된 것은 아니나, 당시의 名物·典禮의 개괄을 대체적으로 알 수 있다.

그 조례는 顧千里의 『釋名略例』에서 다음과 같이 말하고 있다.

> **本字로 예를 든 것** : 예를 들면 "冬을 上天이라고 하며, 그 氣가 위로 올라가 땅과는 끊어지는 것이다."[18]라고 하였다. 이는 上(올라간다)으로 上을 해석한 것으로 本字의 예이다.
>
> **本字를 겹친 것** : 예를 들면 "春은 蒼天이라고 하며, 陽氣가 발하기 시작하면 색이 푸릇푸릇하다."[19]라고 하였다. 蒼蒼으로 해석을 하였으니, 本字를 중첩한 예이다.
>
> **本字이지만 글자를 바꾼 예** : 예를 들면 "宿는 별자리라는 뜻이다. 별들이 각기 그 장소에 머무는 것이다."[20]라고 하였다. 머문다는 뜻의 宿로 별자리라는 의미의 宿를 해석한 것으로, 本字이지만 글자의 뜻이 다른 경우의 예이다.
>
> **글자를 바꾼 예** : 예를 들면 "天이란 드러난다는 뜻이며, 위의 높은 곳에서 드러난다는 것이다."[21]라고 하였다. 이것은 顯으로 天을 해석한 것으로, 글자가 바뀐 예이다.
>
> **다른 글자를 중첩한 예** : 예를 들면 "雲이란 여러 가지 말이란 뜻과 같으며, 무리가 의견이 많다는 것이다."[22]라고 하였다. 云云으로 雲을 해석한 것이니, 다른 글자를 중첩한 예이다.
>
> **다른 글자를 두번 사용한 경우** : 예를 들면 "腹이란 겹친다는 의미이며, 풍부하다는 의미이다."[23]라고 하였다. 이는 複也·富也로 腹을 두 번 해석한 것이니, 두 번에 걸쳐 다른 글자를 사용한 예이다.
>
> **다른 글자로 돌려가며 해석한 경우** : 예를 들면 "兄이란 荒이며, 荒이란 크다는 뜻이다."[24]라고 하였다. 이것은 荒으로 兄을 해석하고, 大로 荒을 해석한 것으로, 다른 글자를 돌려가며 해석한 예이다.
>
> **다른 글자를 생략하여 사용한 경우** : 예를 들면 "綈는 씽씽매미와 비슷한 색을 띠는데, 녹색이며 윤기가 난다."[25]라고 하였다. 만약 생략하지 않는다면, 마땅히 綈蛦라고 해야 한다.

---

16 "山, 宣也. 謂能宣散氣生萬物." 濮之珍 원문에는 '宣令散生萬物.'이라고 되어 있으나 『說文』에 따라 바로 잡았다.(譯註)

17 "山, 産也."

18 "冬曰上天, 其氣上騰與地絶也."

19 "春曰蒼天, 陽氣始發, 色蒼蒼也."

20 "宿, 宿也. 星各止宿其處也."

21 "天, 顯也, 在上高顯也."

22 "雲, 猶云云, 衆盛意也."

23 "腹, 複也, 富也."

24 "兄, 荒也, 荒, 大也."

蝌로 綈를 해석하고 蝌也 두 글자를 생략한 것으로, 다른 글자를 생략한 예이다.

중첩된 다른 글자를 생략한 경우 : 예를 들면 "夏는 昊天이라고 하며, 그 氣의 퍼짐이 넓고 넓은 것이다."[26]라고 하였다. 만약 생략하지 않았다면, 昊라고 하는 것은 당연히 顥顥와 같다라고 하여 顥顥로 昊를 해석해야 하지만 昊猶顥顥라는 네 글자를 생략한 것이다. 중첩된 다른 글자를 생략한 예이다.

두 글자를 바꾼 경우 : 예를 들면 "摩娑는 말살의 뜻이다."[27]라고 하였다. 末殺로 摩娑라는 두 글자를 해석한 것으로, 두 글자를 바꾼 예이다.

이상의 10가지 예는 모두 本字와 易字라는 두 예를 벗어나지 않았다. 本字로 설명할 수 있는 것은 곧 本字를 사용하여 그것을 해석하였으니, 예를 들면 冬天을 上天이라고 이름한 까닭은 그 氣가 위로 올라가기 때문이라는 것이다. 本字로 설명할 수 없는 것은 곧 易字로 설명하였으니, 예를 들면 夏天을 昊天이라고 이름한 까닭은 氣가 넓게 분포하기 때문이라는 것이다. 昊에는 광대하게 퍼진다는 의미가 없으므로 灝字로 바꾸어 그것을 해석한 것이다. 그러나 顧千里의 10가지 예에는 맞지 않은 부분이 있다. 예를 들어 氣가 위로 올라가는 것을 上天이라고 해석하였는데, 위로 향한다는 의미의 上은 動詞가 되는 한편, 위에 있다는 의미의 上은 名詞가 되기도 한다는 것이다.

楊樹達(1885.6～1956.2)의 『釋名新略例』[28]에서는 『釋名』의 체제를 同音·雙聲·疊韻 세 가지 예로 분석하였다. 다시 세분하여 "本字로 해석한 것, 同音字로 해석한 것, 同音符字로 해석한 것, 音符의 字로 해석한 것" 등 9가지 예로 세분하였는데, 그 예는 다음과 같다.

동음자(同音字)로 해석한 것 :
雨는 羽이다. 새 깃털의 움직임이 마치 흩어지는 것 같다.[29](「釋天」)
楣는 眉이다. 앞쪽으로 각각 두 개가 있는데, 마치 얼굴에 눈썹이 있는 것과 같다.[30](「釋宮室」)

쌍성자(雙聲字)로 해석한 것 :
公은 넓다는 뜻이다. 널리 베풀 수 있다.[31](「釋言語」)
含은 합한다는 뜻이다. 입을 합하여 멈추는 것이다. 銜 역시 그러하다.[32](「釋飮食」)

25 "綈, 似蝌蟲之色, 綠而澤也."
26 "夏曰昊天, 其氣布散顥顥也."
27 "摩娑, 末殺也."
28 『積微居文錄』 참조. 楊樹達은 字가 遇夫이고 號가 積微翁이다. 이 책은 『積微居小學述林』이라고도 하며 中華書局에서 1954년과 1983년에 나누어 출판하였다.(譯註)
29 "雨, 羽也; 如鳥羽動則散也."
30 "楣, 眉也; 近前各兩, 若面之有眉."
31 "公, 廣也. 可廣施."

첩운자(疊韻字)로 해석한 것 :
月은 모자란다는 뜻이다. 가득차면 곧 이지러진다.[33](「釋天」)
禮는 몸체이다. 몸을 섬기는 것이다.[34](「釋典藝」)

3. 『釋名』 자료의 내원과 연구 방법

『釋名』 自序에서 말하기를 "무릇 실물에 이름을 붙이는 데는 의미에 따른 종류가 있다. 백성들은 날마다 말하고 있으면서도 그것이 그러한 의미를 갖는 까닭을 모른다. 그러므로 天地, 陰陽, 四時, 邦國, 변경, 수레와 복식 장례에서 아래로는 서민이 쓰는 그릇에 이르기까지 모아서 논하고 귀납하여, 『釋名』이라 하였으니, 모두 27편이다."[35]라고 하였다. 劉熙는 『自序』에서 先秦 諸子들의 名實을 탐구하는 정신을 이어받아 연구한 것이라고 하였다. 『釋名』의 '名'과 『說文解字』의 '文'·'字'는 의미는 비슷하지만 중점을 두고 있는 바가 다르다. 구별하자면, 文은 형태를 살펴서 의미로 나간다는 것이고, 字는 형태와 소리에서 넓게 온다는 것이다. 名은 소리를 잘 살펴 똑바로 읽어내는 것이다. 劉熙는 『釋名』에서 각종 사물의 명칭 즉 서문에서 지적한 각종 雅俗의 명칭에 대하여 '그러한 연유'를 분명하게 해 주려는 것으로, 큰 포부를 가지고 있었다. 그는 先秦 이래 전통적인 訓詁 방법의 하나인 '聲訓法'[36]을 응용하여 사물과 전례, 명칭의 근본을 탐구하였으니, 현대 언어 학술어로 말하자면 '語源學'을 탐구하고 연구한 것이다. 이것은 중국 고대 언어학사에 있어서 중요한 발전이다. 『釋名』은 1,502조의 단어항목을 語源면에서 해석하였는데, 그 성과가 매우 크다.

『釋名』은 모두 27편으로 모두 同音字 또는 近音字로 단어의 의미를 해석하는 聲訓法을 채용하였다. 이 방법은 劉熙가 先秦과 漢人들의 저작 중에서 聲訓과 관계가 있는 자료를 모아 그 위에서 발전시킨 것이다. 『釋名』은 『爾雅』·『方言』과 마찬가지로 書面 자료와 口語 자료를 함께 사용하였다. 모두 1,502항목으로, 대부분이 "백성들이 날마다 말하는"[37] 상용어이다. 그리고 『釋名』의 해석에 方言과 俗語의

---

32 "含, 合也. 合口停之也; 銜亦然."
33 "月, 闕也. 滿則闕."
34 "禮, 體也. 得其事體."
35 "夫名之于實, 各有義類. 百姓日稱而不知其所以之意. 故撰天地·陰陽·四時·國·都鄙·車服·喪紀, 下及民庶應用之器, 論敘指歸, 謂之『釋名』, 凡二十七篇."
36 聲訓法이란 음이 같거나 비슷한 자로 글자의 의미를 해석하는 방법을 말한다.(譯註)
37 "百姓日稱."

讀音을 이용하여 해석한 것이 많다. 예를 들어 1권의 「釋天」에서는 '天'자 한 항목에 豫·司·兗·冀와 靑徐 諸州의 '天'자에 대한 讀法을 인용하였다. 이것은 물론 당시 많은 백성들의 입속에 있는 살아 있는 말이다. 이 책에는 이처럼 당시의 口語를 이용하여 해석한 것이 수십 항목에 달한다. 이처럼 『釋名』은 先秦 典籍 書面語에서 자료를 구하였을 뿐 아니라, 당시 口語 자료를 매우 중시하였던 것이다.

『釋名』은 모두 27권으로, 聲訓의 방법으로 연구되었다. 즉. 聲訓의 방법으로 字義의 語源을 탐구한 것이다. 중국 고대의 몇몇 학자들은 語源의 발생에 대해 흥미를 가졌으며, 西方의 고대학자, 예를 들면 소크라테스(Socrates:469～399B.C.)·플라톤(Platon:427～347B.C) 등도 일찍이 語源에 대해 흥미를 가졌었다. 『論語』·『孟子』에도 이미 聲訓이 있었지만, 漢代에 이르러 聲訓이 대량으로 응용되었다. 학자들은 사물이 이름을 얻은 것에 대한 진정한 해석을 탐구하고자 하였는데, 이러한 연구 방법과 지도 사상은 荀子의 "명칭에는 본래부터 정해진 바가 없고 사람들의 약속에 따라서 命名되는 것이니, 약속이 확정되어 습관화되면 그것을 합당한 명칭이라 한다."[38]라고 한 言語學 思想과 위배되는 것이다. 이른바 聲訓은 語音이 서로 같거나 비슷한 詞를 이용하여 詞의 의미를 설명하는 것으로서, 聲訓의 명칭은 이로부터 온 것이다. 劉熙는 前人들이 운용한 聲訓의 기초 위에 다시 수집과 연구를 가하여 진일보한 발전을 이루어 내었으니, 이로써 『釋名』이 聲訓의 專門書가 된 것이다.

그러나 劉熙의 『釋名』 이전의 聲訓은 모든 詞에 대한 어원을 고찰한 것이 아니다. "백성들이 날마다 말하는" 일반 詞語는 聲訓의 대상이 아니고, 다만 名稱, 典章, 制度, 天干, 地支 등의 詞語가 聲訓의 대상이었다. 예를 들면 『春秋繁露·深察名號』에서는 "천하를 다스리는 실마리는 크고 작음을 살펴 변별하는 것이고, 그것을 변별하는 단서는 그 명칭을 살피는 데 있다."[39]라고 하였다. 또, "명칭이 서로 비슷한 것은 하늘과 땅에서 취하였다."[40]라고 하였으며, "명칭은 聖人이 하늘의 뜻을 드러내는 것으로서 깊이 살피지 않을 수 없다."[41]라고 하였다. 이로써 그들은 명칭을 살피는 것을 천하를 다스리는 법도로 여기고 있다는 사실을 알 수 있다. 그렇다면 어떻게 고찰해야 할 것인가? 聲訓의 방법을 벗어날 수 없다. 『春秋繁露』 가운데 "君은 으뜸이다. 君은 근본이다. 君은 권세이다. 君은 온순하다. 君은 무리이다."[42]라

38 "名無固宜, 約之以命, 約定俗成謂之宜."
39 "治天下之端, 在審辨大, 辨大之端, 在察名號."
40 "名號之近, 取之天地."
41 "名則聖人所發天意, 不可不深觀也."
42 "君者, 元也, 君者, 原也, 君者, 權也, 君者, 溫也, 君者, 羣也."

고 하였으니, 이로 부터 '君'자에 대한 聲訓은 일반적인 詞義가 아니라 어떻게 君의 道가 되는가를 가리키는 것임을 알 수 있다. 漢代의 聲訓은 孔子가 말한 "政이란 올바름이다."[43]라는 범주를 벗어나지 못하였다. 그들은 聲訓이라는 수단을 이용하여 儒家의 정치사상을 선양하였다. 劉熙의 『釋名』은 前人들의 기초 위에 어휘를 수집하고 거기에 창조를 더하였다. 그는 언어학 관점에서 출발하여 聲訓을 연구하고, 前人들이 聲訓을 이용하여 儒家思想을 선양하려는 범주를 벗어났는데, 이 점이 언어학사에서 볼 때 고대 언어학의 발전에 크게 공헌한 점이다.

『釋名』은 聲訓을 운용하여 뜻을 풀이하였다. 주요 방식은 다음과 같이 구분할 수 있다.

方言의 차이를 이용하여 해석한 것으로, 예를 들면 다음과 같다.

「釋水」: "兗州 사람들은 澤을 掌이라 하였다."[44]

音義를 이용하여 뜻을 연쇄적으로 풀이하는 방법으로, 예를 들면 다음과 같다.

「釋典藝」: "爾는 昵이고, 昵은 近이다."[45]
"雅는 義이고, 義는 正이다."[46]

同義를 이용하여 비유하는 방식으로, 예를 들면 다음과 같다.

「釋牀帳」: "幄은 屋이다. 형체가 마치 집과 같다."[47]

複音節詞를 이용하여 單音節詞를 해석한 것으로, 예를 들면 다음과 같다.

「釋宮室」: "梁은 彊梁이다.(彊梁은 疊韻)"[48]

먼저 한 글자를 이용하여 뜻을 풀이한 후, 다시 形容詞를 덧붙여 해석하는 것으로, 예를 들면 다음과 같다.

43 "政者, 正也."
44 "兗州人謂澤爲掌."
45 "爾, 昵也. 昵, 近也."
46 "雅, 義也. 義, 正也."
47 "幄, 屋也, 形如屋也."
48 "梁, 彊梁也.(彊梁은 疊韻)"

「釋采帛」: "紈은 渙이다. 환은 빛나는 모양이다."[49]
「釋天」: "光은 晃이다. 번쩍번쩍 빛나는 모양이다."[50]

먼저 單字의 聲訓을 이용하여 뜻을 풀이한 후, 다시 해석을 덧붙인 것으로, 예를 들면 다음과 같다.

「釋天」: "日은 實이다. 빛이 밝고 성대하며 꽉차있는 것이다."[51]
"月은 缺이다. 가득차면 이지러진다."[52]
「釋地」: "土는 吐이다. 만물을 내어 생겨나게 하는 것이다."[53]

한 글자에 여러 가지 풀이가 있는데, 語音 뿐 아니라 의미면에서도 서로 통하는 여러 예를 나열한 것으로, 예를 들면 다음과 같다.

「釋地」: "地는 底이다. 그 아래에 만물을 싣고 있는 것이다. 또한 諦라고도 한다. 五土에서 생겨난 것은 모두 믿을 만한 도리가 있다. 易經에서는 이를 坤이라 하는데, 坤은 순응하다는 의미로서 위로 乾(하늘)에 순응한다."[54]
「釋形體」: "毛는 貌이며, 冒이다."[55]

4.『釋名』의 공헌과 영향

漢代 언어학에서『爾雅』는 訓詁의 시작이고,『方言』은 방언을 비교하여 詞彙를 연구한 것이고,『說文』은 文字의 각도에서 언어학을 연구하였으며,『釋名』은 聲音으로 부터 뜻을 풀이하여 聲訓을 창조하였다.『釋名』은 詞義를 연구할 때, 형체의 분석에 얽매일 필요가 없음을 강조하고, 언어임에 착안하여 '義類'와 聲符와의 관계를 탐구함으로써 언어학 연구에 있어 새로운 영역을 개척하였다. 당연히『釋名』의 聲訓은 前人이 세운 기초 위에 발전한 것이다. 先秦 이래로 同音이나 音이 비슷한 글자를 이용하여 뜻을 풀이하는 것 즉 語音에 착안한 聲訓法은 일찍이 訓詁學者들에 의해 사용되었다. 예를 들면『爾雅』,『說文』과 漢代 董仲舒의『春秋繁露』, 班固

49 "紈, 渙也. 渙, 渙然也."
50 "光, 晃也, 晃晃然也."
51 "日, 實也. 光明盛實也."
52 "月, 缺也. 滿則缺也."
53 "土, 吐也. 吐生萬物也."
54 "地者, 底也. 其體底下載萬物也. 亦言諦也, 五土所生莫不信諦也. 易謂之坤, 坤順也, 上順乾也."
55 "毛, 貌也, 冒也."

의 『白虎通』 등에서 모두 이를 채택하였다. 그러나 이것들은 『釋名』과 두가지 다른 점이 있다. 첫째, 數量이다. 과거에는 가끔 사용하였지만 『釋名』에서는 전부 聲訓을 채용하였다. 둘째, 언어학에 대한 생각이 크게 달랐다. 과거에는 聲訓을 이용하여 儒家思想을 선양하였지만, 『釋名』은 언어학의 관점에서 詞源을 연구하고, 文字 形體의 속박을 벗어났으며, 文字로써 儒家思想을 선양하는 경향에서 벗어나 言語 聲音을 이용하여 뜻을 탐구하였다. 그러므로 『釋名』은 漢代 언어학에 새로운 영역을 열었고, 후세의 "聲으로써 뜻을 구하는"[56] 방법에 대해 선구적 역할을 하였다. 후세의 '右文說', 즉 諧聲字의 편방이 뜻을 겸하여 갖고 있다는 주장, 王念孫 學派의 "古音으로부터 古義를 탐구하고, 引申하여 여러 유형을 통괄하고, 形體에 구애받지 않는다."[57]라는 설은 모두 이 영향을 받은 것이다.

『釋名』은 이미 漢語 讀音에 대해 오늘날에 가까운 語音描寫學적 方式을 채택하였으며, 또한 方音을 이용하여 비교 연구하였다. 예를 들면 『釋名·釋天』에서 다음과 같이 말하였다.

> 天은 豫, 司, 兗, 冀 지역에서는 혀의 중간 부분으로 발음하여 天을 顯이라 하였다. 높은 곳에 있으면 만물이 드러난다. 靑, 徐 지역에서는 혀끝으로 발음하여 天을 坦이라 하였는데, 거리낌 없이 높고 아득한 것이다.[58]

다시 예를 들면 다음과 같다.

> 風은 兗, 豫, 司, 冀 지역에서는 입을 다물고 두 입술로 발음하여, 風을 氾(넓다)이라고 발음하였다. 즉 그 기운이 넓고 넘쳐서 물체를 움직이게 하는 것이다. 靑, 徐 지역에서는 입을 열어 한 입술로 발음하여, 風을 放(내보내다)이라 발음하였다. 즉 입김이 나와 흩어진다.[59]

이른바 舌腹, 舌頭, 橫口, 合脣, 踧口, 開脣이라 말한 것은 모두 발음 부위, 발음 방법에 따라서 漢語의 발음을 묘사한 것이라 생각된다. 劉熙는 일찍이 1,700년 전에 이미 이와 같은 語音을 묘사하였으니, 가히 뛰어나다 할 수 있다.

『釋名』은 광범위하게 聲訓을 이용, 뜻을 풀이하여 후세 언어 연구에 지대한 영향을 미쳤다. 聲訓이란 방법은 그 성과가 뛰어나지만, 과실 또한 많다. 同音字나 近音

56 "以聲求義."
57 "就古音求古義, 引申觸類, 不限形體."
58 "天, 豫, 司, 兗, 冀以舌腹言之, 天顯也, 在上高顯也. 靑, 徐舌頭言之, 天, 坦也, 坦然高而遠也."
59 "風, 兗, 豫, 司, 冀橫口合脣言之, 風, 氾也, 其氣博氾而動物也. 靑, 徐言風, 踧口開脣推氣言之, 風放也, 氣放散也."

字를 이용하여 임의대로 뜻을 해석한 병폐 때문에, 그 해설이 과학적이지 못하다. 후세에 이를 기초로 하여 '右文說'이 생겨났는데, 일련의 同聲母字에 근거하여 각 글자의 공통되는 의미를 찾아내었다. 즉 일련의 同聲母字에서는 공통의 개념부분을 가지고 있다고 한 것은 비교적 신중한 것이었다. '右文說'은 晋代 사람 楊泉이『物理論』上에서 "金에 대해서는 견고하다고 하고, 초목에 대해서는 빽빽하다고 하며, 사람에 대해서는 현명하다고 한다."[60]라고 한 말에서 부터 시작되었다. 宋代에 이르러 王子韶[61]가 字學을 연구하였는데, 그는 漢字는 소리가 왼쪽에 있고, 뜻이 오른쪽에 있으며, 글자에 某聲이 있으면 某라는 공통 의미를 갖게 된다라고 생각하였다. 예를 들면 "戔은 작다이다. 물이 적은 것을 淺이라 하고, 돈이 적은 것을 錢이라 하고, 음식이 적은 것을 殘이라 하고, 재물이 적은 것을 賤이라 하는데, 모두 戔字가 그 뜻이 되었다."[62]라고 주장하였다. 이후 王觀國·張世南·戴侗 등이 이 설을 주장하였으나, 예로 든 글자 수가 적고, 이론적으로 고찰할 수 없다는 결점이 있다. 淸代에 이르러 黃生의『字詁』에서 비로소 聲音과 訓詁가 서로 상통하는 이치를 천명하였고, 段玉裁는『說文解字注』에서 "聲符로써 뜻을 삼는"[63] 견해를 주장하였다. 그는 古人들에게는 먼저 소리가 있고 그 후에 문자가 있어서,『說文』가운데 동일 聲符로 이루어진 글자는 반드시 그 뜻이 같다고 생각했다.『說文注』에는 段玉裁가 이러한 방법을 채택하여 주석한 곳이 수십 군데나 있다. 예를 들어, "力은 筋이다. 사람에게 있어 신체의 결이 되는 것으로, 근육에는 찾을 수 있는 맥락이 있다. 그러므로 결이 있는 글자는 모두 형부가 力이다. 朸은 나무의 결이고, 防은 역시 형부가 力으로서, 땅의 결이다. 泐은 水石의 결이다."[64]라고 하였다. 王念孫의『廣雅疏證』에서도 역시 "聲符로 뜻을 삼는다."[65]는 견해를 제기하였다. 후에 郝懿行의『爾雅義疏』, 錢繹의『方言箋疏』은 모두 이러한 견해를 펴고 있다.

『釋名』은 전통 훈고학에서 그 가치가 매우 커서 '釋名派의 訓詁'라고 일컬어졌고,『爾雅』·『方言』과 더불어 3대 저작이 되었다.『釋名』의 訓詁를 연구하고, 고대 경전 및『說文』·『爾雅』·緯書 등과 비교 연구하여 다음과 같은 네 가지로 분류한 학자도

---

60 "在金曰堅, 在草木曰緊, 在人曰賢."

61 字는 聖美, 山西 太原 사람. 濮之珍 원문에는 聖美를 '舜美'로 적고 있는데 잘못된 것이다.(譯註)

62 "戔, 小也. 水之小者曰淺, 金之小者曰錢, 餐之小者曰殘, 貝之小者曰賤, 皆以戔字爲義." 沈括의『夢溪筆談』에 보임.

63 "以聲爲義."

64 "力者, 筋也. 在人爲人身之理, 筋有脈絡可尋, 因此, 凡有理之字皆從力. 朸, 在木之理, 防, 從力, 地之理, 泐, 水石之理."

65 "以聲爲義."

있다. 訓이 같은 것, 訓이 같지 않은 것, 訓은 같으나 실제로는 같지 않은 것, 訓이 같지 않으나 실제로는 같은 것 등의 네 종류이다. 『釋名』은 또한 당시의 方言, 器物名稱, 漢代의 制度, 古書에 대한 校正 등을 기록하면서 모두 명칭을 풀이하였는데, 雙聲疊韻을 이용하여 뜻을 풀이하였다고 할 수 있다. "乾은 건장하다."[66]라는 것 등은 경전에 보인다. "日은 꽉 찬 것이다."[67]라는 것 등은 『說文』에 보인다. 經典이나 『說文』에 보이지 않는 것이 매우 많은데, 옛날부터 전해오는 訓詁의 유산인 것도 있고, 당시 訓詁의 특징인 것도 있는데, 이는 모두 訓詁學에서 중요한 가치를 갖고 있다.

5. 『釋名』의 단점

釋義 방면에서 봉건미신사상을 선양하고 당시의 神權法典 『白虎通』과 今文學의 견해를 채용한 부분이 있다. 예를 들면 다음과 같다.

> 夏는 假로 널리 만물을 풀어놓아 자라게 하는 것이다.[68]
> 秋는 緧로 만물을 재촉하여 이루어지게 하는 것이다.[69]
> 疫은 役으로 귀신이 병을 옮기는 것이다.[70]

의미를 풀이함에 있어 많은 낱말을 똑같이 풀었으니, 예를 들면 '목(木)·묘(卯)·모(毛)·모(髦)·모(眸)·모(母)·모(牟)·모(帽)·모(矛)' 9개의 낱말은 모두 '冒'로 풀었다. 語義관계가 어떻게 다른지에 대해 저자는 진일보한 해석을 하지 못했다.

때때로 동일한 낱말에 다른 聲訓이 있다. 예를 들면 "雨는 羽이다."[71]라고 한 반면, 또 "雨는 輔이다."[72]라고 다르게 풀이하였다. 이 역시 진보되지 못한 해석으로서 이처럼 해석하는 것은 불명확하고 비과학적이다.

聲訓은 訓詁 방법의 하나로서 무절제하게 사용하면 주관적이고 임의적이 되기 쉬워 字義의 해석에 있어서 억지 해석이 되기 쉬우니, 예를 들면 아래와 같다.

---

66 "乾, 健也."
67 "日, 實也." 濮之珍 원문에서는 "曰, 實也"로 적고 있는데 잘못된 것이다.(譯註)
68 "夏, 假也, 寬假萬物使生長也."
69 "秋, 緧也, 緧迫品物使時成也."
70 "疫, 役也, 言有鬼行疫也."
71 "雨, 羽也."
72 "雨, 輔也."

『釋天』'震'아래에서 말하기를 '또 벽력·벽석이라고도 하는데 천둥치는 것은 모두 쪼개지는 것이다.'라고 하였다.[73]

'辟歷'은 확실히 象聲詞(擬聲語)인데 '천둥치는 것은 모두 쪼개지는 것'으로 억지로 해석한 것은 타당하지 않은 것이다.

결론적으로 語音과 語義의 관계는 비교적 복잡하지만 漢代의 劉熙는 문자의 형체에서 벗어나 語音과 語義의 관계를 직시하고 聲訓으로 뜻풀이를 하여 語音으로 語義를 연구하였으니, 이것은 하나의 발전임에 틀림없다. 그러나 聲訓을 대량 사용하였다는 것이 큰 결점이 된다. 왜냐하면 語音과 語義의 관계는 복잡하여 간단히 처리할 수 없는 문제이기 때문이다.

언어의 본질은 사회적이다. 어떤 語音으로 어떤 한 객체를 나타내는 것, 즉 어떤 語音으로 어떤 語義를 나타내는 것은 사회적인 약속을 통하여 정해지는 것이다. 語音과 語義의 관계는 필연적인 것도 우연적인 것도 아니다. 관련이 있기도 하고 다른 점이 있기도 하여 그 관계는 비교적 복잡하므로, 더 연구해야 할 필요가 있다. 劉熙의『釋名』은 語音과 語義 사이의 유관함을 파악하였으니, 이것은 中國 고대언어학에 있어 하나의 발전이다. 그러나 聲訓으로 뜻풀이하는 방법을 대량으로 무절제하게 사용하여, 주관적이고 천착부회하였다는 단점을 낳았다.

---

73 "『釋天』'震'下說: '又曰辟歷, 辟析也, 所歷皆破析也.'"

제6절 漢末魏晋시기의 언어 연구

이 시기의 언어 연구는 주로 文字와 訓詁 방면에 성과가 뛰어난데 呂忱[1]의 『字林』, 張揖[2]의 『廣雅』와 『孔叢子』 중에 끼어있는 『小爾雅』가 있다. 語音연구방면에 있어서는 周研의 『聲韻』 41권, 李登[3]의 『聲類』 10권, 呂靜[4]의 『韻集』 등의 韻書가 출현하였다. 이 절에서는 주로 문자와 훈고방면의 연구에 대해 논술하고, 운서와 관계있는 부분은 다음절에서 논술하겠다.

1. 『小爾雅』

1) 『小爾雅』의 저자

『小爾雅』의 저자문제에 대해서 清代 儒學者들의 의견이 분분하였는데 종합해 보면 다음과 같은 세 가지 견해가 있다.

첫째, 『小爾雅』는 후인들이 정리하여 이루어졌다는 것이다. 戴震을 대표적 인물로 꼽을 수 있고 段玉裁와 『四庫全書總目提要』 등에서 이 견해를 따르고 있다. 戴震은 『書小爾雅後』에서 말하기를 "『小爾雅』는 대체로 후인들이 맘대로 정리하여 이루어진 것으로 옛 小學의 유서가 아니다. 예를 들면, 명중시킨 것을 正이라 했는데, 正鵠과의 차이는 고찰하지 않았고, 四尺을 仞이라 하는데 궁궐을 짓는데 담이 三尺이라면 한 丈도 안되니 겨우 어깨에 미치는 담이 될 것이며, 밭고랑이 그 깊이가 二仞이라는 것은 밭고랑이 八尺이라는 말과 다름이 없다. 字義를 해석한 것 중 바로 잡아야 할 것이 일일이 셀 수 없을 정도이다. 그러므로 漢代 유학자들은 경전을 해설할 때 취하지 않았는데 오직 王肅과 杜預(222～284), 東晋의 梅賾[5]이 올린 『古文尚書孔傳』에서 이에 대해 언급하였을 뿐이다."[6]라고 하였다.

---

1 西晋의 任城 사람.

2 三國시대 魏나라 清河 사람.

3 三國시대 魏나라 사람.

4 西晋의 任城 사람.

5 濮之珍 원문에서는 梅賾을 '枚賾'으로 적고 있는데 이는 잘못된 것이다. 또한 梅賾은 '梅頤'라고도 한다.(譯註)

6 "『小爾雅』一卷, 大致後人皮傅掇拾而成, 非古小學遺書也. 如云鵠中者謂之正, 則正鵠之分, 未之考矣. 四尺謂之仞, 則築宮仞有三尺, 不爲一丈, 而爲及肩之牆矣. 澮深二仞, 無異洫深八尺矣. 其解釋字義, 不勝枚舉以爲之駁正. 故漢代大儒不取以說經, 獨王肅·杜預及東晋梅賾奏上之『古文尚書孔傳』頗涉乎此."

段玉裁는 『與胡孝廉世琦書論小爾雅』에서 戴震이 말한 "여러 대학자들의 傳注에 심취해 보면 확실히 탁견이 있다."[7]라는 말로 칭찬하면서 "東原선생의 뜻은 『漢書藝文志』에 수록된 진정한 『小爾雅』를 말하는 것이고, 지금 『孔叢子』에 들어가 있는 것은 후인들이 그렇게 한 것이다. 僞『家語』·僞『古文孔傳』·僞『孔叢子』같은 것들은 모두 모방이 아닌 것이 없다."라고 하였다.

『四庫全書總目提要』에서도 "漢代 유학자들이 경전을 설명한 것은 모두 취할 만한 것이 없고, 杜預가 注한 『左傳』에 이르러서야 비로소 인용할 만한 것이 보이니, 확실히 책은 漢末에 이르러서야 출현하여 晋代에 비로소 유행하였으니, 『漢志』에서 말하는 舊本이 아님에 틀림없다."[8]라고 하였다.

둘째, 『小爾雅』는 王肅(195～256)이 위조한 것이라는 견해로 臧鏞(1767～1811)이 이 견해의 대표적 인물이다. 戴震은 말하기를 "혹은 『小爾雅』는 후인이 王肅과 杜預의 설을 모아 만든 것이라고도 한다."[9]라고 하였지만, 누가 위조한 것인지는 확실히 밝히지 않고 있다. 臧鏞은 戴震의 말을 믿으면서, 또한 高祖 臧琳의 말도 인용하여 王肅이 위조한 것으로 확정하고 『小爾雅徵文』에서 "내가 …… 여러 해 동안 생각해 본 결과, 郭璞이전에 王肅이 처음 이 책을 인용하였다는 것을 알았고, 나의 高祖인 옥림선생은 『孔叢子』는 王肅의 위작이라 하셨는데, 『小雅』는 『孔叢』의 제11편에 있다. 또 王肅이전에는 『小雅』를 인용한 사람이 없고, 대체로 僞作者들은 은밀히 책을 서술하기 때문에 세상 사람들이 그것을 모른다. 僞作者가 먼저 스스로 존중한 이후에, 이를 알지 못하는 사람들은 이로써 모두들 거기에 어울리게 되는 것이니, 세상에서는 僞作이 있음을 알지 못하는 것이다. 그러므로 『小雅』는 王肅 개인이 지은 것이며, 『孔叢』은 王肅의 僞作이라는 것은 의심할 여지가 없다."[10]라고 하였다.

셋째, 옛 小學의 遺書가 『孔叢子』에 유입되었다는 것이다. 胡承珙(1776～1832)이 이 견해의 대표적 인물이며 王煦·朱駿聲(1788～1858)·任兆麟 등이 이 견해를 따른다. 胡承珙은 譚正治가 지은 『小爾雅疏證·序』에서 말하기를 "『小爾雅』는 『漢書·藝文志』·『隋書·經籍志』에 보이는데, 孔鮒[11]本으로 李軌(?～619)의 해설이 있

7 "沈潛諸大儒傳注, 確有所見之言."

8 "漢儒說經, 皆不援及, 迨杜預注『左傳』, 始稍見徵引, 明是書漢末晚出, 至晋始行, 非『漢志』所稱之舊本."

9 "或曰『小爾雅』者, 後人採王肅·杜預之說爲之也."

10 "余 …… 考之有年, 知郭璞之前, 王肅實首引此書, 余高祖玉林先生曰『孔叢子』爲王肅僞作, 而『小雅』在『孔叢』篇第十一. 又自王肅以前, 無有引『小雅』者, 凡作僞之人, 私撰一書, 世之人未之知也, 必作僞者先自引重, 而後無識者從而羣然和之, 世遂莫有知其僞者矣. 然則『小雅』之爲王肅私撰, 而『孔叢』書之由肅僞作, 皆確然無疑也."

지만 실전되었다. 지금 전하는 것은 모두 『孔叢子』 제11편에 실려 있는 것으로 세상에서는 『孔叢』을 위작할 때 『小爾雅』도 위작했을 것이라 본다. 戴東原은 이는 후인들이 모아서 만든 것으로 옛 소학의 遺書가 아니라고 하였다. 序를 고찰해 보면, 漢代 이후 傳注家들이 이 책을 인용했는데, 王肅의 說이 『詩經』·『禮記』 正義에 보이고, 杜預가 주한 『左傳』의 훈고와 많이 부합하였다. 酈道元이 注한 『水經』에서 처음으로 서명을 밝혔다. 그 후 陸德明의 『經典釋文』, 孔安國·賈逵의 經疏, 승려 玄應의 『一切經音義』, 李善의 『文選注』에는 더욱 많이 수록되어 있으니, 지금 것과 비교해 보면 잘 구비되어 있어 빠진 것이 거의 없다. 따라서 지금의 『小爾雅』는 『孔叢子』를 위조한 것이 아니라 옛날 것을 잘 모으고 취하여 집어 넣은 것으로, 諸儒들이 보았던 판본이 틀림이 없다는 것을 어찌 알겠는가?"[12]라고 하였다. 胡承珙은 『小爾雅義證自序』에서 또 말하기를 "……이로써 『孔叢子』가 古籍에서 이것저것 취한 책이지만, 오히려 『孔叢子』에서 취한 『小爾雅』가 완전한 책으로 남아 있어, 어지러이 엮은 것만은 아님을 알 수 있다."[13]라고 하였다.

朱駿聲은 『小爾雅約注』序에서 말하기를 "훈고서적은 『爾雅』에서 시작되어 그 후 『小爾雅』, 『方言』, 『說文解字』, 『釋名』, 『廣雅』가 그 뒤를 이었다. 『小爾雅』 13章이 가장 오래된 것으로, 6권 중 으뜸이며, 모든 것의 벼리이다. 『漢書·藝文志』에 孝經家를 나열하고 『隋書·經籍志』에 論語類를 덧붙여 모두 별도로 한 권을 만들고 撰人이 이름을 기록하지 않아 『藝文類聚』에서는 『孔叢』을 인용했다. 晁公武는 孔子의 古文이 孔鮒가 쓴 글에 보인다고 했으며, 지금의 『館閣書目』에는 孔鮒가 지었다고 하였으니, 바로 『孔叢子』 제11편이다. 그러나 『孔叢』은 前『志』가 없으니, 魏晋시대 사람들이 의탁하여 『小爾雅』를 그 안에 집어넣었다."[14]라고 하였다.

任兆麟은 『小爾雅』注序에서 말하기를 "『小爾雅』 1권과 『漢書·藝文志』에 孝經

---

11 공자의 9세손을 말함.(譯註)

12 "『小爾雅』一卷, 見于『漢藝文』·『隋經籍志』者, 孔鮒之本, 李軌之解, 已不復可見. 今所傳者, 具載于『孔叢子』第十一篇, 世遂以『孔叢』之僞而幷僞之. 戴氏東原謂是後人皮傅撮拾而成者, 非古小學遺書也. 以序考之, 漢以後傳注家徵引此書者, 王肅之說, 見於『詩』·『禮』正義, 杜預之注『左傳』, 訓詁多與之合. 至酈注『水經』, 始明著書名. 其後陸氏『釋文』, 孔·賈經疏, 釋玄應『一切經音義』, 李善『文選注』, 徵用尤夥, 持較今本, 則皆燦然具在, 其逸者不過數條, 則安知非僞造『孔叢子』者, 勦取入之, 而諸儒所見之本, 固猶無恙邪?"

13 "…… 此可見『孔叢子』多剌取古籍, 而所取之『小爾雅』, 猶係完書, 未必多所竄亂也."

14 "訓詁之書, 權輿『爾雅』, 自後『小爾雅』·『方言』·『說文解字』·『釋名』·『廣雅』賡之. 而『小爾雅』十三章最古, 亦六籍之襟帶·百氏之綱維也. 『漢書·藝文志』列孝經家, 『隋書·經籍志』附論語類, 皆別爲一卷, 不著撰人名氏, 而『藝文類聚』引作『孔叢』. 晁公武謂孔子古文, 見于孔鮒書, 今『館閣書目』云孔鮒撰, 卽『孔叢子』第十一篇. 然『孔叢』一書不著前志, 殆魏晋人依托而摭取『小爾雅』入之."

家를 나열했는데, 모두 孔子 벽 중의 고문이다. 지금 보이는『孔叢子』·『孔叢』은 후에 나온 것으로 반신반의하는 책이나,『小爾雅』와『孔臧書賦』는 모두 확실히 의심할 바가 없다. 王厚齋는 古書 중 다행히 존재하는 것이 있으니, 이 책이 그 중 하나라고 했다."[15]라고 하였다.

『漢書·藝文志』에는『小爾雅』1편이 있는데, 바로『小爾雅』라 여기기도 하는데 저자 미상이다. 晁公武의『郡齋讀書志』, 陳振孫의『直齋書錄解題』, 王應麟의『玉海』는 모두 孔鮒가 지은 것이다. 孔鮒의 事跡은『史記·孔子世家』에 보인다. 孔鮒는 孔子의 9세손으로 陳王때 박사를 지냈다.『史記』에는 孔鮒가『小爾雅』를 지었다는 기록이 없다.『漢書·藝文志』에는『小爾雅』1권이 기재되어 있는데, 저자 미상으로 고대로부터 전해 내려오는 책이라 하였으므로, 이 책이 孔鮒가 지은 것인지 확정하기는 힘들다. 王肅이 위조했다는 것도 그다지 믿을 만하지는 못하다. 왜냐하면『小爾雅』에서『鄭志』[16]와 합치되는 부분이 더욱 많은데, 王肅은 鄭小同을 비난하려 했을 뿐만 아니라, 그와 노선을 달리하였기 때문에『小爾雅』는 王肅이 위조한 것도 아님을 알 수 있다.『小爾雅』는 또한 王肅·杜預의 說을 모아 이루어진 책도 아니다.『說文解字』에서 이미『小爾雅』의 "眞京은 薄이다."[17]를 인용했기 때문이다. 결론적으로『小爾雅』의 저자에 관해서는 여전히 清代 戴震 등이 고증한 바와 같이 후인들이 편집하여 이루어졌다는 견해가 비교적 합리적인 것이라 할 수 있다.『小爾雅』는『爾雅』에서 미비된 것을 보충한 것으로, 중국 고대 字義 연구와 훈고학 방면에 있어서도 중요한 저작이다.

2)『小爾雅』의 내용

『小爾雅』는 모두 13편으로,「廣詁」·「廣言」·「廣訓」·「廣義」·「廣名」·「廣服」·「廣器」·「廣物」·「廣鳥」·「廣獸」·「廣度」·「廣量」·「廣衡」으로 구성되어 있다. '廣'의 의미는『爾雅』에서 미비된 점을 보충했다는 뜻이다. 古義나 옛 제도 중 다른 古書에는 보이지 않고 오직『小爾雅』에만 보이는 것이 있으니 이로써『爾雅』의 부족한 점을 보충할 수 있었다.

---

15 "『小爾雅』一卷,『漢書·藝文志』列孝經家, 蓋孔壁古文也, 今見『孔叢子』·『孔叢』後出, 疑信叅半之書, 此篇及『孔臧書賦』, 皆確然無可疑, 王厚齋謂古書之幸存者, 此其一也."

16『鄭志』는 三國시대 魏의 鄭小同이 편찬한 것으로 원서는 이미 실전되었다.『古經解匯函』중에 집본이 있다. 鄭小同은 鄭玄의 손자이다. 清 皮錫瑞가 지은『鄭志疏證』이 참고할 만 하다.

17 "眞京, 薄也."

胡樸安(1878~1947)은 『小爾雅』의 내용을 상세히 분석하였는데, 그 내용은 다음과 같다.

> 『小爾雅』에서 훈고와 名物을 풀이한 것은 모두 374로서, 풀이한 바가 비록 많지는 않으나 『爾雅』에서 미비된 점을 많이 보충하였다. 「廣詁」·「廣言」·「廣訓」 3편은 제목이 『爾雅』와 동일하며, 「廣詁」는 모두 51개 항목이다. 大·治·高·近·美·多·法·易·進·久·因·山·疾·餘·事의 15항목은 『爾雅』에 있는 것이고, 나머지 36항목은 모두 『爾雅』에는 보이지 않는다. 『爾雅』에 보이는 15항목도 훈고한 글자가 『爾雅』와 다르다. 大와 같은 字는 『爾雅』에는 모두 39字가 있으나, '封·巨·莫·莽·艾·祁'등의 여섯 글자는 『小爾雅』에서 보충한 것이다. 『詩經·周頌·烈文』에서 말하기를 "너희 나라를 크게 망치지 말아라."라고 하였다. 『毛傳』에서 "封은 '크다'는 뜻이다."라고 하였다. 『孟子』에서 "큰 집을 지으려면 목공으로 하여금 반드시 큰 나무를 구해오게 해야 한다."라고 하였다. 『左傳』莊公 28년에서 "오랑캐의 광막함"이라 하고, 『莊子·逍遙遊』에서 "광활한 들판"이라고 하였다. 『呂氏春秋·知接篇』에서 "오랑캐 융 사람이 폭포를 보는 자에게 청하여 말하기를 '무엇을 莽莽이라고 합니까?'라고 하였다."라고 하였다. 高誘가 注하기를 "莽莽이란 장대한 모양이다."라고 하였다. 『禮記·曲禮』에서 "오십을 艾라 한다."라고 하였다. 艾는 노인이다. 老와 大는 의미가 서로 통한다. 『詩經·小雅·吉日』에서 "큰 구멍이 있다."라고 하였다. 『毛傳』에서 "祁는 '크다'는 뜻이다."라고 하였다. 이는 모두 周秦 시대의 훈고이나 『爾雅』에는 생략되어 있다. 『小爾雅』에서 보충하지 않았다면, 『爾雅』에는 미비된 것이 더 많았을 것이다. 治字는 『爾雅』에서는 '난을 다스리다'의 治라 하였으나, 『小爾雅』에서는 攻治의 治라 풀이하였는데, 攻治란 의미가 治亂보다 이른 시기에 존재했던 것이다. 易자는 『爾雅』에서는 易直의 易으로, 『小爾雅』에서는 交易의 易으로 풀이하였는데, 交易의 뜻이 易直보다 비교적 이른 시기에 존재하였다. 「廣言」·「廣訓」은 『爾雅』의 「釋言」·「釋訓」을 연결하고 보충한 것으로 대체로 『爾雅』에 실린 것이 다시 나오지는 않지만, 우연히 중복되거나 후인들이 마구 집어 넣은 것도 있다. 제4편은 「廣言」이고 제5편은 「廣名」이다. 義는 옛날에는 誼로 썼는데, 일의 마땅함이며 이름이 스스로 명명되는 것이다. 義로 사물을 다스리고, 이름으로 사물을 변별하며, 人事를 참작하여 이름을 바로 잡았다. 『爾雅』의 「釋親」1편에서는 단지 名分의 名만으로 풀이하고 事義의 名으로 풀이하지 않았으므로, 이 두 편으로 보충한 것이다. 제6편은 「廣服」이고 제7편 「廣器」및 『爾雅』의 「釋器」 1편은 사물의 명칭을 풀이한 것으로 그 조항이 衤兒·襮·純·袋·襟·裾·袴·褑·袺·襭·襘·褵·襆 등 10개 뿐이다. 「廣服」은 『爾雅』의 10여 개 이외에도 織·布·纊·縞·素·絺·綌의 부류를 모두 합하면 26개이다. 「廣器」편은 또한 『爾雅』에서 미비된 점을 보충한 것으로, 높고 평평한 것을 太原이라 하고·넓은 연못을 衍이라 하는데, 「釋地」를 보충한 것이다. 八「廣物」은 『爾雅』의 「釋草」·「釋木」을 보충했다. 九「廣鳥」·十「廣獸」는 『爾雅』의 「釋鳥」·「釋獸」·「釋畜」·「釋魚蟲」을 보충했다. 『爾雅』의 獸畜은 두 가지로 나뉘나, 『小爾雅』는 나뉘지 않을 뿐 아니라 魚·蟲도 없다. 『爾雅』에서만 草木獸魚蟲의 이름만을 풀이하였지만, 『小爾雅』에서는 행위까지도 설명하였다. 예를 들면 拔心을 揠, 拔根은 擢, 새가 새끼에게 젖을 먹이는 곳을 巢, 닭과 꿩이 새끼에게 젖을 먹이는 곳을 窠, 물고기가 서식하는 곳을 櫓이라 한다는 등이 이러한 類에 속한다. 十一「廣度」·十二「廣量」·十三「廣衡」은 『爾雅』에 없는 것을 『小爾雅』에서 보충한 것이다.[18]

18 『小爾雅』所釋詁訓及名物, 共計三百七十四事, 所釋雖不多, 頗足補『爾雅』之所未備. 「廣詁」·「廣言」·「廣訓」三篇, 其篇目與『爾雅』同, 「廣詁」共計五十一條. 大·治·高·近·美·多·法·易·進·久·因·山·疾·餘·

3)『小爾雅』의 체제

『小爾雅』는『爾雅』의 미비점을 보충한 것으로 체제 역시『爾雅』를 모방하였다.『爾雅』의 체제에 관해서는 淸代 陳玉樹(1853~1906)[19]가 일찍이『爾雅釋例』5권을 지어 상세하게 분석하였는데 모두 45例로 나뉜다. 胡樸安은 그의 분석에 기초하여 8례로 귀납하였으니, 즉 ① 글자는 같고 해석은 다른 것, ② 글자는 다르지만 해석이 같은 것, ③ 해석은 같으나 뜻이 다른 것, ④ 해석은 다르나 뜻이 같은 것, ⑤ 서로 반대되게 해석한 것, ⑥ 같은 글자로 해석한 것, ⑦ 같은 소리로 해석한 것, ⑧ 서로 돌아가며 해석한 것 등의 여덟 가지이다. 이 여덟 가지 체제는『小爾雅』의 체제와도 부합된다.

이 밖에『小爾雅』와『爾雅』를 비교해 보면 또 아래와 같은 세 가지가 있을 수 있다.

①『爾雅』에도 보이고『小爾雅』에도 중복되어 나오는 것이 있다. 예를 들면 卬을 我로 해석한 것은『爾雅』·『小爾雅』가 모두 같다.

②『爾雅』에는 보이나 해석한 글자가『爾雅』와 다른 것이 있다. 예를 들면『爾雅』에서 '大'를 다음과 같이 해석하였다 : 홍(弘)·곽(廓)·굉(宏)·부(溥)·개(介)·순(純)·하(夏)·무(幠)·분(墳)·하(嘏)·비(丕)·혁(奕)·홍(洪)·탄(誕)·융(戎)·준(駿)·가(假)·경(京)·석(碩)·탁(濯)·우(訏)·자(字)·궁(穹)·임(壬)·로(路)·제(淫)·보(甫)·경

事十五條,『爾雅』所有. 餘三十六條, 皆不見於『爾雅』. 卽此見於『爾雅』之十五條, 其所訓之文, 亦非『爾雅』所有. 如大字一條,『爾雅』共有三十九文,『小爾雅』所廣之'封·巨·莫·莽·艾·祁'六文,『爾雅』皆不收.『詩經·周頌·烈文』云, '無封靡於爾邦'.『毛傳』, '封, 大也'.『孟子』, '爲巨室則必使工司求大木'.『左傳·莊公二十八年』, '狄之廣莫'.『莊子·逍遙遊』, '廣莫之野'.『呂氏春秋·知接篇』, '戎人見瀑布者而請曰: 何以謂之莽莽也'. 高注, '莽莽, 長大貌'.『禮記·曲禮』, '五十曰艾'. 艾, 老也. 老, 大義通.『詩經·小雅·吉日』, '其祁孔有'.『毛傳』, '祁, 大也'. 此悉周秦之訓詁, 而爲『爾雅』之所略, 不有『小爾雅』以廣之, 則『爾雅』之所未備者多矣. 治字一條『爾雅』爲治亂之治,『小爾雅』爲攻治之治, 攻治義較治亂爲朔也. 易字一條,『爾雅』爲易直之易,『小爾雅』爲交易之易, 交易義較易直爲朔也.「廣言」·「廣訓」皆係廣『爾雅』之「釋言」·「釋訓」而作. 凡『爾雅』所載, 悉不復出. 偶有重見者, 或爲後人所竄入. 四「廣言」·五「廣名」. 義古作誼, 事之宜也·名自命也. 義以制事·名以辨物·斟酌人事以正名也.『爾雅』「釋親」一篇, 只釋名分之名, 不釋事義之名, 故以此二篇廣之也. 六「廣服」·七「廣器」,『爾雅』「釋器」一篇, 間釋物之名稱. 不過·䙠·襮·純·袋·襟·裾·袴·褑·袺·襭·襘·襡·襆十餘事而已,「廣服」於『爾雅』十餘事而外, 凡織·布·纊·縞·素·絺·綌之類, 計二十有六, 皆釋之無餘.「廣器」一篇, 亦是廣『爾雅』之所未備, 高平謂之太原, 澤之廣謂之衍, 是兼「釋地」而廣之也. 八「廣物」, 兼『爾雅』「釋草」·「釋木」而廣之. 九「廣鳥」·十「廣獸」, 兼『爾雅』「釋鳥」·「釋獸」·「釋畜」·「釋魚蟲」而廣之.『爾雅』獸畜分爲二,『小爾雅』則不分, 且無魚蟲. 惟『爾雅』只釋草木鳥獸魚蟲之名,『小爾雅』則及于事. 如拔心曰揠·拔根曰擢·鳥之所乳謂之巢·鷄雉所乳謂之窠·魚之所息謂之橧之類是. 十一「廣度」·十二「廣量」·十三「廣衡」, 此則『爾雅』所無『小爾雅』廣之者也.

19 原名은 玉澍(옥주)이다.(譯註)

(景)·폐(廢)·장(壯)·총(冢)·간(簡)·조(釗)·장(將)·업(業)·석(席) 등 39개 글자이다.『小爾雅』에도 '大'를 해석한 항목이 있지만 봉(封)·거(巨)·막(莫)·망(莽)·애(艾)·기(祁) 6글자는『爾雅』에는 없는 것이다.

③『小爾雅』는 미비한 점이 있다. 예를 들면『小爾雅·廣名篇』에서 말하기를 "天子에게 청하여 命을 구하는 것을 일러 선왕을 슬퍼할 수 없다라 하고, 제후에게 청하여 命을 구하는 것을 일러 先君을 가까이 할 수 없다라 하며, 대부에게 청하여 命을 구하는 것을 일러 先子를 따를 수 없다라 한다."[20]라고 하였는데 胡承珙은『與潘芸閣編修書論小爾雅』에서 말하기를 "請天子命을 운운하는 것은『尙書正義』에서『鄭志』에서 鄭玄이 趙商의 질문에 대답하여 말한 부분을 이용하여 '군주나 아버지가 병이 나면 충신이나 효자들은 차마 가만있지 못하고 그것을 보고 흐느껴 우니 命은 하늘에 달려 있기 때문에, 마음이 슬퍼 그것을 위하여 命을 청하는 것이다. 周公은 이러한 禮에 통달하여『尙書』에서 기록하고 있는데 만약 군부가 병이 났는데 命을 구하지 않는다면 어찌 충효의 뜻이라 하겠는가'라고 한 것을 인용한 것이다. 이것에 의거하면 命을 구하는 禮는 그 내원이 매우 오래되어, 다른 책에서는 보이지 않고 오직 여기에서만 보인다."[21]라고 하였다. 이것이『爾雅』에 비해 미비한 점이다.

4)『小爾雅』의 注釋本

『小爾雅』注釋本 중에서 가장 오래 된 것은 李軌注本이다. 李軌는 字가 洪範이고 東晋 사람으로, 그 책에 관해서는『隋書·經籍志』에 기록되어 있으나 지금은 전하지 않는다.『小爾雅』연구는 淸代에 이르러서야 발전하기 시작하였다. 그외 주요 주석본으로는 아래와 같은 것이 있다.

胡承珙의『小爾雅義證』13권, 補遺 1권이 있다. 胡承珙은 字가 景孟이고 號는 墨莊이며 安徽 涇縣 사람으로, 淸 嘉慶 10년에 進士를 지냈다. 淸代에『小爾雅』를 연구한 것으로는 胡承珙의『小爾雅義證』이 가장 유명하였는데 그는 自敍에서 말하기를 "예전에 戴東原이 小爾雅를 멋대로 반박하는 것을 보았는데 단지 四科만이 있었다. 나는 古義를 끌어다가 하나하나 해석하고 거듭 원본의 바른 해석으로 되풀

20 "請天子命曰未可以戚先王, 請諸侯命曰未可以近先君, 請大夫命曰未可以從先子."

21 "請天子命云云,『尙書正義』引鄭志答趙商問曰: 君父疾病方困, 忠臣孝子不忍默爾, 視其歔欷, 歸其命于天, 中心惻然, 爲之請命. 周公達於此禮, 著在『尙書』, 若君父之病, 不爲請命, 豈忠孝之志也. 據此則請命之禮, 其來甚古, 不見他書, 而獨見于此."

이하여 조리를 분명히 하였다. 또한 경전의 疏·選·注 등을 모아 인용하여 의증이 통하도록 하였다. 옛 서적을 간략히 모방하여 싣고 간간히 후세 유학가들의 비난을 모아 두었으니, 장차 『小爾雅』를 공부하고자 하는 사람은 거의 여기에서 취할 바가 있을 것이다."[22]라고 하였으므로, 그가 이 책을 쓴 목적과 체제를 알 수 있다.

王煦의 『小爾雅義疏』 8권이 있다. 王煦는 浙江 上虞 사람이다. 그는 戴震이 『小爾雅』에 대해 '되는대로 주워 모은 것이라고 비난'[23]한 것에 반대하면서 "이제 내가 『爾雅』 본문에 따라 漢魏의 여러 유학자들의 傳注의 뜻을 증거로 하여 보니 동원의 설이 틀렸음을 알겠다. 편 가운데 '公孫이 크고 아름답네', '꽃이 활짝 피지 않았네' 라고 해석한 것은 또 『毛傳』과도 부합하니, 전수된 것이 사실상 근원은 하나인데 여러 해석이 있게 된 것이다. 또 『倉頡』·『爾雅』를 참작하지 않은 것이 없고, 漢魏 여러 유학자들과 서로 분명하게 밝혔음을 알 수 있으니, 어찌 마음대로 주워 모은 것이라 할 수 있겠는가?"[24]라고 하여 이 책의 논지를 확실히 밝혔다.

胡世琦의 『小爾雅義證』이 있다. 胡世琦는 字가 玉樵이고 安徽 涇縣 사람이다. 淸代 嘉慶 19년에 진사를 지냈다. 段玉裁는 일찍이 胡世琦의 『小爾雅義證』을 "교정이 정밀하고 고증이 해박"[25]하니 "小爾雅의 功臣"이라 할 만하다고 칭찬한 바 있다. 이 책의 체제는 대체로 鄭衆·馬融·賈逵 등 여러 유학자들의 설을 받들어 戴震의 『小爾雅』에 대한 비판을 반박하고 있다. 胡世琦와 胡承珙은 같은 집안, 같은 시대 사람이나 胡承珙은 서울에 있고 胡世琦는 지방에 있었기 때문에, 자신의 저서에 대해 서로 의논하지 않고 각기 지었기 때문에 서로 다른 점이 있다. 예를 들면 「廣詁」에서 "掠은 취하는 것이다."[26]라고 하였는데 胡承珙은 『說文』의 "掠은 빼앗아 취하다."[27]를 인용하였다. 이 글자는 새로 첨가된 것으로 『說文』에 원래 있었던 것이 아니니 『說文』을 근거로 했다고 할 수 없다. 胡世琦는 掠字는 『說文』에 없고 掠은 倞의 或體라고 하였다. 『說文』에서 "倞은 강력하다라는 뜻이다."[28]라고 하였다. 강력하게 빼앗는다(掠取)는 강제로 빼앗는 것(彊取)과 의미가 같으며 옛 성음도

22 "曩見東原戴氏橫施駁難, 僅有四科. 予旣援引古義, 一一釋之, 因復原本雅故, 區別條流, 又採輯經疏選注等所引, 通爲義證. 略存舊帙之仿佛, 間執後儒之訾義, 將有涉乎此者, 庶其取焉."

23 '皮傅掇拾之譏.'

24 "今按『爾雅』本文, 證以漢魏諸儒傳注之義, 則知東原之說非也. 篇中如釋'公孫碩膚'·'鄂不韡韡', 並與『毛傳』合, 可知當日經師授受, 實出一原, 自餘諸訓, 亦無不斟酌『蒼』·『雅』, 與漢魏諸儒相發明, 安所見皮傅掇拾乎?"

25 "校之也精, 考之也博."

26 "掠, 取也."

27 "掠, 奪取也."

28 "倞, 彊也."

같았다. 그러나 胡世琦의 『小爾雅義證』은 책으로 나오지 못하였고 宋의 珩序 1편만이 전할뿐이지만 매우 상세하다.

宋翔鳳(1779~1860)의 『小爾雅訓纂』이 있다. 宋翔鳳의 字는 于庭이고 江蘇 長洲 사람으로, 嘉慶 5년에 擧人이었다. 『小爾雅訓纂』 6권을 지었다. 胡樸安은 『中國訓詁學史』에서 말하기를 "송상봉의 책은 黔中에서 이루어 졌지만, 胡承珙·胡世琦와 서로 의논하지 않고 서술하였고, 字體는 대부분 『說文』에 근거하였다. 그러나 역시 견강부회한 면이 있으니, 예를 들면 '履는 갖춘 것이다'라고 한 것인데 履는 갖추다(具)로 해석할 수 없고 응당 펼치다(展)로 해석해야 하지만, 鄭玄은 『周禮』注에서 '展은 갖추는 것이다'라고 注하였다. ……그러나 宋翔鳳의 책 역시 매우 의의가 자세하니, 예를 들면 '禋은 정결함이다'라고 하였는데, 이는 『書經』의 '天地四時를 제사 지내다'라는 구절을 인용한 것이다. 馬融은 '禋은 뜻을 정결히 하고 제사를 지내는 것이다. 精은 潔과 뜻이 같다.'라고 하였다. 그러나 胡承珙의 책에서는 이를 인용하지 않았다. 이것과 비교해 볼 때 각기 빠지고 자세한 바가 있다."[29]라고 하였다.

葛其仁의 『小爾雅疏證』 5권이 있다. 葛其仁은 江蘇 嘉定 사람이다. 朱駿聲은 『小爾雅約注』서문에서 말하기를 "근래에 나와 동향인 宋翔鳳과 嘉定의 葛其仁은 모두 소증을 하였는데 그 성과가 매우 훌륭하다."[30]라고 하였다.

朱駿聲의 『小爾雅約注』 1권이 있다. 朱駿聲은 字가 芑豐이고 江蘇 吳縣 사람이다. 그는 自序에서 말하기를 "나는 陶宗儀의 『說郛』, 何鏜의 『漢魏叢書』 및 余有丁氏의 『孔叢子』綿眇閣本, 郎奎金五雅堂策檻本, 陳趙鵠의 『爾雅』合刻聽鹿堂本, 胡文煥의 『百名家』, 吳琯의 『古今逸史』, 永續 吳百川·元慶 顧文房本을 취하여 다른 점과 같은 점을 조사하고 세밀하고 신중하게 보충하였으니, 뜻이 통하면서 말은 오히려 간단하니 이에 1권으로 묶어 두루 살펴보도록 하였다."[31]라고 하였다. 朱駿聲의 책은 비록 위에서 말한 책들보다 내용이 풍부하지는 못하나 역시 참고할 만하다.

任兆麟의 『小爾雅注』가 있다. 任兆麟은 自序에서 "戴震이 낱낱이 들어 비난을 하였는데 ……어찌 이것은 알고 저것은 모르는가. 宋咸의 주는 간략하고 잘못된

29 "宋氏之書成于黔中, 與二胡亦不相謀, 其書字體, 多準『說文』. 然亦有違誤者. 如'履, 具也.'履不得訓具, 履當爲展, 『周禮』鄭玄注: '展, 具也.' ……然宋書亦儘多精義, 如'禋, 潔也.'引『書』'禋於六宗'. 馬融云: '禋, 精意以享也. 精·潔義同.'而爲胡氏承珙之書所未引. 比而觀之, 各有疏密."

30 "近吾鄕宋翔鳳·嘉定葛其仁, 均有疏證, 犁然成燦."

31 "余取陶宗儀『說郛』·何鏜『漢魏叢書』·及余有丁氏『孔叢子』綿眇閣本·郎奎金五雅堂策檻本·陳趙鵠『爾雅』合刻聽鹿堂本·胡文煥『百名家』·吳琯『古今逸史』·吳永續百川·顧元慶文房本·鉤稽異同, 審愼裁補, 誼會其通, 說反乎約, 仍錄爲一卷, 以資循覽焉."

곳이 많으므로, 經의 傳과 주를 인용하고 증명함으로써 후학들에게 전한다."[32]라고 하여 역시 戴震을 반박하고 있다.

2. 『廣雅』

1) 『廣雅』의 저자

『廣雅』는 10卷으로 魏 張揖이 지은 것이다. 『四庫全書總目提要』에서 "揖은 字가 稚讓이고, 淸河 사람이다. 太和년간(227~233)에 관직이 博士였다. 그의 이름을 혹 木을 따라서 楫이라고 하기도 하지만, 稚讓이라는 字로 볼 때 揖讓의 揖임을 알 수 있다."[33]라고 하였다. 張揖의 生平과 본적에 대해서는 사적을 통하여 고찰할 수 있는 것이 그다지 많지 않다. 張揖은 「上廣雅表」에서 스스로 '博士인 소신 張揖은'[34]이라고 말하고 있다. 『魏書·江式傳』에서는 "式이 表를 올려 말하기를 '魏初의 博士 淸河 사람 張揖이 『埤倉』·『廣雅』·『古今字詁』를 지었습니다'라고 하였다."[35]라 하였다. 唐 顔師古는 『漢書敍例』에서 말하기를 "張揖의 字는 稚讓이고, 淸河 사람으로, 혹은 河間 사람이라고도 하는데 太和년간에 博士였다."[36]라고 하였다. 史書에는 張揖의 生平에 대한 기록이 많지 않지만, 이상으로부터 저자의 성명과 시대에 대해서는 문제가 없음을 알 수 있다. 張揖의 저작은 『廣雅』 이외에도 『埤倉』과 『古今字詁』가 있다. 『魏書·江式傳』에는 江式의 평론을 싣고 있는데, 江式은 表를 올려 말하기를 "『埤倉』을 연구하여, 여러 사항들을 증가시키고 글자도 첨가하였다. 그러나 『字詁』는 許愼의 篇을 본받은 것으로, 得과 失이 있다."[37]라고 하였다. 이것은 江式이 『埤倉』과 『廣雅』가 『字詁』보다 낫다고 생각하는 것을 보여 주는 것인데, 오늘날 『埤倉』과 『字詁』는 망실되었고, 『廣雅』만이 전하고 있다.

2) 『廣雅』의 내용

『廣雅』는 바로 『爾雅』를 보충하고 계승하였다는 의미이다. 張揖은 「上廣雅表」에

---

32 "戴東原糾舉一二……何通彼而昧此也. 宋咸注已略, 多舛訛, 爰徵引經傳注之, 以授來學."
33 "揖字稚讓, 淸河人. 太和中, 官博士. 其名或從木作楫, 然證以稚讓之字, 則爲揖讓之揖審矣."
34 '博士臣揖.'
35 "式上表曰: 魏初博士淸河張揖著『埤倉』·『廣雅』·『古今字詁』."
36 "張揖字稚讓, 淸河人, 一云河間人, 太和中爲博士."
37 "究諸『埤倉』, 增長事類, 抑亦文爲益者也; 然其『字詁』, 方之許篇, 或得或失矣."

서 말하기를 "무릇 『爾雅』라는 책은 글자는 간략하지만 의미는 견고하며, 道를 펼친 것으로, 전념하여 연구하였기에 오류가 없으니, 진실로 七經의 척도이고, 학문의 나아갈 바이며, 儒林의 본보기입니다. 天地를 포괄하고, 人事를 다스리며, 제도를 고르게 하고, 百家의 훈고를 편 듯하지만 모두 갖출 수는 없었습니다. 臣 揖은 어둡고 몽매하며, 학문이 깊지 못한데다가 어눌하여 말에는 취할 만한 것이 없지만, 제가 아는 바로써 群藝에서 문자는 같으나 뜻이 다른 것의 차이를 골라내었고, 音이 전하다가 소리가 달라지거나 여러 곳에서 말이 서로 다르게 쓰이는 것, 그리고 사물의 이름이 바뀐 것 가운데 『爾雅』에 존재하지 않는 것을 구별하고, 조사하여 자세히 기록함으로써 책을 만드니, 모두 18,150글자인데 상·중·하로 나누었습니다."[38]라고 하였다. 이것은 바로 저자의 취지가 『爾雅』의 增補에 있음을 설명하고 있다. 『爾雅』의 옛 목차를 이용하였으며, 「釋詁」에서 「釋獸」에 이르기까지 모두 19편으로, 해석하고 훈고한 이름과 사물은 2,343가지이다. 그중에는 『爾雅』·『方言』과 같은 것들도 있다.

『廣雅』는 『博雅』라고도 하는데, 그 分合과 이름을 바꾸게 된 과정에 대해 『四庫全書總目提要』에서 말하기를 "(『廣雅』는) 『爾雅』의 옛 체제를 따라 漢儒들이 箋注한 것들 및 『三蒼』·『說文』 등의 저서들을 두루 채집하여, 이것을 증보한 것이며, 揚雄의 『方言』에 대해서도 모두 싣고 있다. 隋 秘書學士 曹憲은 이것을 音으로 해석하는 데 있어서 煬帝의 諱號를 피하여 『博雅』라고 고쳤다. 따라서 오늘에 이르러서 두 명칭이 병칭되고 있지만, 실은 한 저서이다. 이전에 張揖은 「進表」에서 말하기를 '무릇 18,150자이고, 상·중·하로 나누었다.'라고 하였다. 『隋書·經籍志』에서도 또한 3권이라고 하니, 『表』에서 말한 것과 일치한다. 그러나 注에서는 '梁代에는 4권이 있다.'라고 하였다. 『唐志』에서도 또한 4권이라고 하고 『館閣書目』에서는 오늘날에는 잃어버려 存音 3권만이 전한다고 하였다. 曹憲이 注를 단 『隋志』에서는 4권이라 하고, 『唐志』에서는 10권이라고 하고 있으니, 권수가 각기 다르다. 대개 張揖의 저서가 본래는 3권이고 『七錄』에서는 4권이라고 하는 까닭은 나중에 전하여지면서 篇目을 나누었기 때문이다. 曹憲이 주를 단 4권은 곧 梁代의 판본이었는데, 나중에 문구가 다소 복잡하여서 10권으로 나눈 것이다. 또한 10권이 번잡하여 다시

38 "夫『爾雅』之爲書也, 文約而義固, 其敶道也, 精研而無誤, 眞七經之檢度, 學問之階路, 儒林之楷素也. 若其包羅天地, 綱紀人事, 權揆制度, 發百家之訓詁, 未能悉備也. 臣揖體質蒙蔽, 學淺詞頑, 言無足取, 竊以所識, 擇撢群藝·文同義異, 音轉失讀, 八方殊語, 庶物易名, 不在『爾雅』者, 詳錄品覈, 以著于篇, 凡萬八千一百五十文, 分爲上中下."

3권으로 합쳤다. 학자들이 인용한 『廣雅』의 문장은 모두 今本에 있는 것으로 틀리거나 빠진 부분이 없다. 따라서 권수가 달라도 책은 다르지 않다는 것을 알 수 있다. 그러므로 『館閣書目』에서 잃어버렸다고 하는 것들은 주가 없는 판본이며, 存音 3권이라는 것은 바로 曹憲이 注를 단 판본으로, 張揖의 原文은 注에 붙어서 존재하고 있으니, 잃은 적도 없고, 모자란 적도 없다. 今本은 여전히 10권으로 되어 있으니, 후인이 『唐志』에 부합하도록 나눈 것이다."[39]라고 하였다.

王念孫은 『廣雅疏證序』에서 말하기를 "옛날에 周公이 禮를 제정하고 음악을 만들었으며, 이에 『爾雅』를 지었다. ……옛 서적의 바른 기록과 訓詁를 모두 갖추지는 못했고, 잃어버린 부분도 있어, 후대 학자들의 연구가 필요했었다. 魏 太和년간 博士 張揖이 兩漢의 유학자들을 계승하여, 이전의 서적들을 참고하고 들은 바를 두루두루 기록하였고, 部를 나누었으며, 『爾雅』에 의거하여 무릇 『爾雅』에 실리지 않은 것은 모두 저서에 적었다. 이것은 『易』, 『書』, 『詩』, 『三禮』, 『三傳』 같은 經師의 해석부터 『論語』, 『孟子』, 『鴻烈』, 『法言』의 注, 『楚辭』 漢賦의 해석, 讖緯의 기록, 『倉頡』, 『訓纂』, 『滂熹』, 『方言』, 『說文』의 견해 등 싣지 않은 것이 없다. 대개 周秦兩漢의 古義 중 존재하는 것에 근거하여 得失을 증명할 수 있으며, 잃어버려 전하지 않는 것에 대해서는 이것을 자료로 그 단서를 살필 수 있으니, 이 저서의 訓詁에 대한 공로는 크다 할 것이다."[40]라고 하였다.

3) 『廣雅』의 체제

『廣雅』에서 해석한 이름과 사물은 2,343가지이며, 비록 대부분이『方言』과 같지만, 漢 이후의 이름과 사물에 대한 해석도 또한 상당하여, 사회문화 진보의 흔적을

39 "因『爾雅』舊目, 博採漢儒箋注, 及『三蒼』·『說文』諸書, 以增廣之, 於揚雄『方言』亦備載無遺. 隋秘書學士曹憲爲之音釋, 避煬帝諱, 改名『博雅』, 故至今二名并稱, 實一書也. 前有揖『進表』稱'凡萬八千一百五十文, 分爲上中下'. 『隋書·經籍志』亦作三卷, 與『表』所言合, 然註曰'梁有四卷'. 『唐志』亦作四卷, 『館閣書目』又云今逸, 但存音三卷. 憲所註本, 『隋志』作四卷, 『唐志』則作十卷, 卷數各參錯不同. 蓋揖書本三卷, 『七錄』作四卷者, 由後來傳寫, 析其篇目. 憲註四卷, 卽因梁代之本, 後以文句稍繁, 析爲十卷. 又嫌十卷煩碎, 復并爲三卷. 觀諸家所引『廣雅』之文, 皆具在今本, 無所佚脫, 知卷數異而書不異矣. 然則『館閣書目』所謂逸者, 乃逸其無注之本, 所謂存音三卷者, 卽憲所註之本, 揖原文實附註以存, 未嘗逸, 亦未嘗闕. 惟今本仍爲十卷, 則又後人析之以合『唐志』耳."

40 "昔者周公制禮作樂, 爰著『爾雅』……至於舊書雅記詁訓, 未能悉備, 網羅放失, 將有待於來者, 魏太和中博士張君稚讓, 繼兩漢諸儒後, 參考往籍, 徧記所聞, 分別部居, 依乎『爾雅』, 凡所不載, 悉著於篇, 其自『易』·『書』·『詩』·『三禮』·『三傳』經師之訓, 『論語』·『孟子』·『鴻烈』·『法言』之注, 『楚辭』漢賦之解, 讖緯之記, 『倉頡』·『訓纂』·『滂熹』·『方言』·『說文』之說, 靡不兼載. 蓋周秦兩漢古義之存者, 可據以證得失, 其散逸不傳者, 可藉以窺其端緒, 則其書之爲功於訓詁也大矣."

살펴볼 수 있다. 『廣雅』는 『爾雅』를 증보시켜 만든 것으로, 체제는 대체로 『爾雅』와 같다. 胡樸安은 일찍이 『廣雅』를 정리하여 22例를 들었는데 다음과 같이 정리할 수 있다.

① 두 글자로 한 글자를 해석한 예
鞬(건)·韔(창)·[illegible](창)·韜(도)·韣(독)은 弓藏(궁장:활집)이다. 掤(붕)·醫(의)·韇(독)·焥(환)·韛(비)·韍(채)는 矢藏(시장:화살집)이다. 대개 弓藏과 矢藏은 사람들이 쉽게 알 수 있는 이름이므로, 이것으로 한 글자로 된 알기 어려운 이름을 해석하였다.

② 한 글자로 두 글자를 해석한 예
飛𧑹(비맹)·矰茀(증불)·矢拔(시발)은 箭(전:화살)이다. 平題(평제)·鈀鉀(파비)·鉤腸(구장)·羊頭(양두), …… 鏑(적:화살촉)이다. 龍淵(용연)·太阿(태아)·干將(간장)·鏌釾(막야), …… 劍(검:칼)이다. 箭·鏑·劍은 비록 한 글자 이름이지만, 사람들이 모두 알고 있는 것이므로, 이것으로 알기 어려운 두 글자 이름을 해석하였다.

③ 지금의 이름으로 옛이름을 해석한 예
藋(조)·粱(양)은 木稷(목직:수수)이다. 지금의 高粱(수수)은 옛날의 稷(직:기장)이다. 秦漢이래 粱을 稷으로 잘못 알았고, 이에 高粱은 木稷으로 이름을 고쳐 木을 붙여 구별하였다.

④ 통용어로 異語를 해석한 예
翁(옹)·公(공)·叜(수)·爸(파)·爹(다)·奢(차)는 父(부:아버지)이다. 媓(황)·妣(비)·嬶(필)·婿(서)·媼(온)·姐(저)는 母(모:어머니)이다. 媨(초)·孟(맹)은 姊(자:누이)이다. 娟(위)·娣(제)는 妹(매:누이)와 같은 류이다. 異語는 古今異語를 말하기도 하고, 나라마다 다른 異語를 말하기도 한다. 통용어라는 것은 古今과 지역의 구별이 없는 것이다. 따라서 통용어로 古今과 지역마다 다른 異語를 해석하였다.

⑤ 이름은 다르지만 실체는 같은 것으로, 두 조항으로 나누어 해석한 예
臀(둔)은 脽(수:궁둥이)라고 한다. 또한 臗(곤)·尻(고)·州(주)·豚(돈)은 臀(둔:볼기)이라고 한다. 盂(우)는 槃(반:쟁반)이라고 한다. 또한 盞(퇴)·櫶 (진)·案(안)·盞(잔)·銚(요)·銳(예)·柯(가) …… 椀(완)은 盂(우:사발)이다. 두 조항을 합쳐서 살펴보면, 臗(곤)·尻(고)·州(주)·豚(돈)은 또한 脽(수:궁둥이)라고 할 수 있다. 盞(퇴)·櫶 (진)·案(안)……은 또한 槃(반:쟁반)이라고 할 수 있다.

⑥ 실체는 다르지만 이름은 같은 것을 한 항목으로 묶어서 해석한 예
예를 들어 廣平(광평)·榻枰(탑평)과 같은 것이 있다. 대개 광평이라는 것은 도박판의 판이고, 榻枰이라는 것은 깔고 앉거나 눕거나 하는 도구의 판이다. 실제로는 다른 것이지만, 한 항목으로 묶어서 해석하였다.

⑦ 나이의 차이로써 이름이 달라지는 예
㮺奚毒은 附子(부자:바곳)이다. 1년생을 萴子라 하고, 2년생은 烏喙, 3년생은 附子, 4년생은 烏頭, 5년생은 天雄이라고 칭하는 類. 본래 하나의 사물이지만, 나이의 차이로 인해 이름이 달라지는 예이다.

⑧ 용량의 차이로 이름이 달라지는 예
한 되를 爵, 두 되를 觚, 석 되를 觶, 넉 되를 角, 다섯 되를 散이라 한다. 본래 하나의

사물이지만, 용량의 차이로 인해 그 이름이 달라지는 예이다.

⑨ 같은 사물의 크고 작음에 따라 이름이 달라졌지만, 그 大小를 말하지 않은 예

농병아리(鷿鷉)는 송골매(鶻鷉)이다. 『方言』에 의하면, 들오리는 몸집이 작고 물에 빠지기를 잘하는데, 南楚의 외곽지역에서는 이를 鷿鷉라 한다. 큰 것은 鶻蹏라 한다. 蹏는 鷉와 통하므로 곧 鷿鷉는 작고, 鶻鷉는 큰 것이다. 크기로 인하여 이름을 달리하지만, 크고 작음을 언급하지 않는다.

⑩ 같은 사물에 크고 작음이 있어 이름이 달라졌지만, 하나는 이를 밝히고, 다른 하나는 이를 밝히지 않는 예

가물치 鲇는 갯장어과이다. 큰 갯장어를 드렁허리 鰋이라고 하는 類. 큰 갯장어를 鰋이라 말함으로써, 작은 갯장어는 鲇라는 것을 알게 된다. 다만 큰 것을 말할 뿐, 작은 것은 말하지 않는다.

⑪ 사물의 성질을 풀이하는 예

'메벼 秈은 메벼 稉이다. 차조 秫은 찰벼 稬이다'라고 하는 類. 여러 經典들이 『聲類』를 인용하여 뜻을 풀이한 바에 의하면, 메벼 秔은 차지지 않은 쌀로, 강남에서는 秔을 秈이라 부른다. 『九穀考』에는 秔을 硬이라 부르는데, 즉 차지지 않은 것이다. 즉 秔은 秈의 성질이다. 『說文』에서는 "秫·稷은 차진 것이다."[41]라고 하였다. 『爾雅·釋文』은 『字林』을 인용하여 "찰벼 稬는 차진 벼이다."[42]라고 풀이하였다. 즉 糯(나)와 稬는 같고, 찰벼 糯는 稷의 성질과 같다.

⑫ 호칭을 풀어서 뜻을 말하는 예

아비 父는 곡자 榘이다. 어미 母는 기를 牧이다. 아우 弟는 공경할 悌이다. 사내 男은 사나이다울 任이다. 계집 女는 따를 如이다. 肺는 소비할 費이고, 마음 心은 任字이고, 肝은 중심될 榦이고, 지라 脾는 기울 裨이다. 『白虎通』에 의하면, "父는 척도 矩로, 법도로써 자식을 가르치는 것이다."[43]라고 하였다. 『素問·陰陽類論』에서는 "陰은 母이다. 어미 母는 여러 자식을 가르치는 것으로, 번식을 말한다라고 注하였으니, 즉 이것은 牧의 의미이다."[44]라고 하였다. 段玉裁는 "牧者는 소를 기르는 사람으로, 사람이 아들을 기르는 것을 비유한 것이다."[45]라고 하였다. 『白虎通』에서는 "마음에서 하는 것을 임이라 하는데, 임은 생각에서 나온 것이다."[46]라고 하였다. 『釋名』에서는 "肝은 중심으로, 五行의 木에 속한다. 그러므로 형체에 중심이 되는 줄기가 있는 것이다. 脾는 기울 裨이다. 胃 아래에 있고, 裨는 위를 도와 주로 음식을 소화시키는 것이다."[47]라고 하였다. 이 모든 것은 호칭을 풀어서 뜻을 말하는 것이다.

⑬ 공통된 이름에 한 글자를 더하여 다르게 된 예

'그물 罔을 그물 罟, 罽罾이라 하는데, 즉 魚網이다. 罝罯는 토끼 그물이다'와 같은 類. 罔과 罟는 공통 명칭이다. 罽罾은 어망의 전문 명칭이고, 저부는 토끼 그물의 전문 명칭이다. 그러므로 '魚'字와 '免'字를 더하여 이를 구별한 것이다.

---

41 "秫, 稷之黏者."

42 "稬, 黏稻也."

43 "父者, 矩也, 以法度教子也."

44 "陰爲母. 注, 母所以育養諸子言滋生也, 此卽牧之義."

45 "牧者, 養牛人也, 以譬人之乳子是也."

46 "心之爲言任也, 任於思也."

47 "肝, 榦也, 於五行屬木, 故其體狀有枝榦也. 脾, 裨也, 在胃下, 裨助胃氣主化穀也."

⑭ 原名에 한 글자를 더하여 하나의 명사를 만드는 예
웃통 벗을 袒, 飾, 큰 옷자락 褎, 明, 속옷 襗, 웃옷 袍, 긴 두루마기 襡은 긴 저고리 '長襦'이다. '襦'는 본래 짧은 옷의 명칭이나, '長'字를 더하여 하나의 명사를 만들었다.

⑮ 동사가 명사가 되는 예
쉴 棲를 牀이라 하는 유형. '棲'字는 본래 동사이나, '쉬는 곳'을 '棲'라 함으로써 명사가 되었다.

⑯ 연이어서 뜻을 풀이한 예
물이 솟아나는 샘인 '濆泉'은 '直泉'이고, '直泉'은 '涌泉'이라는 類. 涌泉으로 直泉을 풀고, 直泉으로 濆泉을 설명함으로써 연이어서 뜻을 풀이하였다.

⑰ 실제로는 같으나 소재에 따라 이름이 달라지는 예
예를 들어 昔邪, 烏韭 같은 것들이다. 지붕에 있는 이끼를 '昔邪'라 하고, 담에 있는 이끼를 '垣衣'라 한다. '昔邪'와 '垣衣'는 서로 같지만, 지붕에 있고, 담에 있는 차이에 따라 명칭이 달라졌다.

⑱ 각기 다른 물체의 일부분이지만, 이름이 같은 예
기장 粢, 黍, 稻 같은 것들인데, 그 벼이삭은 모두 禾이다. 부추 韭, 염교 䪥, 메밀 蕎는 그 꽃이 모두 부추 꽃이다. 粢, 黍, 稻는 모두 다르지만, 그 벼이삭의 명칭이 서로 같다. 韭, 䪥, 蕎는 다르지만, 그 꽃의 이름이 서로 같다.

⑲ 실제로는 같으나 성별에 따라 이름이 달라지는 예
예를 들어 '鴆鳥'는 숫컷을 '運日'이라 하고, 암컷을 '陰諧'라 한다. '運日'과 '陰諧'는 모두 '鴆鳥(毒鳥)'이나, 雌雄으로 인해 이름이 달라졌다.

⑳ 실제로는 같으나 일부분이 달라 이름이 달라지는 예
비늘이 있는 龍을 '蛟龍'이라 하고, 날개가 있는 龍을 '應龍'이라 하고, 뿔이 없는 龍을 '虯龍'이라 부르는 類. 같은 龍이지만, 비늘·날개·뿔이 있고 없음에 따라 명칭이 달라졌다.

㉑ 전체적으로는 같은 명칭이지만, 일부분의 명칭이 다른 예
창 鏔, 孑, 흙손 鏝, 胡, 삼지창 釨, 창 戞, 창 戈는 모두 창이다. 그 날끝이 있는 것을 '戣'라 하고, 그 날이 없는 것을 '戚'라 한다. 鏔, 孑, 鏝, 胡, 釨, 戞, 戈는 전체적으로 이름을 창 '戟'으로 하지만, 그 鋒과 孑은 이름을 달리 하였다.

㉒ 같은 類에 속하는 예
'鷖鳥, 鸑鳥, 鷫爽, 鷟鸑, 鴟篇, 鵔鸃, 廣昌, 鷦明은 모두 鳳凰에 속한다'와 같은 類. 사물마다 모두 전문적인 이름을 갖고 있지만, 총칭하여 鳳凰과 같은 類가 된다. 鳳凰은 아니지만, 屬字를 써서 이를 모두 하나로 묶었다.

4)『廣雅』의 영향과 注釋本

『廣雅』는 중국 고대 訓詁學 방면의 중요 저작으로, 字義 및 詞彙 연구 방면에서 중요한 가치를 지니고 있으며, 후세에 끼친 영향이 매우 크다. 중국 고대 訓詁學의 연구는『爾雅』에서 시작되었고,『爾雅』로부터『小爾雅』·『廣雅』로 이어졌다.『小

爾雅』와 『廣雅』는 모두 『爾雅』의 미비점을 보충한 것이다. 『小爾雅』의 분류는 『爾雅』와 약간 차이가 있다. 『廣雅』의 分目은 『爾雅』를 표준으로 삼고 있는데, 수집한 양이 매우 많아졌다. 그러므로 『廣雅』는 『爾雅』 이후의 거작이라 할 수 있다.

언어는 사회적 현상이므로 사회의 발전에 따라 발전하며, 이름과 사물에 대한 해석들은 많은 典籍에 散見되므로, 이를 완벽하게 수집하기란 불가능하다. 사회가 날로 발전하므로 이름과 사물에 대한 해석도 늘어나게 되어, 더욱 헤아릴 수 없을 정도로 증가하였다. 따라서 『廣雅』 이후 이름과 사물에 대한 해석이 더욱 증가하게 되었다. 전문적으로 사물을 모아놓은 저작도 있고, 訓詁만을 기록한 저작도 있으며, 詞彙만을 수집한 저작도 있다. 또한 한 책에 나오는 名物訓詁만을 모아 놓은 저작도 있고, 전문적으로 駢字, 疊字와 同聲 假借字를 모아놓은 것도 있으며, 『爾雅』·『廣雅』에서 해석하지 않은 것을 자세하게 보충한 저서도 있다. 이러한 책들은 모두 『廣雅』 이후에 출간되었는데, 『爾雅』와 『廣雅』의 영향을 받은 訓詁學 저서에 속한다.

胡樸安의 『中國訓詁學史』에 기록된 저서들을 나열하면 다음과 같다. 陸佃의 『埤雅』, 羅願의 『爾雅翼』, 董桂新의 『埤雅異物記言』, 朱謀瑋의 『駢雅』, 田寶臣의 『駢支』, 方以智의 『通雅』, 吳玉搢의 『別雅』, 許印林의 『別雅訂』, 陳奐의 『毛詩傳義類』, 朱駿聲의 『說雅』, 程先甲의 『選雅』, 洪亮吉의 『比雅』, 夏味堂의 『拾雅』, 史夢蘭의 『疊雅』, 劉燦의 『支雅』 등 15종이다.

清代에 『廣雅』를 연구한 학자가 많은데, 그 가운데 錢大昭, 盧文弨, 王念孫을 3大家로 꼽는다.

王念孫(1744～1832)은 『廣雅疏證』 10권을 남겼다. 王念孫은 漢魏 이전의 古訓을 수집하여 상세히 고증하였는데, 形·音·義 세 요소를 가지고 연구하였다. 段玉裁는 이 책을 칭찬하여 "특히 古音으로 경전의 뜻을 풀이하는데 능하였다."[48]라고 하였다. 『廣雅疏證』은 王念孫이 심혈을 기울인 저서로, 학술계에서도 평가가 높다. 古音을 연구하여 古義를 밝혔고, 引申하여 여러 유형을 통괄하고, 形體에 얽매이지 않았다. 또한 선조들이 잘못 설명했던 부분들에 대해 是是非非를 밝혔고, 張揖이 잘못 채용한 것들도 널리 고증하여 그 잘못을 밝혔다. 또한 序에서 이르기를 "이 책은 오랫동안 와탈되어 온 것들에 대하여 눈과 귀가 미치는 바에 근거하여 諸書들을 고증해 놓은 것으로, 무릇 잘못된 글자 580자, 빠진 글자 490자, 필요없는 글자 39자, 앞뒤가 잘못된 글자 123자이며, 글자는 바른데 음이 잘못 들어간 것 19자,

48 "尤能以古音得經義."

음에 글자를 잘못 넣은 것 57자로서, 때때로 그 조목을 따라 수정보완하였으며, 그러한 이유를 상세하게 밝혀놓았다."[49]라고 하였다. 『廣雅』는 王念孫의 『疏證』이 나온 이후에 더욱 완전해져, 고대 언어학의 중요한 자료가 되었다. 『廣雅疏證』이 나온 이후 王念孫은 또 『補正』 1권을 지었다.

錢大昭(1744~1813)의 『廣雅疏證』 20권은 『廣雅義疏』라고도 한다. 桂馥은 그 정밀함에 탄복하고 邵晋涵의 『爾雅正義』와 나란히 전해질 만하다고 여겼다. 錢大昭, 盧文弨 및 王念孫은 淸代 『廣雅』 3대가로 칭해지는데, 盧文弨의 저서는 완성되지 못했고, 錢大昭의 저서는 발간되지는 못했으나, 傳抄本이 전한다.

劉燦의 『續廣雅』 3권은 『廣雅』의 체례를 따랐는데, 광범위하지만 뛰어나지는 못하다. 『廣雅』를 이어받은 부분이 매우 많아, 훈고학상 유용한 저서가 되었다.

兪樾(1821~1907)의 『廣雅釋詁拾遺』가 있다. 王念孫의 『廣雅疏證』에서 미비된 부분을 보충하여 이를 소증하였으나, 애석하게도 책은 완성되지 못했다. 현존하는 4권은 『廣雅疏證』에 있는 휘(匯), 병(㧋), 조(勪), 망(望), 예(㥞), 장(長), 언(言) 등 106자를 보충하였는데, 보충한 바가 모두 상세하고 확실하다.

王樹枏의 『廣雅補疏』 4권은 수집범위가 광범위하고 王念孫의 『廣雅疏證』 이외의 것도 수록하고 있어 『廣雅疏證』의 부족한 점을 보충할 수 있었다. 예를 들면, 「釋詁」의 령(聆), 청(聽), 자(自), 언(言), 잉(仍)은 '따르다(從)'이다. 王念孫의 『廣雅疏證』에서는 청(聽), 자(自), 언(言)에 대해 모두 소증하지 않았다. 청(聽), 자(自)는 따르다라는 의미로, 보편적인 것이어서 해석하지 않아도 무방하다. 그러나 언(言)의 뜻이 '따르다'이면, 반드시 소증을 해야만 한다. 王樹枏은 "『書經·洪範』에 언(言)은 '從(따르다)'의 뜻이다."라고 하였다. 『春秋繁露·五行篇』에서 "언(言)은 '從(따르다)'이다"라고 하였다. 종(從)이라는 것은 따를 만하다라는 것이다.

3. 『字林』

『字林』은 晋나라 呂忱이 지은 것으로, 『說文解字』의 빠진 부분을 보충하였고, 부수는 『說文解字』에 근거해 540부로 나누었다. 『字林』에 수록된 글자는 비교적 많으니 모두 12,824자이다. 『字林』은 異體字도 수록하였는데, 예를 들면 『說文解字』의 '필(珌)'을 『字林』에서는 '필(琿)'로 쓰고 있는 것 등이다.

---

49 "蓋是書之譌脫久矣, 今據耳目所及, 旁考諸書以校此本, 凡字之譌者五百八十·脫者四百九十·衍者三十九·先後錯亂者二十三·正文誤入音內者十九·音內字誤入正文者五十七, 輒復隨條補正, 詳擧所由."

『字林』은 당시 비교적 큰 영향을 주어 北魏 文字訓詁學者 江式은 일찍이 표를 올려 이 책을 추천했다. 唐代의 張懷瓘의 『書斷』에서도 역시 『字林』이 『說文解字』와 같은 류의 자서라고 여겼다. 『唐六典』에 기재된 바에 따르면, 唐代에 과거를 치를 때 『說文解字』 6첩과 『字林』 4첩을 시험해야만 했다고 하였으니, 『字林』의 가치를 『說文解字』와 마찬가지로 중시했다는 사실을 알 수 있다. 후세의 각 책에서도 『字林』을 인용한 것이 많으니, 『字林』이 唐代 이전에 이미 상당히 중시되었음을 짐작할 수 있다. 애석하게도 『字林』은 대략 宋·元代에 망실되었다. 현재는 淸代 任大椿이 편집한 『字林考逸』 8권, 陶方琦의 『字林考逸補本』 1권이 있다.

漢代 언어학은 중국언어학사에 있어 매우 중요하다. 漢代에 출현한 언어학자로는 揚雄·許愼·劉熙 등이 있으며, 언어학 전문 서적으로는 『爾雅』·『方言』·『說文解字』·『釋名』 등이 있다. 이들 언어학자와 그들의 언어학 저작은 모두 漢語, 漢字의 실제에서 출발하여 漢語, 漢字의 규범을 연구했다. 그러므로 漢代 언어학의 성과는 중국 고대 언어과학의 성립을 나타내는 것이라고 할 수 있다.

중국 고대 언어학은 '小學'이라고도 칭해지는데 그 연구 내용에는 3가지 방면이 있으니, 訓詁學, 文字學, 音韻學이 그것이다. 小學 연구의 주요한 부분 역시 漢代에 이루어졌는데, 『爾雅』는 훈고학의 시작이요, 『說文解字』는 문자학의 시작이며, 『釋名』은 어음과 어의 관계를 연구한 최초의 저작이었다. 그 후 漢末에 反切이 흥기하자, 이에 音韻의 연구가 일어나기 시작했다. 『方言』은 漢代 당시 漢語의 통용어와 지역방언 등 풍부하고 복잡한 관계를 분석하였다.

중국언어학사상 사휘를 연구하는 훈고학이 가장 먼저 출현하였는데, 이것은 당시 사회문화의 발전 및 漢代의 經學 숭상의 분위기와 맥을 함께하는 것이다. 이밖에도 漢語 자체의 특징도 중국 고대 언어학 연구 발전의 노정을 결정하는 데 일익을 담당하였다. 『說文解字』의 출현은 중국언어학사상 매우 큰 공헌을 하였다. 漢代 字書의 흥기는 한자의 형체가 大篆, 小篆에서 隷書로 변화 발전하는 근본원인이 되었다. 漢代의 識字教育 중시풍토와 今古文經의 논쟁은 훈고학, 문자학 연구에 크나큰 작용을 일으켰다.

결론적으로 漢代 언어학의 성과는 중국 고대 언어과학의 건립을 의미할 뿐만 아니라 중국 고대 언어학 연구 발전 과정의 기초를 마련하였으며, 또한 후세 세계 언어학 연구에도 큰 영향을 미쳤다.

제4장

南北朝에서 明代까지의 언어 연구

제1절 개 설

1. 南北朝에서 明代까지의 文字·訓詁 연구에 대한 소개

이 시기의 언어 연구는 주로 語音연구 방면에 성과가 있었고, 文字學·訓詁學 방면에 있어서도 漢代를 계승하여 어느 정도의 성과가 있었다. 아래에 몇 가지를 개괄해 보고자 한다. 六朝시대의 중요한 저작으로는 梁 顧野王의 『玉篇』이 있으며, 隋唐시대에는 훈고학 방면에서 孔穎達(574~648)의 『五經正義』가 있다. 五代 宋初의 문자학자 徐鉉·徐鍇는 『說文解字』의 정리와 연구 방면에서 성과를 거두었다. 그 밖에 正字法 방면에 있어서는 唐 顔元孫이 지은 『干祿字書』, 宋代 張有(1054~?)가 지은 『復古編』, 宋代 王洙(997~1057)·司馬光(1019~1086) 등이 임금의 명을 받고 찬수한 『類篇』 및 明代의 字書 『字彙』와 『正字通』 등이 있다.

1) 梁 顧野王의 『玉篇』

(1) 『玉篇』의 저자와 原本 『玉篇』

오늘날 전하는 字書는 『說文解字』를 제외하면 『玉篇』이 가장 오래된 것이다. 『玉篇』 30권은 梁 大同 9년(543)에 黃門侍郞 겸 太學博士였던 顧野王이 지었다.
顧野王의 字는 希馮이며 梁 吳郡[1] 사람으로, 顧烜의 아들이다. 역사에서 평하기를 성격이 돈독하고 배우기를 좋아하여 박학다식하였다고 전해지며, 梁 武帝 天監 18년(519)에 태어나 陳 宣帝 太建 13년(581)[2]에 세상을 떠났다고 한다. 梁 武帝 大同

1 지금의 江蘇省 吳縣을 가리킴.

(535～546) 중에 太學博士가 되어, 임금의 명을 받고 『玉篇』을 편찬하였는데, 『說文』을 근본으로 삼아 그 체제를 모방하였다. 部目을 약간 증감하여 542部로 나누었으며, 部首의 차례도 『說文』과 약간 차이가 있다. 수록된 글자가 더 많아졌는데, 『封氏聞見記·文字篇』의 기록에 따르면 모두 16,917字라고 한다. 모든 글자 아래에 먼저 反切로 注를 달고, 다시 여러 책의 訓詁를 인용하여 상세하게 해설하였다. 당시에 보이는 『倉頡』·『爾雅』 같은 字書의 문자 및 여러 책들의 뜻풀이를 두루 갖추고 있다. 모두 30권으로 中古시대의 걸친 거작이라 할 수 있다.

그러나 분량이 매우 많아 傳寫하기 어려워, 唐 高宗 上元년간에 孫强이 글자를 늘이고 注를 줄인 판본과 『玉篇抄』와 같은 節本이 나왔다. 北宋 初에 통행되던 것은 모두 孫强本이며 顧野王의 原本은 이미 실전되었다. 宋 眞宗 大中祥符 6년(1013)에 이르러 陳彭年(961～1017)·丘雍 등이 다시 孫强本을 근거로 하여 수정하고 수록자를 늘렸으며, 글자의 배열순서에도 상당한 변화를 주어 原本과는 많은 차이를 보이게 되었는데, 이를 『大廣益會玉篇』이라 개칭하였다. 오늘날 보이는 顧野王의 『玉篇』은 宋의 重修本과 元의 節注本이며, 孫强本은 실전되어 볼 수 없게 되었다.

다행히도 일본에 唐宋시대의 古寫本 原本『玉篇』의 잔권이 남아 있으므로, 이것으로부터 顧野王이 지은 原書의 체제와 면모를 알 수 있다.

일본에 보존되어 있는 原本 『玉篇』은 제8권 心部의 6자[3], 제9권 言, 語 등 部 753자[4], 제18권의 放, 丌 등 部 165자, 제19권의 水部 144자, 제22권의 山, 屾 등 部 624자, 제24권 魚部 19자, 제27권 糸, 系 등 部 423자 등 모두 2,100여 자를 수록하고 있다. 이는 顧野王 원본의 ⅛정도에 불과하다.

顧野王의 원본은 宋의 廣益本과 현저한 차이가 있는데, 正文의 차례가 다르고, 또한 原書의 注文에서 인용한 經傳과 字書 및 顧野王이 첨가한 評語는 今本 『玉篇』에서는 볼 수 없는 것들이다. 이로써 陳彭年 등이 『玉篇』을 重修할 때 근거한 것은 孫强本이고, 원본 『玉篇』은 참고하지 않았음을 알 수 있다.

(2) 『玉篇』의 내용과 체제

顧野王은 『玉篇·自序』에서 말하기를 "五典과 三墳[5]에서 각기 달리 풀이하고

2 즉 隋 文帝 開皇 元年을 말함.
3 『訪書餘錄』 참조.
4 羅振玉이 간행한 『原本玉篇殘卷』 참조.
5 五典이란 五帝 때에 있었다는 古書의 이름을 말하고, 三墳이란 伏羲·神農·黃帝때 책을 말한다.(譯註)

六書八體는 지금과 옛날의 형태가 다르다. 다른 글자이나 풀이가 같은 것이 있고, 자형이 같으나 풀이가 다른 것도 있으며, 학자마다 의견에 차이가 크고 字書와 서적들도 착오가 매우 많아, 찾아서 이용하기 어려우며 의혹이 생기기 쉽다. 이에 명을 받들어 전대의 업적을 대대로 계승하고자 여러 편들을 모두 모아 서적들을 교감하여 문자의 훈고를 두루 갖춘 일가의 저작을 이루고자 하였다."[6]라고 하였다. 이는 그가 고적 중의 文字·訓詁에서 적지 않은 문제를 발견한 뒤 "여러 편들을 모두 모아 서적들을 교감"[7]하여 『玉篇』을 편찬하였고 "문자의 해석을 두루 갖추기"[8] 위한 목적이었음을 설명해 준다. 『玉篇』과 『說文』은 모두 字書이지만 유형이나 체제가 다르다. 『說文』은 字形의 설명을 위주로 한 것으로, 本義를 설명한 것도 字形을 증명하기 위한 것이었다. 따라서 本義만을 말하고 引申義는 말하지 않았다. 그러나 『玉篇』은 字義의 설명을 위주로 하였다. 즉 本義에 얽매이지 않고 한 글자에 여러 가지 뜻을 열거하여 '文字之訓'에 중점을 두었고, 이는 후세 字典의 先河가 되었다. 『玉篇』은 비록 『說文』을 근본으로 하여 그 체제를 모방하였지만 실제로는 창조성이 보인다.

『玉篇』은 모두 30권, 542部로 나누었는데 部首 중 『說文』과 같은 것이 529部, 다른 것이 13部이다. 部首의 순서는 『說文』과 매우 다르다. 처음의 몇 개 部首와 마지막의 干支 部首가 『說文』과 같은 것을 제외하고, 그 나머지는 모두 새롭게 배열하였는데, 顧野王은 일부러 뜻이 가까운 部首를 함께 나열한 듯하다. 예를 들면 제3권의 人部·兒部·父部·臣部·男部·民部·予部·我部·身部·兄部·弟部·女部 등이 그러하다. 그러나 그다지 정밀하지 못하였는데, 이에 대하여 段玉裁는 "顧野王의 『玉篇』은 而部를 毛·毳·冉의 뒤에 놓고 角·皮의 앞에 놓고, '而'를 짐승의 털이라 뜻풀이를 하고 있는데, 이는 결코 許愼의 뜻이 아니다."[9]라고 지적한 바 있다. 『玉篇』의 글자의 배열순서는 비록 許愼의 것처럼 정밀하지는 않지만 증거를 들어 설명하였고, 또한 訓詁로서의 가치도 있다. 다만 今本은 너무 간단히 요약한 것이라서 그 내용을 표현하기에는 부족하다. 이제 顧野王의 原本 『玉篇』 2항목을 예로 들어 注解의 상세함을 살펴보도록 하겠다.

6 "五典三墳, 競開異義; 六書八體, 今古殊形. 或字各而訓同, 或文均而釋異, 百家所談, 差互不少, 字書卷軸, 舛錯尤多, 難用尋求, 易生疑惑. 猥承明命, 預纘過庭. 總會衆篇·校讎羣籍, 以成一家之製, 文字之訓備矣."

7 "總會衆篇, 校讎羣籍."

8 "文字之訓備."

9 "顧氏『玉篇』, 以而部次于毛·毳·冉之後, 角·皮之前, 則其意訓'而'爲獸毛, 絶非許意.

原本: 謙은 去兼反이다. 『周易』에서 "謙은 가벼이하다는 뜻이다. 天道는 가득한 것은 일그러뜨리고 비어있는 것은 더해 주는 것이 천도이고, 가득한 것을 변화시켜 비어 있는 곳으로 흐르게 하는 것이 地道이다. 가득한 것을 해치고 빈 곳에 복을 주는 것이 귀신의 도이고, 가득 차는 것을 미워하고 겸손한 것을 좋아하는 것이 人道이다. 겸이란 높고도 앞서며, 낮아도 넘을 수가 없다."라고 하였다. 나(野王)는 이에 대해 "謙은 허심탄회하고 겸손한 것이다."라고 주한다. 『尙書·大禹謨』에서는 "가득차면 덜게 되고 비어 있으면 채워지는 것이 이것이다."라고 하였으며, 『國語』에서는 "겸손의 德"이라 하였고, 賈逵는 이에 대해 "謙謙은 극히 작은 것과 같다."라고 하였다. 『說文』에서는 "謙은 공경하다는 뜻이다."라고 하였고, 『倉頡篇』에서는 "謙은 비어 있다는 것이다."라고 하였다.[10]

今本: 謙은 苦嫌切이며, 겸손하여 양보한다는 뜻이다. 卦의 이름이다.[11]

(『玉篇』 9권 言部)

原本: 託은 他各反이다. 『公羊傳』에서 "어쩔 수 없이 맡기다."라고 하였으며, 何休는 "의탁하는 바이다."라고 하였다. 『論語』에서는 "육척의 외로운 몸을 의지할 수 있다."라고 하였다. 나(野王)는 이에 대해 다음과 같이 注한다: 『方言』에서 "託은 의지한다는 것이다. 의지하는 모든 것을 일러 託이라 한다"라고 하였고, 『廣雅』는 "託은 의지하다, 기대는 것이다. 혹은 侂[12]으로 쓰기도 하며 人部에 있다"라고 하였다.[13]

今本: 託은 他各切이며, 의지하다, 의지하고 기대다라는 뜻이다.[14]

(『玉篇』 9권 言部)

清 光緒년간에 黎庶昌·楊守敬 등이 일본에서 原本『玉篇』의 잔권을 발견하게 되어, 마침내 原書의 일부분을 볼 수 있게 되었다. 현재 일본에는 7권의 사본이 존재하는데, 그 중에서 22권과 27권은 완전한 것이고 나머지는 모두 불완전한 것으로, 모두 2,134자를 담고 있다. 今本과 原本을 서로 비교해 보면 차이가 매우 크다. 예를 들면 正文의 배열순서와 주석에 차이가 있는데, 위의 두 예와 같이 今本에서는 주석에 있는 顧野王의 評語와 방증을 모두 생략하였다. 胡樸安은 『中國文字學史』에서 原本 『玉篇』의 다섯 가지 특색에 대해 "첫째, 방증 모두 原書에서 나온 것이므로, 따를 만하다. 둘째, 증거가 고립되지 않아 訓詁學의 가치를 증대시켰다. 셋째, 評語가 명백하고 해설이 정확하다. 넷째, 異體를 널리 수집하였고, 또한 이것이 어느 部에 속하는지를 注하여 조사하기 편리하다. 다섯째, 古書의 자료를 보존하고 있

---

10 "原本: 謙, 去兼反. 『周易』: 謙, 輕也. 天道虧盈而益謙, 地道變盈而流謙, 鬼神害盈而福謙, 人道惡盈而好謙, 謙尊而先, 卑而不可踰. 野王案: 謙猶沖讓也. 『尙書』: 滿招損, 謙受益是也. 『國語』: 謙謙之德. 賈逵曰: 謙謙, 猶小小也. 『說文』: 謙, 敬也. 『倉頡篇』: 謙, 虛也."

11 "今本: 謙, 苦嫌切, 遜讓也. 卦名."

12 濮之珍 원문에는 '侘(차)'로 되어 있으나 '侂(탁)'의 잘못이다.(譯註)

13 "原本: 託, 他各反. 『公羊傳』: 託不得己. 何休曰: 因託以也. 『論語』: 可以託六尺之孤. 野王案: 『方言』: 託, 寄也, 凡寄爲託. 『廣雅』: 託, 依也, 託, 累也, 或爲侂字, 在人部."

14 "今本: 託, 他各切, 寄也, 依憑也."

다."[15]라고 칭찬하였다.

지금 일본에 있는 『玉篇』 殘卷은 黎庶昌과 楊守敬의 고증에 의하면, 확실히 顧野王의 原本이며, 이미 『古逸叢書』 안에 수록되어 출간되었다. 비록 43部만 남아 있지만, 『玉篇』原本의 체제를 살펴 볼 수 있다. 즉 제일 먼저 音이 나오고, 그 다음으로 증거, 評語, 廣證, 또 異體 순의, 5단계의 체제로 이루어져 있다. 매 글자의 주석이 모두 5가지 例를 갖추고 있는 것은 아니지만, 全書의 通例는 대략 이와 같다. 예를 들면 다음과 같다.

> **託은 他各反이다.**(音) 『公羊傳』에서는 "어쩔 수 없이 맡기다."라고 하였다. 何休는 "의탁하는 바이다."라고 하였다. 『論語』에서는 "육척의 외로운 몸을 의지할 수 있다."라고 하였다.(증거) 나는 이에 대해 다음과 같이 注한다: 『方言』에서 "託은 의지하는 것이다. 의지하는 모든 것을 일러 託이라 한다."라고 하였다.(주해) 『廣雅』에서는 "託은 의지하다. 기대는 것이다.(廣證) 혹은 侂으로 쓰기도 하며, 人部에 있다."라고 하였다.(異體)[16]

> **龤는 胡皆反이다.**(音) 『說文』에서는 "음악이 조화로운 것이 龤이다."라고 하였다. 『虞書』에서는 "8음이 정돈되어 조화롭다가 그것이다."라고 하였다.(증거) 나는 이것에 대해 다음과 같이 注한다: 이것은 현악기와 관악기의 조화를 말한다.(주해) 오늘날에는 諧字로 쓴다. 言部에 있다.(異體)[17]

이상의 두 예로부터 볼 때, '託'字는 5가지 예를 모두 갖추고 있고, '龤'字는 廣證이 없다. 잔권을 종합해 보면, 『玉篇』의 체제는 대략 이와 같다.

『玉篇』 原本에는 16,917字가 수록되어 있는데[18], 모두 당시에 통행하던 楷書體를 사용하고 있으므로, 중국에서 楷書를 正書로 한 첫 번째 字書인 것이다.

『玉篇』의 뒤에는 「分毫字辨」이 붙어 있는데, 형체가 비슷한 글자를 124쌍 열거하고 다시 두 글자를 병렬하여 音과 義가 다름을 분명히 밝히고 있다. 예를 들면 다음과 같다.

> 椿, **椿**: 앞 글자는 卓江反이며, 말뚝이다; 뒷 글자는 丑屯反이며, 나무이다.[19]

---

15 "一引證悉出原書, 可以覆按; 二證據不孤, 增加訓詁學之價值; 三案語明白, 有的確之解說; 四廣搜異體, 幷注屬於何部, 便于檢查; 五保存古書之材料."

16 "託, 他各反. 『公羊傳』: 託不得已. 何休曰: 因託以也. 『論語』: 可以託六尺之孤. 野王案: 『方言』: 託, 寄也. 凡寄爲託. 『廣雅』: 託, 依也. 託, 累也. 或爲侂字, 在人部."

17 "龤, 胡皆反. 『說文』: 樂和龤也. 『虞書』: 八音克龤是也. 野王案: 此謂弦管之調和也. 今爲諧字也. 在言部."

18 今本에는 22,561字가 있다.

19 "椿·椿: 上卓江反, 木柦; 下丑屯反, 木也."

刀, 刁: 앞 글자는 都勞切이며, 도끼나 칼을 말한다; 뒷 글자는 的聊切이며, 사람의 姓이다.[20]
晴, 睛: 앞 글자는 疾盈切이며, 청명함을 말한다; 뒷 글자는 子盈切이며, 눈동자이다.[21]
帷, 惟: 앞 글자는 干眉切이며, 휘장이나 막이다; 뒷 글자는 以隹切이며, 어기사이다.[22]

顧野王은 이처럼 형체는 비슷하지만 의미가 다른 한자들에 대하여 주의를 기울여 글자를 분별하고 바르게 하는 데 많은 도움을 주었다.

결론적으로, 『玉篇』은 『說文』 계통에 속하는 字書이지만, 音과 義에 중점을 두고 글자를 해석하였다. 『玉篇』의 글자 해석은 우선 反切로 주음을 하고, 그리고 나서 뜻을 해석하였으며, 증거를 드는 것 외에도 때로는 評語나 설명을 덧붙였고, 異體字를 덧붙였으며, 다른 견해는 주를 달아 상세히 밝혔다. 『說文』과 비교해 볼 때, 『玉篇』은 현대 字典의 형식에 더욱 근접해 있다고 할 수 있다.

2) 孔穎達의 『五經正義』

孔穎達은 隋唐시대 사람으로, 古文經學家이다. 『五經正義』를 편찬하였는데, 즉 『周易正義』, 『尙書正義』, 『毛詩正義』, 『禮記正義』, 『春秋正義』를 말한다. 이 다섯 개의 '正義'는 현재 '疏'의 형식으로 『十三經注疏』에 들어가 있으며, 孔穎達의 疏는 『十三經注疏』에서 중요한 위치를 차지하여, 후대 訓詁學에 매우 큰 영향을 주었다.

『五經正義』는 經書 주석 가운데 중요한 저작으로, 그 중에는 그의 언어·문자연구에 대한 관점들이 반영되어 있다. 이 방면에 있어서는 이미 近人들의 연구가 진행되었는데, 예를 들면 劉世儒의 「孔穎達的詞類說和實詞說」[23], 李芳圃의 「從『毛詩正義』看孔穎達考正詞義的方法」[24] 등이 있다. 孔穎達은 『五經正義』에서 나타낸 언어·문자연구에 대한 관점은 체계적이지는 않지만 문자·훈고 등의 방면을 섭렵하고 있다. 그 중에는 前人의 성과를 총결해 낸 것도 있고, 孔穎達 자신이 제기한 것도 있는데, 모두 후세에 큰 영향을 미쳤다.

문자의 音과 義의 관계에 있어서, 그는 '뜻은 소리에 존재한다.'[25]와 '소리를 빌려 뜻을 나타낸다.'[26]는 것을 제기하였는데, 이는 실로 淸代 '소리에 의하여 뜻을 구한

---

20 "刀·刁: 上都勞切, 刀斧; 下的聊切, 人姓."
21 "晴·睛: 上疾盈切, 晴明; 下子盈切, 目睛."
22 "帷·惟: 上干眉切, 帷幔; 下以隹切, 辭也."
23 『訓詁硏究』 第1輯 참조.
24 위와 같음.
25 '義存于聲.'
26 '借聲爲義.'

다.'[27]라는 주장의 선구라 할 만하다.

한자의 音과 義의 관계는 주로 두 가지 상황으로 표현된다. 하나는 '同源字'로써, 字音과 의미가 비슷하거나 같은 글자를 말한다.

또 다른 하나는 '通假字'로써, 두 글자의 音이 같거나 비슷하기 때문에 의미는 같지 않지만, 빌려쓰는 경우 假借義가 생겨나는 것이다. 孔穎達은 이미 이러한 현상을 인식하였으니, 『毛詩正義』에서 그가 말한 '義存于聲'은 바로 同源字를 말한 것이고, '借聲爲義'는 바로 通假字를 말한 것이다. 先秦의 古籍에는 일찍이 聲訓이 있었다. 예를 들면 『易·說卦』에서 "乾은 健(건, jiàn)이다."[28]라고 하였고, 『孟子』에서 "庠은, 養(양, yǎng)이다; 校는 教(교, jiào)이다; 序는 射(사, shè)이다."[29]라 한 것이다. 漢代 『說文』·『釋名』에 이르러서는 聲訓을 이용하여 뜻을 해석한 예가 더욱 많아졌다.

孔穎達은 이러한 기초 위에서, '뜻은 소리에 달려 있다'라는 관점을 이끌어 냈다. 예를 들면 『毛詩·大雅·韓奕』에 관하여 다음과 같은 기록이 있다.

> "韓侯가 아내를 맞으니, 汾王의 생질이요."라는 구절이 있다. 傳에서 "汾은 크다의 뜻이다." 라고 하였고, 正義에서는 "『爾雅·釋詁』의 기록에 의하면, '墳은 大의 뜻이다.' '墳'과 '汾'은 同音이므로 역시 크다라는 뜻이다."라고 풀이하였다.[30]

孔穎達은, 墳과 汾의 音이 같고 墳의 뜻이 크다(大)이므로, 汾 역시 크다가 되어야 한다고 여겼다. 이것이 바로 音이 같으면 뜻도 같다는 관점이다. 또한 『魏風·伐檀』에도 다음과 같은 기록이 있다.

> "황하의 물결 맑게 일렁이네."라는 구절이 있다. 傳에서 "바람이 불어 물결이 이는 것을 漣이라 한다."라고 하였고, 正義에서는 "『爾雅·釋水』의, '河水清且瀾猗'에서 큰 파도를 瀾이라 하고, 작은 물결을 淪이라 하며, 곧은 파도를 徑이라 한다. ……漣과 瀾은 비록 자형은 다르지만 뜻이 같다."라고 하였다.[31]

'漣瀾雖異'라는 것은 그 자형이 다름을 말하며, '義同'은 그 음이 가까우므로 뜻이 같다는 것을 가리킨다. 孔穎達은 이처럼 '소리를 빌려 뜻으로 삼는'[32] 학설을

27 '因聲求義.'
28 "乾, 健也."
29 "庠者, 養也; 校者, 教也; 序字, 射也."
30 "韓侯取妻, 汾王之甥." 傳, "汾, 大也." 正義: "「釋詁」云; '墳, 大也.' 傳意以'墳''汾'音同, 故亦爲大也."
31 "河水清且漣猗." 傳: "風行水成文曰漣" 正義, "「釋水」云'河水淸且瀾猗', 大波爲瀾, 小波爲淪, 直波爲徑, ……漣瀾雖異而義同."

내세웠다. 예를 들면 다음과 같다.

> 『毛詩·豳風·七月序箋』에는 '周公이 변란을 당한 것은 管叔과 蔡叔이 참언을 퍼뜨려, 동쪽의 도시로 옮겨갔기 때문이다.'라고 하였다. 正義에서는 '옛날에는 避, 辟, 譬, 僻을 모두 辟자로 썼는데, 이는 소리에 의거하여 뜻을 정한 것이다. 鄭玄은 辟을 避로 읽었으므로, 이와 같은 설을 만든 것이다.'라고 풀이하였다.[33]

'借聲爲義'는 소리가 같거나 비슷하면 빌려 쓰기 때문에 假借義가 생겨난 것을 말한다.

> 『小雅·漸漸之石』에는 "머나먼 이역 산천에 이 쓰라린 고생이여"라는 구절이 있다. 傳에서는 "山川은 荊舒國이 위치한 곳이다. 길은 길고도 멀며, 땅은 아주 광활하여 말로 다 할 수 없다."라고 하였다. 正義에서는 "광활하여 요원하다라는 글자는 마땅히 遼遠의 '遼'자를 써야 하나, '勞'자로 썼다. 이는 옛날에는 글자가 적어 대부분 가차하였기 때문이며, 詩는 또한 입으로 읊조리고 따로 竹帛에 기록하지 않으므로 음이 서로 비슷하면 같이 사용하였기 때문이다. 이 글자는 뜻이 서로 통하므로, 굳이 '遼를 써야 한다'고 말하지 않는다"라고 풀이하였다.[34]

이상에서 孔穎達은 고대 문헌 가운데 假借字가 많다는 것을 지적하였는데, 하나는 본래 글자가 없는 假借이고, 다른 하나는 詩가 口傳됨으로써 同音字를 이용하여 대체한, 본래 그 글자가 있는 假借이다.

결론적으로 孔穎達의 『五經正義』는 중요한 저작으로, 중국 고대 언어학에 있어서의 공헌과 역할에 대해 더욱 발전된 연구가 기대되는 바이다.

3) 徐鉉·徐鍇의 『說文解字』 연구

徐鉉(916~991)의 字는 鼎臣이고, 揚州 廣陵[35] 사람이다. 처음에는 南唐에서 벼슬을 하였고, 후에 宋에 귀화하여 동생 徐鍇(920~974)와 함께 이름을 나란히 하였다. 五代 宋初의 文字學 연구자로 세칭 '大小二徐'라고 불린다.

---

32 "借聲爲義."

33 "『毛詩·豳風·七月序箋』: '周公遭變者, 管蔡流言, 辟居東都.' 正義: '古者避, 辟, 譬, 僻皆同作辟字而借聲爲義, 鄭讀辟爲避, 故爲此說.'"

34 『小雅·漸漸之石』: "山川悠遠, 維其勞矣." 箋: "山川者, 荊舒之國所處也. 其道里長遠, 邦域又勞勞廣闊, 言不可卒服." 正義: "廣闊遼遼之字, 當從遼遠之遼, 而作'勞'字者, 以古之字少, 多相假借, 詩又口之咏歌, 不專以竹帛相授, 音旣相近, 故遂用之. 此字義自得通, 故不言'當作遼'也."

35 지금의 江蘇省 揚州를 가리킴.

許愼의 『說文解字』는 완성된 뒤로 수백 년 간의 轉寫를 거치고, 또 唐 李陽冰이 멋대로 수정함으로써, 錯誤와 脫文이 생겨 본래의 면모를 잃게 되었다. 徐鉉이 칙명을 받들어 句中正 등과 함께 『說文解字』를 校定하게 되었고, 宋 太宗 雍熙 3년(986)에 校定本이 완성되어 國子監에 넘겨져 조판됨으로써 비로소 세상에 전해지게 되었다. 이것이 바로 大徐本 『說文解字』이다.

徐鉉은 『說文解字』를 校定하면서, 原書의 脫文이나 錯誤를 바로잡았을 뿐만 아니라 더하고 고치기도 하였다. 그가 더하고 고친 부분은 다음과 같다. 첫째, 許愼의 原書는 14篇이고 1篇의 序가 있다. 許愼이 上奏할 때 1篇을 1卷으로 만들었으므로, 모두 15卷이다. 그러나 徐鉉은 이 편폭이 상당히 복잡하다고 생각하여 매 卷을 上下로 나누어 30卷으로 만들었다. 둘째, 反切을 증가하였다. 許愼 시대에는 아직 反切이 더하였다. 단지 '讀若某'라고 注音하는 수밖에 없었다. 徐鉉은 처음으로 孫愐의 『唐韻』에 근거하여 매 글자 아래에 反切을 덧붙였다. 그러나 漢代 사람들의 讀音과는 부합하지 않았다. 셋째, 注釋을 더하였다. 『說文』에서 注가 미비한 경우에는 해석을 첨가하였고, 세속에서 변하여 『說文』의 正字와 다른 別體字 역시 자세히 분별하였으며, 모두 '臣 徐鉉 등이 말하기를'[36]을 붙여 구별하였다. 넷째, 글자를 새로이 덧붙였다. 모든 경전에서 통용되고 시속에서 통용되는 글자이지만 『說文』에는 실리지 않은 글자를 모두 매 部의 끝에 보충 수록하여, '新附字'라고 하였다. 새로 덧붙여진 글자는 모두 402字이다.

徐鍇도 『說文解字』 연구에서 그 성과가 뛰어났다. 그가 지은 『說文解字繫傳』 40권에서는 形音義의 관계(形聲相生, 音義相轉)에 주의를 기울였다. 『說文解字繫傳』은 大徐本 『說文』에 많은 영향을 주었다. 세칭 徐鉉이 校定한 것을 大徐本이라 하고, 徐鍇가 지은 『說文解字繫傳』을 小徐本이라 한다. 世人들은 小徐의 학문과 문장 재능이 형보다 더 뛰어나다고 생각하지만, 사실상 각기 장단점이 있다. 大徐의 『說文』 연구는 서술하되 창작하지 않았다. 그러나 小徐는 서술과 창작을 함께 하였으니, 그는 거의 매 항목마다 '臣徐鍇曰' 이라고 하여 자신의 견해를 밝혔다. 예를 들면 다음과 같다.

> 半은 사물의 중심을 가르는 것이다. 八과 牛로 이루어졌는데, 소는 그 몸집이 크므로 나눌 수 있다. 半이 포함된 모든 글자는 半을 따른다. 臣 徐鍇의 생각으로는 큰 것은 나눌 수 있으니, 會意이다.[37]

---

36 '臣鉉等曰.'

> 閒은 틈이다. 門과 月로 이루어졌다. 臣 徐鍇의 생각으로, 밤에 문을 닫아도 달빛이 보이니, 이것은 틈이 있기 때문이다.[38]

위의 두 예를 볼 때, 小徐는 자신의 견해를 가지고 許愼의 『說文』을 공부하는 독자들을 도와준 것이다.

결론적으로, 徐鉉과 徐鍇의 『說文』에 대한 교정과 연구는 『說文』의 전승과 후세의 연구에 큰 영향을 끼쳤다.

4) 正字法에 대한 전문 저서

唐宋 이래로 끊임없이 正字法에 대한 전문 저서가 출현하였다. 이러한 저서는 대체로 正體와 俗體를 나란히 싣고 있어서, 사람들이 正字의 표준에서 취할 것과 버릴 것을 알게 하였고, 字形을 분별하는 데에도 도움을 주어, 別字를 틀리게 쓰지 않도록 하였다. 이러한 책 가운데 비교적 우수한 저작으로는 다음의 몇 가지가 있다.

『干祿字書』는 唐 顔元孫[39]의 저서이다. 元孫의 字는 聿修이고, 萬年[40] 사람이다. 중국 고대 문자의 字體는 篆書에서 隷書로 변하였고, 隷書에서 楷書, 다시 草書·行書로 발전하였다. 漢末 이래로 隷書와 楷書가 통행되고 草書가 변화하였기 때문에, 한자의 字形 筆劃 규범을 일반 사람들은 잘 알지 못하게 되었다. 이에 唐 顔元孫이 『干祿字書』를 짓게 된 것이다. 이 책은 상소문·편지글·판결문 등을 위하여 지어졌기 때문에 '干祿'이라 이름지었으며, 뜻은 '祿位를 求한다'는 것이다. 이 책은 四聲에 따라 분류하고, 매 글자마다 俗體·通體·正體의 세 가지로 나누었고, 당시에 이미 통용되던 많은 簡化字를 수록하였다. 소위 '通'이라는 것은 사용된지 오래되고, 서로 통하는 字體를 가리킨다. 예를 들면 釆와 採, 阪과 坂이 통용되었다. 이른바 '正'이라는 것은 俗體에 대한 반대의 의미이다. 예를 들면, 泒의 正體는 派이고, 苐의 正體는 第이다. 이 책의 正體는 후에 正楷가 되었다. 이 책은 고증과 분석이 상당히 자세하여, 당시 識字 및 書法 규범의 제정에 도움을 주었다.

또한 『干祿字書』는 顔元孫의 조카이며 서법가인 顔眞卿이 베껴 기록하고 돌에 새겨, 드디어는 널리 전해지게 되었다.

『復古編』 2권과 부록 1권은 宋代 張有(1054～?)가 지은 것이다. 張有는 자가

---

37 "𠔁, 物中分也. 從八牛, 牛爲物大, 可以分也. 凡𠔁之屬皆從𠔁. 臣鍇曰, 大則分之也, 會意."
38 "閒, 隙也. 從門, 從月. 臣鍇曰, 夫門當夜閉, 而見月光, 是有閒隙也."
39 顔師古(581～645)의 四世 宗孫이다.(譯註)
40 지금의 陝西省 西安市를 가리킴.

謙中이며, 湖州[41] 사람이다. 『復古編』은 『說文解字』에 근거하여 문자의 正體·俗體를 변별한 것이다. 이 책 역시 四聲으로 모든 글자를 나누었으며, 정자체는 篆書를 사용하였고, 別體로 주를 달고 俗體는 그 아래에 썼다. 또한, 혼동되지 않도록 형체와 필획이 비슷한 글자를 변별하였다. 그러나 이 책은 지나치게 옛 것에 얽매여 오류가 상당히 많다.

宋元 시대에는 3대 字書가 있는데 그 하나가 『類篇』이다. 『類篇』은 14권으로 나뉘어져 있고, 목록이 한 권, 매 권이 상·중·하 3권으로 나뉘어져 있으므로 45권이다. 『類篇』은 『說文解字』에 의거하여 544部로 나누었으며, 수록된 글자는 3,100여 자이다. 이 책은 宋代 王洙, 司馬光 등이 조칙을 받들어 편찬하였다. 宋 仁宗 寶元 2년(1039)에 丁度 등이 『集韻』을 편찬하였는데, 글자 수가 많이 증가해서 『玉篇』과 서로 참조하기가 불편하였다. 이에 마침내 王洙 등이 따로 이 책을 편찬한 것이니, 『類篇』과 『集韻』은, 한 권은 字書이고 한 권은 韻書로서, 서로 보완 참조할 수 있다.

이 외에 遼나라 승려 行均이 지은 『龍龕手鑑』과 金나라 韓孝彦이 지은 『篇海』는 音順序 檢字法의 선구가 되었다.

이상 3권의 字書는 문자학 방면에서는 큰 가치가 없으나, 한 때 상당히 유행하였다.

明代에 영향력 있는 2권의 자서는, 『字彙』와 『正字通』이다. 『字彙』는 14권으로 明代 梅膺祚가 편찬한 것이다. 梅膺祚는 宣城[42] 사람이다. 『字彙』는 萬曆 43년(1615)에 완성되었으며, 部首 방면에서 비교적 발전이 있었다. 『字彙』는 楷書에 의거하여, 『說文解字』의 部首를 간화시켜 214部로 만들었으며, 子·丑 등 12地支에 따라 12集으로 나누었다. 部首와 각 部首 안의 글자는 필획의 많고 적은 순서에 따라 배열하였다. 그는 『字彙』의 범례에서 다음과 같이 말하였다.

> 偏傍이 艸이면 ++에, 月이면 月에 들어가는 것은 의심할 것이 없다. '蔑'은 丫가 形符이나 艸에 붙어 있으며, '朝'는 舟가 形符이나 月에 붙어 있다. 의미를 헤아린다면 어긋난다. 그러나 대체로 자형을 중시하고 그 뜻은 논하지 않았다.[43]

그러므로 그가 部首를 합병한 것은 檢字法에 있어서 일종의 혁신인 것이다.

고대 韻書는 음의 순서에 따라 배열된다. 원칙적으로는 합리적인 배열법이지만 당시에는 어음이 통일되지 않았고, 일반인도 음운학 지식이 없었기 때문에 실제

---

41 지금의 浙江省 吳興縣에 위치함.

42 지금의 安徽省 宣城.

43 "偏傍艸入艸, 月入月, 無疑矣. 至'蔑'從丫也而附于艸; '朝'從舟也, 而附于月. 揆之于義, 殊涉乖謬. 蓋論其形, 不論其義也."

사용에는 불편하였다. 梅膺祚는 필획배열법이 훨씬 편리하고 한자의 특성에 적합하다고 생각하였다. 그래서 그는 部首를 간화하고 합병하여 214部로 만들었으며, 또한 '자획의 많고 적음으로 순서를 정해 배열'하였다. 전책를 地支에 따라 子·丑 등 12集으로 나누었다. 예를 들면 子集은 1·2획의 部首이고, 丑·寅 두 集은 3획의 部首이며, 亥集은 10획 이상의 部首인 것 등이다. 매 部首에 속한 글자도 필획의 많고 적음에 따라 배열하였다. 이러한 檢字法은 한자의 특성에 적합한 것이어서, 후대 『康熙字典』의 부수필획배열은 완전히 『字彙』를 따르고 있다.

『字彙』의 글자 수록 원칙에 대해 범례에서 말하기를 "글자는 『正韻』을 조종으로 이미 개략적인 것을 얻어, 『說文解字』를 늘리고, 『韻會』를 참고하였는데, 모두 經史·세속에서 통용되는 것이다. 예를 들어 『篇海』에서 편집한 기이한 글자는 모두 삭제하고 수록하지 않았다."[44]라고 하였다. 梅膺祚의 글자 수록 원칙은 세속을 따르지도 않고 옛 것에 얽매이지도 않은 것으로, 그가 제기한 '從古'·'遵時'·'古今通用'의 3가지 방면은 정확한 것이다. 『字彙』의 수록자는 모두 33,179자로서, 古籍에 보이는 상용자를 위주로 수록하였고 당시 유행하던 俗字도 수록했으나, 僻字는 수록하지 않았다. 注音은 먼저 反切을 나열하고 뒤에 直音으로 주하였다. 글자의 뜻을 해석하는 방면에서도 통용적이고 이해하기 쉬운 글자를 애써 찾았다. 이 책의 결점은 인용한 書名의 篇名을 들지 않거나, 혹은 篇名은 들었으나 서명은 들지 않았다는 점이며, 또한 前人의 말을 인용할 때 출처를 명시하지 않았다는 점이다. 해석 또한 종종 틀린 곳이 있다. 따라서 과거 학자들은 『字彙』·『正字通』을 중시하지 않았지만, 그 편제체제는 후세에 채용되어 어문교육을 보급하는데 큰 영향을 미쳤다.

『正字通』은 12권이며 明末 張自烈[45]이 편찬한 것으로, 책 앞에 열거된 만주글 12字母는 淸代 廖文英이 첨가한 것이다. 이 책의 部首와 배열법은 모두 梅膺祚의 『字彙』를 따랐고, 수록자는 33,000여 자로 『字彙』보다 증가되고 개정된 것이다. 『正字通』은 『字彙』를 藍本으로 하였고, 『康熙字典』은 또한 『正字通』을 藍本으로 하였다.

결론적으로, 魏晋六朝에서 明代까지의 시기에서 언어 연구의 주요 성과는 어음의 연구에 있다. 이상으로 문자·훈고 방면의 연구에 대해서 간략하게 설명하였으며, 음운연구의 주류 외에 기타 언어 연구의 개략적인 상황을 밝혔다.

44 "字宗『正韻』已得其槪, 而增以『說文』, 參以『韻會』, 皆本經史通俗用者, 若『篇海』所輯怪僻之字, 悉芟不收."

45 '張自列'이라고도 씀.

2. 語音 연구의 흥기

한자는 기본적으로 표의문자이므로, 중국 고대의 언어 연구는 『爾雅』와 같이 字義·訓詁에 치중하기도 하였고, 『說文解字』와 같이 字形·字義에 치중하여 연구하기도 하였다. 西漢 이전까지는 어음 방면에 대한 연구가 없었다고 할 수 있다. 그러나 字音·字形·字義는 뗄 수 없는 3요소이며, 언어와 문자는 교제와 사상교류의 도구이므로, 사람들이 사회생활을 하고 문화를 교류하게 됨에 따라 어음에 대한 연구가 필요하게 되었다. 고대 字音의 표기 방식은 譬況·讀若·直音이었다.

『顔氏家訓·音辭篇』에서 말하기를 "온 세상 사람들의 언어가 다 다르니, 齊나라 말을 대표하는 『春秋』와 楚辭의 經인 『離騷』로부터 시작하여 후에 揚雄[46]이 지은 『方言』에 이르러서야 그 말이 완전히 갖추어졌다. 그러나 名物의 같고 다른 점은 고찰했지만, 발음의 옳고 그름은 밝히지 않았다. 鄭玄이 주를 단 六經, 高誘가 풀이한 『呂覽』과 『淮南』, 許愼이 만든 『說文解字』, 劉熹가 지은 『釋名』에 이르러 비로소 譬況·假借로 글자의 음을 고증했으나,[47] 古音과 당시의 음은 차이가 있었고, 輕重淸濁은 알 수가 없었으며, 外言·內言·急言·徐言·讀若과 같은 것들까지도 더하여져 더욱 사람들을 혼란케 만들었다."[48]라고 하였다.

顔之推가 말한 '譬況'·'假借'는 同音의 단어나 同音字로 음을 구하는 방법을 말하는데, 이러한 注音은 단순한 주음이 아니라, 자형과 자의를 동시에 해석하는 역할까지도 하였다. 許愼의 『說文解字』에 보이는 從某·某亦聲·某省聲은 모두 譬況으로 독음하는 것에 속한다. 『說文解字』에서 形聲字에 대해 말하기를 "사물로 이름을 삼아 음을 더하여 이루어진 글자이다."[49]라고 하였다. 段玉裁는 注를 달아 말하기를 "譬는 諭의 뜻이고, 諭는 '알리다'라는 뜻이다. 以事爲名은 뜻을 말한 것이고, 取譬相成은 소리를 나타내는 것이다. 江·河란 글자는 물로 이름을 짓고, 工·可와 같이 비슷한 소리를 비유한 것이니, 工·可를 취하여 그들의 이름을 만든

46 濮之珍 원문에서는 '楊雄'으로 적고 있는데 잘못이다.(譯註)

47 이 부분을 濮之珍 원문에서는 '假借以證字音'으로 적고 있으나 『顔氏家訓』 원문에 따라 '假借以證音字耳'로 고친다.(譯註)

48 "九州之人言語不同, 自『春秋』標齊言之傳, 『離騷』目楚辭之經, 後有揚雄著『方言』, 其書大備. 然皆考名物之同異, 不顯聲讀之是非也. 逮鄭玄注六經·高誘解『呂覽』『淮南』·許愼造『說文』·劉熹製『釋名』, 始有譬況·假借以證音字, 而古語與今殊別, 其間輕重淸濁猶未可曉, 加以外言·內言·急言·徐言·讀若之類, 益使人疑."

49 "以事爲名, 取譬相成."

것이다.”[50]라고 하였다.

許愼은 假借에 대해 “원래 그 글자가 없어 음이 같은 글자에 기탁한 것이다.”[51]라고 하였다. 段玉裁는 注를 달아 말하기를 “託은 의탁하다라는 뜻으로, 소리가 같은 글자에 기탁한다는 뜻이다. 즉 어떤 사물에 대해 그 글자가 없으면, 모두 이러한 방식으로 글자를 만든 것이다……대체로 假借의 시작은 원래 그 글자가 없는 것에서 비롯된다. 후에 이르러서는 글자가 있는데도 假借를 많이 하게 되었다. 또한 더 후대에 위조된 글자도 假借에서 생겨난 것이다.”[52]라고 하였다. 假借는 음이 같거나 비슷한 글자로 대체한 것으로 訓詁 중에 ‘某之言某也’·‘從某曰某曰某’·‘某讀曰某’·‘某讀如某某之某’·‘某古某字’·‘古聲某某同’의 종류들은 대부분 假借에 속하거나 혹은 假借에서 유래한 것이다.

요컨대 『爾雅』·『方言』·『說文解字』, 그리고 고적에서의 訓詁註解는 주로 글자의 뜻에 대한 연구이며, 字音에 대한 해석은 대개 文字·訓詁에 속하였다.

1) 上古시대 注音法에 쓰인 전문 용어

讀若 古代 注音用語이다. 예를 들어 『說文解字』에서 “珣은 宣으로 읽는다.”[53] “勼는 鳩로 읽는다.”[54]라고 하였다. 讀若은 ‘讀如’·‘讀爲’라고도 하였다. 顧炎武의 『音論』에서 “漢代는 아직 反切이 없기 때문에 발음을 알기 힘든 글자에 대해 讀若으로 注를 달았다. 趙宧光의 『說文長箋』의 凡例에서는 다음과 같이 말하였다; 古代에는 音을 둘로 나누어 注音한 방법이 없었다. 음은 많았지만 同音字가 극히 적었다. 따라서 許愼은 讀若만을 사용하였는데, 若은 단지 비슷하다는 뜻일 뿐이므로 口傳할 수는 있었지만 글로 전할 수는 없었다.”[55]라고 하였다.

直音 한 글자로 발음이 같은 다른 글자의 음을 표시한 것이다. 예를 들면 ‘畢의 음은 必이다’, ‘畔의 音은 叛이다’ 등이 그것이다.

---

50 “譬者諭也, 諭者告也. 以事爲名, 謂半義也. 取譬相成謂半聲也. 江河之字以水爲名, 譬其聲如工·可, 因取工·可成其名.”

51 “本無其字, 依聲託事.”

52 “託者寄也, 謂依傍同聲而寄於此, 則凡事物之無字者, 皆得有所寄而有字.……大氐假借之始, 始于本無其字. 及其後也, 既有其字矣, 而多爲假借. 又其後也, 且至後代譌字亦得自冒於假借.”

53 “珣讀若宣.”

54 “勼讀若鳩.”

55 “漢時人未有反切, 故於字之難知者多注云讀若, 趙宧光『說文長箋』凡例曰: 古無音切二法, 音聲之道無邊, 而同音者甚少, 故許氏但有讀若, 若者猶言相似而已, 可口授而不可筆傳也.” 『音學五書·音論』卷下 참조.

讀若과 直音의 注音방법은 매우 제한적인데, 陳澧는『切韻考』에서 이미 "古人들의 音書에서는 단지 讀若某·讀與某同이라고 하였다. 그러나 同音字가 없다면 그 방법은 궁색해 진다. 비록 同音字가 있다 하더라도 발음이 명확하지 않고 식별하기 어렵다면 이 방법은 또 궁색해진다."[56]라고 지적한 바 있다.

古人은 注音방면에서 많은 방법을 생각해 냈다. 그들은 또한 急言·緩言·長言·短言·內言·外言 등을 써서 글자의 독음을 모방하고 설명하였다. 이것 또한 글자의 음을 비유한 방법이라 할 수 있다.

急言 예를 들어『淮南子·墬形訓』에서 "그 땅은 기장이 자라기에 알맞았으므로, 소들도 많다."[57]라고 하였는데, 高誘는 이에 대해 "旄의 발음은 綢繆의 繆의 발음과 비슷하니, 빨리 숨을 토하여 말하면 그 발음을 얻게 된다."[58]라고 주하였다. 또한『說林訓』에서 "죽은 말은 집 문턱에서 소리를 내지 않는다."[59]라고 하였는데, 高誘는 "轔은 隣의 발음과 비슷해서 빨리 숨을 토하여 말하면 그 발음을 얻게 된다."[60]라고 하였다. 漢代 사람들의 소위 急言에 관한 많은 예들을 조사해 보면 모두 介音 [i]를 가진 細音字들이다. [i]는 高元音이며 발음할 때 근육이 긴장하고 구강은 비교적 좁고 촉박한 느낌이 들기 때문에 急言이라고 하였다. 일설에 急音은 아마 短音의 뜻으로 말한 것일 수도 있다.

緩言 예를 들면『淮南子·原道訓』에서 "蛟龍이 물에 산다."[61]라고 하였는데, 高誘는 "蛟의 발음은 서로 人情이나 人性을 교류한다는 뜻의 交로 읽는데, 천천히 숨을 내쉬어 말함으로써 그 발음을 얻게 된다."[62]라고 설명하였다. 또한『本經訓』에서 "날아다니는 메뚜기가 들판에 가득차 있다."[63]라고 하였는데, 高誘는 "蛩이란 것은 蝗이라고도 하는데 沇洲에서는 螣라고 하여 殆와 비슷하게 발음하되 천천히 숨을 내쉰다."[64]라고 하였다. 漢人이 말한 緩言에 관한 여러 예들을 조사해 보면 모두 介音 [i]가 없는 洪音字다. 이러한 글자는 발음할 때 느리고 자연스러우므로 緩言이라 한 것이다. 일설에 의하면 緩言은 長音의 뜻일 것이다.

---

56 "古人音書但曰讀若某, 讀與某同. 然或無同音之字, 則其法窮; 雖有同音之字, 而隱僻難識, 則其法又窮."『切韻考』卷六「通論」참고.
57 "其地宜黍, 多旄犀."
58 "旄讀近綢繆之繆, 急氣言乃得之."
59 "亡馬不發戶轔."
60 "轔讀近鄰, 急氣言乃得之也."
61 "蛟龍水居."
62 "蛟讀人情性交易之交, 緩氣言乃得耳."
63 "飛蛩滿野."
64 "蛩, 一曰蝗也, 沇洲謂之螣, 讀近殆, 緩氣言之."

長言 예를 들면『公羊傳』莊公 28年에서 "『春秋』에서 정벌하는 자는 객이 된다."[65]라고 하였는데, 何休는 "남을 정벌한 사람은 객이 된다에서 伐은 길게 발음하며, 齊나라 사람들의 말이다."[66]라고 하였다. 일설에 長言은 長音의 뜻일 것이다.

短言 예를 들면『公羊傳』莊公 28年에서 "정벌 당하는 자가 주인이 된다."[67]라고 하였는데, 何休는 "정벌 당하는 자가 主人이 된다에서 伐을 짧게 발음하며, 齊人의 말이다."[68]라고 하였다. 短言이라는 것은 급하게 발음하는 것으로 聲調 중에 促調가 된다. 일설에 短言은 短音의 뜻도 있을 것이다.

內言·外言 예를 들면『公羊傳』宣公 8年에서 "어째서 而라고 하기도 하고 乃라고 하기도 하는가?"[69]라고 하였는데, 何休는 "乃라고 말하는 것은 발음이 안에서 우러나므로 그 음이 깊다. 而라고 말하는 것은 발음이 밖에서 우러나오므로 얕다."[70]라고 해석하였다.[71] 그러나 譬況·讀若·直音은 모두 한계가 있을 뿐 아니라 명확하지 못하다. '反切'이 생기고 나서야 비로소 중국 고대 어음연구가 발전하게 되었으며, 이로부터 語音연구가 활발해졌다.

2) 反切注音法

反切은 雙聲·疊韻의 방법을 이용하여 두 글자로 다른 한 글자의 讀音을 만들어 내는 것이다. 이것은 고대 학자가 讀若·直音의 바탕 위에서 창출해 낸 진일보한 주음방법이다. 反切上字는 反切된 글자의 聲母와 같고, 反切下字는 反切된 글자의 韻母 및 聲調와 같다. 즉 上字에서 聲母를 따고 下字에서 韻母와 聲調를 딴다. 예를 들면 "冬, 都宗切"에서 '冬'은 被切字이고 '都'는 反切上字이며 '宗'은 反切下字이다. 音標로 기록하면 다음과 같다.

冬dong —— 都d(u) + 宗(z)ong

'都'와 '冬'은 雙聲으로 聲母는 모두 d이다. '宗'과 '冬'은 疊韻으로 韻母는 모두 'ong'이고 聲調도 서로 같은 平聲이다. 발음을 표시할 때 上字에서 聲母를 취하고

---

65 "『春秋』伐者爲客."
66 "伐人者爲客, 讀伐長言之, 齊人語也."
67 "伐者爲主."
68 "見伐者爲主, 讀伐短言之, 齊人語也."
69 "曷爲或言而, 或言乃?"
70 "言乃者內而深, 言而者外而淺."
71 內外라는 것은 韻母의 洪과 細를 말하는 것으로, '乃'는 洪音字이고 '而'는 細音字이다.

下字에서 韻母와 聲調를 취한다. 다시 말해서 '都'자의 韻母 'u'와 '宗'자의 聲母 'z'는 발음을 표시할 때 반드시 없애야 한다. 이렇게 해야 '冬'자의 독음이 비로소 나올 수 있다. 漢字가 拼音文字가 아닌데도 고대 학자가 이천 년 전에 이처럼 과학적인 注音방법을 발명할 수 있었다는 것은 역시 위대한 창조라고 볼 수 있다.

『顔氏家訓·音辭篇』에서 말하기를 "孫叔然이 『爾雅音義』를 지었으므로, 漢末 사람만이 反切語를 이해하고 있었던 것이다. 魏代에 이르러 反切이 크게 유행하게 되었으나, 고관대작들은 反切語를 이해하지 못하고 괴이하다고 여겼다."[72]라고 하였다. 隋·唐 이래로 많은 사람들은 反切이 孫炎에게서 시작되었다고 여겼다. 예를 들면 陸德明은 『經典釋文·敍錄』에서 말하기를 "고인들의 音書는 譬況之說에만 그쳤고, 孫炎이 비로소 反切語를 썼는데, 魏代 이후 점점 번성하였다."[73]라고 하였다. 張守節의 『史記正義』에는 "이전 유학자들은 글자에 音을 달 때 비슷한 것으로 音을 달았고, 魏 秘書 孫炎에 이르러서 反切音을 쓰기 시작하였다."[74]라고 하였다. 사실 顔氏의 말뜻을 깊히 생각해 보면 反切이 孫炎에게서 시작되었다는 말은 없다. 다만 『爾雅音義』가 세상에 나온 이후에 反切이 크게 유행하였다고 하였을 뿐이다. 景審은 慧琳의 『一切經音義』에 序를 달아 말하기를 "예로부터 音의 反切이 있어 왔고, 대부분이 旁紐로 雙聲을 삼았는데 이는 服虔에게서 시작되었다."[75]라고 하였다. 또한 日本의 安然은 『悉曇藏』에서 武元之의 『韻詮』에 나온 反切의 예를 들면서 말하기를 "服虔이 反切音을 쓰기 시작하였다."[76]라고 하였다. 이것은 바로 東漢시대에 이미 反切을 이용하여 주음하였다는 사실을 설명하여 준다.

章太炎은 『國故論衡·音理論』에서 東漢 應劭시기에 이미 反切注音이 있었다고 하며 말하기를 "『經典釋文·序例』에 따르면, '漢人은 音을 만들지 않았다'고 하였으며, 王肅(195~256)의 『周易音』은 예증의 순서에 의심스러운 단어가 없다. 기록된 王肅의 音은 反切音 10여 개를 사용하였다. 『魏志·肅傳』에서는 '王肅은 鄭玄을 좋아하지 않았고, 당시 樂安 孫叔然은 鄭玄의 문하에서 수학하고 있었다. 王肅은 『聖證論』을 지어 鄭玄의 허물을 지적하고 비판하였는데, 叔然은 이를 반박하기를 가령 反切이 叔然에게서 시작되었다면, 子雍[77]이 어찌 이 방법을 기꺼이 계승하여

72 "孫叔然創『爾雅音義』, 是漢末人獨知反語. 至於魏世, 此事大行, 高貴鄕公不解反語, 以爲怪異."
73 "古人音書, 止爲譬況之說, 孫炎始爲反語, 魏朝以降漸繁."
74 "先儒音字, 比方爲音, 至魏秘書孫炎, 始作反音."
75 "古來音反, 多以旁紐爲雙聲, 始自服虔." 濮之珍 원문에는 '旁紐'가 '旁鈕'로 되어 있다.(譯註)
76 "服虔始作反音."
77 王肅의 字가 子雍임.(譯註)

썼겠는가? 또한 『漢書·地理志』의 廣漢郡 梓橦 條 주에서 應劭는 '潼水가 梓橦에서 나와 남쪽 墊江으로 들어간다. 墊은 徒浹反이다.'라고 주하였고, 또한 遼東郡 沓水 아래에는 '沓水는 長答反이다.'라고 주하였다. 이는 應劭시기에 이미 反切이 있었다는 말이니, 즉 反切은 漢末에 시작된 것이다."[78]라고 하였다. 또한 劉師培가 『正名隅論』에서 거론한 馬融이 注한 『易』과 鄭衆이 注한 『周官』에 모두 反切音이 있으니, 章太炎의 설을 보충할 수 있다.

反切의 기원에 대해 고대 학자들은 일반적으로 '二合音'이 反切의 기원이라고 생각하였다. 顧炎武는 『音學五書·音論』 下卷에서 다음과 같이 말하였다.

> 생각건대 反切音은 漢 이전부터 이미 있어 왔다. 宋 沈括은 古語에 이미 두 소리를 한 글자로 합한 것이 있다고 말하였다. 예를 들면 不可는 叵, 何不은 盍, 如是는 爾, 而已는 耳, 之乎는 諸 등과 같은 것이다. 鄭樵는 천천히 발음하면 두글자가 되고, 빨리 발음하면 한글자가 된다고 하였다. 예를 들어 者焉을 천천히 발음할 수 있지만, 이를 빨리 읽으면 旃이 된다. 또한 者與를 빨리 발음하면 諸가 되고, 而已는 耳, 之矣는 只가 된다. 내가 일찍이 經傳을 고찰한 바에 따르면 이에 그치지 않는다. 예를 들어 『詩』에는 '墻有茨'가 나오는데, 傳에는 茨는 蒺藜(풀이름)라고 하였다. 蒺藜는 바로 茨의 反切字이다. 또한 '八月斷壺'라는 구절이 나오는데, 지금은 壺를 胡盧(조롱박)라고 하지만, 『北宋·後妃傳』에는 瓠蘆라고 쓰고 있으며, 瓠蘆는 바로 壺의 反切字이다.……[79]

顧炎武는 또한 「音論」 下卷에서 南北朝시대에 反切語를 사용한 상황들을 열거하였다.

> 南北朝 시대의 反切은 대부분이 雙反이며, 音韻家들은 이를 正紐·到紐라고 한다. 史籍에 기록된 예는 다음과 같다: 晋 孝武帝가 淸暑殿을 지었는데, 한 識者가 淸暑를 楚聲의 反切로 나타내었다. 즉 楚聲은 淸이 되고, 聲楚는 暑가 된다. 宋 明帝는 꺼리는 것이 많았는데, 表粲의 옛 이름 表愍을 隕門으로 나타내었다. 隕門은 表, 門隕은 愍이 된다.……梁 武帝는 同泰寺를 지었는데, 하늘의 大通門이 절의 南門을 대하고 있었고, 反切을 이용하여 同泰와 조화를 이루게 하였다. 즉 同泰는 大, 泰同은 通이 된다. 陳 後主는 이름이 叔寶였는데, 反切語는 少福이니, 少福은 叔, 福少는 寶가 된다. …… [80]

---

78 "案『經典釋文·序例』謂'漢人不作音', 而王肅『周易音』則序例無疑詞, 所錄肅音用反語音十餘條. 尋『魏志·肅傳』云: '肅不好鄭氏, 時樂安孫叔然授學鄭玄之門, 肅集『聖證論』以譏短玄, 叔然駁而釋之.' 假令反語始於叔然, 子雍豈肯承用其術乎? 又尋漢『地理志』廣漢郡梓橦下, 應劭注: '潼水所出, 南入墊江. 墊音徒浹反.' 遼東郡沓水下, 應劭注: '沓水也, 音長答反.' 是應劭時已有反語, 則起于漢末也."

79 "按反切之語, 自漢以上, 即已有之. 宋沈括謂古語已有二聲合一字者. 如: 不可爲叵, 何不爲盍, 如是爲爾, 而已爲耳, 之乎爲諸. 鄭樵謂慢聲爲二, 急聲爲一. 慢聲爲者焉, 急聲爲旃; 慢者爲者與, 急聲爲諸; 慢聲爲而已, 急聲爲耳; 慢聲爲之矣, 急聲爲只是也. 愚嘗考之經傳, 蓋不止此. 如『詩』'墻有茨', 傳:茨·蒺, 藜也. 蒺藜正切茨字. '八月斷壺', 今人謂之胡盧, 『北史·後妃傳』作瓠蘆, 瓠蘆正切壺字.……"

80 "南北朝人作反語多是雙反, 韻家謂之正紐·到紐. 史之所載如: 晋孝武帝作淸暑殿, 有識者以淸暑反爲楚

清代의 儒學者 王筠은 『說文釋例』에서 말하기를 "窊 아래 汚衺라 하였는데 汚窊는 雙聲이고, 衺窊는 疊韻이다. 窳 아래 汚窬는 이것을 모방한 것이고 이는 『爾雅』의 '茨蒺藜'와 같은 것이다. 이것이 反切의 始祖이다. 후인들이 온갖 생각을 짜내었으나 고인들의 범위를 벗어나지 못하였다."[81]라고 하였다. 近人 劉盼遂의 『六朝唐代反語考』는 唐宋 이전의 反切語들을 수록하고 있는데, 모두 30여 개의 예가 있다. 이것은 당시 反切語 인용의 보편적인 상황을 증명하고 있다.

反切의 명칭에 대해서 顧炎武의 「音論」, 戴震의 『聲韻考』 및 王念孫의 『博雅音校訂』 등은 모두 六朝시대에는 反이라 하고 唐代에 이르러서야 切이라고 칭하게 되었다고 하였다. 후에 陳澧가 『切韻考』에서 이를 논박하여 바로잡았으니, 그는 다음과 같이 말하였다.

> 孫叔然이 처음 이 방법을 만들었을 때는 反이라 하고 切이라 하지 않았다. 그 후 反이라고도 하고 切이라고도 하였다. 『顔氏家訓』에서는 '徐仙民의 『毛詩音』에서는 驟의 反으로 在遘를 썼으며, 『左傳』에서는 椽을 徒緣으로 切하였다.'라고 하였다. 또한 '河北에서는 攻字를 古琮으로 切하였다.'라고 하였다. 이로부터 볼 때, 東晋 및 北朝에서는 이미 切이라고 불렀음을 알 수 있다. 顔氏는 또한 '陽休之가 『切韻』을 지었다.'라 하였고, 『梁書·周顒傳』에서는 '周顒이 『四聲切韻』을 지었다면 切이라 말하고, 反이라고는 말하지 않았을 것이다.'라고 하였다. 唐 玄度의 『九經字樣』에서는 '反이라 말하지 않고, 다만 聲母만으로 音의 요체를 정하였다.'라고 하였다. 이것은 玄度 자신이 그 저서의 예를 말한 것이다. 戴東原(戴震)의 『聲韻考』는 이를 인용하여, 唐 중엽에는 反이라 하지 않고 切로 고쳤다고 말하고 있으나, 자세한 고증은 없다.[82]

결론적으로, 反切의 명칭에서 反과 切은 실제로는 구분이 없으며, 반복하고 다듬어서 音을 이룬다는 뜻이다.

反切注音 방법의 외래 영향에 대해 살펴보자. 『隋書·經籍志』에서 말하기를 "後漢시대부터 佛法이 중국에 성행하고, 西域의 책들을 얻게 되었는데, 14글자로 모든 音을 엮어낼 수 있었으니, 글자는 간략했지만 그 의미는 넓었다. 이를 바라문서라고

聲. 楚聲爲淸, 聲楚爲暑也. 宋明帝多忌, 表粲舊名表愍爲隕門, 隕門爲表, 門隕爲愍也.……梁武帝創同泰寺, 天大通門對寺之南門, 取反語以協同泰, 同泰爲大, 泰同爲通也. 陳後主名叔寶, 反語爲少福, 少福爲叔, 福少爲寶也.……"

81 "窊下云, 汚衺者, 汚窊雙聲, 衺窊疊韻也; 窳下云, 汚窬放此; 與『爾雅』茨蒺藜同. 此反切之祖也. 後人窮思畢精, 不能出古人範圍之外."

82 "孫叔然立法之初, 謂之反, 不謂之切. 其後或言反或言切. 『顔氏家訓』云: "徐仙民『毛詩音』反驟爲在遘, 『左傳』音切, 椽爲徒緣." 又云"河北切攻字爲古琮." 據此, 則東晋及北朝已謂之切矣. 顔氏又云:"陽休之造『切韻』" 『梁書·周顒傳』云"顒著『四聲切韻』, 則必言切, 不言反." 唐玄度『九經字樣』云: "避以反言, 但紐四聲, 定其音旨." 此玄度自言其著書之例. 戴東原『聲韻考』引此謂唐季避言反, 而改曰切, 蓋未詳考也."

하며, 八體·六文의 의미와는 차이가 있다."[83]라고 하였다. 따라서 인도의 불교가 전파됨과 동시에 梵文의 拼音字母가 유입되었음을 알 수 있다. 梵文은 拼音文字이며, 漢字는 表意文字이다. 불교의 전파로 인해 불경이 번역되고, 두 문자가 비교되었다. 梵文 字母의 '體文'과 '聲勢'의 구별은 아마도 당시 고적에 주석을 달던 音義家들에 의해 계발되었을 것이다. 원래 二合音의 기초에서 발전하여, 한자의 聲과 韻을 분석하고, 두 개의 한자를 이용해 聲과 韻을 나타내어 하나의 音으로 주음하던 것에서 두 글자의 反切로 고치는 데까지 발전하게 되었다.

『高僧傳』은 宋代의 『釋慧叡傳』을 인용하여 말하기를 "陳郡의 謝靈運은 불교의 이치에 심취하여, 俗音과 다른 음들을 많이 해석할 수 있었다. 이에 叡에게 경전에 보이는 글자들의 여러 音과 다른 뜻들을 물어, 『十四音訓敍』를 지었는데, 梵文과 漢文의 조례가 분명하게 드러나, 문자가 이로서 근거를 갖게 되었다."[84]라고 하였다. 謝靈運이 서술한 14음은 바로 『隋書·經籍志』에서 말한 바라문 14자이다. 즉 인도문화가 유입되고 불교가 들어와 당시 불법을 믿는 사람이 날로 늘어나고 불경 번역이 흥성하게 되자, 일반 학자와 문인들은 인도의 梵文과 漢字를 대조함으로써 拼音의 이치를 깨닫게 되었던 것이다. 이에 梵文의 음운법칙에 의거하여 漢字의 독음을 분석해 내고 漢字 字音의 聲母와 韻母를 분석해 내었다. 또한 두 개의 한자를 이용하여 聲母와 韻母를 표시하였고, 二合音의 형식을 이용하여 새로운 注音方法을 만들어 내었다. 이렇게 하여 反切을 만든 것이다. 直音이나 讀若과 비교하면, 反切의 注音은 커다란 진전으로, 이 때문에 反切은 곧 널리 성행하였다.

反切은 東漢 말년 정식으로 사용된 漢字의 注音方法이다. 『顔氏家訓·音辭篇』에서는 "孫叔然이 『爾雅音義』를 지었으니, 漢末 사람인 孫叔然만이 反切語를 알았다."[85]라고 하였다. 대체로 반세기가 지나서 反切注音은 크게 유행하였다. 經史古籍에 반절주음법을 채용했을 뿐만 아니라 기타 『齊民要術』 같은 책 등도 반절주음을 채용하였는데, 사용범위가 매우 광범위하였다. 1918년에 注音字母가 정식으로 공포되기 이전까지 천 칠·팔백 년 동안 反切은 漢字注音의 주요 방법이었다고 할 수 있다.

反切注音 방법은 자연적인 二合音을 기초로 한 것이기도 하며, 또 梵文字母의

---

83 "自後漢佛法行於中國, 又得西域胡書, 能以十四字貫一切音, 文省而義廣, 謂之婆羅門書, 與八體·六文之義殊別."

84 "陳郡謝靈運篤好佛理, 殊俗之音, 多所達解. 迺諮叡以經中諸字, 并衆音異旨, 於是著『十四音訓敍』, 條例梵·漢, 昭然可了, 使文字有據焉."

85 "孫叔然創『爾雅音義』, 是漢末人獨知反語."

영향을 받은 것이기도 하다. 鄭樵(1103~1162)는 『通志·藝文略』에서 말하기를 "切韻學은 서역으로부터 흥기하였다.[86] 예전부터 전하는 14글자가 모든 음을 나타내므로 문자가 간단하여도 나타내는 음은 광범위하다. 이를 바라문서라고 한다."[87]라고 하였다. 陳振孫은 『直齋書錄解題』에서 "反切學은 서역에서 중국으로 들어왔으며 齊梁간에 이르러 성행하였고 그 이후에 聲病의 說이 등장해 상세하여졌다."[88]라고 하였다. 姚鼐(1731~1815)는 『惜抱軒筆記』에서 "孫炎이 깨달은 切音 방법은 바라문의 字母에서 유래한다."[89]라고 하였다. 상술한 각 학자들은 모두 反切의 출현이 불교의 전래와 梵文 拼音字母의 영향을 받은 것이라고 생각하였다.

그러나 어떤 학자는 反切이 외래의 영향을 받아 생겨났다는 견해에 동의하지 않는다. 예를 들면 淸代 유학자 陳澧(1810~1882)가 있다. 그는 『切韻考·通論』에서 말하기를 "魏晋南北朝·隋唐 이래로 反切은 있었지만 等韻이라는 것이 없었다. 唐代에 승려들이 梵書를 모방하여 中國의 36자를 字母라고 하고 宋代 사람이 이것을 이용하여 중국의 운서에 보이는 반절을 취하여 四等으로 나눈 연후에 等韻이라는 것이 생겨났다. 等韻의 근원이 梵書에서 비롯되었다는 것은 사실이다. 그러나 反切이 等韻이라고 하는 것은 옳지 않다. 反切이 먼저 있었고 等韻이 나중에 나온 것이다. 顧亭林은 「音論」에서 '反切이라는 말은 漢 이전부터 있었으니 沈存中·鄭漁仲이 말한 何不이 盍, 不可가 叵, 如是가 爾, 而已가 耳, 之乎가 諸, 者焉이 旃이라는 것을 인용하여 증명할 수 있다. 또 蒺藜를 茨, 不律을 筆이라고 하는 등 수 십 가지 항목을 들어 이것을 증명할 수 있다. 이 말은 모두 周秦시기에 나온 것이니 어찌 漢 明帝 이후라고 할 수 있겠는가'라고 하였다. 錢辛楣는 「答問」에서 '『詩』 삼백편이 나온 후에 雙聲의 묘미가 크게 발달했는데 이것을 서역에서 시작되었다고 하니 어찌 성현의 지혜가 범승의 아래에 있을 수 있겠는가.'라고 하였다."[90]라고 하였다. 陳澧는 또 『切韻考』 제6권에서 注하여 말하기를 "字母가 서역에서 왔다는 말은 맞는 것이나 反切學이 서역으로부터 왔다는 것은 옳지 않다."[91]라고 하였다.

86 여기서 말하는 切韻은 사실상 反切을 의미한다.

87 "切韻之學起自西域. 舊時所傳十四字貫一切音, 文省而音博, 謂之婆羅門書."

88 "反切之學自西域入中國, 至齊梁間盛行, 然後聲病之說詳焉."

89 "孫炎所以悟切音之法, 原本婆羅門之字母."

90 "自魏晋南北朝隋唐, 但有反切, 無所謂等韻. 唐時僧徒依倣梵書, 取中國三十六字謂之字母, 宋人用之以分中國反切韻書爲四等, 然後有等韻之名. 溯等韻之源以爲出於梵書, 可也. 至謂反切爲等韻, 則不可也. 反切在前, 等韻在後也. 顧亭林「音論」云: 反切之語自漢以上卽已有之, 引沈存中·鄭漁仲所云何不爲盍·不可爲叵·如是爲爾·而已爲耳·之乎爲諸·者焉爲旃以證之. 又考得蒺藜爲茨·不律爲筆數十條以證之.其語皆出于周秦時, 豈在漢明帝之後乎? 錢辛楣『答問』云: 『詩』三百篇興而雙聲之祕大啓, 乃謂始於西域, 豈古聖賢之智乃出梵僧下耶?"

反切은 古代의 二合音과 관계가 있으나 古人이 두 음을 합하여 사용한 것은 언어의 자연적인 운용으로 무의식적인 것이었다. 그러나 반절은 이와는 달리 의식적으로 漢字 字音을 聲母와 韻母로 분석한 것이다. 의식적으로 한자 자음을 聲母와 韻母로 분석하고 더 나아가 反切注音을 사용한 것은 梵文拼音의 영향을 받은 것이다. 또한 반절이 비록 等韻과는 다르나 等韻은 반절을 위하여 생겨난 것으로 반절을 설명해주는 韻圖이다. 宋元 兩代에 反切圖는 전적으로 『切韻』·『廣韻』, 그리고 『集韻』의 반절을 위해서 만들어졌다. 그러므로 반절이 없었으면 等韻도 없었을 것이니, 等韻은 반절을 진일보 체계화한 것이라고 말할 수 있다. 결론적으로 반절의 출현은 탁월한 창조로, 고대 학자들이 외래문화를 받아들여 漢語·漢字의 실제적인 특징과 결합시켜 聲母와 韻母로 분석함으로써 중국 고대 음운학의 연구의 장을 열게 된 것이다.

漢魏 시기에 反切이 성행하였지만, 당시에 여러 音義家들이 반절에 사용한 글자들은 통일되지 않았었다. 반절에 쓰인 글자가 달라도 어떤 것은 같은 음으로 읽을 수 있었다. 또한 古今音이나 혹은 方言관계로 인하여, 쓰인 글자가 달라 그에 따라 切音도 달라지는 것이 있었다. 孫炎의 『爾雅音義』에서 반절에 사용한 글자들은 후대에 注音할 때 대부분 그대로 인용되고 있다. 예를 들면 唐 張守節은 『史記正義論例』에서 말하기를 "지금은 모두 孫炎의 반절음에 근거하여 병기함으로써 후학에게 전한다."[92]라고 하였다. 이후에 韻書를 편찬할 때, 대부분 孫炎의 『爾雅音義』에서 사용한 반절글자를 표준으로 삼았다. 劉盼遂(1896～1966)는 말하기를 "孫炎의 『爾雅音義』에서 사용한 반절을 살펴보면 『經典釋文』에서 인용한 것이 모두 65가지, 『集韻』에서 인용한 것이 3가지이다. 그밖에 『初學記』, 『晋書音義』, 『詩經正義』, 李善注『文選』, 『太平御覽』에서 각각 세 가지 이상씩을 인용하였는데 모두 백 여 가지가 넘는다.[93]"라고 하였다. 이런 까닭으로 六朝 이후에 孫炎이 反切의 선구로 추앙된 것이다.

陳澧는 『切韻考』에서 『顔氏家訓·音辭篇』의 견해를 매우 칭찬하고 있다. 그는 "『顔氏家訓』에서 말하기를 '孫叔然이 『爾雅音義』를 창조하였으니 이는 漢末 사람인 그 만이 홀로 반절을 안 것으로, 魏代에 이르러 이것이 크게 유행하였으며, 이후에 음운이 크게 일어났다.'라고 하였는데 여기서 음운학은 반절에서 비롯되었고

91 "謂字母起自西域則是也, 謂反切之學起自西域則誤也."

92 "今幷依孫反音, 以傳後學."

93 "考孫氏『爾雅音義』中反語, 『經典釋文』引者凡六十五事, 『集韻』引者三事. 餘如『初學記』·『晋書音義』·『詩經正義』·『文選』李善注·『太平御覽』引各三數事, 總不下百餘事." 『文字音韻學論叢』 121쪽 참조.

그 연원은 孫叔然의 창조라고 한 말이 가장 정확하며, 후대 유학자들도 이에 대해 이견이 없다."[94]라고 하였다. 陳澧는 명확하게 되었고, 더 나아가 "『顔氏家訓』에서 魏代에 반절이 크게 행해졌다고 한 것에 대해서는, 顔師古가 『漢書』를 注하면서 인용한 孟康·如淳·蘇林에 모두 반절이 있으니, 그 증거가 된다. 그 후에 음운이 크게 일어났다고 한 것은, 같은 시기에 李登이 이미 『聲類』를 지었으니, 이는 음운이 흥기하게 된 선구적인 저서이다. 대체로 반절이 있은 이후에 비슷한 것들을 모아 운서를 이루었으니 이것이 자연적인 추세였다."[95]라고 하였다.

反切學은 齊梁 시기에 이미 성행하였다. 현재 반절이 있는 완전한 注를 보존하고 있는 책으로는 먼저 陸德明의 『經典釋文』과 陸法言의 『切韻』을 꼽을 수 있다. 『經典釋文』은 비록 唐代 陸德明이 지은 것이라고 題하고 있으나, 이 책은 陳代에 지은 것으로 『切韻』보다 그 시기가 약간 이르다. 『經典釋文』은 注音을 위주로 하여 다른 것들도 두루 갖추고 있어 古人이 반절에 사용한 글자가 통일되지 않았음을 알 수 있다. 그러나 陸德明은 『經典釋文』에서 때때로 각 학자의 반절을 함께 배열하고 있어 후세 연구에 귀중한 자료를 보존하고 있다.

陸法言이 지은 『切韻』의 反切과 陸德明이 지은 『經典釋文』의 反切은 같지 않다. 『切韻』은 모든 음에 하나의 반절만을 注하였고, 모든 글자에 반절을 달아 놓았다. 이렇게 하여 후세에 음운학을 연구함에 있어 『切韻』의 반절을 근거로 하여 하나의 어음체계를 정리해 낼 수 있도록 하였다. 이 밖에 梁 顧野王의 『玉篇』에도 反切注音이 있어 참고할 수 있다. 唐 貞觀 시기의 玄應과 開元 시기의 慧琳(737~820)은 모두 『一切經音義』를 지었는데 두 책 모두 반절주음이 있으니 비교적 연구가 진척된 것이다.

결론적으로 反切注音의 성행[96]으로 "음운이 크게 일어나"[97] 음운학 연구가 시작된 것이라고 할 수 있다.

3) 聲調와 四聲

聲調는 漢藏語系 언어의 특징 가운데 하나로, 中國語는 聲調의 구별을 지닌 언어

---

94 "『顔氏家訓』云: '孫叔然創『爾雅音義』, 是漢末人獨知反語, 至於魏世, 此事大行. 自茲厥後, 音韻鋒出.'此所述音韻之學出於反語, 而溯源於孫叔然所創, 最爲明確, 後儒亦無異說."

95 "『顔氏家訓』所云魏世反語大行者, 顔師古『漢書』注引孟康·如淳·蘇林皆有反音是其證也. 其云厥後音韻鋒出者, 同時李登已作『聲類』, 此音韻鋒出之最先者. 蓋有反語, 則類聚之卽成韻書, 此自然之勢也."

96 『切韻考』 제6권 참조.

97 "音韻鋒出."

이다. 聲調를 '字調'라고도 부르는데, 주로 음절 내부 음의 높낮이 변화로 이루어진다. 예를 들어 普通話의 '媽'·'麻'·'馬'·'罵' 네 글자는 聲母·韻母가 완전히 'ma' 로 같다. 그러나 이 네 글자의 발음은 高·低·升·降의 차이로 聲調가 다르게 된다. 현대 중국어 보통화는 네 개의 聲調를 갖고 있는데, 즉 媽mā(陰平)·麻má(陽平)·馬mǎ(上聲)·罵mà(去聲)를 말한다.

고대에는 중국어의 聲調에 대하여 감각적으로 인식할 정도였는데, 漢代의 학자들은 字音의 사용을 비유하는 가운데 長言·短言·急言·緩言의 명칭을 사용하였고, 후세의 연구자들도 이것이 아마도 聲調와 유관할 것이라고 여겼다. 예를 들어『公羊傳·莊公二十八年』에 "『春秋』에서, 정벌하는 사람이 객이 된다."[98]라고 하였는데, 何休는 "남을 정벌하는 사람이 객이 된다에서의 伐을 길게 읽는데, 齊나라 사람의 언어이다."[99]라고 주하였다. 長言이란 발음을 느리게 하는 것을 말하는데, 聲調 가운데 舒調에 해당한다. 또『公羊傳·莊公二十八年』에 "정벌 당하는 사람이 주인이 된다."[100]라고 하였다. 何休는 "정벌을 당하는 사람이 주인이 된다. 이때에는 伐을 짧게 읽는데, 齊나라 사람의 언어이다."[101]라고 주하였다. 短言이란 발음을 촉급하게 하는 것을 말하는데, 聲調 가운데 促調에 해당한다.

漢末 魏晋時代에 反切이 생겨나고, 音韻學 연구가 시작되자 비로소 '聲調'에 대하여 조금씩 명확한 인식을 하게 되었다. 음운학 초창기에 聲調의 구별은 音素의 차이를 포함하고 있었고, 聲調와 韻部의 구분이 함께 혼재하였다. 封演은『封氏聞見記』에서 "魏代에 李登이라는 사람이 있어『聲類』10권을 편찬하였는데, 11,520자를 五聲에 의해 명명하고, 여러 韻部를 세우지 않았다."[102]라고 하였다.『魏書·江式傳』에서는 "呂忱의 동생 呂靜은 左校令[103] 李登이 지은『聲類』의 방법을 모방하여『韻集』5권을 지었으며, 宮·商·角·徵·羽가 각각 한 편이 된다."[104]라고 하였다. 李登의『聲類』와 呂靜의『韻集』이 가장 이른 韻書인데, 이미 실전되었다. 이 두 책에서 部首를 나눈 것은 聲調에 의한 것이며, 각 韻의 細目에 의한 것이 아니다. 즉 聲調로써 글자의 音을 분류하였다. 潘徽는『韻纂·自序』에서 다음과 같이 말하였다.

98 "『春秋』伐者爲客."
99 "伐人者爲客, 讀伐長言之, 齊人語也."
100 "伐者爲主."
101 "見伐者爲主, 讀伐短言之, 齊人語也."
102 "魏時有李登, 撰『聲類』十卷, 凡一萬一千五百二十字, 以五聲命字, 不立諸部."
103 濮之珍 원문에 '左校會'라고 되어 있으나 '左校令'의 잘못이므로 고친다.(譯註)
104 "呂忱弟靜別倣故左校令李登『聲類』之法, 作『韻集』五卷, 宮·商·角·徵·羽各爲一篇."

『三蒼』과 『急就』 같은 책들은 미미하게 章句를 보존하고 있을 뿐이며, 『說文』과 『字林』의 책들은 단지 形體를 나누고 있을 뿐이다. 따라서 聲韻을 추측하는 데 매우 혼동되며, 옛 것을 참작하여 지금 것을 이해하는 데 있어 요체에 접근하지 못한다. 末에 李登의 『聲類』와 呂靜의 『韻集』이 있어 처음으로 淸, 濁을 분별하고, 宮, 羽를 나누었다.[105]

여기서 말하는 "淸·濁을 분별하다"와 "宮·羽를 나누다"라는 것은 바로 范曄이 『後漢書·自序』에서 "宮·商을 나누고, 淸·濁을 인식하다."[106]라고 한 것을 의미하는 것이다. 張世祿은 여기서 말한 淸·濁·宮·商이 모두 聲調의 구별을 나타낸다고 생각하였다. 또한 그는 齊梁 이전에 聲律을 언급한 것은 모두 '韻'자에 聲調를 포괄한다고 인식하였으며, '四聲'이라는 명칭이 생기고 나서야 비로소 '聲調'에 대하여 명확하게 설명할 수 있게 되었고, 音調와 音素를 구별할 수 있게 되었다고 생각하였다. 齊梁 이전의 '宮·商·角·徵·羽'의 사용은 聲調와 音素의 두 가지 방면을 모두 포함하고 있어서 개념이 분명하지 않다고 생각하였다. 결론적으로, 張世祿은 古代의 '聲調'에 대해, 齊梁 이전에는 五音, 즉 宮·商·角·徵·羽를 제기하여 聲調에 대해 인식하기는 하였으나, 이는 聲調를 가리키기도 하고 音素를 포함하기도 하여 명확하지 않았으니, 즉 韻 가운데 聲調를 포함하고 있기 때문이라고 생각하였다. 齊梁 시대에 이르러 정식으로 '四聲'을 제기하여, 비로소 '聲調'에 대해 비교적 명확한 인식을 갖게 되었다는 것과, 五音에서 四聲에 이르기까지 고대 '聲調'에 대한 인식의 과정을 설명하였으며, '四聲'이 확립된 후 비로소 중국어 특징 중의 하나인 '聲調'를 명확히 인식하게 되었다고 하였다.[107]

四聲에 대하여 『南史·陸厥傳』에서는 다음과 같이 기록하고 있다.

永明 末에 문장이 성행하였는데, 吳興의 沈約, 陳郡의 謝朓, 琅琊의 王融 등은 같은 기풍으로 서로를 북돋았다. 汝南의 周顒은 聲韻을 잘 알았다. 沈約 등은 문장에 모두 宮商을 썼고 平·上·去·入을 四聲으로 삼아 이것으로 韻을 제도하여, 平頭·上尾·蜂腰·鶴膝이 있게 된 것이다. 다섯 글자의 音韻이 모두 다르고, 두 句의 角徵가 같지 않아, 증감을 할 수 없었으므로 세상에서는 이를 소위 '永明體'라 불렀다.[108]

---

105 "『三蒼』『急就』之流, 微存章句, 『說文』『字林』之屬, 惟別體形; 至於尋聲推韻, 良爲疑混; 酌古會今, 未臻切要. 末有李登『聲類』, 呂靜『韻集』, 始判清·濁, 才分宮·羽." 『隋書·潘徽傳』 参조.

106 "別宮商, 識淸濁."

107 張世祿의 『中國音韻學史』 참조.

108 "永明末盛爲文章, 吳興沈約, 陳郡謝朓, 琅琊王融以氣類相推轂. 汝南周顒善識聲韻. 約等文皆用宮商, 將平上去入爲四聲, 以此製韻, 有平頭上尾, 蜂腰鶴膝. 五字之中, 音韻悉異, 兩句之內, 角徵不同, 不可增減, 世呼爲'永明體'."

또한 『梁書·沈約傳』에는 다음과 같은 기록이 있다.

> 또한 『四聲譜』를 편찬하여, 옛날의 詞人들이 수천 년 동안 깨닫지 못하였던 것을 홀로 마음 속에 깨달아 그 신묘한 뜻을 다하였다고 여겼다. 따라서 그는 이를 신의 경지에 이른 작품이라고 스스로 칭하였다. 高祖는 이를 매우 싫어하여 周捨에게 '무엇을 四聲이라 하는가'라고 묻자, 周捨는 '天(一聲)·子(三聲)·聖(四聲)·哲(二聲)이 그것입니다.'라고 대답하였으나, 황제가 이를 따르지 않았다.[109]

성조는 중국어의 특징 가운데 하나로써, 고대에는 감각적으로 느꼈을 뿐이었으나, 魏晋 시대에 反切이 생겨나면서 語音에 대한 연구가 점차 제고되었고, 중국어 성조에 대한 인식 역시 점차 명확해졌다. 성조의 구별은 실제 言語 가운데에 존재하는데, 四聲에만 한정되지 않았고, 다섯 개의 성조, 일곱 개의 성조도 있었다. 그렇다면 무엇 때문에 六朝 시대에 한자의 성조를 구별함에 '五音'의 이론을 사용하여 관찰하기도 하고, 平上去入의 四聲으로도 나누었을까? 이 문제에 대하여 근대 학자인 陳寅恪(1890~1969)이 전문적인 연구를 하였다. 四聲의 명칭은 인도 문화의 영향을 받은 것으로, 六朝 齊梁 시대에 佛教가 유입되면서 梵語의 영향으로 당시 학자들은 중국 고대 어음의 연구와 聲調에 관한 이론 및 인도 불경에 나오는 '轉讀'의 聲調 분류를 참고로 하여, 中國語의 聲調를 四聲으로 정하게 되었다는 것이 바로 陳寅恪의 주장이다. 그의 『四聲三問』 가운데 한 문장을 아래에 적는다.

첫 번째 물음: 중국에는 무엇 때문에 四聲의 학설이 생기게 되었는가? 즉 왜 四聲으로 정하고, 五聲이나 혹은 七聲 또는 기타 여러 개의 聲調로 나누지 않았는가?

答: 이른바 四聲으로 나누고 기타 여러 숫자의 聲調로 나누지 않은 까닭은 쉽게 분별되는 것을 골라 이를 入聲이라는 類로 나누고 다시 그 나머지의 聲調를 나누어 平·上·去의 三聲으로 분별하였기 때문이다. 이를 종합하니 四聲이 된 것이다. 그러나 그 나머지의 聲調를 셋으로 나누게 된 까닭은 당시 중국에서 佛經을 轉讀하던 세 가지의 聲調에 근거를 두고 모방하였기 때문이다. 당시 중국에서 佛經을 轉讀하던 三聲은 古代 印度 '聲明論'의 三聲으로부터 나온 것이다. 천축 圍陀의 聲明論에 근거하였는데, 그 聲調의 높낮이에 따라 셋으로 나누었다. 첫째가 udātta이고, 둘째가 svarita, 셋째가 anudatta이다. 불교가 중국에 들어오면서 佛教徒들이 경전을

109 "又撰『四聲譜』, 以爲在昔詞人累千載而不悟, 而獨得胸衿, 窮其妙旨. 自謂入神之作. 高祖雅不好焉. 帝嘗向周捨曰; "何謂四聲?" 捨曰; "'天子聖哲',是也." 然帝意不遵用."

轉讀할 때, 이 三聲의 구별도 그에 따라 유입되었다. 당시 佛敎徒들이 경전을 전독할 때 구별하였던 세 가지 聲調가 중국의 平·上·去의 三聲과 부합하는지를 지금은 자세히 알기 어렵다. 그러나 두 가지 모두 聲調의 높낮이를 세 단계로 나누었다는 것은 의심할 바가 없다. 中國語의 入聲은 모두 k, p, t 등의 輔音韻尾를 갖고 있는데, 이는 특수한 類로서 다른 聲調와 가장 쉽게 구별된다. 平·上·去는 그 소리의 高低에 서로 차이가 있기는 하지만, 몇몇 성조는 마땅히 구별해야 하는데, 따로 정하기가 쉽지 않다. 그래서 중국 지식인들은 당시 불경을 轉讀하는 소리에 근거를 두고 이를 모방하여 平·上·去 3聲을 구별하였다. 여기에 入聲을 합하면 꼭 四聲이 된다.

두 번째 물음: 四聲說은 중국 지식인들이 불경을 轉讀하는 소리에 근거하여 이를 모방한 데에서 시작되었다는 것은 이해가 되는데, 과연 그렇다면, 인도의 轉讀 소리가 지식인들 사이에서 유행한 역사는 매우 오래되어 위로는 魏晋代에서 아래로는 隋唐代에 이르기까지 6·7백 년간 음을 탐구한 지식인과 聲調를 잘 아는 승려가 많아졌을 것이니, 그렇다면 어느 시대 누구라도 四聲說을 발명할 수 있었을 텐데, 어째서 이 說은 하필이면 南齊 永明 때에 성립되었는가? 그리고 어째서 四聲說을 처음 만든 사람은 다른 누구도 아닌 周顒·沈約의 무리인가?

答: 南齊 武帝 永明(483～493) 7년 2월 20일, 竟陵의 王子良이 聲調를 잘 아는 승려를 京邸에 불러 모아 經을 만들어 新聲을 내게 했으니, 실로 당시 文을 연구하고 音을 탐구했던 큰 사건이었다. 이 일이 있기 전에 建康[110]의 음을 탐구하는 학자들과 聲調를 잘 아는 승려들이 대량으로 정밀하게 토론하고 연구한 바 있다. 永明 7년 竟陵의 京邸에 모인 것은 이 새로운 학설의 연구 성과를 발표한 데 불과하였다. 이것이 바로 四聲說의 성립이 南齊 永明 년간에 놓인 까닭이며, 周顒·沈約의 무리가 이 새로운 학설을 대표하는 사람이 된 이유이다.

세 번째 물음: 『宋書·謝靈運傳』·『南史·陸厥傳』에 기록된 厥과 沈約이 묻고 답한 글 및 『詩品』에 기록된 王融이 鍾嶸에게 한 말을 읽어보면 의심스러운 부분이 있다. 무릇 沈約이 논한 것과 厥이 約에게 물은 것, 約이 厥에게 답한 것, 融이 嶸에게 말한 것은 모두 四聲의 문제이다. 그러나 모두 宮商 五聲이라 했을 뿐, 절대로 四聲이라는 말을 언급하지 않았다. 만약 四聲과 五聲이 같은 것이라면, 沈約은 五聲의 舊說을 사용해도 괜찮았을 텐데, 어째서 四聲說을 새로 만들고 『四聲譜』를 따로 편찬하였는가? 만약 四聲과 五聲이 다른 것이라면, 沈約이 논한 것은 논한

110 東漢 順帝, 144년.

것이 아니고, 融이 말한 것은 말한 것이 아니며, 厥이 물은 것은 물은 것이 아니고, 約이 답한 것 역시 답한 것이 아니다. 그렇다면 四聲과 五聲의 차이는 도대체 어디에서 찾을 것인가?

答: 宮·商·角·徵·羽 五聲은 중국 전통의 이론으로서 聲調의 본체라 할 수 있는데 이는 同治·光緖년간 학자들의 '중국학을 실체로 삼는다.'란 것과 같고, 平·上·去·入 四聲은 서역에서 유입된 기교로서 聲調의 실용을 말하는 용어인데 이는 同治·光緖년간의 지식인들의 '서양학은 응용이다.'라 한 것과 같은 이치라 할 수 있다. 대체로 중국에서 聲調를 宮·商·角·徵·羽라 말하고 있는데 이는 당연한 이치이다. 平·上·去·入 四聲의 구별은, 서역에서 전해온 경전의 轉讀을 모방한 방법으로 중국에서 문장을 짓는데 사용한 것이다. 성조의 응용에 있어서 '서로 뒤바뀌고 들쭉날쭉 변하게 되는데' 이는 '天子聖哲'의 예로서 순전히 기교 방면에 속하는 것이다. 이렇게 함으로서 성조표를 작성할 수 있었다. 즉 작성한 표에 따라 聲調를 나누고 글자를 선택하고 꿰어 넣어 문장을 짓기만 하면 되는 것이다. 그런 즉 五聲說과 四聲說에서 하나는 中이고 하나는 西라 할 수 있고, 하나는 古이고 하나는 今이라 할 수 있으니 이 두 가지는 분명히 다른 체계이다. 이치를 따지자면, 본체 자체를 지칭하는 것은 五聲이라 할 수 있고, 글을 짓는다는 실용성에 의거하자면 四聲을 나누어 표를 만들게 되는 것이다. 진실로 이것을 이해한다면, 沈約이 논한 것, 王融이 말한 것, 厥이 約에게 물은 것, 約이 厥에게 답한 것을 아는 것이다. 따라서 五聲만을 말하고 四聲은 말하지 않은 것이다.[111]

---

111 初問曰 : 中國何以成立一四聲之說? 卽何以適定爲四聲, 而不定爲五聲, 或七聲, 仰或其他數之聲乎? 答曰 : 所以適定爲四聲, 而不爲其他數之聲者, 以除去本易分別, 自爲一類之入聲, 復分別其餘之聲爲平上去三聲. 綜合通計之, 適爲四聲也. 但其所以分別其餘之聲爲三者, 實依據及摹擬中國當日轉讀佛經之三聲. 而中國當日轉讀佛經之三聲又出於印度古時聲明論之三聲也. 據天竺圍陀之聲明論, …依其聲之高低, 分別爲三: 一曰udātta, 二曰svarita, 三曰anudatta. 佛教輸入中國, 其教徒轉讀經典時, 此三聲之分別當亦隨之輸入. 至當日佛教徒轉讀其經典所分別之三聲, 是否卽與中國之平上去三聲切合, 今日固難詳知, 然二者俱依聲之高下分爲三階則相同無疑也. 中國語之入聲皆附有k·p·t等輔音之綴尾, 可視爲一特殊種類, 而最易與其他之聲分別. 平上去則其聲響高低相互距離之間雖有分別, 但應分別之爲若干數之聲, 殊不易定. 故中國文士依據及摹擬當日轉讀佛經之聲, 分別定爲平上去三聲. 合入聲共計之, 適成四聲.
再問曰 : 四聲說之成立由於中國文士依據及摹擬轉讀佛經之聲, 旣聞命矣. 果如所言, 天竺經聲流行中士歷時甚久, 上起魏晋, 下迄隋唐, 六七百年間審音文士, 善聲沙門亦已衆矣. 然則無論何代何人皆可以發明四聲之說, 何以其說之成立不後不先適値南齊永明之世? 而創其說者非甲非乙, 又適爲周顒·沈約之徒乎?
答曰 : 南齊武帝永明七年二月二十日, 竟陵王子良大集善聲沙門於京邸, 造經吹新聲, 實爲當時考文審音之一大事. 在此略前之時, 建康之審音之士, 及善聲沙門討論硏求必已甚衆而且精. 永明七年竟陵京邸之結集, 不過此新學說硏求成績之發表耳. 此四聲說之成立所以適値南齊永明之世, 而周顒·沈約之徒又適爲此新學說代表人之故也.

三問曰：讀『宋書 · 謝靈運傳論』·『南史 · 陸厥傳』所載厥與沈約問答之書, 及『詩品』所記王融告鍾嶸之語, 竊有疑焉. 凡約之所論, 及厥之問約, 約之答厥, 融之語嶸者, 皆四聲之問題也. 然俱以宮商五聲爲言, 而絕不及四聲一語. 若四聲與五聲同物, 則約仍用五聲之舊說可矣. 何必又新創四聲之說, 別撰四聲之譜呼? 若四聲與五聲不同物, 則約論非所論, 融語非所語, 厥問非所問, 約更答非所答矣. 然則四聲與五聲之同異究何在耶?

答曰：宮商角徵羽五聲者, 中國傳統之理論也. 關於聲之本體, 卽同光朝士所謂'中學爲體'是也. 平上去入四聲者, 西域輸入之技術也. 關於聲之實用, 卽同 · 光朝士所謂'西學爲用'是也, 蓋中國自古論聲皆以宮商角徵羽爲言, 此學人論聲理所不能外者也. 至平上去入四聲之分別, 乃摹擬西域轉經之方法, 以供中國行文之用. 其'顚倒相配, 參差變動', 如'天子聖哲'之例者, 純屬於技術之方面, 故可得而譜. 卽按譜而別聲, 選字而作文之謂也. 然則五聲說與四聲說乃一中一西, 一古一今, 兩種截然不同之系統. 論理則指本體以立說, 擧五聲而爲言; 屬文則依實用以遣詞, 分四聲而撰譜. 苟明乎此, 則知約之所論, 融之所言, 及厥之問約, 約之答厥, 所以止言五聲而不及四聲之故矣.

제2절 南北朝에서 隋唐시대까지의 韻書

反切注音法이 생긴 이래 反切로 글자의 음을 주음한 책이 바로 '音義'류의 책으로서, 魏晋六朝 시대에 가장 성행하였다. 謝啓昆의 『小學考』에 기록된 바에 의하면, 훈고류의 저서로는 魏 張揖의 『廣雅』, 梁 劉杳의 『要雅』 등 모두 26가지가 있고, 문자류의 저서로는 北魏 江式의 『古今文字』, 梁 阮孝緖의 『文字集略』 등 모두 44가지가 있으며, 성운류의 저서로는 魏 李登의 『聲類』, 晋 呂靜의 『韻集』 등 27가지가 있다. 또한 音義類의 저서로는 晋 李充의 『周易音』, 徐邈의 『古文尙書音』 등 모두 70가지가 있다. 이로써 당시 音讀연구에 관한 저서들이 이미 문자훈고에서 탈피하여 음운학 전문 서적으로 변화되기 시작했음을 알 수 있다. 따라서 『顔氏家訓』에서는 "그 이후에 음운 서적이 앞 다투어 생겨났다"[1]라고 하였다.

1. 韻書의 출현

『隋書·經籍志』에서 "『聲類』10권은 魏 左校令 李登이 지은 것이다."[2]라고 하였다. 潘徽의 『韻纂·序』에서는 "李登의 『聲類』와 呂靜의 『韻集』에 이르러 처음으로 淸濁을 구별하고 宮羽를 나누었다."[3]라고 하였다. 反切이 나온 이후 反切에 의거하여 운서를 지었는데, 李登의 『聲類』가 운서의 시초라 할 수 있다.

『聲類』는 지금은 전하지 않으며, 『隋書·經籍志』에 10권이라고 기록되어 있다. 唐代 封演은 『封氏聞見記』에서 "魏나라 때 李登이란 사람이 있어 『聲類』 10권을 지었는데 모두 11,520자이며, 五聲으로 글자를 정하고 여러 部를 세우지 않았다."[4]라고 하였다. 封演이 『聲類』·『字林』·『字統』·『玉篇』·『切韻』 등의 글자 수를 상세히 기록하고 있는 것으로 보아 이러한 책들을 본 적이 있는 것이라 보여지므로, 『聲類』는 唐代 이후에 없어졌다고 추측할 수 있다.

『聲類』 원본이 없으므로, 다만 '五聲으로 글자를 정하고 여러 部를 세우지 않았다.'[5]라는 편집체제만을 알 수 있다. 五聲이란, 본래 고대 음악의 술어로 宮·商

1 "自玆厥後, 音韻鋒出."
2 "『聲類』十卷, 魏左校令李登撰."
3 "李登『聲類』· 呂靜『韻集』始判淸濁, 才分宮羽." 『隋書·經籍志』 참조.
4 "魏時有李登者, 撰『聲類』十卷, 凡一萬一千五百二十字, 以五聲命字, 不立諸部."
5 "以五聲命字, 不立諸部."

·角·徵·羽를 가리킨다. 李登의 『聲類』는 五聲으로 글자를 정했는데, 五聲이 음운에 쓰였다는 것이 의미하는 바에 대해서는 예로부터 여러 견해가 있었다. 唐代 徐景安은 『樂書』에서 위에서 지적한 것을 四聲으로 여겼다. 즉 宮은 上平聲, 商은 下平聲, 徵는 上聲, 羽는 去聲이며 角은 入聲으로 여긴 것이다.[6] 王國維는 周·秦·漢初 사람들의 用韻과 문자 형성 관계에 근거해 古音의 五聲을 논증하기를 "陽聲 한 개와 陰聲類의 平·上·去·入 네 개를 말한다."[7]라고 하였다. 唐蘭은 五聲이 실제로는 韻部를 지칭한다고 생각하여, "宮은 東冬, 商은 陽唐, 角은 蕭宵, 徵는 咍灰, 羽는 魚虞이다."[8]라고 했으며, "처음 만든 사람은 확실하지 않으므로 단지 5部만 열거하였다."[9]라고 하였다. 姜亮夫는 李登이 살던 시대는 四聲이 흥기한 시기와는 멀어서 운서가 출현할 수 없었으며, 李登이 '五聲으로 글자를 정하였다'라고 한 것은 '음악성의 방법'으로 한자를 분석한 것에 불과하다[10]고 생각하였다. 이상 각 학자의 연구는 李登이 『聲類』에서 '五聲으로 글자를 정하였다'라고 한 것을 이해하는 데 많은 참고가 된다.

呂靜은 晋나라 때 사람으로, 그의 형 呂忱은 『字林』을 지었다. 潘徽는 『韻纂·序』에서 李登과 呂靜을 함께 논했으며, 後魏의 江式은 『古今文字源流表』에서 한 걸음 더 나아가 설명하기를 "呂忱의 동생 呂靜은 따로 左校令 李登 『聲類』의 방법을 모방하여 『韻集』 5卷을 썼다. 宮·商·角·徵·羽 각 한 篇을 실었다."[11]라고 하였다. 『韻集』은 이미 실전되었다. 『隋書·經籍志』에는 6卷으로, 『舊唐書·經籍志』와 『新唐書·藝文志』에는 5卷으로 기록되어 있다.

근년에 『王仁昫刊謬補缺切韻』 唐寫本 3종류가 발견되었다. 하나는 敦煌에서 출토되어 현재 파리 국민도서관에 보관되어 있으며, 보통 '王一'이라고 칭한다. 다른 하나는 項子京의 跋本으로 '王二'라고 부른다. 마지막 하나는 宋濂의 跋本으로 '王三'이라고 칭한다. 이 세 종류 王韻의 韻目 아래에는 小注가 달려 있어, 陸法言의 『切韻』이 나오기 이전 五家 韻書의 分韻의 차이점을 밝히고 있다. 이 가운데 呂靜의 『韻集』이 있다.

『聲類』와 『韻集』은 이미 실전됐지만, 후인이 그 체제와 편제를 연구한 것에 따르

---

6 王應麟의 『玉海』 卷7 참조.
7 "陽聲一與陰類之平上去入四也." 『觀堂集林』 참조.
8 '宮者東冬, 商者陽唐, 角者蕭宵, 徵者咍灰, 羽者魚虞.'
9 '創始者粗疏, 故但列五部耳.' 『王仁昫刊謬補缺切韻』에 실린 唐蘭의 跋文 참조.
10 姜亮夫의 『切韻音系』, 『浙江師院學報』 1955년 7월 1期 참조.
11 "忱弟靜別仿故左校令李登『聲類』之法, 作『韻集』五卷, 宮·商·角·徵·羽各一篇."

면 대체적으로 다음과 같다. 첫째, 宮·商·角·徵·羽로 篇을 나누었다. 둘째, 韻部를 나누지 않았다. 셋째, 편마다 同音字를 함께 배열하였다. 넷째, 反切이 있다. 다섯째, 注釋이 있다. 이 두 책은 3세기 중국 魏晋시대에 나온 萌芽단계의 운서라고 할 수 있다.

『聲類』와 『韻集』은 魏晋 이후의 韻書, 그리고 陸法言의 『切韻』과 宋代의 『廣韻』에 영향을 끼쳤다. 『聲類』와 『韻集』의 佚文, 『切韻』殘卷 그리고 宋本『廣韻』을 서로 비교, 관찰하면 反切用字 방면에서 완전히 같음을 알 수 있다. 反切用字는 비록 다르지만 그 音이 실제로는 같은 경우도 있다. 예를 들면 다음과 같다.

疼 : 『聲類』: 徒冬反
『切韻』: 徒冬反
『廣韻』: 徒冬切
編 : 『聲類』: 布千反
『韻集』: 布千反(陸德明『經典釋文·詩·有瞽』引)
『切韻』: 布千反
『廣韻』: 布千切
鴻 : 『聲類』: 胡公反
『切韻』: 胡籠反
『廣韻』: 戶公切
聆 : 『聲類』: 力丁反(顔師古『匡謬正俗』引)
『切韻』: 郎丁反
『廣韻』: 郎丁切

2. 六朝 韻書의 발전

중국 고대에 운서가 대량으로 등장한 것은 審音하거나 글을 짓기 위해서였다. 六朝시대 韻書들이 대량 등장한 원인은 당시 문학계의 聲律論의 흥기 및 聲律과 형식미의 강조와 관계가 있다.

齊梁시대에 일반 지식인들은 音律해독에 열중하였고, 불교의 유입·梵文의 영향 등으로 '四聲'을 발견하게 되었다. 문학계의 聲律을 추구하는 풍조와 音韻연구의 흥기는 상호간에 영향을 주어 상승작용을 하였다. 封演의 『封氏聞見記』에서는 "永明년간 沈約은 文辭의 정교함과 音律해독에 열중함으로써 마침내 『四聲譜』를 편찬하였다. 이 시대에 王融·劉繪·范云 등이 沈約을 경모하고 따랐다. 이로 인해 당시 문학계에서 서로 배우고 영향을 줌으로써 聲韻學이 大盛하게 되었다."[12]라고 하였다. 또한 沈約은 "五色이 서로 어울리고 八音이 조화스럽고 막힘이 없는 것은 玄·黃·律·呂가 각자의 위치에 적절하게 처해 있기 때문이다. 宮羽를 서로 변하게 하고, 높고 낮음이 음절을 어긋나게 하는 것이, 마치 앞에는 들뜨는 소리가 있고 뒤에는 급박한 소리가 있는 것과 같다. 이렇게 하면 한 줄 안에서 音韻이 모두 다르고, 두 문장의 輕重도 다르게 되어 절묘한 경지에 도달하므로 가히 좋은 글이라고 말할 수 있다."[13]라고 하였다.

六朝시대는 문학에서 聲律을 추구함으로써, 六朝시대 韻書의 대량 출현을 촉진시켰다. 『隋書·經籍志』에 따르면 『切韻』이 나오기 이전에 이미 여러 가지의 音韻서적이 있었다.

李 槩 『音譜』4卷(陸法言의 『切韻序』에서는 李季節의 『音譜』는 권수가 없다라고 하여 이 책을 칭하였다.)
王 該 『五音韻』5卷.
王 該 『文章音韻』2卷.
無名氏 『韻集』10卷.
周 研 『聲韻』41卷(陸法言의 『切韻序』에서는 周思言의 『音韻』이 바로 이 책이라고 하였다.)
張 諒 『四聲韻林』28卷(舊新『唐志』에서는 張諒의 『四聲部』30卷이 바로 이 책이라고 하였다.)
段 弘 『韻集』8卷.
無名氏 『群玉典韻』5卷.
楊休之 『韻略』1卷(陸法言『切韻序』에도 보이며, 卷數가 없다. 楊은 陽이라고도 쓴다; 『顔氏家訓』에서는 楊休之가 『切韻』을 지었다고 하는데 아마도 이 책일 것이다.)
無名氏 『纂韻鈔』10卷.
劉善經 『四聲指歸』1卷(『文鏡祕府論』에서는 『四聲論』을 인용하고 있다.)
周彦倫 『四聲切韻』(『南史·周彦倫傳』에 보인다.)
沈 約 『四聲』1卷(『文鏡祕府論』에서는 『調四聲譜』를 인용하고 있다.)
夏侯詠 『四聲韻略』13卷(陸法言의 『切韻序』에서는 『韻略』이라 하였으며, 卷數는 없다. 宋本 『廣韻序』에서는 '詠'자를 '該'로 잘못 썼다. 唐寫本『切韻序』는 맞게 썼다.)
潘 徽 『韻纂』30卷(『隋書潘徽傳』 참조).
釋靜洪 『韻略』3卷.
杜臺卿 『韻略』(陸法言 『切韻序』 참조).

이상은 모두 문헌 기록과 謝啓昆의 『小學考』와 王國維의 考證을 참고하였다.[14]

12 "永明中, 沈約文辭精拔, 盛解音律, 遂撰『四聲譜』. 時王融·劉繪·范云之徒慕而扇之, 由是遠近文學轉相祖述, 而聲韻之道大行."

13 "五色相宣, 八音協暢, 由乎玄黃律呂, 各適物宜. 欲使宮羽相變, 低昂舛節, 若前有浮聲, 則後須切響. 一簡之內, 音韻盡殊; 兩句之中, 輕重悉異. 妙達此旨, 始可言文."
沈約의 『宋書·謝靈運傳論』 참조.

14 『觀堂集林』 卷8 참조.

이 韻書들은 이미 모두 失傳되었지만, 당시가 音韻의 황금 시기라는 것을 알 수 있다. 陸法言은 또 『切韻』을 편찬할 때, 李槩의 『音譜』, 陽休之의 『韻略』, 夏侯詠의 『四聲韻略』, 그리고 杜臺卿의 『韻略』 등을 참고하였다. 현존하는 王仁昫[15]의 『刊謬補缺切韻』 韻目 아래의 小注에는 이상 몇 가지 운서들의 韻部 分合에 대한 부분적인 상황이 기록되어 있다. 예를 들면 다음과 같다.

> **冬** 陽休之는 鍾·江과 합쳤으며, 呂靜·夏侯詠은 구별하였다; 지금은 呂靜·夏侯詠의 것을 따른다.[16]
>
> **脂** 呂靜·夏侯詠은 微韻과 마구 섞어 놓았고, 陽休之·李槩·杜臺卿은 구별하였다; 지금은 陽休之·李槩·杜臺卿(원서에는 없고 추측해 낸 것임)의 것을 따른다.[17]
>
> **眞** 呂靜은 文과 합쳤으며, 夏侯詠·陽休之·杜臺卿은 구별하였다; 지금은 夏侯詠·陽休之·杜臺卿의 것을 따른다.[18]
>
> **臻** 呂靜·陽休之·杜臺卿은 眞과 同韻으로 놓았고, 夏侯詠은 구별하였다; 지금은 夏侯詠의 것을 따른다.[19]

결론적으로 六朝의 韻書들에 나타난 韻部의 분류는 각기 실제 語音을 기초로 하여 글을 짓는 필요조건에 맞추어진 것이다. 韻部의 분류에 차이가 있는 것은, 시대가 다르고 근거하고 있는 方言이 다르기 때문이다. 陸法言의 『切韻』은 여러 학자들의 音韻을 계승하고 참고하여 이루어진 것이다. 六朝의 韻書는 隋唐 韻書의 기초가 된다.

3. 陸法言의 『切韻』

陸法言은 隋나라의 音韻學家로서, 이름은 詞이고, 字가 더 알려졌다. 臨漳[20] 사람으로 承奉郎을 지냈다. 陸法言의 문벌과 그의 사적에 대해서는 『隋書·陸爽傳』에서 다음과 같이 말하고 있다.

> 爽은 字가 開明이며, 魏郡 臨漳 사람이다. 齊에서 周로 넘어왔다. 隋代에는 太子洗馬가 되었

15 '王仁煦'라고 하기도 하며, 唐寫本에서는 '王仁昫'라고 썼다. 唐代 中宗 때(684전후) 사람으로 字는 德溫이다.(譯註)
16 "冬 陽與鍾·江同, 呂·夏侯別; 今依呂·夏侯."
17 "脂 呂·夏與微韻大亂雜, 陽·李·杜別; 今依陽·李·[杜](原書殘缺, 推知)."
18 "眞 呂與文同, 夏侯·陽·杜別; 今依夏侯·陽·杜."
19 "臻 呂·陽·杜與眞同韻, 夏別; 今依夏."
20 지금의 河北省에 속함.

으며, 開皇11년 관직을 마쳤으니, 53세였다. 아들 法言은 가풍을 힘써 배웠으며, 奉承郞으로 벼슬을 시작하였다.[21]

開皇 初 陸法言의 나이는 겨우 20세로, 劉臻·蕭該·顔之推 등과 音韻을 토론하였는데, 古今의 옳고 그른 것과 南北의 막히고 통한 것을 평론하여, 『切韻』을 편찬하였다. 『切韻』이 나온 이후로 六朝의 모든 韻書들은 점차 사라져 갔다. 唐宋시대의 韻書는 대부분 이 책을 원본으로 하고 있다.

1) 『切韻』의 내용과 체제

陸法言의 『切韻』 5권은 『隋書』·『舊唐書·經籍志』·『新唐書·藝文志』에는 모두 기록되어 있지 않다. 그러나 新·舊『唐志』에는 모두 "陸慈 『切韻』五卷"이라는 구절이 있다. 丁度의 『集韻』·韓道昭의 『五音集韻』에서는 "陸詞 『切韻』"이라고 하였다. 淸代의 毛奇齡은 『古今通韻序例』에서 陸詞가 바로 陸法言이라고 말하고 있다. 王國維는 또한 일본 源順의 『倭名類聚鈔』 및 승려 瑞信의 『淨土三部經音義』에서 인용한 陸詞 『切韻』에 근거하는 한편 『切韻殘卷』을 참조하고 이에 더하여 일본인 狩谷望의 『倭名鈔箋』을 증거로 하여, 陸法言은 바로 陸詞라고 단정하였다. 또한 新·舊『唐志』에 나온 陸慈 역시 陸詞라고 여겼다.[22] 劉復의 『敦煌掇瑣』下輯에 기록된 唐寫本 『切韻序』는 서두에서 "陸詞字法言撰"이라고 말하고 있으니, 陸詞는 원래 陸法言의 이름임을 증명할 수 있다.[23]

『切韻』은 전대를 계승하고 후대를 발전시킨 중요한 韻書이다. 漢語語音 연구사에 있어 중요한 위치를 차지하지만 안타깝게도 이미 산실되어 현재는 陸法言이 쓴 『切韻·序』만이 남아 있다. 근 수십 년 동안 『王仁昫刊謬補缺切韻』 3종류의 唐寫本이 발견되었다. 그 중 敦煌에서 출토된 韻書殘卷 즉 '王一' 중 S2683[24]이라고 하는 것이 있는데, 고증에 의하면 기본적으로 陸法言 原書의 단편이라고 한다.[25] 이러한

---

21 "爽字開明, 魏郡臨漳人也, 自齊入周. 隋時爲太子洗馬, 開皇十一年, 卒官, 年五十三. 子法言, 敏學有家風, 釋褐承奉郞."

22 『觀堂集林』 卷8 참조.

23 『十韻彙編』 86쪽 참조.

24 'S'는 Mark Aurel Stein(1862～1943, 中國名:斯坦因, 馬克·奧里爾)의 이름에서 따서 붙인 명칭이다. Stein은 원래 헝가리 사람으로 영국에서 활약한 考古學者였다. 1900～1901, 1906～1908, 1913～1916 세 차례에 걸쳐 敦煌의 千佛洞을 탐사하고 문물을 훔쳐 대영박물관으로 가져가 진열하였다.(譯註)

25 王國維의 『觀堂集林·書巴黎國民圖書館所藏唐寫本切韻後』, 姜亮夫의 『瀛涯敦煌韻輯·S2683卷爲陸法言切韻原書證』 참조.

것은 모두 『切韻』연구의 귀중한 자료이다.

封演의 『聞見記』에는 『切韻』에 수록된 글자 12,158字를 싣고 있다. 『式古堂書畵匯考』에서는 項子京이 소장하고 있는 孫愐의 『唐韻序』에 나온 말을 인용하여 "지금 3,500字를 더하였으니, 옛 것과 합하여 15,000字이다."[26]라고 하였다. 孫愐의 『唐韻』은 기본적으로는 『切韻』에 근거하여 글자를 첨가하여 지은 것이다. 이것에 근거해 볼 때, 『切韻』에 수록된 글자는 마땅히 11,500字이어야 하니, 『聞見記』에 수록된 것과는 차이가 있다. 敦煌本 韻書殘卷 S2055호에 수록된 長孫訥言의 序에서는 "글자를 600개 더하고, 빠지거나 잃어버린 것을 보충하였다."[27]라고 하였다. 王國維는 이에 근거하여 封演의 『聞見記』에 기록된 『切韻』의 글자 수를 고증하였으니, 이는 長孫訥言의 序에서 말한 '加字六百'을 더하여 합산한 것이다.

'王三'은 王仁昫 의 『刊謬補缺切韻』의 完本, 즉 宋濂 跋本이다. 제1권·제3권·제4권·제5권은 모두 글자 수를 기록하고 있다. 즉 제1권은 2,908, 제3권은 2,070, 제4권은 2,332, 제5권은 2,177이다.[28]'王三'은 모두 195韻으로 나누고 있다. 平聲은 54, 上聲은 52, 去聲은 57, 入聲은 32이다. '王三'은 上聲 51 '廣'아래의 小注에서 말하기를 "陸法言에는 韻目이 없으니, 빠진 것이다."[29]라고 하였고, 또한 去聲 56 '嚴' 아래의 小注에서는 "陸法言에는 이 韻目이 없으니, 빠진 것이다."[30]라고 하였다. 이로부터 볼 때 『切韻』은 마땅히 193개의 韻目임을 알 수 있다. 즉 平聲 54, 上聲51, 去聲 56, 入聲 32이다. 韻目은 아래와 같다.

平聲

1. 東 德紅反　　2. 冬 都宗反　　3. 鍾 職容反
4. 江 古雙反　　5. 支 章移反　　6. 脂 旨夷反
7. 之 止而反[31]　　8. 微 無非反　　9. 魚[32]
10. 虞 語俱反　　11. 模 莫胡反　　12. 齊 徂嵇反
13. 佳 古膎反　　14. 皆 古諧反　　15. 灰 呼恢反
16. 咍 呼來反　　17. 眞 職鄰反　　18. 臻 側洗反

26 "今加三千五百字, 通舊爲一萬五千字."
27 "加字六百, 用補闕遺."
28 제2권은 글자 수가 빠져 있다.
29 "陸無韻目, 失."
30 "陸無此韻目, 失."
31 P2017에는 止雨反으로 되어 있으나, 틀린 것이다. 'P'는 Paul Pelliot(1878~1945, 中國名:伯希和)의 이름에서 따서 붙인 명칭이다. Pelliot은 프랑스 漢學者로 1906~1908 敦煌의 千佛洞을 탐사한 후 많은 문물을 훔쳐 파리로 가져갔다.(譯註)
32 反語는 없으며, P2017에는 語居反으로 되어 있다.

19. 文 武分反 20. 殷 于斤反 21. 元 愚袁反
22. 魂 戶昆反 23. 痕 戶恩反 24. 寒 胡安反
25. 刪 所奸反 26. 山 所間反 27. 先 蘇前反
28. 仙 相然反 29. 蕭 相雕反(蘇雕反) 30. 宵 相燋反(宵, 相焦反)
31. 肴 胡茅反 32. 豪 胡刀反 33. 歌 古俄反
34. 麻 莫霞反 35. 覃 徒含反(徒南反) 36. 談 徒甘反
37. 陽 與章反 38. 唐 徒郎反 39. 庚 古行反
40. 耕 古莖反 41. 淸 七精反 42. 靑 倉經反
43. 尤 雨求反(羽求反) 44. 侯 胡溝反 45. 幽 于虬反
46. 侵 七林反 47. 鹽 余廉反 48. 添 他兼反
49. 蒸 諸膺反 50. 登 都滕反 51. 咸 胡讒反
52. 銜 戶監反 53. 嚴 語檢反 54. 凡 符巖反

上聲

1. 董 多動反 2. 腫 之隴反 3. 講 古項反
4. 紙 諸氏反 5. 旨 職雉反 6. 止 諸市反
7. 尾 無匪反 8. 語 魚舉反 9. 麌 虞矩反
10. 姥 莫補反 11. 薺 徂禮反 12. 蟹 鞵買反
13. 駭 諧楷反 14. 賄 呼猥反 15. 海 呼改反
16. 軫 之忍反(軫,之忍反) 17. 吻 武粉反 18. 隱 于謹反
19. 阮 虞遠反 20. 混 胡本反 21. 佷 痕墾反
22. 旱 何滿反 23. 産 數板反 24. 潸 所簡反[33]
25. 銑 蘇典反 26. 獮 息淺反 27. 篠 蘇烏反
28. 小 私兆反 29. 巧 苦絞反 30. 皓 胡老反
31. 哿 古我反 32. 馬 莫夏反(莫下反) 33. 感 古禫反
34. 敢 古覽反 35. 養 余兩反 36. 蕩 堂郎反(蕩)
37. 梗 古杏反 38. 耿 古幸反 39. 靜 疾郢反
40. 迥 戶鼎反 41. 有 云有反 42. 厚 胡口反
43. 黝 子糾反 44. 寑 七稔反 45. 琰 以丹反
46. 忝 他玷反(他點反) 47. 拯 韻이 없다. 蒸의 上聲을 취한다. 48. 等 多肯反
49. 豏 下斬反 50. 檻 胡黤反 51. 范 反切語가 없다. 凡의 上聲을 취한다.

去聲

1. 送 蘇弄反 2. 宋 蘇統反 3. 用 余共反
4. 降 古反(絳) 5. 寘 支義反 6. 至 脂利反
7. 志 之吏反[34] 8. 未 無沸反 9. 御 魚據反
10. 遇 虞樹反 11. 暮 莫故反 12. 泰 他蓋反
13. 霽 子計反 14. 祭 子例反 15. 卦 古賣反
16. 怪 古壞反 17. 夬 古邁反[35] 18. 隊 徒對反

---

33 '王一'에서는 潸이 産위에 있는데 옳다.

34 '王一'에서는 之史反이라 하였고 P2017에서는 子吏反이라 하였다.

19. 代 徒戴反	20. 廢 方肺反	21. 震 職刃反
22. 問 無運反	23. 焮 許靳反	24. 願 魚怨反
25. 慁 胡困反	26. 恨 胡艮反	27. 翰 胡旦反
28. 諫 古宴反	29. 襉 古莧反	30. 霰 蘇見反
31. 綫 私箭反	32. 嘯 蘇吊反	33. 笑 私妙反
34. 效 胡教反	35. 號 胡到反	36. 箇 古賀反
37. 禡 莫駕反	38. 勘 苦紺反	39. 闞 苦濫反
40. 漾 余鴉亮反	41. 宕 杜浪反	42. 敬 居命反
43. 諍 側進反	44. 勁 居盛反	45. 徑 古定反
46. 宥 尤救反	47. 候 胡遘反	48. 幼 伊謬反
49. 沁 七反	50. 艶 以贍反	51. 㮇 他念反
52. 證 諸膺反	53. 嶝 諸鄧反	54. 陷 戶韽反
55. 鑒 格懺反	56. 梵 扶汎反(扶泛反)	

入聲

1. 屋 烏谷反	2. 沃 烏酷反	3. 燭 之欲反
4. 覺 古岳反	5. 質 之日反	6. 物 無弗反
7. 櫛 阻瑟反	8. 迄 許訖反	9. 月 魚厥反
10. 沒 莫勃反	11. 末 莫割反	12. 黠 胡八反
13. 鎋 胡瞎反(胡八反)	14. 屑 先結反	15. 薛 私列反
16. 錫 先擊反	17. 昔 私積反	18. 麥 莫獲反
19. 陌 莫百反	20. 合 胡閤反	21. 盍 胡臘反
22. 洽 侯夾反	23. 狎 胡甲反	24. 葉 與涉反
25. 怗 他協反	26. 緝 七入反	27. 藥 以灼反
28. 鐸 徒各反	29. 職 之翼反	30. 德 多則反(多特反)
31. 業 魚怯反	32. 乏 防法反	

『切韻』은 이미 실전되었지만, 문헌의 기록과 현존하는 잔권에 의거하여 『切韻』의 내용과 체제를 대강 알 수 있다.

① 平·上聲·去·入으로 권을 나누었는데 平聲字의 수가 너무 많아 두 권으로 나누어 모두 5권으로 되어 있다.

② 平聲 上卷은 26韻, 平聲 下卷은 28韻, 上聲은 51韻, 去聲은 56韻, 入聲은 32韻으로 모두 193韻이다.

③ 수록된 글자 수는 12,000여 자 정도이다.

④ 韻字의 注釋이 간단하다. 王仁煦는 『切韻』은 "그 당시 사회에서 중시되어 규범으로 삼았다. 그러나 글자의 수가 적고 또 字義가 부족한 것이 단점이다."[36]라

35 P2017에서는 古邁反이라 하였다.

36 "時俗共重, 以爲典規; 然苦字少, 復闕字義."『刊謬補缺切韻』P2129 참조.

고 하였다.

⑤『切韻』은 字形을 바로잡지 않았다. 唐 長孫訥言의 箋序에서는 "『切韻』은 전해진 지 이미 오래되어 본래의 것을 많이 잃어 버렸다. 한 획만 틀려도 차이가 엄청나게 된다. 예를 들면 炙는 肉을 따르는 연유를 알 수 없게 되었다."[37]라고 하였다. 唐 孫愐은 "지금의 字體에 근거하여 편방이 木을 따르는 것과 扌를 따르는 것, 彳을 쓴 것과 亻을 쓴 것, 殳을 쓴 것과 攴을 쓴 것, 禾이 있는 것과 禾가 있는 것을 분류하여 모두 해설을 갖추었다."[38]라고 지적하였다.

결론적으로『切韻』은 唐宋 韻書의 저본으로서, 중국어의 語音史와 中古音系를 연구하는 데 있어서 중요한 자료이다. 그러나 안타깝게도 原本은 이미 실전되었으며 단지 陸法言이 쓴『切韻·序』와 근대에 발견된 唐 寫本『切韻』殘卷 등의 자료만이 전할 뿐이다. 후세 학자들은『切韻·序』와 몇몇 문헌자료에 근거하여, 陸法言의『切韻』이 생겨나게 된 정황 등에 대해 다음과 같은 몇 가지 견해를 제기하였다.

『切韻』은 隋代 陸法言 등이 편찬한 韻書로, 모두 5권이며, 隋 文帝 仁壽 元年(601)에 지어졌다.『切韻』의 含義에 대해 沈括은『夢溪筆談』에서 "이른바『切韻』이라는 것은 윗 글자를 切이라 하고, 아랫 글자를 韻이라 한다."[39]라고 설명하였다. 黃侃은 "『切韻·序』는 文辭가 그다지 훌륭하지 않고,『廣韻』의 앞에 실려 있어, 사람들이 대부분 이를 소홀히 하였다.(『切韻』에서는) '支·脂·魚·虞는 모두 하나의 韻이고, 先·仙·尤·侯는 모두 같은 切語이다'라고 하였는데, 앞 句에서는 韻母의 혼란스러움을 말한 것이고, 뒷 句에서는 聲母의 혼란스러움을 논한 것이다. 그러므로 切韻을 안다는 것은 切과 韻을 아는 것이지 결코 切의 韻을 아는 것이 아니다."[40]라고 하였다. 王顯은 切은 딱 들어맞는다는 뜻으로, 즉 정확한 규범이라는 뜻이라고 하였다.

2)『切韻』편찬의 목적과 원칙

陸法言의 事迹은『隋書·陸爽傳』과 蘇鶚[41]의『蘇氏演義』에 보인다. 생졸년대는

37 "傳之已久, 多失本原, 差之一畫, 詎唯千里見炙從肉, 莫究厥由."『刊謬補缺切韻』P2129 참조.
38 "據今時字體, 從木從扌, 著彳著亻, 施殳施攴, 安禾安禾, 并悉具言."『廣韻』에 실린 孫愐序 참조.
39 "所謂切韻者, 上字爲切, 下字爲韻."
40 "『切韻·序』文辭不甚佳, 置諸『廣韻』首端, 人多忽之. 其言'支脂·魚·虞共爲一韻, 先·仙·尤·侯俱論是切'. 上一句言韻之混亂, 下一句言聲之混亂. 故知切韻者, 切與韻, 而非切之韻也."『文字聲韻訓詁筆記』(上海古籍出版社) 108쪽, 참조.

미상이다. 王國維는 開皇 初 어느 날 저녁 音韻을 논할 때의 陸法言의 나이는 20세 정도였다고 고증하고 있으므로, 대략 周 武帝 保定 2年(562)에 태어난 것으로 추측된다. 『切韻』은 많은 사람들의 토론을 거친 것을 陸法言이 당시에 綱要를 기록하였다가 18년 후 관직을 버리고 집에 기거하면서 정리 편찬하여 그 다음 해에 완성한 것이다. 토론에 참가한 사람과 토론의 상황에 대해서는 『切韻·序』에 다음과 같이 기록되어 있다.

> 지난 開皇 初에 儀同 劉臻·外史 顔之推·武陽 盧思道·常侍 李若·國子 蕭該·咨議 辛德源·吏部 薛道衡·著作 魏彦淵 등 여덟 사람이 法言의 집에 모여 같이 묵게 되었는데, 밤이 깊어 술좌석이 거의 끝나 갈 즈음, 音韻을 논의하게 되었다. 古今의 聲調는 이미 차이가 있고, 諸家의 韻書 역시 取舍가 서로 다르다. 吳와 楚 등 江南지방의 발음은 가볍고 얕으며, 燕과 趙 등 河北지방의 발음은 무겁고 탁하다. 秦과 隴 등 陝西와 甘肅지방에서는 去聲을 入聲처럼 읽고, 梁과 益 등 四川지방에서는 平聲을 去聲처럼 읽는다. ……만약 詩文의 用韻만을 생각한다면 淸濁(開合口)이 통할 수도 있겠지만, 음을 분별하고자 한다면 輕重은 반드시 구별되어야 한다.
>
> 呂靜의 『韻集』, 夏侯詠의 『韻略』, 陽休之의 『韻略』, 李季節의 『音譜』, 杜臺卿의 『韻略』 등의 운서도 서로 다르고, 江東에서 취한 韻이 河北지방과 또 다르다. 따라서 南北 지방 사이의 옳고 그름이나 古今사이의 통하고 막힘을 논하였던 까닭에 더욱 정밀하고 정확한 反切字를 선정하고 엉성하고 맞지 않는 것은 제거하려 하였다. 여기에는 外史 顔之推와 國子 蕭該가 결정한 것이 많다. 著作 魏彦淵이 나에게 "이제까지 서로 논의하여 의혹된 바가 모두 해결되었는데, 어찌 그대로 기록을 하지 않는가? 여기 모인 우리들이 결정하면 그대로 정해지는 것이다"라고 하여, 나는 등불 아래에서 붓을 잡고 그 綱要를 적었다.
>
> 그 후에도 여러 사람에게 두루 조언을 구하여 거의 精華를 얻었으나, 다른 학문에 눈을 돌리기도 하고 또한 직무에 얽매여 십 수 년 간 그것을 정리할 겨를이 없었다. 이제 옛날로 돌아와 개인적으로 제자들을 가르치면서, 무릇 詩文에 능통하려면 聲韻에 밝아야 한다고 일깨웠다. 그러나 山野에 은거하여 交遊가 끊어지니 의문 나는 점이 있어도 물어 볼 곳이 없다. …… 마침내 諸家의 韻書와 古今의 字書를 취합하고, 이전에 기록해 놓았던 것을 가지고 『切韻』 5卷을 만들었다. ……때는 辛酉年 大隋 仁壽 元年이다.[42]

---

41 濮之珍 원문에는 蘇鶚라고 되어 있으나 蘇顎의 잘못이다.(譯註)

42 "昔開皇初, 有劉儀同臻·顔外史之推·盧武陽思道·李常侍若·蘇國子該·辛咨議德源·薛吏部道衡·魏著作彦淵等八人, 同詣法言門宿. 夜永酒闌, 論及音韻. 古今聲調旣自有別, 諸家取舍亦復不同. 吳楚則時傷輕淺, 燕趙則多涉重濁; 秦隴則去聲爲入, 梁益則平聲似去, ……欲廣文路, 自可淸濁皆通; 若賞知音, 卽須輕重有異.
呂靜『韻集』·夏侯該『韻略』·陽休之『韻略』·李季節『音譜』·杜臺卿『韻略』等, 各有乖互. 江東取韻與河北復殊. 因論南北是非, 古今通塞, 欲更捃選精切, 除削疏緩. 顔外史·蘇國子多所決定. 魏著作謂法言曰: 向來論難, 疑處悉盡, 何爲不隨口記之, 我輩數人, 定則定矣. 卽燭下握筆, 略記綱紀.
後博問英辯, 殆得精華. 於是更涉余學, 兼從薄宦, 十數年間, 不遑修集. 今返初服, 私訓諸弟, 凡有文藻, 卽須聲韻. 屛居山野, 交游阻隔, 疑或之所質問無從. ……遂取諸家音韻, 古今字書, 以前所記者, 定爲『切韻』五卷. ……于時歲次辛酉大隋仁壽元年也."

陸法言의 『切韻·序』에 근거하면, 우선 『切韻』이 편찬된 과정을 알 수 있다. 『切韻·序』는 隋 仁壽 元年, 즉 601년에 지어졌다. 『切韻』은 아마도 이때에 쓰여졌을 것이다. 『切韻·序』는 『切韻』의 편찬 과정을 기록하고 있는데, 즉 隋 開皇(581~589) 初年에 劉臻·顔之推 등 여덟 사람이 함께 陸法言의 집에 모여 古今 언어의 변화와 南北의 方言 차이를 논의하였다. 또한 당시의 각 韻書를 평론하였는데, 韻을 나눈 것과 音을 분별한 것이 "서로 다른 것이 있었다."[43] 그러므로 그들은 南北方音과 古今音의 차이를 토론하였고, 더 나아가 '정밀한 것을 수집하고 서로 맞지 않는 것은 제거'하였다. 그들은 晋 이래의 韻書 및 方言 자료에 근거하여 집단 토론을 거친 뒤, 초보적으로 『切韻』 편찬의 '綱要'를 정하였고, 陸法言이 이를 기록하였다. 18년 뒤 陸法言이 벼슬을 버리고 집에 기거할 때, 비로소 전에 토론한 바를 근거로 하여 정리·수정하였고, 601년 즉 隋 仁壽 元年에 이를 완성하였다.

두 번째로 『切韻·序』는 『切韻』 편찬의 목적을 설명하고 있다. 『切韻·序』에서 "만약 文路를 넓힐 것만을 생각한다면 淸濁(開合口)이 통할 수도 있겠지만, 音을 분별하고자 한다면 輕重은 반드시 구별되어야 한다"라고 하였는데, 여기서 文路는 詩文 創作의 用韻을 의미하고, 廣은 '넓히다, 확대하다'를 의미한다. 淸濁은 開口·合口를 가리킨다. 羅常培의 『切韻序校釋』에서는 "魏了翁의 『唐韻後序』에서 말하기를 '그 部는 一東의 아래에 注를 달아 '德紅反, 濁, 滿口聲.'이라고 설명하였고, 34乏까지 순차적으로 모두 그러하다."[44]라고 하였다. 지금 唐韻의 韻部 순서는 비록 고증할 수는 없지만 이 말로부터 추측해 볼 때, 唐韻은 모두 開口를 淸이라 하고 合口를 濁이라 하였으며, 聲母의 종류, 四聲과는 모두 상관이 없었음을 알 수 있다. '若賞知音'은 語音에서의 審音과 正音에 대한 요구를 말한다. 輕重에 대해 羅常培는 『釋重輕』에서 "내 생각으로는 重과 輕은 開·合과 이름만 다를 뿐 실질은 같은 것이다."[45]라고 하였다. 또 말하기를 "『顔氏家訓·音辭篇』에서 '古語는 지금과 너무 달라, 그 사이의 輕重과 淸濁을 알 수 없다'라고 하였는데, 『切韻序』에서는 '吳와 楚 등 江南지방의 발음은 가볍고, 燕과 趙 등 河北지방의 발음은 무겁고 탁하다.…… 만약 詩文의 用韻만을 생각한다면 淸濁이 통할 수도 있겠지만, 음을 분별하고자 한다면 輕重은 반드시 구별되어야 한다.'라고 언급하였다. 그러므로 顔之推와 陸法言은 모두 輕重淸濁을 거론하였다. 賈昌朝의 『羣經音辨序』에서는 '이른바 輕淸은

---

43 "各有乖互."
44 "其部敍于一東下注云:'德紅反, 濁, 滿口聲.' 自此至三十四乏皆然."
45 "竊意所謂重輕者, 固與開合異名而同實也."

陽으로, 물체를 만드는 것을 주관하는데, 형체의 쓰임이 아직 드러나지 않아 字音이 항상 가볍다. 重濁은 陰으로, 물체를 이루는 것을 주관하는데, 形體의 쓰임이 이미 드러나 字音이 항상 무겁다.……예를 들어 몸에 옷을 입는 것을 衣(施旣切), 머리에 관을 쓰는 것을 冠(古亂切)이라 한다. 이것은 형체를 통해 쓰임이 드러나는 것이다. 물건을 보관하는 곳을 藏(才浪切), 사람이 처하는 곳을 處(尺據切)라고 한다. 이것은 쓰임을 통해서 형체가 드러나는 예이다.'라고 하였다. 그러므로 平上을 輕淸으로 삼고, 去聲을 重濁으로 삼는다."[46]라고 하였다.

결론적으로 『切韻』을 편찬했던 목적은 詩文창작의 用韻을 위한 것과 語音의 音을 살피고 바로 잡는 데 있었다. 詩文의 用韻은 너그러이 다룰 수 있지만 音을 살피고 바로 잡는 것은 엄격히 다루어야 한다. 羅常培는 『切韻序校釋』에서 '輕重'은 聲調를 지칭하는 것임을 지적하면서 "이 두 문장의 例는 또한 서로 참고하여 뜻을 알 수 있다. 즉 문장을 지을 때 用韻을 편하게 하고자 한다면, 淸濁輕重이 모두 통할 수 있겠으나 만약 聲音을 자세히 분별하고자 한다면, 淸濁輕重은 마땅히 구별되어야 할 것이다."[47]라고 하였다.

셋째, 『切韻序』에서도 그들이 『切韻』을 편찬한 원칙을 간단하게 설명하였다. 먼저 그들은 語音에서의 南北과 古今의 차이를 토론하였고, 당시 각 지방의 언어의 차이를 인식하였다. 동시에 諸家 韻書에서의 韻部 分合의 차이들을 보았다. 그리고는 "의심스러운 점이 모두 풀어졌으니"[48], "우리들이 결정하면 그대로 정해지는 것이다."[49]라고 하였다. 따라서 '정확한 것을 수집하고 엉성하고 산만한 것은 제거한다'[50]는 원칙에 따라, 발음을 심사할 때 치밀하고도 자세하게 분류, 분석하고자 하였다. 韻을 나눌 때의 원칙은 韻을 나누는 것은 따르되 韻을 합치는 것은 따르지 않는다는 것이다. 예를 들면 다음과 같다.

---

46 "顔氏家訓·音辭篇』云:'古語與今殊別, 其間輕重淸濁, 猶未可曉.' 『切韻序』云:'吳楚則時傷輕淺, 燕趙則多涉重濁. … 欲廣文路, 自可淸濁皆通; 若賞知音, 卽須輕重有異.' 之推·法言皆以輕重淸濁幷擧. 據賈昌朝『群經音辨序』:'夫輕淸爲陽, 陽主生物, 形用未著, 字音常輕. 重濁爲陰, 陰主成物, 形用旣著, 字音常重. … 如衣施諸身曰衣(施旣切), 冠加諸首曰冠(古亂切); 此因形而著用也. 物所藏曰藏(才浪切), 人所處曰處(尺據切), 此因用而著形也.' 是以平上爲輕淸, 而以去聲爲重濁也."
『羅常培言語學論文選集』 참조.

47 "兩句詞例, 亦屬叄互見義, 猶謂欲便臨文用韻, 自可淸濁輕重皆通; 若爲剖析聲音, 卽須淸濁輕重有異也."

48 "疑處悉盡."

49 "我輩數人定則定矣."

50 "捃選精切, 除削疏緩."

14 皆 古諧反 呂靜과 陽休之는 齊와 합쳤으며, 夏侯詠과 杜臺卿은 구별하였다. 지금은 夏侯詠과 杜臺卿의 것을 따른다.[51]
25 刪 所奸切 李季節은 山과 합쳤으며, 呂靜·夏侯詠·陽休之는 구별하였다. 지금은 후자를 따른다.[52]

몇몇의 分韻에 대해서는 諸家들이 모두 같으며, 『切韻』에서도 韻을 나누고 있다. 예를 들면 다음과 같다.

22 魂 戶昆反 呂靜·杜臺卿·夏侯詠·陽休之는 痕과 합쳤으나, 지금은 구별한다.[53]

따라서 『切韻』이 나눈 韻部는 193部이며[54], 『切韻』에 수록된 韻字 가운데는 두세 가지 발음이 있는 것도 있고, 심지어는 같은 韻에서 두세 가지 발음이 있는 것도 있다. 이는 아마도 方音과 古音을 고려했기 때문일 것이다.

3) 『切韻』音系의 토론

『切韻』의 分韻에 대해 역대로 3가지의 다른 의견이 있어 왔다. 第1派는 戴震을 대표로 하는데, 그는 『切韻』의 分韻이 지나치게 세분되어 있으며 그 중 어떤 韻部는 陸法言 등이 주관적으로 나눈 것이라고 여겼다. 그는 다음과 같이 말하였다.

> 나는 韻의 呼와 等을 연구하였다. 一東에 있는 一等자는 二冬과 구별이 없으며, 脂안의 三等자는 八微와 구별이 없다. ……나머지 呼와 等이 같은 것은 그 音이 반드시 같다. 그러므로 韻을 정할 때 일부러 韻의 세밀한 부분까지 강조하여, 억지로 音의 輕重을 구분시켰다. 一東 안의 一等자를 읽을 때는 반드시 좀 무겁게 발음해야 하고, 二冬자에 속하는 글자를 읽을 때는 반드시 좀 가볍게 발음해야 한다. '東, 德紅切'과 '冬, 都宗切'을 보면 洪·細 부분을 발견할 수 있다. 그러나 사람의 언어음성에 있어, 그 글자를 洪大하게 읽는 곳도 있는 반면 微細하게 읽는 곳도 있다. 또한 사람에 따라서 洪大하게 읽기도 하고 微細하게 읽기도 한다. 또는 시기에 따라서 洪大하게 읽기도 하고 微細하게 읽기도 한다. 따라서 輕重을 억지로 정해서 音切을 결정하는 것은 근거로 삼기에 충분하지 못하다.[55]

---

51 "十四 皆 古諧反 呂·陽與齊同, 夏侯·杜別, 今依夏侯·杜."
52 "二十五 刪 所奸切. 李與山同, 呂·夏侯·陽別, 今依呂·夏侯·陽."
53 "二十二魂戶昆反 呂·杜·夏侯·陽與痕同, 今別."
54 프랑스 파리 도서관에서 소장된 王仁昫의 『刊謬補缺切韻』殘本는 193部만 있는데 儼, 釅 두 韻字가 적기 때문에 따로 세우지 않았다. 그래서 宮本 王仁昫의 『刊謬補缺切韻』殘本에는 195韻이 있다.
55 "僕因究韻之呼等: 一東內一等字與二冬無別, 脂內三等字與八微無別……其余呼等同者, 音必無別. 蓋定韻時有意求其密, 用意太過, 强生輕重. 其讀一東內一等字必稍重, 讀二冬字內必稍輕, 觀"東, 德紅切"·"冬, 都宗切", 洪細自見. 然人之語言音聲, 或此方讀其字洪大, 彼方讀其字微細; 或共一方, 而此人讀之洪大, 易一人讀之又微細; 或一人語言, 此時言之洪大, 移時而言之微細. 强生輕重, 定爲音切,

第2派는 陳澧를 대표로 한다. 그는 206韻은 당시의 실제 語音의 상황과 부합된다고 여겼다. 그는 다음과 같이 말하였다.

> 陸法言이 206韻을 나누고 매 韻을 또 2·3·4類로 나눈 것은, 번잡하고 조밀한 것을 좋아해서가 아니라, 당시의 音에 실제로 그러한 구별이 있었기 때문이다.[56]

第3派는 章炳麟를 대표로 하며, 그는 『廣韻』이 古音성분과 方音성분을 모두 가지고 있다고 여겼다. 그는 다음과 같이 말하였다.

> 『廣韻』에 포함된 것은 古今 여러 나라의 音을 공유하고 있는 것이지, 같은 시기 같은 장소에서 206종의 소리를 얻은 것은 아니다. 沿革을 무시하고 임의로 고쳐 韻을 구하면 원래의 취지와 멀어지게 되므로 音調를 얻을 수 없다.[57]

陸法言은 『切韻序』에서 『韻』의 편찬 목적을 설명하였는데, 그 목적은 詩文의 用韻이외에 審音·正音을 위한 것이다. 그렇다면 審音·正音의 표준음은 무엇인가? 陸法言은 『切韻序』에서 어느 지방의 音을 標準音으로 할 것인지 명확하게 설명하지 않았다. 따라서 『切韻』이 대표하는 語音체계에 대해, 古今의 학자들은 갖가지 견해들을 제기하였다. 의견들을 종합해 보면 크게 두 파로 나눌 수 있다. 하나는, 『切韻』이 대표하는 音系가 綜合音系 즉 古今(隋나라)·南北 어음의 종합적인 어음체계라고 생각하는 부류이다. 다른 하나는, 『切韻』이 대표하는 音系가 단일 音系 즉 한 시기 한 지방의 音, 혹은 기본적으로 한 시기 한 지방의 音이라고 인식하는 부류이다. 다음에서 이를 살펴보고자 한다.

『切韻』이 대표하는 것이 綜合音系라고 주장하는 사람은 江永·章太炎·王國維 등이다. 江永은 다음과 같이 말하였다.

> 오늘날까지 流傳된 韻書(『切韻』을 지칭)는 비록 原本은 아니지만 대체로 周顒·沈約·陸法言의 옛 설이다. 部를 나누고 글자를 나열한 것이 古語에 모두 부합하지 않고, 음 또한 이미 변화하였으니, 옛 것에 얽매여 오늘의 음을 그르칠 수는 없는 것이다. 글자는 비슷한 듯하지만 音이 전혀 다르고, 韻部가 다르면 等도 다르다. 五方之音을 모두 수록해서 자세히

不足凭也." 戴震: 『聲類表』卷首.

56 "陸氏分二百六韻, 每韻又分二類·三類·四類者, 非好爲繁密也, 當時之音實有分別也." 陳澧의 『切韻考』卷六. 『切韻』이 失傳되었으므로, 후세 학자는 『廣韻』의 206韻을 근거로 하여 『切韻』을 연구하였다.

57 "『廣韻』所包, 兼有古今方國之音, 非并時同地得有聲勢二百六種也. 昧其因革, 操繩削以求之, 由是侏離, 不可調達矣." 章炳麟: 『章氏叢書·國故論衡(上)』, 18쪽 참조.

> 분석하고, 음절을 살펴 맥락을 찾고, 조리를 갖추었다. 그 원류는 先儒의 經·子·史의 音切에 관한 여러 책에서 유래한다.[58]

章太炎은 다음과 같이 말하였다.

> 『廣韻』은 古今 여러 나라의 音을 모두 가지고 있는데, 같은 시기 같은 장소에서 206종의 소리를 얻은 것은 아니다. 가령 東과 冬이 古代에 구별이 있었기에 『廣韻』에서 2개로 나눈 것이다. 그러나 당시에는 소리가 다르지 않았기에, 李涪의 『刊誤』에서는 구별하지 않았다. 支·脂·之 세 운 가운데 유독 之韻만 合口音이 없고, 支와 脂의 韻은 開口音과 合口音을 갖고 있으니 반드시 둘로 나누어야 한다. 또한 古韻이 다르다고 해서 唐音과 반드시 다른 것은 아니다. 예를 들어 東·鍾, 陽·唐, 淸·靑의 구별은 대개 각 나라의 音이 다르기 때문이니, 甲方에서 甲音을 내고, 乙方에서 乙音을 내기도 하고, 乙方에서 甲音을 내거나, 甲方에서 乙音을 내는 것은 본래 정해진 구분이 없다. 따라서 그것의 차이로 방언이 존재할 뿐이다.[59]

王國維는 "陸法言의 韻이라는 것은 六朝의 음이다."[60]라고 하였다. 『切韻』이 대표하는 음계는 단일음계 혹은 기본적으로 단일음계라는 주장은 다시 吳音說·洛陽音說·長安音說의 세 가지로 나뉜다.

吳音說은 晩唐 시기에 나왔는데, 당시 趙璘·蘇鶚 등이 즉시 반박을 가하였다. 蘇鶚은 陸法言은 "바른 소리를 연구하였다. ……어찌 유독 방언·지방음만을 취했겠는가?"[61]라고 하였고, 또한 "어떻게 吳越의 소리가 능히 온 세상 명인을 설복시킬 수 있겠는가?"[62]라고 하였다. 이 설은 후세에 기본적으로 부정되었다.

長安音說은 일반적으로 칼그렌에 의해 제기된 것으로 보고 있다. 黃淬伯의 「『切韻』'內部證據'論的影響」에 의하면, 長安音說은 1948년 歷史言語硏究所『集刊』 제20책에 실린 周法高의 「玄應反切考」에 보인다고 한다. 칼그렌이 먼저 『切韻』은 한 시대 한 지역의 어음묘사라고 하였으며, 周法高가 이를 다시 長安音이라 하였다.

---

58 "韻書(指『切韻』)流傳至今者, 雖非原本, 其大致自是周顒·沈約·陸法言之舊. 分部列字雖不能盡合於古, 亦因其時音已流變, 勢不能泥古違今. 其間字似同而音實異, 部旣別則等亦殊, 皆雜合五方之音, 剖析毫釐, 審定音切, 細尋脈絡, 曲有條理. 其源自先儒經傳子史音切諸書來." 江永의 『古韻標準·例言』 참조.

59 "『廣韻』所包, 兼有古今方國之音, 非幷時同地得有聲勢二百六種也. 且如東·冬於古有別, 故『廣韻』兩分之, 在當時固無異讀, 是以李涪『刊誤』不須區別也. 支·脂·之三韻, 惟之韻無合口音, 而支脂開合相間, 必分爲二者, 亦以古韻不同, 非必唐音有異也. 若東·鍾, 陽·唐, 淸·靑之辨, 蓋由方國殊音, 甲方作甲音者, 乙方則作乙音; 乙方作甲音者, 甲方或又作乙音, 本無定分, 故殊之以存方語耳."
章太炎: 『國故論衡·音理論』 참조. 王韻韻目小注云: "脂, 呂·夏侯與之, 微大亂雜, 陽·李·杜別, 今依陽·李·杜."

60 "陸韻者, 六朝之音也." 王國維의 『觀堂集林』 卷8의 「天寶韻英陳廷堅韻英張戩考聲切韻武玄之韻銓分部考」 참조. 濮之珍 원문에는 '陳廷堅韻英張戩考聲切韻武玄之韻銓' 부분이 빠져 있다.(譯註)

61 "硏究正聲……豈獨取方言鄕音而已哉?"

62 "則豈吳越之音而能服四方之名人乎?"

長安音說에 관해 학술계에는 다른 의견이 있다. 陳寅恪은 「從史實論切韻」에서 다른 견해를 제시하였는데, 다음과 같이 말하였다.

> 근세에 陸法言의 『切韻』을 논한 학자들 중 많은 이들이 7세기초의 長安方言으로 보고 있는데, 이는 거의가 序의 끝에 있는 '大隋 仁壽 元年'이라는 기록에 근거하여 仁壽 元年을 601년으로 본 것이다. 게다가 또 長安은 隋나라의 수도이기도 하였다. 그러나 실제로 陸法言의 序를 좀더 살펴본다면, 이 설이 매우 의심스럽다는 것을 알 수 있다. 소극적·적극적인 두 방면에서 서술해 보면 다음과 같다.
> 소극적 방면에서 말하자면, 『切韻』의 어음체계는 7세기초의 長安方言과는 아무 관계가 없는 듯한데, 이는 세 가지로 증명할 수 있다.
> 陸法言은 자신이 책을 완성하면서도, 開皇 초기 劉臻 등 8인이 논란을 벌인 기록을 준칙으로 삼아, 諸家의 音韻에 관한 고금 자서의 시비를 가려 썼으니, 책의 어음체계는 결코 당시 한 지역에 통용되던 방언은 아니다. 이것이 주의할 첫 번째 사항이다.
> …… 陸法言이 『切韻』을 지으며 사용한 주요 자료 가운데 關中지역 지식인들의 저작은 전혀 없다. 이것이 주의할 두 번째 사항이다.
> …… 위의 인용을 살펴 볼 때, 『切韻』을 편찬한 陸法言과 그 원칙을 결정한 학자들 중에는 關隴에 살았던 인물이 전혀 없음을 알 수 있다. 이것이 주의할 세 번째 사항이다.[63]

陳寅恪은 역사적 사실에 근거하여 세 가지를 열거하면서, 長安音說에 동의하지 않았다. 또한 역사적 사실에 근거하여, 『切韻』이 대표하는 음계가 洛陽音이라는 설을 제기하였다. 그는 다음과 같이 말하였다.

> 적극적 방면에서 말하자면, 『切韻』에 열거된 字音은 실제로는 東漢·曹魏·西晋시대 洛陽 부근의 옛 음을 주요소로 하고 있으니, 이 역시 두 가지로 증명할 수 있다.
> 『切韻』序에서 말하기를 "吳楚 등 江南지방의 발음은 가볍고 얕고, 燕趙 등 河北지방의 발음은 무겁고 탁하다. 秦隴 등 陝西와 甘肅지방에서는 去聲을 入聲처럼 읽고, 梁益 등 四川지방에서는 平聲을 去聲처럼 읽는다."라고 하였다. 내 생각에, 陸法言은 序文에서 각 방언의 단점을 서술한 것으로, 中原 한 지역에만 미친 것은 아닌 듯하다. 中原의 어음은 洛陽 및 그 근방의 語音이기 때문에 현인들이 눈에 보이는 것을 正音으로 여긴 것은 의심할 바가 없다. 그리고 이러한 판단을 하는 이유는 그가 中原音을 표준으로 하여 언어를 비교하였기 때문이다. 이것이 주의할 첫 번째 사항이다.

---

63 "近世論陸法言『切韻』之學人, 多有謂其爲西元七世紀初之長安方言者, 殆卽根據序末有'大隋仁壽元年'之記載, 以爲仁壽元年爲西歷六○一年, 而長安又爲隋之京師也. 其實若就陸序一加考察, 則知此說殊有可疑, 今請就消極與積極兩方面述之於下:
自消極方面言,『切韻』之語音系統, 似與七世紀初之長安方言無所關涉, 此可以三事證之.
陸法言自述其書之成乃用開皇初年劉臻等八人論難之紀錄爲準則, 以抉擇諸家音韻古今字書之是非而寫定, 是此書之語音系統, 并非當時某一地行用之方言, 此可注意者一事也.
……陸法言編撰『切韻』所用之主要材料, 全無關中人士之著作, 此可注意者二事也.
……據上所引, 則知編撰『切韻』之陸法言, 及決定其原則之諸賢, 全無世居關隴之人士, 此可注意者三事也."

『切韻』序에서 말하기를 "남북지방 사이의 옳고 그름이나 古今 사이의 통하고 막힘을 논하였던 까닭에 더욱 정밀하고 정확한 反切字를 선정하고 엉성하고 맞지 않는 것은 제거했다. 여기에는 外史 顔之推와 國子 蕭該가 결정한 것이 많다."라고 하였다.
내 생각으로, …… 이제 陸法言의 序文 중 이 부분에 대해 해석해 보면 다음과 같다. 현인들이 음운을 논할 때, 그 마음속에서는 실제로 洛陽의 옛 음을 표준으로 삼은 것이다. 南北朝시대 金陵 士族과 洛陽의 朝野에서 쓰던 어음은 비록 모두 이 체계에 속하지만, 300년의 변화를 거치면서 모두 이미 옛 관점이 아니므로, 반드시 是非를 토론하여 取捨를 결정해야 했다. 토론 결과 절충안을 얻었으니, 즉 南方士族의 음성이 비교적 이 표준음에 가까웠기에 음의 취사선택에 있어 顔之推·蕭該가 많은 것을 결정하였다. 그러나 顔·蕭의 음성 역시 이 표준음에 딱 맞을 수는 없었다. 따라서 '蕭·顔이 결정한 것이 많다'라는 말은 즉 顔·蕭가 모두 결정한 것은 아니라는 말로 그럴 만한 이유가 있었던 것이니, 이것이 주의할 두 번째 사항이다.[64]

마지막으로, 陳寅恪은 다음과 같이 결론을 지었다.

이상을 총괄적으로 논술하면, 陸法言의 『切韻』이 주로 자료로 취한 운서는 關東 江左의 유명한 저작이며, 원칙을 결정한 많은 현인들은 關東 江左의 儒學·文藝 지식인들이다. 무릇 高齊·鄴都의 文物과 人材는 실제로는 太和 년간에 遷都한 이후의 洛陽에서 이어져 온 것이며, 東晋 南朝 金陵의 衣冠禮樂 또한 永嘉 년간 南渡하기 이전의 수도(즉 洛陽)에 기원을 둔다. 따라서 『切韻』의 어음 체계는 洛陽 및 그 부근 지역과 특히 관련이 있음을 쉽게 알 수 있다. 또한 南方士族들이 쓰던 어음은 洛陽의 옛 음에 가장 근접한 것이다. 그리고 『切韻』이 준수한 원칙은 대부분 南方士族인 顔·蕭가 결정한 것이다. 따라서 역사적 사실로 말하자면, 『切韻』이 내건 표준음은 東晋의 南渡 이전, 洛陽 부근의 옛 음의 체계이지, 隋 開皇 仁壽年에 長安 도성에서 통용되던 방언은 아니다.[65]

---

64 "就積極方面言之, 『切韻』內所列之字音, 實以東漢曹魏西晋時代洛陽京畿之舊音爲主要因素, 此亦可以二事證之.
『切韻』序云 : "吳楚則時傷輕淺, 燕趙則多涉重濁, 秦隴則去聲爲入, 梁益則平聲似去." 寅恪案, 陸法言序文述各地方言之失, 而獨不及中原一區, 則中原卽洛陽及其近傍之語音, 乃諸賢所視爲正音者無疑, 至其所以有此種評斷者, 亦以中原之音爲準, 而比較言之者耳, 此其注意者一事也.
『切韻·序』云 : 因論南北是非, 古今通塞, 欲更捃選精切, 除削疏緩, 顔外史蕭國子所決定.
寅恪案 : ……至此乃可於陸氏序文中此節作一解釋曰: 諸賢於討論音韻之時, 其心目中實以洛陽舊音爲標準者. 而南北朝時金陵士族與洛陽朝野所操之語音雖同屬此一系統, 然經三百年之變化, 均已非古昔之舊觀, 故必須討論其是非以決定所取舍. 討論之結果, 得一折衷一是之意見, 卽謂南方士族之音聲較近於此一標準, 於是捃選除削, 乃多取決於顔·蕭. 惟顔·蕭之音聲亦不能盡合於此一標準, 序文所以以'蕭·顔多所決定'爲言, 卽謂非全由蕭·顔決定者亦職是之故, 此可注意者二事也."

65 "更綜括以上論之, 陸法言之寫定『切韻』, 其主要取材之韻書, 乃關東江左名流之著作, 其決定原則之群賢, 乃關東江左儒學文藝之人士. 夫高齊鄴都之文物人材, 實承自太和遷都以後之洛陽, 而東晋南朝金陵之衣冠禮樂, 亦源自永嘉南渡以前之京邑(卽洛陽), 是『切韻』之語音系統, 乃特與洛陽及其附近之地域有關, 自易推見矣. 又南方士族所操之音聲, 最爲接近洛陽之舊音; 而『切韻』一書所遵用之原則又多所取決於南方士族之顔·蕭, 然則自史實言之,『切韻』所懸之標準音, 乃東晋南渡以前, 洛陽京畿舊音之系統, 而非楊隋開皇仁壽之世, 長安都城行用之方言也."

洛陽音說을 가장 먼저 제기한 사람은 淸初의 閻若璩이다. 閻若璩는 다음과 같이 말하였다.

> 洛陽은 천하의 중심으로 남북의 音詞가 여기에서 표준을 취한다. 永嘉 년간에 南渡하여 洛陽의 君子가 金陵에 많이 있게 되었으니, 정확한 음운은 천하에 오직 金陵·洛陽 뿐이다. 그러나 金陵은 吳音과 섞여 음이 가벼워졌고, 洛陽은 북방음과 섞여 탁해졌다. 陸法言이 韻을 정할 때, 薛道衡과 같은 사람은 북방인이며, 顏之推는 남방인이었으니, 당시 이미 남북을 참작한 후에 정한 것이었다. 그러므로 韻은 南音이 아니다.[66]

陳寅恪은『從史實論切韻』에서 '陸法言의『切韻』은 洛陽의 전통적 옛 음이며 洛陽의 옛 음을 기초로 한 東漢·西晋간의 讀書音의 종합체'라고 논술하였다. 이것은 閻若璩의 견해와 거의 같으나, 陳寅恪의 글이 역사적 사실에 따라 상세하게 切韻의 음계를 논했기 때문에, 주도면밀함에 있어서는 閻若璩의 것보다 훨씬 뛰어나다. 이로부터 洛陽音說은 학술계에서 상당한 영향력을 갖게 되었다. 근래에 洛陽音說은 더욱 발전하였는데, 王顯·邵榮芬[67]은 洛陽方言을 기초로 하고 金陵方言을 종합한 것이라 하였다.

더 나아가 周祖謨(1914.11～1995.1.14)는「切韻的性質和它的音系基礎」[68]에서『切韻』의 음계는 "金陵·鄴下의 표준음으로, 통용되던 讀書音을 참작하여 정해진 것"[69]이라고 논술하였다. 또한 말하기를 "이 音系는 6세기 문학언어의 語音체계라고 할 수 있다."[70]라고 하였다. 周祖謨는『切韻』의 성질과 音系기초를 상세하게 논증한 후 다음과 같이 결론을 내렸다.

> 결론적으로,『切韻』은 매우 체계적이며 또한 엄중하게 발음을 조사한 韻書이다.『切韻』의 音系는 단순하게 어느 한 지역에서 쓰이던 方言을 기준으로 삼은 것이 아니라, 顏之推·蕭該같은 南方 士大夫들이 쓰던 표준음과 讀書音에 근거한 것으로, 南北의 同異를 절충하여 정한 것이다. 표준음과 讀書音은 대부분 전통적인 讀音에 부합되는 것이 많으며, 切韻의 分韻(운을 나눈 것)과 定音(음을 정한 것)은 매우 엄격하여 이 類의 字와 저 類의 字가 서로

66 "洛陽爲天下之中, 南北音詞, 於此取正. 永嘉南渡, 洛中君子, 多在金陵, 故音韻之正, 天下惟有金陵洛下也. 然金陵雜吳音, 其音輕; 洛下染北音, 其音濁. 當法言定韻之夕, 如薛道衡, 北人也. 顏之推南人也, 當時已自參合南北而後定之, 故韻非南音也."
『尙書古文疏證』 제74條 참조.

67 王顯의「切韻的命名和切韻的性質」,『中國語文』1961년 4월호, 邵榮芬의「『晋書音義』反切的語言系統」,『語言研究』창간호 참조.

68 周祖謨의『問學集』참조

69 "金陵·鄴下的雅言, 參酌行用的讀書音而定的."

70 "這個音系可以說是六世紀文學語言的語音系統."

섞일 수가 없으니, 그 중에는 前代 古音에 있었던 일부분의 구별이 보존되어 있기도 한데 이는 결코 顔之推와 蕭該 등이 고의로 여기서는 方言을 취하고 저기서는 古音을 취한 것이 아니다. 切韻의 音系는 엄정하며, 실제적인 표준음과 字書의 音讀을 근거로 삼고 있다. 顔之推·蕭該 두 사람은 반드시 분별할 수 있었으며, 기타 사람들도 역시 이러한 類의 구별에 동의하였다. 『切韻序』에서 "著作 魏彦淵이 陸法言에게 말하기를 '이제까지 서로 논의하여 의혹된 바가 모두 해결되었는데, 어찌 그대로 기록을 하지 않는가? 여기 모인 우리들이 결정하면 그대로 정해지는 것이다'"라고 하였으니, 당시의 여러 賢人들이 여러 차례 논의하고 同異를 갈라내어, 마지막에 가서야 이러한 체계를 결정해 내었음을 족히 알 수 있다. 이러한 체계는 南北 儒學文藝의 선비들이 공동으로 토론하여 얻어낸 것이니, 틀림없이 南北의 언어와 모두 상응할 것이다. 이러한 체계는 6세기 문학언어의 語音체계라고 할 수 있다. 따라서 漢語語音 발전을 연구할 때 切韻을 6세기 語音의 대표로 삼고 있으니, 이는 매우 타당한 일이다.[71]

『切韻』의 音系문제에 관해 많은 사람들이 논쟁을 벌여 왔으나, 아직 결론에 도달하지는 못하였다. 그러나 각 학자들의 연구에 근거하여 점점 당시의 事實에 접근하고 있으며, 또한 몇 가지 문제와 인식들에 대해서는 명확하게 규정지었다. 첫째로, 『切韻』의 音系는 한 시기 한 지역의 方言韻書가 아님을 인식하게 되었다. 顔之推는 金陵·洛陽을 절충한 것이라고 하였으며, 長孫訥言은 옛 것을 참작하여 지금 것에 이은 것이라고 하였고, 封演은 陸法言이 顔之推·魏彦淵 등 여러 사람과 함께 南北音을 정하여 『切韻』을 편찬한 것이라고 하였다. 陸法言은 스스로 "南北지방 사이의 옳고 그름이나, 古今사이의 통하고 막힘을 논하였다."[72], "모든 字書에서 이전에 기록해 놓았던 것을 가지고 『切韻』5권을 지었다."[73]라고 하였다. 둘째로, 『切韻』의 音系는 비록 한 시기 한 지역의 方言韻書는 아니지만, 또한 각지의 方言도 아니며, 古今언어의 혼합도 아니다. 『切韻』은 체계를 지닌, 엄중한 발음검사를 거친 韻書로서, 『切韻』의 音系는 엄정하다. 셋째로, 『切韻』의 音系가 엄정하고 체계가 있을 수 있었던 까닭은 "실제로 있는 표준음과 字書의 音讀을 근거로 하고 있기"[74] 때문

71 "總之『切韻』是一部極有系統而且審音從嚴的韻書, 它的音系不是單純以某一地行用的方言爲準, 而是根據南方士大夫如顔·蕭等人所承用的雅言·書音·折衷南北的異同而定的. 雅言與書音總是合乎傳統的讀音居多, 切韻分韻定音旣然從嚴, 此一類字與彼一類字就不會相混, 其中自然也就保存了前代古音中所有的一部分的分別, 幷非顔·蕭等人有意這裏取方音, 那裏取古音. 切韻的音系是嚴整的, 是有實際的雅言和字書的音讀做依據的. 顔之推·蕭該二人必然都能分辨, 其他諸人也一定都同意這些類別. 『切韻序』說:"魏著作謂法言曰:向來論難, 疑處悉盡, 何不隨口記之? 我輩數人, 定則定矣." 足見當時諸賢反復論難, 剖別同異, 而最後定出這樣一個系統出來. 這個統計旣然是由南北儒學文藝之士共同討論而得, 必定與南北的語言都能相應. 這個系統可以說就是六世紀文學語言的語音系統. 所以研究漢語語音的發展, 以切韻作爲六世紀語音的代表, 是完全可以的." 周祖謨의 『問學集』上 473쪽 인용.

72 "論南北是非, 古今通塞."

73 "取諸字書以前所記者定之爲『切韻』五卷."

74 "是有實際的雅言和字書的音讀做依據的."

이다. 이것은 또한『切韻』의 音系는 기본적으로 당시 共同語의 語音체계를 반영하고 있음을 말하는 것이다. 다만 시대적인 제한 때문에 당시에는 '共同語'에 대한 인식이 불명확하였으며, 따라서 音系속에 方言과 古音을 함께 모아 놓게 된 것이다. 近代 '老國音字母'에 3개의 南方語音字母 '万·广·兀'이 아직도 남아 있는 것만 보아도 古人들에게 무리한 것을 요구할 수는 없다.『切韻』의 音系는 기본적으로 6세기 共同語의 語音체계를 반영하고 있으므로, 당시 漢語語音의 대표로 삼을 수 있다. 그러므로『切韻』은 중요한 저작으로, 原書는 비록 실전되었지만, 후세 학자들은『廣韻』을 통하여 中古音을 연구하고 上古音을 추론해 내며, 現代方音을 연구·조사한다. 또한 音韻研究 방면에 있어서는『切韻』系의 일련의 韻書들을 형성하였으니, 그 영향이 매우 컸다.

4)『切韻』의 오류에 대한 수정과 보완

『切韻』이 세상에 나온 후에 그 영향이 매우 컸으니, "時俗이 모두 중시하고 표준으로 여겼다"[75]. 그러나『切韻』 역시 부족한 면이 있으니, 즉 "글자 수가 안타깝게도 적고, 字義 또한 부족하다."[76] 따라서 후세에 많은 사람들이『切韻』에 글자를 더하고 해석을 보충하였다.『廣韻序』에 의하면 關亮, 薛峋, 王仁煦,[77] 祝尙丘, 孫愐, 嚴寶文, 裴務齊, 陳道固 등이 글자를 보충했다고 한다.『切韻』에 箋注를 단 사람으로는 長孫訥言과 郭知玄이 있다.『論切韻系的韻書』[78]의 고증에 따르면, 宋 이전에 韻書에 가까웠던 목록은 모두 160~170여 종이 있었으나, 안타깝게도 모두 산실되어 이해할 방법이 없다. 敦煌의 韻書殘卷이 발견된 이후, 많은 학자들이 관계된 문헌을 참고하고 연구·고증하여, 唐代 韻書의 발전을 알 수 있었는데, 중요한 것은『切韻』의 잘못을 고치고 增補하였다는 점이다. 그 중에서 가장 유명한 것으로는 王仁煦·孫愐·李舟 세 사람의 韻書를 꼽는다.

75 "時俗共重, 以爲典規."
76 "然苦字少, 復闕字義."
77 唐代 韻書殘卷에는 眗라고 나와 있음.
78 즉『十韻匯編·序』로서,『北京大學國學季刊』5권 3호에 실려 있다.

4. 王仁昫의 『刊謬補缺切韻』

『切韻』에 글자를 더하고 注를 첨가한 것 중에서, 비교적 작업량이 많고 영향도 큰 것으로는 王仁昫의 『刊謬補缺切韻』을 우선으로 꼽는데, 일반적으로 '王韻'이라 칭한다. 이 책은 산실된 지 1천 여 년이 되었으며, 근래 수 십 년간 비로소 몇 종의 唐寫本이 계속적으로 발견되었다. 첫 번째 종류는 敦煌에서 출토된 것으로, 펠리오[79]에게 빼앗겨 프랑스로 갔으며, 현재는 파리 국민도서관에 보존되어 있다. '王一'이라 간칭되는데, 殘缺로 온전하지 않다. 두 번째 종류는 項子京 跋本으로, '王二'라 간칭되는데 체계가 혼잡하다. 세 번째 종류는 宋濂 跋本으로, '王三'이라 간칭되는데, 가장 완전한 판본이다.

王仁昫의 事迹과 生平에 관해서는 역사에 기록된 바가 없다. 이 책의 序言과 唐蘭의 연구·고증에 의하면 대략 다음과 같은 사실을 알 수 있다. 王仁昫는 字가 德溫으로, 唐 中宗때 사람이며, 일찍이 衢州 信安縣의 尉를 역임하였다. 대략 唐 龍興 2년(706)에 이 책을 완성하였다. 그는 序에서 "삼가 『切韻』에 근거하여 증보하였고, 또한 각기 韻에 따라 注와 訓을 달았다."[80]라고 하였다. 따라서 王韻은 陸法言의 『切韻』체제를 고치지 않았음을 알 수 있다. 王仁昫는 書名『刊謬補缺切韻』에 대해 해석하기를 "刊謬라는 것은 오류를 수정하는 것이고, 補缺이라는 것은 글자와 해석을 더하는 것을 말한다."[81]라고 하였다.

王仁昫의 刊謬補缺은 唐蘭의 통계에 의하면, 책에서 지적하고 있는 것이 모두 13곳이라 한다. 예를 들면 다음과 같다.

> 蕃 풀이 무성한 것. 陸法言은 藩屏(울타리)이라 하였으니, 옳지 않다.(平聲 21元)[82]
> 鞾 가죽신을 말하며, 反語는 없다. 火戈反, 또는 希波反. 陸法言의 저서에는 反語가 없다고 했으니, 고금의 음이 어찌 이리 다를 수가 있는가?(平聲 33歌)[83]
> 廣 虞俺反이며, 陸法言의 저서에는 이 韻目이 없으니, 옳지 않다.(上聲韻目, '王一'에 의거)[84]
> 湩 都隴反이며, 濁音이 많다. 이것은 冬字의 上聲이다. 陸法言은 冬에는 上聲이 없다고

79 Paul Pelliot, 中國名은 伯希和.(譯註)
80 "謹依『切韻』增加, 亦各隨韻注訓."
81 "刊謬者爲刊正謬誤, 補缺者爲加字及訓."
82 "蕃 草盛. 陸以爲蕃屏, 失(平聲二十一元)."
83 "鞾 鞾鞋, 無反語. 火戈反, 又希波反. 陸無反語, 何ㅁ誣于古今(平聲三十三歌)."
84 "廣 虞俺反, 陸無此韻目, 失(上聲韻目, 依'王一')."

말하였으니, 어찌 이리 심하게 틀렸는가?(上聲 2腫)[85]

輢 于綺反이며, 수레에 병장기를 꽂는 틀이다. 陸法言은 倚韻을 于綺反으로 썼고 이 輢韻도 于綺反이라 하였다. 즉 음의 反切이 같으므로 두 곳에서 같은 운이 나오는 것은 옳지 않다. 어찌 이리 심하게 틀렸는가?(上聲 4紙)[86]

王仁煦가 刊謬補缺한 것은 이외에도 많으나 더 이상 예를 들지 않겠다.

字數에 관해서는 '王一'·'王二'에서 모두 기록하고 있으며, 아래에서는 '王三' 제4권에 기록된 글자 수를 살펴보도록 한다.

> 右卷 12,014字.
> 2,232개의 옛 운(陸法言이 원래 수록했던 韻字를 말함). 4,097가지의 해석(陸法言이 원래 해석한 것을 말함). 35개의 或(或體를 말함)亦(또 다른 쓰기법) 두 개는 古文이고 하나는 俗體임. 옛 운에서 빠진 해석 1,076종을 보충함(원래 어떤 글자를 수록하였으나 해석이 없는 것을 王一本에서 보충 注解를 가한 것을 말함). 1,246개의 새로 첨가된 韻(王仁煦가 보충한 韻字를 말함). 2,767가지의 해석(王仁煦가 보충 수록한 각 운자에 대한 해석을 말함). 393개의 亦體·或體와 35개의 正字, 23개의 俗體, 6개의 本字.[87]

예를 들면 다음과 같다.

帽 亦體는 䒙이고 본래는 冒로 썼다.(去聲 34.效韻)[88]
令 命과 통한다.(去聲 42.敬韻)[89]
辥 正體는 薛로 쓴다.(入聲 15.薛韻)[90]
襗 或體는 鐸으로 쓴다.(入聲 17.昔韻)[91]
擿 古文은 摘으로 쓴다.(入聲 17.昔韻)[92]

陸法言의『切韻』에는 본래 通用字·本字·正體에 대한 구별이 없었다. 그러나 王韻에서는 亦體·或體가 대량으로 증가하였으니,『王韻』은 辨別字의 형체 방면에

85 "湩, 都隴反, 濁多. 此是冬字上聲. 陸云, 冬無上聲, 何失甚(上聲二腫)."
86 "輢, 于綺反, 車輢. 陸于倚韻作于綺反之, 于此輢韻又于綺反之, 音旣同反, 不合兩處出韻, 失何傷甚(上聲四紙)."
87 右卷一萬二千一十四字.
二千三百卅二舊韻. 四千九十七訓. 三十五或亦二文古, 一文俗. 一千七十六補舊缺訓收了某字而無義訓, 王一一作了補注. 一千二百四十六親加韻. 二千七百六十七訓, 三百九十三亦或, 三十五正, 廿三通俗, 六文本字.
88 "帽, 亦作䒙, 本作冒(去聲卅四效)."
89 "令, 通作命(去聲四十二敬)."
90 "辥, 正作薛(入聲十五薛)."
91 "襗, 或作鐸(入聲十七昔)."
92 "擿, 古作摘(入聲十七昔)."

있어 많은 발전과 공헌이 있었다.

결론적으로 『王韻』에서 기록한 글자 수로 따져 보면 『王韻』은 대략 6,000여 개의 글자를 더 수록한 것이다. 陸法言의 『切韻』은 11,500여 개의 글자를 수록하였는데, 『王韻』이 그것의 반을 증가시켰으니 모두 18,000여 개의 글자를 수록한 것이다. 『王韻』의 글자의 증가와 注의 보충 작업이 王仁昫 한 사람에 의해서 이루어진 것인지, 또 或體와 亦體가 前人의 의견을 따른 것인지에 대해서는 더 연구해 보아야 할 것이다.

5. 孫愐의 『唐韻』

孫愐은 唐代의 음운학가로 天寶年間(742~755)에 陳州司馬를 지냈으며 『唐韻』 5권을 편찬하였다. 『唐韻』은 陸法言의 『切韻』에 글자를 늘리고 注를 더하여 이루어진 것으로 原書는 이미 실전되었다. 『廣韻』의 첫머리에 孫愐의 『唐韻序』가 있다. 근대에 발견된 唐寫本 韻書로는 『唐韻』잔권이 있는데 모두 두 종류이다. 하나는 唐 開元년간(713~741)에 이루어진 것이고 또 하나는 唐 天寶년간에 이루어진 것이다. 王國維의 고증에 의하면, 이 두 寫本은 모두 孫愐이 지은 것으로 첫째 판본은 開元년간에 처음 편찬한 것이고, 둘째 판본은 天寶 10년에 다시 펴낸 것이라고 한다.[93] 王國維는 『書蔣氏藏唐寫本唐韻後』에서 다음과 같이 말하였다.

> 당대 사람들 사이에 詩賦가 성행하여 운서가 마땅히 하나의 자리를 차지하였으니, 陸法言·孫愐의 운서는 당시에 여러 가지 사본이 많이 나왔다. 陸氏의 운서, 즉 파리에 소장되어 있는 세 가지의 판본은 이미 서로 같고 다름이 있다. 孫氏의 운서는 후세에 전하여져 고증해 볼 수 있으니 …… 모두 여섯 가지의 판본인데 …… 전사된 것이 많으므로, 명칭과 部目이 모두 같지는 않다.[94]

卞令之[95]의 『式古堂書畵匯考』에는 孫愐의 『唐韻序』와 이 책의 운부에 대한 기록이 있어 『唐韻』의 대체적인 면모를 알 수 있다.

이 책은 모두 5권으로 나뉘어진다. 平聲은 上·下권으로 나뉘어져 平聲上이 26韻,

93 王國維의 『觀堂集林·書式古堂書畵匯考所錄「唐韻序」後』참조. 唐蘭은 天寶本은 孫愐이 지은 것이 아니라고 생각하였다.

94 "唐人盛爲詩賦, 韻書當家置一部, 故陸·孫二韻當時寫本當以萬計. 陸韻卽巴黎所藏三本, 已有異同. 孫韻傳之後世, 可考見者,……凡六本, ……傳寫旣多, 故名稱部目不能盡同. ……"

95 淸代 학자 卞永譽를 말하며, 令之는 그의 字이다.(譯註)

平聲下가 28韻이고, 上聲은 52韻, 去聲은 57韻, 入聲은 32韻으로 모두 195韻이다. 『唐韻』 195韻은 『王韻』의 총수와 같으며 陸法言의 『切韻』에 비해 上聲 1韻, 去聲 1韻이 더 많다. 『王韻』에는 上聲 '廣'韻과 去聲 '嚴'韻이 더 있다. 현존하는 『廣韻』에서는 上聲을 '儼'韻으로, 去聲을 '釅'韻으로 썼다. 이 開元本 『唐韻』에 하나 더 있는 上聲韻과 去聲韻이 『王韻』과 같은지, 아니면 『廣韻』과 같은지는 알 수 없다.

卞令之가 수록하고 있는 孫愐의 『唐韻序』는 현존하는 『廣韻』에서 기록하고 있는 『唐韻序』에 비해 총 글자 수가 적다. 그러나 또 "지금 3,500자를 더하여 舊韻과 통하게 하였으니 전부 15,000자이며 그것에 대한 注와 해석은 이 보다 많다."[96]라는 문장이 더 첨가되어 있다. 그 중 "今加三千五百字"라는 계산은 孫愐이 더 수록한 글자를 가리키는 것이다.

『唐韻』은 字形을 바로 잡는 데 매우 주의를 기울여 "자체의 편방과 점획의 의의에 있어서, 木을 따르는 것과 才를 따르는 것, 彳로 적는 것과 亻으로 적는 것에 대해 모두 설명하였다".[97] 『唐韻』은 형체를 바로잡을 때 주로 『說文解字』·『玉篇』 등의 古代 字書에 근거하였다.

『唐韻』은 적지 않은 注解를 첨가하여 字義를 해석하는 이외에도 사물 명칭, 姓氏의 경위, 州縣의 이름 등과 유관한 것들에 대해 일일이 설명하였고, 異聞傳說 등에 대해서도 주해를 달았다. 『唐韻』의 주해에서는 많은 종류의 고대 서적을 인용하고 있는데, 예를 들면 『三倉』, 『爾雅』, 『說文解字』, 『字林』, 『玉篇』 같은 것들이며, 이 밖에도 諸子의 저술이나 각 朝代의 역사서들도 인용하고 있다.

天寶本 『唐韻』[98]은 5권으로 나뉜다. 平聲은 두 권으로 나뉘나 韻目의 차례와 수는 같다.

天寶本 『唐韻』의 分韻은 陸法言의 『切韻』과 비교해 보면, 平聲韻 중 眞韻에서 諄韻이, 寒韻에서 桓韻이, 歌韻에서 戈韻이 나뉘어져 나왔고, 上聲韻 중에서는 軫韻에서 準韻이, 潸韻에서 緩韻이, 哿韻에서 果韻이 나뉘어져 나왔으며, 去聲韻에서는 震韻에서 稕韻이, 翰韻에서 換韻이, 箇韻에서 過韻이 나뉘어져 나왔으며, 入聲韻에서는 質韻에서 術韻이, 末韻에서 曷韻이 갈라져 나왔으니 모두 諄·桓·戈·準·緩·果·稕·換·過·術·曷 등 11韻이 증가한 것이다. 『王韻』 및 開元本 『唐韻』과 비교

96 "今加三千五百字通舊總一萬五千文, 其注訓解不在此數."
97 "字體偏旁·點畫意義, 從木從才, 著彳著亻, 幷悉具言."
98 王國維의 『觀堂集林』에 있는 『書吳縣蔣氏藏唐寫本唐韻後』 참조. (蔣斧藏本『唐韻』殘卷으로는 國粹學報館影印本이 있다.)

해 보면 똑같이 11운이 증가하였으나, 廣·嚴 혹은 儼·釅 두 운이 줄었으니 총수는 204韻이 된다.

天寶本『唐韻』은 증가한 글자에 대해 모두 注를 달아 설명하고 있는데, 예를 들면 壴자 아래에 '加', 謳자 아래에 '加'라고 적고 있다. 또한 각 同音字의 첫 번째 글자 아래에 증가된 후의 총 글자 수를 밝혔는데, 예를 들면 氣자 아래에 '셋에 하나를 더하였다.'[99]라고 하였고, 妒자 아래에 '여덟 개에 하나를 더하였다.'[100]라고 하였으며, 帝자 아래에는 '아홉 개에 셋을 더하였다.'[101]라고 적고 있다. 증가한 글자는 모두 그 출처를 밝혀 놓았는데, 예를 들면 '肐'은 『纂文』으로부터 나왔고, '慾'은 『字林』에서 왔으며, '諫'은 『說文』에서 나온 것이라는 것 등이다.

天寶本『唐韻』의 注釋 체제는 기본적으로 陸法言의 『切韻』과 동일하다. 먼저 글자의 뜻을 풀이하고, 字形을 바로 잡았으며, 그런 후에 反切로 注하였다. 따라서 『王韻』과 정반대이다.

天寶本『唐韻』의 글자 풀이는 『廣韻』의 앞에 실려 있는 序文을 볼 때, 天寶本이 開元本 보다 더 발전하였다. 매 글자마다 풀이하고, 古代의 字書와 韻書·訓詁書 및 經·史·子·集 등의 고대 전적을 인용하였으며, 글자에 대해 간혹 형상적인 풀이를 하고 있다. 예를 들면 다음과 같다.

> 桂 나무이름. 산봉우리 사이에 빽빽이 자라며, 뿌리가 난잡하지 않고, 길이가 일 척 남짓하며, 여름이나 겨울이나 항상 푸르다.[102]
>
> 鱟 郭璞의 『山海經』에서는 "모양이 마치 무늬 있는 관과 같다. 흑청색이고, 다리가 12개이며 길이가 오척으로, 게와 비슷하다. 암컷이 항상 수컷을 업고 있어 어부가 이를 얻으면 반드시 그 쌍을 얻었다. 새끼는 깨나무에 깨가 붙어있는 것처럼 생겼는데, 남방 사람들은 이것으로 장을 담갔다."라고 하였다.[103]

天寶本『唐韻』에는 陸法言의 『切韻』을 교정한 부분도 있다. 唐寫本 殘卷에 보이는 去聲 55. 證韻의 瞪자 아래에 陸本에서는 眙으로 썼다고 하였고, 또 入聲 20. 麥韻의 鰝자 아래에 陸本에서는 格韻에 넣었다고 注하였다.

『唐韻』과 『王韻』을 비교해 보면, 다음과 같다. 開元本『唐韻·序』에서 말하기를

---

99 "三加一."
100 "八加一."
101 "九加一."
102 "桂, 木名, 叢生山峰間, 無雜本, 長尺餘, 冬夏常靑."
103 "鱟, 郭璞『山海經』云, 形如惠文冠, 靑黑色十二足, 長五尺, 似蟹. 雌常負雄, 漁者取之, 必得其雙. 子如麻子, 南人以爲醬."

"武德이래로 처음 생겨났고, 開元 20년에 이르러 그 注를 달았다."[104]라고 하였다. 만약 開元 20년(732)에 이 책이 만들어졌다면 『王韻』(706)과 비교할 때 26년 늦게 만들어진 것이다. 天寶本이 만약 序를 쓸 때인 天寶 10년(751)에 완성되었다면 『王韻』에 비해 45년 늦은 셈이 된다. 『唐韻』이 비록 『王韻』보다 늦게 완성되기는 하였지만, 현재 전하는 天寶本 殘卷으로부터 다음과 같은 사실을 알 수 있다.

『王韻』에서 증가된 몇몇 글자, 예를 들어 胥·鋈·告·媢·瀫 등은 『唐韻』에서는 증가되지 않았다.

『王韻』에서 증가된 몇몇 글자는 『唐韻』에서도 증가되었다. 그러나 해석이 완전히 같은 것은 아니며, 글자의 쓰기 방법에도 차이가 있다. 예를 들면 疇자를 『唐韻』에서는 璹자로 썼으며, 碡에 대해서는, 하나는 연자방아 수레라고 注하였고, 또 하나는 농기구라고 풀이하였는데, 둘 다 『埤倉』에서 나왔다고 주하고 있다.

몇몇 글자는 두 책에서 모두 注釋을 첨가하고 있으나, 차이가 있다. 예를 들면 沃·毒 등이다.

同音字의 反切은 기본적으로 일치한다. 그러나 몇몇 글자의 又音[105]은 표기 방법이 같지 않으며, 때로는 反切에서 사용하는 글자가 다르기도 하다. 예를 들면 告·瑁 등이 있다.

이상에서 비교해 볼 때, 『王韻』과 『唐韻』은 차례로 완성된 것이다. 그러나 『唐韻』은 『王韻』을 참고하지 않았기 때문에 위와 같은 몇 가지 다른 점이 있는 것이다. 그러나 반면에 다음과 같은 공통점도 가지고 있다.

① 두 책의 反切은 기본적으로 일치한다.

② 각 組의 同音字 안에, 각각 서로 같은 글자 사이에는 그 배열순서가 일치한다. 예를 들면 沃組의 沃·鋈·鸒 등이며, 熇組의 熇·臛·哘 등이다. 組와 組 사이의 배열순서 역시 일치하는데, 예를 들면 沃·毒·篤·酷·鵠·仆·涄·梏·瑁·熇·褥·僟이다.

③ 몇 몇 글자의 뜻풀이가 서로 같다.

이상의 상황은 『王韻』과 『唐韻』이 하나의 원류에서 나왔으며 모두 陸法言의 『切韻』을 계승하고 있다는 것을 설명해 준다.

陸法言의 『切韻』은 글자의 뜻풀이가 간단하지만, 唐代 많은 사람들의 增補를 거치면서, 특히 『王韻』과 『唐韻』으로 인해 韻目이 완전해졌고, 字典으로서의 면모

---

104 "及武德以來創置, 迄於開元卄年幷列注中."

105 다른 종류의 讀法을 말함.

를 갖추게 되었으니, 이는 커다란 발전이다. 『唐韻』은 唐나라 때 그 영향이 매우 컸다. 宋의 許顴은 『東齊記事』에서 "孫愐이 『唐韻』을 짓자, 많은 韻書들이 차례로 없어졌다."[106]라고 하였다. 『唐韻』은 글자의 뜻풀이에 있어 형상적인 서술을 하였기 때문에, 당시 사람들은 『唐韻』을 보면 "종일토록 먹는 것도 잊고, 새벽까지 잠잘 줄을 몰랐다."[107]고 한다.

6. 李舟의 『切韻』

李舟는 唐의 音韻學者이다. 일찍이 孫愐의 『唐韻』을 근거로 삼아, 교정하여 『切韻』 10권을 편찬하였다. 各 韻部의 배열에 있어서, 같은 類로써 서로 모아 놓았고, 四聲의 순서와 배합에도 조리가 있다. 이로써 『廣韻』 206韻 순서의 기초를 잡았지만, 지금은 전하지 않는다.

李舟는 『唐書』에 傳이 없으며, 『杜工部集』에 『送李校書二十六韻』에서 그의 생평을 기록되어 있다. 王國維는 『李舟切韻考』[108]에서 "李舟가 『切韻』을 지은 것은 아마도 唐 代宗·德宗 사이일 것이다. 그는 孫愐 이후에 태어났으므로, 孫愐의 『唐韻』에 근거하여 『切韻』 10卷을 편찬하였을 것이다."[109]라고 하였다. 王國維는 李舟의 『切韻』에 대하여 높은 평가를 하고 있는데, 다음과 같이 말하였다.

> 唐人의 韻書와 宋 이후의 韻書를 비교하면, 李舟는 음운학상 두 가지의 큰 공로가 있다. 첫째는 각 韻部를 聲類로 나누어 놓았다는 것이고, 둘째는 四聲의 순서와 배합이 정연하다는 점이다.[110]

이어서 다음과 같이 지적하였다.

> 모든 部에 있어 聲類가 서로 비슷한 것끼리 순서를 정하였고, 平·上·去·入의 四聲 배합이 정연하니, 이것이 李舟 『切韻』의 특징이다. 徐鉉은 『篆韻譜』[111]를 개정하면서 이 차례를 따랐다. 陳彭年 역시 江南에서 오랫동안 산 사람으로, 徐鉉을 스승으로 삼았기 때문에 『廣韻』을 수정할 때 이것의 순서를 따랐다. 후에 나온 『韻略』·『集韻』 등의 韻書에는 嚴·儼·釅·業의

106 "自孫愐集爲唐韻, 諸書遂廢."
107 "有終日而忘食, 有連宵而不寐."
108 王國維의 『觀堂集林』에 실려 있다.
109 "李舟作切韻當在唐代宗德宗之世. 他生在孫愐之後, 因此能根據孫愐『唐韻』加以訂正, 撰『切韻』十卷."
110 "取唐人韻書與宋以後韻書比較觀之, 則李舟於韻學上有大功二; 一, 使各部皆以聲類相從; 二, 使四聲之次相配不紊, 是也."
111 宋 徐鉉은 『說文解字篆韻譜』를 改正하였는데, 李舟의 저서를 참고로 하였다.

네 韻이 있어 『廣韻』과 차이가 있지만, 四聲의 순서는 서로 배합된다. 그러므로 陸法言의 『切韻』이 唐 韻書의 始祖라면 李舟의 『切韻』은 宋 韻書의 祖宗이라고 할 수 있다.[112]

李舟의 『切韻』은 韻書의 발전 방면에서 두 가지 커다란 공헌을 하였다.

첫째, 蒸·登의 두 韻을 靑韻의 다음으로 고쳐 넣어 陽·唐·庚·耕·淸·靑 등의 韻과 함께 나열하였다. 또한 覃·談의 두 韻을 侵韻의 다음으로 고쳐 넣어, 侵·鹽·添·咸·銜·嚴·凡 등의 韻과 함께 나열하였다.[113] 近代 사람들은 蒸과 登의 두 韻이 -ng로 끝나는 音이므로, 陽·唐·庚·耕·淸·靑 등과 동일하게 재구하였다. 또한 覃과 談 두 韻은 -m으로 끝나는 音이므로 侵·鹽·添·咸·銜·嚴·凡 등과 같다고 생각하였다. 李舟는 이와 같은 정리를 거침으로써 韻目의 배열을 질서정연하게 분류하였다.

둘째, 이전의 운서는 入聲의 순서가 정연하지 못하였고, 平·上·去 三聲과 일일이 배합하지 못하였다. 그러나 李舟의 정리를 거쳐 四聲의 배합관계가 비로소 질서정연하게 되었다.

이상의 두 가지는 『廣韻』에서 채용한 것이다. 王國維는 李舟의 『切韻』이 宋韻의 시초라고 칭찬하였다.[114] 왜냐하면, 이전의 운서들은 모두 陸法言의 『切韻』의 목차를 따랐으나, 李舟 이후의 운서들은 모두 李舟의 『切韻』의 목차를 따랐기 때문이다.

위에서 서술한 운서는 宋人의 운서이든, 唐人의 운서이든, 모두 陸法言의 『切韻』系 운서에 속한다. 孫愐의 『唐韻』과 李舟의 『切韻』은 모두 陸法言의 『切韻』을 계승한 운서이다. 이 두 책은 비록 韻部 방면에서의 증감과 순서 방면에서의 변동이 있지만, 陸法言의 『切韻』 중에 나오는 바와 같이 南北의 시비를 밝히고 古今의 通塞을 논한, 종합적인 어음 체계라는 취지에는 변화가 없다. 만약 후세의 운서들이 당시 隋唐代의 어음 체계에 근거해 운서를 편찬하였다면, 陸法言의 『切韻』, 孫愐의 『唐韻』 등에 나오는 韻目이나 순서와는 반드시 차이가 있었을 것이다.

실제로 唐代에는 이미 秦音을 기초로 한 운서가 출현하였으니, 바로 元廷堅의 『韻英』이다. 王國維는 「天寶韻英元廷堅韻英張戩考聲切韻武玄之韻銓分部考」에서 다음과 같이 말하였다.

---

112 "諸部以聲類相近爲次, 又平上去入四聲相配秩然, 乃李舟『切韻』特色. 大徐改定『篆韻譜』旣用其次; 陳彭年亦江南舊人, 又嘗師事大徐, 故修『廣韻』亦用之. 以後『韻略』·『集韻』諸書, 雖升嚴·儼·釅·業四韻, 與『廣韻』異, 然四聲之次, 無不相配. 故李舟『切韻』之爲宋韻之始祖, 猶陸法言『切韻』之爲唐人韻書之祖也."

113 이것은 平聲으로 上聲과 去聲을 포괄한 것이다.

114 王國維의 『觀堂集林』 卷8 참조.

> 慧琳의 『音義』는 元廷堅 및 張戩(『考聲切韻』)의 두 책을 전적으로 인용했으므로, 그 反切은 六朝 이래 여러 자서 및 운서와 매우 다르다. 첫째권 「大唐三藏聖教序」에서 두 자를 실으며 말하기를 '上은 敷務反으로, 『韻英』에 보이며 秦音이다; 여러 자서에서는 모두 敷救反이라고 했는데, 吳楚의 音이다'라고 하였다. 이 항목은 실제로 全書의 범례가 되며, 무릇 慧琳의 反切이 陸法言·孫愐 등 여러 음운학자들과 다르다는 것을 여기에서 볼 수 있다. 이에 따르면, 『韻英』의 反切은 당시의 秦音에 근거한 것으로, 陸法言의 운서가 南北朝의 옛 音에 근거한 것과는 다르다. ……陸法言의 『切韻』은 六朝의 음이고, 『韻英』·『考聲切韻』은 唐音이다. 六朝의 옛 음은 江左에 많이 보존되어 있으므로 唐人은 이를 吳音이라 했고, 關中의 음을 秦音이라 하였다. 그러므로 唐人이 말한 것으로써 보자면, 陸法言의 운서는 吳音이고 『韻英』 일파는 秦音인 것이다. 그 후 陸法言의 『切韻』이 성행하자 『韻英』은 쇠퇴하였다.[115]

근대 학자 黃淬伯은 慧琳의 『一切經音義』에서 주한 반절에 근거해 연구하고 고증하여, 元廷堅의 『韻英』은 陰聲韻 15개, 陽聲韻 22개, 入聲韻 21개로, 平·上·去·入 모두 합하여 132운임을 이미 밝혔다. 『廣韻』의 206韻과는 다른데, 그는 다음과 같이 말하였다.

> 『切韻』이 쓰여진 시기를 고찰하면, 아래로 『一切經音義』가 근거한 운으로부터 불과 백년밖에 안 되었는데도, 韻類의 차이가 이와 같이 심하다. 이는 진실로 어음의 변천으로 인한 것이며, 또한 두 책의 편찬 취지도 각기 다르기 때문이다. ……陸法言은 韻을 정할 때, 당시 실제 어음을 초월한 외에도, 六朝의 옛 음과 지방의 각기 다른 말들을 모두 취사선택하여 실었다. 『一切經音義』에서 근거한 韻은 단지 한 때 한 지역의 음에 근거하여 실제의 음을 기록한 것으로, 『切韻』과는 현저히 다르다. 그러므로 206운이 132운으로 축소된 것이다. 이것은 그 사이에 古今의 音이 변화하였다는 사실과도 관계가 있겠지만, 그 주요 원인은 지역에 따른 音의 차이에 있다.[116]

---

115 "慧琳『音義』全用廷堅及張戩(『考聲切韻』)二書, 故其反切與六朝以來諸家字書及韻書頗殊. 其開卷音『大唐三藏聖教序』覆載二字云: 上敷務反, 見『韻英』, 秦音也; 諸字書皆敷救反, 吳楚之音也. 此一條實爲全書起例, 凡琳師反切之異於陸·孫諸韻者, 胥視此矣. 據此, 則『韻英』反切, 以當時秦音爲據, 與陸韻之據南北朝舊音者不同. ……陸韻者, 六朝之音也,『韻英』與『考聲切韻』者, 唐音也. 六朝舊音多存於江左, 故唐人謂之吳音; 而以關中之音爲秦音. 故由唐人言之, 則陸韻者吳音也,『韻英』一派, 秦音也. 厥後, 陸韻行而『韻英』一派微."
天寶『韻英』은 『玉海』제45권에 인용된 韋述의 『集賢記』注에 보인다. 『唐書·藝文志』에는 武玄之의 『韻銓』이 있다.

116 "考『切韻』成書時, 下距『一切經音義』所據韻不過百數年, 而韻類之差別如是. 此固由於語音變遷之所致, 亦以兩書撰述之旨趣各異. ……法言定韻已超出當時實際語音之外, 於六朝舊韻, 方國殊語, 俱有取舍之意存焉. 與『經音義』所據韻, 僅憑一時一地之音而爲實際之攝記者, 迥乎不同. 故由二百六韻縮爲一百三十二. 其間雖有古今音變之關係, 要其主因, 則在彼而不在此也." 黃淬伯의 『慧琳一切經音義反切考』 참조.

『절운·서』

육법언

지난 開皇(581～600) 初에 劉臻(527～598), 顔之推(531～591?), 盧思道(532～583), 魏彦淵(525?～590?), 李若, 蕭該, 辛德原[1], 薛道衡(540～609) 등 여덟 사람이 陸法言의 집에 모여 같이 묵었는데, 밤이 깊어 술좌석이 거의 끝나 갈 즈음 音韻을 논의하게 되었다.

古今의 성조는 이미 차이가 있고, 諸家의 韻書 역시 取舍가 서로 달랐으니 그 예를 들면 吳·楚 등 江南 지방의 발음은 가볍고 얕으며, 燕·趙 등 河北지방의 발음은 무겁고 탁하다. 秦·隴 등 陝西와 甘肅지방에서는 去聲을 入聲처럼 읽고, 梁州·益州 등 四川 지방에서는 平聲을 去聲처럼 읽는다. 또 支韻과 脂韻, 魚韻과 虞韻을 같은 韻으로 쓰고; 先韻과 仙韻, 尤韻과 侯韻은 같은 反切을 쓴다. 만약 詩文의 用韻만을 생각한다면 淸濁이 통할 수도 있겠지만, 음을 분별하고자 한다면 輕重은 반드시 구별되어야 한다.

呂靜의 『韻集』·夏侯詠의 『韻略』·陽休之(509～582)의 『韻略』·李季節의 『音譜』·杜臺卿의 『韻略』 등의 운서도 서로 다르고, 江東지방에서 취한 운이 河北지방과 또 다르다. 이 이유는 남북지방 사이의 옳고 그름이나 古今 사이의 통하고 막힘을 논하고, 더욱 정밀하고 정확한 反切字를 선정하고 엉성하고 맞지 않는 것은 제거하려 하였다. 여기에는 顔之推와 蕭該가 결정한 것이 많다. 그 때 魏彦淵이 내게 "이제까지 서로 논의하여 의혹되던 바가 모두 해결되었는데 어찌 그대로 기록을 하지 않는가? 여기 모인 우리들이 결정하면 그대로 정해지는 것이다."라고 하여, 나는 등불 아래 붓을 잡고 그 줄거리를 적었다.

그 후에도 여러 사람에게 두루 조언을 구하여 거의 精華를 얻었으나, 잠시 다른 학문에 눈을 돌리기도 하고 또한 직무에 얽매여 십수 년간 그것을 정리할 겨를이 없었다. 이제 옛날로 돌아와 개인적으로 제자들을 가르치면서 무릇 시문에 능통하려면 聲韻에 밝아야 한다고 일깨웠다. 그러나 山野에 은거하여 交遊가 끊어지니 의문나는 점이 있어도 물어 볼 곳이 없다. 죽은 사람과는 생사의 길이 다르니 공연히

---

1 濮之珍 원문에 德原으로 되어 있으나 德源의 잘못이다.(譯註)

한숨만 지을 뿐이고, 산 사람과는 신분이 달라 만나지 못하니 이것으로 그 뜻을 전하려 한다. 마침내 諸家의 韻書와 古今의 字書를 취합하고, 이전에 기록해 놓았던 것을 가지고 『切韻』 5권을 만들었다. 엄밀하게 분석하여 세세한 부분까지 분별을 하였다. 어찌 和氏가 자신이 바친 옥이 진짜라고 주장하며 피눈물을 흘리면서 통곡한 다음에야 진실이 드러난 것을 번거롭게 여기겠으며, 呂不韋가 『呂氏春秋』를 짓고 나서 한 글자라도 고칠 것이 있으면 千金을 주겠노라고 한 것처럼 득의양양하겠는가? 전에는 司馬遷이 『史記』를 지어 이러한 大作은 마땅히 名山에 보관해야 한다고 큰소리친 것을 비웃었으나, 이제는 오히려 劉歆이 揚雄에게 양웅의 『法言』·『太玄』 등은 후세에 장독 뚜껑으로 쓰일 지도 모른다고 놀려댔던 것에 대해 제대로 대꾸를 하지 못한 양웅의 말더듬을 탄식하게 되었다. 『切韻』은 결코 나 혼자서 마음대로 만든 것이 아니라, 群賢들이 남긴 뜻을 좇아 서술했을 따름이니 어찌 감히 세상에 널리 알리겠는가? 다만 제자들에게 가르쳐 보고자 할 따름이다.

辛酉년 大隋 仁壽 元年(601)에 씀

『切韻·序』

陸法言[1]

昔開皇初[2], 有劉儀同(臻)[3] 顔外史(之推)[4] 盧武陽(思道)[5] 魏著作(彦淵)[6] 李常侍(若)[7]·蕭國子(該)[8] 辛咨議(德源)[9] 薛吏部(道衡)[10] 等八人, 同詣[11] 法言門宿. 夜永酒闌[12], 論及音韻[13], 以古今聲調既自有別, 諸家取舍亦復不同[14], 吳楚則時傷輕淺, 燕趙則多涉重濁[15]; 秦隴則去聲爲入, 梁益則平聲似去[16]. 又支(章移反)·脂(旨夷反)·魚(語俱反)·虞(遇俱反)共爲一韻[17]; 先(蘇前反)·仙(相然反)·尤(于我反)·侯(胡溝反)俱論是切[18]. 欲廣文路, 自可淸濁皆通[19]; 若賞知音, 卽須輕重有異[20]. 呂靜『韻集』[21]·夏侯詠『韻略』[22]·陽休之『韻略』[23]·李季節『音譜』[24]·杜臺卿『韻略』[25]等, 各有乖互[26]. 江東取韻, 與河北復殊[27]. 因論南北是非, 古今通塞[28]; 欲更捃選精切[29], 除削疏緩[30]. 顔外史·蕭國子多所決定. 魏著作謂法言曰: “向來論難[31], 疑處悉盡, 何爲不隨口記之, 我輩數人, 定則定矣.” 卽燭下握筆, 略記綱紀. 後博問英辯[32], 殆[33]得精華. 於是更涉餘學[34], 兼從薄宦[35], 十數年間[36], 不遑修集[37]. 今返初期[38], 私訓諸弟, 凡有文藻, 卽須聲韻. 屛居山野, 交游阻絶, 疑惑之所[39], 質問無從. 亡者則生死路殊, 空懷可作之嘆[40]; 存者則貴賤禮隔, 以報絶交之旨[41]. 遂取諸家音韻, 古今字書, 以前所記者定爲『切韻』五卷[42]. 剖析毫釐, 分別黍累[43]. 何煩泣玉[44], 未可懸金[45]. 藏之名山, 昔怪馬遷之言大[46]; 持以蓋醬[47], 今嘆揚雄之口吃. 非是小子專輒[48], 乃述群賢遺意; 寧敢施行人世? 直欲不出戶庭[49]. 于時歲次辛酉大隋仁壽元年也.

1 陸法言은 隋나라 음운학자로 이름은 詞이고 자는 行이다. 臨漳(지금의 河北省에 속함) 사람이며, 承奉郎을 지냈다. 劉臻, 蕭該, 顔之推 등과 음운을 토론하고, 古今의 옳고 그름과 남북의 차이에 대해 의논하여『切韻』을 지었다.『切韻』이 나온 이후로 六朝諸家들의 韻書는 점차 없어지게 되었으며, 唐·宋 韻書들은 대부분 이 책을 底本으로 하였다. 淸代 光緖 末年에, 영국인 스타인(Paul Stein)과 프랑스인 펠리오(Paul Pelliot)가 연이어 甘肅省 敦煌 석실에서 대량의 사본을 약탈해 갔는데, 이 중에 당사본『切韻』의 殘卷이 있다. 이 잔권은 현재는 이미『十韻匯編』,『瀛涯敦煌韻輯』과『唐五代韻書集存』에 수록되어 있다.『切韻』은 비록 한 시대 한 지방의 방언의 기록이라고 할 수는 없으나, 실제방언을 기초로 하였으므로, 이것은『切韻』을 漢語史와 漢語言語學史에 있어서 중요한 위치를 차지하게 하였다. 여러 종류의『切韻·序』가 후세에 정해지나 글자가 조금씩 다르다. 여기에서는 런던 박물관에 소장되어 있는 S2055(切二)의『切韻·序』를 수록하였다.

2 開皇은 수나라 文帝의 연호이다.『隋書·盧思道傳』을 근거로 고증하면, 開皇初는 바로 開皇 2년(582)이다.

3 劉臻은 字가 宜摯이며, 沛國 相人(지금의 安徽省 宿縣)이다. 수나라 문제때 儀同三司로 임명되었다.『漢書』에 정통하였으며, 文集 10권이 있다. 開皇 18년(598)에 세상을 떠났는데, 이 때 나이가 72세이

므로, "음운을 논할" 때의 劉臻은 56세가 된다. 『隋書』卷76에 그의 傳이 있으며, 또한 『北史』卷83에도 보인다. 호칭할 때 관직을 붙이는 것은 그 사람에 대한 존경의 표시이다.

4 顔之推는 『顔氏家訓·音辭篇』注에 자세히 보인다.

5 盧思道는 字가 子行이며, 范陽(지금의 河北省 涿縣) 사람이다. 楊堅이 승상으로 있을 때, 武陽太守로 옮겼다. 開皇 3년(583)에 죽었으니 이 때 나이 52세 이며, "음운을 논할"때의 나이는 51세이다. 『隋書』卷57에 그의 傳이 있다.

6 魏彦淵은 이름이 澹, 字가 彦深이며, 鉅鹿 아래 曲陽(지금의 河北省 晋縣) 사람이다. 開皇初에 著作郞이었는데, 이 때의 나이는 57세이며, 65세에 세상을 떠났다. 『隋書』卷58에 그의 傳이 있다.

7 李若은 頓丘(지금의 河北省 淸豐縣) 사람으로 開皇 5년(585)에 散騎常侍를 지냈으나, 그의 사적은 이미 고찰할 수가 없다.

8 蕭該는 蘭陵(지금의 江蘇省 武進縣) 사람으로, 학문에 충실하였고 특히 『漢書』에 정통하여 상당히 명성을 얻었다. 開皇初에 國子博士에 임명되었다. 저서로 『漢書』 및 『文選』音義가 있어 음운학 방면에 매우 조예가 깊다는 것을 알 수 있다. 生卒年은 未詳이다. 어떤 사람은 개황 2년, 약 50세 때 國子博士에 임명된 것으로 본다. 『隋書』卷75에 그의 傳이 있으며, 또한 『北史』卷82에도 보인다.

9 辛德源은 字가 孝基이며, 隴西 狄道(지금의 甘肅省 狄道縣) 사람으로, 齊나라때 일찍이 諮議參軍을 지낸 적이 있다. 『集注春秋三傳』 30卷을 지었으며 揚雄의『法言』 20卷을 주석하였으나, 모두 없어졌다. 生卒年은 미상이며, 『隋書』卷58에 그의 傳이 있다.

10 薛道衡은 字가 玄卿이며, 河東 汾陰(지금의 山西省 榮河縣) 사람이다. 隋 文帝 때 일찍이 吏部侍郞을 지낸 적이 있으며, 煬帝 때 살해당하였으니 이 때 나이 70세였다. 開皇 2년에 薛은 43세였다. 『隋書』卷58에 그의 傳이 있다.

11 詣 : 도착하다, 이르다.

12 夜永酒闌: 永은 長의 뜻으로, 夜永은 밤이 깊었음을 가리킨다. 여기에서는 밤이 깊어 술을 마시며 마음껏 즐기는 때를 말한다.

13 論及音韻: 趙振鐸이 말한 것에 의하면, '音韻'은 反切注音을 가리켜 말한 것이다(「中國語文」 1962년 10월호 참조).

14 "諸家取舍"句: 諸家란, 『切韻』 이전의 여러 사람의 韻書 또는 注音을 가리킨다. 그들이 근거한 방언 혹은 反切의 舊文은 각기 달라 의견이 일치하지 않는다.

15 "吳楚"句: 吳楚는 江南을 가리키고 燕趙는 北方을 대표한다. 당시에는 漢語가 남북 두 개의 큰 구역으로 나뉜 것으로 보았다. 『顔氏家訓』, 『經典釋文』과 玄應의 『一切經音義』는 모두 이러한 견해이다. '傷'은 '지나치게(過分)'이다. '輕淺·重濁'과 陸德明이 말한 '浮淸·沈濁'(『經典釋文』 敍錄 참조), 그리고 顔之推가 말한 '浮淺·沈濁·訛鈍'(『顔氏家訓·音辭篇』 참조)의 의미는 같으나, 지시하는 대상에 대해서는 견해가 다르다. 첫 번째는, 여기에서 말한 것은 聲調문제이며 賈昌朝의 『羣經音辨序』를 근거로 했다고 보는 견해이다. 구체적으로 말해서 平聲·上聲은 輕淺, 去聲은 重濁이 된다는 것이다. 이것은 또한 당시 吳楚지역에서는 平聲과 上聲으로 읽히는 글자가 너무 많았고, 燕趙지역에서는 去聲으로 읽히는 글자가 너무 많았음을 말한다(羅常培의 『切韻·序校釋』 참조). 두 번째는, 여기에서 말하는 것이 韻母문제라는 견해이다. 王國維는, "唐人이 淸濁이라고 한 것은 아마도 等呼를 말한것 같다." 라고 하였다(『觀堂集林』 卷8 『天寶韻英分部考』 참조). 前母音은 輕淺이고, 後母音은 重濁이며, 開口呼는 輕淺, 合口呼는 重濁이다. 구체적으로 말하면, 당시 吳楚지역에는 前母音·開口呼로 읽히는 글자가 많았고, 燕趙지역에는 後母音·合口呼로 읽히는 글자가 많았다는 것이다(唐蘭의 『論唐末以前的輕重和淸濁』, 『北京大學五十周年紀念論文集』, 1948년, 참조).

16 "秦隴"兩句: 陸法言 등은 청각 분석에 근거하여, 秦隴지역의 去聲은 入聲의 調値와 비슷하고 梁益지역의 平聲은 去聲의 調値와 유사하다고 여겼다. 玄應의 『一切經音義』卷18에서 인용한 『通俗文』에서는, "小兒戱는 狡獪라고 하는데, 지금 關中에서는 狡刮이라고 하니, 틀린 것이다."라고 하였다. 獪는 去聲의 泰韻字이고, 刮은 入聲의 轄韻字이다. 祭·泰·夬·廢 네 韻을 보면, 梁나라 이전에는 入聲에 속했으나, 梁나라 이후에는 운미가 소실되어 去聲으로 변했다. 秦隴 일대는 아마도 변화가 비교적 느려서 陸法言이 『切韻』을 쓸 때에는 여전히 入聲韻尾를 지니고 있었을 것이다. 그래서 그는 "秦隴에서는 去聲이 入聲이다"라고 하였다. 梁은 陝西南端 南鄭 일대로 唐代에는 興元이며 원래는 梁州를 일컬으니 바로 漢魏때의 漢中이다. 中古시기에 각지방 方言의 調類는 서로 차이가 그다지 크지 않았으나, 調値에는 차이가 있었다. 梁益 일대의 平聲調와 中原 일대의 去聲調는 유사하므로, 陸法言은 '梁益

지역은 平聲이 去聲과 유사하다'라고 한 것이다.

17 "支脂魚虞"句: 이것은 支와 脂, 魚와 虞의 反切下字가 혼용되어 구분되지 않음을 가리킨다. 『顔氏家訓』에서는, "北人은 庶를 戍로, 如를 儒로, 紫를 姊로 여긴다"라고 하였다. 庶는 御韻 즉 魚韻 去聲字이며, 戍는 遇韻 즉 虞韻 去聲字이다. 如는 魚韻字이며, 儒는 虞韻字이다. 紫는 紙韻 즉 支韻 上聲字이며, 姊는 旨韻 즉 脂韻 上聲字이다. 당시의 북방에서는 魚와 虞, 支와 脂를 구분할 수 없었음을 알 수 있다. 또한 韻目 아래에 反切을 표기하였는데, 陸法言 등은 책 전체에 예를 들어가며 설명하였다. 宋跋本에서는 '一'字를 '不'로 썼으나, '不韻'과 '共爲'는 의미가 통하지 않으므로 黎本·張本에 근거하여 '一'로 고쳤다.

18 "先仙尤侯"句: 先과 仙, 尤와 侯의 反切下字가 혼용되었다는 뜻이다. '韻'과 '切'은 모두 反切下字를 가리킨다. 羅常培는 교감하여, '俱論是切'과 '共爲一韻'은 문장이 호응하여 뜻을 나타낸다고 말한 적이 있다. 혹자는 윗구가 韻母를 가리키는 것이고,이부분은 聲母를 가리키는 것으로 보았다. 『切韻』에서 동일한 聲母는 等이 다르기 때문에 구별되는 경향이 있다. 一二四等이 一類, 三等이 一類가 된다. 先과 仙은 같이 心母에 속하나, 先은 四等·仙은 三等에 속한다. 侯는 匣母에, 尤는 喩母三等에 속하나 실제로는 匣母四等이다. 이들의 反切上字는 서로 혼용될 수가 없다. 『夢溪筆談』에서는, "切韻이라는 것은, 上字가 切·下字가 韻이다"라고 하였다. '韻'과 '切'은 陸法言의 시대에는 비록 아직 이와같이 명확한 용법은 없었으나, 이 두 구를 혹자는 윗구는 韻母문제를, 아랫구는 聲母문제를 가리키는 것으로 보았다.

19 "欲廣文路"句: 廣은 '넓히다, 확장하다'이다. 文路는 詩文을 창작할 때의 용운을 가리키며, 清濁은 開合口를 가리킨다. 羅常培는 『切韻序校釋』에서, "魏了翁의 『唐韻後序』에서 말하기를, 이 部에서 一東을 서술하면 다음의 注와 같다. '德紅反, 濁, 滿口聲이다' 여기에서부터 '三十四乏'까지 모두 이와 같다."라고 하였다. 지금은 唐韻部敍는 비록 고증할 수는 없으나, 이렇게 말한 것으로 미루어 보아 唐韻에서는 아마도 開口를 淸, 合口를 濁으로 여겨 紐類·四聲과는 모두 관련이 없을 것이다.

20 若賞知音: 賞知音은 知音에 안목이 있는 자를 가리킨다. 輕重에 대해 羅常培는 『切韻序校釋』에서 성조를 가리키는 것으로 보고 말하기를 "이 두 문장의 예는 또한 서로 참고하여 뜻을 알 수 있으니, 즉 문장을 지을 때 用韻을 편하게 하고자 한다면 淸濁輕重이 모두 통할 수 있겠으나, 만약 聲音을 자세히 분별하고자 한다면 淸濁輕重은 반드시 구별되어야 할 것이다."라고 하였다. 『切韻』의 저작목적은 문장을 쓸 때의 用韻과 審音, 正音을 위해서이다. 詩文에서의 用韻과 審音, 正音에는 각기 다른 요구와 표준이 있다.

21 呂靜『韻集』: 『隋書·經籍志』에서, "『韻集』6卷은 晋安復令 呂靜이 지은 것이다"라고 하였다. 『魏書·江式傳』에는, "式이 상소하여 말하기를, '…… 呂忱(『字林』의 저자)의 동생 靜은 左校令 李登의 『聲類』의 형식을 버리지 않고 『韻集』5卷을 지었는데, 宮商角徵羽가 각각 한 편이다"라고 하였다. 원서는 이미 없어졌으며, 輯本이 있다.

22 夏侯詠『韻略』: 羅常培는 敦煌本에 근거하여, '該'를 '詠'으로 교감하였는데, 지금은 이를 따른다. 『隋書·經籍志』에서는, "『四聲韻略』13卷은 夏侯詠이 지은 것이다"라고 하였다. 李涪는 『刊誤』에서 또 말하기를, "梁 夏侯詠이 『四聲韻略』12卷을 지었다"라고 하였다. 원서는 전하지 않는다.

23 陽休之『韻略』: 『隋書·經籍志』에는 1권이라고 기록되어 있다. 『北齊書』本傳에, "陽休之는 字가 子烈, 右北平無終(지금의 北京 薊縣에 속하는데 舞終故城이 있다) 사람이다. 어려서 학문에 힘쓰고 文藻를 사랑하였다. …… 隋 開皇 2년에 파면되어 洛陽에서 죽었으니, 나이는 74세였다. 그가 지은 文集 30卷과 『幽州人物志』가 동시에 세상에 유행하였다. 원서는 전하지 않고 輯本이 있다.

24 李季節『音譜』: 『隋書·經籍志』에, "『韻譜』4卷은 李槪가 지은 것이다"라고 기록되어 있다. 『北史·李公緖傳』에는, "아우 槪는 字가 季節이다. …… 『戰國春秋』와 『韻譜』가 나란히 세상에 유행하였다."라고 하였다. 원서는 전하지 않고 輯本이 있다.

25 杜臺卿『韻略』: 『韻略』은 本傳 및 『隋志』에 모두 기록되어 있지 않은 것으로 보아, 일찍이 없어졌음을 알 수 있다. 『隋志』 本傳에서는, "杜臺卿은 字가 少山, 博陵 曲陽(지금의 河北省) 사람이다. 어려서 학문을 좋아하고 서적을 두루 읽었으며, 문장을 잘 지었다 ……."라고 하였다.

26 各有乖互: 乖는 그릇됨을 가리킨다. 互는 불일치, 모순을 가리킨다. 王三小注로부터 이러한 모순과 무질서한 상황을 알 수 있다.

27 "江東"句: 江東은 남쪽을 가리키며, 河北은 북쪽을 가리킨다. 이것은 남과 북의 方言에 차이가 있음을 말한다. 『顔氏家訓·音辭篇』에서 "南人은 錢을 涎으로, 北人은 庶를 戍로 여긴다.……"라고 한 것

등과 같다.

28 "因論"句: 옳고 그름과 통하고 막힘을 논하여 응당 하나의 표준을 만들어야 한다. 『切韻』音系 문제에 대해서는 각가의 의견이 분분하나 아직 정론은 없다. 기본적으로 두 파가 있는데, 한 파는 종합론으로 『切韻』이 古今南北의 語音의 종합이라고 본다. 이러한 견해를 가진 학자로는, 前代에 江永이 있고, 後代에는 章太炎·王國維가 있다. 다른 한 파는 한 시기 한 지역의 音이라고 주장하는데, 單一論중에는 또 吳音說, 洛陽音說과 長安音說의 세 가지가 있다.

29 捃(jùn): 고르다, 수집하다. 精切: 정밀한 反切字.

30 除削: 삭제하여 간결하게 하다.

31 向來: 이전에. 論難: 논의하다,

32 博問英辯: 널리 재능과 학문이 있는 사람에게 가르침을 청함. 英辯은 재능이 있고 말재주가 뛰어난 선비.

33 殆: 거의.

34 於是: 당시에. 涉: 종사하다. 餘學: 다른 학문.

35 兼: 더하다. 薄宦: 봉록이 아주 적은 말단관리를 지내다. 여기에서는 陸法言이 일찍이 承奉郎을 지낸 것을 가리킨다.

36 開皇 2년(582)부터 開皇 20년(600)까지의 18년간

37 不遑: 겨를이 없다.

38 初服: 문인이 관직이 없을 때 입는 옷을 '初服'이라 한다. 여기에서는 開皇 20년, 陸法言이 제명당하여 고향으로 돌아온 일을 말한다. 이 일은 『隋書·陸爽傳』에 보인다.

39 所: 處의 假借字.

40 "亡者"句: 開皇 2년 음운을 토론하던 盧思道, 魏彦淵, 顔之推, 劉臻 등의 학자들이 이미 죽었음을 가리킨다. 空懷: 작자 자신이 공허함을 가리킨다. 作: 일어나다. 죽은 사람이 일어나서 다시 살아났음을 말한다. 『禮記·檀弓下』에 "죽은 사람이 어떻게 살아나겠는가, 나는 누구와 돌아갈까나?"라고 하였다.

41 "存者"句: 살아있는 어떤 사람과 지위가 높아서 교류가 끊긴 것을 가리킨다. "已極"의 주어는 작자 자신이다. 이 때는 陸法言이 처량하고 쓸쓸한 생활을 하던 때이다.

42 『切韻』五卷: 『隋志』에는 기록되어 있지 않다. 『舊唐書』와 『新唐書』에는 "陸慈『切韻』五卷"이라고 기록되어 있다. 陸慈는 陸詞로 法言의 이름이다.

43 黍累: 十黍는 一累이고, 十累는 一銖로, 아주 경미한 중량을 나타낸다. 여기에서는 '미세한'의 뜻이다.

44 泣玉: 『韓非子·和氏篇』에 보인다. 초나라 사람 和氏는 보옥을 얻어 초왕에게 몇 차례 헌상했으나, 초왕은 옥을 돌이라 하여 오히려 和氏를 모함하여 마침내 刖刑을 내려 두 발을 잘랐다. 和氏는 옥을 안고 楚山 아래에서 삼일 밤 삼일 낮을 흐느껴 눈에서 피가 나왔다.

45 懸金: 『史記·呂不韋傳』에 보인다. 呂不韋는 門下生에게 『呂氏春秋』를 잘 쓰게 한 후에 千金과 함께 咸陽 저자문에 걸어놓고 한 글자를 더하거나 뺄 수 있는 사람에게 상으로 천금을 주겠다고 하였다.

46 藏之名山: 司馬遷의 『報任安書』에 보인다. 司馬遷은 박해를 당한 후에 굳은 결의를 하고 『史記』를 지어 "名山에 감추었다가 후계자에게 넘겨주려" 하였다. 陸法言은 이를 인용하여 자신의 겸손함을 나타내며, 『切韻』을 藏之名山이라고 하였으나, 결코 司馬遷에 견줄 수는 없다는 말이다.

47 持以蓋醬:『漢書·揚雄傳贊』에 보인다. 劉歆은 揚雄의 철학저서인 『太玄』을 보고 조롱하며 말하기를, 후인들이 이 책을 장독 뚜껑으로나 쓸 것이라고 하였다.

48 專輒: 마음대로 결정(처리)하다. 濮之珍 원문에 '輒'이 '車取'로 되어 있어 고친다.(譯註)

49 "直欲"句: 羅常培는 교감하기를 "陸法言이 『切韻』의 소중함을 아는 것과 音을 아는 것은 어렵다는 것을 여기에 빗대어 개탄한 것이다."라고 하였다.

『안씨가훈·음사편』

안지추

대개 각 지역 사람들의 언어는 지방마다 차이가 있어 각기 다른데, 이것은 인류가 있은 이래로 늘 그러하였다. 『春秋』에 齊나라 말이 표기되어 있는 傳文이 있고 『離騷』에 초나라 말의 經이 보여지는데 아마 方言의 존재를 처음으로 제시해 주는 명확한 단서일 것이다. 후에 揚雄이 『方言』을 지었는데 내용이 잘 갖추어져 있다. 그러나 모두 사물 이름의 같고 다름을 고찰하였을 뿐 독음의 옳고 그름을 나타내지는 못했다. 鄭玄이 『六經』에 주를 달고 高誘가 『呂覽』·『淮南』을 해석하고 許愼이 『說文』을 짓고 劉熹가 『釋名』을 지은 시대에 이르러서야 譬況과 假借가 있어 글자의 음을 나타낼 수 있게 되었다. 그러나 古語와 오늘날의 말은 달라서 輕重이라든지 淸濁이 분명히 밝혀지지 않았고 게다가 內言·外言, 急言·徐言, 讀若 등은 더욱 사람으로 하여금 의심나게 하였다.

孫叔然이 『爾雅音義』를 지었으므로, 그 홀로 反切을 알고 있었고 魏代에 와서야 그 방법이 크게 쓰여진 것이다. 高貴鄕公인 曹髦는 반절의 이치를 깨닫지 못하여 괴이한 것이라고만 여겼다. 이로부터 음운에 대한 논의가 크게 일어났는데 論者마다 자신의 방언으로 서로를 비난하고 조소하니 궤변일 뿐 누가 옳은 지 알 길이 없다. 제왕의 都邑을 기준으로 각 지방의 방언을 참고하고 고금음의 흔적을 조사하면서 이를 절충하여 합리적인 음운을 헤아려 본다면 결국은 金陵과 洛下 지방의 음을 표준으로 삼아야 할 것이다.

남방의 풍토는 온화하고 부드러워서 그 음도 경쾌하면서 명확하다. 결점이라면 경박한 감이 없지 않고 단어에 비속한 방언이 많이 섞여 있는 것이다. 북방의 산하는 깊고 기복이 심하여 그 음도 무겁고 거칠다. 그러나 질박하며 단어에 고어가 많다. 그리하여 벼슬아치나 군자들의 말은 남방이 북방보다 훨씬 낫고, 시골 사람들의 말은 북방이 더 낫다. 만약 옷을 바꾸어 입고 이야기를 하더라도 남방의 선비와 평민은 몇 마디만 나누어 보면 금방 알아낼 수 있지만, 벽을 사이에 두고 말을 들어보면 북방의 선비와 평민의 말은 온종일 들어도 구분할 수가 없다. 이것은 남방음에는 吳越音이, 북방음에는 胡音이 섞여 있기 때문인데 모두 심한 폐단이 있어 한가지로 논할 수가 없다. 잘못된 쉬운 예를 들어보면, 남쪽 사람들은 錢(전)을 涎

(연)으로, 石(석)을 射(사)로, 賤(천)을 羨(선)으로, 是(시)를 舐(지)로 말하고 있고, 북쪽 사람들은 庶(서)를 戌(술)로, 如(여)를 儒(유)로, 紫(자)를 姊(자)로, 洽(흡)을 狎(압)으로 말하고 있다. 이와 같은 예는 남북방을 막론하고 매우 많다. 내가 鄴에서 지낸 이래로 오직 崔子約·崔膽 叔姪과 李祖仁·李蔚 형제만이 詞를 논함에 자못 열심이었고 또 꽤 적절하고 옳은 부분도 있었다. 李季節은 『音韻決疑』를 지었으나 간간이 잘못이 있고 陽休之는 『韻略』을 지었으나 지극히 소략하다. 우리 집안의 자식들은 이름이 불리지 않은 갓난아이일 때도 말을 바로잡는 데 엄격하였다. 만약 한마디의 사투리라도 섞였다면 나의 잘못일 것이다. 물건의 이름을 말할 때도 출전을 조사하여 확인하지 않으면 마음대로 이름 붙이지 않았으니 이는 너희들이 아는 바일 것이다.

고금의 언어는 시대에 따라 다르며 저술하는 사람에 따라 中原音과 楚音의 차이가 있다. 『蒼頡訓詁』에서는 稗(패)를 逋賣(포매)로 음을 달았고 娃(왜)를 於乖(어괴)로 反切하였다. 『戰國策』에서는 刎(문)의 음을 免(면)이라고 하였고, 『穆天子傳』에서는 諫(간)의 음을 間(간)이라고 하였다. 『說文』은 戛(알)의 음을 棘(극)이라고 하였고, 皿(명)을 猛(맹)이라고 읽었다. 『字林』에서는 看(간)의 음을 口甘切(구감절)이라고 하였고, 伸(신)의 음을 辛(신)이라고 하였다. 『韻集』은 成·仍·宏·登을 두 운으로 합쳤고, 爲·奇·益·石은 각각 넷으로 나누었다. 李登의 『聲類』는 系(계)로 羿(예)의 음을 달았고, 劉昌宗의 『周官音』은 乘(승)을 承(승)과 같이 읽었다. 이와 같은 사례들은 너무 많이 있기 때문에 반드시 헤아려서 비교해 보아야 할 것이다. 이밖에 옛날의 반절도 적절하지 않은 것이 많은데 徐仙民의 『毛詩音』에서는 驟(취)를 在遘(재구)라고 반절하였고, 『左傳音』에서는 椽(연)을 徒緣(도연)이라고 반절하였으니 이렇듯 믿을 수 없는 것이 또한 많다. 『通俗文』에서는 '入室求曰搜'의 搜(수)를 兄侯(형후)로 반절하였는데 그러면 兄(형)의 음이 所榮切(소영절)이 되어 버린다. 오늘날 북방에서 이 음이 통행되고 있는데 이는 고어의 잘못 쓰인 예라고 할 수 있다. '璵璠(여번)'이란 노나라의 寶玉인데 마땅히 음이 '餘煩(여번)'의 '煩(번)'이어야 하지만 강남에서는 모두 '藩屛(번병)'의 '藩(번)'으로 발음하고 있다. 또한 '岐山(기산)'의 '岐(기)'는 마땅히 '奇(기)'로 발음해야 하는데 강남에서는 모두 '神祇(신지)'의 '祇(지)'로 발음한다. 江陵이 함락된 후 이 변한 음이 關中에 퍼졌는데 두 음이 무엇에 근거하여 나왔는지 알 수 없으니 이는 나의 학문이 미천하여 이전에 그것을 들어 본 적이 없는 까닭이다.

북방 사람들은 대부분 擧(거)·莒(거)를 矩(구)로 발음한다. 오직 李季節만이 "齊

桓公과 管仲이 누대 위에서 莒를 정벌할 것을 모의하고 있었을 때 東郭牙가 그 상황을 멀리서 보고 있다가 환공이 입을 벌리고 오므리지 않음을 보고는 환공이 말하는 것이 莒임을 알았다고 한다. 그러므로 莒와 矩는 틀림없이 다른 呼이다."라고 하였으니 李季節이야말로 음을 아는 이라고 할 수 있다.

무릇 형태가 있는 물체에는 아름답고 추한 것이 있는데 이를 '好惡(호악)'이라고 한다. 또 사람의 마음에도 좋고 싫은 것이 있는데 이를 또한 '好惡(호오)'라고 하는데 이 음은 葛洪·徐邈의 음운학 저작에 보인다. 그러나 河北의 학자들은 『尙書』를 읽을 때 '好生惡殺(호생악살)'로 읽으니 음으로는 물체의 좋고 나쁨을 말하면서 뜻은 감정의 좋고 싫음을 말하는 것이므로 의미가 통하지 않는다.

'甫(보)'는 남자의 미칭인데 고서에서 대부분 음이 비슷한 '父(보)'자로 가차되는 경우가 많았다. 북방 사람 가운데 한 사람도 '甫'로 읽는 사람이 없으니 그 의미를 알지 못하기 때문이다. 管仲(號가 仲父[중보])이나 范增(號가 亞父[아보])의 호만 글자에 따라 父(보)로 읽어야 할 따름이다.

생각건대 각종 자서를 보면 '焉(언)'자는 새 이름이나 어조사로 쓰여졌는데 모두 '於愆切(어건절)'로 음을 표시한다. 갈홍의 『要用字苑』에는 焉자를 음훈에 따라 다음과 같이 나누고 있다. 만약 '어찌'의 의미로 쓰였을 경우 마땅히 그 음은 '於愆切'이어야 한다. 『詩經』의 '於焉逍遙' '於焉嘉客', 『論語』의 '焉用佞' '焉得人' 등이 그러하다. 또 만약 문장을 마칠 때나 어조사일 경우 마땅히 그 음은 '矣愆切(의건절)'이어야 한다. 『易經』의 '故稱龍焉' '故稱血焉', 『論語』의 '有民人焉' '有社稷焉', 『公羊傳』의 '託始焉爾', 『左傳』의 '晋鄭焉依' 등이 그러하다. 강남에서는 오늘날까지 이와 같은 분별이 행해져 판별하기가 쉬우나 하북지방에서는 한 가지 음으로 섞여 옛날 독법을 따르더라도 오늘날 통용되는 것은 없다.

'邪(사)'자는 의문사이다. 『左傳』에 나오는 '不知天之棄魯邪, 仰魯君有罪於鬼神邪?(하늘이 魯를 버렸을까?, 아니면 魯君이 귀신에게 죄를 지었을까?)', 『莊子』의 '天邪地邪?(하늘 때문인가? 아니면 땅 때문인가?)', 『漢書』의 '是邪非邪?(옳은 것인가? 아니면 틀린 것인가?)' 등이 그것이다. 그러나 북방 지역의 사람들은 '也(야)'로 발음하고 있으니 또한 잘못된 것이다. 혹자가 "『易經·繫辭』의 '乾坤은 『易經』의 한 부분인가?(乾坤, 『易』之門戶邪?)'라는 문장에서와 같이 邪도 의문사가 될 수 있는가?"라고 물었다. 이에 대한 답은 '어찌 아니겠는가? 윗 문장에서 먼저 질문을 한 다음 아래 문장에서 乾坤의 德性을 진술한 것이다.'라고 하겠다.

강남의 학자들이 『좌전』을 읽을 때 구전방식이 자연스레 범례가 되는 경우가 있다. 自軍이 패했을 때도 '敗(패)'라고 하고 적군을 파했을 때도 '敗(패)'라고 발음하는데 여러 傳記 중 '補敗反(보패반)'이라고 음을 달아 놓은 것은 눈에 띄지 않는다. 徐仙民이 『左傳』을 읽고 한 곳에만 이 음을 달았으나 自敗인지 敗人인지에 대해선 어떠한 설명이 없다. 이러한 구별은 지나치게 시시콜콜한 듯하다.

옛 사람들이 이르기를 "기름진 훌륭한 음식을 먹고 자란 사람은 바로잡기가 어렵다."라고들 하는데 이는 호화롭고 사치스러워 만족하게 되면 스스로 떨치고 앞으로 나아갈 수 없음을 말한 것이다. 내가 왕후귀족들의 말씨가 대부분 옳지 않은 것을 보건대 이는 안으로는 천한 스승의 말씨에 물들었고 밖으로는 훌륭한 스승이나 친구가 없는 까닭이다. 梁代에 어느 제후가 元帝와 술을 마시면서 담소를 나누다가 '癡鈍(치둔)'이라고 말을 하려다가 잘못하여 '颸段(시단)'이라 하였다. 원제가 이에 답하길 "颸(시)이지만 시원한 바람이 아니고 段(단)이지만 干木(간목)이 아니군."이라고 하였다. 그는 또 '郢州'를 '永州'라고 하였다. 원제가 簡文帝에게 그 일을 아뢰니 간문제는 "庚辰年에 吳가 郢을 침입하여 永이 司隷가 되었다는 것이군."이라고 하였다. 이러한 예는 입으로 말하면 모두 그러하다는 것이다. 원제는 손수 여러 자손을 따라 읽힐 때 이를 경계 삼도록 하였다.

하북지방에서는 '攻(공)'자를 '古琮切(고종절)'로 음을 달아 工(공)·公(공)·功(공) 세 글자와 같지 않게 하였는데 크게 잘못된 것이다. 근세에 어떤 사람은 이름이 暹(섬)인데 纖(섬)이라고 하고, 이름이 琨(곤)인데 袞(곤)이라고 하며, 이름이 洸(광)인데 汪(광)이라고 하고, 이름이 勬(작)인데 스스로 獡(삭)이라고 한다. 이는 음운이 어지러워질 뿐만 아니라 자손들에게도 번잡함을 끼치는 것이니 삼가도록 해야 할 것이다.

『顔氏家訓・音辭篇』[1]

顔之推[2]

夫九州之人, 言語不同, 生民已來, 固常然矣. 自『春秋』標齊言之傳, 『離騷』目楚詞之經, 此其較明之初也. 後有揚雄著『方言』, 其言大備. 然皆考名物之同異不顯聲讀之是非. 逮鄭玄注六經[3], 高誘解『呂覽』·『淮南』[4], 許愼造『說文』, 劉熹製『釋名』[5], 始有譬況假借以記音字耳[6]. 而古語與今殊別, 其間輕重淸濁[7], 猶未可曉; 加以內言·外言[8]·急言·徐言[9]·讀若之類, 益使人疑.

孫叔言創『爾雅音義』[10], 是漢末人獨知反語[11]. 至于魏世, 此事大行[12]. 高貴鄕公不解反語, 以爲怪異. 自玆厥後音韻鋒出[13], 各有土風, 遞相非笑[14], 指馬之喩, 未知孰是[15], 共以帝王都邑, 參校方俗, 考核古今, 爲之折衷. 搉而量之, 獨金陵與洛下耳[16].

南方水土和柔, 其音淸擧而切詣, 失在浮淺, 其辭多鄙俗. 北方山川深厚, 其音沉濁而鈋鈍, 得其質直, 其辭多古語[17]. 然冠冕君子, 南方爲優, 閭里小人, 北方爲愈. 易服而與之談, 南方士庶, 數言可辨. 隔垣而聽其語, 北方朝野, 終日難分. 而南染吳越, 北雜夷虜, 皆有深弊, 不可具論[18]. 其謬失輕微者, 則南人以錢爲涎, 以石爲射, 以賤爲羨, 以是爲舐[19]. 北人以庶爲戍, 以如爲儒, 以紫爲姊, 以洽爲狎[20]. 如此之例, 兩失甚多. 至鄴已來[21], 唯見崔子約·崔瞻叔侄, 李祖仁·李蔚兄弟[22], 頗事言詞, 少爲切正. 李季節著『音韻決疑』[23], 時有錯失, 陽休之造『切韻』[24], 殊爲疏野. 吾家兒女, 雖在孩稚, 便漸督正之. 一言訛替, 以爲己罪矣. 云爲品物, 未考書記者, 不敢輒名, 汝曹所知也.

古今言語, 時俗不同, 著述之人, 楚夏各異. 『蒼頡訓詁』反稗爲逋賣, 反娃爲於乖[25]; 『戰國策』音刎爲免[26], 『穆天子傳』音諫爲間[27]; 『說文』音戛爲棘, 讀皿爲猛[28]; 『字林』音看爲口甘反·音伸爲辛[29]; 『韻集』以成仍宏登合成兩韻, 爲奇益石分作四章[30]; 李登『聲類』以系音羿[31]; 劉昌宗『周官音』讀乘若承[32]. 此例甚廣, 必須考校. 前世反語, 又多不切; 徐仙民『毛詩音』反驟爲在遘[33], 『左傳音』切椽爲徒緣[34], 不可依信, 亦爲衆矣. 『通俗文』曰[35]: "入室求曰搜", 反爲兄侯. 然則兄當音所榮反. 今北俗通行此音, 亦古語之不可用者[36]. 璵璠, 魯之寶玉, 當音餘煩. 江南皆音藩屛之藩[37]. 岐山當音爲奇, 江南皆呼爲神祇之祇[38]. 江陵陷沒[39], 此音被于關中, 不知二者何所承案. 以吾淺學, 未之前聞也. 北人之音多以擧莒爲矩[40], 唯李季節云: "齊桓公與管仲于台上謀伐莒,東郭牙望見桓公口開而不閉, 故知所言者莒也. 然則莒·矩必不同呼." 此爲知音矣[41].

夫物體自有精粗, 精粗謂之好惡. 人心有所去取, 去取謂之好惡.(原注:上呼號反, 下烏故反)此音見于葛洪·徐邈. 而河北學士讀『尙書』云好(原注:呼號反)生惡(原注:于谷反)殺, 是爲一論物體, 一就人情, 殊不通矣[42]. 甫者, 男子之美稱, 古書多假借爲父字. 北人遂無一人呼爲甫者, 亦所未喩[43]. 唯管仲·范增之號, 須依字讀耳.(原注:貫中號仲父, 范增號亞父.)案諸字書, 焉者鳥名, 或云語辭, 皆音於愆反. 自葛洪『要用字苑』分焉字音訓. 若訓何訓安, 當音於愆反, "于焉逍遙", "于焉嘉客", "焉用佞", "焉得仁"之類是也[44]. 若送句及助詞當音矣愆反, "故稱龍焉", "故稱血焉"[45], "有民人焉", "有社稷焉"[46], "托始焉爾"[47], "晋鄭焉依"[48]之類是也. 江南至今行此分別, 昭然易曉. 而河北混同一音, 雖依古讀, 不可行於今也. 邪者(原注:音琊)未定之詞[49], 『左傳』曰: "不知天之棄魯邪? 抑魯君有罪于鬼神邪?" 『莊子』云: "天邪? 地邪?" 『漢書』云: "是邪? 非邪?"之類是也. 而北人卽呼爲也[50], 亦爲誤矣. 難者曰: "『繫辭』云 '乾坤, 『易』之門戶邪?' 此又爲未定乎?" 答曰: "何爲不爾, 上先標問, 下方列德以折之耳." 江南學士讀『左傳』口相傳述,自爲凡例. 軍自敗曰敗, 打破人軍曰敗(原注:補敗反.)諸記傳未見補敗反, 徐仙民讀『左傳』唯一處有此音, 又不言自敗敗人之別[51], 此其穿鑿耳.

古人云膏梁難整[52], 以其爲驕奢自足, 不能克勵也. 吾見王侯外戚語多不正, 亦由內染賤保傅, 外無良師友故耳. 梁世有一侯嘗對元帝飮謔, 自陳"癡鈍"乃成"颸段"[53], 元帝答之云: "颸異凉風[54], 段非干木.[55]" 謂"郢州"爲"永州"[56], 元帝啓報簡文, 簡文云:"庚辰吳入, 遂成司隸.[57]" 如此之類, 擧口皆然, 元帝手敎諸子侍讀, 以此爲誡. 河北切攻字爲古琮[58], 與工公功三字不同, 殊爲僻也. 比世有人名暹, 自稱爲纖. 名琨, 自稱爲衮. 名洸, 自稱爲汪. 名勳(原注:音藥)自稱爲獡[59].(原注:音爍)非唯音韻舛錯, 亦使其兒孫避諱紛紜矣.

1 『顔氏家訓』: 南北朝 시기 顔之推의 저작으로 모두 20편이 있다. 「音辭篇」은 그중 한편으로 오로지 음운만을 논술하여 지은 것이다.

2 顔之推: 字는 介, 531년에 태어나 대략 開皇 10여년(약 590년 이후)에 죽었다. 본적은 瑯琊 臨沂(지금의 山東省 臨沂北)으로 仕梁, 北齊, 北周 등을 거쳤다. 그는 南北朝 시기 저명한 학자로 문자·성운·훈고·교감 등에서 모두 성과가 있으며, 저서도 비교적 많았으나 현재는 『顔氏家訓』과 『還冤志』만이 전한다. 清代의 趙曦明, 盧文弨는 『家訓』을 주석하여 『抱經堂叢書』를 간행하였다. 周祖謨의 『「顔氏家訓·音辭篇」注補』가 있고, 王利器의 『顔氏家訓集解』가 있다. 『北史·文苑傳』, 『北齊書·文苑傳』에 모두 그의 傳이 있다.

3 鄭玄: 자는 康成, 北海 高密(지금의 山東省 高密) 사람으로 東漢의 저명한 경학자이다. 『後漢書』卷35에 그의 傳이 있다. 저작은 비교적 많으나, 지금은 『毛詩箋』, 『周禮·儀禮·禮記注』 만이 남아 있다.

4 高誘: 東漢 涿郡 涿(지금의 河北省에 속함) 사람. 盧植에게서 배웠으며, 저서로는 『呂氏春秋』, 『戰國策

注』와 『淮南子注』가 있다.

5 劉熹: 劉熙라고도 하며, 저서로 『釋名』이 있다.

6 譬況, 假借: 張世祿 선생이 말하기를 "顔氏가 말한 '譬況', '假借'란, 그 당시 일반적으로 같은 음의 단어 또는 같은 음의 글자체를 이용하여 음을 주석하는 것을 가리키며, 또 다른 면으로는 字形과 字義를 해석하는 역할도 포함한다."라고 하였다.(『中國音韻學史』上冊, 57쪽 참조) 濮之珍 원문에 '以記音字耳'로 되어 있으나 '以證音字耳'로 고친다.(譯註)

7 輕重, 淸濁: 이 두 개의 述語는 『宋書·謝靈運傳論』에서와 같이 때로는 平仄을 가리킨다. "한 簡에서는 음운이 모두 다르며, 두 句에서는 輕重이 모두 다르다", 또한 范曄은 『獄中與諸甥姪書』에서 "궁상을 구별하고, 청탁을 아는 것, 이것은 자연스러운 일이다"라고 하였으며, 顧炎武는 『音學五書·音論』에서 "무겁고 빠르면 入·去·上이 되고, 가볍고 느리면 平이 된다."라고 하였다. 이외에 이 두 述語는 어떤 때에는 洪細를 가리키는데, 淸·輕은 細音을, 重·濁은 洪音을 가리킨다. 여기에서 가리키는 바는 자세하지 않다.

8 內言,·外言: 漢代에 주석가들이 譬況으로 글자의 음에 주를 달 때 쓰던 용어. 『公羊傳』宣公8년에서는 "어째서 혹은 言而라고 하고 혹은 言乃라고 하는가?"라고 하였다. 何休는 "言乃란 안에 있고 깊은 것이며, 言而란 밖에 있고 얕은 것이다"라고 주하였다. 內外는 韻母의 洪細를 가리켜 말한 것이다. '乃'는 洪音字로 주요모음이 [i]가 아니거나 介音 [i]가 없는 것이며, '而'는 細音字로 주요모음이 [i]이거나 介音 [i]를 지닌 것이다.

9 急言, 徐言: 漢代에 주석가들이 譬況으로 글자의 음에 주를 달 때 쓰던 용어. 예를 들어 『淮南子·墬形訓』에 "그 땅은 기장(黍)을 기르는데 적합하며, 무소가 많다 "라고 하였는데, 高誘는 "旄는 독음이 綢繆의 繆에 가까우며 급한 기운으로 말을 해서 만들어진다"라고 주하였다. 또 『淮南子·原道訓』에 "蛟龍이 물 속에 기거한다"라는 말이 있는데, 高誘는 "蛟는 人情性交易의 交로 읽으며 느린 기운으로 말해서 얻어진다"라고 注하였다. 漢代 사람들이 急言이라고 칭한 모든 예를 살펴보면, 모두 介音 [i]가 있는 細音字이다. [i]는 高母音으로, 발음할 때 근육이 긴장되고 구강이 비교적 좁아지며 급촉한 느낌이 있으므로 그렇게 명명한 것이다. 일설에는 急言은 아마도 短音으로 읽으라는 뜻일 것이라고 했다. 漢代 사람들이 緩言(즉 徐言)이라고 칭한 모든 예를 살펴보면, 모두 介音 [i]가 없는 洪音字로, 이 글자들의 발음은 緩急이 자연스러우므로 이렇게 부른 것이다. 일설에 緩言은 아마도 長音으로 읽으라는 뜻일 거라고 했다.

10 『爾雅音義』: 孫叔言이 지음. 『三國志·王肅傳』에서는 孫叔然이라고 하였고, 이름은 炎, 字는 叔然이라고 했다. 樂安(지금의 山東省 博興) 사람으로 삼국시대 위나라의 경학자이며 훈고학자이다. 『爾雅音義』는 反切을 이용해 注音하여 이로부터 反切이 크게 흥성하였다.

11 反語: 反切이다. 이것은 일종의 注音방법으로, 反切上字와 被切字의 聲母가 같고, 反切下字와 被切字의 韻母가 같다. 즉 上字에서 聲을 취하고, 下字에서 韻과 調를 취하여 두 글자로 나란히 연결지어 다른 한 글자의 음을 만든다. 예를 들면 "練, 郞甸切"에서 '郞'字의 聲母인 [l], '甸'字의 韻母와 聲調인 [iăn]을 취해 합하여 '練'字의 음인 [liăn]을 만든다.

12 "至于魏世"兩句: 漢末 反切注音法이 처음 일어나던 무렵은 여전히 直音이 주가 되었다. 孫炎 이후 反切이 크게 흥성하고 直音은 점점 쇠퇴하였다.

13 音韻鋒出: 音韻에 관한 저작이 성행한 것을 가리킨다. 당시의 第一韻書는 魏 李登의 『聲類』十卷이며, 그 후 晋 呂靜의 『韻集』五卷이 나왔다. 謝啓昆이 『小學考』에 기록한 것에 의하면, 陸法言의 『切韻』 이전에 여러 종류의 운서가 있었으니, 이는 『절운서』에도 나열되어 있다.

14 各有土風: 이러한 운서들이 모두 작자들 각지의 方音을 지니고 있음을 가리킨다.

15 指馬之喩: 『莊子·齊物論』에서 "손가락으로 손가락을 손가락이 아니라 비유함은, 차라리 손가락이 아닌 것으로 손가락을 손가락이 아니라 비유함만 못하다. 말(馬)로써 말을 말이 아니라 비유하는 것은, 말이 아닌 것으로 말을 말이 아니라고 비유하는 것만 못하다. 천지는 한 개의 손가락이며, 만물은 한 마리 말이다."라고 하였다.

16 金陵, 洛下: 金陵은 建康(지금의 南京)으로 南朝의 수도이며, 洛下는 洛陽으로 魏晋 이후 魏의 수도이다. 무릇 韻書를 지을 때 北人들은 대부분 洛陽音을 주로 하였고, 南人들은 建康音을 주로 하였으므로, "推而量之, 獨金陵與洛下耳."이라고 한 것이다.

17 "南方水土和柔"等句: 당시 음운을 연구하던 학자들은 모두 당시 漢語音韻을 남북 두 개의 큰 지역으로 나누는 견해를 지니고 있었다. 예를 들면 『淮南子·墬形訓』에서는 "淸水音은 작고, 濁水音은 크다"라

고 하였다. 陸法言은 『切韻序』에서 "吳·楚 등 江南 지방의 발음은 가볍고 얕으며, 燕·趙 등 河北지방의 발음은 무겁고 탁하다. 秦·隴 등 陝西와 甘肅지방에서는 去聲을 入聲처럼 읽고, 梁州·益州 등 四川 지방에서는 平聲을 去聲처럼 읽는다."라고 하였다. 『經典釋文敍錄』에서는 "方言의 차이는 진실로 같지 않다. 河北·江南이 제일 크게 다르다. 어떤 것은 浮淸에서 벗어나며, 어떤 것은 重濁에 매여 있다."라고 하였다.

18 "然冠冕君子"等句: 周祖謨는 『注補』에서 "여기에서는 남북, 선비와 평민들의 언어에 각기 나쁨이 있음을 논하고 있다. 대체로 五胡의 난 이후 중원의 옛 귀족들은 대부분 타향인 江左에서 거주하였으므로 南朝의 사대부들이 하는 말은 여전히 北音 위주였다. 그러나 서민들이 하는 말은 대부분 吳語였다. 그래서 '易服而與之談, 南方士庶, 數言可辨'이라고 한 것이다. 그러나 북쪽 중국의 옛 지역은 선비와 서민들의 언어에 차이가 없었으므로 '隔垣而聽其語, 北方朝野, 終日難分'이라고 한 것이다. 다만 북쪽 사람들의 언어에는 다른 민족의 음이 많이 섞여 있어 언어가 그다지 바르지 않아 오히려 남쪽 사대부들의 정연하고 우아한 음사만 못하다. 시골 사람들의 경우에는 남쪽 사람들의 언어가 비속하여 북쪽 사람들의 분명한 언어만 못하다."라고 하였다.(이외에 陳寅恪선생의 『東晋南朝之吳語』 참조.)

19 "南人以錢爲涎"等句: 周祖謨는 『注補』에서 말하기를 "여기에서는 남쪽 사람들의 언어에 聲母가 많은데 그것을 나누지 않았다."라고 하였다. 생각건대 『切韻』에 전(錢)은 昨仙反, 연(涎)은 敍連反으로 똑같이 仙韻이나, 錢은 從母에, 涎은 邪母에 속하므로 소리를 내면 다르다. 『唐韻』(唐寫本, 이하 같음)에 천(賤)은 才線反, 선(羨)은 似面反으로 똑같이 線韻이나, 賤은 從母에, 羨은 邪母에 속하므로 소리를 내면 역시 다르다. 남쪽 사람들이 錢을 羨으로 읽는 것은 從母와 邪母를 구분하지 않는 것이다. 『切韻』에 석(石)은 常尺反, 사(射)는 食亦反으로 똑같이 昔韻이나, 石은 禪母에, 射는 床母三等에 속한다. 『切韻』에 시(是)는 承紙反, 지(舐)는 神紙反으로 똑같이 紙韻이나, 是는 禪母에, 舐는 床母三等에 속한다. 남쪽 사람들이 石을 射로 읽고, 是를 舐로 읽는 것은 床母三等과 禪母에 구분이 없기 때문이다.

20 "北人以庶爲戍"等句: 여기에서는 북쪽 사람들의 언어는 分韻이 느슨하여 남쪽 사람들의 세밀함만 못함을 논하고 있다. 생각건대, 庶와 戍는 똑같이 審母字로 『廣韻』에 庶는 御韻에, 戍는 遇韻에 있어 음이 다르며, 庶는 開口이고 戍는 合口이다. 如와 儒는 똑같이 日母에 속하지만 如는 魚韻에, 儒는 虞韻에 있어 韻에 역시 開合의 구분이 있다. 북쪽 사람들이 庶를 戍로 읽고, 如를 儒로 읽는 것은 魚韻과 虞韻을 나누지 않기 때문이다. 또한 紫와 姊는 똑같이 精母에 속하나, 紫는 紙韻에, 姊는 旨韻에 있다. 북쪽 사람들이 紫를 姊로 읽는 것은 紙韻과 旨韻의 구분이 없기 때문이다. 또한 洽과 狎은 똑같이 匣母字이나, 『切韻』에는 두 가지 운으로 나뉘어져 있다. 북쪽 사람들이 洽을 狎으로 읽는 것은 洽韻과 狎韻을 구분하지 않기 때문이다. 이로부터 북쪽 사람들의 分韻이 느슨하다는 것을 충분히 알 수 있다.

21 至鄴已來: 556년 顔之推는 西魏에서 北齊의 수도인 鄴(지금의 河北省 臨漳縣 서쪽과 河南聲 安陽縣 경계 이내)으로 도피하였다.

22 崔子約: 司空 祭酒. 『北史·崔亻鹿 傳』에 子約傳이 같이 있다. 崔瞻: 『北齊書·崔㥄傳』에서 "子瞻은 字가 彦通이며, 총명하고 학문에 힘써 周旋과 함께 일시에 명성을 얻었다."라고 하였다. 李祖仁·李蔚: 祖仁의 이름은 諧이고, 祖仁은 字이다. 『北史』 卷43에 그의 傳이 있으며, 아울러 동생인 李蔚傳도 같이 있다.

23 『音韻決疑』: 『隋書·經籍志』에 "『修續音韻決疑』 14卷은 李槪가 지었으며, 또한 『韻譜』 4卷이 있다. 李槪의 字는 季節로 그의 傳은 『北史』 卷33 『李公緖傳』에 보인다. 그가 지은 『音韻決疑』 및 『韻譜』는 모두 없어졌다."라고 하였다. 『韻譜』의 分韻은 敦煌本 王仁煦의 『切韻』에 오히려 대체적인 것이 기록되어 있다. 佳·皆, 先·仙, 蕭·宵, 庚·耕·靑, 尤·侯, 咸·銜을 나누지 않은 것은 모두 『切韻』과 부합하지 않는다. 『音韻決疑』는 『文鏡祕府論』에 수록된 劉善經의 『四聲論』에 있는데, 일찍이 그 序文을 인용하였다. 序文에서는 주로 五音과 四聲이 배합되는 순서를 논했으니, 후세에 祖宗이 되었다.

24 陽休之造『切韻』: 『隋書·經籍志』에 "『韻略』은 陽休之가 지은 것이다. 『北齊書』卷42에 그의 傳이 있으며, 『韻略』은 이미 없어졌다."라고 하였다. 劉善經은 『四聲論』에서 "齊의 僕射 陽休之는 當代의 문장가이다. 音에는 楚·夏가 있고 韻에는 와전된 것이 있어서, 문인들이 쓸 때 古今의 음이 달라, 마침내 서로 관련되는 56韻을 변별하여 四聲으로 나누고 『韻略』이라 칭하였으니, 글을 짓는 문인들이 모두 취하였다. 나이가 어리고 배움이 일천한 사람들은 의지한 바가 컸다."라고 하였으니 이에 근거하여 이 책의 대체적인 체제를 알 수 있다. 王仁煦의 『切韻』에서는 分部한 韻類를 기록하여 보여주고

있는데, 冬·鍾·江, 元·魂·痕, 山·先·仙, 蕭·宵·肴를 나누지 않은 것은 모두『切韻』과 부합하지 않는다. 分韻이 李季節의『韻譜』보다도 더 느슨하니, 顔氏가 그 엉성함을 비웃은 것은 이때문이다.

25『蒼頡訓詁』:『舊唐書·經籍志』에 "『蒼頡訓詁』는 後漢의 杜林이 지은 것이다"라고 하였다. "稗는 反切이 逋賣反이고, 逋는 幇母字인데,『廣韻』에는 傍卦切로 幷母이니 淸濁이 다르다. 顔氏는 이 글자가 당연히 傍卦切이라고 생각했으므로『蒼頡訓詁』의 음이 그러한 것이다. 또한 娃는『切韻』에 於佳反으로 佳韻인데, 지금은 於乖反으로 皆韻에 들어가니 또한『切韻』과 부합하지 않는다.

26『戰國策』音刎爲免: 周祖謨는『注補』에서 "문(刎)은『切韻』에서는 武粉反으로 吻韻이나, 면(免)은『切韻』에서 亡辨反으로 獮韻이니 두 음이 비교적 멀다. 그래서 顔氏가 해답을 찾지 못했던 것이다. 刎의 音이 免인 것을 살펴보면, 거의 漢代 북쪽 지방의 方音이다."라고 하였다.『釋名·釋形體』에 "문(吻)은 免이다. 들어가면 碎이고 나오면 免이다."라고 하였다. 吻과 刎은 같은 음으로 劉成國은 免을 吻으로 훈하여 음이 가까운 것을 취했는데, 高誘가 刎이 免이라고 한 것과 같다. ……바로 古今, 方言의 음이 다른 것이니, 또한 어찌 의심하겠는가!

27 音諫爲間:『穆天子傳』에서 "道裏悠遠, 山川間之.(도가 아득히 山川 사이에 있다.)"라고 하였는데 郭璞은 "間은 音이 諫이다"라고 注하였다. 諫은『唐韻』에 古晏切로 諫韻이고, 間은 古莧切(去聲)로 襉韻이니 諫과 間은 다른 韻類이다. 그래서 顔氏는 郭璞의 주를 틀린 것으로 보았다.

28 音戛爲棘:『說文』에서 "알(戛)은 창이다. 形符는 戈와 百이며, 극(棘)처럼 읽는다."라고 하였다. 戛은『광운』에서 古黠切로 黠韻이며, 棘은 紀力切로 職韻이니,戛과 棘은 같은 운이 아니다. 그런데『說文』에서 "戟은 나무무기이다. 形符는 戈이며 榦의 省聲이고, 棘처럼 읽는다."라고 하였다. 戟과 戛은 음이 유사하고(고대에는 모두 見母로 읽음), 뜻이 통하므로 通假字라 할 수 있다. 讀皿爲猛: 周祖謨의『注補』에 의하면 "『切韻』에 명(皿)은 武永反이고, 맹(猛)은 莫杏反이니 모두 梗韻이다. 그러나 猛은 二等字이고 皿은 三等字로 음의 洪細가 다르다. 그러므로 顔氏는 皿의 음이 猛인 것을 틀린 것으로 보았다.

29『字林』音看爲口甘反·音伸爲辛:『字林』은 晋나라 呂忱의 저작으로 部首는『說文』과 동일하며, 수록자는 12,824字이다. 宋元代에 없어져 전하지 않는다. 周祖謨는 "간(看)은『切韻』에서는 苦寒反으로 寒韻이고『字林』에서는 口甘反으로 談韻에 들어가니『切韻』의 음과 차이가 매우 심하다."라고 하였다. 音伸爲辛: 周祖謨는 "신(伸)은『切韻』에서 書鄰反이고, 신(辛)은 息鄰反으로, 伸은 審母三等이고 辛은 心母로 審과 心은 똑같이 摩擦音이므로 방언에서 心母와 審母는 종종 섞인다. '『字林』音伸爲辛'은 審母를 心母로 읽는 것이다.

30『韻集』以成仍宏登合成兩韻:『廣韻』에서 成은 14.淸韻에, 仍은 16.蒸韻에 있어 따로 두 韻이 된다. 宏은 13.耕韻에, 登은 17.登韻에 있어 역시 따로 두 韻이 된다. 呂靜은『韻集』에서 成과 仍을 한 韻으로, 宏과 登을 한 韻으로 하였으므로, '合成兩韻'이라고 한 것이다. 爲奇益石分作四章: 지금『廣韻』에 爲와 奇는 똑같이 5.支韻에, 益과 石은 똑같이 22.昔韻에 있으므로,『韻集』에서는 爲와 奇를 두 韻으로 나누고 益과 石을 두 韻으로 나누었으므로, '分作四章'이라고 한 것이다.

31 李登『聲類』以系音羿: 계(系)는『廣韻』에서 胡計切이고, 예(羿)는 五計切로 두 자 모두 霽韻이다. 그러나 系는 匣母에, 羿는 疑母에 속한다. '李登『聲類』以系音羿'는 喉牙音이 뒤섞인 것이다.

32 劉昌宗『周官音』讀乘若承:『經典釋文敍錄』에 劉昌宗의『周官音』한 권이 있다. 乘은『廣韻』에서 食陵切로 音이 繩과 같다. 承은 署陵切로 音이 丞과 같다. 乘은 床母三等이고, 承은 禪母이므로 聲母가 다르다.

33 徐仙民『毛詩音』反驟爲在遘:『隋書·經籍志』에서 "『毛詩音』2卷,『春秋左傳音』3卷은 모두 徐邈이 지은 것이다."라고 하였다.『廣韻』에서 취(驟)는 鋤祐切·床母二等·宥韻이고, 在는 從母이다. 遘는 侯韻인데, 驟는 在遘反으로 읽으니, 성모와 운모가 모두『廣韻』과 다르다.

34『左傳音』切椽爲徒緣: 연(椽)은『廣韻』에서 直攣切이니, 仙韻·澄母이다. 徒는 定母에 속하고, 緣은 仙韻에 속한다. 澄은 舌上音이고 定은 舌頭音이니, 類隔切이 된다. 고대에는 舌頭音과 舌上音의 구분이 없었으므로, 실제로는 音和切이다.

35 "『通俗文』曰"四句:『廣韻』에서 수(搜)는 所鳩切·審母二等·尤韻이다. 兄은 曉母에 속하고, 侯는 侯韻에 속한다. 搜를 兄侯反으로 읽으면,『廣韻』과 부합하지 않는다.

36 亦古語之不可用者:『通俗文』의 音은 服虔이 주를 단 것으로, 顔之推가 古語에 대해 취하고 버림이 있었음을 알 수 있다.

37 "璵璠"四句:『切韻』에서 번(煩)은 附袁反·奉母이고, 번(藩)은 甫煩反·非母이다. 煩과 藩은 聲紐와

淸濁이 다르다.

38 “岐山當音爲奇”兩句: 『切韻』에서 기(奇)는 渠羈反, 祇는 巨支反으로 두 자는 똑같이 支韻·羣母字이나, 等의 순서에 차이가 있다. 奇는 三等에, 祇는 四等에 속한다.

39 江陵陷沒: 554년 宇文泰가 于謹 등을 파견시켜 江陵을 공격하였는데, 梁元帝를 사로잡고 梁王公 및 백성 수만 명을 長安에 포로로 잡아왔고, 顔之推도 역시 포로가 되었다.

40 北人之音多以擧·莒爲矩: 『廣韻』에 擧·莒는 居許切·語韻이고, 矩는 俱雨切·虞韻이므로, 당시 북쪽 사람들은 魚韻과 虞韻을 혼동했음을 알 수 있다.

41 “唯李季節云”數句: 李氏는 桓公이 莒를 정벌할 것을 모의한 일을 들어 莒와 矩의 呼가 다름을 증명하였는데, 이 말은 옳다. 대개 莒는 開口이고 矩는 合口이므로, 東郭牙가 桓公이 입을 벌리고 다물지 않는 것을 보고 말하는 것이 莒임을 알았다. 또한 莒를 開口로 읽는 것은 先秦시대의 음이므로, 汪榮寶는 이 예를 들어 고대에는 魚·虞·模韻을 麻韻으로 읽었음을 고증하였다.

42 “去取謂之好惡”數句: 周祖謨는 『注補』에서 “생각건대 四聲으로 글자의 뜻을 구별한 것은 漢末에 시작되었다. 好惡에 두 가지 음이 있다고 한 것은 葛洪·徐邈이 처음이 아니니, 반드시 근본이 있다. 葛洪은 『要用字苑』1卷이 있는데, 『新·舊唐志』에 보인다. 徐邈은 『毛詩左傳音』이 있는데, 『經典釋文敍錄』에 보인다.”라고 하였다. 鄭玄의 『周禮·儀禮·禮記注』, 高誘의 『淮南子注』, 服虔의 『漢書音訓』과 應劭의 『漢書集解音義』는 모두 두 가지 음과 각각의 뜻에 대한 주석이 있다. 漢代 이전에는 두 가지 음과 각각의 뜻이 없었으며, 顧炎武가 『音學五書·音論』에서 증명하였다.

43 “甫者, 男子之美稱”四句: 王國維는 『觀堂集林』卷3에서 “經典에서 남자라는 글자는 某父로 많이 쓰이는데, 彝器에는 모두 父로 되어 있으며, 甫라고 쓴 것은 없으니, 父가 本字임을 알 수 있다. …… 『顔氏家訓』에서는 북쪽 사람들이 某父의 父를 읽을 때, 父母의 父와 구분이 없음을 비웃었는데, 모두 틀린 것이다.”라고 하였다. 周祖謨는 『注補』에서 “甫·父 두 자는 다른 음이다. 『切韻』에 甫는 方主反, 父는 扶雨反이니, 모두 虞韻이다. 그러나 甫는 非母, 父는 奉母이다. 북쪽 사람들은 父가 甫의 假借인 것을 몰랐으므로 잠시 이 글자에 의탁해 읽었다. 그래서 顔氏가 비웃은 것이다.”라고 하였다.

44 “焉者鳥名”等句: 『說文』에서 “焉은 새이고 노란색이다. 江淮에서 나며, 象形字이다.”라고 하였다. 周祖謨는 『注補』에서 “생각건대 焉이 於愆反으로 副詞로 쓰일 때는 安惡이 一聲之轉이다. 焉이 矣愆反으로 助詞로 쓰일 때는 矣·也가 一聲之轉이다.”라고 하였다. “于焉逍遙”兩句: 『詩經·小雅·白駒』에 보인다. “焉用佞”兩句: 『論語·公冶長』에 보인다.

45 “故稱龍焉”兩句: 『易經·坤·文言』에 보인다.

46 “有民人焉”兩句: 『論語·先進』에 보인다.

47 托始焉爾: 『公羊傳』 隱公 2년에 보인다.

48 晋鄭焉依: 『左傳』 隱公 6년에 보인다.

49 邪者未定之詞: ‘邪는 의문어기사’라는 뜻이다.

50 而北人卽呼爲也: 邪는 고대에 많이 통용되었다. 『切韻』에 邪는 以遮反으로 麻韻이며, 也는 以者反으로 馬韻이다. 邪는 平聲이며, 也는 上聲이다.

51 自敗敗人之別: 생각건대 ‘自敗敗人’의 음이 다른 것은 실제로 漢魏 이후의 經師로부터 시작한다. 漢魏 이전에는 당연히 이와 같은 구분이 없었다. 『左傳·隱公6年』에, “송의 군사를 黃에서 패배시켰다”라고 하였는데 『釋文』에서는 “敗는 必邁反으로 남을 패배시키는 것이며, 이후에 나올 예들도 이와 같다.”라고 하였다. 이는 陸氏가 自敗와 敗人을 구분한 예이다. 이후의 운서에서는 두 음을 모두 겸하고 있다. 『唐韻』에서는 ‘夬韻으로, 스스로 파하는 것을 敗라 한다. 薄邁切이다; 남을 패배시키는 것을 敗라 하며, 北邁反이다.’라고 하여 『釋文』을 계승하였다. 北邁와 必邁는 모두 幫母에 속하며, 蒲邁와 薄邁는 모두 并母에 속하나 淸濁이 다르다.

52 膏粱難整: 『國語·晋語七』에 “悼公이 말하기를 무릇 기름진 훌륭한 음식을 먹고 자란 사람은 바로잡기가 어렵다.”라고 하였다. 膏粱은 귀족집안을 가리킨다.

53 “自陳癡鈍”句: 周祖謨가 말하기를 梁侯는 ‘癡鈍’ 이 두 글자를 ‘颸段’로 말하였는데 앞 글자는 聲母가 틀렸고, 뒷 글자는 韻母가 틀렸다. 癡는 『切韻』에 丑之反이고, 颸는 楚治反으로 두 자가 모두 之韻이다. 그러나 癡는 徹母이고, 颸는 穿母二等이므로 혀와 이(齒) 부분이 매우 다르다. 鈍은 王仁煦의 『切韻』에는 徒困反으로 慁韻이며, 段은 徒玩反으로 翰韻이니, 모두 定母에 속하나 韻類가 다르다.

54 颸: 『說文』에서 ‘시원한 바람이다’라고 하였다.

55 段干木: 戰國 初年, 위나라 사람 子夏의 제자이다.

56 謂郢州爲永州: 周祖謨는 "'郢州'를 '永州'라고 한 것은 성모와 운모가 모두 틀린 것이다. 郢은 『切韻』에 以整反으로 靜韻이며, 永은 榮眪反으로 梗韻이다. 梗韻과 靜韻에는 洪細가 있고, 以와 榮은 성모에 等의 차이가 있으니, 어찌 혼합할 수 있겠는가!"라고 하였다.

57 "庚辰吳入"句: 郢의 歇後語이다. 『春秋 · 定公4年』에 "庚辰年에 吳가 郢에 침입했다"라고 하였다. 司隷: 永의 歇後語로, 後漢의 鮑永은 司隷校尉를 지냈다. 簡文帝가 답하며 말하였는데, 춘추시대 吳가 楚의 도읍에 들어간 것을 예로 들어 郢의 歇後語로 삼았고, 後漢 강직하고 굽히지 않았던 司隷를 예로 들어 永의 歇後語로 하였다. 齊梁시대에는 통하는 성운이 많았으므로, 작은 것까지 시비를 가려 이렇게 말한 것이다.

58 河北切攻字爲古琮: 攻은 『廣韻』에서 古紅切 · 東韻이며, 琮은 冬韻이다. 河北지방에서는 東과 冬을 나누지 않는다.

59 "比世有人名暹"數句: 섬(暹)과 섬(纖)은 모두 『切韻』에서 息廉反 · 鹽韻이다. 周祖謨는 纖이 혹시 殲 · 瀸 등의 誤字가 아닐까 의심하였다. 殲 · 瀸은 『切韻』에서 子廉反이고 또한 鹽韻이나, 성모가 다르다. 暹은 心母, 殲은 精母이다. 곤(琨)과 곤(袞)은 『切韻』에서 琨은 古渾反 · 魂韻, 袞은 古本反 · 混韻이다. 하나는 平聲이고, 하나는 上聲이다. 琨을 袞으로 읽는 것은 四聲에 잘못이 있기 때문이다. 名洸, 自稱爲汪: 광(洸)은 『切韻 』에서 古皇反, 왕(汪)은 烏光反로 두 자 모두 唐韻이나, 洸은 見母이고, 汪은 影母이다. 洸을 汪으로 읽은 것은 喉牙音이 혼란되었기 때문이다. 葯(原注:音藥)獡(音藥): 『切韻』에 葯은 以灼反이고, 獡은 書灼反으로 葯은 喩母이고, 獡은 審母이다.

제3절 宋代의 韻書

1. 『廣韻』

『廣韻』의 본래 명칭은 『大宋重修廣韻』으로 중국 언어학사에서 漢語 音韻을 연구하는 중요한 韻書 가운데 하나이다. 모두 5권으로 되어 있는 이 책은 宋代 陳彭年 등이 칙명을 받아 前代 韻書에 의거해서 다시 수정한 것이다.

王應麟은 『玉海』 卷45에서 말하기를 "景德 四年(1007) 11月 戊寅에 崇文院에서 『九經』에 나오는 예에 의거하여 『切韻』 5권을 교정하였다. 祥符 원년(1008) 6월 5일에 『大宋重修廣韻』이란 이름으로 바꾸었다."[1]라고 하였다. 그러므로 이 韻書는 宋代 景德 4年에 교정할 때, 대부분 隋唐이래의 韻書의 部目을 계승하였기 때문에 그대로 『切韻』이라 하였고, 宋代 祥符 元年에 와서야 비로소 『大宋重修廣韻』이라 개칭하였다. 『廣韻』의 명칭도 唐人韻書의 명칭을 따른 것이다. 예컨대 孫愐의 『唐韻』은 『切韻』, 『廣切韻』이라고도 하였고, 혹은 간단하게 『廣韻』이라고도 하였는데 王國維는 『書蔣氏藏唐寫本唐韻後』에서 말하기를 "孫愐의 『唐韻』은 원래 陸法言의 『切韻』을 확충한 책이므로 『廣切韻』이라고도 하였고, 한 글자를 생략해서 『切韻』 혹은 『廣韻』이라 약칭하기도 하였는데, 그의 自序에 의거해 확실하게 『唐韻』이라 불리게 되었다."[2]라고 하였다. 宋人 韻書는 陸法言과 孫愐 등을 계승하여 지어졌으므로 그들의 이름을 이어서 사용하였다. 『廣韻』이란 명칭은 陸法言의 『切韻』에 의거하여 더 확충하였다는 의미이다.

『廣韻』은 중국의 官에서 편수된 최초의 韻書이다. 중국에서 현존하는 완전한 韻書중에 『廣韻』이 가장 오래 되었다. 『廣韻』은 중국언어학사에서 매우 중요하니, 古音 연구나 今音연구를 막론하고 그 출발점이 되는 것은 언제나 『廣韻』이기 때문이다.

『廣韻』은 繁本과 簡本 두 종류가 있는데 簡本은 繁本을 줄인 것으로 주로 注解를 삭제했다. 陳澧는 『切韻考』에서 말하기를 "지금까지 전해 오는 두 종류의 『廣韻』 중 하나는 注가 많고 다른 하나는 注가 적다. 注가 많은 판본은 張士俊의 刻本이고

---

1 "景德四年十一月戊寅, 崇文院校定『切韻』五卷, 依『九經』例頒行. 祥符元年六月五日改爲『大宋重修廣韻』."

2 "蓋孫氏書(按指孫愐『唐韻』)本因法言『切韻』而廣之, 故亦名『廣切韻』, 略之則或稱『切韻』, 或稱『廣韻』, 而據其自序, 則確名『唐韻』." 『觀堂集林』 卷8 참조.

注가 적은 판본은 明나라의 刻本인 顧亭林 刻本이다. 또 曹楝亭刻本이 있는데 앞의 4권은 張士俊과 같고 제5권은 注가 적어 明本인 顧亭林과도 같지 않다."[3]라고 하였다. 陳澧가 말하는 注를 상세하게 달아 놓은 판본은 張士俊의 澤存堂本이고 注가 간략한 판본은 明內府本과 顧亭林重刻本이다. 소위 繁本, 簡本이란 韻字가 많고 적음과 注解가 상세한 것과 간략한 것으로 분류되는, 책의 성질에 있어서의 분류이다. 『廣韻』의 각종 판본 源流에 관해서는 顧千里의 『思適齋集』가운데 宋판본과 元판본의 『廣韻』뒤에 각 한 편이 있는데 고증이 비교적 상세하니 『書元槧後』에서 한 단락을 뽑아 적어 보면 다음과 같다.

"지금 전하는 『廣韻』에는 3종류가 있다. 澤存堂詳本, 明內府略本, 그리고 局刻平上去詳而入略本이다. 이 세 판본은 매우 다르고 각각 原本이 따로 있다. 전해지는 바에 따르면 어떤 누각에서 소장한 宋 판본이 澤存堂刻의 원조이고, 曹楝亭이 소장한 宋 판본과 제5권에 배합된 元 판본이 局刻의 元祖인데 이 元 판본은 明內府本 및 顧亭林[4] 重刻本의 元祖이다. 局刻이 일찍이 元祖本을 빌려 교정했다는 사실로 미루어 원래 모습과 많이 달라졌음을 알 수 있다. 澤存堂에서 책을 만들 때마다 함부로 고쳤다는 사실로 보더라도 원래의 모습을 보존하기란 더욱 어려운 일일 것이다. 亭林重刻은 元本에 의거했으므로 감히 글자를 고치거나 증가할 수 없다고 하였으니 잘못된 부분은 明內府板과 같다. 그가 元本이라고 지칭하는 것은 元代에 나온 판본이나, 亭林은 元代 판본을 보지 못했다. 朱竹垞[5]은 출처를 조사하지 않고 明本에서 注를 산거하여 비로소 略本이 이루어졌다고 잘못 말하였다. 그러나 일찍이 元代에 있었던 祖本을 보지 못했으므로 그렇지 않다고 결정지을 수는 없다. 또한 局刻本에 入聲이 들어가 있는 것은 원본과 매우 다르니 宋代에서 略本이 따로 流傳했을지도 모른다."[6]라고 하였다.

---

3 "今世所傳『廣韻』二種其一注多, 其一注少. 注多者有張士俊刻本, 注少者有明刻本, 顧亭林刻本. 又有曹楝亭刻本, 前四卷與張本同, 第五卷注少, 而又與明本顧本不同." 『切韻考』 卷1 참조.

4 濮之珍 원문에 '家亭林'으로 되어 있으나 '顧亭林'으로 고친다. 明末 淸初의 학자인 顧炎武(1613~1682)를 학자들이 '亭林先生'으로 불렀다.(譯註)

5 淸代 문학가인 朱彝尊(1629~1709)의 號가 竹垞이다.(譯註)

6 "今世之『廣韻』凡三: 一澤存堂詳本, 一明內府略本, 一局刻平上去詳而入略本. 三者迥異, 各有所祖: 傳是樓所藏宋槧者, 澤存堂刻之祖也; 曹楝亭所藏宋槧, 第五卷配元槧者, 局刻之祖也; 此元槧者, 明內府本及顧亭林重刻之祖也. 局刻曾借得祖本校一過, 知其多失眞. 澤存堂刻各書, 每每改竄, 當更不免失眞. 亭林重刻, 自言悉依元本, 不敢改添一字, 而所譌皆與明內府板同; 是其稱元本者, 元來之本, 而亭林仍未得見元槧也. 至朱竹垞誤謂明之中涓刪注, 始成略本, 不審何出; 但非得見祖本早在元代, 固未由定其不然矣. 又局刻所配入聲, 與此本迥異; 疑宋代別有略本流傳如此也."

1)『廣韻』의 내용과 체제

『廣韻』은 모두 5卷으로 2만6천여 자(26,194)를 수록하고 있다. 平聲字가 많아 上, 下 두 권으로 나뉘는데 上平은 28韻, 下平은 29韻이다. 上聲, 去聲, 入聲은 각각 1권씩인데 上聲 55韻, 去聲 60韻, 入聲 34韻으로 모두 206韻이다.

平上去入은 중국어 聲調의 특징으로, 예를 들면 東董送屋, 鍾腫用燭, 江講絳覺 같은 것이다.『廣韻』에서 平聲은 57韻인데 上聲이 55韻인 것은 冬韻에는 '湩鶶朧' 3글자만 있어 鍾의 上聲에인 腫韻에 덧붙이고, 臻韻에는 '鱶親齔' 3글자만 있어 殷의 上聲인 隱韻에 덧붙였기 때문이다. 그래서 2개 韻이 적어졌지만 사실은 여전히 57韻이다. 去聲이 60개 韻이 되는 이유는 祭泰夬廢 4韻이 추가되고 臻韻 去聲에 글자가 없기 때문이다. 이와 같이 平聲 57韻에 去聲 祭泰夬廢 4韻을 더하면 61韻이 된다. 이 61韻 중에서 陰聲은 26韻이고 陽聲은 35韻이다.『廣韻』에 있는 入聲은 오로지 陽聲만을 덧붙였으며, 또 痕韻의 入聲에는 '麧, 紇, 齕, 紇, 淈'의 5글자만 있으므로, 魂韻의 入聲 沒韻에 덧붙였기 때문에 入聲에는 34개의 韻만 있는 것이다.

『廣韻』은 聲調인 平上去入에 따라 권을 나누었는데 平聲字가 많기 때문에 上平聲 下平聲의 2권으로 나누어 모두 5권이다. 예를 들면 上平聲의 제1권은 다음과 같이 되어 있다.

德紅東第一獨用	都宗冬第二鍾同用
職容鍾第三	古雙江第四獨用
章移支第五脂之同用	旨夷脂第六
止而之第七	無非微第八獨用
語居魚第九獨用	遇俱虞第十模同用
莫胡模第十一	徂奚齊第十二獨用
古膎佳第十三皆同用	古諧皆第十四
乎恢灰第十五咍同用	呼來咍第十六
職鄰眞第十七諄臻同用	之純諄第十八
側詵臻第十九	武分文第二十欣同用
許中欣第二十一	語袁元第二十二魂痕同用
戶昆魂第二十三	戶恩痕第二十四
胡安寒第二十五桓同用	乎官桓第二十六
所姦刪第二十七山同用	所間山第二十八

이런 후에 韻部에 수록된 글자에 따라 同音字를 함께 놓고 같은 韻이지만 聲母가

다른 글자는 '○'을 써서 구분하였다. 매 글자 아래에는 주석과 反切을 달았으며, 同音字의 통계숫자도 표기하였다. 예를 들면 東韻의 '東'字 아래에는 "봄의 방향이며, 『說文』에서는 動이라고 하였다. 日이 木 가운데에 있는 모양이다. ……德紅切이며, 17개이다."[7]라고 注하였다. 東字의 注釋으로부터 알 수 있는 것은 『廣韻』이 비록 韻書이지만 주석에서는 字義를 해석하고 字形을 분석하였으며, 字音의 反切을 분명히 달고 同音字도 함께 나열하였다는 사실이다. 따라서 『廣韻』은 내용면에서 볼 때 중국 언어학사에서 중요한 音韻 전문서인 동시에 또한 文字와 訓詁방면에 있어서도 귀중한 저서라고 할 수 있다. 朱彝尊은 重刊『廣韻』序에서 말하기를 "다행히도 『廣韻』이 거의 남아 있으니 이는 하늘이 그 문자를 잃지 않은 것이다."[8]라고 하였다. 潘耒 역시 말하기를 "이 책을 지은 것은 韻만을 위한 것이 아니니 『說文』·『字林』·『玉篇』에 있는 글자들을 모두 싣고 있고, 또 미비된 것을 첨가하여 그 字體를 바르게 하여 학자들이 보도록 하였으며, 聲音·文字를 포함하여 빠진 것이 없다. 그러므로 『說文』·『字林』·『玉篇』들은 音學을 갖출 수 없었지만, 『廣韻』은 六書를 갖출 수 있었기에, 그 쓰임이 넓다."[9]라고 하였다. 이로부터 淸代 學者들이 『廣韻』의 내용과 가치를 중시하였음을 알 수 있다.

『廣韻』은 모두 206韻으로 그 중에 193韻은 陸法言의 『切韻』에서 온 것이고, 2韻은 『王韻』 혹은 開元本『唐韻』에서 온 것이며, 11韻은 天寶本『唐韻』에서 따온 것이다. 韻目의 배열순서와 四聲의 계승은 李舟의 『切韻』에서 따온 것이다. 張世祿은 『廣韻硏究』에서 말하기를 "『廣韻』은 孫愐의 『唐韻』과 李舟의 『切韻』에 근거하여 여러 학자들의 것을 모아서 만든 것이다. 孫愐과 李舟 등 여러 학자들의 韻書는 모두 陸法言의 『切韻』을 근본으로 하고 있는데 그 중에는 韻目의 수도 다르고 순서도 매우 다른 것이 있으나 陸法言의 古今南北의 宗旨를 내포하고 있는 것은 모두 마찬가지이다. 지금의 『廣韻』 206韻은 비록 『切韻』의 옛 韻目을 모두 실은 것은 아니지만 部를 나눈 기준에 있어서는 여전히 陸法言에 근거를 두고 있다."[10]라고 하였다. 王國維는 『李舟切韻考』에서 말하기를 "唐人의 韻書와 宋 이후의 韻書를

7 "春方也, 『說文』曰動也. 從日在木中.……德紅切, 十七."

8 "幸而『廣韻』僅存, 則天之未喪斯文也."

9 "此書之作, 不專爲韻也, 取『說文』·『字林』·『玉篇』所有之字而畢載之, 且增益其未備, 釐正其字體, 欲使學者一覽而聲音文字包擧無遺. 故『說文』·『字林』·『玉篇』之書, 不可以該音學; 而『廣韻』一書可以該六書之學, 其用宏矣."

10 "『廣韻』一書, 依據於孫愐『唐韻』·李舟『切韻』, 更纂集諸家以成者. 孫·李諸書旣一以陸法言之『切韻』爲祖; 其間部目有增損, 序次有更易, 而於陸氏兼包古今南北之宗旨, 未嘗少變. 今『廣韻』二百六部, 雖非盡『切韻』舊目; 至其分部標準, 固一本於陸氏也."

모아 비교해 보면 李舟는 韻學에 있어서 두 가지 큰 공이 있다. 첫째, 각 部는 모두 聲類를 따르도록 한 것이고, 둘째, 四聲의 순서가 섞이지 않도록 한 것이다."[11]라고 하였다. 이로부터 『廣韻』 分韻의 내원은 隋唐 韻書와 繼承관계가 있음을 알 수 있다. 『切韻』·『唐韻』 등의 殘卷이 발견되기 이전에 학자들 사이에서는 일반적으로 3종류의 韻書를 같은 것으로 보았으며, 그들이 말한 '切韻'·'唐韻'은 실제로는 모두 『廣韻』이었다. 예를 들어 顧炎武가 지은 『唐韻正』과 陳澧가 지은 『切韻考』는 실제로는 『廣韻』을 연구한 것이다. 왜냐하면 『廣韻』은 비록 宋代에 官에서 지은 것이지만 실제로는 隋唐 韻書를 모아 이룬 저작이기 때문이다. 宋本『廣韻』은 첫머리에서 '陸法言이 짓고, 長孫訥言이 箋注를 달았으며, 劉臻, 顔之推, 魏彦淵[12], 盧思道, 李若, 蕭該, 辛德源, 薛道衡 등 8인이 함께 저술하였고, 郭知玄, 關亮, 薛峋, 王仁煦, 祝尙丘, 孫愐, 嚴寶文, 裴務齊, 陳道固 등이 글자를 첨가하였다'는 사실을 분명히 밝히고 있다. 또한 陸法言의 『切韻·序』와 孫愐의 『唐韻·序』도 싣고 있다. 따라서 『廣韻』은 陸法言의 『切韻』과 孫愐의 『唐韻』을 저본으로 하고 있으며, 또한 李舟 『切韻』의 韻部순서에 따라 206韻의 部目을 정하였다. 또한 宋本 『廣韻』 첫머리에 "여러 학자들의 增字 및 해석과 훈고를 모두 모아 책 속에 거의 갖추어 기재하였다"[13]라고 하였으니, 『廣韻』은 바로 이와 같이 해서 이루어진 것이다. 지금 남아 있는 『廣韻』 각 本은 韻部의 순서와 同用·獨用이 매우 다르다. 顧炎武와 戴震 등 학자들의 여러 차례의 校訂을 거쳐 비로소 『廣韻』의 옛 韻目이 정리되었다. 戴震의 『聲韻考』 2권에 "『廣韻』獨用·同用四聲表"가 있다.

『廣韻』分韻의 條例: 錢玄同은 『文字學音篇』에서 分韻의 條例에는 네 가지가 있다고 여겼으니, 즉 ① 平上去入의 구분 ② 陰聲·陽聲의 구분 ③ 開·齊·合·撮의 구분 ④ 古今沿革의 구분이다. 또한 말하기를 "첫째·둘째·셋째·넷째 항목은 거의 나눌 것은 다 나누었다(오직 東·戈 두 韻만이 本韻과 變韻을 겸하고 있다. 넷째 항의 예에 따르면 마땅히 東·戈는 두 韻으로 나누어야 하나 합해져 있다). 셋째 항의 분류에서는 비록 나눈 것이 있기는 하지만(예를 들어 寒·開 항은 마땅히 두 韻으로 나누어야 하며, 痕·開·魂은 마땅히 두 韻으로 나누어야 한다) 나누지 않은 것이 여전히 많다(대개 開·合 二等이 한 韻에 존재하며 齊·撮 二等이 한 韻에

---

11 "取唐人韻書與宋以後韻書比較觀之, 則李舟于韻學上有大功二: 一, 使各部皆以聲類相從; 二, 四聲之次相配不紊, 是也."

12 濮之珍 원문에 魏淵으로 되어 있는데, 魏彦淵의 잘못이다.(譯註)

13 "諸家增字及義理釋訓悉纂略備載卷中." 宋本 『廣韻』 참조.

함께 존재하니, 바꿔 말하면 洪音과 洪音이 同韻이고 細音과 細音이 同韻이다. 그러나 洪音과 細音이 同韻인 것 또한 있으니 麻韻과 庚韻은 모두 한 韻에 開·齊·合·撮 四呼를 겸비함이 그것이다).”[14]라고 하였으니, 『廣韻』의 分韻에는 비록 네 가지 항목이 있으나, 그 중에는 아직도 分韻이 미진한 곳이 있음을 알 수 있다.

'古今沿革의 구분'에 있어서 『廣韻』은 『切韻』을 계승하였다. 陸法言은 『切韻·序』에서 말하기를 “古今의 통하고 막힌 것, 南北의 옳고 그른 것”[15]이라고 하였으며, 또한 “엄밀하게 분석하여 세세한 부분까지 분별하였다.”[16]라고 하였으니, 이는 바로 『切韻』 分韻의 條例인 것이다. 『廣韻』은 『切韻』을 계승한 것으로 『切韻』의 취지를 따랐으므로 錢玄同이 말한 '古今沿革의 구분'은 실제로는 '南北方音의 구분'을 포괄하고 있는 것이다. 그러므로 '古今沿革의 구분'은 또 네 가지로 나눌 수 있다.

(1) 옛것은 같고 지금 것이 변하였으면, 지금 것에 따라 나눈다.
(2) 지금 것이 같고 옛것이 다르면, 옛것에 따라 나눈다.
(3) 남쪽이 같고 북쪽이 다르면, 북쪽에 따라 나눈다.
(4) 북쪽이 같고 남쪽이 다르면, 남쪽에 따라 나눈다.

이상은 『廣韻』 分韻의 條例이다. 결론적으로 말하자면 四聲·陰陽·開合·等呼는 『廣韻』에서 部를 나눌 때 근거한 音의 이치이다. 그리고 古今沿革과 南北變異라는 것은 『廣韻』에서 部를 나눌 때 근거한 사실이다.

『廣韻』의 反切注音과 切語系聯의 條例: 운서의 체제는 四聲을 綱으로 하고 韻目을 緯로 한다; 『廣韻』의 2만 수천 여자를 206部로 귀납하였다; 同韻의 글자는 하나의 部로 합하였다; 같은 部의 같은 音의 글자는 반드시 하나로 反切하였다. 陳澧는 『切韻考』에서 다음과 같이 말하였다.

> 『廣韻』의 同音字는 비록 수십 자가 있지만 모두 한 항목으로 합하였다; 첫 번째 글자에만 切語 및 同音字의 숫자를 注하였는데, 역시 반드시 陸法言의 舊例를 따랐다. 이는 비슷한 類를 모아서 나누어 서로 섞이지 않도록 한 것일 뿐만 아니라, 사람들이 쉽게 글자를 알도록 한 것이다.(『隋書·經籍志』에는 「異字同音」 한 권이 있는데 역시 그 뜻이다.) 예를 들면 東

14 “第一·二·三·四項機已應分盡分矣.(惟東戈二韻, 兼有本韻及變韻. 依第四項之例, 應將東戈合分二韻, 方合) 至第三項之分, 分者雖間有之(如寒開桓合二韻, 痕開魂合而分二韻)而未分者尚多.(大抵以開合二等併在一韻, 齊撮二等併在一韻, 換言之, 則洪音與洪音同韻, 細音與細音同韻也. 然洪細同韻, 亦間有之, 如麻韻·庚韻, 皆一韻兼有開齊合撮四呼是也).”

15 “古今通塞, 南北是非.”

16 “剖析豪氂, 分別黍累.”

> ·鶇·倲·倲[17]·鯟·涷 등은 자주 보이는 글자는 아니지만 東字와 同音이므로 모두 東字의 아래에 두었으니 책을 보면 그 音을 알 수 있다. 그러므로 같은 切語를 지닌 글자들은 반드시 자주 보이는 글자를 앞에 두었다.[18]

反切의 방법은 反切上字가 被切字와 雙聲이 되는 것을 취하고, 反切下字는 被切字와 疊韻이 되는 것을 취하는 것이다. 『廣韻』 끝권에 실려 있는 「雙聲疊韻法」에서 바로 反切의 이치를 말해 주고 있다. 모든 被切字는 반드시 反切上字와 聲母가 같은 類여야 하며 反切下字와 韻母가 같은 類여야 한다. 『廣韻』중의 모든 同音字는 두 개의 反切로 나누지 않았다. 만약 두 개의 反切語가 있다면 반드시 韻類가 다르거나 혹은 聲類가 다를 것이다. 陳澧는 다음과 같이 말하였다.

> 『廣韻』에서 동음의 글자들은 두 개의 反切로 나누지 않았으니 이는 반드시 陸法言의 옛 조례일 것이다. 두 개의 切語중 下字가 같은 종류이면 上字는 반드시 다른 종류여야 한다. 예를 들면 紅은 戶公切, 烘은 呼東切에서 公·東은 韻母가 같은 종류이니 즉 戶·呼의 聲母는 같은 종류가 아니다. 지금 切語上字가 같은 종류가 아니어야 한다는 것은 이것에 근거해서 정한 것이다. 上字가 같은 종류이면 下字는 반드시 다른 종류여야 한다. 예를 들면 公은 古紅切, 弓은 居戎切에서 古·居는 聲母가 같은 종류이니 즉 紅·戎은 韻母의 종류가 다르다. 지금 모든 韻을 二類·三類·四類로 분석하는 것은 이것에 근거하여 정한 것이다.[19]

陳澧의 『切韻考』는 바로 反切上字에 근거하여 聲母종류의 같고 다름을 정하고 또한 反切下字에 근거하여 각 韻을 한 가지 종류나 혹은 여러 종류로 분석한 것이다. 『廣韻』에 나오는 모든 聲母와 韻母의 구별은 이러한 연구방법에 의거하여 系聯할 수 있다. 陳澧는 『切韻考』에서 한걸음 더 나아가 다음과 같이 말하였다.

> 反切上字가 이미 系聯되어 같은 종류가 되었으나 사실상 같은 종류라 하더라도 系聯할 수 없는 것이 있으니 이는 反切上字가 둘씩 둘씩 호용되기 때문이다. 예를 들어 多·得·都·當 네 글자는 聲母가 본래 같은 종류이다. 多는 得何切, 得은 多則切, 都는 當孤切, 當은 都郞切인데 多와 得, 都와 當은 둘씩 둘씩 호용되니 이 네 글자는 系聯할 수 없다. 지금

---

17 濮之珍 원문에 '菄'으로 되어 있으나 '倲'의 잘못이다.(譯註)

18 "『廣韻』同音之字, 雖多至數十字, 皆合爲一條; 惟於第一字注切語及同音字數, 亦必陸氏舊例. 此不但類聚羣分, 不相雜廁, 且使人易于識字.(『隋書·經籍志』有「異字同音」一卷, 亦美意也) 如菄·鶇·倲·倲·鯟·涷 諸字, 皆不常見, 以其與東字同音, 皆置之東字之下, 則一展卷而盡識其音. 故凡同一切語之字, 必以常見之字爲首也."

19 "『廣韻』同音之字, 不分兩切語, 此必陸氏舊例也. 其兩切語, 下字同類者, 則上字必不同類: 如紅·戶公切, 烘·呼東切, 公·東韻同類, 則戶呼聲不同類. 今分切語上字不同類者, 據此定之也. 上字同類者, 下字必不同類: 如公·古紅切, 弓·居戎切, 古·居聲同類, 則紅·戎韻不同類. 今分析每韻二類·三類·四類者, 據此定之也."

> 『廣韻』에서 一字兩音인 것을 고찰해 보면 서로 같은 切語로 注한 것은 동일한 음의 두 개의 切語 중 反切上字 두 개의 聲母가 반드시 같은 종류이다. 예를 들어 一東의 涷은 德紅切이고 또 都貢切이라고 하였다. 一送의 涷은 多貢切이다. 都貢, 多貢은 음이 같으니 都와 多 두 글자는 사실 같은 종류이다. 지금 反切上字가 系聯이 되지 않는 것을 사실은 같은 종류라고 하는 것은 이것에 의거하여 정한 것이다. 反切下字가 이미 系聯되어 같은 종류가 되었으나 또한 사실상 같은 종류라 하더라도 系聯할 수 없는 것이 있으니 이는 反切下字가 둘씩 둘씩 호용되기 때문이다. 예를 들면 朱·俱·無·夫 네 글자는 韻母가 본래 같은 종류이다. 朱는 章俱切, 俱는 擧朱切, 無는 武夫切, 夫는 甫無切이다. 朱와 俱, 無와 夫는 둘씩 둘씩 호용되니 이 네 글자는 系聯할 수 없다. 지금 平上去入 네 韻이 서로 상응하는 것을 고찰해 보면 매 韻의 분류 역시 자주 서로 배합된다. 反切下字가 이미 系聯되지 않는다고 하더라도 서로 배합하는 韻은 또 나누어지니 이것에 의거하여 韻의 분류를 정하였다. 그렇지 않으면 비록 系聯되지 않는다 하더라도 사실상은 같은 종류인 것이다.[20]

陳澧가 『廣韻』의 反切語 用字를 系聯한 조례에 대해 黃侃은 『聲韻略說』에서 "옛날에는 古韻, 今韻, 等韻에 관한 학문에 각기 전문가가 있어도 일관된 조례가 없어 고심하였는데 番禺 陳氏가 나온 이후로 『廣韻』의 이치가 분명해 졌다. 『廣韻』을 이해하게 되니 今古音을 모두 이해하게 되었고 그 다음으로 等韻의 난해함이 비로소 풀렸다."[21]라고 칭찬하였다. 이러한 사실로서 陳澧의 系聯연구법의 공헌을 짐작할 수 있다.

2) 『廣韻』의 同用과 獨用

韻書의 편찬은 음을 알기 위한 것이었고 또한 당시 사람들이 詩賦를 짓는 데 쓰기 위한 것이기도 했다. 陸法言은 『切韻·序』에서 말하기를 "詩文의 用韻만을 생각한다면 淸濁이 통할 수도 있겠지만 음을 분별하고자 한다면 輕重은 반드시 구별되어야 한다."[22]라고 하였다. 또 "무릇 詩文에 능통하려면 聲韻에 밝아야 한다."[23]

---

20 "切語上字旣系聯爲同類矣, 然有實同類而不能系聯者, 以其切語上字, 兩兩互用故也. 如多得都當四字聲本同類, 多·得何切, 得·多則切, 都·當孤切, 當·都郎切, 多與得, 都與當兩兩互用, 遂不能四字系聯矣. 今考『廣韻』一字兩音者, 互注切語, 其同一音之兩切語, 上二字聲必同類. 如一東涷德紅切, 又都貢切. 一送涷多貢切. 都貢·多貢同一音, 則都多二字實同一類也. 今於切語上字不系聯而實同類者, 據此以定之. 切語下字旣系聯爲同類矣, 然亦有實同類而不能系聯者, 以其切語下字兩兩互用故也. 如朱·俱·無·夫四字韻本同類, 朱·章俱切, 俱·擧朱切, 無·武夫切, 夫·甫無切. 朱與俱, 無與夫, 兩兩互用, 遂不能四字系聯矣. 今考平上去入四韻相承者, 其每韻分類亦多相承. 切語下字旣不系聯, 而相承之韻又分類, 乃據以定其分類. 否則, 雖不系聯, 實同類耳."

21 "往者古韻·今韻·等韻之學, 各有專家, 而苦無條貫, 自番禺陳氏出, 而後『廣韻』之理明, 『廣韻』明, 今古之音盡明, 而後等韻之糾紛始解."

22 "欲廣文路, 自可淸濁皆通; 若賞知音, 卽須輕重有異."

23 "凡有文藻, 卽須明聲韻."

라고도 하였다. 孫愐은 『唐韻·序』에서 말하기를 "『切韻』이란 四聲을 기본으로 하고 雙聲과 疊韻을 축으로 하여 古人보다 문장이 아름답고 운조가 뛰어나도록 하고자 하는 것이다."[24]라고 하였으니 이로써 陸法言의 『切韻』과 孫愐의 『唐韻』의 원래 편찬 목적은 음을 알기 위한 것이기도 하면서 동시에 작문 응시를 위한 쓰임도 겸하고 있었음을 알 수 있다. 宋代 初에 이르러서도 여전히 唐代의 제도를 계승하여 詩賦로써 관리를 등용하였다. 陳彭年·邱雍 등이 칙명을 받고 『廣韻』을 교정하였는데 이것 역시 陸法言과 孫愐이 운서를 편찬한 의도를 계승하여, 음을 알기 위한 것과 작문을 위한 것이라는 두 가지 목적을 겸하고 있었다.

『玉海』 제45권에서 당시에 "擧人의 用韻이 많이 달라 殿中丞 丘雍을 불러 『切韻』을 다시 고치게 하였다."[25]라고 하였다. 『廣韻』 첫권에 실려 있는 祥符(1008) 조서에서도 역시 "짐이 선인의 뜻을 이어받아 순수하고 훌륭한 기풍을 선양하고, 학교를 세우고, 문을 숭상하며, 과거로써 관리를 등용하고, 표준을 살폈으니, 이를 실로 사용하기 바라노라."[26]라고 하였다. 그러므로 『廣韻』을 편찬한 목적은 音讀을 파악하는 동시에 또 한편으로, 당시 과거 고시의 用韻의 표준을 삼기 위한 것이었음을 알 수 있다. 음을 알고 운을 변별하는 것은 엄밀해야 했으니 陸法言이 말한 바와 같이 "음을 분별하고자 한다면 輕重은 반드시 구별되어야"[27] 하는 것이다. 그러나 실제로 詩賦를 지을 때는 또한 융통성이 있어야 하니 즉 陸法言이 말한 바와 같이 "詩文의 用韻만을 생각한다면 淸濁이 통할 수도 있는"[28] 것이다.

朱彛尊(1629~1709)은 「與魏善伯書」에서 말하기를 "古人의 分韻이 비록 엄격하다고 하나 통용됨이 매우 넓다. ……대저 嚴이라는 것은 韻의 본위에서 말한 것으로 조금도 잘못된 점이 없어야 한다. 通이라는 것은 즉 글을 지을 때 끌어다 붙여도 性情과 어그러지지 않는 것이다."[29]라고 하였다. 唐 封演은 『封氏聞見記』에서 "隋代 陸法言은 顔之推와 魏彦淵 등 여러 사람들과 남북의 음을 정하여 『切韻』을 지었는데 모두 12,158字로 이를 글을 짓는 표준으로 삼았다. 그러나 先·仙·刪·山같은 類는 별도로 나누어 놓았으니 글을 짓는 선비들이 모두 지나치게 까다로워 고심하였다. 唐初에 許敬宗 등이 상세히 논의한 후에 그 운을 좁혀 합하여 썼으니 法言이

24 "『切韻』者, 本乎四聲, 紐以雙聲·疊韻, 欲使文章麗則韻調精明於古人耳."
25 "以擧人用韻多異, 詔殿中丞丘雍重定『切韻』."
26 "朕聿遵先志, 導揚素風, 設教崇文, 懸科取士, 考覈程準, 玆實用焉."
27 "若賞知音, 卽須輕重有異."
28 "欲廣文路, 自可淸濁皆通."
29 "古人分韻雖嚴, 通用甚廣. ……蓋嚴, 則于韻之本位, 毫釐不爽; 通, 則臨文不至牽率, 而乖其性情."

말한 '詩文의 用韻만을 생각한다면 清濁이 통할 수도 있다'고 한 것이 이것이다."[30] 라고 하였다.

許敬宗(592～672) 등이 합한 것이 어떤 것인지 역사에는 기록되어 있지 않다. 후세 학자들 중 어떤 이는 『廣韻』의 同用·獨用이 바로 許敬宗 등이 논의한 바라고 여겼다. 그러나 현존하는 唐寫本 韻書(殘卷포함)에서는 同用·獨用의 흔적을 찾아볼 수 없다. 王應麟(1223～1296)은 『玉海』에서 『切韻』은 邱雍이 다시 고친 것이라고 하였다. 王應麟과 丘雍은 모두 宋代 사람으로 서로 200여 년의 차이가 있으나 王應麟의 말은 마땅히 믿을 만하니 丘雍 또한 『廣韻』을 수정한 책임을 맡은 사람들 중의 하나였을 것이다. 그러나 章太炎은 馬宗霍에게 보내는 편지에서 회의를 제기하였는데, 唐代 詩人의 用韻이 『廣韻』의 同用·獨用과 맞지 않는 부분이 많이 있는 것을 보고 晩唐 사람인 孫愐의 『唐韻』에서 注를 나누어 단 것이라고 여겼다.

同用·獨用의 예를 정립한 원칙은 무엇인가? 많은 학자들이 모두 封演의 견해에 근거하여 운을 좁힌 것에서 나왔다고 생각한다. 그러나 『廣韻』의 同用·獨用의 예를 고찰해 보면 결코 이와 같지는 않다. 예를 들어 다섯 번째 支韻에는 400여 개의 글자가 있어서 하나의 큰 韻으로 볼 수 있는데도 여섯 번째 脂韻, 일곱 번째 之韻과 同用이 된다. 그리고 여덟 번째 微韻에는 고작 100여 개의 글자가 있는 작은 韻인데도 獨用이다. 각 韻의 同用과 獨用을 자세히 보면 당시의 실제 語音과 관계가 있음을 알 수 있을 것이다. 언어는 사회적 현상으로 사회의 발전에 따라 발전하며, 언어 중의 語音도 역시 발전·변화하는 것이다. 『廣韻』은 『切韻』을 계승한 것으로 『切韻』의 韻部는 古今南北의 음을 모두 포괄하고 있고 分韻이 지나치게 세밀하다. 그러나 語音이 발전·변화하여 어떤 음은 고대에는 차이가 있었으나 宋代에 이르러서는 차이가 없어졌을 수도 있고, 또 어떤 음은 남방에서는 차이가 있으나 북방음에서는 차이가 없을 수도 있다. 그러므로 일부 韻書들의 分韻이 지나치게 세밀한데도 官韻으로 정하여 시험을 볼 때 詩의 用韻 標準으로 삼았는데, 이것은 실제 語音과 어느 정도 거리가 있는 官韻으로, 시험에 참가한 사람들에게는 매우 큰 고통이었다. 따라서 邱雍 등이 『廣韻』을 수정할 때 가능한 한 당시 실제 語音을 참고하여, 同用과 合用의 예를 설명하였다. 시대적인 한계 때문에 당시의 공동어, 표준음에 대한 개념이 지금처럼 명확할 수 없었으므로 章太炎은 唐 시인들의 用韻이 『廣韻』의 同用

30 "隋陸法言與顔·魏諸公定南北音, 撰爲『切韻』, 凡一萬二千一百五十八字, 以爲爲文楷式. 而先·仙·刪·山之類, 分爲別韻, 屬文之士, 共苦其苛細. 國初, 許敬宗等詳議, 以其韻窄, 奏合而用之, 法言所謂'欲廣文路, 自可清濁皆通'者也."

·獨用과 부합하지 않는다는 현상을 고찰하였다.

顧炎武와 같은 淸代 學者들은 唐代 사람들이 詩의 用韻 標準으로 삼았던 상황 및 四聲의 배합, 그리고 韻目 차례의 관계 등을 근거로 삼고, 각종의 版本을 참고하여 많은 고증 작업을 벌였다. 후에 戴震은 前人들의 기초 위에 진일보한 연구를 진행하여 「考定廣韻獨用同用四聲表」[31]를 완성하였다. 현재 일반 사람들이 『廣韻』의 韻目을 말할 때 대부분 戴震의 고증을 따른다. 『鉅宋廣韻』이 나옴으로써 戴震의 고증이 정밀하다는 것을 보여주었다.

3) 『廣韻』의 공헌

『切韻』의 편찬에 있어 비록 顔之推 등 여덟 사람들의 집단 토론을 거쳐 원칙을 정하였지만 구체 작업 및 최종 저술은 주로 陸法言 혼자서 진행하였다. 이후의 王仁煦, 孫愐 등의 오류 수정 및 보충 작업 역시 개인의 역량이었다. 그러나 『廣韻』은 그렇지 않다. 『廣韻』은 宋代 황제가 대신들에게 공동으로 編修할 것을 명령한 것으로, 이것은 국가에서 편찬한 첫 번째 韻書이며 法으로 정한 국가의 韻書이다.

『廣韻』은 조정에서 編修하였기 때문에 많은 사람들이 참여하였고 자료도 풍부하여 글자 수집과 풀이면에서 이전보다 훨씬 증가하였다. 모두 26,194字를 수록하였고 191,692字로 풀이하였다. 語音 연구면에서 볼 때 中古時期의 語音 및 語義를 보존하고 있어 많은 귀중한 자료를 제공해 준다. 국가 주도로 편찬하였기 때문에 글자 수가 많고 규모도 비교적 큰 韻書를 인쇄할 수 있었으며 대량으로 발행할 수 있었다. 『廣韻』이 발행된 이후로 이전의 운서는 점차로 통용되지 않게 되었다. 『廣韻』은 『切韻』계 운서를 집대성한 저작으로 중국 언어학사에 있어 최초의 완전한 운서인 것이다.

唐代의 운서는 이미 자전의 성질을 구비하기 시작하였는데 『廣韻』은 더욱 진일보하였으니 韻에 따라 배열한 자전으로, 현재의 同音字典과 비슷하다고 할 수 있다.

『廣韻』은 『切韻』계 운서의 대표적인 저작으로 『切韻』·『唐韻』을 계승한 책이다. 고대의 인쇄 조건의 한계로 『廣韻』이 나오자, 『切韻』·『唐韻』 등은 전하지 않게 되었다. 따라서 『切韻』·『唐韻』 등의 殘卷이 발견되기 이전에 학자들은 일반적으로 이 세 종류의 韻書를 하나로 보았으니, 그들이 말하는 『切韻』·『唐韻』은 실제로는 모두 『廣韻』인 것이다. 예를 들면 顧炎武의 『唐韻正』, 陳澧의 『切韻考』와 같은

31 戴震의 『聲韻考』 卷2 참조.

것이 바로 이러한 것들이다. 宋代 이후 중국에서는 전통적으로 '小學'중의 음운학은 『廣韻』을 연구의 중심으로 삼았다. 그 이유는 첫째, 『廣韻』은 古音學을 연구하는 데 기초가 되기 때문이다. 顧炎武는 "古音을 연구하려면 반드시 『唐韻』을 따라야 한다"[32]라고 했으며, 江永은 "古韻을 다룬 저서는 이미 없으니 현재의 音[33]을 빌어 나누고 합하여 古音을 구할 수밖에 없다."[34]라고 하였다. 둘째, 『廣韻』은 等韻學을 연구하는 데 반드시 참고해야 하는 운서이기 때문이다. 字母와 等韻의 학문은 운서상의 切語를 설명하는 데 사용되기 때문에, 내용상 陸法言의 『切韻』系 韻書 체계에 부합하는지의 여부에 관계없이, 반드시 『切韻』系 韻書를 비교·대조하는 자료로 삼아야 한다. 셋째, 후세에 韻書 편찬 및 각지 方言을 연구하는 데 있어서 『廣韻』은 중요한 근거가 되거나, 또는 역사적 고증 자료가 되기 때문이다.

결론적으로, 古音을 연구할 때도 『廣韻』으로부터 연구를 진행하여야 하며, 현대음을 연구할 때 역시 『廣韻』을 중심으로 연구해야 한다. 黃侃은 「與友人論治小學書」에서 "음운학은 반드시 『廣韻』을 祖宗으로 삼아야 하는데, 그것은 『說文解字』가 字書에서 차지하는 위치와 같다."[35]라고 하였으니 『廣韻』이 중국 언어학사에서 차지하는 위치를 짐작할 수 있다.

廣韻獨用同用表 (1)

平聲上	上聲	去聲	入聲	備注
1 東 (獨用)	1 董 (獨用)	1 送 (獨用)	1 屋 (獨用)	
2 冬 (鍾同用)		2 宋 (用同用)	2 沃 (燭同用)	上聲湩鴆 二字, 幷入腫韻
3 鍾	2 腫	3 用	3 燭	
4 江 (獨用)	3 講 (獨用)	4 絳 (獨用)	4 覺 (獨用)	
5 支 (脂之同用)	4 紙 (旨止同用)	5 寘 (至志同用)		
6 脂	5 旨	6 至		
7 之	6 止	7 志		
8 微 (獨用)	7 尾 (獨用)	8 未 (獨用)		

32 "欲審古音, 必從『唐韻』."(「音論」).
33 切韻의 韻을 말함.(譯註)
34 "古韻旣無書, 不得不借今韻離合以求古音."(「古韻標準例言」).
35 "音韻之學, 必以『廣韻』爲宗, 其與『說文』之在字書, 輕重略等."

平聲上	上聲	去聲	入聲	備注
9 魚 (獨用)	8 語 (姥同用)	9 御 (獨用)		
10 虞 (模同用)	9 麌 (姥同用)	10 遇 (暮同用)		
11 模	10 姥	11 暮		
12 齊 (獨用)	11 薺 (獨用)	12 霽 (祭同用)		
		13 祭		
		14 泰 (獨用)		
13 佳 (皆同用)	12 蟹 (駭同用)	15 卦 (怪夬同用)		
14 皆	13 駭	16 怪		
		17 夬		
15 灰 (咍同用)	14 賄 (海同用)	18 隊 (代同用)		
16 咍	15 海	19 代		
		20 廢 (獨用)		
17 眞 (諄臻同用)	16 軫 (准同用)	21 震 (稕同用)	5 質 (朮術同用)	
18 諄	17 准	22 稕	6 術	
19 臻			7 櫛	上聲字少, 幷入隱韻; 去聲字少, 幷入震韻.
20 文 (欣同用)	18 吻 (隱同用)	23 問 (獨用)	8 物 (獨用)	
21 欣	19 隱	24 焮 (獨用)	9 迄 (獨用)	欣原作殷, 宋代避諱改.
22 元 (魂痕同用)	20 阮 (混很同用)	25 愿 (慁恨同用)	10 月 (沒同用)	
23 魂	21 混	26 慁	11 沒	
24 痕	22 很	27 恨		入聲字少, 幷入沒韻.
25 寒 (桓同用)	23 旱 (緩同用)	28 翰 (換同用)	12 曷 (末同用)	
26 桓	24 緩	29 換	13 末	
27 刪 (山同用)	25 潸 (産同用)	30 諫 (襉同用)	14 黠 (鎋同用)	
28 山	26 産	31 襉	15 鎋	

(2)

平聲下	上聲	去聲	入聲	備注
1 先 (仙同用)	27 銑 (獮同用)	32 霰 (綫同用)	16 屑 (薛同用)	顧炎武曰, 平聲字多, 分上下二卷.
2 仙	28 獮	33 綫	17 薛	
3 蕭 (宵同用)	29 筱 (小同用)	34 嘯 (笑同用)		
4 宵	30 小	35 笑		
5 肴 (獨用)	31 巧 (獨用)	36 效 (獨用)		
6 豪 (獨用)	32 皓 (獨用)	37 號 (獨用)		
7 歌 (戈同用)	33 哿 (果同用)	38 箇 (過同用)		
8 戈	34 果	39 過		
9 麻 (獨用)	35 馬 (獨用)	40 禡 (獨用)		
10 陽 (唐同用)	36 養 (蕩同用)	41 漾 (宕同用)	18 藥 (鐸同用)	
11 唐	37 蕩	42 宕	19 鐸	
12 庚 (耕清同用)	38 梗 (耿靜同用)	43 映 (諍勁同用)	20 陌 (麥昔同用)	『禮部韻略』改映爲敬
13 耕	39 耿	44 諍	21 麥	
14 清	40 靜	45 勁	22 昔	
15 青 (獨用)	41 迥 (獨用)	46 徑 (獨用)	23 錫 (獨用)	
16 蒸 (登同用)	42 拯 (等同用)	47 證 (嶝同用)	24 職 (德同用)	
17 登	43 等	48 嶝	25 德	
18 尤 (侯幽同用)	44 有 (厚黝同用)	49 宥 (候幼同用)		
19 侯	45 厚	50 候		
20 幽	46 黝	51 幼		
21 侵 (獨用)	47 寑 (獨用)	52 沁 (獨用)	26 緝 (獨用)	
22 覃 (談同用)	48 感 (敢同用)	53 勘 (闞同用)	27 合 (盍同用)	
23 談	49 敢	54 闞	28 盍	
24 鹽 (添同用)	50 琰 (忝儼同用)	55 艶 (㮇釅同用)	29 葉 (帖同用)	
25 添	51 忝	56 㮇	30 帖	
26 咸 (銜同用)	52 豏 (檻范同用)	57 陷 (鑒梵同用)	31 洽 (狎同用)	上聲豏檻儼, 聲陷釅的次 序依戴震『聲韻考』訂正

平聲下	上聲	去聲	入聲	備注
27 銜	53 檻	58 鑑	32 狎	
28 嚴 (凡同用)	54 儼	59 釅	33 業 (乏同用)	
29 凡	55 范	60 梵	34 乏	

4) 『廣韻』을 연구한 주요 저작

(1) 陳澧의 『切韻考』

『切韻考』 6권은 清代 番禺의 陳澧가 지었다. 陳澧(1810～1882)는 清代의 학자로 字는 蘭甫, 號는 東塾으로 廣東 番禺[36] 사람이며, 道光 연간에 擧人[37]이었다. 수십 년간 廣州學海堂長을 지냈으며, 만년에는 또한 菊坡精舍에서 강의를 맡았다. 天文·地理·樂律·音韻·算術 등에 능통했으며, 詩·詞·駢文·散文 또한 잘했다. 저서로는 『東塾讀書記』, 『聲律通考』, 『切韻考』, 『漢書水道圖說』, 『東塾集』, 『憶江南館詞』 등이 있다.

陳澧가 『切韻考』 1권의 조례에서 설명하고 있는 『切韻』을 연구, 고증한 방법은 『廣韻』에 근거한 것이다. 그는 "陸法言의 『切韻』은 이미 없어졌고, 唐代의 孫愐이 증가시켜 『唐韻』을 지었으나 역시 없어졌다. 宋代 陳彭年 등이 편찬하고 여러 학자들이 글자를 더하여 『重修廣韻』을 지었는데, 陸法言의 撰本이라고 題하고 있으니 『廣韻』에 근거하여 陸法言의 『切韻』을 고증하면 거의 대체적인 것을 얻을 수 있다."[38]라고 하였다. 또한 序文에서는 그가 『切韻考』를 지은 방법에 대해 설명했다. 그는 "내가 말하는 切語의 舊法은 陸法言의 『切韻』에서 찾아야 하는데 『切韻』은 비록 없어졌으나 『廣韻』에 남아 있다. 『廣韻』의 切語上字를 취해 系聯하여 雙聲 40類가 되고 또한 切語下字를 취해 系聯하여 매 韻이 혹은 1類, 혹은 2類, 혹은 3類, 4類가 되는 것은 陸法言의 舊法이다. ……이에 聲母, 韻母를 나누고 배열하여 표를 만들었는데, 옛 것을 준수하고 조리에 따라 오직 고증하여 근거가 있는 것만을 표준으로 삼았으며, 입으로 전해지는 말에는 의지하지 않고 반드시 믿을 만한 증거가 있게 하였으니, 拙稿가 될지언정 기교에 치우치지는 않았다. 만약 『廣韻』이 陸法言의

---

36 지금의 廣州.

37 明代 이후 鄕試에 급제하여 會試에 응하는 사람을 말함.(譯註)

38 "陸氏『切韻』之書已佚, 唐孫愐增爲『唐韻』, 亦已佚, 宋陳彭年等纂諸家增字爲『重修廣韻』, 猶題曰陸法言撰本, 今據『廣韻』以考陸氏『切韻』, 庶可得其大略也."

『切韻』과 다르다면 『廣韻』은 다시 두 종류가 있게 되어 근대에 전하는 판본이 또 달라질 것이다. 이에 더해진 것을 제거하고 잘못된 것을 바로잡아서, 비록 陸法言의 원본을 다시 볼 수는 없으나 체제는 알 수 있도록 하였다."[39]라고 하였다. 그러므로 陳澧의 저작은 비록 명칭은 『切韻考』라 했으나, 실제로는 『廣韻』을 연구한 중요한 저작인 것이다. 全書의 첫머리마다 조례가 나열되어 있고, 다시 『廣韻』의 성모류, 운모류를 상세히 고찰하여 切語上字 452자를 40聲母로 귀납하였고, 切語下字로부터는 平聲 90, 上聲 80, 去聲 88, 入聲 53類를 얻어 모두 311類가 되었다. 또한 『廣韻』 매 字의 첫 字를 취하여 切語上字와 聲母가 같은 류의 글자는 세로로 쓰고, 切語下字와 韻母가 같은 류의 글자는 가로로 써서 平上去入과 배합, 편성하여 표를 만들었다. 책의 끝에는 「通論」 1권이 있는데, 그의 견해를 잘 나타내고 있다. 陳澧의 『切韻考』는 古音 연구에 미친 영향이 매우 컸다. 黃侃이 처음 주장한 古聲十九紐說 역시 陳澧의 『切韻考』의 영향을 받은 것이다. 黃侃은 "古聲類를 19개로 정하는 것은 나의 說로 전에는 없었던 것인데, 陳澧가 고찰한 것에 기초해 비로소 이것이 있게 되었다."[40]라고 하였다.

陳澧의 『切韻考外篇』은 모두 3권이다. 첫째권은 「切語上字分幷爲三十六類考」, 둘째권은 「二百六韻分倂爲四等開合圖攝考」, 셋째권은 「後論」이다. 『廣韻』의 切語上字를 나눈 것과 圖攝·開合·四等을 표준으로 삼은 것에 대한 장단점을 논했을 뿐만 아니라, 淸·濁·發·送·收 등의 구별법도 설명하고 있다. 이 篇은 渭南의 嚴式이 판본을 교정하여 간행했을 때 『切韻考』에 추가되었다.

(2) 鄧顯鶴의 『玉篇廣韻校刊札記』

鄧顯鶴은 淸代 사람이다. 이 책은 『玉篇校刊札記』와 『廣韻校刊札記』를 하나로 합한 것으로 卷은 나누지 않았지만 두 책이다. 『玉篇』, 『廣韻』을 발간할 때, 두 책을 첨가하여 만든 것이다. 自序에서 말하기를 "『玉篇』, 『廣韻』이 완성되었을 때 원서를 취해 교정하였고, 다시 오랜 친구 沈粟仲의 『篇韻校刊記』를 검토하여 조목조목 서로 교정했으며, 원서에 틀린 부분이 있거나 규명되지 않은 것이 있으면 역시 다른

39 "澧謂切語舊法, 當求之陸氏『切韻』, 『切韻』雖亡, 而存於『廣韻』. 及取『廣韻』切語上字系聯之, 爲雙聲四十類, 又取切語下字系聯之, 每韻或一類·或二類·或三類四類, 是爲陸氏舊法. ……於是分列聲韻, 編排爲表, 循其軌迹, 順其條理, 惟以考據爲準, 不以口舌爲憑, 必使信而有徵, 故寧拙而勿巧. 若夫『廣韻』之書, 非陸氏之舊, 『廣韻』復有二種, 近代傳刻, 又各不同. 乃除其增加, 校其譌異, 雖不能復見陸氏之本, 尚可得其體例."

40 "(古聲)定爲十九, 侃之說也, 前無所因, 然基於陳澧之所考, 始得有此."

說과 서로 참고함에 모든 藏書에 근거하였으니,『唐石經』,『相台五經』,『十三經』,『善本經典釋文』 등의 여러 서적 및 근대의 顧炎武, 閻若璩, 江永, 戴震, 段玉裁, 錢大昕 등 여러 학자들의 저서와 小學을 언급한 서적들을 두루 섭렵하고, 날마다 몇 개의 조례를 얻어 부에 따라 체계를 나누었으므로, 명칭을 校刊札記라 한 것이다.[41]"라고 하였다. 이 책은 원래 沈道寬이 처음 만들고 鄧顯鶴이 뒤를 이어 완성한 것이다. 당시는『玉篇零卷』및『切韻殘卷』이 아직 발견되지 않았던 때이므로 鄧顯鶴이 교정한 것은 뒤에 나온 것보다 정밀하지 못했으며,『玉篇』과 관련된 저작도 극히 적었다.[42] 그러므로 鄧顯鶴의 연구는 참고할 만하다. 이 책은 淸代 咸豐 연간에 간행되었다.

(3) 劉半農의『十韻彙編』

『十韻彙編』은 劉半農이 시작하여 후에 魏建功, 羅常培가 계승하여 편찬된 책이다. 이 책은 모두 10종류의 韻書를 수록하고 있다. 즉 唐寫『切韻』殘本 5종[43],『刊謬補缺切韻』2종[44], 國粹學報館에서 影印하고 蔣斧가 소장하고 있는 五代刊本『切韻』殘本, 그리고『古逸叢書』에 들어 있는 宋本『廣韻』등 모두 10종이다. 이 10종을 대조해 서로 교감할 수 있다. 매 韻 끝마다『廣韻校勘記』를 붙여 교감한 글자 옆에 圈點을 달아 표시하였다. 이 책은 中古音韻을 연구하는 데 중요한 참고 자료이며 또한 上古音을 연구하는 데에도 중요한 실마리를 제공해 주고 있으니, 先賢들이『廣韻』을 연구할 때 과거에는 자료의 한계로 인하여 확정할 수 없던 것들을『十韻彙編』을 통하여 쉽게 해결할 수 있었다.

(4) 張世祿의『廣韻硏究』

『廣韻』에 대해 토론한 단편 문장들은 매우 많고 또한『切韻』殘卷이 발견된 후에

41 "刊『玉篇』·『廣韻』成, 旣取原書讐校, 復檢老友沈粟仲『篇韻校刊記』, 逐條互勘, 有原書譌誤·未經糾出者, 亦有與他說叄互者, 因盡發藏書, 自『唐石經』·『相台五經』·『十三經』·『善本經典釋文』諸籍, 及近代顧·閻·江·戴·金壇段氏·嘉定錢氏諸家·凡言小學之書, 粗爲涉獵, 日得數條, 按部分系, 名曰校刊札記."

42 일본 사람 岡井愼吾의『玉篇硏究』가 있다.

43 王國維가 손으로 쓰고 프랑스 파리 국민도서관에 소장되어 있는 敦煌에서 발견된 3종과 독일 브뤼셀 學士院에 소장되어 있는 투르판(新疆 Uighur자치구 Urumchi 남동쪽에 있는 도시:譯註)에서 발견된 1종, 그리고 大谷光瑞의『西域考古圖譜』에 수록된 吐峪溝에서 발견된 1종을 말함.

44 劉復의『敦煌掇瑣』에서 베낀 프랑스 파리 국립도서관에 소장되어 있는 唐寫本과 延光室 影印本, 그리고 唐蘭이 손으로 쓴 淸 故宮에 소장되어 있는 唐寫本을 말함.

『切韻』을 연구하고 『廣韻』을 다룬 글들은 일일이 열거할 수 없을 정도이며, 근대의 聲韻學, 訓詁學, 文字學 등의 저서 중에서 『廣韻』을 언급한 부분은 매우 많으나 『廣韻』만을 연구한 전문서는 매우 드물다. 이러한 전문서로는 張世祿의 『廣韻研究』만이 있을 뿐이다.

『廣韻研究』는 '導言'을 제외하고 5장으로 나뉜다. 첫 장에서는 『廣韻』의 作述 및 그의 체제를 서술했고, 둘째 장에서는 『廣韻』이전의 韻書들을 언급했으며, 셋째 장에서는 『廣韻』의 韻部를 설명했고, 넷째 장에서는 『廣韻』의 聲類을 서술했으며, 마지막장에서는 『廣韻』이후에 나온 韻書들을 나열했다.

(5) 周祖謨의 『廣韻校勘記』

『廣韻校勘記』는 5卷으로 한 권은 補遺卷인데 이 책에서 舊本을 가장 많이 수록하고 있다. 張士俊澤存堂本 『廣韻』을 저본으로 했고 또한 傳氏雙鑑樓와 日本 金澤文庫에 소장된 北宋刻本, 그리고 涵芬樓에 소장된 景宋寫本에 근거하여 차이점을 교감함으로써 張刻本의 오류를 바로 잡았다. 또한 黎刻古逸叢書에서의 元泰定本 및 顧炎武가 翻刻한 明 經廠本을 참고하여 수록할 만한 것은 모두 실었다. 이외에도 唐人韻書殘本 20종을 수록하였는데, 예를 들면 淸末 蔣斧가 가지고 있던 『唐韻』殘卷, 故宮博物院에 소장된 王仁煦의 『刊謬補缺切韻』, 卞永譽의 『式古堂書畵匯考』에 기록된 明 項子京이 소장한 『唐韻·序』, 영국 런던 博物館에 소장된 敦煌에서 얻은 『切韻』殘卷 3종, 프랑스 파리 국민도서관에 소장된 敦煌에서 얻은 『王仁煦刊謬補缺切韻』, 五代 刻本韻書殘葉, 刻本 韻書 5531, 『切韻』殘葉 2017, 『切韻』殘葉 2016, 『唐韻』殘葉 2018, 『唐韻』殘葉 2019, 劉復의 『敦煌掇瑣』에 수록된 韻書序 甲本 및 韻書序 乙本, 독일에 소장된 투르판[45]에서 발견된 唐人韻書 殘片 2종, 刻本切韻 1종, 刻本韻書 殘葉 1종, 日本 大谷光瑞의 『西域考古圖譜』에 수록된 吐峪溝로부터 얻은 唐寫本 韻書 斷片 1종 등을 하나 하나 교정하였다. 또한 黃丕烈은 段玉裁의 『校本唐韻』의 校語를 채용하여 誤字를 고친 것이 매우 많은데, 매 쪽마다 校語가 있어 독자가 쉽게 찾아볼 수 있도록 모두 原刻本 아래 숫자를 표시하였다. 『廣韻』을 校勘한 著書로는 이 책이 가장 완정된 것이다.

45 新疆 Uighur(維吾爾)자치구 Urumchi(烏魯木齊) 남동쪽에 있는 도시를 말함.(譯註)

2.『集韻』

1)『集韻』의 저자

『集韻』은 宋代 丁度 등이 칙령을 받고 편찬한 韻書이다. 宋 景祐 4年(1037)에 시작하여 寶元 2年(1039)[46]에 완성되었으므로,『廣韻』보다 31年이 늦었다.

『集韻』의 첫째 卷인「韻例」에서 말하기를 "先帝[47] 때에 陳彭年, 丘雍에게 陸法言의 韻書에 따라 증수하도록 명령하였다. 景祐 4年에 太常博士 直史館 宋祁와 太常丞, 直史官 鄭戩은 陳彭年과 丘雍이 정한 것은 대부분 舊文을 사용하여 번잡하고, 생략된 부분도 있어 타당하지 못하다고 건의하였다. 宋祁, 鄭戩, 國子監 直講인 賈昌朝 및 王洙가 임금의 명을 받고 함께 수정하였다. 刑部郎中知制誥인 丁度, 禮部員外郎知制誥인 李淑이 선봉이 되었다."[48]라고 하였다.『玉海』제45권에서도 "景祐 4年에 翰林學士인 丁度 등이 조서를 받고 저술을 시작하여 寶元 2年 9月에 완성하였으며 11일에 반포 시행하였다."[49]라고 적고 있다.『集韻·韻例』와『玉海』에 기록된 것에 따르면『集韻』은 丁度, 李淑 등이 칙명을 받고 편찬했다는 사실을 알 수 있다. 후에는『四庫全書總目提要』및 莫友芝의『韻學源流』등에서 다른 의견을 제시했는데, 그들은『切韻指掌圖·序』에 기재된 바에 따라 "治平 4년에 내가 임금의 뜻을 받들어 계속 그 일을 맡아 책을 완성하여 임금께 바친 후 반포되었다."[50]라고 하였다. 그들은『集韻』이란 책은 宋 仁宗 때가 아니라 宋 英宗 때에 上奏했고, 丁度가 완성한 것이 아니라, 司馬光이 완성한 것이라고 하였다. 그러나『切韻指掌圖』에 관한 작가 문제는 清代 鄒特夫가 고증하고 논술한 바에 따르면, 司馬光이 아니라 南宋 楊中修가 僞託한 것이니, 僞序를 근거로 삼기에는 불충분하다.

2)『集韻』의 내용과 체제

『集韻』은『廣韻』의 기초 위에서 편찬된 것이다.『廣韻』은 당시 科擧試驗에 응시

---

46 濮之珍 원문에 139년으로 적고 있으나 1039년의 잘못이다.(譯註)

47 景德王을 가리킴.

48 "先帝時令陳彭年·丘雍因法言韻就爲刊益. 景祐四年, 太常博士直史館宋祁·太常丞直史館鄭戩建言, 彭年·雍所定, 多用舊文, 繁略失當. 因詔祁·戩與國子監直講賈昌朝·王洙同加修定, 刑部郎中知制誥丁度·禮部員外郎知制誥李淑, 爲之典領."

49 "景祐四年, 翰林學士丁度等承詔譔, 寶元二年九月書成, 上之; 十一日, 進呈頒行."

50 "治平四年, 予得旨繼纂其職, 書成上之, 有詔頒焉."

할 때 작문용으로 쓰였다. 主編人 陳彭年과 丘雍은 완벽하게 해내려는 생각으로 글자 수를 증가시켜 상세하게 注解를 달았다. 첫째권에서 말하기를 "여러 사람들이 글자 수를 늘이고 의미를 풀이하고 이치를 해석한 것이 이 책 속에 모두 실려 있다."[51]라고 하였다. 그러므로 『廣韻』이 반포 시행된 후에 당시 사람들은 이 책이 너무 번잡하여 응용하는 데 불편하다고 여겼다. 『廣韻』이 반포된 지 31년 후인 宋 景祐 4年(1037)에 宋祁, 鄭戩 등은 陳彭年, 丘雍이 主編한 『廣韻』은 "舊文을 많이 사용하여 번잡하고, 생략된 부분이 많다."[52]고 여겼다. 賈昌朝도 景德年間에 편찬된 『韻略』를 비평하여 "대부분 해석이 없고 글자 音이 혼돈되며 글자를 중첩하여"[53] "科擧試驗을 보는 사람들이 잘못 쓰게 하였다."[54]라고 하였다. 그리하여 丁度 등은 명령에 따라 이 두 권의 韻書를 다시 새로 편찬하였으니, 『韻略』을 수정하여 『禮部韻略』으로 개칭하였고, 『廣韻』을 刊修하여 『集韻』으로 개칭하였다. 이로 인해 『廣韻』의 면목도 변하게 되었다. 戴震은 『聲韻考』에서 말하기를 "景祐 4년에 『韻略』을 다시 수정, 간행하여 『禮部韻略』으로 명칭을 바꾸었고, 『廣韻』을 수정, 간행하여 『集韻』으로 명칭을 바꾸었다. 『集韻』은 『禮部韻略』이 공포된 지 2년 후에 만들어졌으니, 이 두 책은 모두 景祐·寶元년간에 이루어진 것이다. 獨用과 同用의 例는 『切韻』의 옛 것을 따르지 않았으며, 순서에도 약간의 변화가 있다."[55]라고 하였다.

『集韻』은 모두 10권이다. 平聲이 4권, 上聲·去聲·入聲이 각 2권이다. 수록된 글자는 53,525字로 『廣韻』에 비해 한 배 정도 증가되었다. 韻部는 여전히 206韻이나, 韻目의 명칭과 순서는 약간 다르다. 同用과 獨用韻 방면에 있어서도 변화가 있으니, 당시의 讀音을 참고하여 反切을 수정하였다. 文字의 형체와 訓詁에 중점을 두고 있어, 文字·訓詁와 宋代語音을 연구하는 데 중요한 자료가 된다.

『集韻』의 글자 수록 原則은 '힘써 따르고 넓혀야 하는'[56]것이다. 매 글자마다 각종 寫法이 있어, 正體·古體·或體·俗體 등에 상관없이 근거만 있으면 모두 일일이 모아 놓았다. 따라서 『集韻』에 수록된 글자는 일반적으로 모두 2가지, 3가지, 4가지 자체가 있으며 가장 많은 것으로는 8가지, 9가지 자체를 가진 것도 있다. 예를 들면 다음과 같다.

---

51 "諸家增字, 義理訓釋, 悉纂略備載卷中."

52 "多用舊文, 繁略失當."

53 "多無訓釋, 疑混聲, 重疊字."

54 "擧人誤用."

55 "景祐四年, 更刊修『集韻』, 改稱『禮部韻略』; 刊修『廣韻』, 改稱『集韻』. 『集韻』成於『禮部韻略』頒行後二年, 是爲景祐·寶元間詳略二書. 獨用·同用例, 非復『切韻』之舊, 次第亦稍有改迻矣."

56 "務從該廣."

> 狪·狪·狪 짐승 이름. 『山海經』에서 "泰山에 짐승이 있으니 모양이 돼지 같고 구슬 모양이 있으며 스스로 울부짖는다. 犬을 따르기도 하고 豸를 따르기도 한다."라고 하였다.[57]
> 霁·霿·霧·雺 『爾雅』에서 "天氣가 땅에 내려와 응하지 않는 것을 雺라고 하며, 霿·霧·霚라고도 한다."라고 하였다.[58]
> 農·辳·莀·農·辳·𨐳 음은 奴冬切이다. 『說文』에서 "경작한다는 뜻이다. 厚라고도 한다. 성씨도 된다. 옛날에는 辳·莀·農·辳·𨐳라고도 썼으며, 文[59]이 20개이다."라고 하였다.[60]

『集韻』에 수록된 글자는 비교적 많은데, 모두 각기 쓰임이 있다. 예를 들어 吳方言에서 옷을 꿰매는 방법 중의 하나를 qiāo라고 하는데, 이 音은 古代의 어떤 音에서 나왔을까? 『廣韻』을 조사해 보면 나오지 않는다. 그러나 『集韻』의 宵韻 '千遙切' 아래를 조사해 보면, '繰'字 아래에 "바늘로 옷을 꿰매다"[61]라고 注해 놓았다. 이로부터 'qiāo'는 中古의 淸母 宵韻에서 나왔음을 알 수 있다.

수록된 글자의 字音방면에서 보자면 『廣韻』은 매 글자에 두 종류 이상의 讀音이 있는데, 注를 달아 '又音'이라고 밝히고 있다. 예를 들면 다음과 같다.

> 虹, 戶公切, 又古巷切. (『廣韻』 제1권, 東韻)
> 扇, 式連切, 又式戰切. (『廣韻』 제2권, 仙韻)

그러나 『集韻』에 수록된 字音은 『廣韻』에 비해 더 많으며, 책머리의 「韻例」에서는 "무릇 經典의 글자는 여러 개의 讀音을 지니고 있다. 前代의 유학자들이 전수함에 각기 이름을 내고자 하여 지금 여러 논저들이 나왔으니 여러 說들을 함께 싣는다."[62]라고 설명하였다. 예를 들면 다음과 같다.

	『廣韻』	『集韻』
天	他前切	他年切
		鐵因切
晨	植鄰切	丞眞切
	食鄰切	乘人切
		慈鄰切
娷	醋加切	醋加切
	蘇禾切	蘇禾切

57 "獸名. 『山海經』: 泰山有獸, 狀如豚而有珠, 其鳴自呼. 或從犬從豸."
58 "『爾雅』: 天氣下地不應曰雺, 或作霿·霧·霚."
59 文 : 한 小韻에 속하는 글자를 말하며, 異體字도 포함하고 있다.(譯註)
60 "奴冬切. 『說文』: 耕也. 一曰厚也. 又姓. 古作辳·莀·農·辳·𨐳, 文二十."
61 "以箴紩衣."
62 "凡經典字有數讀, 先儒傳授, 各欲名家, 今幷論著, 以梓群說."

村戈切
臧戈切
徂禾切

『集韻』의 又音이 대량으로 증가한 것은 아마도 古音들을 실었기 때문일 것이다. 또한 方言들도 일부 수록하고 있는데, 예를 들어 '晨'의 '慈鄰切'音 아래에는 원래 '關中의 말이다.'[63]라고 注를 달아 놓았으니, 이는 당시의 실제 언어를 반영한 것이다. 『集韻』에 수록된 대량의 字音은 現代語音의 내원을 이해하는 데 참고가 된다. 예를 들어 '賄'字는 現代漢語 普通話에서는 讀音이 huì이다. 그러나 『廣韻』에서는 灰韻 上聲 '呼罪切' 한 音만 수록하고 있어, 聲調와 現代의 讀法이 서로 맞지 않지만, 『集韻』을 살펴보면, 灰韻 去聲에도 '呼內切' 音을 수록하고 있어 現代의 讀法과 정확히 일치하고 있다. 이는 現代漢語 普通話 '賄'의 讀音은 古代의 去聲에서 내원한 것으로서, 音의 변화가 규칙적임을 설명하고 있다. 『集韻』에는 이러한 예들이 매우 많으므로 더욱 진일보한 연구를 할 수 있다. 결론적으로 『集韻』은 수록된 글자와 음이 풍부하여, 대량의 자료를 제공해 주므로 漢語研究에 유익하다.

『集韻』은 『廣韻』의 反切체계에 대해서도 더욱 진전된 모습을 보이고 있다. 「韻例」에서 말하기를 "무릇 글자의 反切에서, 예전에 武로 某를 대신하고, 亡으로 茫을 대신하는 것을 類隔이라고 하였는데, 지금은 모두 本字를 사용한다."[64]라고 하였다. 『廣韻』에서 雙脣音과 脣齒音은 서로를 反切上字로 사용할 수 있었다. 그러나 『集韻』에서는 이러한 反切字를 개선하였으니, 즉 雙脣으로 雙脣을 反切하고 脣齒로 脣齒를 反切하였다. 脂韻 脣音字를 예로 들어보자.

	『廣韻』	『集韻』
悲	府眉切	逋眉切
丕	敷悲切	攀悲切
邳	苻悲切	貧悲切
眉	武悲切	旻悲切

이처럼 체계적인 개선은 당시의 실제적인 語音變化의 영향을 받았음이 분명하다. 왜냐하면 北宋시기에 이르러서는 雙脣音과 脣齒音[65]의 분화가 이미 이루어졌기

63 "關中語也."
64 "凡字之翻切, 舊以武代某, 以亡代茫, 謂之類隔, 今皆用本字."
65 즉 輕脣音과 重脣音을 말함.

때문이다. 『集韻』의 反切은 이러한 語音變化의 사실을 반영하고 있다.

이밖에도 『集韻』은 『廣韻』의 切語를 개정하였으니 부분적으로 『廣韻』의 切語들을 병합한 것 이외에도, 『廣韻』이외의 切語들을 증가시켰다. 『廣韻』은 모두 3,875개의 反切音을 가지고 있었으나, 『集韻』은 모두 4,473개의 反切音을 지니고 있으니 모두 598개의 音을 증가시킨 것이다. 또한 『集韻』의 反切上字는 聲調와 細音을 모두 고려하여 『廣韻』의 452개[66]를 869개[67]로 증가시켰다.

注釋방면에 있어서 『集韻』은 『廣韻』의 '번잡하고 생략되어 타당하지 못한'[68] 부분에 대해서도 개선하였다. 姓氏방면의 注釋에 있어 『廣韻』은 지나치게 복잡하다. 예를 들면 一東의 '公'字 아래에 詞義에 대한 주석이 두 세 마디 있을 뿐이고 그 아래는 모두 姓氏에 대해 얘기한 것으로 장장 7,8백 여자에 달한다. 『四庫全書總目提要』[69]에서 일찍이 평하기를 "『廣韻』을 반박하여 설명하기를 姓과 이름에 대하여 광범위하게 늘어놓은 것 가운데 글자의 뜻이 잘못된 것이 있어, 이를 수정하여 족보가 비슷한 것끼리 다시 나열해서 잘 조화되게 하였다."[70]라고 하여 『集韻』의 수정을 옳은 것으로 보고 있다. 『集韻』에서는 '公'字 아래에 "음이 '沽紅切'로서 『說文』에서는 공변되다라는 의미로, 八과 厶로 이루어졌으며, 八은 背와 같다[71]고 하였고, 『韓非』에서는 厶의 반대가 公이라고 하였다. 또한 벼슬 이름이다. 옛날에는 㕣으로 썼다. 文이 26개이다."[72]라고 注하였다. 이것은 주로 字形의 구조와 字義에 대해 주석한 것으로 성명과 관련된 注文을 모두 삭제한 것이니 『廣韻』에 비해 발전된 것이다.

韻部방면에 있어 『禮部韻略』은 『廣韻』에서 獨用한 운을 同用한 것이 있는데 모두 13가지이다. 『集韻』과 『禮部韻略』은 서로 같다. 戴東原은 『聲韻考』에서 말하기를 "景祐年間(1034)에 賈昌朝(998～1065)가 韻의 폭이 좁은 것이 13군데로서 가까운 韻과 通用을 허락해 주도록 청하였다. 이에 欣을 文에, 隱을 吻에, 焮을 問에, 迄을 物에, 廢를 隊代에, 嚴을 鹽添에, 儼을 琰忝에, 釅을 豔㮇에, 業을 葉帖에, 凡을 咸銜에, 范을 豏檻에, 梵을 陷鑑에, 乏을 洽狎에 합하였다."[73]라고 하였다.

---

66 陳澧가 系聯한 통계 숫자에 근거한 것임.

67 白滌洲가 系聯한 통계 숫자에 근거한 것임.

68 "繁略失當."

69 卷42, 經42, 小學類3 238쪽 참조.(譯註)

70 "其駁『廣韻』註, 凡姓望之出, 廣陳名系, 既乖字訓, 復類譜牒, 誠爲允協."

71 濮之珍 원문에는 '八猶背也'의 '八'이 빠져 있어 고친다.(譯註)

72 "沽紅切, 『說文』平分也, 從八從厶, 猶背也. 『韓非』曰背厶爲公. 一曰封爵名. 古作㕣. 文二十六."

73 "景祐中, 以賈昌朝請, 韻窄者凡十三處, 許令附近通用. 於是合欣於文, 合隱於吻, 合焮於問, 合迄於物,

錢大昕의 『韻目表』에 실려 있는 「改併十三處表」를 보면 아래와 같다.

	『廣韻』의 옛 차례를 고증한 것	『集韻』에서 고친 것
1.	二十文[獨用]	二十文[與欣通]
	二十一欣[獨用]	二十一欣
2.	二十四鹽[添同用]	二十四鹽[與沾嚴通]
	二十五添	二十五沾
	二十六咸[銜同用]	二十六嚴
3.	二十七銜	二十七咸[與銜凡通]
	二十八嚴[凡同用]	二十八銜
	二十九凡	二十九凡
4.	十八吻[獨用]	十八吻[與隱通]
	十九隱[獨用]	十九隱
5.	五十琰[忝同用]	五十琰[與忝儼通]
	五十一忝	五十一忝
	五十二豏[檻同用]	五十二儼
6.	五十三檻	五十三豏[與檻范通]
	五十四儼[范同用]	五十四檻
	五十五范	五十五范
7.	十八隊[代同用]	十八隊[與代廢通]
	十九代	十九代
	二十廢[獨用]	二十廢
8.	二十三問[獨用]	二十三問[與焮通]
	二十四焮[獨用]	二十四焮
9.	五十五豔[桥同用]	五十五豔[與栝驗通]
	五十六桥	五十六栝
	五十七陷[鑑同用]	五十七驗
10.	五十八鑑	五十八陷[與覽梵通]
	五十九釅[梵同用]	五十九覽
	六十梵	六十梵
11.	八物[獨用]	八物[與迄通]
	九迄[獨用]	九迄
12.	二十九葉[帖同用]	二十九葉[與帖業通]
	三十帖	三十帖
	三十一洽[狎獨用]	三十一業
13.	三十二狎	三十二洽[與狎乏通]
	三十三業[乏同用]	三十三狎
	三十四乏	三十四乏

合廢於隊代, 合嚴於鹽添, 合儼於琰忝, 合釅於豔桥, 合業於葉帖, 合凡於咸銜, 合范於豏檻, 合梵於陷鑑, 合乏於洽狎."

戴震은 『聲韻考』 제2권에서 말하기를 "唐代의 여러 운서들은 대체로 法言의 운을 따랐으나 역시 각각 약간씩 차이가 있다. 지금 전하는 『廣韻』·『集韻』을 고증하여 景祐年間(1034)에 통용하게 된, 줄인 韻 13가지는 바로 唐宋用韻 연혁의 항목을 모두 갖춘 것이다."[74]라고 하였다.

『集韻』의 체례는 첫 권 「韻例」에 보이는데 모두 12가지 항목으로 다음과 같다.

① 글자의 해석은 모두 『說文』을 기본으로 하였고 『說文』에 수록되지 않은 것은 다른 책을 인용하여 해석하였다.

② 고문은 經史 등 여러 서적에서 보이는 것 중 식별해 알 수 있는 것을 취하였고 그렇지 않은 경우는 싣지 않았다.

③ 經典의 글자들은 여러 가지 讀音이 있는데, 前代의 儒家들이 전하는 것과 각 名家들이 전하는 것을 모두 실었다.

④ 通用韻 중 同音이 재차 출현하는 것은 불필요한 것이므로 단지 한 음 만을 실었다.

⑤ 經史의 用字에 있어 가차자로 쓰인 것이 많은데 지금 글자에서 각각 뜻을 나타내면 가차를 구별하기 어려워 '某字와 통한다'라고 하였다.

⑥ 옛 韻字 중 別體가 있는 것은 모두 별도로 注를 달아 奇字와 異體字를 찾아보기 어렵게 하였는데, 지금은 먼저 本字를 표준으로 하고 그 나머지를 모두 나타내어 책에서 뜻을 찾아보기 쉽게 하였다.

⑦ 形과 義가 같은 글자들인데 전하여지면서 혹 달라진 것들, 예를 들면 坪·垄·㕣·叽·心·忄·水·氵같은 것들에 대해서는 다만 '혹은 某字라고도 쓴다'라고 注하였다.

⑧ 글자의 왼쪽에 있는 옛 注에는 다른 反切語도 실었는데 완전하지는 않으나 간략하게 적었고, 또 글자마다 뜻이 있지만 모두 적어 놓지는 않았다.

⑨ 姓과 이름에 대해서는 이전에 이름의 계열을 광범위하게 나열하여 글자의 해석이 틀린 것이 있으면, 다시 족보가 같은 류 끼리 나누어 놓았고, 지금 전하는 책에서는 다만 某姓이라고만 하고, 유명하지 않은 사람에 대해서는 간략하게 저술하였다.

⑩ 글자마다 成文이 있는데 서로 해석할 수 없는 것에 대해서는 闕이라고 하여 남겨 두었다.

---

74 "唐時諸家韻書, 大致多本法言韻, 亦各有微異, 今所傳『廣韻』·『集韻』, 就二書考景祐所通窄韻十三, 則唐宋用韻沿革之大節目具在."

⑪ 세속에서 쓰이는 글자들은 뜻에 따라 글자가 생겨난 것이므로 취할 수 없는 것이기 때문에, 다만 眞僞가 분명하지 않은 것에 대해서는 正文의 왼쪽에 '세속에서는 某라고 썼으나 옳지 않다'라고 해석해 놓았다.

⑫ 글자의 反切에 있어서는 전에는 武로 某를 대신하고 亡으로 茫을 대신하였으니, 이것을 類隔이라 하는데 지금은 모두 本字를 썼다.

3)『集韻』 연구의 주요 저작

(1) 淸代 方成珪의『集韻考正』10권

方成珪는 처음에 曹寅 揚州刊本에 근거하여 誤字를 교정하고 후에 汪小米本, 段玉裁, 嚴厚民 등의 手校本을 얻어, 추가로 교정하여 10권을 지었다. 方成珪는 自序에서 말하기를 "문자는『說文』보다 오래된 것이 없고, 음운에는『集韻』보다 자세한 것이 없다. 이것은 상세하여 속체를 두루 갖추었으나, 誤字와 誤音이 헤아릴 수 없을 정도로 많다. …… 宋부터 현재까지의 전통을 계승하여, 차례차례 전하는 바를 기록함에, 매우 미세한 부분까지 전하여 점차 많아졌으니, 이는 필연적인 추세이다. 나는 전에 武林에서 汪小米 교정본을 얻었는데, 그 안에는 嚴厚民의 말이 많이 덧붙어 있어서 이에, 또한 宋 槧本을 근거로 삼아 비교하여 교정하였다. 그러나 안타깝게도 반 정도에 그쳤고, 전체를 완성하지는 못하였다. 丙午年 봄 手校本을 學使 吳殊方에게 교정을 보았고, 吳學使와 侍御 陳頌南이 毛斧季를 시켜 宋板 同校本을 베끼도록 하였는데, 본 책이 嚴厚民本과 大同小異하다는 것을 알 수 있으니, 그 중 去聲 十四에 빠져 있는 글자는 원래대로 보충한 것이다. 나는 또한 訂誤를 훑어 모아 근거로 삼았다. …… 이에 다시 깊은 연구와 토론을 거쳐, 수백 가지의 조례를 추가하였는데 이전의 교정가운데 정밀하지 않은 부분이 있으면 이에 따라 바로 잡는다."[75]라고 하였다. 이 自序에는 저술 경위가 매우 자세하게 설명되어 있다.

淸代 學者들 중『集韻』을 교정한 사람은 10여 명에 이르지만, 저서는 많지 않다. 孫詒讓은『集韻考正後記』를 지었는데, 方成珪의 책도 소개하였고, 또 淸代『集韻』

75 "文莫古於『說文』, 韻莫詳於『集韻』. 惟其詳也, 故俗體兼收, 譌字譌音, 亦不勝屈指. ……加以繇宋迄今, 遞相傳錄, 陶陰宵肎, 展轉玆多, 固勢所必然也. 珪前在武林, 得汪君小米校本, 內多附嚴君厚民語, 乃據宋槧本讎對, 惜止半部, 未覯其全. 丙午春, 以手校本就正於吳殊方(鍾駿)學使, 因叚得學使與陳頌南侍御用毛斧季影鈔宋板同校本, 知所見之冊, 與厚民本大同小異, 其中如去聲十四有殘缺之字, 藉以補足, 余亦拾遺訂誤, 得所據依. ……玆復重加硏討, 又增數百條, 而前校所未精者, 幷因之更正."

연구자들에 대해서도 서술하고 있으니 다음과 같다.

> 그 책을 살펴보면 元明간에 그다지 두드러지지 않았는데, 亭林 顧炎武가 「音論」을 지으니 이에 전해지지 않을까 생각하여 康熙年間에 檢討 朱彝尊이 처음으로 汲古 毛氏에게서 宋本을 영인한 것을 얻어, 通政大夫 曹寅에게 부탁하여 揚州에서 간행하였다. 版本의 조판이 매우 정밀하나, 교정이 매우 간략하고 문자도 틀린 것이 있어 본래의 모습을 잃음으로써 小學을 연구하는 사람들의 마음을 흡족하게 하지 못하였다. 乾嘉 이래로 經學大師들이 모두 『三倉』과 『爾雅』를 심도있게 연구하였는데 이 책에서 끌어다가 검토한 것이 자못 많았다. 내가 들은 바로는 余仲林(蕭客), 段若膺(玉裁), 鈕非石(樹玉), 嚴厚民(杰), 陳碩甫(奐), 汪小米(遠孫), 陳頌南(慶鏞) 등의 校本이 있었으니 무려 10여명에 이른다. 그러나 세상에는 그다지 많이 전해지지 않았고 전해지는 것들도 모두 이리저리 전사된 것으로, 책으로 이루어지지는 않았다. 또한 여러 학자들의 교감은 대부분 宋 판본을 근거로 한 것인데, 서술의 같고 다름을 헤아려 보기는 하였으나, 丁叔雅 등 여러 사람들이 수정한 것의 타당성 여부나 근거로 삼은 舊籍들을 모두 취하여 살펴보지는 못하였다. 나의 형 方雪齋 선생은 여러 서적들을 널리 종합하였고 심도 있는 연구와 깊은 생각으로, 저장한 萬卷을 모두 직접 校勘하였다. 『集韻』에 대해서는 더욱 힘을 쏟아 段玉裁·汪小米·嚴厚民·陳頌南 등 네 명의 교감본을 수록하였다. 또한 『經典釋文』, 『方言』, 『說文』, 『廣雅』 등으로써 심혈을 기울여 대조하여 點劃의 異形을 살피고, 反切字音의 특수한 讀音을 변별하여, 조례를 들어서 『考正』 10卷을 만들었다. 이것은 아마도 曹本의 잘못된 명성을 수정, 보충한 것일 뿐만 아니라, 실제로 景祐년간 修定의 잘못을 나열하여 일일이 이해하게 해주니, 이는 『集韻』을 읽는 사람들의 즐거운 일이 아니겠는가![76]

方成珪의 저서는 매우 성심껏 교감하였고, 분석도 정밀하고 타당하여, 『集韻』을 연구하는 데 중요한 참고서이다.

(2) 段玉裁의 『集韻校本稿』

段玉裁의 手校本 『集韻』은 단지 初稿일 뿐, 책으로 이루어지지는 않았다. 그는 甲寅年 3月에 周漪塘이 소장한 毛鈔 宋本을 근거로 하여 일일이 교감 작업을 하였는데, 필획이 약간 틀린 것이라도 모두 교정하였다. 예를 들면 平聲四浮字 아래 "『說文』

---

76 "顧其書元明之際不甚顯, 亭林顧氏作「音論」, 遂疑其不存, 康熙間朱檢討彝尊, 始從汲古毛氏得景宋本, 屬曹通政寅刊於揚州. 其本彫鏤頗精, 而讎校殊略, 文字譌互, 寖失本眞, 治小學者弗心慊也. 乾嘉以來, 經學大師皆精研『倉』『雅』, 其於此書率多綜涉, 以詒讓所聞, 則有余仲林(蕭客)·段若膺(玉裁)·鈕非石(樹玉)·嚴厚民(杰)·陳碩甫(奐)·汪小米(遠孫)·陳頌南(慶鏞)諸校本, 無慮十餘家, 顧世多不傳, 其傳者又皆展轉迻錄, 未有成書, 且諸家所校, 大都馮據宋槧, 稽譔同異, 于丁叔雅諸人修定之當否及所根據之舊籍, 未能盡取而覆審之也. 吾兄雪齋方先生博綜羣籍, 研精覃思, 儲藏萬卷, 皆手自點勘, 而於『集韻』, 致力尤深, 旣錄得段·汪·嚴·陳四家校本, 又以『經典釋文』·『方言』·『說文』·『廣雅』諸書, 悉心對覈, 察異形于點畫, 辨殊讀於翻紐, 條擧件繫, 成『考正』十卷, 蓋非徒刊補曹本之譌奪, 實能擧景祐修定之誤, 一一理董之, 是非讀『集韻』者之快事哉."

에서 '깃발의 총칭이다. 어떤 때는 생략하여 旇로 쓰기도 하는데, 옛날에는 汓로 썼다.' 라고 하였다."[77]라 되어 있다. 段玉裁는 이를 교감하여 "마땅히 옛날에는 '逕'라고 썼다고 해야 하며, 『說文』에 보면 汓는 바로 泅字이다."[78]('汓'는 『集韻』平聲四, 十八尤에 보임)라고 하였다. 음의 反切에 잘못이 있으면 역시 校證하였다. 예를 들어 上聲六 止韻 아래에 牀史切 戺字가 있는데, 段玉裁는 "이 글자는 戶聲에서 나오므로, 牀史切일 리가 없다. 마땅히 戺를 빼고 戹를 넣어야 한다. 『爾雅』에서 落時를 戹라고 하였다."[79]라고 교감하였다. 卷末에는 宋本의 체제를 나란히 기록하였는데, 예를 들어 1권에는 "宋本은 35쪽으로, 매 쪽마다 22행이 있으며 마지막 쪽은 12행이다."[80]라고 하였다. 摹寫하는 과정에서 잘못된 것 또한 지적하여 밝혔으니, 예를 들면 上聲五, 十四 賄韻의 '隧'字 아래에 공백을 남겨 놓은 것으로 교감하여 말하기를 "宋本에는 비어 두지 않고, 여섯 글자를 더 넣었는데, 이는 隧字의 注가 아니므로, 비어 있는 부분은 履注라고 하여야 한다. 梁益은 履曰이라고 하였다. 益信曹本과 毛影本은 판본이 같지 않다."[81]라고 하였다.

(3) 黃侃의 『集韻聲類表』

이 책은 모두 세 부분으로 나뉘는데, '集韻切語校字', '集韻聲類表總目', '集韻聲類表'의 순서로, 총 4권으로 이루어졌다. 黃侃은 切語校字 뒤에 '識語'[82]를 달아 말하기를 "오른쪽에 내가 쓴 것은 方成珪의 『集韻考正』에 수록된 것으로, 대략 검토를 더하였는데 그 是非는 方本과 같지 않다. 方本 역시 미진한 부분이 있으니, 더욱이 빠뜨린 것을 보충해야 할 것이다. 丙寅年 人日[83] 밤에 인경이 다섯 번 울릴 때 이 글을 썼노라."[84]라고 하였다.

1936년 黃侃이 죽자, 그의 아들 念田은 이 원고를 開明書店에서 영인하였는데, 『集韻聲類表』는 聲韻으로 綱目을 삼았다. 聲紐는 黃侃이 고증한 41개의 聲類에 근거하여 4권으로 나누었다. 1권은 喉音으로 影·喩·羽·曉·匣·見·溪·羣·疑 등

---

77 "『說文』: 旌旗之旒也, 或省亦作旇, 古作汓."
78 "當云古作逕, 見『說文』, 汓乃泅字也."('汓'見 『集韻』平聲四, 十八尤)
79 "此字從戶聲, 不得牀史切, 當刪戺而補戹, 『爾雅』落時謂之戹."
80 "宋本三十五頁, 每頁廿二行, 末頁十二行."
81 "宋本不空而多六字, 案六字非隧字注也, 空處當出履注云: 梁益謂履曰. 益信曹本與毛影本非一刻也."
82 식별하는 말 또는 작가의 말을 가리킴.
83 丙寅은 1926년으로, 人日은 음력 正月 7일이다.
84 "右廛據方成珪『集韻考正』所載, 略加檢覈, 其是非不悉同于方, 方校亦嫌其未盡, 更當補其闕漏也. 丙寅人日之夜漏五下."

9類이다. 2권은 舌音으로 端·知·照·透·徹·穿·審·乘·禪·泥·娘·日·來 등 15類이다. 3권은 齒音으로 精·莊·淸·初·從·牀·心·邪·疎 등 9類이다. 4권은 脣音으로, 幫·非·滂·敷·並·奉·明·微 등 8類이다. 매 類는 각각 上下의 두 가지 圖로 나뉜다. 그러므로 41聲類에 82圖이다. 上圖는 開口呼이고, 下圖는 合口呼이다. 표와 그림은 『切韻指掌圖』에 근거하고 『切韻指南』에 따라, 江攝을 독립시켜 놓았다. 표 안의 韻目 차례는 모두 『集韻』을 근거로 하였다. 매 圖는 四等으로 나뉘고 매 等은 平上去入의 四聲으로 나뉜다. 『集韻』의 매 小韻[85]의 첫 번째 글자를 취하여 대표로 삼아 매 音에는 圖의 代表字가 있다.

宋元의 等韻圖表 중에는 聲類를 綱으로 삼은 것이 없으니, 黃侃의 『集韻聲類表』는 聲類를 綱으로 삼은 첫 번째 저작이다.

(4) 施則敬의 『集韻本』

이 책은 『集韻』의 反切을 圖表로 나열하여 놓은 것이다. 自序에서 "내가 먼저 方成珪의 『集韻考正』을 얻어 한번 교감해 보니, 方成珪의 책이 비록 汪小米, 陳頌南 등 여러 사람들의 설을 채택하였다고는 하지만, 반박할 곳이 많아 이를 계승하지 않았다. 삼가 나의 견해를 말하자면, 이 표는 韻目을 經으로 삼아 陰聲은 아래에 열거하고, 入聲은 가운데 나열하였으며, 40개의 聲類를 緯로 삼았다. 다시 23攝으로 이를 통괄하여 위치를 정하고 音을 자세히 하였다. 聲類를 나누고, 等을 분별함에 이 규칙에 따라 조리 있게 나누어 놓았고, 질서정연하게 합하여 놓아, 학자들이 쉽게 익힐 수 있도록 하였다. 古音, 今音, 等韻 세 가지를 모두 갖추어 놓아 애매모호하지 않도록 하였다."[86]라고 하였다. 『集韻』의 反切을 정확하게 도표로 나열해 놓아 『集韻』 연구에 도움이 된다.

(5) 白滌洲의 『集韻聲類考』

이 책은 敍論, 『集韻』의 聲類, 『集韻』 反切音의 특징, 『集韻』의 反切音과 『廣韻』의 反切音 및 부록 등의 다섯절로 나뉘어져 있다. 敍論에서는 『集韻』의 聲類 系聯의

---

85 즉 매 韻마다 동일한 권점 아래의 글자를 말함.

86 "則敬先取方成珪『集韻考正』校勘一過, 方書雖雜採汪陳諸家之說, 顧亦有踳駁處, 未敢承也. 謹參以己見, 製爲斯表以韻目爲經, 陰聲列下, 入聲列中, 以四十聲類爲緯, 復統之以二十三攝, 定位審音, 分類辨等, 循其軌範, 務使分之有條不紊, 合之若網在綱, 學者熟玩, 庶於古音·今音·等韻三者融會貫通, 彼膠滯模棱之弊, 其俱可免也."

연구에 대해 설명하였다.

『集韻』의 聲類에서는 표를 나열하여 『集韻』의 聲類를 系聯한 결과를 설명하고, 39개의 聲類를 귀납해 냈다. 즉 見·溪·群·疑·端·透·定·泥·知·徹·澄·幇·滂·幷·明·非·敷·奉·微·精·淸·從·心·邪·莊·初·崇·生·章·昌·船·書·曉·匣·影·以·云·來·日의 39개이다. 또한 각류의 反切上字를 見類 52, 溪類 47 …… 등과 같이 모두 나열하여 밝혔다.

제 3절에서는 『集韻』반절의 특징을 설명하였다. ① 聲母의 조합방법에 주의한 것은 『集韻』이 처음이다. '見溪群疑', '端透定泥' 등과 같이 동일한 성조의 글자를 함께 배열하였다. 그러나 질서정연하게 배열하지는 않았다. ② 『集韻』은 당시의 독음을 채용하여 『廣韻』의 類隔을 音和된 反切로 수정하였다. ③ 『集韻』의 反切上字는 被切字와 같은 聲調의 글자라는 것을 고려하였다. 즉 平聲字인 反切上字는 平聲에 많이 사용되었고, 上聲字인 反切上字는 上聲에 사용되었으며 예외는 비교적 적었다. 그러나 『廣韻』은 이 점에 주의하지 못하였다. 예를 들면, '關'字는 『廣韻』에서는 古還切인데, 『集韻』에서는 姑還切로 되어 있다. '瓜'字는 『廣韻』에서는 古華切인데, 『集韻』에서는 姑華切로 되어 있다. ④ 『集韻』의 反切上字는 被切字와 같은 細音임에도 주의했다. 즉 四等字의 反切上字 역시 四等字에 사용되었다. 『廣韻』은 또한 여기까지는 주의하지 못했다. 예를 들어, '繭'字는 四等으로 『廣韻』에는 古典切인데, 『集韻』에는 吉典切로 되어 있다. '皎'字는 四等으로 『廣韻』에는 古了切인데, 『集韻』에는 吉了切로 되어 있다. 그러므로 『廣韻』의 反切上字는 470여 개뿐이지만,[87] 『集韻』에서는 869자로 증가되었다.

제 4절에서는 『廣韻』의 反切 3,875음과 『集韻』의 反切 4,473음을 비교하였는데, 그 중 『廣韻』本에는 있으나, 『集韻』에는 수록되지 않은 것, 『廣韻』에서는 나뉘어져 있으나 『集韻』에서는 합쳐진 것 등을 상세히 열거하였으며, 아울러 『集韻』에서 합친 것과 『廣韻』의 反切을 고친 이유도 설명하였다.

마지막 제 5절은 부록으로, 「集韻反切勘誤表」, 「集韻反切上字改用同聲調字一覽表」, 「集韻反切上字改用細音字一覽表」, 「集韻反切上字類隔改爲音和一覽表」 등이 있다.

87 陳澧가 고증한 것과 비교하여 18자를 더함.

3. 『韻略』·『禮部韻略』과 『增韻』

『韻略』 5권은 宋代 丘雍 등이 편찬하였다. 『廣韻』에서 중요한 글자를 취해 당시 과거 시험을 준비하는 데 사용했으므로, 『廣韻』의 간략본이라 하여 『韻略』이라 명명했는데 지금은 전하지 않는다.

『禮部韻略』 5권은 宋代 丁度 등이 『韻略』을 교정하여 지은 것으로, 예부 과거 시험을 준비하는 데 사용되었다. 이 책은 分韻 및 同用·獨用의 예가 『集韻』과 같다. 그러나 『禮部韻略』은 常用字만을 수록하고, 僻字는 刪去하여 9,590자만을 수록했다. 주석도 간소화하여 常用義 혹은 기본 의미만을 주하였는데, 예를 들면 "筒은 대나무 이름이다. 坷는 坎坷로 땅이 고르지 못하다는 뜻이다."[88] 등이다. 제일 많이 쓰이는 常用字에는 주석을 하지 않았다. 예를 들어 洞·同·火 등과 같은 글자에는 注를 달지 않았다. 唐代 開元 24년(736)이후, 조공과 과거는 예부에서 주관했으며, 官韻 역시 예부에서 반포하면서 수록된 글자와 주석을 모두 간략하게 했으므로, 『禮部韻略』이라 명명했다. 이는 당시의 官韻으로 편성하여 반포된 후에 세상에 보급되었다. 학자들은 오랫동안 부지런히 공부하여 과거에 합격하여 명성을 얻기를 바랐으므로, 이 책은 모두들 다 가지고 있는 필독서가 된 반면에 『集韻』은 사용하는 사람이 많지 않았다. 『禮部韻略』은 宋代 官韻이 되어 역대로 수정을 거치게 되었다. 지금 전하는 것은 『附釋文互注禮部韻略』 및 『增修互注禮部韻略』[89]이다.

『增韻』 5권의 원명은 『增修互注禮部韻略』이다. 宋代 官書 『禮部韻略』은 여러 차례의 중수를 거치게 되었다. 南宋에 이르러 毛晃은 원서에 수록된 글자가 너무 적었으므로, 전적들을 채집하고 韻에 의거해 증가시켰으며, 또한 音·義·筆畫의 오류를 바로잡아 『增修互注禮部韻略』을 지었다. 그의 아들 毛居正이 다시 교정하였다.

毛晃 父子의 『增修互注禮部韻略』[90]는 개인의 교정본에 속한다. 수정작업은 주로 4가지 부문에서 이루어졌다. 첫째, 2,655자를 더했다. 둘째, 1,691圈을 증가시켰다.[91] 셋째, 485자를 교정했다. 넷째, 주석 중에 많은 틀린 부분을 고쳤다. 그 외에 毛居正은 또 1,420자를 더하였다. 毛晃 父子의 『增韻』은 당시 유명하였고, 후인들도

88 "筒, 竹名. 坷, 坎坷, 地不平."

89 즉 『增韻』을 말함.

90 일반적으로 『增韻』이라 칭함.

91 『禮部韻略』 체제 중의 하나로, 어떤 글자에 다른 형태 혹은 다른 독음이 있으면 모두 이 글자밖에 동그라미를 그려 표기해야 했으므로 이를 圈字라 했다.

높게 평가했으며, 후세 劉淵의 『壬子新刊禮部韻略』, 宋濂 등이 편찬한 『洪武正韻』과 같은 책에서 주석 부분은 주로 『增韻』을 참고했으니, 그 영향을 짐작할 수 있다.

그러나 淸代 『四庫全書總目提要』에서는 毛晃 父子의 『增韻』을 비평하여 "古今 문자의 예를 알지 못하며, 古今 聲母·韻母의 다름을 알지 못한다."[92]라고 하였다. 지금으로서 보자면, 毛晃 父子는 고음에는 정통하지 못했지만, 시야를 좁혀 실제에서 출발하여, 당시 語音의 실제 상황을 설명할 수 있었다. 예를 들면 毛晃은 微韻 뒤에 주를 달아 말하기를 "한 韻이라는 것이 두 가지로 분석되니, 예를 들면 麻字韻은 奢字이하, 馬字韻은 寫字이하, 禡字韻은 藉字이하와 같이 모두 각각 따로 구별하였지만, 더불어 통할 수 있다. 이때문에 麻·馬·禡 등의 글자는 모두 喉音이고, 奢·寫·藉 등의 글자는 모두 齒音인데, 중원의 雅音으로 보자면, 매우 다르다."[93]라고 하였다. 毛晃이 제기한 이 語音 현상에 의거해, 현재 普通話에서도 이와 같이 바로잡아 麻·馬·禡 등의 글자는 [a]韻으로 읽고, 奢·寫·藉 등의 글자는 [ə]韻으로 읽는다. 그러므로 麻韻을 두 개로 나눈 것은 宋代에 이미 이루어졌음을 알 수 있다. 그리하여 당시 『禮部韻略』의 分韻도 증명했는데, 주로 『切韻』系韻書의 分韻을 표준으로 삼았고, 당시의 실제 語音은 고려하지 않았다.

4. 金·元·明代의 韻書 개혁

『切韻』계통의 韻書들은 『切韻』·『廣韻』·『集韻』·『禮部韻略』 등을 포함하고 있는데 『廣韻』에서부터 『集韻』과 『禮部韻略』 등은 모두 官韻이기 때문에 계속 정통의 위치를 차지하고 있었다. 이러한 韻書들의 韻을 나누는 기준은 당시 실제 語音을 고려하지 않고 『切韻』의 韻을 나눈 기준에 따랐다. 193韻에서 206韻으로 韻部를 나눈 것은 이러한 韻書의 주요 특징이다. 그리하여 이 韻書들에서의 韻의 분류는 당시 실제 語音과 거리가 점점 멀어지게 되어, 필연적으로 『切韻』 계통의 韻書들에 대한 개혁이 있어야 한다는 요구가 나오게 되었다. 아래에서는 어느 정도 개혁된 韻書를 소개해 보고자 한다.

---

92 "不知古今文字之例, 又不知古今聲韻之殊."

93 "所謂一韻當析爲二者, 如麻字韻自奢以下, 馬字韻自寫以下, 禡字韻自藉字以下, 皆當別爲一韻, 但與之通可也. 蓋麻·馬·禡等字皆喉音, 奢·寫·藉等字皆齒音, 以中原雅音求之, 夐然不同矣."

1) 『五音集韻』

『五音集韻』15권은 金代 韓道昭가 지었다. 이 책은 韓道昭가 그의 부친 韓孝彦이 쓴 『四聲篇海』를 다시 고쳐 편집한 것이다. 이 책은 金代 泰和 8年(1208)에 완성되었다고 알려지는데 韓道昭가 序言을 쓴 해, 즉 金代 崇慶元年(1212)[94]에 완성했다는 설이 있다. 현존 자료로 볼 때 진정한 개혁은 먼저 『五音集韻』에서 이루어졌다고 볼 수 있다. 이 책에 수록된 글자는 대부분 여전히 『廣韻』, 『集韻』을 저본으로 하고 있지만 韻部와 체제면에서 다소간 개혁이 있었다.

먼저 韻部를 합하여 160개로 만들었다.

上平第一

東[第一獨用][95]　冬[第二鍾同用]　鍾[第三]

江[第四獨用]　脂[第五獨用](支)(之)　微[第六獨用]

上平第二

魚[第七獨用]　虞[第八模同用]　模[第九]

齊[第十獨用]　皆[第十一獨用](佳)　灰[第十二咍同用]

咍[第十三]

中平第三

眞[第一諄同用](臻)　諄[第二]　文[第三獨用]

殷[第四獨用]　痕[第五魂元同用]　魂[第六]

元[第七]

中平第四

寒[第八桓同用]　桓[第九]　山[第十獨用](刪)

仙[第十一獨用](先)　宵[第十二獨用](蕭)　肴[第十三獨用]

豪[第十四獨用]　歌[第十五戈同用]　戈[第十六]

麻[第十七獨用]

下平第五

陽[第一唐同用]　唐[第二]　庚[第三清同用](耕)

清[第四]　靑[第五]　蒸[第六]

登[第七]

---

94 王力의 『漢語音韻學』 478쪽 참조.

95 원래 韻目字 앞에 反切이 있었는데 모두 수록하지 않았다.

下平第六

尤[第八侯同用](幽)　侯[第九]　侵[第十獨用]
覃[第十一獨用](談)　鹽[第十二獨用](添)　咸[第十三獨用](銜)
凡[第十四獨用](嚴)

上聲第七

董[第一獨用]　腫[第二獨用]　講[第三獨用]
旨[第四獨用](紙)(止)　尾[第五獨用]　語[第六獨用]
麌[第七姥同用]　姥[第八]　薺[第九獨用]
駭[第十獨用](蟹)　賄[第十一海同用]　海[第十二]

上聲第八

軫[第一准同用]　准[第二]　吻[第三獨用]
隱[第四獨用]　狠[第五混阮同用]　混[第六]
阮[第七]　旱[第八緩同用]　緩[第九]
産[第十獨用](潸)　獮[第十一獨用](銑)　小[第十二獨用](篠)
巧[第十三獨用]　皓[第十四獨用]　哿[第十五果同用]
果[第十六]　馬[第十七獨用]

上聲第九

養[第一蕩同用]　蕩[第二]　梗[第三靜同用](耿)
靜[第四]　迥[第五獨用]　拯[第六等同用]
等[第七]　有[第八厚同用](黝)　厚[第九]
寢[第十]　感[第十一獨用](敢)　琰[第十二獨用](忝)
豏[第十三獨用](檻)　范[第十四獨用](儼)

去聲第十

送[第一獨用]　宋[第二用同用]　用[第三]
絳[第四獨用]　至[第五獨用](置)(志)　未[第六獨用]
御[第七獨用]　遇[第八暮同用]　暮[第九]
霽[第十祭同用]　祭[第十一]　泰[第十二獨用]
怪[第十三獨]用(卦)(夬)　隊[第十四代同用]　代[第十五]
廢[第十六獨用]

去聲第十一

震[第一稕同用]　稕[第二]　問[第三獨用]
焮[第四獨用]　恨[第五愿願同用]　愿[第六]
願[第七]　翰[第八換同用]　換[第九]
諫[第十獨用](襉)　線[第十一獨用](霰)　笑[第十二獨用](嘯)
效[第十三獨用]　號[第十四獨用]　箇[第十五過同用]
過[第十六]　禡[第十七獨用]

去聲第十二

漾[第一宕同用]	宕[第二]	諍[第十三勁同用](敬)
勁[第四]	徑[第五]	證[第六嶝同用]
嶝[第七]	宥[第八候同用](幼)	候[第九]
沁[第十]	勘[第十一獨用](闞)	艷[第十二獨用](㮇)
陷[第十三獨用](鑒)	梵[第十四獨用](釅)	

入聲第十三

屋[第一獨用]	沃[第二獨用]	燭[第三]
覺[第四]		

入聲第十四

質[第一術同用](櫛)	術[第十二]	物[第三獨用]
迄[第四獨用]	沒[第五月同用]	月[第六]
曷[第七末同用]	末[第八]	鎋[第九獨用]
薛[第十獨用](屑)		

入聲第十五

藥[第一鐸同用]	鐸[第二]	陌[第三昔同用](麥)
昔[第四]	錫[第五獨用]	職[第六德同用]
德[第七]	緝[第八獨用]	合[第九獨用](盍)
葉[第九獨用](帖)	洽[第十一獨用](狎)	乏[第十二獨用](業)

이상의 韻目에서 뒤에 나타나는 ( )안의 글자, 예를 들어 (支)·(之)들은 병합된 韻部로, 모두 46개이다. 즉『切韻』系의 韻書는 韻部를 206개로 나누었으나, 韓道昭의『五音集韻』은 이를 병합하여 160개의 韻部로 만든 것이다. 韻部의 병합은『廣韻』에 실린 同用의 예를 완전히 따른 것이 아니며,『廣韻』과 비교해 보면 아래와 같은 몇 가지 상황으로 나타난다.

첫째,『廣韻』에서 同用인 것이『五音集韻』에서도 여전히 同用인 것으로, 예를 들면 冬과 鍾이 있다.

둘째,『廣韻』에서는 同用이나『五音集韻』에서는 이를 하나의 韻部로 합한 것으로, 예를 들면 佳가 皆로 합쳐진 것이다.

셋째,『廣韻』에는 세 개의 韻이 同用으로 쓰였는데『五音集韻』에서도 역시 세 韻을 同用한 것이다. 예를 들면 狠·混·阮이다. 또한 그 중 하나는 병합시키고 다른 하나는 同用으로 남겨 놓은 것도 있으니, 예를 들면 耕은 庚에 병합시키고, 淸과 庚은 同用으로 남겨 놓은 것이다. 그리고 세 韻을 전부 병합시킨 것도 있으니, 예를 들면 支·之가 脂에 병합된 것이다.

넷째, 『廣韻』의 同用이 『五音集韻』에서는 반대로 獨用으로 나뉜 것이다. 예를 들면 文과 殷이 있다.

韻部의 병합 상황에 대해 韓道昭의 사촌형인 韓道昇은 『五音集韻』序에서 말하기를 “내 아우 韓道昭는 ……韻部에서 옛 법이 복잡하고 그 체계가 同聲과 同韻을 두 곳에 배열해 놓은 것임을 보고, 비로소 聲母와 韻母를 병합할 수 있음을 알았다. 그리고 전에는 先·宣을 한 類로, 移·齊를 同音으로, 薛·雪을 가까이 놓은 것을 보고 이것을 예로 들었다. 다만 山删·獮銑·豏檻·庚耕·支脂之는 본래 하나인데 怪·卦·夬는 어떻게 세 가지로 나눌 수 있는가? 開合에 다름이 없고, 等이 모두 같고, 姓例에 차이가 없으므로 병합할 수 있다.”[96]라고 하였다.

이로부터 알 수 있는 것은 무릇 합병된 韻은 마땅히 ‘開合에 다름이 없고 等이 같아야 한다.’[97]라는 것이다. 보통 同用이면서 병합되지 않은 韻은 세밀한 차이는 있지만 音이 비슷해 통할 수 있는 것들이다. 보통 獨用韻은 韻과 韻사이에 비교적 큰 차이를 지니고 있다.

『五音集韻』의 反切은 기본적으로 『廣韻』을 따랐으며, 또한 『集韻』도 채용하였다. 어떤 것은 『廣韻』과 『集韻』을 모두 열거한 것도 있는데 그 중 하나의 反切은 又音으로 처리하였다. 예를 들면 弓은 『廣韻』에서는 居戎切이라 하고, 『集韻』에서는 居雄切이라 하였는데, 『五音集韻』에서는 居雄切이라 하고, 居戎切은 又音이라 하였다. 또한 韓道昭가 직접 만들어 낸 反切도 있으니, 예를 들면 洪을 『廣韻』에서는 戶公切이라 하고, 『集韻』에서는 胡公切이라 하였는데, 『五音集韻』에서는 戶工切이라 한 것이다. 『五音集韻』에 나온 [ə]韻의 구분 역시 기본적으로 『廣韻』에 근거하고, 『集韻』도 참고하여 몇 가지를 보충한 것이다. 韻字의 주석에 있어서는 주로 『廣韻』에 의거하였다. 따라서 『五音集韻』이 비록 개혁적이기는 하지만 『廣韻』과 『集韻』 등의 韻書의 영향을 많이 받았음을 알 수 있다.

『五音集韻』은 전체의 편제 체제에 있어서 비교적 큰 개혁이 있었다. 『切韻』系의 韻書, 예를 들면 『廣韻』과 『集韻』 등은 매 韻 아래에 同音字를 조를 나누어 배열해 놓고 있다. 그러나 『五音集韻』은 36字母에 따라 배열하였으니, 즉 見·溪·群·疑·端·透·定·泥·知·徹·澄·娘·幫·滂·幷·明·非·敷·奉·微·精·淸·從·心·邪

96 “吾弟韓道昭, ……見韻中古法繁雜, 取之體計同聲同韻兩處安排, 一母一音方知敢幷. 却想舊時先宣一類·移齊同音·薛雪相親, 擧此爲例. 只如山删·獮銑·豏檻·庚耕·支脂之本是一家, 怪卦夬何分三類? 開合無異, 等第俱同, 姓例非差, 故云可幷.”

97 “開合無異, 等第俱同.”

·照·穿·床·審·禪·曉·匣·影·喩·來·日의 순서로 되어있다. 이것은 바로 韻部이외에도 聲類를 분명하게 밝히고 있는 것이다. 매 聲類마다 만약 開合의 구별이 있으면 이를 다시 나누어 배열하였다. 마지막에는 ㊀㊁㊂㊃를 이용해 어느 等에 속하는지를 밝히고 있다. 『五音集韻』의 이러한 배열과 연구는 淸代 陳澧의 『切韻考』에서의 기본 작업과 완전히 일치한다. 이밖에도 韓道昇은 序에서 말하기를 "金 皇統年間(1141～1149)에 洨川의 荊璞에 字가 彦寶인 사람이 聲韻의 미세함에 통달하고 여러 책들의 깊은 뜻을 두루 살펴봄에, 특히 36字母를 韻部에 첨가하여 聲母에 따라 切語를 취함으로써 배우는 자들이 이를 쉽게 취할 수 있도록 하였다."[98]라고 하였다. 이것은 바로 사회가 발전하고 語音연구가 발전함에 따라, 사람들의 語音에 대한 연구도 韻部를 분석하고 연구할 뿐만 아니라, 聲類도 분석하고 연구할 수 있게 되어, 이에 따라 等韻學 연구가 흥기하게 되었음을 설명해 주고 있다.

『五音集韻』에 나타난 편제 체제의 개혁은 후세의 韻書에 큰 영향을 미쳤다. 예를 들어 후에 출현한 『韻略易通』·『五方元音』 등의 韻書들도 체제에 있어 韻을 나누었을 뿐만 아니라 聲類도 나누었다. 이로써 『五音集韻』이 혁신적인 역할을 담당하였음을 알 수 있다. 『四庫全書總目提要』에서는 『古今韻會擧要』를 평하기를 "金 韓道昭의 『五音集韻』부터 비로소 7音·4等·36字母로 唐宋의 字紐(小韻)[99]를 바꾸기 시작하여 韻書에 일대 변화를 가져왔다. 南宋의 劉淵이 淳祐 壬子年間에 새로 펴낸[100] 『禮部韻略』에서 통용되는 부분을 병합하기 시작했는데, 이것 역시 韻書의 또 다른 변화이다."[101]라고 하였다. 따라서 중국 韻書의 발전에 있어서 韓道昭의 『五音集韻』은 韻部와 체제의 혁신면에서 중요한 작용을 하였음을 알 수 있다.

2) 『古今韻會擧要』

『古今韻會擧要』 30권은 간단히 『韻會』라고도 하며 元初 熊忠이 지은 것이다. 熊忠의 字는 子中으로 昭武[102] 사람이다. 宋末 黃公紹가 『古今韻會』를 지었는데, 熊忠은 그 책이 너무 광범위하다고 여겨 이에 『古今韻會擧要』를 지었다. 이 책의

98 "至大金皇統年間, 有洨川荊璞字彦寶, 善達聲韻幽微, 博覽群書奧旨, 特將三十六母添入韻中, 隨母取切, 致使學流取之易也."

99 濮之珍 원문에는 그냥 '紐'만 되어 있으나 『四庫全書總目提要』에 따라 '字紐'로 고친다.(譯註)

100 濮之珍 원문에는 '所刊'으로 되어 있으나 『四庫全書總目提要』에 따라 '新刊'으로 고친다.(譯註)

101 "自金韓道昭『五音集韻』始以七音·四等·三十六母, 顚倒唐宋之字紐, 而韻書一變 ; 南宋劉淵淳祐壬子新刊『禮部韻略』始合幷通用之部分, 而韻書又一變."

102 지금의 福建省 邵武縣을 말함.

部目은 劉淵(?~310)의 『壬子新刊禮部韻略』에 근거하여 107韻으로 나누었다. 매 部의 글자는 또 7音·4等·36字母의 순서에 따라 배열하여 기본적으로는 『五音集韻』과 같다. 文字·訓詁 및 宋·元間의 語音을 연구하는 데 중요한 자료가 되는 이 책은 元代 大德元年(1297)에 이루어졌다.

『古今韻會擧要』는 형식면에서는 전통적인 分韻방법을 계승하였으나, 사실상 韻類와 聲類를 나눌 때 당시의 실제 語音을 참조하였으니, 漢語語音史의 연구에 공헌한 바가 크다고 할 수 있다.

熊忠은 『古今韻會擧要』제1권에서 東韻의 攏字 뒤에 싣고 있는 小注와 評語에서 자신의 관점을 설명하고 있다. 그는 宋代 洪邁(1123~1202), 吳棫(1100~1154), 毛晃 등의 견해를 인용하면서 『禮部韻略』은 宋代에 이미 실제 語音과 차이가 있었음을 제기하였다. 예를 들면 洪邁는 『容齋隨筆』에서 말하기를 "『禮部韻略』에서 나눈 글자 중에 일반적인 통념에 전혀 맞지 않는 것이 있는데 예를 들면 東·冬·淸·靑은 隔韻으로 서로 통하지 않는다. 후인들 가운데 四聲切韻을 연구하는 학자들은 한사코 자신의 설을 세우려 했으나 옳은 것은 없었다."[103]라고 하였다. 熊忠도 역시 "옛 운을 모아 놓은 것을 보면 한 운이 있는 글자를 여러 운으로 나누어 놓아 서로 통하지 않게 한 것이 있고, 여러 운이 있는 글자를 하나의 운으로 합쳐 놓아 서로 어울리지 않게 한 것이 있으니, 前代의 儒家들이 논한 바와 같다. 또 예를 들자면 東韻의 公·東이 따로 한 음이고 弓·藭이 따로 한 음인데, 이 두 운을 하나의 운으로 합쳐 놓았고, 冬韻의 攻·冬과 公·東이 같은 음이고 恭·銎과 弓·藭이 같은 음인데 이 하나의 운을 두 운으로 나누어 놓았다."[104]라고 지적하였다. 그는 또 말하기를 『禮部韻略』이 후대에 쓰인 지가 오래 되었기 때문에 한 번에 그것을 고치기는 어려우므로, 전통에 따라 劉淵의 『壬子新刊禮部韻略』에서 귀납한 107韻을 채용한다고 하였다. 그러나 당시의 실제 語音은 여기서 구분한 107韻과 일치하지 않는다.

『古今韻會擧要』는 구체적인 韻字를 배열할 때 모든 운을 類에 따라 모아서 같은 韻母의 글자들을 한 곳에 모아 놓고 한 韻母의 대표자를 뽑아 놓았다. 예를 들면 東韻의 公·東·通·空·同·蓬·蒙·風·豊·馮……등 같은 組의 글자 뒤에 "이상의 7음은 '公'字母韻에 속한다."[105]라고 注를 달아 놓았다. 東韻의 弓·穹·窮·蟲·融

103 "『禮部韻略』所分字, 有絶不近人情者, 如東·冬·淸·靑, 至于隔韻而不通. 後人爲四聲切韻之學者必强爲立說, 然終爲非是."

104 "舊韻所收, 有一韻之字而分入數韻不相通者, 有數韻之字而混爲一韻不相諧叶者, 不但如前諸儒所論而已. 且如東韻公東是一音, 弓藭是一音, 此二韻混爲一韻者也; 冬韻攻冬與公東同, 恭銎與弓藭同, 此一韻分爲二韻者也."

·隆·戎 등의 組의 글자들 뒤에는 "이상은 弓字母韻에 속한다."[106]라고 注하였다. 平聲 각 운에 속하는 각 글자들의 字母韻과 韻部는 많거나 적게 연계되어 있는데, 예를 들면 '公' 字母韻에 속하는 글자는 庚·蒸·東·冬 네 개의 운에 모두 들어 있다. 이는 바로 옛 운의 구분이 사회의 발전과 語音의 변화로 인해 이미 당시의 실제 독서음과는 상당히 차이가 있었다는 것을 설명해 준다. 다시 入聲韻을 예로 들면 『切韻』音系의 入聲의 韻尾에 대해서는 近人이 -p·-t·-k로 재구하였는데, 『廣韻』에서는 기본적으로 이러한 구분이 명확하다. 그러나 『古今韻會擧要』에서는 이미 완전히 구분이 없어졌고 어떤 것은 하나로 합쳐 놓았다. 예를 들면 '緝'운은 원래 -p로 끝나고 '質'·'勿'두 개의 운은 원래 -t로 끝나며 '錫'·'陌'·'職'세 개의 운은 원래 -k로 끝난다. 그런데 『古今韻會擧要』에서는 그것들을 모두 '訖'字母韻에 놓아 원래의 -p·-t·-k의 구분이 없어졌다. 약 20년 뒤에 출현한 『中原音韻』은 入聲을 平·上·去의 三聲에 집어넣어 -p·-t·-k로 구분되는 체계를 없애 버렸다. 이는 바로 『古今韻會擧要』와 서로 증명되는 부분으로 入聲韻의 발전변화를 구체적으로 설명해 준다.

『古今韻會擧要』의 聲類는 기본적으로 『五音集韻』과 마찬가지로 매 운의 아래에 성류를 구분하였다. 그러나 성류의 구분과 標注[107]에 차이가 있다. 『古今韻會擧要』의 「韻例」에서 설명하기를 "옛 운에서 수록한 것은 본래 순서가 없었는데 지금은 매 운을 7音·4等으로 나누어 놓아 '見'에서 시작하여 '日'에서 끝나며 36字母가 한 韻으로 되어 있다."[108]라고 하였으니 「韻例」에 근거하여 다음과 같은 상황을 알 수 있다.[109]

첫째, 이 책에는 '見'에서 시작하여 '日'에서 끝나는 36字母에 대한 설명이 없고 다만 7音에 대해서만 상세하게 注를 달았다. 즉 角·徵·宮·商·羽·半徵商·半商徵 등이다. 그 중 宮音은 宮과 次宮으로 나뉘고 商音은 商과 次商으로 나뉜다. 모든 음은 角音·宮音이 다시 淸音·濁音·次淸音·次濁音·次淸次音·次濁次音 등으로 나뉘는 것과 같이 나누어 놓았다.[110]

둘째, 이 책에는 「韻例」이외에도 「禮部韻略七音三十六母通考」가 있어, 매 운 아

105 "以上案七音屬公字母韻."

106 "以上屬弓字母韻."

107 원래의 注를 가리킴.(譯註)

108 "舊韻所載本無次序, 今每韻幷分七音·四等, 始于"見", 終于"日", 三十六母爲一韻."

109 趙誠의 『中國古代韻書』 참조. 이 책에는 부록으로 『韻會擧要』七音三十六類表가 있다.

110 모든 운을 완전히 이렇게 나눈 것은 아니다.

래에 있는 聲類 36母를 써 놓고 있다. 이 36母는 『五音集韻』에서 채용한 36母와 차이가 있다. 즉 36母의 순서에 차이가 있으며 또 '魚·幺·合' 세 개의 대표자가 늘어났고 '照·穿·床' 세 개의 대표자가 줄어들었다. 늘어난 세 개의 대표자 중 '魚'母는 '疑'母 三等字와 '喩'母 三等字를 병합한 것이다. '幺'母는 '影'母에서 나온 것이고 '合'母는 '匣'母에서 나온 것이다. 줄어든 세 개의 대표자 중 '照'母는 '知'母에 합쳐졌고, '穿'母는 '徹'母에 합쳐졌으며, '床'母는 '澄'母에 합쳐졌다.

셋째, 이 책은 '疑·喩' 두 자모를 나누어 놓았고 또 원래 三等인 두 자모 '疑·喩'字를 하나로 합하여 따로 '魚'母를 세웠다.

넷째, 「韻例」에서는 매 운의 聲類를 4等으로 나누었다고 하였는데 실제로 책에서 등급을 일일이 설명해 놓지는 않았다.

이외에도 『古今韻會擧要』는 문자의 원류를 고증하고 있어 漢代 이전의 문자의 通假 방면에 있어서도 어느 정도 가치가 있다. 예를 들면 『詩經·召南·采蘋』에서 말하기를 "이것을 어디다 삶을까, 가마솥 옹솥에 삶지."[111]라고 하였는데 『韓詩外傳』에서는 "于以鬺之"라고 썼다. 姚際恒(1647～1715)은 『詩經通論』의 注에서 말하기를 "鬺은 삶는 것이므로 마땅히 韓詩를 따라야 한다."[112]라고 하였다. 『說文』에는 '鬺'字가 없고 王念孫의 『廣雅疏證』에서는 『漢書·郊祀志』에 근거하여 '亯'과 '鬺'은 서로 통한다고 하였다. 錢大昕은 『潛研堂集』에서 '亯'은 바로 "于以湘之"의 '湘'이라고 하였다. 그리고 『韻會擧要』에서는 일찍이 『漢書·郊祀志』의 "삶아서 上帝를 흠향한다."[113]와 『史記·武帝紀』의 "모두 삶아서 흠향케 한다."[114]를 인용하여 "鬺은 본래 亯으로 썼다"[115]는 것을 설명하는 증거로 삼았다. 이 책에서는 고대 전적을 인용하여 고대 문자의 形·音·義에 대한 관계와 문자의 通假 등을 연구하는 데 적지 않은 증거를 제공해 주고 있다. 이러한 예들은 매우 많으니 張行孚가 淸 光緖 9년에 淮南書局에서 간행한 『古今韻會擧要』에 쓴 跋文이 참고할 만하다.

결론적으로 『古今韻會擧要』의 分韻은 표면상으로는 전통을 따랐지만, 실제로는 당시의 讀音을 참조하여 개혁을 진행하였다. 이것은 작자가 韻書의 편제는 당연히 당시의 실제 語音을 근거로 해야 함을 인식하였다는 사실을 반영해 준다. 『四庫全書提要』에서 『古今韻會擧要』를 평하기를 "金의 韓道昭의 『五音集韻』이 7音·4等·

---

111 "于以湘之, 維錡及釜."
112 "鬺, 烹也, 似宜從韓."
113 "鬺享上帝."
114 "皆嘗鬺享."
115 "鬺本作亯."

36字母로서 唐宋의 字紐 小韻을 변화시킨 이래로 韻書가 한차례 바뀌었으며, 南宋 劉淵이 淳祐 壬子年에 『禮部韻略』을 새로 발간하여 통용되는 부분을 합병함으로써 韻書가 다시 한 번 바뀌었다. 熊忠이 지은 이 책의 字紐는 韓道昭의 방법을 따랐고, 부분적으로 劉淵의 조례를 채용하였다. 두 사람의 변화를 모두 겸용하였으므로, 韻書의 옛 체례는 이에 이르러 완전히 변하여 전해지지 않게 되었다."[116]라고 하였다.

熊忠은 語音의 발전 변화를 충분히 인식하였으니, 이러한 관점은 매우 정확한 것이다. 前人들은 전통에 얽매여 있었기 때문에, 語音사 연구에 있어서 이 책의 중요성을 충분히 인식하지 못하였으므로, 이를 그다지 중시하지 않았다.

3) 『洪武正韻』

『洪武正韻』은 16卷으로, 簡稱하여 『正韻』이라고 한다. 洪武 8년(1373)에 만들어졌다. 明代 洪武때 樂韶鳳·宋濂 등이 조서를 받들어 편찬하였다. 樂韶鳳은 字가 舜儀이며, 全椒[117] 사람이다. 宋濂은 字가 景濂, 號는 潛溪로 浦江[118] 사람이다. 이 책의 文字와 訓詁는 毛晃父子의 『增修互注禮部韻略』에 근거하였고, 分韻과 글자의 귀납은 周德淸의 『中原音韻』에 가깝다. 이 책은 曲韻 南派의 창시 저작이다.

『洪武正韻』 역시 官이 주도한 韻書로, 모두 11명이 칙명을 받들어 편찬하였다. 宋濂이 적은 序文에는 그들이 『洪武正韻』을 편찬한 동기 즉 『切韻』體系에 대한 불만이 드러나 있다. 그들은 "韻學이 江左에서 흥기하여 특히 正音을 잃게 되었다."[119]라고 인식하고 "오로지 中原의 雅音으로써 정하기 위하여"[120] 새로운 韻書를 편찬하게 된 것이다. 만약 『洪武正韻』이 진실로 '오직 중원의 雅音으로써 정하여졌다'면 『中原音韻』과 견줄 수 있을 만한데, 아쉽게도 『洪武正韻』은 구체적인 편찬에 있어 나름대로 결정한 원칙을 관철할 수 없었다. 明代 呂坤은 『交泰韻』에서 평론하기를 "…… 그러나 『正韻』이 처음으로 편수될 즈음에, 조정에서는 여러 신하들을 불러 명하기를 '韻學이 江左에서 흥기하여 특히 正音을 잃게 되었으니 모름지기 中原의

116 "自金韓道昭『五音集韻』始以七音·四等·三十六母顚倒唐宋之字紐, 而韻書一變, 南宋劉淵淳祐壬子新刊『禮部韻略』始合幷通用之部分, 而韻書又一變. 忠此書字紐遵韓氏法, 部分從劉氏例, 兼二家所變而用之, 而韻書舊第至是盡變無遺."
117 지금의 安徽省 全椒縣을 가리킴.
118 지금의 浙江省 義烏 西北을 말함.
119 "韻學起于江左, 殊失正音."
120 "一以中原雅音爲定."

雅音으로 정하도록 하시오.'라고 하였다. 여러 신하들은 이 때부터 雅音을 만들게 되었다. 『正韻』을 살펴보면 江左의 구습을 벗어나지 못한 것이 있는데, 예를 들면 序·敍·象·尙·丈·杏·幸·棒·項·受·舅 등의 글자를 모두 上聲으로 간주하고 있는 것이다. 이러한 예들이 상당히 많은데, 이는 모두 雅音과 다르다."[121]라고 하였다.

樂韶鳳·宋濂 등이 편찬한 『洪武正韻』이 완전히 中原의 雅音을 따를 수 없었던 까닭을 분석해 보면 다음과 같다.

첫째, 이들은 황제의 칙명을 받들어 이 책을 편찬하였기 때문에 완전히 전통을 부정할 수 없었다. 둘째, 당시에는 아직 北京으로 도읍을 옮기지 않았으므로, 中原地區가 매우 넓어 '中原雅韻'에 대한 인식이 명확하지 못하였다. 셋째, 편찬에 참가한 11인 가운데 본적을 알 수 있는 사람들을 근거로 살펴보면, 한 사람의 몽고인만을 제외하고, 모두가 南方 사람들이다. 그 가운데 세 사람은 浙江省 사람이므로[122], 편찬 과정에서 자기 방언의 영향을 받지 않을 수 없었을 것이다. 그러므로 어떤 학자들은 이 책이 古音도 今音도 아니며, 南方音도 北方音도 아닌 韻書이기 때문에 참고할 만한 가치가 없다고 비평한다. 그러나 반면에, 이 책이야말로 "元明代에 중요한 위치를 차지하며, 『中原音韻』과 明淸시대 『中原音韻』派의 여러 韻書들을 연결하는 교량 역할을 하였다."[123]라고 칭찬하는 학자들도 있다.

『洪武正韻』의 分韻 특징은 『禮部韻略』의 韻部를 개정하였다는 것이다. 예를 들어, 宋濂의 序에는 "獨用 가운데에는 마땅히 통용되는 것들이 있는데, 예를 들면 東冬淸靑과 같은 것들이다. 또한 하나의 韻을 두 가지 韻으로 나눌 수 있는 것이 있는데, 예를 들면 虞模麻遮와 같은 것들이다."[124]라고 하였다. 『洪武正韻』은 舊韻을 귀납, 분석한 후에 모두 76部로 나누었다. 즉 平, 上, 去聲이 각각 22部이고, 入聲이 10部이다. 韻目은 다음과 같다.

平聲

一東	二支	三齊	四魚	五模	六皆	七灰
八眞	九寒	十刪	十一先	十二蕭	十三爻	十四歌

121 "……但『正韻』之初修也, 高廟召諸臣而命之云'韻學起於江左, 殊失正韻, 須以中原雅音爲定'; 而諸臣自以爲雅音矣. 及査『正韻』, 未必盡脫江左故習, 如序·敍·象·尙·丈·杏·幸·棒·項·受·舅等字俱作上聲. 此類頗多, 與雅音異."

122 趙蔭棠의 『中原音韻硏究』 27쪽에 『洪武正韻』을 편찬한 11명에 대한 本籍 자료가 있다.

123 "在元明之間占很重要的位置, 它是『中原音韻』與明淸『中原音韻』派的諸韻書的過渡橋." 趙蔭棠의 『中原音韻硏究』 26쪽 참조.

124 "有獨用當幷爲通用者, 如東冬淸靑之屬 ; 亦有一韻當析爲二韻者, 如虞模麻遮之屬."

十五麻 十六遮 十七陽 十八庚 十九尤 二十侵 二十一覃
二十二鹽

上聲

一董 二紙 三薺 四語 五姥 六解 七賄
八軫 九旱 十產 十一銑 十二篠 十三巧 十四哿
十五馬 十六者 十七養 十八梗 十九有 二十寢 二十一感
二十二琰

去聲

一送 二置 三霽 四御 五暮 六泰 七隊
八震 九翰 十諫 十一霰 十二嘯 十三效 十四箇
十五禡 十六蔗 十七漾 十八敬 十九宥 二十沁 二十一勘
二十二豔

入聲

一屋 二質 三曷 四轄 五屑 六藥 七陌
八緝 九合 十葉

『洪武正韻』은 舊韻을 합병하였는데 劉淵의 『壬子新刊禮部韻略』 등과는 다르다. 劉淵 등은 단지 모든 韻部를 귀납시켰으니, 예를 들면 支韻의 모든 글자와 脂·之 두 韻의 모든 글자를 병합하였다. 『洪武正韻』은 모든 글자들을 다시 분류하였는데, 예를 들면 二支에 포함된 글자는 支·脂·之·微의 네 韻 가운데 일부분의 글자뿐이다. 이외에도 支韻의 '離·彌', 脂韻의 '尼·肌', 之韻의 '基·欺', 微韻의 '機·幾'를 三齊로 귀납하였다. 또 支韻의 '規·危', 脂韻의 '追·推', 微韻의 '歸·揮'를 모두 七灰에 포함시켰다. 이러한 귀납법은 『中原音韻』과 같다. 그러나 어떤 글자를 어느 部에 포함시켰는가에 있어서는 『中原音韻』과 다른 곳이 상당히 많다.

『洪武正韻』은 中原 雅音으로 정한 것으로, 舊韻의 反切을 바꾸었다. 劉文錦은 反切 系聯에 근거하여 『洪武正韻聲類考』를 지었는데[125], 아래와 같이 31類로 귀납하였다.

古類(즉 等韻見母)(이하생략) 陟類(즉 等韻知照二母)(이하생략)
苦類(즉 溪母) 丑類(즉 徹·穿二母)
渠類(즉 羣母) 直類(즉 澄·牀二母)
五類(즉 疑母) 所類(즉 審母)

125 『中央研究院歷史語言研究所集刊』三本二分 참조.

呼類(즉 曉母)	時類(즉 禪母, 牀母일부분)
胡類(즉 匣母)	而類(즉 日母)
烏類(즉 影母)	子類(즉 精母)
戶類(즉 來母)	七類(즉 淸母)
博類(즉 幫母)	昨類(즉 從母, 또 牀母4자, 澄母1자)
普類(즉 滂母)	浦類(즉 并母)
蘇類(즉 心母)	莫類(즉 明母)
徐類(즉 邪母)	方類(즉 非敷二母)
都類(즉 端母)	符類(즉 奉母)
佗類(즉 透母)	武類(즉 微母)
徒類(즉 定母)	以類(즉 喩母, 또 疑母일부분)
奴類(즉 泥娘二母)	

趙蔭棠의 『中原音韻硏究』에서는 『洪武正韻』과 『中原音韻』을 비교, 연구하여 '『中原音韻』과 합치되는 것은 分韻이고, 『中原音韻』과 다른 것은 陰陽을 나누지 않은 것과 入聲을 보존하고 있는 것'[126]이라고 생각하였다.

그는 『洪武正韻』의 平聲을 대표로 하여 『中原音韻』과 같은 부분을 조사했다. 그는 '대조해 보면 거의 전부가 같다'[127]고 여기고 다음과 같이 말했다.

> 東韻은 東鍾과 같고, 支韻은 支思와 같고, 齊韻과 灰韻은 齊微와 같고, 魚韻과 模韻은 魚模와 같고, 刪韻은 寒山과 같고, 寒韻은 桓歡과 같고, 皆韻은 皆來와 같고, 先韻은 先天과 같고, 眞韻은 眞文과 같고, 歌韻은 歌戈와 같고, 麻韻은 家麻와 같고, 遮韻은 車遮와 같고, 陽韻은 江陽과 같고, 庚韻은 庚靑과 같고, 尤韻은 尤侯와 같고, 侵韻은 侵尋과 같고, 覃韻은 監咸과 같고, 鹽韻은 廉纖과 같다. 오직 蕭韻과 爻韻만이 『中原音韻』에서는 蕭豪로 되어 있고, 『洪武正韻』에서는 2개 운으로 나뉘어 'ou'와 'au'의 구분이 있게 되었다. …… 결론적으로 말해서, 分韻은 거의 전부가 『中原音韻』을 따른 것이다.[128]

그러나 『洪武正韻』과 『中原音韻』은 또 두 가지의 큰 차이점을 가지고 있는데 서술해 보면 다음과 같다.

첫째, 『洪武正韻』의 平聲은 陰陽을 나누지 않았다.

平聲을 陰陽으로 나눈 것은 『中原音韻』 및 北韻系 운서의 특징 중의 하나인데

126 "與『中原』相合者是分韻, 不合乎『中原』者是不分陰陽與保存入聲"

127 "對照起來, 幾乎全同" 『中原音韻硏究』 29쪽 참조. 작가는 『中原音韻』 2장의 標音과 『正韻』의 平聲標音을 서로 대조하였는데 참고할 만하다.

128 "東韻同東鍾, 支韻同支思, 齊韻與灰韻同齊微, 魚韻與模韻同魚模, 刪韻同寒山, 寒韻同桓歡, 皆韻同皆來, 先韻同先天, 眞韻同眞文, 歌韻同歌戈, 麻韻同家麻, 遮韻同車遮, 陽韻同江陽, 庚韻同庚靑, 尤韻同尤侯, 侵韻同侵尋, 覃韻同監咸, 鹽韻同廉纖. 惟蕭韻與爻韻在『中原』爲蕭豪, 『正韻』分爲二韻, 是有ou與au之分. …… 總而言之, 其分韻幾乎全是神襲『中原』."

『洪武正韻』은 범례에서 말하기를 "『七音略』에 따르면 平聲에 上下의 구분이 없는데, 옛 운은 平聲字를 번잡하게 2권으로 나누었다. 대개 宋 景祐年間에 丁度와 司馬光 등의 학자들이 지은 『集韻』에서 平聲을 上下로 정해 卷目을 만들었다. 그러나 나는 이를 따르지 않고 오직 四聲만으로 표준을 삼았다."[129]라고 하였다. 宋 景祐 이래로 平聲에는 상하권이 있게 되었으나, 五聲의 잘못은 없어졌다. 平聲이 陰陽으로 나뉜 것은 周德淸의 『中原音韻』에서 시작되었다. 『洪武正韻』에서는 '四聲이 표준이 된다'고 했으니, 『中原音韻』의 平聲을 陰陽으로 나누는 견해에는 동의하지 않은 것이다. 『洪武正韻』에서 平聲의 陰陽을 없애고 '四聲을 표준으로 삼은' 점은 후대 曲韻에 영향을 주었으니, 明代 洪武 31년(1398) 朱權이 지은 『瓊林雅韻』은 『中原音韻』과 마찬가지로 19韻으로 나누고 있으나, 平聲을 陰陽으로 나누지는 않았다.

이외에 『洪武正韻』의 聲類는 31類로 '三十六字母'에 비해 5類가 적고 濁母가 존재한다. 濁母가 존재하는 것은 『中原音韻』系 운서에서 濁母가 淸母로 된 것과 다르니, 이것이 平聲을 陰陽으로 나누지 않은 이유이다.

둘째, 『洪武正韻』이 『中原音韻』과 다른 점은 入聲을 보유하고 있다는 것이다. 『中原音韻』이 반영하는 것은 元代 大都[130]의 실제 語音으로 入聲이 없다. 『洪武正韻』이 근거한 것은 毛晃 父子의 『禮部韻略』이고, 산생지 또한 江西 浙江 부근이며, 편찬에 참여한 사람들 역시 대다수가 남방인이므로, 여전히 入聲을 세 聲調에 派入하지 않고 독립시켜 놓았다. 『洪武正韻』에서는 入聲을 모두 10類로 나누었으니, 즉 屋·質·曷·轄·屑·藥·陌·緝·合·葉이다. 이 시기의 入聲은 아마도 韻尾가 -k, -t, -p의 체계가 아닌, 현재 江蘇·浙江 지역의 喉塞音'ʔ'의 新入聲이었을 것이다.

마지막으로 한 가지 더 논의해야 할 점이 있다. 『中原音韻』은 元 泰定 元年에서 元 元統 元年(1324~1332) 사이에 완성되었는데, 이 시기는 바로 『古今韻會擧要』(1297)와 『洪武正韻』(1375)이 지어진 중간 시기이다. 만약 그것들이 모두 당시 中原의 실제 語音을 반영한 것이라고 한다면, 그것은 대체로 서로 비슷한 것이어야 한다. 『中原音韻』에서는 平聲을 陰陽으로 나누어 세 성조에 派入했으나, 『古今韻會擧要』와 『洪武正韻』에서는 入聲을 보존하고 있고, 또한 平聲을 陰陽으로 나누지 않았다. 이러한 현상은 어떻게 인식해야 할까? 羅常培는 자료들에 근거하여 14세기

---

129 "按『七音略』平聲無上下之分, 舊韻以平聲字繁, 故釐爲二卷; 蓋因宋景祐間丁度與司馬光諸儒作『集韻』始以平聲上下定爲卷目, 今不從, 惟以四聲爲正."

130 北京을 가리킴.

를 전후해서 북방에는 두 종류의 병행하는 독음 체계가 있었음을 제기하였으니, "하나는 官話를 대표하는 것이고, 다른 하나는 방언을 대표하는 것으로 즉 하나는 글말이고 하나는 입말이라고 할 수 있다. 앞의 체계는 비록 완전히 옛 운서에 근거하여 재구해 낸 것이라고 할 수는 없으나, 어느 정도 인습적이며 인위적인 색채를 지니고 있다. 여기에서 기록하고 있는 음은 물론 억지로 지어낸 것은 아니나, 남북 방언을 합하여 '最小公倍數'의 통일 官話를 만들려는 생각에서 벗어날 수는 없었다."[131]라고 하였다. 『洪武正韻』과 『古今韻會擧要』에서 반영한 것은 '官話'의 체계로서, 이는 『中原音韻』에서 반영한 실제 語音과는 약간 거리가 있다.

결론적으로, 『洪武正韻』은 과거 淸代 학자들이 중요시하지 않은 韻書이다. 지금 보자면 『洪武正韻』은 『中原音韻』과 明淸代 여러 운서들의 교량 역할을 하여 韻書의 발전사에 있어 중요한 영향을 끼쳤으며, 동시에 당시 북방의 옛 官話[132]의 실제 상황을 반영하고 있어, 『古今韻會擧要』와 함께 漢語官話 형성 과정 연구에 큰 영향을 끼쳤다. 물론 시대적인 제약과 편찬자의 인식상의 제약으로 인해 『洪武正韻』에는 적잖은 결점이 있다. 『洪武正韻』은 明代 洪武·宣德·成化·萬曆·崇禎 각 왕조를 거치면서 수차례 번각되었으나, '學士 大夫들이 높은 곳에 올려놓고 다시는 돌아보지 않아'[133] 널리 유전될 수 없었다.

131 "一個是代表官話的, 一個是代表方言的, 也可以說一個是讀書音, 一個是說話音. 前一個系統雖然不見得是完全靠古韻書構擬出來的, 可是多少帶一點兒因襲的和人爲的色彩, 它所記載的音固然不是臆造的, 却不免湊合南北方言想作成'最小公倍數'的統一官話." 羅常培의 「論龍果夫的『八思巴字和古官話』」, 『中國語文』 1959年 12期 참조.

132 혹은 당시의 글말이라고도 함.

133 "學士大夫, 束置高閣, 不復省視" 楊去奢의 『洪武正韻箋』의 錢謙益序 참조.

제4절 元明시대의 北音韻書

1. 北音韻書의 시작 －『中原音韻』

『廣韻』 등의 韻書는 모두 『切韻』의 내용을 따랐기 때문에 隋唐대에 들어오면서 『切韻』은 이미 당시의 실제 語音과 맞지 않았다. 그러므로 宋代 이후에 일반 文人이 『切韻』계통 韻書의 韻部에 의거하여 지은 詩賦는 그들의 실제 口語와 차이가 있었다. 이에 따라 金代 韓道昭의 『五音集韻』을 필두로 정통 韻書에 대한 개혁을 진행하였으나, 부분적인 개혁에 그쳤다. 『中原音韻』이 발표되면서 비로소 전통적인 韻書에 대한 과감한 혁신이 이루어졌으니 『中原音韻』은 北音 韻書의 창시저작이다.

『中原音韻』 2권은 元代 周德淸이 저술하였다. 前卷은 韻書이고 後卷은 附論이다. "正語作詞起例"[1] 및 作詞 등 諸法들을 열거했다. 周德淸은 元代 北曲의 用韻에 근거하여 19部로 귀납 분석하였고, "平分陰陽, 入派三聲"[2]이라는 학설을 주장하였다. 매 部의 글자를 陰平, 陽平, 上, 去의 4聲으로 배열하고, 入聲을 따로 陽平, 上, 去의 세 聲調에 편입하였다. 『中原音韻』이 나오게 되자 北曲 작가들이 곡을 만들거나, 배우가 曲을 부를 때, 올바른 발음을 위해 이 책을 표준으로 삼았다. 『中原音韻』은 그 동안의 韻書가 『廣韻』을 그대로 답습하던 것에서 탈피하여 당시 살아있는 언어를 연구함으로써, 元代 북방어의 언어 상황을 서술하고 반영하여, 근대 표준어 語音에 있어서 귀중한 자료가 되었다.

周德淸은 字가 挺齋이고 江西 高安 假堂 사람으로, 宋代 周美成의 후손이다. 周德淸의 생애에 대한 문헌 기록은 많지 않은데, 賈仲明은 『錄鬼簿續編』에서 다음과 같이 설명하고 있다.

> 周德淸은 江右 사람이고 號는 挺齋로, 宋代 周美成의 후손이다. 樂府를 잘 지었고 音律에 능했다. 어지러운 세상에서 樂府를 지음에 對偶가 맞지 않고 襯字가 유난히 많아 音律에 어긋나는 것이 많았으니, 韻脚에 平, 上, 去聲을 서로 다르게 사용하여 노래한 것도 있고, 句에 입성을 사용해서 어색하여 노래할 수 없는 것도 있으며, 그 字音이 그 글자와 일치하지 않는 노래도 있어서 사람들이 따를 수가 없었다. 『中州韻』이 나온 후부터 이를 正語의 근본,

---

1 濮之珍 원문에는 '正語作詞表例'라고 되어 있으나 '正語作詞起例'로 고친다. 1982년 臺灣의 學海出版社에서 나온 李殿魁의 『中原音韻及正語作詞起例』가 있다.(譯註)

2 平聲은 陰陽으로 나뉘고, 入聲은 3가지 聲調로 나뉘었다.

> 變雅를 구분하는 단서로 삼게 되었다. 그 방법은 다음과 같다. 소리의 淸濁으로써 글자를 陰陽으로 나누었다. 예를 들어 高聲은 陽을 따르고 低聲은 陰을 따른다. 글자의 소리에 따른 高下 情調를 사용하여 가사를 지으므로 각각 타당하다. 소리의 高下로 平聲을 陰陽 두 韻으로 나누었다. 예를 들어 直音, 促音, 雜音, 諧音의 音調들은 韻의 入聲으로 모두 3개 聲調에 파입하여 분명히 하였고, 글자의 陰陽에 따라 韻을 사용하였기 때문에 서로 調和를 이룬다. ……奎章 虞公이 이를 서술하여 세상에 전해지게 되었고, 또 그 자신도 樂府를 많이 지었는데 …… 모두 다 뛰어난 작품들로, 長篇과 短章을 막론하고 모두 詞를 짓는 규범이 될 만하다.[3]

江西『高安縣志』에도 간단한 기록이 있는데, "周德淸은 暇堂 사람으로 樂府에 뛰어났고 音律의 道에 정통했으며, 저작『中原音韻』을 세상에 전했다."[4]라고 하였다.

이상의 기록에 따르면 周德淸은 元代 高安縣 사람이고 樂府와 音律에 뛰어난 戱曲家라는 것을 알 수 있다. 元代 楊朝英이 지은『朝野新聲太平樂府』에 周德淸의 曲 25편과 套曲 2편이 실려 있으니, 그는 戱曲 작가로서 戱曲에 대한 심도 있는 연구를 했으며, 동시에 뛰어난 音韻學家였음을 짐작할 수 있다. 周德淸은 元 泰定 元年(1324)에『中原音韻』을 완성했는데 '後序'에서 "나는 樂府를 30年동안 지었다."[5]라고 하였으니, 그가 序를 쓸 때의 나이가 50세 정도라고 한다면 그는 아마도 宋代 말년에 태어났을 것이다.

周德淸은 科擧 출신의 文人 學士가 아니다. 당시 기준으로 볼 때 그의 학문 수준은 그다지 높지 않았고, 그의『中原音韻』역시 전통 韻書에 대한 혁신이어서 공격을 받았다. 예를 들면 明代 南曲派인 王伯良은『曲律論韻』에서 철저하게 그를 폄하하여 "地域音을 많이 사용하여 中原의 音과 거리가 아주 멀다."[6]라고 하였다. 또한 학문적인 면에서도 그를 비난하여 "옛날에 周顒, 沈約, 毛晃, 劉淵, 夏竦, 吳棫 등 韻을 연구하던 사람은 모두 典籍을 두루 살피고 풍부한 재능을 가지고서 책 한권을 완성하기까지 오랜 세월동안 많은 연구를 하였지만, 오히려 후세 사람들의 口味에 맞지 않았다. 周德淸은 학식이 부족하여 韻을 서술할 때 語句를 생략함으로써 文理

3 "周德淸, 江右人, 號挺齋, 宋周美成之後. 工樂府, 善音律. 病世之作樂府, 有逢雙不對, 襯字尤多, 失律俱謬者; 有韻脚用平, 上, 去不一而唱者; 有句中用入聲, 拗而不能歌者; 有歌其字音非其字者, 令人無所守. 乃自著『中州韻』一帙, 以爲正語之本, 變雅之端. 其法: 以聲之淸濁, 定字爲陰陽, 如高聲從陽, 低聲從陰, 使用字之隨聲高下情爲詞, 各有攸當. 以聲之上下, 分韻爲平分陰陽. 如直促雜諧音調, 故以韻之入聲, 悉派三聲, 志以黑白, 使用韻者隨字陰陽, 各有所協. ……奎章虞公敍之以傳于世. 又自制爲樂府甚多…… 皆佳作也. 長篇短章, 悉可爲人作詞之定格."『鬼錄簿』106~107쪽 참조. 古典文學出版社 1957年.

4 "周德淸, 暇堂人, 工樂府, 精通音律之道, 所著有『中原音韻』行于世." 康熙本『高安縣志』卷38,「女苑傳」참조.

5 "余作樂府三十年."

6 "率多土音, 去中原甚遠."

가 통하지 않게 되었다. 그가 말한 韻은 선현의 詞曲을 잡다하게 받아들여 한 곳에 모아 놓은 것일 뿐, 五聲七音의 본뜻을 분명히 밝히거나, 諸家의 심오함을 밝히지 못하였다."[7]라고 하였다.

周德清은 科擧 출신의 文人학자는 아니었지만, 형식과 전통에 구애받지 않고 당시의 실제 言語에서 출발하여 혁신적인 『中原音韻』을 편찬함으로써 中國言語學史上 우수한 작품을 남겼다. 周德清은 비록 中原 사람은 아니었지만 樂府와 聲律에 능했다. 그는 당시의 戱劇 작가인 關漢卿, 馬致遠 등의 戱曲 작품에 쓰인 韻字에 의거하여 연구를 완성했다. 初稿는 元 泰定 元年(1324)에 완성했고 元 元統 元年(1333)에 수정을 가해 定本을 확정하였다.

周德清은 『中原音韻』 自序에서 다음과 같이 말하였다.

> 언어는 하나의 부문으로, 樂府를 짓고자 한다면 言語를 바르게 해야 하고, 言語를 바르게 하려면 中原의 音을 근본으로 삼아야 한다. 樂府가 興盛하고 구비되고 어려운 것이 지금 같은 적이 없었다. 興盛하였다는 것이란, 벼슬아치에서 평민에 이르기까지 노래하는 사람들이 많다는 것이요, 구비되었다라는 것이란, 關漢卿, 鄭光祖, 白樸, 그리고 馬致遠 등이 지은 작품으로부터, 韻은 자연의 音을 지키고, 글자는 천하의 언어에 통할 수 있어 막힘이 없고, 언어는 세련되며 소리는 조화로우니, 그들의 작품을 보면 忠孝를 갖추었다할 수 있으므로 세상에 도움이 될 것이라는 것이요, 어려움이란, 6字 3韻으로 즉 '忽聽의 聽, 一聲의 聲, 猛驚의 驚'을 말하는 것이다.[8]

따라서 周德清의 『中原音韻』은 당시 유명 희곡가들의 작품에 직접적으로 근거하여 분석 귀납해 낸 것이므로, 『廣韻』계통의 韻書와는 부합하지 않는다. 그는 『廣韻』 계통의 韻書에 대해 "옛 것에 얽매여 지금의 것이 틀리다 하고, 시대의 변화를 따르지 못하였다."[9]라고 하며, 『廣韻』계통의 韻書에 대해 비판적인 의견을 내놓았다. 그는 『中原音韻·正語作詞起例』에서 다음과 같이 말하였다.

> 나는 일찍이 천하의 여러 도시에서 사람들 사이에서 통행되는 말들을 들었다. 세상에는 옛 것에 얽매여서 지금의 것을 틀리다 하고 시대의 변화에 도달하지 못하는 것이 많다.

---

7 "古之爲韻, 如周顒, 沈約, 毛晃, 劉淵, 夏竦, 吳棫輩, 蓋博綜典籍, 富有才情, 一書之成, 不知更幾許歲月, 費幾許考索, 猶不盡愜後世之口. 德清淺士, 韻中略疏數語輒已文理不通. 其所謂韻, 不過雜採之前賢詞曲, 掇拾成編, 非眞有晰於五聲七音之旨, 辨於諸子百氏之奧也."

8 "言語一科, 欲作樂府, 必正言語 ; 欲正言語, 必宗中原之音. 樂府之盛, 之備, 之雜, 莫如今時. 其盛, 則自搢紳及閭閻歌咏者衆. 其備, 則自關·鄭·白·馬一新制作, 韻共守自然之音, 字能通天下之語, 字暢語俊, 韻促音調 ; 觀其所述, 曰忠, 曰孝, 有補于世. 其雜, 則有六字三韻, '忽聽, 一聲, 猛驚'是也."

9 "泥古非今, 不達時變"

> 발음에 있어서, 걸핏하면 『廣韻』을 증거로 들면서 때까치의 지저귐과 같다는 비난을 감수할 지언정 후회하지 않고 있으니, 이는 四海가 同音으로 섞이어 하나가 된 지 이미 오래됨을 생각지 않은 것이다. 위로는 벼슬아치가 治道를 강론하고, 國語를 번역해 내며, 國學에서 가르치고 답하는 것으로부터 아래로는 관가에서 백성들을 다스리는 데에 이르기까지 中原의 음이 아닌 것이 없다. 그러나 오직 『廣韻』의 발음에만 의존하여 上·去·入聲을 그대로 놔두고 분명하게 서술하지 않았으며 대략 平聲만을 얘기하고 있다. 예를 들면 '靴(許戈切)'는 戈韻에 두고 '車·邪·遮·嗟'는 오히려 麻韻에 두고 있다. 그러나 '靴'는 '車'와는 어울리지 않으며 오히려 '麻'와 어울린다. …… '靴'와 '戈', '車'와 '麻', '元'과 '煩', '煩'과 '魂'이 어찌 서로 어울리는가?[10] …… 이 같은 발음이 때까치의 지저귐이 아니라면 무엇이겠는가? 中原뿐만 아니라 천하의 사람들에게 모두 閩海의 音을 발음하게 하는 것이 가능한가?[11]

周德淸은 「正語作詞起例」에서, 晩唐시대의 『切韻』은 吳音이라는 견해를 그대로 따라 『廣韻』은 沈約이 지은 것이고 沈約은 吳興 사람이므로 "대개 그 지역 이웃의 東南바닷가나 閩·浙의 音인 것이 틀림없다."[12]라고 하였다. 周德淸은 『廣韻』은 沈約이 지은 것이라 말하면서도 『廣韻』의 音이 閩·浙의 음이라고 말하고 있으니, 이는 옳지 않다. 그러나 그는 『廣韻』계통의 韻書가 옛 것에 얽매여 지금의 것을 틀리다 하고, 당시 언어의 실제 상황에서 벗어나 있음을 지적해 내었다. 이와 같이 그는 문인들이 고수해 오던 구습을 타파하고 당시의 北方音으로 언어를 바르게 해야 함을 주장하였으니 이러한 사상과 인식은 진보된 것이었다. 또한 李涪는 『切韻』은 吳音이라고 하였고, 周德淸은 『廣韻』은 閩海의 音으로 沈約이 지은 것이라고 하였다. 그러나 沈約이 지었다는 周德淸의 견해는 매우 잘못된 것이다. 趙遐秋·曾慶瑞의 아래와 같은 말은 매우 타당하다.

> 周德淸의 『廣韻』이 閩海의 音이라는 주장은 물론 틀린 것이다. 그러나 그는 이미 『廣韻』에 方言이 있다는 것과 『廣韻』이 자료를 두루두루 채집한 저서임을 간파해 낸 것은 오히려 정확하다.[13]

---

10 『廣韻』에서는 靴를 戈韻에, 車를 麻韻에, 煩을 元韻에 놓았고, 元韻의 煩과 魂을 同用하였는데, 周德淸은 이것이 모두 옳지 않다고 여겼다.

11 "余嘗于天下都會之所, 聞人間通濟之言. 世之泥古非今, 不達時變者衆; 呼吸之間, 動引『廣韻』爲證, 寧甘受鴂舌之誚而不悔, 亦不思混一日久, 四海同音, 上自縉紳講論治道, 及國語翻譯, 國學教授語言, 下至訟庭理民, 莫非中原之音. 不爾, 止依『廣韻』呼吸, 上去入聲姑置未暇殫述, 略舉平聲, 如'靴(許戈切)'在戈韻, '車邪遮嗟'却在麻韻, '靴'不協'車'却協'麻', … '靴'與'戈', '車'與'麻', '元'與'煩', '煩'與'魂', 其音何以相着? … 如此呼吸, 非鴂舌而何? 不獨中原, 盡使天下之人俱爲閩海之音可乎?"

12 "蓋其地鄰東南海角, 閩浙之音無疑."

13 "周德淸說『廣韻』是閩海之音, 這當然不對, 但他已經看出『廣韻』有方語, 看出它的兼采的性質,却是事實." 『中國語文』 1962年 7月號 참조.

결론적으로 周德淸은 진보적인 관점을 지니고 있었다. 그는 언어와 문자는 마땅히 사회의 발전에 따라 발전해야 하며 "옛 것에 얽매여 지금 것을 틀리다 하며 시대의 변화를 따르지 못해서"[14]는 안 된다고 생각하였다. 『中原音韻』은 曲韻의 韻字를 귀납하여 이루어진 것이다. 그의 저작 목적은 비록 樂府를 위한 것이기는 하였지만, 그의 '正語'사상은 중국 초기 민족 공동어를 확장하고자 한 선진적인 사상이었다. 그는 自序에서 "樂府를 짓고자 한다면 반드시 언어를 바르게 해야 하고, 언어를 바르게 하고자 한다면 반드시 中原의 음을 근본으로 삼아야 한다."[15]라고 하였다. 『中原音韻』은 바로 그의 이러한 사상을 실천한 저서이다. 周德淸의 『中原音韻』은 이전의 것을 저본으로 삼은 것이 아니라, 그가 직접 元代의 유명한 희곡 작품 속에 나타난 韻字를 분석하고 귀납해 냄으로써 『廣韻』 계통의 韻書를 개혁한 것이다. 『中原音韻』과 『廣韻』의 주요한 차이점은 바로 실제 音讀의 체제에 관한 차이에 있다.

1) 『中原音韻』이 반영하고 있는 音系

이 책은 모두 19韻으로 나누었고, 韻目은 두 글자를 이용해 표제로 삼았다. 四聲은 따로 두지 않았으니, 이것은 元曲이 四聲을 통용해서 압운하고 있는 것과 관계가 있다. 성조를 나누면 모두76韻이 되는데, 이것은 平水韻을 106韻으로 나눈 것에 비해 많이 줄어든 것이다. 韻部에서는 東冬을 병합하고 江陽을 병합하였으며, 元韻은 없고, 麻韻에서 車韻을 분리해 내었으니, 이것들은 모두 매우 커다란 변화이다. 그러나 '侵尋·監咸·廉纖' 세 部의 閉口韻[16]은 보존하고 있으니, 이것은 또 現代漢語와 다른 점이다. 楊耐思의 재구음에 근거하면 韻母는 모두 44개로, 다음과 같다.[17]

東鍾(uŋ iuŋ)	江陽(aŋ iaŋ uaŋ)
支思(ï)	齊微(ei i uei)
魚模(u iu)	皆來(ɑi ai uai)
眞文(ən in uən iuən)	寒山(ɑn an uan)
桓歡(ɔn)	先天(iɛn iuɛn)

14 "泥古非今, 不達時變"
15 "欲作樂府, 必正言語; 欲正言語, 必從中原之音."
16 韻尾가 '-m'인 韻을 말함.
17 楊耐思의 『周德淸的中原音韻』, 『中國語文』, 1957年 11月號 참조.

蕭豪(ɑu au iɛu)	歌戈(ɔ uɔ)
家麻(a ia)	車遮(iɛ iuɛ)
庚靑(əŋ iŋ uəŋ iuəŋ)	尤侯(əu iəu)
侵尋(əm im)	監咸(ɑm am)
廉纖(iɛm)	

聲類: (等韻家들이 전하는 36字母와 서로 대조한 것임)

p　崩·並——幇·並(仄)
p̍　烹·蓬——滂·並(平)
m　蒙——明
f　風·豊·馮——非·敷·奉
v　亡——微
t　東·洞——端·定(仄)
t̍　通·同——透·定(平)
n　膿·濃——泥·娘
l　龍——來
ʦ　宗·匠——精·從(仄)
ʦ̍　悤·叢——淸·從(平)
s　嵩·頌——心·邪
ʧ　莊鍾·中·仲·狀——照·知·澄(仄)·床(仄)
ʧ̍　牕充·寵·床·長·臣——穿·徹·床(平)·澄(平)·禪
ʃ　雙春·是繩·時——審·床·禪
ʒ　而戎——日
k　工·共——見·羣(仄)
k̍　空·窮——溪·羣(平)
ŋ　仰——疑
x　烘·紅——曉·匣
o　央·養·義——影·喩·疑

『中原音韻』의 聲類에 대해서 周德淸은 확실히 나타내지 않았다. 후세 학자들이 연구를 계속하여 『中原音韻』의 聲類가 대체로 현대 普通話의 음계와 가깝다는 사실을 알아냈다. 연구자들 간에 서로 일치하지 않는 부분도 있는데 주로 다음과 같은 세 사람이 있다.

1. 陸志韋의 『釋中原音韻』(『燕京學報』제31기에 실려 있음)
2. 羅常培의 『中原音韻聲類考』(『羅常培語言學論文選集』에 실려 있음)
3. 趙蔭棠의 『中原音韻硏究』

『中原音韻』의 성조로는 다음과 같은 것들이 있다.

平聲陰
平聲陽, 입성 중 平聲으로 쓰이는 것
上聲, 입성 중 上聲으로 쓰이는 것
去聲, 입성 중 去聲으로 쓰이는 것

『中原音韻』의 성조 방면에 있어서의 특징은 "平聲이 陰陽으로 나누어지고 入聲이 세 가지 성조로 派入된다."[18]라는 사실을 제창했다는 데 있다. 이것은 『廣韻』系 韻書들이 성조를 平·上·去·入의 四聲으로 나누고 있는 것과 다르다. 『中原音韻』에서는 성조를 陰平·陽平·上·去로 나누고 있는데 이것은 현대 한어 普通話의 성조와 일치한다.

周德淸은 中古 入聲字를 陰聲韻의 陽平·上聲·去聲으로 나누어 넣었는데 이것은 元代 大都話[19]의 語音 현상을 그대로 반영하고 있는 것이다. 그는 『中原音韻·自序』와 「起例」에서 "入派三聲"의 音變에 대해 여러 차례 지적한 바 있다.

> 무릇 소리가 平仄으로 나누어지는 것은 入聲을 말하는 것으로 入聲을 平上去의 세 가지 성조로 파입시켰다. 入聲을 문장 가운데서 노래할 수 없는 것은 入聲이 平聲으로 쓰이는 것을 알지 못하는 것이다. 平上去入 四聲이 있는데 『音韻』에는 入聲이 없고 平上去의 세 가지 성조로 파입시켰다. 『廣韻』의 入聲 緝에서 乏까지는 『中原音韻』에 合口가 없으므로 역시 세 가지 성조로 파입시켰다.[20]

周德淸은 漢語 발전의 역사 과정에서 이러한 "入派三聲"의 音變 현상을 발견하였고, 또한 이러한 현상은 元代에 시작된 것이 아니라는 사실을 제기하였다. 그는 다음과 같이 말하였다.

> 『音韻』에는 入聲이 없고 平·上·去의 세 가지 성조에 파입된다. 前代의 작품가운데 이러한 성격을 분명히 지니고 있는 것이 있었으나 그것을 모아 놓은 것이 없어, 지금 소리가 같은 것을 모았다. 혹 타당하지 못한 부분이 있다면 나와 뜻을 같이 하는 사람들이 바로 잡을 것이다.[21]

---

18 "平分陰陽, 入派三聲."

19 北京에서 쓰이던 말을 가리킴.

20 "夫聲分平·仄者, 謂之入聲, 以入聲派入平·上·去三聲也. 入聲於句中不能歌者, 不知入聲作平聲也. 平·上·去·入四聲; 『音韻』無入聲, 派入平·上·去三聲. 『廣韻』入聲緝至乏, 『中原音韻』無合口, 派入三聲亦然."

21 "『音韻』無入聲, 派入平·上·去三聲. 前輩佳作中間, 備載明白, 但未有以集之者, 今撮其同聲; 或有未當, 與我同志改而正諸."

이로써 周德淸 이전에 벌써 入聲이 변화되기 시작하였음을 알 수 있다. 入聲이 세 가지 성조로 파입된 기원은 매우 이르다. 魏建功(1901.12 ~1980.2)은 『遼陵石刻帝后哀冊文』[22]의 韻字 자료에 근거하여 1031년부터 1101년 사이의 북쪽 지역의 入聲韻 變讀문제에 대해 연구하였다. 그는 당시의 "입성운 운독은 『廣韻』과도 같지 않고 等韻과도 완전히 일치하지 않으니 …… 아마도 지금의 입성이 변하게 된 시초인 것 같다."[23]라고 생각하였다. 宋人의 詞韻에 근거하여 夏承燾는 또 입성이 세 가지 성조로 파입된 예는 "元曲에서 시작된 것이 아니라 宋詞에 사실상 이미 있었다."[24]고 생각하였다. 唐鉞은 또 漢語 入聲韻尾가 변화해 간 역사에 따라 고찰하여 "입성이 세 가지 성조로 파입된 기원은 매우 오래다."[25]고 보았고, "金代 章宗(1190 ~1208) 때를 시작"[26]으로 하여 입성이 "완전히 없어지자"[27], 사람들은 비로소 "入聲字를 陰聲에 귀납시켜 平聲으로 읽거나 혹은 上聲, 去聲으로 읽었다."[28]고 생각하였다.

이상의 각 연구를 통하여 入聲의 변화가 객관적으로 진행된 것은 周德淸의 시대보다 훨씬 앞서며 元 雜劇 시대에 이르러 자연적으로 문학창작의 用韻에 반영되었다는 사실을 알 수 있다. 예를 들면 周德淸은 「起例」에서 馬致遠이 지은 『秋思』를 평하여 다음과 같이 말하였다.

> 그가 蝶·穴·傑·別·竭·絶字를 사용한 것을 보면 入聲이 平聲으로 쓰인 것이고 闕·說·鐵·雪·拙·缺·貼·歇·徹·血·節字는 入聲이 上聲으로 쓰인 것이며 滅·月·葉은 入聲이 去聲으로 쓰인 것이다. 타당하지 않은 글자가 하나도 없으니 후학들이 배울 만 하다.[29]

曲韻이 실제 언어에 있어 "入派三聲" 현상을 나타내고 있다면 曲韻을 기초로 한 『中原音韻』에서 入聲을 세 가지 성조로 파입한 것은 바로 周德淸 자신이 말한 바와 같으니, 이것은 총괄적인 작업을 하여 入聲의 실제적인 음의 변화를 韻書에

22 魏建功의 『遼陵石刻哀冊文中之入聲韻』은 『讀書周刊』69期에 실려 있다. 1936년 10월 8일자 天津의 『益世報』 참조.
23 "入聲韻韻讀, 旣不與『廣韻』相同, 和等韻也像不全同, …… 許是今聲入聲變讀的開端."
24 "不始于元曲, 宋詞實已有之." 夏承燾의 『"陽上作去""入派三聲"說』 참조. 『國文月刊』 68期, 1948.10.
25 "入聲派入三聲, 起源甚古."
26 "從金章宗時起首"
27 "完全弄掉了"
28 "入聲的字歸入陰聲, 或念做平聲·或上聲·或去聲." 唐鉞의 『入聲變遷與詞曲發達的關係』 참조. 『東方雜志』 제23권, 제1호(1926).
29 "看他用蝶·穴·傑·別·竭·絶字, 是入聲作平聲; 闕·說·鐵·雪·拙·缺·貼·歇·徹·血·節字, 是入聲作上聲; 滅·月·葉是入聲作去聲. 無一字不妥, 後輩學去." 『中國古典戲曲論著集成』 1, 253~254쪽 참조.

반영한 것에 불과하다.

그러나 周德淸은 또 다음과 같이 말하였다.

> 入聲이 平·上·去 세 가지 성조로 파입된 것은 넓게 압운한 것으로 詞를 짓는 것을 위하여 만들어 놓은 것이다. 그러나 실제 언어를 말할 때는 여전히 入聲의 구별이 있다.[30]

후세의 연구자들은 이 말에 대하여 각기 다른 견해를 가지고 있다. 陸志韋는 『釋中原音韻』에서 말하기를 "나는 무엇 때문에 지금 사람들이 元代의 中州音에 入聲이 없었음을 감히 긍정하는지 알 수 없다. …… 그것은 현대의 國音에 얽매여 있기 때문이다. …… 우리들은 …… 지금의 國語에 근거하여 『中原』의 入聲을 없앨 수는 없다."[31]라고 하였다. 陸志韋는 『記「五方元音」』에서도 역시 "근래에 음운을 연구하는 사람들은 『中原音韻』이후에 北方官話에서 이미 入聲이 소멸되었음을 긍정하는데 이것은 근거 없는 말이다."[32]라고 하였다. 楊耐思(1927～)도 『周德淸的「中原音韻」』에서 말하기를 "당시 北方話의 入聲의 有無문제는 오래 전부터 거론되어 온 것인데 단지 『中原音韻』의 '入派三聲'說에만 근거하여 당시에 이미 入聲이 소실되었음을 증명하는 것은 비교적 어려운 일이다."[33]라고 하였다.

그러나 趙遐秋와 曾慶瑞는 「'中原音韻'音系的基礎和'入派三聲'的性質」에서 다른 견해를 제기하였다. 그들은 "이 문제를 토론할 때, 반드시 분명히 해야 할 것이 있으니, 즉 '『中原音韻』의 入聲의 有無문제'를 거론하면서, 이 말을 '당시 北方話의 入聲의 有無문제'라고 쉽게 고쳐 말해서는 절대로 안 된다."[34]라는 것이다. 왜냐하면 北方話는 넓은 方言 地區로, 기본 특징은 일치하지만, 어느 정도 차이가 있을 수 있기 때문이다. 예를 들어 오늘날 北方話에는 入聲이 존재하지 않는데 西北官話와 下江官話 중에는 아직도 入聲이 존재하는 지역이 있다. 『中原音韻』은 단지 당시 大都話에서 入聲이 이미 소실되었다는 것을 가리킬 뿐이다.

---

30 "入聲派入平·上·去三聲者, 以廣其押韻, 爲作詞而設耳, 然呼吸言語之間, 還有入聲之別." 『中原音韻·起例』 참조.

31 "我不明白現在人何以敢肯定元朝的中州音沒有入聲 …… 那是因爲拘執現代國音. …… 我們 …… 不能根據今日國語而抹煞『中原』的入聲."

32 "近來研究音韻的人士是肯定在『中原音韻』之後, 北方官話早已失去入聲, 那是無稽之談." 『燕京學報』 제34기(1948) 참조.

33 "當時北方話有沒有入聲尙是個疑案, 單憑『中原音韻』的'入派三聲'來證明當時已經失去入聲, 是比較困難的事." 『中國語文』 1957년 11월호 참조.

34 "討論這個問題時, 有一點必須說淸楚, 說'『中原音韻』有無入聲'時, 斷不可輕易地改說成, '當時北方話有無入聲.'" 趙遐秋·曾慶瑞, 『「中原音韻」音系的基礎和'入派三聲'的性質』, 『中國語文』 1962年 7月號 참조.

"그 압운을 넓힌 것은 詞를 짓는 것을 위하여 만들어 놓은 것이다."[35]라는 구절에 대해 그들은 "周德淸이 여기서 말하는 '作詞'란 물론 희곡 문학의 창작을 가리키니, 자연히 中原의 音韻 즉 大都音으로써 用韻의 규범을 삼은 것이다."[36]라고 인식하였다. 그들은 또한 "당시에 入聲은 이미 변화를 일으켜, 音價가 이미 바뀌었으니, 韻母와 어떤 陰聲韻이 서로 같으면, 원래의 陰聲韻과 자연적으로 押韻할 수 있었다. 그러나 전통적인 韻書에서는 분명히 서로 押韻할 수 없다고 규정하고 있다. 周德淸은 語音의 실제 상황에 충실하여, 入聲을 陰聲韻의 세 가지 聲調로 派入시킨 한편, 전통적인 韻書의 규칙을 고수하고, 감히 한 걸음도 뛰어넘지 못하는 사람들에게 권고하기를 '詞를 지을 때는 살아 있는 語音에 따라야 하고, 옛날의 압운의 한계를 넓혀야 한다.'라고 하였으니 그러므로 '廣其押韻'이라고 말한 것이다."[37]라고 분석하였다.

"실제로 발음하는 언어에는 入聲의 구별이 여전히 있다."[38]라는 것에 대해, 그들은 두 가지 면에서 이해가 가능하다고 여겼으니, 첫째, 청년과 노인들의 독음 차이와 둘째, 희곡 연출에서 있을 수 있는 新舊의 語音 체계의 차이를 말하는 것이라고 하였다. 왜냐하면 入聲의 소멸은 장기적인 과정에 걸쳐 이루어진 것이므로, 노인들은 入聲을 간직하고 있을 수 있지만 청년들의 반응은 빠르기 때문에 이미 入聲이 없어지게 된 것이다. 이러한 현상은 현대 방언 가운데도 있다. 희곡 연출은 실제 語音에 入聲이 없으므로 노랫말도 세 가지 성조로 派入하였다. 그러나 '대사'를 함에 있어 배우에 따라 어떤 배우는 舊音의 체계에 따라 발음하였는데, 경극에도 이와 같은 상황이 있었다. 그들은 또한 "물론 또 하나의 가능성이 있으니, 이것은 바로 方言이다. 周德淸이 언급한 것은 아마도 방언과 중원음의 차이일 것이다."[39]라고 하였다. 周德淸은 江右 사람이므로 方言가운데 아직 入聲이 존재하고 있는 것이 있다는 것을 알았기 때문에 "呼吸言語之間還有入聲之別"이라고 한 것이다.

趙遐秋와 曾慶瑞의 문장이 『中原音韻』의 入聲 문제 분석에 있어 어느 정도 일리

---

35 "廣其押韻, 爲作詞而設."

36 "周德淸這裏說的'作詞', 應該是指的戲曲文學的創作, 自然以中原之音卽大都音爲用韻的規範." 趙遐秋·曾慶瑞, 『「中原音韻」音系的基礎和'入派三聲'的性質』, 『中國語文』 1962年 7月號 참조.

37 "當時, 入聲已經發生變化, 音値業經改變, 韻母和某些陰聲韻相同, 可以和原來的陰聲韻自然地押韻了. 但是, 在傳統的韻書上, 又明明規定着不能互相押韻. 周德淸一方面忠實於語言實際, 將入聲派入陰聲韻的三聲, 另一方面他又要對墨守傳統韻書舊規而不敢越雷池一步的人作一番規勸, 告訴他們, 在作詞時, 要依着活的語音, 把舊的押韻界限推廣一些, 所以說, 廣其押韻." 趙遐秋·曾慶瑞, 『「中原音韻」音系的基礎和'入派三聲'的性質』, 『中國語文』 1962年 7月號 참조.

38 "呼吸言語之間還有入聲之別."

39 "當然, 還有一個可能, 就是說的方言. 周德淸可能說的是方音與中原之音的差異."

가 있다는 것은 위에서 간략히 소개하였으며, 이는 진일보한 연구를 진행할 때 참고할 만하다.

『中原音韻』의 성조 변천의 또 다른 특징은 平聲을 陰陽의 두 가지 類로 나누었다는 것이다. 周德淸은 『中原音韻·自序』에서 아래와 같이 밝히고 있다.

> 글자는 陰과 陽으로 나누어지는데, 陰陽의 글자가 平聲에는 있으나, 上聲이나 去聲은 모두 없다. 上聲과 去聲은 각각 한가지의 성조에 머무르지만, 平聲은 두 가지 성조를 갖고 있다. 즉 上平聲과 下平聲이다. 上平聲은 一東에서 二十八山을 가리키는 것이 아니며, 下平聲은 一先에서 二十七銜을 가리키는 것이 아니다. 선인들은 『廣韻』의 平聲이 많다고 생각하여, 이를 上下卷으로 나눈 것이지 그 음을 나눈 것이 아니다. …… '東'자로 平仄을 헤아리고, 다시 '紅'자로 平仄을 따져보면 平聲에는 陰과 陽의 글자가 있고, 上聲과 去聲 두 성조는 각각 하나의 성조에 그쳐 陰과 陽의 구별이 없다는 것을 알 수 있다.[40]

결론적으로 周德淸은 『中原音韻』에서 처음으로 "平聲을 陰陽으로 나누고, 入聲을 세 가지 성조로 나누는"[41]학설을 내놓았으니, 이는 당시 大都話 언어의 실제 語音을 나타낸 것이다.

『中原音韻』의 내용 요점은 세 가지로, 첫째는 分韻이고, 둘째는 平聲을 陰陽으로 나눈 점이며, 셋째는 入聲을 세 가지 성조로 나눈 것이다. 지금부터 이 세 가지 점을 『廣韻』系 韻書와 비교 설명해 보고자 한다.

(1) **韻目** : 『中原音韻』은 19韻部로 나누었다. 『廣韻』의 韻部는 206개인데, 聲調를 계산하지 않으면 61개이고, 入聲을 따로 떼어 내면 95개가 된다. 이로써 唐宋에서 元明 語音으로 발전하기까지 그 변화가 상당했음을 알 수 있다. 趙蔭棠은 『中原音韻研究』 第2章에서 『中原音韻』의 韻部와 『廣韻』의 韻部를 합쳐 비교하였다. 이를 발췌하면 다음과 같다.

① 東鍾 : 主要部分은 『廣韻』의 東冬鍾 세 韻을 병합하여 이루어졌다.
② 江陽 : 主要部分은 『廣韻』의 江陽唐 세 韻을 병합하여 이루어졌다.
③ 支思 : 主要部分은 『廣韻』의 支脂之 세 韻을 병합하여 이루어졌다.
④ 齊微 : 主要部分은 『廣韻』의 齊微灰 세 韻을 병합하여 이루어졌다.

---

40 "字別陰陽者, 陰陽字平聲有之, 上去俱無, 上去各止一聲, 平聲獨有二聲; 有上平聲, 有下平聲. 上平聲非指一東至二十八山而言, 下平聲非指一先至二十七咸而言. 前輩爲『廣韻』平聲多, 分爲上下卷非分其音也. …… 試以東字調平仄, 又以紅字調平仄, 便可知平聲陰陽字, 又可知上去二聲各止一聲, 俱無陰陽之別矣."

41 "平分陰陽, 入派三聲"

⑤ 魚模: 主要部分은 『廣韻』의 魚虞模 세 韻을 병합하여 이루어졌다.
⑥ 皆來: 主要部分은 『廣韻』의 灰咍佳皆 네 韻을 병합하여 이루어졌다.
⑦ 眞文: 主要部分은 『廣韻』의 眞諄臻文欣痕魂 등 여러 韻을 병합하여 이루어졌다.
⑧ 寒山: 主要部分은 『廣韻』의 寒刪山凡 등 여러 韻을 병합하여 이루어졌다.
⑨ 桓歡: 主要部分은 『廣韻』의 桓韻으로부터 이루어졌다.
⑩ 先天: 主要部分은 『廣韻』의 先仙元 세 韻을 병합하여 이루어졌다.
⑪ 蕭豪: 主要部分은 『廣韻』의 蕭宵肴豪 네 韻을 병합하여 이루어졌다.
⑫ 歌戈: 『廣韻』의 歌戈 두 韻을 병합하여 이루어졌다.
⑬ 家麻: 『廣韻』 麻韻의 일부분이다.
⑭ 車遮: 『廣韻』 麻韻의 일부분이다.
⑮ 庚靑: 『廣韻』의 庚耕淸靑蒸登 등 여러 韻을 병합하여 이루어졌다.
⑯ 尤侯: 『廣韻』의 尤侯幽 세 韻을 병합하여 이루어졌다.
⑰ 侵尋: 『廣韻』의 侵韻으로부터 왔다.
⑱ 鹽咸: 『廣韻』의 覃談咸銜 등 여러 韻을 병합하여 이루어졌다.
⑲ 廉纖: 『廣韻』의 鹽添嚴 등 여러 韻을 병합하여 이루어졌다.

(2) 平聲이 陰·陽으로 나누어진다는 사실은 周德淸이 처음으로 발견한 것이다. 그는 「自序」에서 아래와 같이 설명하였다.

> 글자는 陰과 陽으로 나누어지는데, 陰陽의 글자가 平聲에는 있으나, 上聲이나 去聲은 모두 없다. 上聲과 去聲은 각각 한가지의 성조에 머무르지만, 平聲은 두 가지 성조를 갖고 있다. 즉 上平聲과 下平聲이다. 上平聲은 一東에서 二十八山을 지칭하여 말한 것이 아니며, 下平聲은 一先에서 二十七銜을 지칭하여 말한 것이 아니다. 선인들은『廣韻』의 平聲이 많아 상하권으로 나누었고, 그 음은 나누지 않았다. 平聲字에 上平, 下平의 구분이 있다는 것을 알지 못하여, 다만 有音無字의 구별만이 있었으니, 一東에서 二十八山까지가 모두 上平, 一先에서 二十七銜까지가 모두 下平인 것은 아니다. 東, 紅 두 字를 예로 들어보자면, 東은 下平聲으로 陰에 속하고 紅은 上平聲으로 陽에 속한다. 陰은 곧 下平聲이고, 陽은 곧 上平聲이다. 東字로 平仄을 따져 보고, 紅字로 平仄을 나눠 보면 平聲 陰陽字들의 音을 알 수 있으며, 上聲·去聲 2가지 성조는 한 가지 성조에 머물러, 陰陽의 구분이 없음을 알 수 있다.[42]

唐宋시기에는 淸濁의 구분이 분명해서 각각 반절이 있었으므로, 음양을 나누지 않아도 되었다. 元明시대에 이르러 濁聲을 淸聲으로 읽게 되자 성대의 진동 여부의 문제가 성조의 高下의 문제로 바뀌었으니, 이것이 바로 周德淸이 平聲을 陰陽으로 구분한 이유이다.

---

42 "字別陰陽者, 陰陽字平聲有之, 上去俱無. 上去各止一聲, 平聲獨有二聲, 有上平聲, 有下平聲. 上平聲非指一東至二十八山而言, 下平聲非指一先至二十七咸而言. 前輩爲『廣韻』平聲多分爲上下卷, 非分其音也. 殊不知平聲字俱有上平下平之分, 但有有音無字之別, 非一東至山皆上平, 一先至銜皆下平也. 如東·紅二字之類, 東字下平聲屬陰, 紅字上平聲屬陽; 陰者卽下平聲, 陽者卽上平聲. 試以東字調平仄, 又以紅字調平仄, 便可知平聲陰陽字音, 又可知上去二聲止一聲, 俱無陰陽之別矣."

(3) 입성을 세 성조에 派入했다. 옛 韻 중에서 소위 入聲이라는 것은 陽聲과 대비되는 글자를 말한다. 陽聲類의 운미 -ŋ와 상대되는 입성운미는 -k이고, 陽聲類의 운미 -m과 상대되는 입성운미는 -p이며, 陽聲類의 운미 -n과 상대되는 입성운미는 -t이다. 語音이 점차 발전하면서, 입성운미 -k, -p, -t는 소실되었다. 周德淸은 가장 먼저 이러한 語音현상을 제시하여 漢語 語音발전사 연구에 뛰어난 공헌을 하였다.

2) 『中原音韻』의 중요성 및 영향

周德淸의 『中原音韻』은 중국 언어학사에 있어서 시대를 구분하는 의미 있는 저작이며, 漢語 語音 발전사 연구의 중요한 자료이다. 『中原音韻』이 반영한 音系는 現代漢語 語音 체계의 원천이며 기초이다. 周德淸은 宋元 이래의 古音연구를 今音연구로 바꾼 첫 번째 사람이다. 그의 저작 목적은 비록 樂府에 있었지만, 그의 '正語'사상은 중국 초기 민족 공동어를 확장한 진보적 사상이다. 그는 「自序」에서 "악부를 지으려면 반드시 언어를 바르게 해야 하며, 언어를 바르게 하려면 반드시 中原의 음을 근본으로 삼아야 한다."[43]라고 하였다. 『中原音韻』은 바로 그의 이러한 思想을 구현한 것이다.

중국 언어학사에서 볼 때, 운서는 크게 발전해 왔다. 顔之推는 3세기에서 6세기를 '音韻의 전성기'라고 칭했다. 7세기에 이르러 陸法言 등이 처음으로 『切韻』을 지었고, 뒤를 이어 나타난 王仁煦의 『刊謬補缺切韻』, 『唐韻』 및 11세기 『廣韻』, 『集韻』 등은 모두 『切韻』에 근거한 것이었다. 『切韻』系 운서는 당시의 실제 語音을 전적으로 대표할 수는 없었다. 사회가 발전함에 따라 語音 역시 발전 변화하는 것이므로 운서에서 정한 음운 체계는 실제 語音과는 갈수록 차이가 생기게 되었다. 周德淸은 元代에는 자주 『廣韻』을 인용하였는데 이는 '옛 것에 빠져 지금의 것을 그르다 하고, 시대의 변화를 따르지 못한 것'[44]이라는 진보적인 관점을 가지고 있었다. 그러므로 『中原音韻』은 전통 운서에 대해 철저한 혁신을 한 것이다.

『中原音韻』은 14세기에 北曲의 用韻에 근거해 분석 연구하여 이루어진 운서이다. 이 운서의 특징은 전통적인 옛 운서의 모방이라는 굴레에서 완전히 탈피해 당시 실제 語音의 운부에 근거하여 편성되었다는 데에 있다. 이것은 漢語 음운사에 있어 일대 혁신이다. 이로써, 周德淸의 『中原音韻』은 중국 고대 운서 발전사에 있어서

---

43 "欲作樂府, 必正言語; 欲正言語, 必從中原之音."
44 "泥古非今, 不達時變."

一派를 이루어, 『切韻』系 운서와 서로 대립되는 北音韻書를 출현시켰다. 후에 나온 『中州音韻』, 『詞林韻釋』, 『洪武正韻』, 『韻略易通』, 『韻略匯通』, 『五方元音』 등의 운서는 모두 이 파에 속하는 것들이다. 이러한 운서들과 『切韻』系 운서를 비교해 보면, 가장 주요한 차이점은 『切韻』系 운서는 隋唐 시대의 종합 語音 체계라는 것을 알 수 있다. 陸法言은 "南北의 是非와 古今의 通塞을 논하였다."[45]라고 하였다. 그 후 宋代의 『廣韻』, 『集韻』 등과 같은 운서는 갈수록 당시의 실제 語音과 멀어졌다고 할 수 있다. 그러므로 周德淸은 이러한 운서들은 '잘못된 말을 그대로 쓴 것', '해마다 옛 것에 의존해 고치지 않고 쓴 것'이라고 비판했다. 『中原音韻』을 선두로 한 北音韻書는 『切韻』系 운서의 실제 語音과 연계되지 않은 잘못된 태도에 반대하고, 희곡의 실제 用韻과 당시 북방음으로부터 語音 체계를 귀납해낸 새로운 운서들이다. 예를 들어, 車庶와 支思의 분립은 毛氏가 注한 『禮部韻略』과 吳棫의 『韻補』에서 이미 발단이 보이는데, 南宋시대에는 이미 독립하는 추세였고 『中原音韻』에 이르러 비로소 명확하게 분리되었으니, 이는 北音 체계에서의 分韻의 특색이라 할 만하다.

『中原音韻』은 희곡의 用韻으로 지은 최초의 北曲 韻書로, 희곡의 用韻에 대해 어느 정도 규범 역할을 했다. '이후의 운서들은 모두 『中原音韻』과 『洪武正韻』을 조종으로 삼아' 두 부류를 형성하게 되었으니, 하나는 아이들을 가르치기 위해 펴낸 음운서이고, 다른 하나는 曲韻 전문서이다.[46]

2. 北音 체계의 다른 韻書

1) 『韻略易通』

『韻略易通』은 明代 蘭茂(1396～1476)가 지은 것으로 北音 체계 韻書 중의 하나이다. 이 책은 『中原音韻』의 직접적인 영향을 받아, 聲調와 韻部 체계에 있어 『中原音韻』과 별 차이가 없다. 聲母는 20개로 '早梅詩' 한 수로 편성되어 있다. 韻部는 20개로 『中原音韻』의 '魚模'를 '呼模', '居魚' 두 部로 나누었다. 성조는 여전히 平·上·去·入의 네 가지로 나누었고, 입성을 양성과 배합시켰다.

雲南의 『嵩明州志』에서 말하기를 "蘭茂는 字가 廷秀이고, 云南 嵩明縣 楊林[47]

45 "論南北是非, 古今通塞."

46 趙蔭棠의 『中原音韻研究』 참조.

47 지금의 云南省 嵩明縣을 가리킴.

사람이다. 성품이 총명하고 지혜로웠으며 한 번 본 것은 다 외워서, 13세에 經史에 통했고 자라서는 더욱 배우기를 좋아했다. 濂·洛·關·閩 지방의 학문에 밝았다. 시의 풍격은 간결하고 담백하며, 벼슬하는 것을 좋아하지 않아, 일찍이 止庵이라는 곳에 기거하였는데 이것이 그의 號가 되었다. 경제에 마음을 두었고, 正統 때에는 大司馬 王驥가 麓川을 정벌할 때, 계략을 자문해 주어 마침내 평정하도록 하였다. 저서로는 『元壺集』, 『鑑例折衷』, 『經史餘論』, 『韻略易通』, 『止庵吟稿』, 『安邊條策』, 『聲律發蒙』 등이 있다. 安寧의 張維와 함께 명성을 얻어 한때 學者들의 모범이 되었었다. 80세에 세상을 떠났다."[48]라고 하였다.

『韻略易通』에서는 韻部를 20韻으로 나누었다.

一東洪	二江陽	三眞文	四山寒
五端桓	六先全	七庚淸	八侵尋
九緘咸	十廉纖	十一支辭	十二西微
十三居魚	十四呼模	十五皆來	十六蕭豪
十七戈何	十八家麻	十九遮蛇	二十幽樓

『韻略易通』에 있는 韻部 중 앞의 10개 韻은 平·上·去·入 4聲이 갖추어져 있으나, 뒤의 10개 韻엔 入聲이 없다. 『中原音韻』과 비교해 보면 韻目用字가 약간 다르고 韻目가운데 한 韻이 다르다. 즉 『中原音韻』의 '魚模'가 '居魚'와 '呼模'로 나뉜 것이다. 또한 平聲을 陰陽으로 나누지 않았으며 入聲을 부활시켰다.[49]

蘭茂의 『韻略易通』은 聲類에 있어 비교적 공로가 크다. 周德淸은 『中原音韻』의 「起例」에서 "音韻안에 모든 빈칸은 音이 하나로, 알기 쉬운 글자를 표제자로 삼아 단지 표제자 하나만을 발음하고 달리 切語를 세우지 않았다."[50]라고 하였는데, 聲類가 몇 개인지는 분명히 밝히지 않았다. 『中原音韻』의 聲類는 후세 학자들이 분석 연구해 낸 것이지만 『音略易通』은 그렇지 않다. 蘭茂는 혁신적인 정신으로 옛 36字母를 20개로 압축시켰고, 聲類를 「早梅詩」의 형식으로 통속적으로 알기 쉽게 나타

48 "蘭茂字廷秀, 云南嵩明縣楊林人. 性聰慧, 過目成誦, 年十三, 通經史. 長益嗜學. 於濂·洛·關·閩之學煥如也. 賦性簡淡, 不樂仕進, 嘗顏其軒曰止庵, 因自號焉. 留心經濟, 正統時, 大司馬王驥征麓川, 咨其方略, 遂底於平. 所著有『元壺集』·『鑑例折衷』·『經史餘論』·『韻略易通』·『止庵吟稿』·『安邊條策』·『聲律發蒙』諸書行於世. 與安寧張維齊名, 一時學者宗之, 年八十, 崇祀鄕賢." 趙蔭棠 『中原音韻硏究』 第六章 재인용.

49 濮之珍 원문에는 '比『中原音韻』少一韻, 所少者是沒有把"西微"分開. 平聲不分陰陽, 而且恢復了入聲.' 라고 적고 있으나 『中原音韻』에 비해 『韻略易通』은 한 운이 더 많으므로 맞지 않는다. 그래서 '少一韻, 所少者是沒有把"西微"分開.' 부분을 생략하였다.(譯註)

50 "音韻內每空是一音, 以易識字爲頭, 止依頭一字呼吸, 更不別立切脚."

냈다. 이후에 왕왕 詩詞의 형식으로 字母를 드러낸 예가 보이는데 그의 영향을 받은 것이라고 할 수 있다. 20개 字母와 36개 字母와의 관계를 나열해 보면 다음과 같다.[51]

早梅詩	(擬音)	三十六字母
東	t----------	端
風	f----------	非敷奉
破	p‘---------	並滂
早	st---------	精
梅	m---------	明
向	x ɕ---------	曉匣
暖	n----------	泥娘
一	o----------	疑影喻
枝	tʂ---------	知照
開	tɕ‘ k‘--------	溪羣
冰	p----------	幫
雪	s----------	心邪
無	v----------	微
人	ʐ tɕ---------	日
見	k----------	見
春	tʂ----------	徹澄穿牀
從	ʦ‘----------	淸從
天	t‘----------	透定
上	ʂ----------	審禪
來	l----------	來

위에 있는 도표는 趙蔭棠의『中原音韻研究』제6장을 참고한 것으로, 도표에 나온 注音은 단지 元明이래의 讀法과 唐宋 36字母 讀法과의 차이만을 나타내므로 중간을 점선으로 표시했다. 36字母의 讀法은 따로 있다.

蘭茂의 '早梅詩'는 36字母를 고쳐 정한 것이다. 즉 元明이래 중복된다고 여겼던 것과 북방 언어 체계에는 없는 濁音字母를 刪去했다. 蘭茂가 이처럼 명확하게 聲律을 나누고 열거한 것은 韓道昭의 영향을 받은 것이다. 그는 '凡例'에서 "또한 36字母 가운데 중복된 것이 16개나 되니 의심스러운 바이다."[52]라고 하였다. 그러므로 그는 이미 聲類의 발전 변화양상을 간파하여 이해하기 쉬운 '早梅詩' 20字를 만들어 聲類를 나타낸 것임을 알 수 있다.

---

51 趙蔭棠의『中原音韻研究』第6章 참조.

52 "且字母三十有六, 犯重者十六, 似有惑焉."

『四庫提要』에서는 『韻略易通』에 대하여 "옛 방법을 모두 변화시켜, 方音만을 취하였다. 凡例에서 '쉽고 통속적인 글자만을 수록하였으니 經史를 읽을 때는 마땅히 本文의 音과 해석에 따라 바른 것을 취하여야 하며 여기에만 얽매여서는 안 된다.'라고 한 것은 자신도 그 결점을 알고 있음을 나타낸다."[53]라고 평하였다. 이로써 과거 『韻略易通』에 대한 평가가 그다지 높지 않았다는 사실을 알 수 있다. 그러나 이러한 평가도 타당하지 못하다. 왜냐하면 蘭茂가 『韻略易通』을 쓴 목적은 여러 사람이 이해하기 쉽도록 하는 데 있었기 때문이다. 그는 "古代 韻書는 원래 詩歌를 읊기 위하여 만든 것이지만 이 책은 특별히 쉽게 이해시키기 위해 만든 것이다."[54]라고 하였다. 그가 韻書를 편찬한 목적은 文人學士들의 시가 창작을 위한 것이 아니라 일반 사람들의 이해를 돕기 위한 것이었다. 그래서 그는 책명을 『韻略易通』이라고 한 것이며, 또한 '凡例'에서도 해석을 덧붙여 다음과 같이 말하였다.

> 『玉篇』은 글자의 형태로 그 音을 알 수 있고, 『廣韻』은 글자의 音으로 그 文字를 찾을 수 있으므로, 學者들에게 정말로 편리하다. 그러나 그 사이에 '古文', '籀文', '通用' 등의 字가 있고 또한 形同音異字, 形異音同字가 있어 수십만 언어들을 편람하기가 어렵다. 『韻略異通』은 쉽게 응용할 수 있는 俗字를 수록하여 音義는 같지만 字形이 다른 글자는 오직 하나만을 사용하였기 때문에 '韻略'이라 이름 지은 것이다.(凡例1)
> 『玉篇』과 『廣韻』에 있는 어떤 글자들의 音은 심오하고 애매모호하며, 方言도 일치하지 않는다. 이 책을 보는 사람들은 어떤 것이 옳은지 모를 것이다. 더구나 36字母가운데 중복되는 것이 16개나 되니 의심스러운 바이다. 이 책에서는 '早梅詩' 20字를 字母로 하여 표제자로 삼았다. 즉 各韻 平聲字를 운목으로 삼고 그 아래에 같은 운에 속하는 글자를 실었다. 글자의 平聲을 알면 그 글자의 上聲, 去聲, 入聲字를 모두 알 수 있으므로 '易通'이라 한 것이다. 모든 字音은 叶韻할 수 있다.(凡例3)[55]

蘭茂는 당시 言語의 실제 상황에서 출발하여 통속적이고 알기 쉬운 韻書를 편찬하였으니, 이러한 태도는 오늘날에도 긍정적으로 평가된다.

---

53 "盡變古法, 以就方音; 其凡例稱'惟以應用便俗字樣收入, 讀經史當取正於本文音釋, 不可泥此'則亦自知其陋矣."

54 "古之韻書本爲賦詠者設, 此編特欲便於認識."

55 "『玉篇』見字之形始知其音, 『廣韻』卽字之聲而尋其文, 深有便於學者; 然其間有"古文""籀文""通用"等字, 又有形同音異, 形異音同; 數十萬言難於周覽. 此編只以應用便俗字樣收入, 其音義同而字形異者, 止用其一, 故曰"韻略".(凡例一). 『篇』『韻』之字, 或有音切隱奧, 疑似混淆, 方言不一. 覽者不知孰是. 且字母三十六, 犯重者十六, 似有惑焉. 此篇以"早梅詩"一首, 凡二十字爲字母, 標題於上; 卽各韻平聲字爲目, 叶調於下; 得一字之平聲, 其上聲·去聲·入聲字一以貫之, 故曰"易通". 一切字音皆可叶矣."(凡例三)

2)『韻略匯通』

『韻略匯通』은 明代 畢拱宸의 저작으로, 近古 시기 北音 체계 韻書 중의 하나이다. 畢拱宸은 字가 星伯이며 山東 掖縣 사람이다. 『韻略匯通』은 明 崇禎 15년(1642)에 쓰여졌다. 이 책은 蘭茂의 『韻略易通』을 기초로 添削하여 편찬된 것이다. 畢拱宸은 序에서 책명의 유래에 대해 "그 이름을 약간 고쳐 『韻略匯通』이라 하였다. 匯라는 것은 물이 돌고 돌아 다시 합쳐진다는 뜻에서 취한 것이다."[56]라고 설명하였다. 蘭茂는 통속적이고 이해하기 쉬운 것을 韻書의 목적으로 하고 있으나, 畢拱宸은 序에서 『韻略匯通』의 편찬 목적은 '아동들의 글자 익힘을 위한 것'[57]이라고 말하고 있다. 이 때문에 畢拱宸의 『韻略匯通』은 蘭茂의 『韻略易通』과 비교해 보면 '나누고 합하고 빼고 보충한' 부분이 있다. '凡例'에 보이는 것을 몇 가지 적어 보면 다음과 같다.

> 『韻略易通』은 다만 여러 사람들이 쉽게 이해하는 데 도움을 주기 위해 편찬된 것이므로, 앞의 10韻 東·洪 등은 四聲이 온전하고, 뒤의 10韻 支·辭 등은 入聲字가 없어, 다른 韻書들과 비교해 보면 매우 간편하다. 그러나 眞·文은 侵·尋에 있고 先·全은 廉·纖에 있으며 山·寒은 緘·咸에 있으니 어떻게 구별하여 다시 한 韻으로 세우겠는가? 이제 모아진 예들에 근거하여 하나로 합쳐 놓아 검사하고 찾아보는 수고로움을 덜도록 하였다.(凡例1)
> 眞文의 平上去 세 성조는 비록 같지만 文은 入聲이 특이하다. 그러나 예전에는 하나였다. 하나의 韻을 둘로 발음하는 것은 옳지 않다. 지금은 文韻 入聲을 東洪으로 합치고 眞文을 眞尋으로 바꾸었다.(凡例2)
> 庚晴은 入聲이지만 또한 각기 다르니, 지금은 晴자의 入聲을 眞尋韻 안에 포함시켰다.(凡例3)
> 端桓 세 성조 平上去는 山寒과 같으며 入聲은 江陽과 같은데, 역시 각기 나누어 같은 성조에 병합시켰다.(凡例4)
> 四聲이 모두 있는 것으로 예전에는 열 개의 韻이 있었으나 지금은 대략 여섯 개의 韻이 있다. 入聲이 없는 것은 열 개의 韻인데 예전 것과 같다. 그러나 西微 두 韻은 또 각기 다르다. 지금은 西韻의 글자들을 居魚에 합치고 西微를 灰微로 바꾸었으니 集成의 목적과 일치한다.(凡例5)[58]

---

56 "稍易其名, 曰『韻略匯通』. 匯者, 取水回而複合之義."

57 "爲童蒙入門"

58 "『韻略』(按指『韻略易通』)舊編止爲求蒙而設, 故前十韻東洪等爲四聲全者, 後十韻支辭等爲無入聲者, 較諸韻書至爲簡便. 然眞文之於侵尋, 先全之於廉纖, 山寒之於緘咸, 有何判別, 而更立一韻呼? 今悉依集成例, 合併爲一, 用省檢覓之煩.(凡例一) 眞文前三聲雖同, 而文字入聲特異, 舊混爲一. 一韻兩呼, 叅差無當. 今以文韻入聲歸東洪, 乃易眞文爲眞尋矣.(凡例二) 庚晴二類入聲亦各異, 今以晴字入聲幷歸眞尋韻內.(凡例三) 端桓前三聲與山寒相同, 入聲與江陽相同, 亦各分割幷歸同聲矣.(凡例四) 四聲全者舊爲十韻, 今約爲六. 無入聲十韻, 尙仍其舊. 但西微二韻亦自各異. 今以西韻諸字幷歸居魚, 復易西微爲灰微, 如集成之目."(凡例五)

이로써 『韻略匯通』에서는 韻을 16部로 나누었다.

1 東洪	2 江陽	3 眞尋	4 庚晴
5 先全	6 山寒	7 支辭	8 灰微
9 居魚	10 呼模	11 皆來	12 蕭豪
13 戈何	14 家麻	15 遮蛇	16 幽樓

성조 방면에 있어서 앞의 여섯 韻은 入聲이 있고 뒤의 열 개 韻은 入聲이 없다. 『匯通』은 또한 平聲을 上平과 下平으로 나누었는데 이것이 바로 『中原音韻』의 陰平과 陽平이다.

『韻略匯通』은 비록 蘭茂의 『韻略易通』을 기초로 한 것이지만 畢拱宸은 山東 사람이고 蘭茂는 雲南 사람이므로 山東말과 雲南말은 지금으로 보자면 모두 '官話' 지역에 속하는 말이지만 결국에는 서로 다른 方言으로 音의 체계에도 차이가 있다. 畢拱宸은 또한 '아동의 글자 익힘'에 목적을 두고 저술하였기 때문에 『韻略匯通』의 첨삭 부분들은 실제의 語音을 근거로 한 것이니, 畢拱宸의 공헌은 주로 이 점에 있다.

3) 『五方元音』

『五方元音』 2권은 淸初에 樊騰鳳이 지은 것이다. 樊騰鳳은 자가 凌虛이며 河北 唐山 사람이다. 『五方元音』은 順治·康熙년 간에 지어진 것으로 같은 마을의 魏大來가 수정하였다. 이 책 역시 『韻略易通』의 기초 위에서 첨삭하여 지은 것이다. 韻은 12개로 나누었고 12개의 圖를 열거하였다. 聲母는 20개이다. 四聲을 五聲으로 늘렸으며[59], 入聲韻을 陽聲韻에 배합하였다.

『唐山縣志』에서는 樊騰鳳에 대해 다음과 같이 적고 있다.

> 樊騰鳳은 자가 凌虛이며 西良 사람이다. 용모는 훤칠하고 장대하며 목소리가 우렁찼다. 학문을 즐겨 당시의 예술을 하찮게 여겼으며, 易과 數에 정통하여 길흉을 점치면 그 영험함이 잘 들어맞았다. 당시는 明 말기로 온 세상이 떠들썩하였으며 樊騰鳳은 이전부터 어지러운 세상을 바로잡아 정상을 회복하고자 하는 뜻을 품고 있었다. 그러나 가만히 자신의 운명을 점쳐 보니 뜻을 이루기가 어려웠으므로, 마침내 칩거한 채 수양하며 韻學에 마음을 두었다.[60]

樊騰鳳은 『五方元音』序에서 다음과 같이 말하였다.

---

59 "陰陽上去入"

60 "樊騰鳳, 字凌虛, 西良村人, 像貌魁梧, 聲若洪鐘. 嗜學不屑時藝, 精易數, 占休咎驗如桴鼓. 時當明季, 四海鼎沸, 鳳夙有撥亂反正志; 然靜驗己運, 難以有爲, 遂閉戶潛修, 留心韻學."

> 이에 『韻略』에 따라 인용하여 보니, 법칙은 비록 비루하지만 이치는 정채롭고 자세하다. 그러나 종전의 판본들은 운이 20에 얽매여 있고 중복되고 생략된 것이 많아 병폐가 크다. 성조는 4개뿐이나 무질서하기 짝이 없고, 聲母는 순서가 없으며 운은 經緯를 잃었다. 이에 나는 감히 보충을 가하니, 운이 중복된 것은 잘라 내어 20을 12로 줄였다. ……성조가 무질서한 것에 대해서는 四聲에 덧붙여 五聲으로 만들었으며, ……상권과 하권으로 나누어 두 양식으로 배분하였다. 앞의 6운은 입성이 모두 없고, 하늘을 본떠 가볍고 맑은 소리이다. 뒤의 6운은 입성을 모두 갖추고 있으니, 땅에 부합하는 무겁고 탁한 소리이다. 중복된 운과 음은 줄여서 간편하게 하였다. 上平과 下平은 서로 속한다. 번거로운 것을 간편하게 줄였고, 운을 겸한 것도 있다. 널리 수집하여 간략하게 취하였으며, 음은 같은 것끼리 귀납하였다. 이치는 자연에서 나오는 것이며, 법칙의 근본은 자연의 소리이니, 聲母와 韻母를 귀납하는 데에 있어 견강부회하지 않아, 가로와 세로로 이어지다 보면 각기 經과 緯로 가게 된다. 감히 스스로 옳다고 여기지는 않았으니, 같은 마을 태학생 魏大來는 孔子와 孟子의 正傳을 숭상하고 韻學에 정통함에, 나는 그와 함께 왕래하며 수정하여 『五方元音』을 완성하였다.[61]

이상의 서문으로부터, 이 책은 『韻略易通』의 기초 위에서 정리되어 이루어진 것임을 알 수 있다. 내용면에서는 20韻을 12韻으로 줄였고, 四聲을 五聲으로 늘렸으며, 入聲을 陰聲調에 배합시켰다. 이밖에도 수정에 참가한 魏大來는 말하기를 "康熙縣志에서 기록하기를, 그는 順治 甲午년에 貢으로 천거되었다라고 하였으니, 이로부터 그가 太學生으로 불려진 것은 당연히 順治11년 이후임을 알 수 있다. 淸의 제도에 따르면 五貢은 모두 국자감에 들어가 과정을 이수해야 한다. 康熙12년의 縣志에 『五方元音』이 실려 있으니, 이로부터 이 책이 지어진 것은 順治11년과 康熙12년 사이임을 알 수 있다."[62]라고 하였다.

『五方元音』에서 韻部를 12로 나눈 이유는 다음과 같다. 1元에는 12會가 있고, 1運에는 12世가 있으며, 1年에는 12개월이 있고, 1日에는 12시간이 있으며, 해와 달은 일 년에 12번 만나고, 黃鍾은 일 년에 12律이 있으니, 韻 또한 12部인 것은 자연스런 일이며, 이를 늘리거나 줄이는 것은 불가하니, 天地의 元音이라 함이 마땅하다고 하였다. 그는 이러한 원칙에 근거하여 12韻은 마땅히 12律圖이어야 한다고 하였다. 12韻의 내용은 다음과 같다.

---

61 "因按『韻略』一書, 引而伸之, 法雖淺陋, 理近精詳; 但從前老本, 韻拘二十, 重略多弊; 聲止有四, 錯亂無門, 且母失次序, 韻少經緯. 余不辭僭竊, 妄行刪補; 於韻之重疊者裁之, 減二十爲十二, ……於聲之錯亂者而敍之, 添四聲爲五聲, ……卷分上下, 配兩儀; 前六韻入聲俱無, 輕淸上浮以象天; 後六韻入聲全備, 重濁下凝以配地. 複韻複音, 裁歸簡便; 上平下平, 敍循統屬. 刪煩就簡, 韻有兼該; 博收約取, 音有同歸. 理出自然, 法本天籟, 歸母入韻, 不加勉强, 橫行直撞, 各就經緯. 未敢自以爲是, 同邑太學生魏大來, 宗孔孟正傳, 猶精於韻學, 余與之往復叄訂, 共成『五方元音』一書."

62 "康熙縣志記載他是順治甲午例貢, 由此可知被稱爲太學生當然在順治十一年以後, 蓋淸制五貢皆得入監肄業也. 康熙十二年縣志卽載『五方元音』之書, 故由此可推它的産生卽在順治十一年與康熙十二年之間." 趙蔭棠 『中原音韻研究』 第6章 참조.

天 ɑn　人 en　龍 ʊŋ eŋ　羊 ɑŋ　牛 oʊ　獒 ɑʊ
虎 ʊ　駝 o　蛇 ɛ　馬 ɑ　豺 ɑɪ　地 ɪ, y, eɪ, ʅ, ʅ[63]

그가 이처럼 韻을 12로 나눈 것은 喬中和의 『元韻譜』의 영향을 받은 것으로, 『韻譜』의 「十二括應十二律圓圖」에서 나온 것이다. 그가 이처럼 운을 나눔에 그의 주관으로 견강부회한 부분이 있는데, 예를 들면 駝韻은 단지 'o'만 나타내고 'o'와 'ə'로 나눌 수 없다는 것이다. 또한 '地韻'은 어떤 사람의 고증에 근거하여 비교적 많은 韻部를 병합시켰으니 이처럼 억지로 나눈 12韻目은 과학적이지 못한 것이다. 그러나 그 중에서 東洪과 庚晴을 합한 것과 先全과 山寒을 합한 것은 現代 普通話의 語音과 한층 접근한 듯하다.

『五方元音』은 聲調를 上平·下平·上聲·去聲·入聲의 다섯 가지로 나누었는데 이는 『韻略匯通』과 같다.

周德淸이 平聲을 두 종류로 나눈 이래로 『洪武正韻』도 본래 이것을 따랐으나 『正韻』은 순수한 北韻이 아니며, 또 『禮部韻略』에 의거하였기 때문에 모든 운의 淸濁의 순서가 옛 것을 그대로 따르고 있어 陰平·陽平의 구분이 없다. 蘭茂의 『韻略易通』은 직접적으로는 『洪武正韻』의 영향을 받았고, 간접적으로는 『禮部韻略』의 영향을 받았기 때문에 淸濁의 구분은 있으나 陰平·陽平의 명칭은 없다. 畢拱宸은 『韻略匯通』에서 蘭茂의 說을 수정하고 平聲을 上平·下平으로 나누었으니 바로 周德淸의 '平分陰陽'說을 따른 것이다. 樊騰鳳의 『五方元音』은 畢拱宸의 것보다 뒤에 나왔으나 五聲의 說은 여기에서 시작되었다.

『五方元音』은 入聲을 다시 陰聲韻에 배합하였다. 蘭茂의 『韻略易通』에서 入聲을 陽聲韻에 배합한 것은 唐宋 韻書의 옛 체례를 따른 것인데, 樊騰鳳은 入聲을 陰聲韻에 배합해 놓고 天人龍羊牛獒 아래에 "앞의 여섯 운은 輕淸으로 天과 같고 그 入聲字의 음은 重濁이어서 같이 놓기에 불편하여 모두 뒤의 운에 넣어 따로 上卷으로 하였다."[64]라고 注하였다. 또 虎駝蛇馬豺地 여섯 운 아래에서는 "뒤의 여섯 운은 重濁으로 地와 같고 그 入聲字의 음 역시 모두 重濁이므로 같은 類를 취하여 서로 같이 놓아 五聲이 모두 갖추어졌으니 따로 下卷이라 하였다."[65]라고 하였다. 이러한 '象天', '象地'와 같은 설명은 타당하지 못하다. 語音은 본래 발전 변화하는 것이기 때문이다. 唐宋人이 入聲을 배합한 것은 그 끝마치는 소리에 주의한 것으로 韻이

63 趙蔭棠의 『中原音韻硏究』 第6章 79쪽 참조.
64 "前六韻輕淸象天, 其入聲字音重濁不便混入, 俱寄於後韻中, 故別爲上卷."
65 "後六韻重濁象地, 其入聲字音亦皆重濁, 取同類相從, 五聲備具, 故別爲下卷."

서로 조화되는 것(諧韻)이라 할 수 있다. 후에 語音이 발전하고 변화하여 -m이 소실되고 -k, -p, -t체계가 혼란되어 다시 끝마치는 소리와 諧韻에 주의하였으나 추측해 낼 수 없었다. 元明人이 入聲을 배합함에 주의를 기울인 발단은 諧聲이라고 할 수 있다. 사실 入聲은 북방에서는 오래 전부터 존재하지 않았다. 北方지역의 入聲의 소실에 대해서는 明代人이 매우 상세하게 논하였고 淸 世祖 福臨은 그의 『北遊集』에서 "북경 사람들만이 유독 입성이 없는데 대개 入聲字를 平·上·去로 바꾸어 말하였기 때문이다."66라고 하였다.

『五方元音』은 聲母를 20개로 나누었는데 표제자는 다음과 같다.

梆 p	匏 p'	木 m	風 f
斗 t	土 t'	鳥 n	雷 I
竹 tʂ	蟲 tʂ	石 ʂ	日 ʐ
剪 tɕ	鵲 tɕ	絲 s	雲 o
金 k, tɕ	橋 k, tɕ	火 x, ɕ	蛙 o

樊騰鳳의 『五方元音』 20字母는 蘭茂의 『韻略易通』과 비교해 보면 대체로 비슷하다. 차이점은 바로 蘭茂의 『韻略易通』에 비해 '無'母(V) 하나가 적다는 것이다. 그는 '無'母자를 '蛙'母에 병입시켰다. 畢拱宸의 『韻略匯通』에서는 이미 이 점에 주의하여 범례 8에서 말하기를 "勿·物 등의 글자는 마땅히 東·洪·無字母 아래에 넣어야 한다."67라고 하였다. 樊騰鳳의 『五方元音』에서는 '無'母를 없애고 一母를 '雲', '蛙' 두 개의 母로 나누어 그대로 20개를 갖추고 있다. 그는 말하기를 "雲·蛙 두 母는 서로 가까운데 실제로는 서로 나누어지니 역시 經緯가 반드시 이러하고 수로 따져 보아도 타당하다."68라고 하였다. 실제로 그는 "開合을 蛙에 귀납시키고 齊撮을 雲에 귀납시켰다."69

『韻略匯通』과 『五方元音』은 지금은 모두 보기 어렵다. 지금 볼 수 있는 것은 年希堯의 『重校增補五方元音全書』, 趙培梓의 『剔弊廣增分韻五方元音』인데, 원서와 비교적 많이 다르다.

66 "北京人說話獨遺入聲, 蓋凡遇入聲字眼, 皆翻作平·上·去耳."
67 "勿·物等字應入東·洪·無字母下."
68 "雲蛙二母相近而實相分, 亦經緯所必至, 理數所不能無."
69 "開合歸之於蛙, 齊撮歸之於雲."

제5절 宋元시대의 等韻學

1. 槪況

중국 고대 언어학에서는 音韻學 연구 분야를 셋으로 나눈다. 첫째는 古音學으로 『詩經』·『楚辭』 등의 책을 史料로 하여 周秦 古音을 연구 대상으로 삼는다. 둘째는 今音學으로 『廣韻』·『集韻』 등의 책을 史料로 하여 魏晋 唐宋間의 語音을 연구 대상으로 한다. 셋째는 等韻學인데 宋代에 시작된 것으로 漢語의 발음 원리와 발음 방법을 분석하는 것이다. 等韻學은 '等呼'로 韻母의 구조를 분석하고 '七音'으로 聲母의 발음 부위를 분석하며 '淸濁'으로 聲母의 발음 방법을 분석하고 '字母'로 漢語의 聲母 체계를 나타낸다. 중요한 等韻書로는 두 종류가 있는데, 하나는 『切韻』의 語音 체계를 분석한 것으로 宋代의 『韻鏡』, 鄭樵의 『七音略』 같은 것이다. 또 다른 하나는 당시의 語音에 근거하여 『切韻』 체계를 조정한 것으로 宋代 司馬光의 이름을 빌린 『切韻指掌圖』, 元代 劉鑑의 『切韻指南』 같은 것이다. 이후에 출현하는 등운서도 상술한 두 종류의 범위를 벗어나지 않는다.

1) '字母'와 '等韻'의 기원

韻書는 詩文을 짓는 쓰임도 겸하고 있었기 때문에 平仄과 押韻을 맞추어 쓰기 위해 운서는 각 글자 아래에 反切을 명확하게 밝혔으며 四聲과 韻目에 따라 韻字를 배열하였다. 음을 분별하는 요구면에서 보자면 聲母·韻母·聲調 세 방면을 모두 운서 안에 나타내야 한다. 운서의 이러한 부족한 점에 비추어 후에는 '字母'와 '等韻'의 학문이 생겨났다. 淸代 학자 陳澧는 『切韻考外篇自序』에서 다음과 같이 말하였다.

> 漢末이래 雙聲·疊韻으로 反切을 나타내었다. 韻母에는 東·冬·鍾·江 등의 韻目이 있는데 聲母에는 없다. 唐末 沙門에서 비로소 36글자를 표준으로 삼았으니 이를 字母라고 한다. 宋에 이르러 사람들이 운서의 글자를 취하여 字母의 순서에 따라 표를 만들어 開合·四等을 정하였는데 가로 세로가 서로 섞이니 어려운 바가 있어 이에 이전 운서의 反切 이외에 따로 새로운 학문 분야를 이루었다.[1]

---

1 "自漢末以來, 用雙聲·疊韻爲切語; 韻有東·冬·鍾·江之目, 而聲無之. 唐末沙門始標擧三十六字, 謂之字母. 至宋人乃取韻書之字, 依字母之次第而爲之圖, 定爲開合四等, 縱橫交貫, 具有苦心, 遂于古來韻書切語之外, 別成一家之學."

近代의 음운학가 勞乃宣(1843~1921)은 다음과 같이 말하였다.

> 反切은 魏代에 시작되었으니 雙聲·疊韻보다 시기가 이르다. 雙聲·疊韻은 六朝에 시작되어 等韻보다 이르다. 反切에서 雙聲·疊韻이 되고 雙聲·疊韻에서 等韻으로 되며 점차 바뀌면서 점점 밀접해졌으니 이것으로 反切의 이치를 분명히 할 수 있다. 그러므로 等韻學은 反切을 위해 만들어진 것이다.[2]

이로써 '字母', '等韻'의 연구 분야는 바로 韻書와 反切이 통행된 후에 생겨났음을 알 수 있으니 이것은 韻書의 反切이 音을 정확하고 완전하게 나타내지 못했기 때문이다. 이로써 학자들은 '字母'를 제정함으로써 '聲'을 표시하게 되었고, 다시 韻書의 韻目 분류에 따라 '聲'과 '韻'을 가로 세로로 배열하여 많은 音圖를 만들었다. 한 聲母, 韻母 각각을 切語로 합쳐 나열하여 각각의 글자음으로 삼았다.

'字母'와 '等韻'學의 기원을 살펴보면, 內外의 두 가지 방면에서 살필 수 있다. 내적인 면에서 보면, 雙聲과 疊韻을 이야기할 수 있다. 淸代 學者 錢大昕은 "四聲은 六朝에서 시작되었으므로, 고인들이 疊韻을 알지 못하였다고 말할 수 없다. 字母는 唐末에 생겨났으므로, 옛 사람들이 雙聲을 알지 못하였다고 말할 수 없을 것이다."[3] 라고 하였다. 『南史·謝莊傳』에는 "王玄謨가 謝莊에게 '雙聲과 疊韻은 무엇인가'라고 묻자 '玄護는 雙聲이고, 璈碻은 疊韻이다.'라고 대답하였다."[4]라는 기록이 있다. 그러므로 雙聲과 疊韻은 六朝 시대에 통용되었음을 알 수 있다. 후에 疊韻의 이치를 인식하게 되자 이에 韻書가 생겨나게 되어 韻部에 대한 분석이 주요 연구가 되었다. 그 후 雙聲의 이치를 알게 되어, 反切上字를 근거로 聲紐를 분석 연구하고 귀납하게 되었으니 이로써 字母가 생겨나게 된 것이다.

한편 文學에서는 聲律을 중시하는 新文體가 聲母와 音韻의 연구를 진작하였다. 예를 들어 韻書는 본래 詩文을 짓는 효용을 겸비하고 있다. 孫愐은 『唐韻序』에서 "切韻은 본래 四聲에 근본을 두고, 쌍성과 첩운을 연결시킨 것으로, 문장을 유려하게 짓기 위해서는 고인들의 음조에 정통해야 한다."[5]라고 밝혔다.

封演은 『封氏聞見記』에서 다음과 같이 기록하고 있다.

---

2 "反切始於魏世, 在雙聲·疊韻之前. 雙聲·疊韻始於六朝, 在等韻之前. 由反切而爲雙聲·疊韻, 由雙聲·疊韻而爲等韻, 漸推漸密, 皆以明反切之理. 故等韻之學爲反切設也." 『等韻一得』 참조.

3 "四聲昉於六朝, 不可言古人不知疊韻, 字母出於唐季, 不可言古人不識雙聲."

4 "玄護는 모두 匣母에 속하고, 璈碻은 蕭韻, 肴韻에 속한다: 王玄謨問謝莊, 何謂雙聲疊韻? 答曰, 玄護爲雙聲, 璈碻爲疊韻."

5 "切韻者, 本乎四聲, 紐以雙聲·疊韻, 欲使文章麗則, 韻調精明於古人耳."

> 永明간에 沈約은 문사에 정통하였고, 음률에 밝아 『四聲譜』를 지었다. 이때 王融·劉繪·范云의 무리들은 이를 흠모하고 부추겨 이에 여러 문학가들이 祖述하여 성운의 도가 크게 성행하였다.[6]

이러한 新文體 격식은 주로 『文心雕龍·聲律篇』에서 제기한 '韻'과 '和'인데, '和'가 주요 조건이다. 「聲律篇」에서 "同聲이 상응하는 것을 韻이라 한다."[7]고 했는데 이는, 주로 押韻 문제를 가리킨다. 다른 音이 서로 따르는 것을 '和'라 한다고 한 것은 주로 독음의 조화를 말한 것으로, 즉 "다섯 글자 가운데 音韻이 모두 달라야 하고, 두 구절 이내에 角徵의 음조가 달라야 함"[8]을 요구하는 것이다. 『宋書·謝靈運傳』에서 토론하는 주된 것은 '和'의 문제이다. 沈約은 스스로 "그 가슴 속 깊이 얻어 깨달아, 그 오묘한 취지에 도달하였다."[9]라고 여겼다. 沈約은 또 다음과 같이 언급하였다.

> 五色이 서로 어울리고 八音이 조화스럽고 막힘이 없으니, 玄·黃·律·呂가 각자의 위치에 적절하게 처해 있기 때문이다. 宮羽를 서로 변하게 하고, 높고 낮음이 음절을 어긋나게 하는 것이, 마치 앞에는 떠 있는 소리가 있고 뒤에는 급박한 소리가 있는 것과 같다. 한 줄 안의 音韻이 모두 다르고, 두 문장의 輕重도 달라 절묘하게 이러한 경지에 도달해야 만이 가히 좋은 글이라고 말할 수 있다.[10]

陸機는 『文賦』에서 "音과 聲이 대대로 전해져서, 五聲이 서로 어울리게 되었다."[11]라고 하였는데, 이는 聲律을 추구하고, 문장 音律의 美를 추구한다는 것을 설명한 것이다. 日本의 『文鏡秘府論』에는 聲律을 논한 것이 대단히 많은데, 이로써 당시 문학에서 聲韻의 법칙이 상당히 유행했었고, 그 대외적인 영향이 대단했다는 것을 알 수 있다. 이처럼 학술계는 韻部와 平仄을 연구했을 뿐만 아니라 聲類까지 연구하였으니 이것이 字母와 等韻의 학문이 흥기하게 된 내적 요인이다.

字母와 等韻에 대한 학문이 흥기하게 된 외적 요인은 바로 불교의 전래로 梵文이 유입되면서 중국어와 梵文에 대한 비교가 활발히 진행되었다. 六朝의 文人들은 雙聲으로 된 단어를 사용하기 좋아하였는데, 『洛陽伽藍記』에는 다음과 같은 기록이 있다.

---

6 "永明中, 沈約文辭精拔, 盛解音律, 遂撰『四聲譜』, 時王融, 劉繪, 范云之徒, 慕而扇之, 由是近遠文學轉相祖述, 而聲韻之道大行."

7 "同聲相應謂之韻"

8 "五字之中音韻悉異, 兩句之內, 角徵不同."

9 "獨得胸衿, 窮其妙旨."

10 "五色相宜, 八音協暢, 由乎玄黃律呂, 各適物宜, 欲使宮羽相變, 低昻舛節. 若前有浮聲, 則後須切響. 一簡之內, 音韻盡殊, 兩句之中, 輕重悉異, 妙達此旨, 始可言文."

11 "暨音聲之迭代, 若五聲之相宜."

隴西 李元謙은 雙聲語를 잘하여, 郭文遠의 집을 지날 때면 '이것은 누구의 저택인가?'라고 물었는데, 그러면 그 계집종 春風은 '郭 冠軍의 집입니다.'라고 대답하였고 元謙이 이에 '이 계집종도 雙聲을 잘하는구나.'라고 하면, 春風은 '잘 못합니다.'라고 대답하였다.[12]

『文鏡秘府論』에 실린 「調四聲譜」 역시 雙聲을 사용하여 反切을 설명하였다. 雙聲과 疊韻은 한자의 音節, 즉 한자의 頭音·字尾를 분석하여 얻어지는 것이다. 聲韻의 道가 크게 성행하였다는 것은 당시 문인들이 이미 한자의 聲律, 韻部, 聲調를 분석할 줄 알았다는 것을 말한다. 이러한 기초 위에서 후세의 문인들이 梵文 字母를 참조하여 字母를 얻어내게 된 것이다.

2) 守溫 30字母

守溫은 唐末의 和尙으로 音韻學家이다. 그는 梵文과 藏文 字母를 참조하여 30字母를 만들어, 宋人들이 만든 36字母의 선구가 되었다. 敦煌에서 발굴된 唐人 寫本 가운데 音韻學 방면에 관련된 守溫의 殘卷이 있는데, '30字母' 및 '四等輕重例' 등은 守溫이 字母를 창제하였다는 학설을 뒷받침하고 있다.

근대의 音韻學家인 劉復(1891～1934)은 『守溫三十六字母排列法之硏究』에서 다음과 같이 말하였다.

宋代 王應麟(1233～1296)은 『玉海』에서 '守溫은 『三十六字母圖』 1卷을 남겼는데, 이 책은 실전되었다. 재작년에 프랑스 국립도서관에서 敦煌 石室 寫本을 보았으나 잔권이라 그 면모를 알아보기가 어려웠다. 모두 세 부분으로 나누어져 있는데, 첫 번째 부분 첫째 줄에 「南梁漢比丘守溫述」이라는 8字가 적혀 있으나 제목은 없다.'라고 하였다.[13]

南梁漢比丘守溫述 ：

脣音	不芳並明
舌音	端透定泥是舌頭音
	知徹澄日是舌上音
牙音	見君溪羣疑等字是也
齒音	精淸從是齒頭音
	審穿禪照是正齒音
喉音	心邪曉是喉中音淸
	匣喻影亦是喉中音濁

12 "隴西李元謙能雙聲語, 常徑郭文遠宅, 問曰, '是誰宅第?' 婢春風曰, '郭冠軍家', 元謙曰, '此婢雙聲.' 春風曰, '儜奴慢罵'" (여기서 春風이라는 계집종이 대답한 郭冠軍家는 雙聲이고, 儜奴慢罵 역시 雙聲이다. 그러므로 雙聲을 잘한다고 한 것이다.:譯註)

13 "『玉海』上說, 守溫有『三十六字母圖』一卷. 這書我們無從看見. 前年在法國國家圖書館看見敦煌石室寫本中, 有一個寫得很壞而且很破碎的卷子, 共分三截, 有一截的第一行, 寫'南梁漢比丘守溫述'八字, 可幷沒有標題." 『國學季刊』 第1卷 第3號 460쪽 참조.

羅常培의 『敦煌寫本守溫韻學殘卷跋』에 근거하면, 守溫을 唐末 스님이라 하였는데 이는 믿을 만하다. '南梁'을 살펴보면 唐代 이후에는 '梁'만 있고 '南梁'이라는 왕조는 없으므로, '南梁'은 아마도 地名인 듯하다. 守溫이 제정한 字母는 실제로 30개이다.

劉復은 『守溫三十六字母排列法之硏究』에서 다음과 같이 말하였다.

> 중국어와 梵文의 字母를 비교하면, 守溫이 제정한 36개의 글자를 알 수 있는데, 결코 梵文을 그대로 베낀 것이 아니다. 그는 중국어에는 있고 梵文에는 없는 것을 첨가하였고, 梵文에 있고 중국어에도 있는 것은 빼 버렸다. 따라서 이 36字母는 분명히 당시의 音으로, 매 글자마다 구별이 있음을 알 수 있다. 또한 이 36字母는 지금까지도 전해져서 당시에 적어도 몇몇 학자의 인정(일반 사회의 인정은 아니다)을 받았음을 알 수 있다. 그러므로 그가 표시한 音은 당연히 보편적인 것이며, 절대 편벽된 것이 아니다.[14]

守溫三十字母와 '三十六字母'를 비교해 보면, 실제로 없는 것은 '非, 敷, 奉, 微, 娘, 床'의 6字이다. 三十字母에서 三十六字母로 정해진 것은 아마도 宋人에 의해서였을 것이다. 『通志·藝文略』 및 『玉海』에서는 모두 '守溫三十六字母圖'를 기록하고 있으며, 후대에 守溫이 三十六字母를 정한 것으로 생각했다.

三十六字母表

發音部位 新名	發音方法 / 發音部位舊名		全淸	次淸	全濁	次濁
雙脣	脣音	重脣	幫(b)[p]	滂(p)[pʻ]	並[b]	明(m)[m]
脣齒		輕脣	非(f)[f]	敷[fʻ]	奉(v)[v]	微[ɱ]
舌尖中	舌音	舌頭	端(d)[t]	透(t)[tʻ]	定[d]	泥(n)[n]
舌面前		舌上	知[ʈ]	徹[ʈʻ]	澄[ɖ]	娘[ɳ]
舌尖前	齒音	齒頭	精(z)[ts], 心(s)[s]	淸(c)[tsʻ]	從[dz], 邪[z]	
舌面前		正齒	照(j)[tɕ], 審(x)[ɕ]	穿(q)[tɕʻ]	床[dʐ], 禪[ʐ]	
舌根	牙音		見(g)[k]	溪(k)[kʻ]	羣[g]	疑(ng)[ŋ]
	喉音		影[o]			
舌根			曉(h)[x]		匣[ɣ]	
舌面中(半元音)						喩(y)[j]
舌尖中	半舌音					來(l)[l]
舌面前	半齒音					日[ɳʐ]

14 "從這華梵字母的比較上, 可以知道守溫所定的三十六個字, 幷不是照梵文直抄的. 他把華文所有而梵文所無的加了, 把梵文所有而華文所無的滅了. 因此, 我們可以說, 這三十六字, 一定是當時所有的音, 一定是個個有分別. 而且這三十六字, 能夠流傳到現在, 在當時至少必定得到了若干學者的承認(當然不是一般社會的承認), 而要得到這承認, 他所表示的音, 又當然是較爲普通的, 決不能是十分偏僻的."

3) 等韻學의 내용

等韻學은 고대 중국에서 중국어의 발음 원리와 발음 방법을 분석하던 학문이다. 等韻은 중국 고대 음운학에서 한자의 자음 구조를 분석하는 방법의 하나였다. 廣義로는 等呼·七音·淸濁·字母·反切 등을 가리키며, 狹義로는 오로지 韻母의 等呼만을 가리킨다. 때로는 等韻學과 等韻圖를 지칭하기도 한다.

고대 중국에는 拼音字母가 없었으므로, 반절의 방법은 이해하기가 쉽지 않았다. 字母가 만들어진 이래로 고대의 等韻學者들은 당시로써는 훌륭한 방법을 고안해냈는데, 이것이 곧 守溫三十六字母를 이용하여 聲類의 항목을 만들고, 『切韻』계 운서의 二百六韻에 근거해 韻目을 만들고, 字音을 가로 세로로 배열하고 성모·운모를 이용해 각각 拼音하여 각 글자의 음을 만들어 냈다. 이런 방법으로 많은 音圖를 배합하여 만든 것이 等韻表 혹은 等韻圖이다.

韻圖의 구조는 聲母·韻母·聲調의 배합 도표이다. 동일한 세로 행은 聲母가 같거나 비슷하다는 것을 나타내고, 동일한 가로 행은 韻母와 聲調가 같음을 나타낸다. 聲母·韻母를 서로 합쳐 각 글자의 음을 이룬다. 매 칸은 네 개의 층으로 나뉘는데 이는 一, 二, 三, 四等을 나타낸다. 매 等에 쓰여진 韻字는 매 音의 대표이다. 한 글자의 독음을 알려면, 그 글자의 韻圖 중의 위치, 즉 聲母·韻母·聲調가 서로 배합되는 위치를 찾기만 하면 독음을 알 수 있다. 예를 들어, '公'자는 聲母가 牙音不帶音의 '見'[k]母이며, 韻母는 '東'韻 一等[uŋ]이고, 聲調는 平聲이다. 따라서 聲母·韻母·聲調를 서로 배합하면 바로 '公'[kuŋ]임을 알 수 있다. 그러므로 중국 고대 等韻學의 韻圖는 현대 '拼音表'의 역할과 유사한 것이다. 韻圖에서의 동그라미는 音位는 있을 수 있지만 해당되는 글자가 없는 경우를 나타낸다. 宋元 양대에 等韻圖는 전적으로 『廣韻』이나 『集韻』과 같은 『切韻』계 운서의 반절을 위해 지어졌다.

等韻學者들이 편성한 等韻圖는 대체로 두 종류로 나눌 수 있다. 한 가지는 『韻鏡』·『七音略』으로 대표되는데, 『切韻』을 대상으로 『切韻』의 語音 체계를 분석하여 等을 나누고 圖를 나열하여, 『切韻』 체계 운서와 거의 서로 합치되는 것이고, 다른 하나는 『切韻指掌圖』와 『經史正音切韻指南』으로 대표되는 것으로, 여전히 『切韻』이나 『廣韻』의 항목을 사용하기는 하였으나, 語音 체계 방면에서 이미 당시의 독음을 참고로 하여 합병한 것이다. 예를 들어, 支脂之微(止攝) 4개 운은 『韻鏡』에는

7개 圖로 되어 있으니, 이는 완전히 『切韻』체계에 근거하여 開合을 나누어 독립시킨 것이다. 그러나 『切韻指掌圖』에서는 합병하여 2개의 圖로 만들었으니, 支脂之 3개 韻은 당시 실제 語音에서 구분이 없었기 때문이다.

等韻學은 한자의 聲母·韻母 분석에 있어 이전보다 발전한 것으로, 이는 梵文 拼音의 영향을 받아, 梵文 拼音學의 원리를 한자 음독의 분석에 응용한 것이다. 당시에는 聲經·韻緯[15] 等韻圖의 창시를 불교 승려들에게 돌려 張麟之는 『韻鏡·序』에서 "인도의 승려가 이를 전하고 중국의 승려가 이를 계승했다."[16]라고 했으며, 또한 "북방의 승려는 이러한 묘한 뜻을 갖게 되었으나, 儒家들은 아직 그것을 듣지 못했다."[17]라고 하였으니, 이는 等韻圖의 형식[18]이 梵文 『悉曇章』[19]의 체제를 모방한 것이기 때문이다. 智廣은 『悉曇字記』에서 다음과 같이 말했다.

> 悉曇十二字爲後章之韻, 如用迦字之聲, 對阿·伊·甌等十二韻呼之, 則生得下迦·機·鉤等十二字; 次用佉字之聲, 則生得佉·欺·丘等十二字; 次生得伽·其·求等十二字; ……

等韻圖는 이러한 체제를 모방하고 운서 반절의 음독 체계를 총괄해 약간의 轉圖로 정리하였다. 等韻書에서 43圖는 43轉이라고도 하는데, '轉'자는 불경의 '轉讀'에 근거하여 따온 것이다. 慧皎는 『高僧傳』 제 13論에서 말하기를 "인도의 풍속에서는 무릇 법언(法言)을 노래하는데 모두 패(唄)라고 한다. 이 나라에서는 불경을 읊조리는 것은 전독(轉讀)이라 하고, 노래하며 찬양하는 것은 범패(梵唄)라고 한다."[20]라고 하였다. 『韻鏡』 등의 책에서의 '轉圖'의 '轉' 역시 等韻學의 흥기가 불교 범문과 어느 정도 관계가 있음을 설명해 주고 있다. 이러한 聲經, 韻緯의 等韻圖는 현대 '漢語拼音表', 일본의 '五十音圖'와 똑같은 역할을 한다.

等韻學에는 전문적으로 쓰이는 일련의 명사 술어들이 있는데, 等韻圖와 等韻學을 이해하려면 반드시 이러한 명사 술어가 나타내는 개념을 파악해야만 한다. 아래에서는 몇 가지 기본적인 명사 술어에 대해 간단히 소개하고자 한다.

等과 呼 : 等과 呼는 두 개의 다른 개념이다. 宋元 等韻圖에서는 韻母를 開口

---

15 聲母를 세로에, 韻母를 가로에 배열시킴.
16 "梵僧傳之, 華僧續之."
17 "胡僧有此妙義, 而儒者未之聞."
18 濮之珍 원문에 '形伐'이라고 되어 있으나 '形式'의 잘못이다.(譯註)
19 梵語의 字母를 말하며, 字 35개와 母 12개로 이루어져 있다.(譯註)
20 "天竺方俗, 凡歌詠法言, 皆稱爲唄. 至於此土, 詠經則稱爲轉讀, 歌讚則號爲梵唄."

·合口 두 개의 呼로 나누었는데, 대개 介音이나 주요 원음이 [u]인 것은 合口라 하고 그 반대인 것은 開口라 했다. 또한 [i] 介音의 유무와 주요 원음의 洪細[21]에 따라 두 개의 呼를 각각 一二三四等으로 나누었다. 청대 江永은 "一等은 입모양이 매우 크고 二等은 그 다음으로 크며, 三·四等은 모두 작게 벌리는데 4等이 더 작게 벌린다."[22]라고 하여, 주로 주요 원음의 洪細를 가리켜 말했는데 예를 들면 다음과 같다.

呼	開口	合口
等	一二三四	一二三四
韻	寒刪仙先	桓刪仙先
例字	干奸甄堅	官關勬娟
	『韻鏡』外轉 第二十三·開口·平聲·牙音·見母에 근거한 것임	『韻鏡』外轉 第二十四·合口·平聲·牙音·見母에 근거한 것임

明淸代에 이르면 語音의 발전 변화로 인해, 開合을 각각 4등으로 나누는 것은 구어에서는 이미 분별할 수가 없게 되었으므로, 明人은 等을 합병할 것을 주장하여 開合 각 4等을 開合 각 2等으로 했다. 이것은 이미 等을 고쳐 呼로 하는 경향이 있게 된 것이긴 하지만 아직 명확하게 四呼의 명칭을 제기하지는 못했다. 청대 潘耒의 『類音』에서 처음으로 입술의 모양을 기준으로 하여 開口·齊齒·合口·撮口의 四呼를 정했는데, 지금까지도 계속해서 사용하고 있다.

四呼 : 淸代 潘耒는 『類音』에서 "처음 목구멍에서 나올 때 혀를 반듯하게 하고 입술을 펴서 나오는 소리는 開口라고 하고, 혀를 들어 이(齒)와 맞대고 소리가 舌齶에서 나는 것을 齊齒라고 하며, 입술을 모아 턱과 광대뼈 사이에 소리를 꽉 채우는 것은 合口라고 하고, 입술을 급하게 모아 이루어진 소리를 撮口라고 한다."[23]라고 지적하였다. 潘耒의 원리에 따라 구체적으로 설명하면 아래와 같다.

開口呼 : 韻頭가 없고 韻腹이 또한 [i] [u] [y]가 아니다. 예를 들어 大[ta]와 [k'ə]이다.
齊齒呼 : 韻頭 혹은 韻腹이 [i]이다. 예컨대 先[ɕien]과 比[pi]이다.
合口呼 : 韻頭 혹은 韻腹이 [u]이다. 예컨대 光[kuaŋ]과 古[ku]이다.
撮口呼 : 韻頭 혹은 韻腹이 [y]이다. 예컨대 學[ɕye]과 魚[y]이다.

---

21 발음할 때 구강이 공명하는 공간의 크기를 말함.

22 "一等洪大, 二等次大, 三四皆細, 而四尤細."

23 "初出于喉, 平舌舒唇, 謂之開口; 擧舌對齒, 聲在舌齶之間, 謂之齊齒; 斂唇而呼之聲滿頤輔之間, 謂之合口; 蹙唇而成聲, 謂之撮口."

五音과 七音 : 音韻學에서는 聲母의 발음 위치의 차이에 따라 唇音·舌音·齒音·牙音·喉音 등 5종류로 나누는데 이를 五音이라고 한다. 五音이란 명칭은 『玉篇』 이전의 『五音聲論』에서 최초로 보인다. 宋元代에 音韻학자들은 唇·舌·齒·牙·喉 五音 외에 半舌音과 半齒音를 추가하여 七音으로 정했는데 아래와 같다.

牙　音 : 舌根音. 36字母의 見[k], 溪[k‘], 羣[g], 疑[ŋ] 등 4개 聲母.
舌　音 : 舌頭音과 舌上音으로 나눈다.
舌頭音 : 舌尖中塞音과 舌尖中鼻音. 36字母의 端[t], 透[t‘], 定[d], 泥[n] 등 4개 聲母.
舌上音 : 舌面前塞音과 舌面前鼻音. 36字母의 知[ȶ], 徹[ȶ‘], 澄[ȡ], 娘[ȵ] 등 4개 聲母.
齒　音 : 齒頭音과 正齒音으로 나눈다.
齒頭音 : 舌尖前塞擦音과 舌尖前擦音. 36字母의 精[ts], 淸[ts‘], 從[dz], 心[s], 邪[z] 등 5개 聲母.
正齒音 : 舌面前塞擦音과 舌面前擦音. 36字母의 照[tɕ], 穿[tɕ‘], 床[dʑ], 審[ɕ], 禪[ʑ] 등 5개 聲母.
喉　音 : 36字母의 曉, 匣, 影, 喩 4개 聲母. 語音學으로 분석할 때 曉[x], 匣[ɣ]은 舌根擦音이다. 影[o]은 零聲母고 喩[j]은 半元音이다.
唇　音 : 重唇音과 輕唇音으로 나눈다.
重唇音 : 雙唇塞音과 雙唇鼻音. 이 音은 위아래 입술이 접촉하여 이루어진다. 36字母의 幫[p], 滂[p‘], 並[b], 明[m] 등 4개 聲母.
輕唇音 : 唇齒擦音과 唇齒鼻音. 아래 입술이 윗니와 접촉하여 입 밖으로 나가는 기류를 조절하여 이루어진다. 36字母의 非[f], 敷[f‘], 奉[v], 微[ɱ] 등 4개 聲母.
半舌音 : 舌尖中邊音. 36字母의 來[l]母.
半齒音 : 舌面前鼻音에 擦音을 첨가한 음. 36字母의 日[ȵʑ]母.

古代 音韻學者는 36字母를 五音, 七音에 분배하여, '三十六字母表'의 형식을 만들었다.

淸濁 : 淸音과 濁音의 合稱으로 全淸·次淸·全濁·次濁으로 나누는 것은 발음 방법에 대한 설명이다. 예를 들어 설명하면 아래와 같다.

全淸 : 不送氣이며 不帶音[24]의 擦音과 塞擦音을 지칭한다. 36字母 중에 보이는 幫[p], 端[t], 見[k], 非[f], 心[s], 審[ɕ], 精[ts], 照[tɕ] 등의 聲母.
全濁 : 帶音의 塞音, 擦音과 塞擦音을 지칭한다. 36字母에 보이는 並[b], 定[d], 羣[g], 邪[z], 禪[ʑ], 從[dz], 床[dʑ] 등의 聲母.
次淸 : 送氣이며 不帶音의 塞音과 塞擦音을 말한다. 36字母 중의 滂[p‘], 透[t‘], 溪[k‘], 淸[ts‘], 穿[tɕ‘] 등의 聲母

24 발음할 때 성대가 울리지 않는 소리.

次濁 : 帶音의 鼻音, 邊音, 半元音을 지칭한다. 36字母에 보이는 明[m], 泥[n], 疑[ŋ], 來[l], 喩[j] 등의 聲母.

韻攝 : 等韻학자들은, 韻腹과 韻尾가 서로 같거나 비슷한 韻을 韻部보다 더 큰 형태로 병합하였는데, 이것을 韻攝이라고 한다. 宋代의 韻書로는 鄭樵의 『七音略』과 無名氏의 『韻鏡』이 있다. 이들은 모두 43圖로 나누어 43轉이라 명명했는데, 韻攝의 명칭을 정하지는 않았다. 『切韻指掌圖』는 20개의 圖로 나누었는데도 韻攝을 명확하게 표기하지 않았다. 韻攝을 처음으로 쓰기 시작한 것은 『四聲等子』이다. 元代 劉鑑의 『經史正音切韻指南』에도 韻攝의 항목이 있다.

예컨대 『四聲等子』에서는 『廣韻』에 있는 206韻을 16攝으로 병합했는데, 通·江·止·遇·蟹·臻·山·效·果·假·宕·曾·梗·流·深·咸 등 16字로 항목을 정했다. 攝마다 포함된 韻의 數는 각기 다르다. 어떤 한 攝은 한 韻만 있으니 "江攝—江韻", "假攝—麻韻" 등이고, 어떤 韻攝은 2韻 내지 3韻을 포함하고 있으니 "果攝—歌戈韻", "通攝—東冬鍾三韻" 등인데 반면에 "蟹攝"은 9개 韻을 포함하고 있으니 그러므로 "攝"은 많은 韻을 총괄하고 있다는 뜻이다. 어느 韻을 어느 攝에 넣어야 하는지에 대해 연구한 결과 等韻학자들은 韻尾와 韻腹이 같거나 비슷한 韻을 한 종류에 넣었다. 가령 "通攝"의 東, 冬, 鍾 3韻은 韻尾 모두 舌根 鼻音인 [-ŋ]으로 끝난다. 또한 東韻의 韻腹은 [u]인데, 冬·鍾 두 韻의 韻腹은 [o]이다. [u]와 [o] 모두 비교적 높은 後元音이다.

內轉과 外轉 : 等韻圖에서는 16개 韻을 內轉과 外轉의 두 類로 나누었다. 通·止·遇·果·宕·曾·流·深의 8攝은 內轉이고, 江·蟹·臻·山·效·假·梗·咸의 8攝은 外轉이다. 羅常培는 『釋內外轉』에서 "鄭樵의 『通志·藝文略』에는 無名氏의 『切韻內外轉鈐』 및 『內外轉歸字』 각 1권을 싣고 있는데, 이 책은 실전된 지 오래 되어 내용을 알 수 없다. 『通志·七音略』 및 『韻鏡』에서는 43圖로 배열하고, 內轉과 外轉으로 각기 표시하고 있지만 해설이 없다. 『四聲等子』, 『切韻指掌圖』 그리고 『切韻指南』은 이미 모두 轉을 攝으로 바꾸었지만, 여전히 內外의 명칭을 사용하고 있다."[25]라고 하였다.

『四聲等子』와 『切韻指掌圖』에는 모두 「辨內外轉」이 있는데, 羅常培는 이에 대해 다음과 같이 말하였다.

25 『羅常培語言學論文選集』 참조

두 책의 해석은 攝의 차례가 다르고 문자가 다소 다른 점을 제외하면 모두 二等字와 五音을 갖추고 있느냐의 여부를 外轉과 內轉의 구분 기준으로 삼고 있다. 그러나 齒音은 오직 二等만을 가지고 있는데 어째서 이를 '內'라고 하는가? 五音은 모두 二等을 갖추고 있는데 어째서 이를 '外'라고 하는가? 이에 대해서는 여전히 명확한 해석이 없다.[26]

明淸 이래로 많은 학자들은 『四聲等子』와 『切韻指掌圖』의 「辨內外轉」에 대해 만족하지 못하고, 갖가지 새로운 해석들을 내놓았다. 예를 들면, 收音을 內로 하고 發音을 外로 하기도 하였고, 合口를 內로, 開口를 外로 하기도 하였으며, 吸音을 內로 呼音을 外로 하기도 하였다. 羅常培는 이에 대해 다음과 같이 말하였다.

異說이 분분하니 일치된 결론을 내릴 수가 없다. 그러나 宋元의 等韻圖들을 살펴보면, 內轉이 모두 收聲(三等)은 아니며 外轉이 모두 發聲(二等)은 아니다. 그러므로 袁子讓과 呂維祺의 설은 옳지 않다; 內轉과 外轉은 각기 開合 또는 闢翕을 지니고 있으니, 즉 戴震, 鄒漢勛, 商光, 方以智(1611∼1671), 釋宗常의 설은 틀린 것이다. 吸音·呼音·혀의 수축과 펼침·안으로 말기와 밖으로 말기 등은 더욱 허무맹랑하고 사실적이지 못하니 믿기 어렵다. 이들의 말은 그 요체가 명확하지 못하며 이치에도 맞지 않는다.[27]

羅常培는 각 학자들을 평가한 후에 다음과 같이 말하였다.

틈이 날 때 宋元의 韻譜들을 두루 고찰해 보고 『切韻』의 音讀으로 증명해 보니, 內轉과 外轉은 마땅히 主要元音의 高低에 따라 구분해야 한다고 여겨진다. 淸 유학자 江永은 이미 『古韻標準』에서 다음과 같이 말하였다. "21侵에서 29凡까지를 詞家들은 閉口音이라 하였는데, 顧炎武는 이를 하나의 部로 합쳤다. 생각건대, 이 9韻과 眞에서 仙까지의 14韻은 비슷하니 마땅히 音의 高低에 따라 두 部로 나누어야 한다. 神珙이 等韻[28]에서 深攝을 內轉으로, 咸攝을 外轉으로 한 것이 이것이다." 그러나 이것은 단서를 제공했을 뿐이고 그 이상의 언급은 없었다. 또한 咸과 深 두 攝만의 예만으로는 다른 攝들을 통찰할 수 없다.
內轉이라는 것은 모두 後元音[u][o], 中元音[ə], 그리고 前高元音[i][e]의 韻을 포함하고 있고, 外轉이라는 것은 모두 前元音[e][ɛ][æ][a], 中元音[ɐ] 그리고 後低元音[ɑ][ɔ]의 韻을 포함하고 있다.[29]

---

26 "兩書所釋, 除攝次不同, 文字微異外, 固皆以二等字五音具足與否爲區分外轉·內轉之準則. 然齒音獨具二等者何以謂之'內'? 五音皆具二等者何以謂之'外'? 仍未有明確之解釋."

27 "異說紛繧, 莫衷一是. 然稽之宋·元等韻諸圖, 內轉不皆收聲(三等), 外轉不皆發聲(二等), 則袁子讓·呂維祺之說不可通; 內外轉各有開合或闢翕, 則戴震, 鄒漢勛, 商光, 方以智, 釋宗常之說不可通. 至於吸音·呼音·舌縮舌舒, 內旋外旋之類, 尤嫌玄而不實, 難以質言. 要皆未能豁然貫通, 怡然理順也."

28 『四聲五韻九弄反紐圖』를 가리킴.(譯註)

29 "閑嘗遍考宋元韻譜, 證以『切韻』音讀, 竊謂內轉外轉當以主要元音之弇侈而分. 淸儒江永已能言之, 『古韻標準』云: '二十一侵至二十九凡, 詞家謂之閉口音, 顧氏合爲一部. 愚謂: 此九韻與眞至仙十四韻相似, 當以音之侈弇分爲兩部. 神珙等韻分深攝爲內轉, 咸攝爲外轉, 是也'. 惟始發其緖, 語焉不詳; 但擧咸·深兩攝示例, 未能通考諸攝. 內轉者, 皆含有後元音[u][o], 中元音[ə], 及前高元音[i][e]之韻; 外轉者, 皆含有前元音[e][ɛ][æ][a], 中元音[ɐ]及後低元音[ɑ][ɔ]之韻."

羅常培는『釋內外轉』에서 現代 語音學의 元音圖를 근거로 하여 '內外轉元音分配圖'를 제작하고, 다음과 같이 말하였다.

> 元音圖 중 第2標準元音 [e]에서부터 사선 하나를 中元音 [ə] 아래의 한 점까지 긋고, 다시 여기에서 평행으로 第6標準元音 [ɔ] 위의 한 점에까지 잇는다. 그러면 이 선 위의 것은 모두 內轉元音이 되고, 이 선 아래의 것은 모두 外轉元音이 된다. [e]의 短音은 마땅히 內에 속하고 長音은 外에 속한다. 선 위의 元音은 발음부위가 뒤(後) 아니면 높다(高). 뒤에서 발음하면 혀가 수축되고 발음부위가 높으면 입이 다물어진다. 따라서 이를 '內'라고 한다. 선 아래의 元音은 발음부위가 앞(前)이거나 낮다(低). 앞에서 발음하면 혀가 이완되고 발음부위가 낮으면 입이 벌어진다. 따라서 이를 '外'라고 한다. 그 이치가 분명하니 江愼修의 內高外低의 說은 확실히 식견이 드러나 보인다.[30]

2. 等韻學 韻書

等韻學에 관한 저작은 매우 많은데, 주요한 것으로는『韻鏡』,『七音略』,『四聲等子』,『切韻指掌圖』,『切韻指南』,『類音』,『等韻一得』등이 있다. 이 저작들은 대체로 3종류로 나눌 수 있다. 첫째는『韻鏡』과『七音略』으로,『切韻』의 韻部에 따라 43圖로 나누었다. 字音은 開合 二呼로 나누었으며 매 呼는 四等으로 나누었다. 두 번째는『四聲等子』,『切韻指掌圖』및『切韻指南』으로,『切韻』韻部의 항목을 따르기는 하지만, 당시의 讀音을 참조하여 20 혹은 24圖로 합병하였다. 字音은 開合 二呼로 나누고 매 呼는 四等으로 나누었다. 이상 두 종류의 等韻書는 대부분 南宋시대의 저작이며,『切韻指南』은 元代 劉鑒이 지었기에 宋元派 等韻이라 부르는 사람도 있다. 이러한 等韻書들의 공통점은 字音을 二呼로 나누고 매 呼는 四等으로 나누었다는 점이다. 이들은 모두『切韻』韻部의 체계에 기초하여 語音을 분석하였다. 세 번째 종류는 明代 梅膺祚의『字匯』뒤에 덧붙여진『韻法直圖』와『韻法橫圖』,『康熙字典』앞쪽에 덧붙여진『字母切韻要法』, 淸代 潘耒의『類音』등이다. 이러한 等韻書는 明淸派라고 칭하기도 한다. 위에서 말한 두 종류의 等韻書와의 주요한 차이점은 宋元 等韻圖의 分等法을 변화시켜 입술의 모양을 기준으로 삼아 韻母를 開口·齊口·合口·撮口 4呼로 나누었다는 점이다.『字母切韻要法』은 韻部를 12攝으로 나누었으니, 이는 북방 曲藝의 13轍에 해당하는 것으로 매우 혁신적인 것이다.

---

30 "自元音圖中第二標準元音[e]引一斜線至中元音[ə]以下一點, 更由此平行達於第六標準元音[ɔ]以上一點, 則凡在此線上者皆內轉元音, 在此線下者皆外轉元音, 惟[e]之短音應屬內, 長音應屬外耳. 線以上之元音, 非後卽高, 後則舌縮, 高則口弇, 故謂之'內'; 線以下元音, 非前卽低, 前則舌舒, 低則口侈, 故謂之'外'. 其理卽明, 而後知江愼修內弇外移之說確有所見也."

1)『韻鏡』

『韻鏡』은 현존하는 최초의 等韻書 가운데 하나로 작자가 확실치 않다. 작자를 모르기 때문에 책이 쓰여진 연대도 확실치 않다. 지금 전하는『韻鏡』은 南宋 張麟之가 다시 각본한 것으로, 책머리에 南宋 紹興 辛巳(1161) 張麟之 識語와 嘉泰 3년(1203) 그의 序文이 실려 있다. 張麟之는『韻鏡序』에서 다음과 같이 말하였다.

> 『韻鏡』은 매우 오묘한 책이다. 나는 20세에 비로소 이 학문을 배웠다. … 그 후 연구한지 50년이 되었지만 끝내 누구에게서 기원한 것인지 모르겠다. … 또한 莆陽夫子 鄭樵가 선조에게 바친 서적을 얻어 보니, 그 중에『七音略序』가 있었고 그 요지는 다음과 같다. "七音은 西域에서 시작되어, 中原에 유입된 것으로, 인도 승려는 이것을 천하에 전파하려고 이 책을 지었다. 비록 말이 통하지 않는 머나먼 나라에서 온 것이라 한 글자도 통하지 않는다 하여도 音義는 얻을 수 있었다. 중국 승려는 이에 따라 36개의 字母를 정하여, 輕重淸濁이 조리를 잃지 않게 하고, 천지 만물의 音을 모두 여기에 갖추어 놓았다." … 이로써 이 책은 그 쓰임이 넓고 그 來源도 멀다는 것을 알 수 있다. 그러나 그 사람이 누구인지는 알 수 없으니, 鄭樵는 인도승이 전하고 중국 승려가 계승한 것이라고만 하였다.[31]

이상의 序文으로부터 다음을 알 수 있다. 張麟之는 젊었을 때『韻鏡』을 얻어 50년간 연구하였으나 "누구에게서 기원하는지 알지 못하였으며" 또한 "이 책을 보니 그 사용이 광범위하고 그 기원이 오래되었다는 것은 알겠으나 그 사람을 지명할 수는 없다"고 하였다. 이는 바로『韻鏡』의 내원이 南宋 이전임을 설명하는 것이다. 연구에 근거해 추측해 보면, 아마도 唐 말년에 이러한 韻圖가 있었을 것이다.

『韻鏡』의 내용은『切韻』계통의 韻書가 편성하고 있는 聲母·韻母·聲調의 配合圖表에 따라 모두 43圖로 이루어져 있다.

『韻鏡』은 책머리에 36字母를 열거하고 있으며 36字母 하나하나에 대해 발음 부위와 발음 방법을 자세하게 설명하고 있다. 43圖 표에는 聲母에 36字母를 표시하지 않고, 오직 聲母의 발음 부위[32]와 발음 방법[33]만 표시해 놓고 있다.

그러나 첫 권과 대조해 보면 사실상『韻鏡』은 36字母로『切韻』의 聲母 체계를

31 "『韻鏡』之作, 其妙矣夫! 余年二十始得此學. … 自是硏究, 凡五十載, 竟莫知原於誰. … 又得莆陽夫子鄭公(進)進卷先朝, 中有『七音略序』其要語曰: "七音之作, 起自西域, 流入諸夏. 梵僧欲以此敎傳天下, 故爲此書, 雖重百譯之遠, 一字不通之處, 而音義可得. 華僧從而定三十六爲之母, 輕重淸濁不失其倫, 天地萬物之情備於此矣." … 是知此書, 其用也博, 其來也遠, 不可得指名其人, 故鄭先生但言梵僧傳之, 華僧續之而已."

32 "脣·舌·牙·齒·喉"

33 "淸·次淸·濁·次濁"

분석한 것임을 알 수 있다.

『韻鏡』은 『切韻』 聲母의 실제 상황에 근거하여 36字母에 대해 발전된 분석을 하였는데, 다음의 두 가지가 있다. 첫째는 36字母 중의 照組 聲母를 『切韻』의 反切에 따라 두 종류로 나눈 것인데 하나는 일정하게 二等에 배열하니 이는 바로 『切韻』의 莊組 聲母와 같고, 또 하나는 일정하게 三等에 배열하니 이것은 바로 『切韻』의 章組 聲母인 것이다. 둘째는 36字母 중의 喩母도 마찬가지로 『切韻』의 反切에 따라 두 종류로 나누었는데 하나는 일정하게 三等에 배열한 것으로 이것은 『切韻』의 云類이며, 또 하나는 일정하게 四等에 배열한 것으로 이것은 『切韻』의 以類와 같다.

『切韻』의 韻母에 대해서는 『韻鏡』에서 等에서부터 開合과 轉 등 몇 가지 방면에서 분석하고 있다. 먼저 '等'에 대해서 말하자면 『韻鏡』은 『切韻』의 韻을 모두 4개의 等으로 나누어 36字母를 가로로 배열하여 23행이 되게 하였다. 韻母는 聲調에 따라 세로로 배열하였고 매 聲調마다 하나의 칸을 두어 4개의 聲調를 네 개의 칸으로 나누었다. 매 칸은 또 네 개의 줄로 나누어져 있어 위에서부터 아래로 네 줄로 되어 있으니 이를 순서대로 一二三四等이라 한다. 『韻鏡』은 端·知 두 組의 聲母를 동일한 칸에 배열하고 幫·非 두 組의 聲母를 동일한 칸에 배열하였다. 端組는 一·四等에만 출현하고 知組는 二·三等에만 출현하며 幫組와 非組는 같은 韻안에 있으나 동시에 출현하지 않기 때문에 동일한 칸에 배열하여도 문제가 생기지 않는다. 다만 『韻鏡』에서 문제가 되는 부분은 精·照 두 組의 聲母를 동일한 칸에 배열한 것이다. 같은 類이면서 三等韻인 것이 精組 聲母에도 있고 照組 聲母에도 있으며 또 照組의 莊·章 두 組의 聲母에도 있다. 이와 같이 되어 만약 세 組의 聲母가 동시에 출현한다면 三等韻에는 세 번째 줄이 하나 밖에 없으므로 배열하는 데 곤란이 생긴다. 만약 이러한 상황이 출현한다면 『韻鏡』은 임시적으로 조치를 취할 것이니, 즉 精組 聲母가 四等韻에서 四等 자리를 차지하고 있다면 四等에 놓고, 莊組 聲母가 二等韻에서 二等 자리를 차지하고 있다면 二等에 놓으며, 남은 三等의 자리는 章組 聲母에게 남겨 주면 된다. 『韻鏡』內轉 第31開圖를 보면 도표 안의 '陽'韻은 바로 精·慶·章 세 組의 聲母를 갖고 있는 韻이다. 도표 중의 齒音칸에서 一等은 一等 唐韻字로, 二等은 陽韻 莊組字로, 三等은 陽韻 章組字로, 四等은 陽韻 精組字로 배열하고 있다.

『韻鏡』은 처음으로 開合을 제기하여 모두 開, 開合, 合의 세 종류로 나누었다. 『韻鏡』을 보면 '內轉第一開', '內轉第二開合', '內轉第五合' 등을 볼 수 있다. '開合'인 圖는 第二, 第三, 第四, 第十二의 네 개이고, '合'은 20개, '開'는 19개이다. 開와

合의 구별은 대체로 u介音의 有無에 따른 것이다. 예를 들면 十三圖의 咍韻은 開이고 十四圖의 灰韻은 合이며 二十三圖의 寒韻은 開이고 二十四圖의 桓韻은 合이다. 그러나 이러한 조례에 맞지 않는 곳도 있다. 예를 들면 三十八圖의 侵, 四十圖의 談·銜·嚴·鹽은 모두 合이라 되어 있는데, 이것들은 모두 -m 韻尾로서 다른 -m 韻尾의 韻에 또 '開'로 되어 있는 것과 대조된다. 또 二十六圖의 宵, 二十七圖의 歌는 모두 '合'으로 되어 있으니 이처럼 이치에 맞지 않는 부분도 있다.

'轉'은 조기 等韻圖에서 圖를 나열하던 명칭으로, 『悉曇章』에서 유래하였는데 聲母와 韻母를 가지고 서로 돌려 가며 병음한다는 뜻이다. 예를 들면 『韻鏡』·『七音略』은 43圖로 나뉘어져 있는데 모든 圖에서 內轉 또는 外轉을 밝히고 있다. 뒤에 나온 『四聲等子』와 『切韻指南』은 43轉을 16攝으로 귀납하여 通·止·遇·果·宕·曾·流·深 8攝을 內轉이라 하고 江·蟹·臻·山·效·假·梗·咸 8攝을 外轉이라 하였으니 16轉이 된다. 『四聲等子·辨內外轉例』에 따르면 대체로 독립적인 二等韻이 없는 韻攝을 內轉이라 하는데 예를 들면 通·止 등 8攝으로 이것들은 독립된 二等韻을 갖고 있지 않다. 반대로 독립적인 二等韻이 있는 韻攝을 外轉이라 하는데 江攝의 江 등 4韻, 蟹攝의 皆·佳·夬 등 7韻에는 모두 독립적인 二等韻이 있다. 또 內轉 8攝은 모두 二等字가 아닌 글자로 표제자를 삼고 外轉 8攝은 모두 二等字로 표제자를 삼았는데 이것 역시 內外轉의 성질이 다름을 나타내고 있다. 『韻鏡』에는 아직 '攝'의 명칭이 나오고 있지 않지만 『韻鏡』의 轉의 순서와 후에 나온 '攝'은 완전히 일치하고 있다.

『韻鏡』의 그림의 순서는 기본적으로 『廣韻』의 韻의 차례와 같으며 蒸·登 두 韻을 가장 뒤에 놓고 있는 것으로부터 『切韻』韻의 차례의 흔적이 아직 남아 있음을 볼 수 있다.

결론적으로 『韻鏡』은 『切韻』系 韻書들이 만들어 놓은 聲母·韻母·聲調에 따라 병음한 도표인 것이다. 이러한 방법은 梵文字母가 유입된 후 영향을 받은 것이라고 볼 수 있다. 이와 같다 하더라도 일찍이 천여 년 전에 중국의 語音學者들이 이러한 방법을 네모난 한자에 운용하여 도표의 방식으로 語音 체계의 내부 관계를 표현해 냈다는 것은 탁월한 창견으로 볼 수 있다.

『韻鏡』附圖(一)

	脣音 清	脣音 次清	脣音 濁	脣音 濁	舌音 清	舌音 次清	舌音 濁	舌音 濁	牙音 清	牙音 次清	牙音 濁	牙音 濁
內轉第一開	○	○	蓬	蒙	東	通	同	○	公	空	○	岘
	○	○	○	○	○	○	○	○	○	○	○	○
	風	豐	馮	瞢	中	忡	蟲	○	弓	穹	窮	㣈
	○	○	○	○	○	○	○	○	○	○	○	○
	琫	○	菶	蠓	董	桶	動	貜	○	孔	○	○
	○	○	○	○	○	○	○	○	○	○	○	○
	○	○	○	○	○	○	○	○	○	○	○	○
	○	○	○	○	○	○	○	○	○	○	○	○
	○	○	摓	夢	湅	痛	洞	齈	貢	控	○	○
	○	○	○	○	○	○	○	○	○	○	○	○
	諷	賵	鳳	幏	中	○	仲	○	○	焪	○	○
	○	○	○	○	○	○	○	○	○	○	○	○
	卜	扑	暴	木	㲄	禿	獨	○	穀	哭	○	○
	○	○	○	○	○	○	○	○	○	○	○	○
	福	蝮	伏	目	竹	蓄	逐	朒	菊	麴	鞠	砡
	○	○	○	○	○	○	○	○	○	○	○	○

(續表)

齒音 清	齒音 次清	齒音 濁	齒音 清	齒音 濁	喉音 清	喉音 清	喉音 濁	喉音 濁	舌音齒 清濁	舌音齒 清濁	
葼	怱	叢	檧	○	翁	烘	洪	○	籠	○	東
○	○	崇	○	○	○	○	○	○	○	○	
終	充	○	○	○	○	○	雄	肜	隆	戎	
○	○	○	嵩	○	○	○	○	融	○	○	
總	○	○	敵	○	嵡	嗊	鬨	○	朧	○	董
○	○	○	○	○	○	○	○	○	○	○	
○	○	○	○	○	○	○	○	○	○	○	
○	○	○	○	○	○	○	○	○	○	○	
糉	謥	敤	送	○	甕	烘	閧	○	弄	○	送
○	○	○	○	○	○	○	○	○	○	○	
衆	銃	○	○	○	○	趫	○	○	○	○	
○	趙	○	○	○	○	○	○	○	○	○	
鏃	瘯	族	速	○	屋	熇	縠	○	祿	○	屋
縬	琡	○	縮	○	○	○	○	○	○	○	
粥	俶	○	叔	塾	郁	畜	○	囿	六	肉	
蹙	鼀	歔	肅	○	○	○	○	育	○	○	

『韻鏡』附圖(二)

	脣 音 次 清 清 清 濁 濁	舌 音 次 清 清 清 濁 濁	牙 音 次 清 清 清 濁 濁
內轉第二開合	○ ○ ○ ○ ○ ○ ○ ○ 封 峯 逢 ○ ○ ○ ○ ○	冬 炵 彤 農 ○ ○ ○ ○ ○ 傭 重 醲 ○ ○ ○ ○	攻 ○ ○ ○ ○ ○ ○ ○ 恭 銎 蛩 顒 ○ ○ ○ ○
	○ ○ ○ ○ ○ ○ ○ ○ 覂 捧 奉 ○ ○ ○ ○ ○	○ ○ ○ ○ ○ ○ ○ ○ 冢 寵 重 ○ ○ ○ ○ ○	○ ○ ○ ○ ○ ○ ○ ○ 拱 恐 拲 ○ ○ ○ ○ ○
	○ ○ ○ 雺 ○ ○ ○ ○ 葑 ○ 俸 ○ ○ ○ ○ ○	湩 統 ○ ○ ○ ○ ○ ○ ○ 踵 重 拭 ○ ○ ○ ○	○ ○ ○ ○ ○ ○ ○ ○ 供 恐 共 ○ ○ ○ ○ ○
	襮 蕣 僕 瑁 ○ ○ ○ ○ 轐 ○ 幞 娼 ○ ○ ○ ○	篤 ○ 毒 褥 ○ ○ ○ ○ 瘃 悚 躅 ○ ○ ○ ○ ○	捁 酷 ○ 擢 ○ ○ ○ ○ 輂 曲 局 玉 ○ ○ ○ ○

(續表)

齒 音 次 清 清 濁 清 濁	喉 音 清 清 清 濁 濁	舌 音 齒 清 清 濁 濁	
宗 騘 賨 鬆 ○ ○ ○ ○ ○ ○ 鍾 衝 ○ 舂 鱅 縱 樅 從 淞 松	○ ○ 碚 ○ ○ ○ ○ ○ 邕 匈 ○ 容 ○ ○ ○ 庸	礲 ○ ○ ○ 龍 茸 ○ ○	冬鍾
○ ○ ○ ○ ○ ○ ○ ○ ○ ○ 腫 雔 ○ ○ 尰 褷 愡 ○ 悚 ○	○ ○ ○ ○ ○ ○ ○ ○ 擁 ○ ○ ○ ○ ○ ○ 甬	○ ○ ○ ○ 隴 宂 ○ ○	腫
綜 ○ ○ 宋 ○ ○ ○ ○ ○ ○ 種 ○ ○ ○ ○ 縱 ○ 從 ○ 頌	○ ○ 碚 ○ ○ ○ ○ ○ ○ ○ ○ ○ ○ ○ ○ 用	○ ○ ○ ○ 贚 鞋 ○ ○	宋用
傶 ○ ○ 洬 ○ ○ 梀 嵩 ○ ○ 燭 觸 贖 束 蜀 足 促 ○ 粟 續	沃 熇 鵠 ○ ○ ○ ○ ○ 郁 旭 ○ 欲 ○ ○ ○ ○	濼 ○ ○ ○ 錄 辱 ○ ○	沃燭

2) 『通志·七音略』

『通志·七音略』은 南宋 鄭樵(1104～1162)가 지은 『通志』二十略 중의 하나이다. 鄭樵는 이 책의 序言에서 다음과 같이 말하고 있다.

> 七音이라는 것은 西域에서 일어나 中國에 유입된 것으로 梵僧들이 이 도리를 천하에 전하고자 하여 이 책을 지었다. 비록 말이 통하지 않는 머나먼 나라에서 온 것이라 한 글자도 통하지 않는다 하여도 音義는 얻을 수 있었다. 中國의 승려는 이에 따라 36개의 字母를 정하여 輕重淸濁이 조리를 잃지 않게 하고 천지 만물의 音을 모두 여기에 갖추어 놓았다. 학의 울음소리와 바람소리, 닭 울음소리와 개 짖는 소리, 귀를 때리는 세찬 천둥소리, 눈앞을 지나가는 모기와 등에까지도 모두 말로 표현할 수 있는데 하물며 사람의 말에 있어서랴.[34]

그는 또 다음과 같이 말하였다.

> 저는 처음 『七音韻鑑』을 얻고 매우 감탄하였으니 북방의 승려에게는 이러한 妙義가 있으나 儒家들은 이것을 들어본 적이 없었기 때문입니다.[35]

이러한 사실은 韻圖는 梵僧의 계몽과 영향을 받아 中國의 승려가 만든 것이며 일찍이 南宋 鄭樵 이전에 이미 유전되었었다는 사실을 설명해 준다. 『韻鏡』과 『七音略』의 내용은 기본적으로 일치하니 그 근원은 서로 같다. 『七音略』과 『韻鏡』은 지금까지 남아 있는 가장 이른 等韻書이다. 『七音略』은 『韻鏡』과 마찬가지로 도표라는 형식을 이용하여 『切韻』을 분석 연구하였으니 형식과 내용면에서 기본적으로 일치한다. 『七音略』과 『韻鏡』의 차이점을 설명해보면 다음과 같다.

(1) 배열 방법이 같지 않다. 『韻鏡』은 한 聲調 안에 네 개의 等을 포괄하고 있고, 『七音略』은 한 等 안에 네 개의 聲調를 포함하고 있다.

(2) 轉의 차례가 같지 않다. 第 31轉 이하는 두 책의 차례가 상당히 다르다. 그 韻目을 열거해보면 다음과 같다.

---

34 "七音之作, 起自西域, 流入諸夏, 梵僧欲以此教傳天下, 故爲此書. 雖重百譯之遠, 一字不通之處, 而音義可傳. 華僧從而定三十六爲之母, 輕重淸濁, 不失其倫, 天地萬物之音備於此矣. 雖鶴唳風聲, 鷄鳴狗吠, 雷霆經耳, 蚊虻過目, 皆可譯也, 況於人言乎."

35 "臣初得『七音韻鑑』, 一唱三嘆, 胡僧有此妙義而儒者未之聞."

轉의 순서	『七音略』韻目	『韻鏡』韻目
第31轉	覃咸鹽添(重)	唐陽(開)
第32轉	談銜嚴鹽(重)	唐陽(合)
第33轉	凡(輕)	庚淸(開)
第34轉	唐陽(重)	庚淸(合)
第35轉	唐陽(輕)	耕淸靑(開)
第36轉	庚淸(重)	耕靑(合)
第37轉	庚淸(輕)	侯尤幽(開)
第38轉	耕淸靑(重)	侵(合)
第39轉	耕靑(輕)	覃咸鹽添(開)
第40轉	侯尤幽(重)	談銜嚴鹽(合)
第41轉	侵(重)	凡(合)
第42轉	登蒸(重)	登蒸(開)
第43轉	登蒸(輕)	登(合)

이로부터 『七音略』은 陸法言 『切韻』系의 韻目 차례를 위주로 하였고, 『韻鏡』은 李舟 『切韻』系의 韻目 차례를 근거로 하였음을 알 수 있다.

(3) 重輕과 開合의 명칭은 서로 다르지만, 실제는 같은 것이다. 『七音略』에는 43轉 도표 끝에 重輕의 표시가 있는데,[36] '重中重'이 17개, '輕中輕'이 14개, '重中輕'이 5개, '輕中重'이 2개, '重中重'(內重), '重中重'(內輕), '重中輕'(內重), '重中輕'(內輕)이 각각 1개이다.

『韻鏡』은 重, 輕이라는 명칭을 없애고, 圖의 윗부분과 轉 아래에 開合이라 바꾸어 표기하였다. 『七音略』에서 '重中重', '重中重'(內重), '重中重'(內輕), '重中輕'(內重), '重中輕'이라 표기한 것을 '開'라고 표기하였다. '輕中輕', '輕中輕'(內輕), '輕中重', '輕中重'(內輕)이라 표기한 것은 '合'이라고 표기하였다. 『韻鏡』을 살펴보면 제26, 제27, 제38 및 제40의 轉을 '合'으로 하였고, 제2, 제3, 제4 및 제12의 轉을 '開合'으로 하였으니, 모두 예에서 어긋났는데, 『七音略』에서 표시한 重輕은 『韻鏡』에서 표기한 開合과 딱 맞아떨어진다.

(4) 두 책에서 표기한 內外轉이 약간 다르다. 『七音略』과 『韻鏡』의 內外는 세 轉에서 다르다. 第13轉 咍, 皆, 齊, 祭, 夬 및 第37轉(『韻鏡』 第34轉) 庚靑의 韻을 『七音略』에서는 '內'로 간주하였고, 『韻鏡』에서는 '外'로 간주하였다. 第29轉 麻韻을 『七音略』에서는 '外'로, 『韻鏡』에서는 '內'로 기록하였다. 예에 근거하여 이를

36 濮之珍 원문에는 '『七音略』於四十三轉圖未標~'라고 되어 있는데 여기서 '未標'는 '末標'의 잘못으로 바로 고친다.(譯註)

고찰하면, 第13轉은 원음 [ɑ][a][æ][e]를 갖고 있고, 第37轉은 원음 [ɐ][æ]를 갖고 있으므로, 『韻鏡』이 옳고 『七音略』이 그르다. 第29轉은 원음 [a]를 갖고 있으므로 『七音略』이 옳고 『韻鏡』이 그르다. 그러므로 각각 잘못이 있다.

(5) 聲類의 항목이 다르다. 『韻鏡』의 각 轉은 聲母를 脣·舌·牙·齒·喉·半舌·半齒의 七音으로 나누었고, 매 音을 다시 淸·次淸·濁·次濁의 유형으로 분류하였지만, 직접 36字母에 표기하지는 않았다. 『七音略』은 36字母를 모두 표기하였고, 다시 羽·徵·角·商·宮·半徵·半商의 七音으로 표시하였다.

(6) 廢韻이 들어 있는 轉이 서로 다르다. 『韻鏡』은 廢·計·刈의 세 글자가 第9轉圖 微韻(開) 入三에 들어 있고, 廢, 吠, 䘌, 䡺, 餯, 穢, 喙의 일곱 글자는 第10轉圖 微韻(合) 入三에 들어 있다. 『七音略』은 '刈'자를 第9轉圖에 넣어 一等에 나열하였으며, 다시 廢, 肺, 吠, 䡺, 穢, 喙의 여섯 글자를 第16轉圖(佳韻輕)로 옮겼다. 이로써 第15轉圖 佳韻(重)에는 단지 廢韻의 韻目만 있다. 지금 廢韻의 주요 원음은 [ɐ]이므로 佳韻과 함께 外轉에 속한다. 그러므로 『七音略』에서 이것을 第16轉에 넣은 것은 『韻鏡』과 비교할 때 音의 원리에 부합한다.

(7) 鐸과 藥이 들어 있는 轉이 서로 다르다. 『韻鏡』의 통례를 보면, 入聲은 모두 陽聲韻을 이어 받는다. 『七音略』도 대체적으로 같다. 鐸과 藥, 두 韻의 開合 문제를 추론해 보면, 『七音略』은 陽聲韻을 이어 받아 34圖 唐陽에 보인다. 또한 陰聲韻을 이어 받기도 하는데 25圖 豪, 肴, 宵, 蕭에 보인다. 이것은 후에 韻圖가 陰陽을 이어 받게 되는 시초가 되었다.

『韻鏡』과 『七音略』은 기원과 성격이 동일한 저서이므로, 몇몇 중요한 문제에서는 서로 비교하고 교정할 수 있다. 위의 일곱 가지 이외에 또 等의 나열 역시 같지 않다. 羅常培의 연구에 근거하면 等을 분류함에 있어 『七音略』이 틀리고 『韻鏡』이 옳은 것이 25조항이고, 『韻鏡』이 틀리고 『七音略』이 옳은 것이 14조항이다. 이러한 사실들은 羅常培의 『「通志·七音略」硏究』를 참고할 수 있다. 그 밖에 문자 방면에서도 두 저서는 서로 교감하고 訂正할 수 있다.

3) 『四聲等子』

『四聲等子』는 작자가 분명치 않은데 대략 南宋 이전의 저작으로, 元代 劉鑒이 지은 『切韻指南』의 藍本이다. 『四聲等子』는 16攝 20圖로 나누었는데, '韻攝'이라는 명칭을 처음으로 사용하였다. 모든 圖의 세로에는 36字母를 나열하였는데, 見母에서 시작하여 來母와 日母로 끝난다. 가로는 네 개 층으로 나누어 四等을 표시하였는데, 매 층의 가로 네 줄은 四等을 나타낸다. 또한 入聲은 모두 陰聲과 陽聲을 동시에 이어 받는다.

『四聲等子』의 저자와 연대는 알 수 없다. 元代 劉鑒이 지은 『經史正音切韻指南』에는 熊澤民이 쓴 序文이 있는데, 序文에서는 "옛날에 『四聲等子』가 있었는데, 전해지는 것 가운데 正宗이다."[37]라고 하였다. 熊澤民의 序文은 元代 至元 丙子 1336년에 쓰여졌고, 序文에서는 『四聲等子』를 칭하여 '옛날에 있었다'라고 하였으니, 이는 『四聲等子』의 연대가 元代 이전임을 설명하는 것이다. 『四聲等子』가 반영하는 語音 상황으로 볼 때, 아마도 『韻鏡』과 『七音略』보다는 늦고, 『切韻指掌圖』보다는 이를 것이니, 『四聲等子』는 대략 南宋 초기 혹은 南宋과 北宋 사이에 지어졌을 것이다.

『四聲等子』는 도식면에서는 『韻鏡』과 『七音略』을 답습했으나, 내용면에서는 수정한 곳이 있다. 『四聲等子』는 語音 체계면에서 당시 실제 語音의 영향을 받아 『切韻』계 운도의 경향에서 벗어났다. 성모 방면에서 『四聲等子』와 『韻鏡』·『七音略』은 기본적으로 서로 같아, 36字母를 사용했으며 23행으로 배열하였다. 다만 개별적인 순서에 있어서는 변동이 있으니, 첫째는 影母를 匣母 뒤, 喩母 앞에 놓은 것이고, 둘째는 脣音과 牙音의 위치를 바꾼 것이다. 운모 방면에서는 변동이 비교적 큰데 『韻鏡』과 『七音略』은 모두 43圖로 나누었으나, 『四聲等子』는 단지 20圖로만 나누었다. 이것은 『四聲等子』가 당시 실제 語音의 영향을 받아, 『切韻』계의 韻에 대해 비교적 크게 合幷했다는 것을 설명해준다. 『四聲等子』는 모두 通·照·遇·果·宕·曾·流·深·江·蟹·臻·山·效·麻·梗·咸의 16攝으로 나누었다.

『四聲等子』와 『韻鏡』, 『七音略』을 비교해 보면 다음과 같다.

(1) 『四聲等子』는 攝이라는 명칭을 표기한 현존하는 가장 오래된 운도이다.

(2) 『四聲等子』는 『韻鏡』의 명칭인 '開合'뿐 아니라, 『七音略』의 '重輕'을 사용하여 주를 달아 풀이하였다. '重輕'의 注는 『七音略』과는 다르다. 『四聲等子』가 주한 '重輕'에는 다섯 가지가 있다. 즉 '重少輕多韻', '輕少重多韻', '全重無輕韻', '輕重俱等韻', '重輕俱等韻'이 그것이다.

(3) 『四聲等子』가 『切韻』계 운부를 합병하는 데에는 아래의 몇 가지 방식이 있다.

注明合幷(합병을 주함), 제 3圖의 '蕭幷入宵韻', 제 13圖의 '刪幷山'과 같은 부류이다.
注明相助(相助를 주함), 제 1圖의 '東冬鍾相助', 제 13圖의 '仙元相助'와 같은 부류이다.

---

37 "古有『四聲等子』, 爲流傳之正宗."

注明相借(相借를 주함), 제 3圖의 '江陽借用', 제 11圖의 '臻, 隱'과 같은 것에 助·借의 쓰임이 있다.
두 韻의 운목은 병렬하여 다시 주를 하지 않았다. 제 7圖 '代泰'처럼 병렬했다.
標注 1韻 그러나 圖 내에 나열한 운의 글자는 제 9圖 標注 脂韻과 같이 圖내에 脂, 支, 之 세 운자를 혼합하여 배열했다.

무릇 注明合幷은 두 운자가 완전히 합병된 것을 가리킨다. 注明相助는 완전히 합병할 수 없다. 예를 들어, 東과 冬 1等韻은 합병할 수 있으나, 東 3等과 冬은 합병할 수 없다. 注明借用은 혹은 臻, 隱 두 운처럼 음절이 서로 보충할 수 있는 것이고, 혹은 江과 陽, 蒸과 淸 등과 같이 다른 攝이면서 같은 音인 것이다. 오직 '廢'와 '祭'만을 병렬하기도 하고 차용한 것을 주하기도 했으나 무슨 뜻인지는 알 수 없다.

『四聲等子』에서 합병한 상황은 대체로 아래와 같다.(平聲을 대표로 함)

一等韻	東冬	哈泰	覃談	
二等韻	删山	佳皆夬	耕庚二	咸銜
二三等韻	江陽	臻眞(諄)	殷(文)	
三等韻	東三鍾	魚虞	尤幽	
	脂支之微	戈三麻三(?)		
三四等韻	宵蕭	仙元先	蒸庚三淸靑	
	祭廢齊	鹽嚴添凡		

『四聲等子』는 入聲을 陽聲韻에 연결하기도 하고 陰聲韻에 연결하기도 했다. 이것은 당시에 입성이 이미 운미 -p, -t, -k를 상실하고 일률적으로 喉塞韻尾로 변했음을 반영한다.

4) 『切韻指掌圖』

『切韻指掌圖』 2권은 책머리에 司馬光이 서명한 서언이 있어서 과거에는 모두 이 책의 저자가 北宋의 司馬光이라고 생각했으나, 고증을 통해 이 서언은 위조된 것임이 밝혀졌다. 혹자는 남송의 楊中修가 지은 것이라고 하나 역시 확실하지 않다. 이 책의 저자는 지금까지도 알 수 없다. 책머리에는 최초로 인쇄된 때에 쓰여진 董南一의 서문이 있는데 저작 년대가 嘉泰 癸亥로 즉 1203년이니 이에 근거해 추측해 보면, 남송 사람에 의해 지어진 것임을 알 수 있다. 『切韻指掌圖』에서 반영한 語音 체계로부터 보면, 이 책은 『韻鏡』과 『七音略』의 후에 나온 것으로, 아마도

『四聲等子』보다 늦었을 것이다.

『切韻指掌圖』는 20圖로 나누어 배열하고 '韻攝'의 이름을 쓰지 않았다. 각 圖를 나누어 '獨','開','合'의 세 종류로 만들었다. 매 圖는 가로 4칸으로 나누어 四聲을 나타냈으며, 매 칸은 가로 4줄로 나누어 四等을 나타냈다. 『切韻指掌圖』와 『四聲等子』는 주요한 문제에 있어서는 모두 같다. 예를 들면 모두 36字母를 사용한 것, 모두 20圖로 나누어 배열한 것 등이다. 그러나 『切韻指掌圖』에는 나름대로의 특징이 있으니 다음과 같다.

(1) 『切韻指掌圖』의 배열법은 36字母를 36행으로 배열했는데, 매 행은 『韻鏡』과 『四聲等子』에서 23행으로 배열한 옛 규범을 수정했다. 그 외에, 『切韻指掌圖』는 『韻鏡』의 방법을 계속 사용하여 한 聲調에 四等을 포함시켰는데, 『四聲等子』에서 한 等에 四聲을 포함시킨 것과 다르다.

(2) 『切韻指掌圖』에서는 開合의 대립이 없는 韻, 즉 通攝·效攝·遇攝·流攝·咸攝·深攝 등 6攝의 韻을 비로소 '獨韻'이라 칭하여 圖를 배열할 때 6攝獨韻을 먼저 배열했다. 그러므로 『切韻指掌圖』의 도표 차례와 『四聲等子』는 비교적 커다란 차이점이 있는 것이다.

(3) 『切韻指掌圖』에서 『切韻』계 운부에 대해 합병한 것은 『四聲等子』와 대부분 서로 같다. 그러나 운모 부분에서는 『四聲等子』에 비해 많이 수정해서 더욱 현대 語音에 접근했다. 예를 들어, 『切韻指掌圖』에서는 支, 之 두 운의 開口 精組의 글자에 대해 玆·雌·慈·思·詞 등의 글자를 1등에 나열하여 이미 근대 官話音에 가까워졌다. 이것은 『中原音韻』에서 支思 韻을 나누는 데 선도적인 역할을 했다.

『指掌圖』는 "攝"이라는 한계를 뛰어넘었다. 예를 들어 蟹攝인 齊와 祭 두韻의 開口字와 支, 脂, 之, 微라는 4韻의 開口字를 함께 배열한 것은 "攝"이라는 한계를 타파한 것이다. 또한 止攝인 支, 脂, 微 몇 개 韻의 合口字를 蟹攝 一等 合口 灰韻, 四等 齊韻 合口와 서로 배합하여 한 도표로 만든 것도 "攝"이라는 한계를 타파한 것이다. 이것은 "攝"이 語音을 반영하는 데 있어 그다지 적합하지 않음을 보여주는 것이다.

『切韻指掌圖』는 "五音", "字母淸濁" 등을 분명하게 밝히기 위해서 편리하게 연구할 수 있도록 간단명료한 韻으로 설명하였다. 모두 九辨이 있는데, 즉 辨五音例, 辨字母淸濁歌, 辨字母次第例, 辨分韻等第歌, 辨內外轉例, 辨廣通侷狹例, 辨獨韻與

開口韻例, 辨來日二字母切字例, 辨匣喩二字母切字歌 등으로 아래에 몇 개의 예를 들어본다.

辨五音例
欲知宮舌居中, 欲知商開口張,
欲知角舌縮却, 欲知徵舌柱齒,
欲知羽撮口聚.

辨字母淸濁歌
橫偏第一是全淸, 第二次淸總易明,
全濁第三聲自穩, 不淸不濁四中成,
齒中第四全淸取心審, 第五從來類濁聲斜禪,
唯有來日兩箇母, 半商半徵濁淸平.

辨分韻等第歌
見溪羣疑四等連, 端透定泥居兩邊,
知徹澄娘中心納, 幫滂四等亦俱全,
更有非敷三等數, 中間照審義幽玄,
精淸兩頭爲眞的, 影曉雙飛亦四全,
來居四等都收後, 日應三上是根源.

5) 『切韻指南』

『切韻指南』의 원명은 『經史正音切韻指南』이고 元代 劉鑒의 저작이다. 그는 字가 士明이고 關中[38] 사람이다. 『切韻指南』이란 책은 元代 順帝 至元2年(1336)에 완성되어, 『中原音韻』보다 12년 늦다. 『四聲等子』를 저본으로 삼았는데, 劉鑒은 『切韻指南』의 序言에서 "韓道昭의 『五音集韻』과는 서로 體用의 관계이다."[39]라고 언급하였다. 韓道昭의 『五音集韻』은 金 章宗 泰和 戊辰年(1208)에 쓰여졌다. 『切韻指南』은 1336년에 완성되었으므로 韓道昭의 『五音集韻』보다 100년 정도 시기가 늦다.

『切韻指南』은 16攝 24圖로 분석하였는데, 『四聲等子』보다 4圖가 더욱 많다. 즉 江, 宕 2攝과 曾, 梗 2攝을 나누었다. 또한 咸攝의 嚴, 凡 두 韻을 위해 따로 한 圖를 만들었는데 이것은 『五音集韻』의 영향을 받은 것이다. 『切韻指南』은 "36字母"를 통괄하기 위해 『韻鏡』과 동일하게 세로 23줄로 나열하였다. 『切韻指南』은 宋, 元代간에 語音 변화를 연구하는 중요한 자료이다.

38 지금의 陝西를 가리킴.
39 "與韓氏『五音集韻』互爲體用."

이제『切韻』의 韻部 귀납 상황을『切韻指南』,『四聲等子』,『五音集韻』과 비교해 보겠다.[40]

『四聲等子』	『切韻指南』	『五音集韻』
東一冬	同	同
覃談	同	同
佳皆夬	同	同
刪山	同	同
耕庚二	同	同
咸銜	同	同
尤幽	同	同
宵蕭	同	同
咍泰	同	○[41]
東三鍾	同	○
魚虞	同	○
祭廢齊	同	○
歌三麻三(?)	同	○
蒸庚三淸靑	庚三淸靑	○
支脂之微	同 支脂之	
臻眞諄殷文	同 臻眞	
仙元生	仙先	
鹽添嚴凡	嚴凡	同
江陽	○	○

이로써『切韻指南』은 韻部 병합에서『四聲等子』의 영향을 많이 받았다는 사실을 알 수 있다.

『切韻指南』의 그림에 보이는 "廣", "通", "侷", "狹" 등의 명칭은 이전의 韻圖에는 없었던 것이다. 그러나『四聲等子』와『切韻指掌圖』에 "辨廣通侷狹例"가 덧붙여져 있었다.『切韻指掌圖』의 "辨廣通侷狹例"의 "소위 廣通이라는 것은 第三等字가 第四等字까지 통할 수 있다는 뜻이고, 侷狹이라는 것은 第四等字가 적고 第三等字가 많다라는 의미이다."[42]라고 설명되어 있다. "廣通"과 "侷狹"은 2개의 "門法"으로 소위 "門法"이라는 것은 反切에 근거하여 韻圖를 찾는 방법이다. 廣通이란 支, 脂, 眞, 諄, 仙, 祭, 淸, 宵 등의 韻 안에서 어떤 四等字들은 三等字를 反切下字로 사용하

40 邵榮芬의『漢語語音史講話』(天津人民出版社) 141쪽 참조.

41 合幷하지 않은 것은 둥근 원으로 표시하였다.

42 "所謂廣通者, 第三等字通及第四等字也; 侷狹者, 第四等字少第三等字多也."

고 있다는 것이다. 이러한 경우 같은 聲母의 四等에 가서 찾아야 비로소 찾을 수가 있다. 다시 예를 들자면 『切韻指南』의 第三圖에서 "移, 弋支切"에 있는 "支"는 三等字인데 "移"는 喩母四等에 있다. 이것은 바로 "第三等字가 第四等字까지 통할 수 있다."[43]는 것으로 "廣通"이라고 명명하였다. 그 외에 東·鍾·陽·魚·蒸·尤·鹽·侵 등의 韻에서 어떤 三等字는 오히려 四等字를 反切下字로 사용하고 있다.

예를 들어 "恭, 居容切"에서 容은 四等이지만 恭은 三等에서 찾아야 한다. 이런 운은 四等字는 적고 三等字는 많기 때문에 '偈狹'이라고 부른다.

이밖에도, 劉鑒은 『切韻指南』의 '序言'에서 "時忍切인 腎字와 時掌切인 上字는 똑같이 濁音이며, 모두 去聲으로 읽어야 한다."[44]라고 하였다. 이것은 당시의 語音에서 濁音이 去聲으로 변하였음을 반영하고 있다. 또한 "士魚切은 殊字와 같으며, 본래는 鋤字이다; 詳里切은 洗字와 같으며, 본래는 似字이다."[45]라고 말하고 있으니, 이는 당시의 語音에서 '士'와 '鋤'의 聲母가 이미 다르게 되었으며, '里'와 '似'의 韻母 역시 이미 다르게 되었음을 반영하고 있다. 이러한 語音의 발전 변화 현상은 비록 대략적인 반영을 나타내고 있지만 귀중한 자료이며, 『中原音韻』과 서로 검증할 수 있다.

羅常培는 「『通志·七音略』硏究」라는 글에서 宋元의 等韻學에 관해 개괄적인 분석을 하였는데 매우 훌륭하다. 아래에 그 내용을 간추려 본 章의 小結로 삼고자 한다.

> 지금까지 전해지는 宋元의 等韻圖는 대략 세 가지 계통으로 구별할 수 있다: 『通志·七音略』과 『韻鏡』은 각기 43轉으로 나누고 있으며, 매 轉은 세로가 36字母 23行이다. 輕脣, 舌上, 正齒를 나누어 重脣, 舌頭, 齒頭의 아래에 놓았다. 가로는 四聲을 四等으로 나누었고, 入聲은 『七音略』 第25轉을 제외하고는 모두 陽韻을 계승하였다. 孫覿는 『內簡尺牘』에서 楊中修의 『切韻類例』가 44圖라고 말하고 있으니, 마땅히 이것과 가까울 것이며, 이것이 첫 번째 체계이다. 『四聲等子』와 『切韻指南』은 각기 16攝으로 나누고 있으며, 圖의 숫자는 20과 24로 다르다. 그 聲母의 배열은 『七音略』과 같으며, 가로는 四等으로 四聲을 나누었고, 入聲은 陰陽을 겸하여 계승하였으니, 앞의 체계와는 차이가 있다. 이것이 두 번째 체계이다. 『切韻指掌圖』의 圖數 및 入聲의 분배는 『四聲等子』와 같다. 그러나 攝名을 삭제하였으며 四聲으로 四等을 나누었다. 字母는 36행으로 나누었고, 輕脣, 舌上, 正齒와 重脣, 舌頭, 齒平으로 열거하였다. 또한 제18圖에서 支之韻의 齒頭音을 一等으로 고쳤다. 이것들은 모두 특징적인 것으로서 앞의 계통과는 다르다. 楊倓은 『韻譜』에서 "36字母를 바꾸어 두개의 紙와 肩으로 나누어 인용하고",[46] "예전에 들어 있던 것은 고치지 않고, 예전에 없던 것은 모두 입성에 넣었

43 "第三等字通及第四等字也."

44 "時忍切腎字, 時掌切上字, 同是濁音, 皆當呼如去聲."

45 "士魚切如殊字, 本是鋤字; 詳里切如洗字, 本是似字."

다."[47]라고 하였으니, 그 형식은 대체로 이것과 같을 것이다. 이것이 세 번째 체계이다. 이 세 가지 체계를 종합해 보면, 체제가 각기 다르고 차례 또한 우열을 가릴 수 없다. 그러나 이것들을 연구해 보면 모두『廣韻』의 音紐를 포함하고 있으며 빠뜨린 것이 거의 없다. 또한 원래 형식을 추측해 보면 족히 隋唐의 舊音을 추측해 볼 만한 참고 자료가 되니 즉 앞의 첫 번째 체계는 뒤의 두 체계와 차이가 크다.[48]

46 張麟之의『韻鏡序』참조.

47 戴震의『答段若膺論韻書』

48 宋元等韻圖之傳於今者, 大別凡有三系:『通知·七音略』與『韻鏡』各分四十三轉, 每轉縱以三十六字母爲二十三行, 輕脣, 舌上, 正齒分附重脣, 舌頭, 齒頭之下; 橫以四聲統四等, 入聲除『七音略』第二十五轉外, 皆承陽韻. 孫覿『內簡尺牘』謂楊中修『切韻類例』爲圖四十四, 當亦與此爲近, 此第一系也.『四聲等子』與『切韻指南』各分十六攝, 而圖數則有二十與二十四之殊. 其聲母排列與『七音略』同, 惟橫以四等統四聲, 又以入聲兼承陰陽, 均與前系有別, 此第二系也.『切韻指掌圖』之圖數及入聲分配與『四聲等子』同, 但削去攝名, 以四聲統四等; 分字母爲三十六行, 以輕脣, 舌上, 正齒與重脣, 舌頭, 齒平列; 又於第十八圖改列支之韻之齒頭音爲一等; 皆自具特徵, 不同前系. 惟楊倓『韻譜』"變三十六分二紙肩行而繩引", "於舊有入者不改, 舊無入者悉以入隸之", 其式蓋與此同, 此第三系也. 綜此三系, 體制各殊, 時序所關, 未容軒輊. 然求其盡括『廣韻』音紐, 絶少漏遺, 且推迹原型, 足爲構擬隋唐舊音之參證者, 則前一系固較后二系差勝也.『羅常培語言學論文集』에서 인용.

제6절 宋明시기의 古音研究

1. 古音 연구의 흥기

古音學 연구는 淸代에 가장 성과가 높다. 그러나 古音學 연구의 흥기와 발전에도 과정은 있게 마련이다. 멀게는 漢代의 언어학자 劉熙가 古今音의 차이를 인식하였었다. 그는 『釋名·釋車』에서 "車(거)는 옛날에는 '車'라고 하였고 소리는 '居'와 같다. 사람이 타는 것이다. 지금은 '車'(차)라고 하며 소리는 '舍'에 가깝다."[1]라고 하였다. 그러나 劉熙는 古音에 대한 체계적인 연구는 하지 않았다.

六朝시대에는 晋의 徐邈이 『毛詩音』을 지었고, 梁의 沈重이 『毛詩集注』를 지었다. 그러나 그들은 古今音의 차이에 대한 인식이 부족하였기에 당시의 음으로 古詩를 읽었고, 조화되지 않는 음은 모두 '叶音'이나 '協韻'에 집어넣었다. 즉 음을 고쳐 구절의 조화를 이룬 것이다. 예를 들어 『詩·邶風·燕燕』 3장에는 "燕燕于飛, 上下其音. 之子于歸, 遠送于南. 瞻望弗及, 實勞我心."[2]이라는 구절이 있다. 沈重은 『毛詩音』에서 "遠送於南"아래에 "句의 조화를 위해서는 마땅히 乃林反으로 읽어야 한다."[3]라고 注하였으니, 周代의 '南'자의 讀音이 南北朝시대의 讀音 '那含切'과 같았을 것이라고 여긴 것이다. 그러나 이 시를 읽을 때에는 '音', '心'과 協韻이 되기 위해 임시로 '乃林反'으로 고쳐 읽었다.

唐에 이르러서는 이처럼 주관적으로 叶韻하기 위해 글자를 고치는 경우가 더욱 많아졌고, 經을 고치는 일까지 나타났다. 唐 明皇은 『尚書·洪範』을 읽을 때 "無偏無頗, 遵王之義"에 이르러서는 '頗'자와 '義'자가 協韻이 아니라고 느껴 이에 '頗'자를 '陂'자로 고치도록 명했다. 이처럼 經을 고치는 풍조는 唐宋간에 성행하였다. 이것은 南北朝, 唐朝시대에 이미 古今音의 차이를 인식한 사람이 있었음을 설명하고 있다. 그러나 그들은 이에 대해 연구한 것이 아니라 주관적으로 字音을 고쳐 句의 조화를 이루도록 만들었으며 이로써 經을 고치는 데까지 이른 것이다. 그러나 唐宋시대에 또 다른 학자들은 이에 대해 연구하여 古音의 문제를 정확하게 인식할 수

---

1 "車, 古者曰'車', 聲如'居', 所以居人也; 今曰'車', 聲近'舍'."

2 "쌍쌍이 날아다니는 제비 위아래로 우짖네. 둥지로 돌아감에 멀리 남쪽으로 전송하니, 바라보고 바라봐도 미치지 못하니 실로 내마음 괴롭구나."

3 "協句, 宜乃林反." 『經典釋文』 卷5에 보임.

있었다.

陸德明(550～630)은 唐代의 경학가이자 훈고학가로, 蘇州 吳지역[4] 사람이다. 그는 경학과 老莊의 학문을 설명하기 위해 널리 漢, 魏, 六朝의 음절들을 수집하였으니 모두 230餘家에 달했고, 또한 제가의 훈고들을 모아 각 본의 차이를 고증하여, 이에 『經典釋文』을 지었다. 이 책은 漢魏六朝이래 經音義들의 총집이다.

陸德明은 『經典釋文』에서 『詩·邶風』의 '南'자 아래에 沈重의 설을 싣고 있지만, 스스로 주를 달아 말하기를 "고인들은 운을 넓게 사용하여 번거롭게 글자를 고치지 않았다."[5]라고 하였으며, 또한 『詩·召南』 '華'자 아래의 주에서는 "옛날에는 華를 敷로 읽었다."[6]라고 하였다. 淸 유학자인 戴震은 『聲韻考』에서 다음과 같이 말하였다.

> 唐 陸德明의 『毛詩音義』는 비록 徐邈, 沈重들의 말을 인용하고 있지만 合韻, 取韻, 叶句를 분분히 이야기하고 있다. 『召南』 華字에서는 '古讀華爲敷'라고 하였고, 『邶風』 南字아래에서는 '古人韻緩不煩改字'라고 하였으니, 이는 陸德明이 古韻에 대해 분명하게 말한 것이나, 다만 지금은 그 설을 따를 수 없을 뿐이다.[7]

陸德明은 『經典釋文·條例』에서 다음과 같이 말하였다.

> 문자의 음과 훈은 고금이 다르다. 전대의 유학자들은 음을 만들 때에 대부분 注에 의거하지 않았으며, 주라는 것도 자신의 독음을 단 것이어서 겸하여 통하지 못하였다. 지금 지은 것은 약간의 추측을 덧붙인 것이다. 만약 전적이 상용되어 이치가 시대에 맞는다면, 곧 이를 존중하고 계승하여 표제로 삼는다.[8]

陸德明의 '微加斟酌'의 표준은 몇몇 자료에 근거하여 연구한 것으로, 陸德明의 표준은 '古今'音注 중에서는 현재를 우선하고 옛것을 나중으로 하며, '南北'音注 중에서는 남쪽 것을 취하고 북쪽 것을 버린다.

陸德明이 지은 『經典釋文』은 注音을 위주로 하여 釋義와 校勘을 겸하고 있다. 陸德明이 살던 시대는 바로 "음운이 크게 일어나 각기 자기만의 학풍을 가지고

---

4 지금의 江蘇 吳縣을 가리킴.

5 "今謂古人韻緩, 不煩改字."

6 "古讀華爲敷."

7 "唐陸德明『毛詩音義』雖引徐邈, 沈重諸人, 紛紛謂合韻, 取韻, 叶句; 而於『召南』華字云: 古讀華爲敷; 於『邶風』南字下云: 古人韻緩不煩改字, 是陸氏已明言古韻, 特不能持其說耳."

8 "文字音訓, 今古不同. 前儒作音, 多不依注, 注者自讀, 亦未兼通. 今之所撰, 微加斟酌. 若典籍常用, 會理合時, 便卽遵承, 標之于首."

서로 존중하면서 전달하던”[9]시대 였다. 그는 바로 語音에 대해 연구하여 前人의 ‘叶韻’說을 깨뜨릴 수 있었을 뿐만 아니라 古音에 대해서도 두 가지의 중요한 견해를 제기하였다. 첫째로 그는 고서의 用韻은 융통성이 있어 後人들이 생각하는 것처럼 엄격하지 않았다고 하였으니 이는 古今韻部의 차이를 명확하게 지적한 것이다. 둘째로 그는 古韻은 엄밀하지 않다고 하여 宋 이후의 古韻通轉과 古音연구에 선구적인 역할을 하였다.

2. 宋代의 古音學家

1) 吳棫의 『韻補』

吳棫(1100~1154)은 字가 才老이며 宋代 音韻·訓詁學家로 建安[10] 사람이다. 宣和(1119~1125)에 進士였고, 泉州 通判을 지냈다. 『韻補』를 지었는데 古人의 用韻은 비교적 융통성이 있어 古韻通轉說이 있었다고 생각하였으니 그의 古音에 대한 견해는 陸德明의 견해와 같다. 그는 또 『詩補音』·『字學補韻』·『楚辭釋音』 등을 지었으나 전해지지 않는다.

吳棫의 본적에 대해서는 『四庫全書總目提要』에서 말하기를 “吳棫의 字는 才老이며 武夷의 徐蕆은 이 책의 序에서 자신과 본래 같은 마을 사람이었으나 그 先代에 집을 同安으로 옮겼다고 하였다. 王明淸(1127~1205)은 『揮塵三錄』에서 舒州 사람이라고 여겼으나 王明淸이 잘못 안 것 같다.”[11]라고 하였다. 또 광서 9년에 徐幹(171~218)이 간한 『韻補』의 跋文에서 다음과 같이 말하였다.

> 생각건대 徐蕆와 吳才老는 같은 마을에 살았을 것이니 序文에서 또 先祖 이후에 집이 同安이었다고 하였고 宋 王明淸은 『揮塵三錄』에서 舒州人이라 하였으니 아마도 王明淸의 잘못인 듯하다. 『宋史·地理志』를 고증해 보면 福建路 泉州에 同安縣이 있었으니 後人들의 의심을 살 만하다. 그런데 舒州에는 同安監이 있으니 역시 『宋史·食貨志』에 보인다. 吳才老의 前代에서 아마도 武夷에서 舒州의 同安으로 집을 옮긴 듯하다. 『揮塵錄』은 처음부터 틀리지 않았다.[12]

---

9 “音韻鋒出, 各有土風, 遞相非笑”

10 지금의 福建 建甌를 말함.

11 “棫字才老, 武夷徐蕆爲是書序稱與蕆本同里, 而其祖後家同安. 王明淸『揮塵三錄』則以爲舒州人, 疑明淸誤也.”

12 “按蕆與才老同里, 序又謂其祖後家同安, 而宋王明淸『揮塵三錄』謂是舒州人, 或遂疑明淸之誤. 考『宋史·地理志』, 福建路泉州有同安縣, 宜致後人之疑. 而舒州有同安監, 亦見『宋史·食貨志』, 才老上世蓋自武夷遷舒之同安耳. 『揮塵錄』初不誤.”

이것에 근거하여 볼 때 吳才老의 본적은 閩이라고도 하고 혹은 晥이라고도 하며, 先代부터 살았다고도 하고 吳棫 자신대부터 살았다고도 하는 등 각기 다름을 알 수 있다. 光緒『安徽通志·儒林傳』에서는 吳棫이 舒州 同安 사람이라고 적고 있다. 同安은 바로 지금의 潛山이다. 그러나 道光『福建通志』제187 인물「儒林傳」에서는 吳棫이 建州 建安縣 사람이라고 적고 있다. 建安은 바로 지금의 建甌이다.[13]

吳棫은『毛詩叶韻補音』10권을 지었으나 지금은 전하지 않는다.『福建通志』제76『經籍類略』에 실려 있는 序에서 말하기를 "詩音에는 예로부터 9家가 있었는데 唐 陸德明이 스스로 一家를 이루었으니『經典釋文』이 그것이다. 보충한 음은 모두 陸德明이 협운 해 놓은 것이 아니며 이미 협운한 것은 모두 陸德明을 따랐다."[14]라고 하였다. 이 책은 前人이 말한 毛詩 叶音의 예들을 모두 모아서 詩韻을 해설한 것으로 그 중 억측인 것도 있으나 그 작업 자체에 의의가 있는 것이다. 朱熹의『詩集傳』은 韻讀에 있어서 吳棫의 견해를 채용하였다.

吳棫은『韻補』5권을 지었다. 이 책은 전적으로 詩作을 위해서 지은 것이 아니다. 그는『易經』·『詩經』·『書經』에서 北宋의 歐陽修(1007~1072), 蘇軾(1037~1101)의 문집 50종에 이르기까지 古人의 用韻과 韻書의 分韻의 차이를 고증하였다.『集韻』에 실려 있지 않은 것을 모두 항목을 나누어 열거하였다. 吳才老는 많은 예증들을 통하여 고인의 용운이 매우 융통성이 있었다는 점과 운서상에서 약간 거리가 있는 韻部도 古代 詩文에서는 왕왕 통용하였다는 사실을 알아내었다. 이에 그는 하나의 대략적인 類를 귀납해 내어 古韻을 아래와 같이 9部로 나누었다.

一東	冬·鍾을 통용하고 江을 넣기도 한다.
二支	脂·之·微·齊·灰를 통용하고 佳·皆·咍는 성모를 바꾸어 통용한다.
三魚	虞·模를 통용한다.
四眞	諄·臻·殷·痕·耕·庚·淸·靑·蒸·登·侵을 통용하고 文·元·魂은 성모를 바꾸어 통용한다.
五先	僊·鹽·沾·嚴·凡을 통용하고 寒·桓·刪·山·覃·談·咸·銜은 성모를 바꾸어 통용한다.
六蕭	宵·肴·豪를 통용한다.
七歌	戈를 통용하고 麻는 성모를 바꾸어 통용한다.
八陽	江·唐을 통용하고 庚·耕·淸이 전입해 들어가기도 한다.
九尤	侯·幽를 통용한다.

13 周祖謨의『吳棫的古音學』,『問學集』上冊 213-214쪽 참조. 中華書局.

14 "詩音舊有九家, 唐陸德明以己見定爲一家之學,『釋文』是也. 所補之音, 皆陸氏未叶者, 已叶者悉從陸氏."

吳棫은 古韻을 대략 9部로 귀납하여 古音 연구의 선구자적 역할을 하였다. 다만 너무 대략적이라는 것과 9部의 개념이 명확하지 않은 점, 韻字의 배열이 그가 정한 9部의 경계와 맞지 않는 점 등이 단점이다. 예를 들면 東韻에 登·唐·分·朋·務·尊이 있고 支韻에 加·魚·逃·焞·春이 있으며 先韻에 宮·監·南·風·平·心·行·林 등이 있는 것인데 이는 그가 정한 通轉의 경계와도 맞지 않을 뿐만 아니라 字를 가지고 字를 논하였기 때문에 先秦 古音과도 맞지 않는다. 그는 歐陽修·蘇軾·蘇轍(1039~1112)의 詩를 인용, 증거로 삼아 後人들의 불만을 샀다. 그러나 그가 古音學 연구의 역사에 있어 공로가 있다는 것은 분명하다.

吳棫이후에 程逈이『音式』을 지었는데 책은 전하지 않으며『四庫全書總目提要』·『韻補』항목에서 程逈의『音式』에 三聲通用說과 雙聲互轉說이 있음을 언급하고 있는데 상세한 것은 알 수 없다.

2) 鄭庠의『古音辨』

鄭庠은『古音辨』을 지었는데 책은 전하지 않으며 그의 古音學說은 戴震의『聲韻考』, 段玉裁의『六書音均表』, 夏炘의『詩古韻表卄二部集說』에 보인다. 그는 古韻을 다음과 같이 6部로 나누었다.

一. 東·冬·江·陽·庚·靑·蒸
二. 支·微·齊·佳·灰
三. 魚·虞·歌·麻
四. 眞·文·元·寒·刪·先
五. 蕭·肴·豪·尤
六. 侵·覃·鹽·咸

鄭庠이 古音을 6部로 나눈 것은 매우 체계적이며 특히 제1, 제4, 제6등 세 部는 -ŋ, -n, -m 세 종류의 陽聲을 대표하니 매우 체계적이다. 古音學 연구사에 있어 정식으로 古音韻部를 나열한 것은 鄭庠에게서 시작되었다. 단지 그의 古音韻目은 완전히「平水韻」의 운목과 같기 때문에 후인들에게 혹 원래 鄭庠의 원작이 아니라 夏炘이 실은 것이 아닌가 하는 의심을 받았다.

이상으로부터 다음과 같은 사실을 알 수 있다. 즉 古音學 연구는 叶韻이라는 장애를 제거하고, 陸德明이 '古人들은 韻이 느슨하여 번거롭게 글자를 고치지 않았다.'[15]라는 說을 제기하면서 시작되었다. 뒤이어 吳才老는 陸德明의 '韻緩說'에 동의하고, 더 나아가 古韻 通轉의 학설을 주장하였다. 吳才老는 古音을 9部로 세분하였고, 鄭庠은 진일보하여 古音을 6部로 나누었다. 그들이 古音의 部를 나눈 것이 주로 후대 韻書의 韻部를 합병하고 통용한 것이기는 하나, 설사 이와 같다 하더라도 古音 研究 歷史면에서 보면 중요한 선구적 역할을 했다고 할 수 있다.

3. 明代의 古音學家

明代의 古音學家로는 楊愼과 陳第 두 사람이 있다.

1) 楊愼의 『轉注古音略』

楊愼의 자는 用修이고, 호는 升菴으로 成都 사람이다. 24세 때 즉 明 正德年間에 廷試에 수석으로 합격하여, 修撰을 제수 받았다. 世宗이 즉위한 후, 經筵講官을 담당하였다. 楊愼은 많은 책을 두루 읽었고, 世事에 밝아 두루 암송하였으며, 저술이 아주 많아 일인자로 추천되었다. 詩文 외에도 雜書가 100여 종에 이르렀고, 『升菴集』 81卷이 있다. 72세에 세상을 마쳤다.

楊愼은 古音 연구 방면에 있어, 『轉注古音略』, 『古音叢目』, 『古音略例』, 『古音複字』, 『古音駢字』, 『古音餘』, 『古音拾遺』 등을 남겼는데, 그중 『轉注古音略』이 유명하며, 1532년에 지어졌다. 楊愼은 宋代 사람들의 叶韻說에 동의하지 않았는데, 宋代 사람들의 叶韻에는 표준이 없었기 때문이다. 그는 古人들의 叶韻에는 표준이 있었으니, 즉 轉注를 따라 생겨난 것이라고 주장하였다. 그는 『轉注古音略題辭』에서 말하기를 "『周官·保氏』의 六書 중에 마지막이 '轉注'이다. 이에 대해 '한 글자에 여러 音이 있는데, 반드시 뜻을 돌려가며 해석한 후에야 알 수 있다.'라고 풀이하였다. 『虞典』에서는 '和聲'이라 하였고, 『樂書』에서는 '比音'이라 하였으며, 小學家들은 이를 '動靜字音'이라 하였다. 訓詁에서는 이를 정하여 '讀作某'라 하였는데, '於戲'를 '嗚呼'라고 한 것이 그 예이다. 『毛傳』과 『楚辭』에서는 모두 이를 叶韻이라 하였는데, 사실 『保氏』에서 말한 轉注의 의미를 벗어나지 않는다. 『易經』의 注疏는 '賁有七音'[16]이라고 하였는데, 이것이 그 例의 시작이다. 宋 吳才老가 『韻補』를 처음으로 엮은 후에 널리 통하고 두루 꿰뚫어, 위아래로 천년을 이었다. 朱晦翁도

15 "古人韻緩, 不煩改字."
16 "賁에는 일곱 가지의 音이 있다."

『詩經』을 傳하고, 『離騷』를 訂正하는 데, 모두 그 說을 따랐다. 나는 舞象年으로부터 六書를 연구하였는데, 고인의 업적을 탐하여 불초한 첩경으로 삼지 않았고, 다시 엉킨 것을 풀어 조리가 통하게 하였다. 이에 『轉注古音略』을 지었다. 대략 經典에는 상세하지만 文集에는 간략하였으며, 周漢에는 상세하였지만 晋 이하로는 소홀하였다."라고 하였다.

楊愼은 宋代 사람들이 마음대로 叶韻하는 것이 옳지 않다고 생각하고 古人들의 叶韻은 轉注를 따라 생겨난 것이라는 견해를 제기하였는데 역시 타당하지 않다. 楊愼은 古音 연구 방면에 있어 吳才老의 『韻補』를 增訂하였는데, 어느 정도 의미가 있다. 그는 『轉注古音略序』에서 "나는 吳才老의 저작이 宋人의 저작을 잡록한 병폐가 있다고 생각한다. 이에 經典, 注疏, 子書, 史書, 雜書에 있어 망실된 것이 특히 많다. 쉽게 드러나는 것을 보면, 『左傳』의 '鞠'을 '芎'으로, 『毛詩』의 '咥'을 '戲'로 發音한 예이다. 古音이 이와 같다면, 단지 문장 끝에만 押韻하지 않았을 것이다. 吳才老가 취하여 이미 갖추어 놓은 것은 다시 싣지 않았고, 간혹 중복되는 것은 그 음이 틀려 해석이 잘못되어 있기 때문에 바로잡은 것이다. 간단한 문장으로만 고증을 삼고, 보충하여 이를 넓혔으니, 남의 학설을 빼앗아 자기 학설로 삼은 것이 결코 아니다."[17] 라고 하였다.

2) 陳第의 『毛詩古音考』

陳第(1541～1617)는 字가 季立이고, 號가 一齋이다. 明 音韻學家로 福建 連江 사람이다. 明 萬曆 년간의 秀才이다. 그는 古音을 연구하여 『毛詩古音考』·『讀詩拙言』·『屈宋古音義』 등을 저술하였다.

『毛詩古音考』4卷(1606)은 古音 연구의 주요한 저작이다. 陳第는 『毛詩古音考·自序』에서 이른바 '叶韻說'을 타파하였다.

> 대체로 때에는 古今의 차이가 있고, 지역적으로는 南北의 차이가 있다. 글자는 변화하고, 음은 전이하니, 이러한 추세는 필연적이다. 그러므로 今音으로 옛날의 저작을 읽는다는 것은 이치에 맞지 않으니 이를 모두 叶韻에 떠넘겨 버렸다. 그 결과는 叶韻에서 나오는 것이니, 이는 한 사람이 만든 것도 아니고, 한 나라에서 채택한 것도 아니다. 왜 '母'는 반드시 '米'로 읽어야 하는가? '杞·止'로 韻하지 않으면 즉 '祉·喜'를 韻으로 한다. 왜 '馬'는 '姥'로 읽어야

17 "私心竊病才老之書多雜宋人之作, 而于經典注疏子史雜家尙多遺逸, 其顯而易見者, 如『左傳』之'鞠'音'芎', 『毛詩』之'咥'音'戲', 古音有在于是, 特未押於句杪爾. 其才老所取已備者不復載, 間有復者, 或因其謬音誤解, 改而正之, 單文孤證, 補而廣之, 故非剿說雷同也." 楊愼의 『答李仁夫論轉注書』 참조.

> 하는가? '組·黼'로 韻하지 않으면 즉 '旅·土'로 韻한다. '京'은 왜 반드시 '疆'으로 읽어야 하는가? '堂·將'으로 韻하지 않으면 즉 '常·王'으로 韻한다. '福'은 왜 반드시 '偪'으로 읽어야 하는가? '食·翼'으로 韻하지 않으면 즉 '德·億'으로 韻한다. 그 류는 실로 번잡하여 모두 나열하기 어려우며, 그 규율이 엄격한데, 즉 『唐韻』에만 그친 것이 아니니, 그 까닭이 무엇인가? 또 『左傳』, 『國語』, 『易經·象』, 『離騷』, 『楚辭』, 秦의 碑文, 漢賦에서 上古의 가요, 잠언, 銘文, 찬송에 이르기까지 왕왕 『詩經』과 韻이 부합하니, 이는 실로 古音의 증거이다.[18]

陳第의 『毛詩古音考』는 『詩經』 속의 韻字 4백여 항목을 나열하였고, 매 글자의 아래에 古代의 音讀을 덧붙였다. 『詩經』을 本證으로 삼았는데, 本證 외에도 기타 經書, 字書 속의 用韻을 傍證으로 삼았다. 또한 『屈宋古音義』와 『毛詩古音考』를 비교 연구하였으며, 『楚辭』 안의 韻語를 취하여 『毛詩』와 引證하였다. 『讀詩拙言』에서 그는 또 『說文』 形聲字 중의 聲符의 예를 들었다. 그 가운데는 『毛詩』의 音讀을 증명하는 데 쓰일 만한 것이 많다.

楊愼은 비록 宋人의 글자를 고치고 叶韻하는 것을 반대했지만, 여전히 『詩經』속에 叶韻이 있다는 것을 믿었다. 陳第에 이르러 叶韻의 학설이 근본적으로 바뀌었다. 그는 『詩經』을 本證으로 삼고, 기타 고대의 韻語를 傍證으로 삼아, 古音을 연구하였다. 후인들의 이른바 叶韻되는 音은 바로 본래 古人들의 語音이라고 그는 생각하였다. 예를 들어 '母'자는 古音에서 '米'로 읽는다. 그러므로 항상 '杞, 止, 祉, 喜' 등의 글자가 韻이 된다. 만약 이것이 우연한 叶韻이라 한다면, 왜 다른 음과는 叶韻하지 않고, 단지 '米'와만 叶韻하는가? 또한 모든 곳에서 '米'라고 읽고, 『廣韻』의 莫厚切이라고 읽는 곳은 한 군데도 없다.[19]

陳第의 古音 연구 성과와 古音 이론 인식은 모두 吳棫이나 楊愼보다 상당히 뛰어나다. 왜냐하면 그는 "때에는 古今의 차이가 있고, 지역에는 南北音의 차이가 있으며, 글자는 변화하고, 음은 전이한다(時有古今, 地有南北, 字有更革, 音有轉移)"라는 공간적, 시간적 발전 이론을 인식하고 있었기 때문이다. 이는 실제로 언어학 연구에 있어 매우 중요한 것이다.

그의 『毛詩古音考·自序』에는 그가 고음을 연구한 원인, 방법 및 고음에 대한

---

18 "蓋時有古今, 地有南北, 字有更革, 音有轉移, 亦勢所必至, 故以今之音讀古之作, 不免乖剌而不入, 于是悉委之叶. 夫其果出於叶也, 作之非一人, 採之非一國, 何'母'必讀'米', 非韻'杞'韻'止', 則韻'祉'韻'喜'矣, '馬'必讀'姥', 非韻'組'韻'黼', 則韻'旅'韻'土'矣, '京'必讀'疆', 非韻'堂'韻'將', 則韻'常'韻'王'矣, '福'必讀'偪', 非韻'食'韻'翼', 則韻'德'韻'億'矣. 厥類實繁, 難以殫擧, 其矩律之嚴, 卽『唐韻』不啻, 此其故何耶? 又『左』·『國』·『易·象』·『離騷』·『楚辭』·秦碑·漢賦, 以至上古歌謠箴銘贊誦, 往往韻與『詩』合, 實古音之證也."

19 王力의 『中國音韻學』下冊 6쪽 참조. 上古時代에 '母'는 '米'와 같은 音이 아니므로, '母'자는 마땅히 古音에 속한다.

견해를 설명한 부분이 있는데 매우 훌륭하다. 지금 아래에 옮겨 적는다.

> 나는 어려서부터 『詩經』을 접하게 되어 일찍이 여기에 마음을 두었다. 만년에는 홀로 바닷가에 살며 경조사를 모두 멀리했다. 율시, 절구, 근체시는 잘하지 못했고 육조의 고풍은 하고자 했으나 더욱 멀어지니, 오직 삼백 편만을 취하여 밤낮으로 읽었다. 비록 기뻐서 덩실덩실 춤을 출 수는 없을지라도, 고인의 뜻에 통하면 즐겁고 기쁘고 근심스럽고 슬픈 마음이 한 번 시를 읽음에 다 발산되었다. 또한 자식과 조카가 시를 배워도 古音을 알지 못하는 것이 걱정스러웠다. 그래서 本證·旁證 두 가지를 예로 들어 잠시 고증해 본다. 本證은 『詩經』 자체 내에서 고증하는 것이고, 旁證은 다른 책들을 참고하는 것이다. 두 가지 다 없으면 두루두루 그 음을 살피고, 뒤섞어 그 운을 조화시켰는데 이는 단지 노래하는 데 편하고자 했던 것일 뿐이니, 길게 소리내어 탄식할 따름이다. 대개 지금의 시를 지을 때 어찌 옛 운을 쓰지 않고, 옛 시를 읽을 때 옛 운을 살피지 않는가? 아! 古今은 한 뜻이고 한 소리인 것을. 지금의 뜻으로 고인의 뜻을 거슬러 올라가면 그 원리가 멀지 않고, 지금의 소리로 고인의 소리를 조화시키면 그 운이 멀지 않다. 지금이 옳고 옛날은 틀리다고 걱정하여 글자와 음에 얽매이면, 차이가 날이 갈수록 심해져 孔子가 산거한 것도 거의 읽을 수가 없을 것이다.[20]

결론적으로, 고음 연구의 역사에 있어서 陳第는 語音의 공시적 관념 이론에 대해 정확하게 인식했으며, 그의 연구 방법 역시 비교적 과학적이다. 그리하여 그의 고음에 대한 연구 성과는 선배들을 뛰어넘었을 뿐만 아니라 청대 顧炎武, 江永 등의 고음 연구를 이끌어 냈다.

4. 明末 학술계의 새로운 현상

梁啓超는 『中國近三百年學術史』에서 明末 2, 30년간은 학술계에 다음과 같은 새로운 현상이 발생했음을 지적했다. 첫째는 王學[21] 자체의 반동이다. 즉 劉宗周 일파가 등장하여 '證人'주의를 표방했는데, '愼獨'에서 시작하여 空談을 버리고 실천을 추구했다. 둘째는 자연계에 대한 탐구로, 徐霞客라는 사람이 『徐霞客遊記』를 지었다. 그는 전국을 두루 유람하며 풍경을 묘사하고 산천을 연구했으며, 云南, 貴

20 "愚少受『詩經』家庭, 竊嘗留心于此. 晩年獨居海上, 慶弔盡廢; 律絶近體旣所不嫻, 六朝古風, 企之益遠, 惟取三百篇日夕讀之. 雖不能手舞足蹈, 契古人之意, 然可欣·可喜·可戚·可悲之懷, 一于, 讀詩洩之. 又懼子姪之學詩, 而不知古音也. 于是稍爲考据, 例本證·旁證二條. 本證者,『詩經』自相證也; 旁證者, 採之他書也. 二者俱無, 則宛轉以審其音, 叄錯以諧其韻, 無非欲便于歌咏? 可長言嗟嘆而已矣. 蓋爲今之詩, 古韻可不用也; 讀古之詩, 古韻可不察乎? 嗟夫! 古今一意, 古今一聲; 以吾之意而逆古人之意, 其理不遠也; 以吾之聲而調古人之聲, 其韻不遠也. 患在是今非古, 執字泥音, 則支離日甚, 孔子所刪幾乎不可讀矣."

21 王陽明을 가리킴.

州, 蜀,[22] 桂[23] 등지의 지리에 대해 상세하고 정확하게 고증했는데 이는 실제로 지리를 조사한 최초의 책이다. 宋應星은 『天工開物』을 지었는데, 음식물, 의복, 용기 및 야금, 기계, 단청, 주옥의 원료 제작에 대해 과학적인 방법으로 연구하여 도면을 그려 상세하고 정확하게 설명했다. 梁啓超는 "이 두 책이 한 번 휩쓰니, 明人들은 空談을 논하지 않게 되었고, 또한 淸人들이 '오직 공부만 하여 이론만을 말하는'것 보다는 좀 더 뛰어났다."라고 하였다. 셋째는 유럽의 역법과 산술학이 유입된 것이다. 기독교가 전래되어 마테오 리치,[24] 디다코 드 판토하,[25] 사바틴 드 우르시스,[26] 요한 아담 샬 폰 벨[27] 등은 明代 萬曆(1573~1620) 末에서 天啓(1621~1627), 崇禎(1628~1644)년간에 차례로 중국에 들어와 徐光啓 등의 명나라 학자들과 함께 연구하여 역법을 개혁하고 『泰西水法』, 『幾何原本』 등을 역술하는 등의 탁월한 성과를 거두었다. 결론적으로, 당시에 번역 저작된 목록에 근거해 보면 그들이 문화교류와 신지식 전파에 대단히 노력했다는 것을 알 수 있다.

明末 프랑스 예수회의 트리고[28] 신부는 『西儒耳目資』 3권을 지어 명대 天啓 6년(1626)에 출판했다. 이 책의 원본은 서양의 전도사들이 漢語·한문을 배우게 하기 위해 만들어진 것으로 모두 29개의 字母를 사용했는데, 이것은 모음 5개, 자음 20개, 그리고 프랑스에서는 쓰이나 漢語에서는 쓰이지 않는 자음 4개이다. 漢語에 쓰이는 25개의 자모로 한자의 독음을 병합한 병음법은 당시에 어느 정도 영향을 주었을 뿐만 아니라 후대 중국 어문 개혁에도 선도적인 역할을 했다. 넷째는 藏書·刻書의 풍조가 점차 성행했다는 것이다. 焦竑의 『國史經籍志』는 목록학에 있어서 상당히 가치가 있는 것이다. 范欽은 天一閣을 세웠는데, 이것은 실제로 중국뿐 아니라 전세계에서 가장 크고, 가장 오래된 개인 도서관이다. 毛子晋과 그의 아들 毛斧季는 汲古閣에 전적으로 宋元代에 간행된 좋은 책들만을 소장했는데, 『津逮秘書』 각본과 단행본 고적들은 지금까지도 가치가 있다. 이러한 藏書, 刻書 사업은 후대 공부하는 사람들에게 매우 큰 도움이 되었다. 예를 들어 黃宗羲, 全祖望은 모두 일찍이 天一閣의 장서를 읽었다. 또한 汲古閣에서 간행된 책들은 현재 전해지는 고적 방면에 공로가 있을 뿐만 아니라, 교감가들에게 큰 도움을 주었다. 다섯째 불교 방면에도 새로운

22 四川 일대를 말함.
23 廣西 일대를 말함.
24 Ricci Matteo(1552~1610)는 이태리 출신 선교사로 中國名은 '利瑪竇'임.(譯註)
25 Didaco de Pantoja(1571~1618)는 스페인 출신 선교사로 中國名은 '龐迪我'임.(譯註)
26 Sabbathino de Ursis(1575~1620)는 이태리 태생 선교사로 中國名은 '熊三拔'임.(譯註)
27 Johann Adam Schall von Bell(1591~1666)은 독일 태생의 선교사로 中國名은 '湯若望'임.(譯註)
28 Nicolas Trigault(1577~1628)의 中國名은 '金尼閣' 혹은 '金尼各'.(譯註)

발전이 있게 되었다는 것이다. 宋, 元, 明 삼대는 선종을 제외하면 불교는 없다고 말할 수 있다. 명말에 蓮池, 憨山, 藕益 등 세 명의 大師가 홀연히 나타나 선종을 반대하고 정토종을 제창했다. 그들은 선종에서 책을 읽지 않는 것에 반대하여 소장된 모든 책을 통독했으며, 평범한 것을 기초로 삼아 엄숙하게 학문을 실행에 옮겨 隋唐代 佛學으로 돌아가 불경을 읽고 注했다.

위의 다섯 방면에서의 새로운 현상에 대해 梁啓超는 또 두 가지로 개괄 하였다. 첫째, 문화 교류는 晋唐간의 佛學이 첫 번째이고 명말의 역법·산술학이 바로 두 번째이다. 이러한 새로운 현상 아래에서 학계의 분위기는 일변했으며, 후대 청대 학자들이 역법과 산술학에 모두 흥미를 갖게 되었을 뿐만 아니라, 經世致用의 학문을 가장 좋아하게 되었으므로, 이의 영향을 받았다고 할 수 있다. 둘째, 명말 학술계에서 발생한 새로운 현상은 서로의 관계가 중대하여 후대 청대 각 방면의 학술이 모두 이로부터 생겨나게 되었다는 것이다.

제5장

清代의 언어 연구

제1절 개 설

梁啓超는 『中國近三百年學術史』에서 "思想이 있는 시대는 반드시 문화가 크게 발전하는 시기이다. 秦 이후 시대사조가 될 만한 것은 漢代의 經學, 隋唐의 佛學, 宋·明代의 理學, 清代의 考證學 네 가지 뿐이다."[1]라고 언급하였다.

1644년 3월 19일 이전은 明 崇禎 17년이고, 5월 10일 이후는 淸 順治 元年이 된다. 淸初의 정책은 세 시기로 나누어 볼 수 있는데, 제1기는 順治 元年에서 10년까지로 利用 정책의 시기이고, 제2기는 順治 11년에서 康熙 10년까지 17,8년 동안의 高壓 정책 시기이며, 제3기는 康熙 11년 이후로 懷柔 정책의 시기이다. 康熙의 성품은 활달하고 도량이 넓어 고압 정책에서 바로 회유정책으로 바꾸었다. 山林 隱士를 뽑아내고 박학한 대학자를 추천하였으며, 康熙 18년에 明史館을 신설하는 등의 세 가지 정책을 추진하였다. 특히 明史館 개관은 대단한 성공을 거두었는데, 많은 학자들이 옛 왕조의 문헌에 대해 지대한 관심을 갖고 참가하였다. 康熙 시대의 고압과 회유 두 가지 정책은 당시 학풍에 커다란 영향을 주었다.

淸初의 학술계는 明代 遺老들이 완전히 장악하고 있었다. 明末 학자들은 明의 멸망이 학자 사회의 치욕이라고 여겼기 때문에, 陽明學派의 "마음을 밝고 깨끗하게 하여 자기의 본성을 발견한다."[2]라는 空談을 포기하고 經世致用에 전념하게 되었다. 그들은 단지 학문을 위한 학문을 행하는 차원을 넘어서 經世에 필요한 학문을 하였다. 이러한 시대에 정치계에 자리를 확보할 수 없어 어쩔 수 없이 학자의 길로

---

1 "有思潮之時代必文化昻進之時代也, 其在我國自秦以後, 確能成爲時代思潮者, 則漢之經學·隋唐之佛學·宋及明之理學·淸之考證學, 四者而已."

2 "明心見性."

들어선 대표적인 인물이 黃宗羲, 顧炎武, 王夫之, 朱舜水 등이다. 그들은 많은 새로운 학파를 세워 經世致用을 목적으로 삼았다. 또한 왕성한 연구 활동을 통해 과감하게 새로운 국면을 타개하였지만 조리 있는 논리를 펴지는 못하였다.

康熙 20년 이후 형세가 점차 변하여 明末 遺老 大師들이 줄어들고 새롭게 우수한 인재들이 새 왕조에서 태어났다. 그들은 선배들의 '經世致用'이 희망이 없다고 여겼다. 또한 당시에 정치로 나가면 文字獄에 걸리게 되어 학자마다 경계하는 마음을 가졌다. 당시에는 사회가 안정되었고 康熙 후기에 明史館을 개설하여 적극적으로 문화와 과학을 제창했다. 그 때의 학술계는 비록 淸初처럼 기세가 웅장하고 규모가 크지는 않았지만 質的인 면에서 틀과 체계를 갖추게 되었다.

康熙, 雍正 이래로 조정은 宋學을 제창했지만 민간에서는 江蘇, 浙江 지방을 중심으로 '反宋學'의 기세가 점점 커져 '漢學'을 내세워 이에 대항했다. 乾隆년간에 와서 漢學은 꽃을 피웠다. 乾隆 38년부터 『四庫全書』를 편찬하기 시작하여 47년에 완성했는데, 여기에 수록된 책은 총 3,457部, 79,070卷이며, 目錄과 해제만을 붙인 책은 6,766部, 93,556卷이다. 당시 四庫館에 있던 학자는 300여 명으로 각 분야의 전문가들이었다. 그러므로 四庫館은 漢學家의 결정체라고도 표현할 수 있을 것이다. 그러므로 『四庫提要』는 바로 漢學 사상을 구현한 것이다.

淸代의 乾隆, 嘉慶 년간은 漢學 사상의 고조기다. 주로 吳派와 皖派로 나누어졌는데, 吳派는 惠棟이 주도하였고 皖派는 戴震이 이끌었다. 이 밖에도 揚州의 焦循과 汪中, 浙江 동쪽의 全祖望과 章學誠이 있었다. 그들은 經書와 史籍, 諸子까지 교정했고, 經義 해석으로부터 출발하여 역사, 지리, 천문, 曆法, 音律, 典章制度까지 연구하여 古籍, 史料의 정리에 많은 공헌을 하였다. 乾隆 학자들은 古文 經學의 訓詁 방법을 계승하고 조리 있게 설명하였는데, 이는 古籍 정리와 언어 문자 연구에까지 이어져 이른바 '考證學'을 형성하였다. 결국 乾嘉 학자들은 스스로 하나의 학풍을 이루었으니, 연구 방법은 비교적 과학적이었고 학풍도 비교적 성실하였으며 언어 문자학에 대한 연구 성과도 탁월하였다.

제2절 顧炎武의 古音學 硏究

1. 淸代 古音學의 창시자 顧炎武

顧炎武(1613～1682)의 처음 이름은 絳이고 뒤에 炎武로 바꾸었다. 字는 寧人이고 학자들은 그를 亭林先生이라고 불렀다. 그는 明末 淸初의 사상가이며 언어학자이다. 江蘇 崑山 사람으로 明代 萬曆 41년에 태어났고 淸代 康熙 21년에 70세로 사망하였다.

그는 일찍이 抗淸 운동에 참가하였다. 1644년 淸兵이 關內에 들어왔을 때 당시 32세의 나이로 義擧하여 吳江을 수호하고 崑山을 보호하려고 했으나 결국은 실패했다. 그 이후 장기적으로 외유하였는데, 목적은 사람을 더 많이 사귀고 山川 地勢를 고찰하기 위함이었다. 45세 때 南京으로 가서 明 孝陵 太祖墓를 참배하고 다시 북상하여 山東·河北 일대에 가서 山海關·居庸關·古北口·昌平·蘇州 등의 지역을 조사하였고, 또한 山西·陜西·河南 3省을 돌아다녔다. 그리고 요충지를 택해 개척하였으며, 후에는 陜西 華陰이 쉽게 공격과 방어를 할 수 있는 곳이라고 여겨 그곳에 정착했다. 康熙 20년(1681)에 그는 華陰山에서 河東까지 갔다가 다시 曲沃에 가서 다음 해인 康熙 21년(1682) 정월에 曲沃 韓氏 집에서 70세로 죽었다.

抗淸 운동은 끝내 이루지 못하고 저술에 치중하여 국가의 典章制度, 郡邑의 연혁, 天文 儀象, 河漕, 兵農, 그리고 經史百家, 音韻 訓詁의 학문을 탐구했다. 그는 철학에서 張載의 '太虛', '氣', '萬物' 삼위 일체 학설에 찬성하고, '氣'가 우주의 實體임을 인정했다. 그는 '經世致用'을 제창했고 '心理性命'의 空談을 반대했다. 그는 "동서고금을 막론하고 어찌 소위 理學이라는 것이 따로 있을 수 있겠는가? 經學이 바로 理學이다. 經學을 버리고 理學을 이야기하게 되면 邪說이 흥기하게 된다."[1]라고 강조하였고, 또한 "지금은 저술만 해야지, 가르쳐서는 안 된다"[2]라고 말하였다. 그의 이러한 견해는 明末의 학풍을 개혁시켰으며, 이후 300년간 사상 학술계에 커다란 영향을 미쳤다. 그래서 그를 '淸代 考證學의 창시자'라고 말하는 것이다. 만년에 경학을 연구하면서 그는 고증을 중시하였는데, 이것이 淸代 考證學 풍조의 시작이다. 古音을 고증하고 『唐韻』을 분석하여 古韻을 10部로 나누었다. 그는 音學의 원류

1 "古今安得別有所謂理學者, 經學卽理學也. 舍經學以言理學者, 而邪說以起."
2 "今日只當著書, 不當講學."

를 분석하고 古韻의 部目을 분석하는데 있어서 이전의 것을 계승하고 후학들을 이끌어 주는데 공헌하였다. 저서로는 『日知錄』, 『天下郡國利病書』, 『肇域志』, 『音學五書』, 『韻補正』, 『亭林詩文集』 등이 있다.

顧炎武의 생평에 관해서는 全祖望의 『鮚埼亭集·亭林先生神道碑銘』, 張石州의 『亭林先生年譜』와 『亭林文集』에 보이는 「與棄訒庵書」, 「答原一公肅兩甥書」, 「與人書」, 「與潘次耕書」[3] 등을 참고하여 볼 수 있다.

2. 古音學 연구

顧炎武는 청대 학술계의 창시자이며 청대 古音學 연구의 기초를 다진 사람이기도 하다.

明代의 陳第가 처음으로 어음 변화의 空時的 이론을 인식하고 설명하였는데, 이때부터 古音 연구는 정확한 연구방법을 갖게 되었다. 陳第는 『毛詩古音考』, 『屈宋古音義』에서 많은 예증을 가지고 고대의 몇몇 글자에 대한 古音을 설명하고 있지만, 古韻의 分部에 대해서는 더 이상 개괄해 내지 못하였다. 그래서 그는 "그래서 古韻의 分部에 대해서는 아직도 모르겠다."[4]라고 말하고 있다.[5]

이 때문에 그는 上古韻 체계를 발견할 수 없었으며, 上古에서 中古에 이르기까지의 漢語 韻部의 발전과 변화에 대한 규칙을 파악할 수도 없었다. 顧炎武에 이르러 陳第의 기초 위에서 더욱 연구하여 몇몇 글자의 古音을 연구해 내었고, 더 나아가 韻部를 개괄하여 처음으로 古韻을 10部로 나누었다. 顧炎武의 古韻 10部와 『廣韻』의 206部를 비교해 보면, 上古에서 中古 漢語에 이르기까지의 漢語 운모 체계의 발전과 변화 상황을 살펴볼 수 있다. 그리고 그는 이로부터 어음 발전의 내부 규칙을 초보적으로 제시하였다. 이후의 古音學者들은 바로 顧炎武의 기초 위에서 古音을 연구하여 커다란 성과를 얻었다. 顧炎武는 또한 入聲을 陽聲과 배합시킨 『切韻』의 체계를 陰聲과 배합시키는 체계로 바꾸었는데, 이는 上古 入聲韻과 陰聲韻의 관계를 제시하여 上古 語音의 실제 상황을 반영한 것이다.

『音學五書·序』에서 顧炎武는 語音이란 점차적으로 발전 변화하는 것이라고 여겼다. 이 때문에 그는 한어 어음 발전을 몇 단계로 나누었으며, 매 단계마다 그와

---

3 濮之珍 원문에 「又與潘次耕書」라고 되어 있으나, '又'자를 빼는 것이 맞다.(譯註)
4 "然於古韻分部亦未之知也."
5 『古韻卄一部總目凡例』에 보임.

상응되는 작품이나 韻書를 적어 두었다. 그는 語音의 원류를 매우 중시하였기 때문에 '흐름을 따라 근원으로 거슬러 올라간다'[6]라는 과학적인 연구 방법을 제시하였다.[7]

그는 먼저 "唐人에 근거하여 宋人의 잘못을 고친다."[8]라고 하였으며, 또한 "한 번의 변화가 아주 어리석은 데까지 이른다."[9]라고 말하면서,[10] '平水韻'을 분석하여 이를 『唐韻』으로 귀납시켰다. 두 번째 단계에서는 "옛 經典에 근거하여 沈重과 唐人의 잘못을 고친다."[11]라고 하였으며, 또한 "한 번의 변화가 올바름에 이른다."[12], "今音[13]의 離合을 빌어 古音을 따진다."[14]라고 하였다. 즉 『詩經』같은 上古 韻文의 協韻 상황에 근거하여 『廣韻』을 분석하였으며, 다시 이를 개괄적으로 새롭게 조합하여 古韻 10部로 귀납해 냈다. 이것은 古音연구에 있어 顧炎武의 큰 공헌이다.

'序言'은 또한 顧炎武가 언어학에 대한 인식에 있어 몇 가지 한계를 갖고 있었음을 보여준다. 예를 들어 그는 현재의 음이 古音만 못하다는 생각을 갖고 있었는데, 그는 "지금의 음에 근거하여 꾸밈없는 옛음으로 되돌린다."[15]라고 하였으며, 또한 上古 語音은 "15왕조나 떨어져 있고 천 수백 년이나 오래되었지만"[16], "일찍이 다른 것이 없고"[17], "같지 않은 것이 없다."[18]라고 말하였다. 그는 이처럼 上古 語音의 발전 변화 및 방언의 존재를 인정하지 않았다. 이것은 그의 語音 변화에 대한 생각, 즉 上古에는 방언이 있었다는 인식과 서로 모순이 된다. 따라서 그는 한편으로는 언어 발전의 공간·시간적인 개념을 지니고 있었음에도 불구하고 시대 인식의 한계로 인해 몇몇 모순된 견해를 보여주고 있다.

顧炎武의 古音 연구는 1643년에 시작되었다. 그는 30여 년간의 노력으로 『音學五書』를 지었다. 『音學五書』는 다섯 부분으로 나뉘는데, 『音論』·『詩本音』·『易音』·『唐韻正』·『古音表』 등이다.

---

6 "沿流而溯源."
7 江永의 『古音標準·例言』에 보임.
8 "據唐人以正宋人之失."
9 "一變而至魯."
10 『答李子德書』에 보임.
11 "據古經以正沈氏唐人之失."
12 "一變而至道."
13 즉 唐音을 가리킴.
14 "借今音離合以求古音."
15 "據今日之音而還之淳古."
16 "以十五國之遠, 千數百年之久."
17 "未嘗有異."
18 "無弗同者."

『音論』은 上中下 세 권으로 나뉘며, 古音의 總論 및 古音學의 몇 가지 중대한 문제를 논하고 있다. 上卷에서는 韻書의 시작을 언급하였고, 唐宋 韻譜의 차이를 논하고 있다. 中卷에서는 古人의 韻이 느슨하여 번거롭게 글자를 고칠 필요가 없음을 논하고 있으며, 古詩에는 叶音이 없다는 陳第의 주장에 찬성하고 있다. 또한 '古人의 四聲一貫說'을 제시하였다. 下卷에서는 六書의 轉注, 先儒들의 兩聲各義說 및 反切을 논하고 있다.

『詩本音』은『詩經』의 用韻을 위주로 하고 기타 古書의 韻語를 방증 자료로 하여『詩經』의 古音을 고증하였다. 다시 말해『詩經』의 原詩를 베껴 쓰고 매 韻脚 아래에다『廣韻』의 어느 운에 속하는지를 밝히고 있으며, 부합하지 않는 것이 있으면 설명을 덧붙였다. 예를 들어『國風·周南』을 살펴보면 다음과 같다.

> 關關雎鳩18尤,(18尤라는 것은 이 글자가 唐韻의 18尤部에 있다는 것이며 이하 모두 이와 같다.) 在河之洲18尤, 窈窕淑女, 君子好逑18尤. 參差荇菜, 左右流18尤之, 窈窕淑女, 寤寐求18尤之.(무릇 詩속의 語助辭는 모두 위의 글자를 韻으로 한다.)

『易音』 3권은 체제가 기본적으로『詩本音』과 같은데,『易經』 중의 몇몇 韻字에 근거하여『易經』의 用韻을 고증한 것이다.『詩』·『易』의 用韻은 대체로 일치하지만, 顧炎武는『易經』에 방언이 있다고 생각하였다.

『唐韻正』 20권은『音學五書』 중 가장 중요한 부분으로서, 이것은 겉으로는『唐韻』의 차례에 근거하여 글자에 주석을 달고 있지만 실제로는『詩本音』과『易音』의 자세한 주석본이다. 顧炎武의 본의는 先秦의 古音을 '正'으로 삼아 이로써『唐韻』의 '잘못'을 바로잡으려 한 것이다. 그래서『唐韻正』이라 이름 지은 것이다.

『古音表』는 상하 두 권으로 나뉘는데, 평성으로 항목을 정하였고, 나머지 세 성조는 평성과 배합하여『唐韻』의 韻部에 대해 차례를 바꾸고 나누거나 합쳤으며, 또한 입성의 분배 체계도 바꾸어 古韻을 10部로 나누었다. 顧炎武는『唐韻』을 분석하여 古音을 구하고, 처음으로 古韻을 10部로 나누기 시작하였다. 그의 논리가 비록 모두 옳은 것은 아니지만 淸代 古音學의 기초를 세웠다고 할 수 있다.

『古音表』에서 나눈 古音 10部는 다음과 같다.

第一　東冬鍾江
第二　支脂之微齊佳皆灰咍[19](尤半, 去聲祭·泰·夬·廢, 入聲質·術·櫛·昔半·職·物·迄·

19 濮之珍 원문에는 '哈'으로 되어 있으나『古音表』의 원문에 따라 '咍(해)'자로 고친다.(譯註)

	屑·薛·錫半·月·沒·曷·末·黠·鎋·麥半·德·屋半)
第三	魚虞模侯(麻半, 入聲屋半·沃半·燭·覺半·藥半·鐸半·陌·麥半·昔半)
第四	眞諄臻文殷元魂痕寒桓刪山先仙
第五	蕭宵肴豪幽(尤半, 入聲屋半·沃半·覺半·藥半·鐸半·錫半)
第六	歌戈麻 (支半)
第七	陽唐(庚半)
第八	耕淸靑(庚半)
第九	蒸登
第十	侵覃談鹽添咸銜嚴凡(入聲緝·合·盍·葉·帖·洽·狎·業·乏)

顧炎武가 나눈 古韻 10부는 매우 중요한 의의를 가진다. 먼저 그는 淸代 古音學 정립에 기초를 마련하였는데, 예를 들면 10부 중 第 六·七·八·九 등 네 부는 모두 후인들의 인정을 받았고, 이외의 여섯 부도 대체적인 면모를 갖추고 있다. 후인들은 단지 顧炎武가 운을 나눈 기초 위에서 발전하여 좀 더 세밀하게 구분하였을 뿐이다. 둘째로 그는 '흐름을 따라 근원으로 거슬러 올라가는' 방법과 '今音(唐音)으로써 古音을 구한다'는 중요한 고증 방법을 창조해 내어 가장 먼저 『唐韻』을 분석하여 古韻을 10부로 나눈 것이다. 그는 먼저 '平水韻'에서 이미 합병한 운을 나누어 우선 『唐韻』에 돌려 놓고, 두 번째로는 『詩經』의 용운을 분석하고 아울러 先秦의 기타 운문의 용운 및 諧聲字의 聲符 등의 자료를 참고하여 『唐韻』을 분석한 후에 다시 나누고 합하였는데, 예를 들면 다음과 같다.

支韻	"支, 枝, 巵, 祇, 兒, 疵, 卑, 雌, 知" 등의 글자는 第 2部에 넣고, "爲, 麾, 撝, 糜, 縻, 羸, 吹, 披, 陂, 羆, 隨, 虧, 窺, 奇, 犧, 羲, 宜, 儀, 皮, 離, 罹, 施, 漪" 등의 글자는 第 6部에 넣는다.
麻韻	"麻, 嗟, 瘥, 嘉, 加, 珈, 差, 沙" 등의 글자는 第 6部에 넣고, "蟆, 車, 奢, 賒, 邪, 遮, 華, 瓜, 家, 瑕, 巴, 牙" 등의 글자는 第 3部에 넣는다.
尤韻	"憂, 留, 流, 秋, 猶, 由, 遊, 修, 周, 舟, 收, 鳩" 등의 글자는 第 5部에 넣고, "尤, 訧, 郵. 牛, 丘, 紑, 裘, 謀" 등의 글자는 第 2部에 넣는다.

顧炎武는 『唐韻』의 구속을 벗어나 한 韻을 두 개로 나누었는데, 이 역시 前代未聞의 일이었다. 셋째, 顧炎武는 『廣韻』의 入聲 분배 체계를 바꾸었다. 예를 들면 鄭庠이 古韻을 6부로 나눌 때 入聲을 陽聲에 배합하였는데 顧炎武는 제10부 이외에 入聲字를 모두 陰聲에 배합하였다. 『古音表』에서 入聲을 陰聲에 배합시켜 上古音 중의 入聲과 陰聲의 관계를 밝혀냈는데, 入聲을 陰聲에 배합한 것은 上古韻部를 구분하는데 매우 가치가 있는 것으로, 段玉裁의 『六書音均表』는 이를 支·脂·之

세 부를 분립하는 傍證으로 삼았다. 入聲을 陰聲에 배합한 것은 후에 많은 古音學者로부터 인정을 받았다.

결론적으로 吳棫은 『韻補』에서 古韻을 9부로 나누었고 鄭庠은 『古音辨』에서 古音을 6부로 나누었는데, 이는 다만 고대 韻文의 押韻 중의 通轉 관계와 叶音의 일정한 범위만을 나타내고 있을 뿐이어서 진정한 古韻部라고 말할 수는 없다. 陳第의 『毛詩古音考』는 비록 444자의 古音讀을 열거하고 있으나 귀납해 낼 수가 없었으며 체계성도 결여되어 있다. 물론 그들의 古韻 연구는 顧炎武에게 계발과 참고가 되었다. 가장 먼저 上古韻部를 귀납해 낸 사람은 顧炎武라고 해야 할 것이다. 그는 『詩經』의 압운에 근거하여 諧聲 체계를 결합하고, 연구를 계속하여 古韻 10부를 귀납 분석해 냈다. 이와 같이 顧炎武는 古音의 韻部에 대하여 가장 먼저 윤곽을 그려낸 것이다.

또한 顧炎武는 『音論』에서 중국언어학사 연구에 있어 중요한 문제들에 대해 자신의 견해를 제시하였는데, 예를 들면 『音論』 上卷 '韻書之始'에서 운서의 원류와 발전을 연구 토론하였고, 諸家의 韻書에 대해 비교 연구하였다. 『音論』에 나오는 '四聲之始'에서는 上古 성조에 대한 견해를 피력하고 있다. 『音論』 下卷에 있는 '反切之始'에서는 反切의 명칭, 내원, 각종 注音方法의 한계에 대한 견해를 제시하였다. 이러한 것들은 후세의 연구에 적지 않은 계발과 참고가 되었다.

3. 治學 정신과 방법

顧炎武는 淸代 학술계에서 매우 중요한 사람이다. 먼저 그는 一代의 學風을 전개한 위대한 스승이라고 할 수 있다. 梁啓超는 그를 평론하여 말하기를 "亭林(炎武) 학술의 가장 큰 특색은 내향적이고 주관적인 학문을 반대하고 외향적이며 객관적인 학문을 제창한 것이다. 그는 주관적이기만 한 王學은 학문이 되기에는 부족하다고 질책하는 한편 객관적인 면에서 학문의 지름길을 많이 제시하여 학계의 분위기가 일변하였으니, 이삼백 년간 그가 이끄는 대로 따라 갔다."[20]라고 하였다. 둘째로 顧炎武는 淸代 학술계에서 중요한 위치를 차지하였기 때문에 治學 태도가 후인들에게 모범이 되었고, 治學 방법이 후인들에게 시사한 점이 많았으며, 그의 연구분야

20 "亭林學術之最大特色, 在反對內向的主觀的學問, 而提倡外向的客觀的學問. 他一面指斥純主觀的王學不足爲學問, 一面指出客觀方面許多學問途徑來, 於是學界空氣一變, 二三百年間跟着他所帶的路走去." 梁啓超의 『中國近三百年學術史』 참조.

또한 후인들에게 길을 열어주었다.

예를 들면 治學 태도면에 있어서 淸代 유가들이 대학자의 태도로 여긴 것은 첫째는 精愼, 둘째는 虛心이었다. 顧炎武의 治學 태도는 이 정신을 잘 나타내고 있다. 그는 말하기를 "저술하는 사람들에게 있어서 아직 정해지지 않은 학설을 다른 사람들에게 전수하는 것이 가장 좋지 않다."[21]라고 하였고, 또 "사람이 학문을 하는 데는 스스로 작게 여길 것도 크게 여길 것도 없다. …… 스스로 작게 여기는 것도 잘못된 것이요, 스스로 크게 여기는 것도 잘못된 태도다."[22]라고 하였다. 그는 말로써 뿐만이 아니라 행동으로도 실천하였다. 예를 들면 『日知錄』에서 閻若璩가 반박한 항목에 대해 그는 흔쾌히 이 의견을 받아들이고 있다.[23]

그의 『音學五書』 역시 張力臣이 여러 곳을 고쳤다.[24] 顧炎武는 『日知錄』에서 "세속 사람들의 말에도 군자가 만족할 만한 것이 없지 않으니, 그런 연후에야 학문에 나아갈 수 있다."[25]라고 하였다. 이러한 학문 태도는 영원히 학자들의 모범이 되었다.

顧炎武의 治學 방법은 우선 1차 자료를 중시하여 자료를 수집하는 데 정성을 기울였다. 어떤 사람이 그에게 '『日知錄』을 몇 권 지으려 하는가?'라고 물었다. 그는 이에 다음과 같이 대답하였다.

> 오늘날 사람들이 책을 짓고 수집하는 것은, 마치 화폐를 주조하는 것과 같다. 옛날 사람들은 山에서 銅을 채집하였는데, 지금 사람들은 옛날 동전을 팔면서 이를 廢銅이라 부르고, 이것으로 주조하는데 충당할 따름이니, 주조한 화폐 또한 이미 조악하다. 또한 옛날 사람들이 대대로 전한 귀한 것을 찧고 깎고 깨뜨리고 빠뜨려 후대에 전하지 않았으니, 어찌 옛날돈 새돈, 둘다 잃은 것이 아니겠는가? 『日知錄』 몇 권을 만들 것인가라는 질문을 받는다면, 이는 아마도 廢銅으로 동전을 만드는 것과 같은 것이다. 일 년 동안 밤낮으로 낭송하며 반복하여 탐구하였는데도 겨우 십여 條밖에 못 얻었지만, 山에서 銅을 채집하듯이 하기를 바랄 뿐이다![26]

顧炎武는 山의 銅을 채집하는 것을 비유하여 직접적인 1차 자료를 수집하는 것의

---

21 "著述之家, 最不利乎以未定之書傳之于人." 『顧炎武文集』 卷4 「與潘次耕書」 참조.
22 "人之爲學, 不可自小, 又不可自大, …… 自小, 少也 ; 自大, 亦少也." 『日知錄』 卷7 「自視欲然」條 참조.
23 趙執信이 지은 『閻若璩墓志』에 보임.
24 『顧炎武文集』 卷4 「與潘次耕書」에 보임.
25 "時人之言, 亦不敢沒君子之謙也, 然後可以進于學." 『日知錄』 卷20 「述古」條에 보임.
26 "嘗謂今人纂輯之書, 正如今人之鑄錢. 古人採銅於山, 今人則買舊錢名之曰廢銅以充鑄而已, 所鑄之錢既已粗惡, 而又將古人傳世之寶, 舂剉碎散, 不存於後, 豈不兩失乎! 承問『日知錄』又成幾卷, 蓋期之以廢銅. 而某自別來一載, 早夜誦讀, 反復尋究,
僅得十餘條, 然庶幾採山之銅也." 『顧炎武文集』 卷4, 「與人書」10에 보임.

중요성을 설명하였다. 그는 원시 자료를 가지고 가다듬고 절차탁마하였다. 『日知錄』은 한 條가 짧은 것은 수십 자, 가장 긴 것 역시 1,2천 자를 넘지 않는다. 매년 겨우 십여 條를 얻었을 뿐이니, 이로써 그의 학문 태도가 얼마나 엄숙하고 진지한가를 알 수 있다. 후에 王引之의 『經傳釋詞』·『經義述聞』, 陳澧의 『東塾讀書記』 등은 모두 顧炎武의 영향을 받았고 그의 학습 태도를 배워 저술한 것들이다.

顧炎武는 古音 연구에 있어 우선적으로 先秦시대 『詩經』의 押韻을 1차 자료로 중시하였고, 언어 발전의 역사 관점으로부터 출발하여 "흐름을 따라 근원으로 거슬러 올라가며"[27], "今音의 離合을 이용하여 古音을 탐구하는"[28] 중요한 고증 방법을 창조하였다.

顧炎武의 학문 태도 가운데 두 번째는 널리 증거를 구하는 것이다. 그는 한 가지 문제가 생기면, 주관적으로 결론을 짓지 않고 자료를 수집하고 널리 증거를 구하여 비교 연구함으로써 결론을 도출하였다.

그는 古音 연구에 있어 우선 先秦 시대 『詩經』의 押韻 및 기타 韻文 押韻의 직접적인 자료를 중시하고, 이어서 또한 諧聲·異文·異譯·異讀·讀若·音訓·方言·前代의 轉注 등 여러 방면에서 증거를 널리 구하였다. 예를 들어 그는 '行'자가 古代에 '杭'音 밖에 없었다는 것을 증명하기 위하여 372항목이 넘는 자료를 이용하였다.

押韻 자료는 古音 연구 가운데 가장 중요하고 체계적인 자료이다. 陳第는 처음으로 『詩經』의 押韻 자료를 本證으로 삼았고, 기타 古代 韻文의 押韻 자료를 旁證으로 간주하였는데, 顧炎武는 이러한 연구 방법을 계승하였다. 古音을 고증하는 데 있어 『詩經』의 押韻 뿐만 아니라 『說文』의 諧聲字도 상당히 중요한 자료가 된다. 吳棫·陳第 역시 이를 이용하였으나 대량으로 비교적 체계 있게 『說文』의 諧聲 자료를 운용한 것은 顧炎武에서 시작되었다. 그는 『說文』의 諧聲字를 唐韻을 분석하는 중요한 근거로 삼았다. 예를 들어 『唐韻正』 가운데 '支, 麻, 鐸, 錫' 韻은 모두 諧聲字를 분리의 중요한 근거로 삼았다. 이밖에 異文은 동일한 단어에 다른 쓰기 방식이 있는 것을 말하며, 人名·地名·古書 속의 인용문과 通假字 등을 포괄한다. 異譯은 동일한 가차자의 다른 譯名을 말한다. 그러나 가차자는 대부분 漢代 이후에 유입되었으므로 『詩經』과 시대적으로 비교적 멀기 때문에 이러한 종류의 자료는 참고할 만한 가치가 적다. 讀若은 古代 注音 방법의 하나이다. 또한 音訓과 『廣韻』의 異讀

27 "沿流而溯源."
28 "借今音離合以求古音."

과 같은 것도 모두 古音 연구의 참고 자료가 될 만하다. 顧炎武는 또한 方言을 조사하여, 전인들의 轉注 자료를 수집하였다. 결론적으로 그가 수집한 증거는 매우 광범위하여 이로부터 비교적 과학적인 결론을 얻어낼 수 있었다.

4. 顧炎武 古音 연구의 단점

陳第의 古音 연구 목적은 古音을 보존하는 데 있다. 그는 "今音으로 今文을 읽으며, 古音으로 古文을 읽어야 한다."[29]라고 주장하였는데, 이는 옳은 것이다. 顧炎武는 『唐韻正』을 지어 古音으로 『廣韻』을 바로잡으려 하였다. 그는 거듭 周顒·沈約이 "위로는 『雅』·『二南』에 의거하지 않고, 『離騷』와 諸子들의 문장을 모아 방증함으로써"[30] 韻書를 제작한 것을 비판하였다. 그는 語音 방면에 있어 복고적인 사상을 갖고 있었는데, 『音學五書序』에서 말하기를 "하늘이 이 글을 없애지 않으면, 반드시 聖人이 다시 나와 오늘날의 音을 꾸밈없는 古音으로 되돌려 놓을 것이다."[31]라고 하였다. 그는 上古의 꾸밈새 없는 古音讀을 이용하여 六朝와 唐宋 音讀의 틀린 부분을 바로 잡았다. 江永은 그의 이러한 복고 사상을 비판하여 말하기를 "顧炎武의 『音學五書』와 나의 『古韻標準』은 모두 옛 것을 고증하고 옛 것을 보존한 책이지만, 이것으로 옛날로 돌아가게 할 수는 없다."[32]라고 하였다. 하지만 顧炎武가 古音을 10部로 나눈 것은 淸代의 古音 연구에 있어 기초를 닦은 것이다. 그러나 엉성한 면도 있는데, 江永은 "考古의 공은 많으나 審音의 공은 적다."[33]라고 비판하였다.

이런 단점에도 불구하고 顧炎武는 학술 방면에 저술도 많고 기개도 커서 乾嘉시기의 여러 학자 가운데 그와 비길 사람은 아무도 없을 것이다.

---

29 "以今讀今, 以古讀古."

30 "不能上據『雅』·『南』, 旁摭『騷』·子."

31 "天之未喪斯文, 必有聖人復起, 擧今日之音而還之淳古者."

32 "顧氏『音學五書』與愚之『古韻標準』皆考古·存古之書, 非能使之復古也." 江永의『古韻標準·例言』에 보임.

33 "考古之功多, 審音之功淺."

『음학오서 · 서』

고염무

『禮記』에서 말하기를 “소리가 文을 이루는 것을 音이라고 한다.”라고 하였다. 무릇 文이 있다는 것은 音이 있다는 것이요, 音을 조화시켜 詩를 만들고 詩가 이루어진 연후에 그것이 음악에 드러나니, 이는 모두 하늘에서 나온 것으로 사람의 능력으로 할 수 있는 것이 아니다. 三代시대에 그 文은 모두 六書에 근본을 두었고, 사람은 모두 동족과 학교에서 나왔으며, 그 성품은 中和에서 길들여지니, 이것이 音으로 표현됨에 正과 조화를 이루지 못하는 것이 하나도 없다. 그리하여 『周禮 · 大行人』의 관직에서 말하기를 “9세가 되면 瞽, 史에 들어가 글을 배우고 소리를 듣는다.”라고 하였다. 이는 하나의 도덕으로써 풍속을 같게 하는 바이니 또 감히 생략할 수 없는 것이다. 이런 까닭으로 『詩』 305편은 「商頌」에서 부터 「陳風 · 株林」에 이르기까지 15國의 거리와 수천여 년의 기간을 두고도 그 음이 달라지지 않았다. 帝舜의 노래, 皐陶의 화답가, 箕子의 진언, 文王 · 周公의 『周易 · 繫辭傳』 등 모두 같지 않은 것이 없다. 그러므로 305편은 古人의 音書이다. 魏晋 이래로 점차 옛날로부터 멀어지고 辭賦도 날로 복잡해져 후에 그것을 韻이라 하였다. 宋의 周顒, 梁의 沈約에 이르러 『四聲』의 악보가 지어졌다. 그러나 秦漢의 문장이래로 그 音은 이미 점점 옛날과 달라지기 시작하여 東漢에 이르러 더욱 심해져서 문장은 짓지 않고 악보를 짓게 되었으니, 이에 위로는 「雅」 · 「南」에 의거하지 않고, 「離騷」 및 諸子들의 문장을 모아 확고한 기준을 세우고, 단지 班固 · 張衡 이하 여러 사람들의 賦와 曹操 · 曹丕 · 曹植과 劉楨 이하 여러 사람들의 詩에서 쓰인 音을 골라 정본으로 삼으니, 이에 今音이 행해지고 古音은 사라지게 되어 音學의 일대 변혁이 되었다. 이후 唐代에 이르러 詩賦로써 관리를 등용하고 그 문장은 陸法言의 『切韻』을 표준으로 하였는데, 비록 獨用 · 同用의 注가 있다고 해도 그 部를 나눈 것은 바꾸지 않았다. 宋 景祐 말년에 이르러 약간의 수정이 가해졌다. 理宗 말년 平水지방의 劉淵이 비로소 206韻을 107개 韻으로 병합하였다. 元代 黃公紹가 『韻會』를 지었는데 이는 오늘날까지 전해진다. 그래서 宋韻은 행해지나 唐韻은 사라지게 되었으니 이것이 音學의 두 번째 변혁이다. 시간이 흐름에 따라 전해지는 바에도 착오가 생기게 되어 이러한 도가 사라진 것이 거의 2천여 년이 되었다.

나는 몇 년간 이것에 깊이 파고들어 『廣韻』을 보게 됨에 비로소 잠에서 깨어나듯이 그 학설에 통달하게 되었다. 이에 唐人에 근거하여 宋人의 잘못을 바로잡고 古經에 근거하여 沈約, 唐人의 잘못을 바로잡아 三代 이상의 音을 질서정연하게 나누어 아무리 심오한 것이라도 어지럽지 않게 하였다. 이에 古今音의 변화를 나열하고 그 다른 바를 탐구하여 「音論」 3권을 지었다. 三代 이상의 音을 考究하여 바로잡았고 305편에 注를 달아 「詩本音」 10권을 지었다. 『易經』에 注를 달아 「易音」 3권을 지었다. 沈約이 部를 나눈 것에 대한 오류를 판별하여 古音으로써 일일이 바로잡아 「唐韻正」 20권을 지었다. 종합적으로 古音을 10部로 나누어 「古音表」 2권을 지었다. 이로써 六經의 문장을 모두 읽을 수 있게 되었다. 기타 諸子書 가운데는 맞지 않는 것도 있으나 심하지는 않다. 하늘이 이 글을 없애지 않으면, 반드시 聖人이 다시 나와 오늘날의 音을 꾸밈없는 古音으로 되돌려 놓을 것이다. 孔子께서 말씀하시기를 "내가 衛나라에서 魯나라로 돌아온 이후에야 음악이 바르게 되어 「雅」·「頌」이 모두 원래대로 될 수 있었다."라고 하셨다. 실로 이것을 이어줄 후대의 작자가 나타나기를 바라는 바이다.

『音學五書·序』

顧炎武

『記』曰: "聲成文, 謂之音[1]." 夫有文, 斯有音, 比音而爲詩, 詩成然後被之樂, 此皆出於天而非人之所能爲也. 三代之時, 其文皆本於六書, 其人皆出於族黨庠序, 其性皆馴化于中和, 而發之爲音無不協於正. 然而『周禮・大行人』之職: "九歲屬瞽·史[2], 諭書名, 聽聲音."所以一道德而同風俗者, 又不敢略也. 是以『詩』三百五篇, 上自「商頌」, 下逮陳靈[3], 以十五國之遠, 千數百年之久, 而其音未嘗有異. 帝舜之歌[4], 皐陶之賡[5], 箕子之陳[6], 文王·周公之『繫』[7], 無弗同者. 故三百五篇, 古人之音書也. 魏晋以下, 去古日遠, 辭賦日繁, 而後名之曰韻. 至宋周顒[8]·梁沈約而『四聲』之譜作[9]. 然自秦漢之文, 其音已漸戾于古, 至東京益甚, 而休文作譜, 乃不能上據「雅」·「南」[10], 旁摭「騷」·子[11], 以成不刊之典, 而僅按班·張[12]以下諸人之賦, 曹·劉[13]以下諸人之詩所用之音撰爲定本, 於是今音[14]行而古音亡, 爲音學之一變. 下及唐詩, 以詩賦取士, 其音一以陸法言『切韻』爲準, 雖有獨用·同用之注[15], 而其分部未嘗改也. 至宋景祐之際, 微有更定[16]. 理宗末年平水劉淵始併二百六韻爲一百七[17]. 元黃公紹作『韻會』[18]因之, 以迄於今, 於是宋韻行而唐韻亡, 爲音學之再變. 世日遠而傳日訛, 此道之亡, 蓋二千有餘歲矣.

炎武潛心有年, 旣得『廣韻』之書, 乃始發寤於中而旁通其說. 於是據唐人以正宋人之失, 据古經以正沈氏唐人之失, 而三代以上之音, 部分秩如, 至賾而不可亂. 乃列古今音之變而究其所以不同, 爲「音論」三卷[19]. 考正三代以上之音, 注三百五篇, 爲「詩本音」十卷[20]. 注『易』爲「易音」三卷[21]. 辨沈氏分部之誤而一一以古音定之, 爲「唐韻正」二十卷[22]. 綜古音爲十部, 爲「古音表」二卷[23]. 自是而六經之文乃可讀. 其他諸子之書, 離合有之, 而不甚遠也. 天之未喪斯文, 必有聖人復起, 擧今日之音而還之淳古者. 子曰: "吾自衛反魯, 然後樂正, 「雅」·「頌」各得其所[24]". 實有望於後之作者焉.

1 聲成文, 謂之音: 『禮記・樂記』에 보이며, 여기서는 宮・商・角・徵・羽 五聲의 음조를 가리킨다.
2 瞽: 樂官을 말한다. 古代 樂官은 맹인이었으므로 이렇게 이름지어졌다. 史: 古代의 官名으로 官書를 관리하고 문서의 초안을 잡는 일을 하였다.
3 陳靈: 『陳風・株林』으로 陳 靈公의 방탕함을 풍자하기 위하여 지어졌다.
4 帝舜之歌: 『孔子家語・辯樂』에서 말하기를 "순임금이 五絃의 비파를 타며 남풍이라는 시를 지으셨다.

그 시에서 노래하기를 '남풍의 따사로움 우리 백성의 노여움 풀어주고, 남풍이 오면 우리 백성 넉넉해지네.'라고 하였다.(舜彈五絃之琴, 造南風之詩. 其詩曰: '南風之薰兮, 可以解吾民之慍兮. 南風之時兮, 可以解吾民之財兮').''라고 하였다.

5 皐陶之賡: 『書・益稷』에서 말하기를 "(皐陶가) 이에 화답가를 지어 답하기를 '임금이 사리에 밝으면 신하들이 어질고 모든 일이 잘 되어간다.'라고 하고 또 노래하기를 '임금이 그릇이 작으면 신하들도 어질지 못하여 모든 일을 그르치게 된다.'((皐陶)乃賡載歌曰: '元首明哉, 股肱良哉, 庶事康哉.' 又歌曰: '元首叢脞哉, 股肱惰哉, 萬事墮哉.')"라고 하였다.

6 箕子之陳: 『史記・宋微子世家』에 보인다.

7 文王・周公之『繫』: 『周易・繫辭傳』을 말한다.

8 周顒: 南朝 宋・齊 때 사람으로 『四聲切韻』을 지었다.

9 沈約: 『梁書・沈約傳』에서 말하기를 "(沈約)이 『四聲譜』를 지었는데 옛날의 詞人들이 깨닫지 못했던 것을 홀로 가슴에 품고 그 오묘한 뜻을 다 하였으니 스스로 입신의 경지에 이른 저작이라 하였다.((約)撰『四聲譜』, 以爲在昔詞人, 累千載而不寤, 獨得胸衿, 窮其妙旨, 自謂入神之作.)"라고 하였다.

10 「雅」・「南」: 大小「雅」와 「周南」・「召南」을 말하는데 여기서는 『詩經』을 통칭한다.

11 「騷」・子: 「離騷」 및 先秦諸子를 말한다.

12 班: 班固로 東漢의 歷史家, 辭賦家이다. 張: 張衡으로 東漢의 文學家, 科學者이다.

13 曹: 曹操・曹丕・曹植을 말한다. 劉: 劉楨으로 東漢 말년의 시인이다.

14 今音: 『切韻』系 韻書가 대표하는 中古音을 말한다.

15 獨用・同用: 語音의 발전으로 인하여 唐代의 실제 語音과 『切韻』이 이미 차이가 있어 이에 과학적으로 用韻을 함에 실제 語音의 상황에 근거하여 "獨用", "同用"으로 나누었다.

16 "至宋景祐之際" 두 句: 宋 景祐 4年(1037)에 丁度 등이 『韻略』을 수정하여 『禮部韻略』이라 개칭하였는데 전적으로 禮部의 과거시험용으로 만들어졌다.

17 理宗: 南宋 皇帝 趙昀으로 1225년에서 1265년 동안 재위하였다. 平水: 지금의 山西 新絳縣. 劉淵이 지은 『壬子新刊禮部韻略』은 이미 전하지 않고 熊忠의 『古今韻會擧要』의 韻目 107韻을 『禮部韻略』의 同用例와 병합시켜 이루어졌다.

18 黃公紹 『韻會』: 黃公紹는 宋・元 때의 音韻學・訓詁學家이다. 『韻會』는 『說文』을 저본으로 하여 다른 韻書들을 참고하여 만들어졌는데 지금은 전하지 않는다.

19 「音論」: 『音學五書』의 大綱으로 古音學에 관련된 중대 문제를 논술하였다.

20 「詩本音」: 『詩經』의 韻脚 밑에 『廣韻』의 어떤 韻에 속하는가를 注한 것이 古音과 맞지 않을 때 주석을 덧붙여 古音을 얻어내도록 하였다.

21 「易音」: 체례는 「詩本音」과 같으며 『易經』의 用韻을 연구한 책이다.

22 「唐韻正」: 『五書』 중 가장 중요한 부분이다. 이 책은 대량으로 재료를 수집하여 古音을 증명하였다. 顧炎武는 古音을 바르다고 보고 『廣韻』의 잘못을 바로 잡았으므로 이에 「唐韻正」이라 한 것이다.

23 「古音表」: 이 책은 『廣韻』을 통하여 古音을 연구하고 분석・귀납하여 古音을 10部로 나누었다. 이는 顧炎武의 古音學에 있어서 첫 번째 성과이다.

24 "子曰" 세 句: 『論語・子罕』편에 보인다.

제3절 古音學 硏究의 全盛時期

1. 槪 況

淸代 언어학은 顧炎武에서 시작되었고 그 후에 많은 인재들이 배출되어 깊이와 넓이에 있어서 모두 큰 진전이 있었다. 과거 학술계에서 소학은 본래 경학의 부속물이며 음운학 또한 소학의 부속물이라는 학설이 있었다. 淸代 학자들은 음운 연구 방면에 가장 많은 힘을 쏟았고, 성과 또한 가장 컸으므로 음운 연구는 淸代에 이르러 '전성기'를 이루었다. 이것은 顧炎武가 제기한 '九經을 읽는 것은 문장을 고증하는 데서 시작하고, 문장을 고증하는 것은 音을 아는 데서 시작된다.'[1]는 주장과 관련이 있다. 따라서 淸代 학자들은 古音韻硏究를 중시했다.

上古音 연구에 대한 淸代 학자들의 업적은 매우 뛰어나다. 王國維는 『周代金石文韻讀序』에서 높이 평가하여 다음과 같이 말했다.

> 古韻學은 崑山의 顧炎武에서 시작하여 婺源의 江永, 休寧의 戴震, 金壇의 段玉裁, 曲阜의 孔廣森, 高郵의 王念孫, 歙縣의 江有誥로 이어졌다. 작자는 7인에 불과했지만, 고음 22부의 항목은 후세에 이르러서도 변동이 없었다. 그러므로 명물·문자·훈고의 학문은 후학들이 많아질 것으로 기대된다. 그러나 古韻學에 대해서는 전에도 이만한 사람들이 없었고, 후에도 이들을 따를 만한 자가 없을 것이라고 말할 수 있다.[2]

王國維가 열거한 顧炎武 등 7인은 上古音 연구에 대한 업적이 매우 뛰어났다. 물론 후세에 결점을 보완하지 않았다고 말할 수는 없다. 그러나 한자는 기본적으로 표의문자이므로 음표가 없는 곤란한 상황 아래서 淸代 학자들이 『詩經』의 押韻과 諧聲字의 체계 및 관련 자료에 근거해서 과학적으로 上古 韻部를 연구할 수 있었던 것은 확실히 매우 탁월한 것이다.

淸代 고음학자들은 上古音을 고증할 때 주로 『詩經』의 押韻과 諧聲字 체계에 근거했다. 『詩經』은 대부분 구두로 창작된 것이며 대체로 西周 初에서 春秋 中葉시

1 "讀九經自考文始, 考文自知音始."

2 "古韻之學, 自崑山顧氏, 而婺源江氏, 而休寧戴氏, 而金壇段氏, 而曲阜孔氏, 而高郵王氏, 而歙縣江氏. 作者不過七人, 然古音二十二部之目, 遂令後世無可增韻. 故訓詁名物文字之學, 有待於將來者甚多. 至于古韻之學, 謂之前無古人, 後無來者可也."

기까지의 작품이다. 매 편에 모두 운이 있다. 詩韻은 일반적으로 매 구의 끝에 있으며 운으로 쓰인 것은 '韻脚'이라고 한다. 매 편의 시에는 적어도 두 개의 '韻脚'이 있는데 서로 押韻된 것이며 押韻된 것은 반드시 운모가 서로 같거나 서로 비슷한 것이어야 한다. 예를 들면 『國風·桃夭』의 제 2장과 같은 것이다.

복숭아의 아름다움, 무성한 그 꽃, 이 아이가 시집가면, 그 집에 알맞겠네.[3]

'華'와 '家'가 韻脚이다. 이 두 자는 오늘날 읽어도 역시 押韻된다. 淸代 학자들은 『詩經』의 모든 韻脚을 연구 분석하고 체계적으로 귀납하여 上古 운모 체계의 상황을 이해했다. 그런데 왜 그들이 上古音 韻部에 대해 韻部를 나눈 것이 완전히 같지 않은가? 이것은 『詩經』의 시대가 멀고 어음의 발전 변화로 인해 『詩經』의 用韻 상황이 복잡해져 본래의 많은 押韻字들이 후세에 읽으면 押韻이 되지 않기 때문이다. 예를 들면, 『小雅·雨無正』의 마지막 장에서 말한 것과 같다.

그대들을 왕도로 옮기려 하니, 우리는 그 곳에 집이 없다 하네.[4]

'都'와 '家'가 韻脚으로 반드시 운모가 서로 같거나 비슷해야 押韻할 수 있다. 하지만 현대 표준어에 따르면, '都'의 운모는 'u'이고 '家'의 운모는 'ia'이니 분명히 押韻되지 않는다. 淸代 학자들은 이러한 현상에 주의하여 『詩經』의 押韻에 대해 깊이 연구하고 분석하여, 『詩經』에서 '家'자가 '都'자와 같이 押韻할 뿐만 아니라 '帑·圖·乎'와 押韻한다는 것을 발견했다. 예를 들면 『小雅·棠棣』의 7장과 같은 것이다.

너의 집안 화목하여 처자 함께 즐기도다,
이런 이치를 깨닫거든 그의 참됨을 알지어다.[5]

'徒'와 押韻하는 것은 『大雅·綿』의 5장과 같은 것이다.

사공을 이곳으로 부르시고, 사도까지 이곳에 부르시어서,
궁실을 새로 짓게 하셨느니라.[6]

3 "桃之夭夭, 灼灼其華, 之子于歸, 宜其室家."
4 "謂爾遷于王都, 曰予未有室家."
5 "宜爾室家, 樂爾妻帑, 是究是圖, 亶其然乎?"

'作·莫·故·居' 등과 押韻하는 것은『小雅·采薇』의 1장과 같은 것이다.

> 고비나물 뜯고 뜯어도 고비나물 또 나오네.
> 돌아간다, 돌아간다지만 한 해가 또 저물었네.
> 집도 없고 아내도 없음은 오랑캐가 있기 때문이다.
> 편히 쉴 새 없는 것도 오랑캐가 있기 때문이다.[7]

淸代 고음학자들은『詩經』의 복잡한 押韻 현상을 연구하고 분석하여 '家'와 '華'가 押韻되고, '家'와 '都'가 押韻된다면, '華'와 '都' 역시 押韻될 수 있어야 한다고 여겼다. 이러한 예들을 추론해 보면, '華', '都' 등과 押韻되는 다른 글자 역시 '家'와 같은 韻이어야 한다. 고음학자들은 이런 식으로 서로 押韻되는 글자들을 찾아내 함께 귀납시켰으며, 그들이 上古에는 동일한 韻部에 속했고 또한 그 중 한 글자가 韻部의 대표자가 된다고 추정했다. 이런 식으로 한 걸음 한 걸음 上古 韻部의 체계를 밝혀냈다.

諧聲은 '六書'중의 하나이며 形聲이라고도 한다. 諧聲字는 두 부분으로 구성되는데, 한 부분은 뜻을 나타내고 다른 한 부분은 음을 나타낸다. '江'자와 '河'字를 예를 들면, '氵'旁은 이 두 글자의 뜻이 '물(水)'의 범주에 속함을 나타내고 '工'과 '可'는 두 자의 독음을 나누어 표시한다. 한자 중에서 이러한 종류의 諧聲字는 상당히 많다. 漢代 許愼은『說文解字』에서 이러한 종류의 글자들의 구성을 다음과 같이 분석했다. "江의 形符는 水이고, 聲符는 工이다."[8] "河의 形符는 水이고, 聲符는 可이다."[9] '工'과 '可'는 음을 나타내며 '聲符'라고도 한다. '江'과 '河'는 諧聲字이며, '江'과 '工', '河'와 '可'는 諧聲 관계이다. 무릇 '工'이 聲符로 쓰인 일련의 글자들을 나열하면 다음과 같은 '工, 江, 訌, 攻, 貢, 功, 虹, 紅, 項, 空, 控, 恐, ……' 등의 글자들이 諧聲 체계를 이루었다.

諧聲字는 上古音 연구의 중요한 자료이다. 왜냐하면 諧聲字는 商代 갑골문 시대에 존재했으며 또한 동일한 聲符로부터 음을 얻었을 것이기 때문이다. 다시 말해 글자를 만들던 초기에는 같은 聲符에서 소리를 얻은 글자들이 아마도 음이 같거나 유사한 글자들이었을 것이기 때문이다. 淸代 고음학자들은 이 점을 인식했으므로 충분히 諧聲字 자료를 이용하여 上古音을 연구할 수 있었다. 뛰어난 고음학자인

6 "乃召司空, 乃召司徒, 俾立室家."
7 "采薇采薇, 薇亦作止. 曰歸曰歸, 歲亦莫止. 靡室靡家, 玁狁之故. 不遑啓居, 玁狁之故."
8 "江, 从水, 工聲."
9 "河, 从水, 可聲."

段玉裁는 '諧聲이 같으면 반드시 같은 운부에 속한다.'[10]라는 과학적인 이론을 도출해 냈다.

清代 고음학자들은 항상 먼저 『詩經』의 押韻에서 시작한 연후에 諧聲으로 보충하거나 교정했다. 실제로 『詩經』 韻脚의 분석 결과와 諧聲 체계는 항상 일치한다. 『詩經·豳風·東山』의 제 3장을 예로 들면 다음과 같다.

> 뚝에서 황새 울고 방에서 아내 한숨 지네.
> 방 치우고 구멍 막아 내가 오길 기다리리.[11]

韻脚은 '垤·室·窒·至'이며, 이것들은 또한 모두 '至'에서 음을 얻었으므로 이것들이 동일한 韻部에 속한다는 확실한 증거가 된다.

2. 江永의 古音學 연구

清代 古音學 연구의 시작은 顧炎武부터 시작되었다. 그는 古音을 10部로 나누고 기초를 닦았다. 뒤이어 江永 등 7인이 등장하였는데 연구 성과가 아주 훌륭하여 古音學 연구의 전성기를 이루었다.

江永(1681~1762)은 字가 愼修이고 婺源[12] 사람으로 清代의 經學家, 音韻學者이다. 『三禮』와 樂律에 통달하였고 저서로 『周禮疑義擧要』, 『禮書綱目』, 『律呂闡微』 등이 있는데 모두 經學을 아주 잘 해석한 저작이다. 江永은 考證으로 皖派 經學 연구의 학풍을 열었다. 그는 音理에 능했고 審音에도 뛰어났다. 저서로 『古韻標準』이 있는데 古韻을 13部로 나누었다. 또 等韻學과 韻書 중의 韻 분류의 원리를 논술한 『音學辨微』, 『四聲切韻表』도 있다.

江永의 『古韻標準』은 清代 古音學의 중요한 저서이다. 이 책은 陳第의 『毛詩古音考』, 顧炎武의 『音學五書』를 계승한 것이다. 책머리의 『古音標準例言』이 아주 중요한데, 그는 '例言'에서 그의 古音 연구에 대한 인식을 서술하였고 선배들의 古音 연구의 득실을 평가했다. 예를 들어 古音 考證의 자료면에서 『詩經』을 주로 하고 經, 傳, 騷, 子를 근거로 삼았다.[13] 周, 秦 이후는 韻語를 부차적인 것으로 여겨,

---

10 "同諧聲必同部."

11 "鸛鳴于垤, 婦嘆于室. 灑掃穹窒, 我征聿至."

12 지금의 江西省을 가리킴.

13 "以『詩』爲主, 經·傳·騷·子爲證."

자료를 취함에 있어 엄격했고 분명하게 구분지었다. 그는 선배들의 古音 硏究에 대해 다음과 같이 평가했다.

> 宋의 吳棫은 『韻補』를 저술했는데, 많은 책의 韻을 수집해서 今音과 다른 것을 따로 古音에 다 분류했다. 明의 楊愼이 수정하고 增補하여 『轉注古音』을 지었다. 韻學에 있어 두 사람은 실로 古韻의 선구자이며, 『韻補』 또한 『毛詩』의 功臣이라 할 수 있다. 무릇 저술 활동에는 세 가지 어려움이 있다. 첫째는 학문은 깊고 넓어 어렵다는 것이고, 둘째는 식별하고 판단하기가 어렵다는 것이며, 마지막으로는 세심하게 분석 연구하기가 어려운 것이다. 두 사람은 다 학식이 깊고 넓었지만 식별력이나 세심함은 부족했다.[14]

顧炎武의 古音연구에 대해 江永은 그의 탁월한 식견과 연구 성과를 인정하여 아래와 같이 언급하였다.

> 근세의 音學家로 毛先舒(稚黃), 毛奇齡(大可), 柴紹炳(虎臣) 등이 있는데 각자의 논저들이 있다. 그러나 崑山의 顧炎武(寧人)가 가장 뛰어났다. 그가 '孔子는 『易經』을 주석했음에도 불구하고 方音을 고증할 수는 없었고, 또한 韓文公이 古文을 아주 좋아했음에도 불구하고 古音을 잘 몰랐던 것은 특별한 지식을 갖고 있지 못했기 때문이다.'라고 말한 것에 나는 가장 탄복했다. 이러한 빼어난 식견이 있어야만 古今音의 차이를 고증할 수 있으며 그 시비를 바로 잡을 수 있으니 그들이 韻을 그저 韻으로만 여긴 것이 광대들이 배우를 배우로 본 것과 무엇이 다르겠는가?[15]

하지만 다른 한편으로는 顧炎武의 부족한 면도 지적했다. 그는 "『音學五書』를 세심하게 살펴보면 빠진 부분이 많은데, 아마도 古人의 韻이 느슨해서 번거롭게 글자를 고치지 않았다는 학설을 과신한 것 같다."[16]라고 말하고, "顧氏의 『詩本音』에서 옛 叶韻의 잘못된 것을 많이 고쳤는데 지나쳐서 오히려 맞지 않는 부분이 생겼다."[17]라고 주장하였으며, 顧炎武를 "考古의 공은 많지만 審音의 공이 적다."[18]라고 평가했다. 또한 江永은 顧炎武의 古音방면에서의 復古 사상을 비평했다.

---

14 "宋吳棫才老始作『韻補』, 蒐集群書之韻, 異乎今音者別之爲古音. 明楊愼用修又增益之爲『轉注古音』, 言韻學者謂二家爲古韻權輿, 而『韻補』尤『毛詩』功臣. 余謂凡著述有三難: 淹博難·識斷難·精審難. 二家淹博有之, 識斷·精審則未也."

15 "近世音學數家, 毛先舒稚黃·毛奇齡大可·柴紹炳虎臣, 各有論著, 而崑山顧炎武寧人爲特出. 余最服其言曰孔子傳『易』亦不能考方言, 又曰韓文公篤于好古而不知古音, 非具特識能爲是言乎! 有此特識權度在胸, 乃能上下古今考其同異, 訂其是非否, 則彼以爲韻則韻之, 何異侏儒觀優乎."

16 "細考『音學五書』亦多滲漏, 蓋過信古人韻緩不煩改字之說."

17 "顧氏『詩本音』改正舊叶之誤頗多, 亦有求之太過, 反生葛藤."

18 "考古之功多, 審音之功淺."

顧氏는 '하늘이 이 문장을 없애지 않으면 반드시 聖人이 다시 일어나 今音으로써 이를 꾸밈없는 古音으로 돌려놓을 것이다.'라고 말하였다. 나는 이러한 말 또한 문제가 많다고 생각한다. …… 만약에 지금 늘 쓰고 있는 것을 버리고 古人이 썼던 것으로 억지로 교체하면 天下에 누가 따르겠는가? 明初의 『洪武正韻』을 보면 당시 韻書에 대해 약간의 변동만을 가했을 뿐인데도 통용하게 할 수 없거늘 하물며 복고하려 함에 있어서랴! 顧氏의 『音學五書』와 나의 『古音標準』은 모두 古音을 고증하고 古音을 보존한 책이지만 다시 古音으로 돌아가게 할 수는 없는 것이다.[19]

이상의 '例言'을 통해 江永이 古音 연구에 대해 엄격하였으며, 古音학자에 대한 평가가 타당했음을 알 수 있다.

『古音標準』 책머리에는 「詩韻舉例」라는 문장이 있는데 『詩經』의 用韻은 비교적 복잡하므로 江永은 연구 끝에 『詩經』 詩韻의 체계를 連句韻, 間句韻, 一章易韻, 隔韻, 三句隔韻, 四聲通韻, 四句見韻, 四句見韻, 五句見韻, 隔數句遙韻 등으로 귀납했다. 江永은 "체제를 모르면 音을 잘못 읽게 됨으로, 먼저 이것들을 열거해서 범례를 만든다. 이것으로 古韻을 구할 수 있고 韻이 아닌 것은 억지로 叶韻하여 誤讀하지 않는다."[20]라고 하였다.

『古音標準』은 古韻을 13部로 나누었는데 다음과 같다.

(1) 東冬鐘江
(2) 脂之微齊佳皆灰咍 (支尤韻의 글자를 나누어 여기에 귀속시킨다.)
(3) 魚虞模 (麻韻의 글자를 나누어 여기에 귀속시킨다.)
(4) 眞諄臻文殷魂痕 (先韻의 글자를 나누어 여기에 귀속시킨다.)
(5) 元寒桓刪山仙 (先韻의 글자를 나누어 여기에 귀속시킨다.)
(6) 蕭宵肴豪 (이 四韻의 글자를 나누어 第十一部에 귀속시킨다.)
(7) 歌戈 (麻支韻의 글자를 나누어 여기에 귀속시킨다.))
(8) 陽唐 (庚韻의 글자를 나누어 여기에 귀속시킨다.)
(9) 耕淸靑 (庚韻의 글자를 나누어 여기에 귀속시킨다.)
(10) 蒸登
(11) 尤侯幽 (虞蕭宵肴豪韻의 글자를 나누어 여기에 귀속시킨다.)
(12) 侵 (覃談鹽韻의 글자를 나누어 여기에 귀속시킨다.)
(13) 添嚴咸銜凡 (覃談鹽韻의 글자를 나누어 여기에 귀속시킨다.)

顧炎武는 古韻을 10部로 나누었고 江永은 古韻을 13部로 나누었다. 『古韻標準

19 "顧氏又曰天之未喪斯文, 必有聖人復起, 擧今日之音而還之淳古者. 愚謂此說亦大難. …… 若廢今日之所日用者, 而强易以古人之器, 天下其誰從之? 觀明初『洪武正韻』就今韻書稍有易置, 猶不能使之通行, 而況慾復古乎! 顧氏『音學五書』與愚之『古音標準』皆考古存古之書, 非能使之復古也."
20 "不明體例, 將有誤讀韻字, 故先擧此以發其凡, 自是而古韻可求, 其非韻者亦不致强叶誤讀矣."

·例言』에서 江永은 아래와 같이 설명하였다.

> 제 4部는 眞·文·魂이고, 제 5部는 元·寒·仙인데, 顧氏가 한 부류로 통합했다. 제 6部는 蕭·肴·豪로 尤侯와 통하지 않고 따로 한 부류로 나누었다; 제 11部는 尤·侯로 제 6部와 통하지 않고 마땅히 蕭·肴·豪로 나누어야만 한다. 그러나 顧氏 역시 하나로 통합했다. 제 12·13部는 侵부터 凡까지의 9개 韻을 마땅히 두 부류로 나누어야만 하는데 顧氏는 또한 하나로 통합했다.[21]

江永은 또한 각 部의 總論에서 이렇게 나누는 이유를 자세하게 설명했다. 이 중에서 특히 우리가 주의를 기울여야 할 것은 虞韻을 魚, 模와 侯, 幽로 나눈 것 외에 또한 음의 변화에 따라 眞 이하의 14개 韻과 侵 이하의 9개 韻을 각각 2部로 나눈 것이다. 그러므로 江永의 審音에 대한 노력을 충분히 알 수 있다. 그는 아래와 같이 말하였다,

> 17眞에서 下平二인 仙까지 14韻을 모두 서로가 통한다고 여기고 있는데 나는 그렇지 않다고 본다. 眞·諄·臻·文·殷과 魂·痕은 한 부류인데 특징은 입을 모아 발음하고 소리가 작다는 것이다. 元·寒·桓·刪·山과 仙이 한 부류인데 특징은 입 모양이 변하며 소리가 크다는 점이다. 하지만 先韻은 이 두 부류의 중간에 속한다. 절반은 眞·諄을 따르고 반은 元·寒을 따른다. 詩 속에서 用韻은 전혀 혼돈되지 않는데 읽는 자가 혼돈하였다.[22]

侵에서 凡까지 江永도 2部로 나눌 수 있다고 생각했다. 侵韻字와 覃韻의 '南', '男', '參', '潭', 그리고 談韻의 '三', 鹽韻의 '潛', '綅' 등의 字들은 모두 한 부류인데 특징은 입을 모아 발음하고 소리가 작다는 것이며, 添, 嚴, 咸, 銜, 凡과 覃韻의 '函', '涵', 그리고 談韻의 '甘', '藍', '談'과 鹽韻의 '詹', '檐' 등의 字를 따로 한 부류로 나누었는데 특징은 입 모양이 변하며 소리가 크다는 점이다.

斂侈는 弇侈라고도 부르니, 바로 현재의 閉口元音과 開口元音이다. 江永은 音理에 근거하여 아직 현대 음표를 사용하지 않았던 淸代에 -n으로 끝나는 韻과 -m으로 끝나는 韻을 각각 두 부류로 나눌 수 있었으니, 江永의 음에 대한 관찰이 정밀하고 세밀함을 알 수 있다.

---

21 "第四部爲眞·文·魂一類, 第五部爲元·寒·仙一類, 顧氏合爲一也. 第六部爲蕭肴豪, 分出一支, 不與尤侯通; 第十一部爲尤侯, 一類, 當分蕭·肴·豪之一支, 不與第六部通, 而顧氏亦合爲一也. 第十二·十三自侵致凡九韻, 當分兩部, 而顧氏又合爲一也."

22 "自十七眞至下平二仙凡十四韻, 說者皆云相通, 愚獨以爲不然. 眞·淳·臻·文·殷與魂·痕爲一類口斂而聲細. 元·寒·桓·刪·山與仙爲一類, 口侈而聲大. 而先韻者界乎兩類之間, 一半從眞諄, 一半從元·寒者也. 詩中用韻本截然不紊, 讀者自紊之."

顧炎武는 侯韻을 魚·虞·模의 一類에 귀납시켰다. 江永은 虞韻을 반으로 나누어, 吳·無·于·瞿·夫·尊·誇·奭 등의 諧聲을 魚에 집어넣고, 禺·芻·句·區·需·須·朱·殳·兪·臾·婁·付·廚·取 등의 諧聲을 侯에 넣었다. 즉 魚, 侯를 두 부류로 나눈 것이다. 顧炎武는 蕭·宵·肴·豪·尤·幽를 하나로 하였다. 그러나 江永은 尤·幽를 侯로 귀납시켰다. 즉 顧炎武의 魚·蕭 두 類를 江永은 魚·蕭·侯 세 類로 분류한 것이다. 江永은 한 걸음 더 나아가 侯를 魚部에서 분리해 냈다. 그러나 江永이 幽·尤를 侯에 귀납시킨 것에 대해 후세의 고음학자들은 동의하지 않는다.

入聲 문제에 대해 江永은 '여러 韻이 하나의 入聲을 공유한다.'[23]고 주장하였다. 그는 『四聲切韻表·例言』에서 다음과 같이 말하였다.

> 緝, 合 이하 9部가 侵, 覃 9韻에 전적으로 속하게 되는 것을 제외하고는 다른 韻으로 차용될 수도 없고 또한 다른 韻을 차용할 수도 없다. 나머지 25부의 모든 韻은 두 세 韻을 합쳐 하나로 넣는다. 入聲이 없는 것이 간혹 있는데, 入聲이 있는 것이 많다. 諸家들은 각기 한 설을 견지하니, 이것은 있고 저것은 없다거나 저것은 있고 이것은 없다거나 하는 식의 주장은 모두 틀린 것이다. 顧炎武는 '하늘이 만물을 만들 때 하나의 근본을 가지도록 하며, 문자 또한 그러하다.'라고 말하였다. 이는 말에는 각기 마땅함이 있음을 모르는 것이니, 여러 韻이 하나의 入聲에 편입시키는 것은 비유컨대 江水와 漢水가 하나에서 흘러나왔지만 두 갈래로 갈라지는 것을 꺼리지 않는 것과 같다. 어찌 두 개의 근본이라 꺼리는가?[24]

따라서 그는 入聲을 8部로 나누었다.

(1) 屋, 燭 (沃, 覺韻을 나누어 속하게 하였으며, 또한 錫, 侯韻도 따로 싣고 있다.)
(2) 質, 術, 櫛, 物, 迄, 沒 (屑, 薛韻을 나누어 속하게 하였으며, 職韻도 싣고 있다.)
(3) 月, 曷, 末, 黠, 鎋 (屑, 薛韻을 나누어 속하게 하였다.)
(4) 藥, 鐸 (沃, 覺, 陌, 麥, 昔, 錫韻을 나누어 속하게 하였으며, 御, 禡韻도 싣고 있다.)
(5) 麥, 昔, 錫 (이 세 韻은 나누어 제 4부에 넣었으며, 燭韻도 싣고 있다.)
(6) 職, 德 (屋, 志, 怪, 隊, 代, 咍, 沃韻을 따로 싣고 있다.)
(7) 緝 (合, 葉, 洽韻을 나누어 속하게 하였다.)
(8) 盍帖業狎乏 (合, 葉, 洽韻을 나누어 속하게 하였다.)

江永이 열거한 入聲 8部는 陰聲韻에 속할 수도 있고 陽聲韻에 속할 수도 있다. 따라서 江永은 이미 陰, 陽, 入 通轉說의 서두를 연 것이다. 이외에도 江永은 고대의

---

23 入聲을 陰聲과 陽聲에 모두 분배함을 말함. '數韻共一入.'

24 "除緝, 合以下九部爲侵, 覃九韻所專, 不爲他韻借; 他韻亦不能借, 其余二十五部諸韻, 或合二三韻而共一入. 無入者間有之, 有入者爲多. 諸家各持一說, 此有彼無, 彼有此無者, 皆非也. 顧氏之言曰: '天之生物, 使之一本, 文字亦然', 不知言各有當, 數韻共一入, 猶之江漢共一流也, 何嫌於二本乎?"

聲調 문제에 관해 대체로 顧炎武의 '四聲一貫'설에 동조하고 있다. 그는 고인들이 四聲을 갖고 있었으나 押韻은 그다지 엄격하지 않았고 平仄도 서로 通押할 수 있었다고 파악하였다.

3. 戴震의 古音學 연구

戴震(1723~1777)은 字가 東原이며, 安徽 休寧 사람이다. 그는 江永에게 배웠다. 乾隆년간 『四庫全書』를 편찬할 때 그는 纂修官으로 참여하였으며, 관직에 있은 지 5년만에 병사하였다. 戴震은 박학하며 기억력이 좋았다. 경학, 천문, 수학, 역사, 지리에 대해 깊이 있게 연구하였다. 그는 40세 전에 훈고학을 통한 고증에 힘써 皖派 고증의 대가가 되었다. 그러나 만년에는 고증의 한계를 타파하고 '올바른 뜻을 존속시키며 도를 얻는다(志存聞道)'는 말을 제기하였다. 고증은 단지 수단일 뿐, '字로써 詞에 통하고 詞로써 그 道에 통하는 것'이니 목적은 道를 밝히는 데 있다고 하였다. 즉 객관 세계의 규율성을 탐구해야 한다는 것이다. 동시에 그는 자연과학에 대한 지식도 풍부하여 천문, 역법, 수학, 수리 공사 등에 대해서도 연구하였다.

戴震은 언어 연구에서도 특출한 성과를 거두었다. 그는 古音에 정통하였으며, 韻類의 正轉과 旁轉의 예를 세웠다. 『廣韻』 체계의 분석부터 시작하여 等·呼·洪·細와 韻類의 차이를 구별하였고 古音 9類 25部의 이론과 陰, 陽, 入 對轉의 이론을 창립하였다. 또한 名物 訓詁에도 뛰어나, 훈고로부터 古書의 義理를 탐구하였다. 그의 주요 저작으로는 『原善』, 『原象』, 『孟子字義疏證』, 『聲韻考』, 『聲類表』, 『方言疏證』 등이 있다. 후인이 『戴氏遺書』를 편집하기도 하였다.

戴震은 음운 연구 방면에서 『聲韻考』와 『聲類表』를 지었다. 『聲類表』에서 그는 古韻을 7類 20部로 나누기 시작하였으며, 후에는 다시 9類 25部로 바꾸었다. 매 類의 韻은 또 陰聲韻, 陽聲韻, 入聲韻 3부로 나누었다. 韻部를 陰, 陽, 入 세 類로 나눈 것에 대해 후세의 黃侃이 戴震의 주장에 동의하였다. 그러나 孔廣森, 嚴可均, 章太炎은 韻部를 陰陽 두 類로 나누자고 주장하였다. 보통 韻尾는 母音이며, 혹 韻尾가 없는 韻母는 陰聲이 된다. 예를 들어 培 [p'ei],[25] 賽 [sai], 路 [lu]가 그렇다. 보통 韻尾가 鼻音인 것은 陽聲이 된다. 예를 들어 光 [kuaŋ]과 廣州音의 南 [nam]이 그렇다. 陽聲韻은 鼻音으로 끝을 이루며 세 가지 형식이 있다.

25 濮之珍 원문에 [p'ei']라고 되어 있으나, [p'ei]의 잘못이다.(譯註)

[n]으로 끝나는 것 —— 지금 北京語의 眞, 諄, 臻, 文, 殷, 元, 魂, 痕, 寒, 桓, 刪, 山, 先, 仙 등.
[ŋ]으로 끝나는 것 —— 지금 北京語의 東, 冬, 鍾, 江, 陽, 唐, 庚, 耕, 靑, 淸, 蒸, 登 등.
[m]으로 끝나는 것 —— 지금 廣州語의 侵, 覃, 談, 鹽, 咸, 添, 銜, 嚴 등.

戴震이 나눈 古韻 9類 25部를 王力이 고증한 音價에 따라 적어 보면 아래와 같다.

(1)	1.	阿	平聲	歌, 戈, 麻.	o
	2.	烏	平聲	魚, 虞, 模.	u
	3.	堊	入聲	鐸.	ok
(2)	4.	膺	平聲	蒸, 登.	iŋ
	5.	噫	平聲	之, 咍.	i
	6.	億	入聲	職, 德.	ik
(3)	7.	翁	平聲	東, 冬, 鍾, 江.	un
	8.	謳	平聲	尤, 侯, 幽.	ou
	9.	屋	入聲	屋, 沃, 燭, 覺.	uk
(4)	10.	央	平聲	陽, 唐.	aŋ
	11.	夭	平聲	蕭, 宵, 肴, 豪.	au
	12.	約	入聲	藥.	ak
(5)	13.	嬰	平聲	庚, 耕, 淸, 靑.	eŋ
	14.	娃	平聲	支, 佳.	e
	15.	戹	入聲	陌, 麥, 昔, 錫.	ek
(6)	16.	殷	平聲	眞, 諄, 臻, 文, 欣, 魂, 痕.	in
	17.	衣	平聲	脂, 微, 齊, 皆, 灰.	i
	18.	乙	入聲	質, 術, 櫛, 物, 迄, 沒.	it
(7)	19.	安	平聲	元, 寒, 桓, 刪, 山, 先, 仙.	an
	20.	靄	平聲	祭, 泰, 夬, 廢.	ai
	21.	遏	入聲	月, 曷, 末, 黠, 鎋, 宵.	at
(8)	22.	音	平聲	侵, 鹽, 添.	im
	23.	邑	入聲	緝.	ip
(9)	24.	醃	平聲	覃, 談, 咸, 銜, 嚴, 凡.	am
	25.	諜	入聲	合, 盍, 葉, 帖, 業 洽, 狎, 乏.	ap[26]

阿·烏·堊 …… 등은 戴震 스스로가 정한 韻目으로 이것은 모두 影母字인데 影母字의 모음은 모두 자음운미가 없다. 이는 戴震이 音理에 정통했음을 보여준다.

戴震은 段玉裁의 스승이지만 고음학 연구면에서만 보자면 과거 학술계에서는

26 王力의 『漢語音韻學』 321～322쪽 참조.

戴震이 段玉裁만 못하다고 여겼다. 먼저 戴震은 古音에 대해 근본적으로 있었다. 『聲類表』 책머리의 「答段若膺論韻書」 중에서와 같이 다음과 같은 관점을 갖고 있었다.

> 제가 생각하기에 음을 살펴보아 본래 한 가지이나, 고인의 글에서 어떤 것은 서로 연관이 있기도 하고 어떤 것은 연관이 없기도 하여 서로 연관되는 것을 버릴 수 없어서 연관되지 않는 것은 잘라 버렸습니다. 음을 살펴보아 하나가 아니지만 고인의 글이 때로 서로 연관이 있으면 비로소 사방의 음이 다를 수 있다고 볼 수 있어, 이들을 잘라 한데 운을 합쳤습니다.[27]

그의 이러한 기본적인 관념으로 인하여 대체로 그가 합하여야 한다고 생각하는 것은 "審音本一類"라고 하고, 대체로 그가 나누어야 한다고 생각하는 것에 대해서는 "審音非一類"라고 하였다. 예를 들어 段玉裁가 第3部 尤幽, 第4部 侯를 따로 세운 것은 매우 합리적이나 戴震은 "審音本一類"라는 것을 이유로 段玉裁의 幽·侯로 나눈 것을 '謳'部로 합병하였다. 다시 예를 들면 段玉裁가 나눈 第12部 眞·臻·先, 第13部 諄·文·欣·魂·痕의 분립은 매우 합리적이다. 그러나 戴震은 또 "審音本一類"라는 이유로 '殷'部를 따로 세웠다. 古音 分部방면에 있어서 段玉裁의 우수한 점은 객관적으로 『詩經』의 用韻을 근거로 하여 귀납한 데에 있는데, 戴震은 왕왕 段玉裁가 생각한 음의 이치에 따라 주관적으로 연역하였다고 학술계에선 보고 있다. 그러므로 고음학 방면에서만 보자면 戴震은 제자인 段玉裁만 못한 것이다.

戴震은 段玉裁의 幽侯를 謳로 합병하였고 또 眞文을 殷으로 합병하였는데 이는 江永의 설을 따른 것이다. 江永과 戴震은 考古와 審音을 모두 중시하였으나 그들의 審音은 단지 宋元 이후의 等韻에 근거하여 周秦시대의 고음을 추측한 것이니 이러한 추측은 믿을 수 없는 것이다.

戴震은 古韻을 나눌 때 세 개의 큰 類로 나누었으니 바로 陽聲, 陰聲, 入聲이다. 또 陽聲字는 入聲韻이 있는 글자이고 陰聲字는 入聲韻이 없는 글자라고 하였다. 이러한 陰陽의 배합에는 戴震이 선구적 역할을 하였다. 또 淸代에 古韻 通轉을 처음 말한 사람도 역시 戴震이었다. 部目의 분석에서 말하자면 戴震도 창조적인 견해를 갖고 있었으니 예를 들면 脂·祭를 마땅히 나누어야 하고, 段玉裁의 第15部 脂·微·齊·皆·灰·祭·泰·夬·廢를 '衣'와 '靄'의 두 部로 나누어야 한다고 주장한 것인데, 이 역시 후대 고음학가들이 따르는 바가 되었다. 王國維는 『韻學餘論五聲說』

---

27 "僕謂審音本一類, 而古人之文偶有相涉, 有不相涉, 不得舍其相涉者, 而以不相涉者爲斷. 審音非一類, 而古人之文偶有相涉, 始可以五方之音不同, 斷爲合韻."

중에서 다음과 같이 평하였다.

> 明代 이래로 古韻上의 발명에는 세 가지가 있다. 첫째 연강 진씨(陳第)가 말한 옛날의 本音은 今韻과 다르다는 설과, 둘째 戴震의 陰陽 二聲이 서로 짝짓는다는 설, 셋째 段玉裁가 말한 옛날의 四聲은 今韻과 다르다는 설이다. 그러나 部目의 분류는 크게 중요한 것이 아니다.[28]

결론적으로 고음의 고증에 대해서 顧炎武·江永·戴震·段玉裁 네 사람이 이미 기초를 완성한 것이다. 나중에 나온 고음학가는 대부분 그들의 업적을 이어받아 계속하여 보충하고 수정한 것에 불과하다.

4. 段玉裁의 古音學 연구

段玉裁(1735~1815)의 字는 若膺이고 號는 茂堂으로 江蘇 金壇縣 사람이다. 乾隆에 擧人이었고 戴震에게 사사하였다. 그의 『說文解字注』는 文字·訓詁學 연구에 중요한 참고서가 되었다. 그는 고음을 연구하여 『六書音均表』를 지어 古韻을 6類 17部로 나누었다. 支·脂·之 세 部의 분립은 그의 창조적 견해이다. 또 『古文尙書撰異』, 『毛詩故訓傳定本』, 『經韻樓集』 등의 저작이 있다.

그의 생애에 대해서는 王念孫의 『段君墓志銘』과 陳奐의 『師友淵源錄』에서 대략적인 내용을 알 수 있고 이 밖에 吳修의 『昭代名人尺牘小傳』과 『淸史稿·儒林傳』 및 劉盼遂의 『段玉裁先生年譜』 등을 참고할 만하다.

段玉裁는 10여 세부터 音韻·文字에 관한 것을 좋아하여 26세 때 顧炎武의 『音學五書』를 읽고 매우 동경하였다. 29세에 戴震에게 수학하였다. 이 때 그는 戴震의 스승인 江永이 갖고 있는 『古韻標準』이라는 책이 顧炎武의 古韻 分部 방면과 다르다는 것을 알고 이로써 그의 시야를 넓혔다. 그는 이후에 홀로 깨달은 바가 있어 『詩經』 및 여러 경전의 用字를 구분하여 고음을 17部로 나누고 『詩經韻譜』와 『羣經韻譜』를 써내었으니, 이 두 책은 그가 古韻 연구에 종사한 이후 나온 첫 번째 저작이다. 책이 완성된 후 당시의 학자 邵晋涵은 일찍이 그에게서 이 책을 빌어 베껴 썼고, 錢大昕도 이 저작의 序를 썼으니 당시 학술계에서 이 책을 중시하였음을 알 수 있다.

『六書音均表』는 그가 42세 때 쓴 것으로 『詩經韻譜』와 『羣經韻譜』 두 책을 기초

28 "自明以來, 古韻上之發明有三: 一爲連江陳氏古本音不同今韻之說; 二爲戴氏陰陽二聲相配之說; 三爲段氏古四聲不同今韻之說; 而部目之分析, 其小者也."

로 하여 수정하고 보완한 것이다. 책이 완성된 후에 학술계에서도 매우 높게 평가하였다. 戴震은 "唐代이래로 운을 말하던 사람들이 밝힐 수 없었던 바를 능히 천발해 내었다."[29]라고 평가하였다.

『六書音均表』는 『說文解字注』 뒤에 붙어 있는데 모두 5편으로 「今韻古分十七部表」·「古十七部諧聲表」·「古十七部合用類分表」·「詩經韻分十七部表」·「羣經韻分十七部表」 등이다. 그는 「古十七部諧聲表」의 앞에서 다음과 같이 말하였다.

> 六書에는 諧聲이 있으니, 文字가 날로 늘어가는 까닭이다. 周秦의 韻文을 살펴보면, 어떤 聲母는 반드시 어떤 部에 있는데, 아주 심오하지만 어지럽지 않다. 그러므로 어느 편방에 어떤 글자가 발음되는가를 보면, 그 音이 어느 部에 속하는 지도 알 수 있으므로, 이는 쉽고 간단하여 천하의 이치를 얻은 것이다. 許叔重이 『說文解字』를 지을 때, 反切을 알지 못해 단지 某聲某聲이라고만 했으므로, 韻書를 짓는 것은 어렵지 않았다. 그러나 音에 변화가 생긴 후부터 同一 聲母가 각각의 韻으로 분산되었다. 예를 들면, 같은 某聲인데, 某는 厚韻이고, 媒, 腜는 灰韻이다. 같은 每聲인데, 悔, 晦는 隊韻이고, 敏은 軫韻이고, 晦와 痗는 厚韻과 같은 類型이다. 이렇게 규칙적이지 않아서 後學들이 많이 의문을 품게 되었다. 그러나 요컨대 그 시작이 같은 諧聲이면 반드시 같은 韻部에 속한다.[30]

段玉裁는 顧炎武와 江永의 뒤를 이어 古代 文字 表音方法에 의거하고 같은 諧聲字는 같은 韻部에 속한다는 원칙에 중점을 두어 上古音 韻部를 6類 17部로 나누었다.

제1類
1. 之咍(入聲 職德)

제2類
2. 蕭宵肴豪
3. 尤幽(入聲 屋沃燭覺)
4. 侯
5. 魚虞模(入聲 藥鐸)

제3類
6. 蒸登
7. 侵鹽添
8. 覃談咸銜嚴凡(入聲 合盍洽業狎乏)

제4類
9. 東冬鍾江
10. 陽唐
11. 庚耕淸靑

---

29 "能發自唐以來講韻者所未發."

30 "六書之有諧聲, 文字之所以日滋也. 考周秦有韻之文, 某聲必在某部, 至嘖而不可亂, 故視其偏旁以何字爲聲, 而知其音在某部, 易簡而天下之理得也. 許叔重作『說文解字』時, 未有反語, 但云某聲某聲, 卽以爲韻書可也. 自音有變轉, 同一聲而分散于各部各韻, 如一某聲, 而某在厚韻, 媒·腜在灰韻, 一每聲, 而悔·晦在隊韻, 敏在軫韻, 晦·痗在厚韻之類. 參差不齊, 承學多疑之. 要其始則同諧聲必同部也."

제5類
12. 眞臻先(入聲 質櫛屑)
13. 諄文欣魂痕
14. 元寒桓刪山仙

제6類
15. 脂微齊皆灰祭泰夬廢(入聲 術物迄月沒曷末黠鎋薛)
16. 支佳(入聲 陌麥昔錫)
17. 歌戈麻

段玉裁가 나눈 17部는 顧炎武나 江永의 분류와는 다르다. 세 가지의 중요한 차이점이 있는데, 夏炘은 『古韻表集說』에서 이를 지적하였다.

> 段玉裁는 支脂之微齊皆佳灰咍의 9韻에서는 支佳를 하나의 部로, 脂微齊皆灰를 하나의 部로, 之咍를 하나의 部로 갈랐다. 眞臻先諄文殷魂痕의 8韻에 있어서는, 眞臻先을 하나의 部로, 諄文殷魂痕을 하나의 部로 나누었다. 顧炎武는 侯를 魚에 속하게 바꾸었으며, 江永은 侯를 尤에 속하게 고쳤지만, 段玉裁는 尤와 幽를 하나의 部로 간주하였고, 侯와 虞의 반을 별도로 하나의 部로 나누었다. 따라서 17部이다.[31]

段玉裁는 古音의 韻部를 나누는데 있어 세 가지 공헌을 하였는데, 첫째, 支·脂·之의 세 部를 나눈 것, 둘째, 眞·文을 나눈 것, 셋째, 侯部를 독립시킨 것이다. 이 가운데 支·脂·之 세 部를 나눈 것은 古音學에 대한 段玉裁의 중대한 공헌으로 학술계에서는 이에 대해 높이 평가하고 있다. 戴震은 『六書音均表序』에서 다음과 같이 언급하고 있다.

> 五支가 六脂와 다른 것은 淸이 眞과 다른 것과 같다. 七之 역시 支·脂와 다른 것은 蒸이 淸·眞과 다른 것과 같다. 실로 천여 년간 알지 못한 것, 혹은 생략된 것이 하루아침에 이해되니, 삼백편을 살피면 분명하므로 이는 古籍을 상고함에 커다란 快事가 아니겠는가![32]

段玉裁는 「今韻古分十七部表」에서 다음과 같이 강조하였다.

> 五支·六脂·七之 세 韻은 唐人이 功令에서 함께 사용하였기 때문에 그것을 나누어야함을 아는 자는 드물었다. 지금 『詩經』韻表 제1部, 제15部, 제16部 등을 취하여 살펴보면 그 나눔이 확연하다. 또한 詩三百篇 뿐만 아니라 群經의 韻文 및 楚辭 離騷, 諸子書, 秦漢六朝의

---

31 "段氏於支脂之微齊皆佳灰咍九韻, 析支佳爲一部, 脂微齊皆灰爲一部, 之咍爲一部. 於眞臻先諄文殷魂痕八韻, 析眞臻先爲一部, 諄文殷魂痕爲一部. 又顧氏改侯從魚, 江氏改侯從尤, 段氏則以尤幽爲一部, 侯與虞之半別爲一部, 故得十七部."

32 "若夫五支異於六脂, 猶淸異於眞也. 七之又異於支脂, 猶蒸又異於淸眞也. 實千有餘年莫之或省者, 一旦理解, 按諸三百篇劃然, 豈非稽古大快事歟."

詞章에서의 분류는 모두 매우 엄격하다.[33]

이어서 그는 몇몇 예증을 나열하였다.

『詩經·鄘風·相鼠』
相鼠有齒, 人而無止. 人而無止, 不死何俟?(보아라, 쥐도 이가 있는데 사람이 되어서 버릇이 없다니. 사람이 버릇이 없다면 죽지 않고 무얼 기다리겠는가? : 齒·止·俟는 第1部에 속함)
相鼠有體, 人而無禮, 人而無禮, 胡不遄死?(보아라, 쥐도 손발이 있는데 사람이 되어서 예의가 없다니. 사람이 예의가 없다면 어찌해 빨리 죽지 않는가? : 體·禮·死는 第15部에 속함)

『詩經·小雅·鹿鳴之什·魚麗』
魚麗于罶, 魴鱧. 君子有酒, 多且旨.(통발에 걸린 것은 방어와 가물치, 군자에게 내온 술은 많기도 하고 맛도 좋아라. : 鱧·旨는 第15部에 속함)
魚麗于罶, 鰋鯉. 君子有酒, 旨且有.(통발에 걸린 것은 메기와 잉어, 군자에게 내온 술은 맛좋고 많기도 하여라. : 鯉·有는 第1部에 속함)

『詩經·大雅·生民之什·板』
天之方懠, 無爲夸毗, 威儀卒迷, 善人載尸. 民之方殿屎, 則莫我敢葵, 喪亂蔑資, 曾莫惠我師.(하늘이 이제 크게 노하려는데 아첨하며 추종만 할 수 있으랴. 조정의 위엄은 빛을 잃었고 착한 사람 팔짱 끼고 섰을 뿐일세. 백성들 신음하며 울부짖는데 조금도 나에게는 의논도 않고 사람은 구해 낼 길도 없는데 백성들을 조금도 돌보려 않네. : 懠, 毗, 迷, 尸, 屎, 葵, 資, 師는 第15部에 속함)
天之牖民, 如壎如篪, 如璋如圭, 如取如攜.(하늘께서 백성을 이끄심에는 질나팔 대피리가 어울리듯이 규옥과 장옥이 들어맞듯이 서로 손을 맞잡고 나가는 걸세. : 篪, 圭, 攜는 第16部에 속함)

『孟子·公孫丑』
雖有智慧, 不如乘勢.(비록 지혜가 있다 하나, 세를 타는 것만 못하다: 慧, 勢는 第15部에 속함)
雖有鎡基, 不如乘時.(비록 농기가 있다 하여도, 농사철에 때맞추는 것만 못하다 : 基, 時는 第1部에 속함)

『屈原·卜居』
甯與騏驥抗軛乎? 將隨駑馬之乎迹?(천리마와 함께 멍에 지고 달릴 것인가? (아니면) 아둔한 말의 발자취를 따를 것인가?: 軛, 迹은 제16部에 속함)
甯與黃鵠比翼乎? 將與鷄鶩爭食乎?(황곡과 날개를 나란히 하여 날 것인가? (아니면) 닭이나 오리 같은 무리와 먹이를 다툴 것인가?: 翼, 食은 第1部에 속함)

33 "五支·六脂·七之三韻, 自唐人功令同用, 鮮有知其當分者矣. 今試取『詩經』韻表第一部·第十五部·第十六部觀之, 其分用乃截然. 且自三百篇外, 凡羣經有韻之文及楚騷諸子秦漢六朝詞章所用, 皆分別謹嚴"

「秦琅邪台刻石文」
維二十六年, 皇帝作始. 端平法度, 萬物之紀; 以明人事, 合同父子; 聖智仁義, 顯白道理. 東撫東土, 以省卒士; 事已大畢, 乃寓於海. 皇帝之功, 勤勞本事; 上農除末, 黔首是富.
普天之下, 搏心揖志; 器械一量, 同書文字. 日月所照, 舟輿所載, 皆終其命, 莫不得意.
應時動事, 是維皇帝. 匡飭異俗, 陵水經地;
憂恤黔首, 朝夕不懈. 除疑定法, 咸知所辟;
方伯分職, 諸治經易. 擧錯必當, 莫不如畫.
(26년에 황제께서 처음으로 시작하셨다. 법도를 가지런히 하여 만물의 벼리를 삼음으로써, 人事를 밝혀 혈친을 화합하게 했으며, 仁義를 깊이 깨달으셔서 도리를 밝히셨다. 동쪽으로는 東土를 순무하시고 병사의 수고를 살피셨도다. 사업이 이미 크게 이루어지자, 海內에 자리 잡으셨다. 황제께서 세우신 공은 본업에 힘썼기 때문이니, 농업을 숭상하고 폐단을 없애니 백성들이 부유해졌도다.
넓은 천하의 마음과 뜻을 하나로 합하시려고 모든 도구의 도형량을 하나로 하시며, 문자를 같게 하셨다. 일월의 비추임(즉 天文)이나 배 · 수레의 크기는 모두 그 명을 따라야 했으니 개인 마음대로 할 수 없었다: 始, 紀, 子, 理, 海, 事, 富, 志, 字, 載, 意 第1部에 속함.
시기에 맞추어 일하시는 이 바로 황제셨으니, 서로 다른 풍속을 바로 잡으시며 물과 땅을 다스리셨다. 백성들을 불쌍히 여기시어 밤낮으로 게을리 하지 않으셨으니, 서로 의심나는 바를 제거하시고 법을 정하시니 모두가 그 잘못된 바를 알게 하셨다. 방백들에게 직분을 나누시어 모두 나라를 가지런히 하게 하고, 잘못된 행동을 바로 잡아 마치 그림과 같이 정리하였다.(帝, 地, 懈, 辟, 易, 畫은 第16部에 속함.

이것은 단지 많은 例중의 몇 개에 불과하다. 段玉裁는 "이 세 部는 唐 이전에는 매우 엄격하게 구분하였다."[34]라고 하였다. 이 과학적인 논리는 당시 및 후세의 古音學者들이 모두 인정한 것으로 段玉裁의 古音연구에 대한 탁월한 공헌이다.

당시의 시대적인 한계로 인해 세 部의 音價가 틀림을 설명할 수가 없었다. 段玉裁는 만년에 江有誥에게 편지를 써 말하기를 "그대는 그것이 세 가지로 나뉘어지는 것을 아십니까? 나는 이미 노쇠하였기 때문에, 그것을 듣고 죽게 된다면 정말 다행이 아니겠습니까!"[35]라고 하였다.

그밖에 段玉裁는 入聲에 대해 江永의 주장에 동의했다. 즉 "다른 平聲이 똑같은 入聲에 속한다."[36]는 것이다. 예로 識得은 원래 第一部의 入聲이고 또한 동시에 第二部와 第六部의 入聲이 된다. 그의 四聲에 대한 견해는 다음과 같다. 周晋시대에는 去聲이 없었고 平上入 三聲만이 있었다. 魏晋에 와서 비로소 점점 去聲字가 생겨나기 시작하였는데 去聲字는 上聲, 入聲으로부터 유래한 것이다. 周晋 시기의 平聲은 뒤에 점점 仄聲으로 변했다고 말했다. 또한 고대의 平, 上聲이 서로 가깝기

34 "這三部自唐以前分別最嚴."
35 "足下能知其所謂分爲三乎? 僕老耄, 倘得聞而死, 豈非大幸." 陳澧의 『切韻考』 卷6 10쪽 참조.
36 "異平同入."

때문에 같은 부류로 취급했고 去, 入聲이 서로 가깝기 때문에 같은 부류로 취급했다. 四聲문제는 비교적 복잡하여 去聲字와 入聲字의 독음을 완전히 혼동한 것은 옳지 않다. 하지만 그의 '中古시대의 대부분의 去聲字는 入聲에서 유래하였다'[37]는 지적은 정확하다. 段玉裁의 '고대에 入聲이 없었다'는 견해도 하나의 새로운 발견이다.

韻部 순서에 관해 段玉裁 이전에 顧炎武같은 사람은 『唐韻』을 재분석하였지만 韻의 순서를 바꾸지는 않았다. 段玉裁에 와서야 비로소 순서를 바꾸었는데 古韻의 韻部를 韻母의 성질에 따라 배열하고 17部를 6類로 나누었는데 첫째는 之部, 둘째는 宵, 幽, 侯, 魚의 4部, 셋째는 蒸, 淸, 談의 3部; 넷째는 東, 陽, 耕의 3部, 다섯째는 眞, 文, 元의 3部, 여섯째는 脂, 支, 歌의 3部 들이다. 이와 같은 이웃한 운의 개념이 분명해졌고 韻을 합치는 것 또한 기준이 생겼다.

段玉裁는 "同聲必同部"라는 이론을 만들었다. 宋 徐蕆는 그의 『韻補序』에서 諧聲과 韻部의 관계를 체득하였다. 그는 "예로 霾의 亡皆切이므로 陵之切인 것은 貍로부터 음을 얻어야 한다 …… ."[38]고 말했다. 江永도 이러한 관계를 인식하여 『四聲切韻表』의 凡例에서 "熨蔚는 尉를 따르고 沸費는 弗을 따른다."[39]고 지적했다. 그러나 명확한 원칙으로 인정된 것은 段玉裁가 창제했던 "同聲必同韻"이라는 이론이다. 뒤에 가서 朱駿聲은 段玉裁의 "同聲必同韻"의 이론에 영향하에 『說文通訓定聲』을 편찬했다.

淸代 儒學者의 小學 연구 특징은 곧 文字, 訓詁, 音韻을 삼위일체로 하는 것이다. 그들은 생각하기에 古籍을 읽을 때 訓詁를 알아야 되고 訓詁를 이해하려면 또한 文字의 六書 원칙을 반드시 알아야만 한다고 보았다. 六書 중의 諧聲, 假借되는 소리와 서로 긴밀하게 연관되어 있으므로 上古音韻을 명백하게 고증해야만 비로소 六書원칙을 이해할 수 있다. 이것이 바로 段玉裁가 『六書音均表』를 만든 목적이다.

段玉裁는 淸代 古音學 考古學派의 대표적인 인물이다. 이 학파가 上古韻部를 연구하는 주요한 방법은 곧 周秦 韻文의 韻脚을 연계하는 것이다. 段玉裁는 『六書音均表』를 짓기 전에 먼저 『詩經韻譜』, 『群經韻譜』를 썼는데 그는 『詩經』과 기타 先秦韻文의 用韻상황을 세밀하게 고증 연구해서 上古音을 17部로 나누었다. 그는 또한 한 걸음 더 나아가 이론적인 연구 및 수준을 향상하여 音韻 연구 성과를 漢字의 造字원칙에 적용하였고, "同聲必同韻"이라는 이론을 제기하여 上古音의 연구와 同

37 즉 韻尾가 -p, -t, -k인 것을 말함.
38 "如霾爲亡皆切, 而當爲陵之切者, 由其以貍得聲 …… ."
39 "熨蔚從尉, 沸費從弗."

形聲 및 假借 이론을 결부시켰다. 그래서 그는 계속해서 써냈던 「今韻古分十七部表」, 「古十七部諧聲表」, 「古十七部合用類分表」와 앞서 지었던 『詩經韻譜』, 『群經韻譜』를 합쳐 『六書音均表』라고 하였다. 그의 스승인 戴震이 그를 위해 序文을 썼다.

戴震의 「六書音均表序」는 길지는 않지만 간단명료하게 魏晋에서 淸代 중엽까지의 音韻學史를 서술하고 있다.

漢末에는 인도 聲明學의 영향을 받아 일부 학자들이 漢語音韻연구를 시작하여 反切의 注音방법이 나왔으며 더 나아가 韻書까지 출현하였다. 魏晋六朝의 韻書 중에 李登의 『聲類』를 제외하고도 『隋書·經籍志』에 기록이 남은 십여 명이 있으니, 당시 音韻 연구 상황을 가히 엿볼 수 있다. 하지만 이 시기의 韻書들은 편찬 체제가 성숙하지 못했었고 分韻 또한 비교적 조잡했었다. 隋가 중국을 통일한 이후 남북 시인의 用韻 수요에 부합하기 위해 陸法言은 方言 및 俗語를 참조하고 옛것을 참작하여 『切韻』이라는 책을 편찬했다. 『切韻』은 漢魏이래 音韻學의 연구 성과를 집대성한 것으로 그 體例를 이후의 韻書들이 계속하여 사용하였다.

언어는 하나의 사회현상이고 사회 발전에 따라 발전한다. 語音도 마찬가지로 발전 변화한다. 先秦시기의 韻讀에 있어, 어떤 語音은 이미 변하여 叶韻하지 못하게 되었다. 南北朝의 몇몇 학자들은 그 당시에는 이 점을 아직까지 충분히 인식하지 못했었다. 그들은 변하여 叶韻하지 못하는 韻脚들은 古人들이 다르게 읽을 수 있었다고 여겼으니, 이로 인해 協句說이 생겨난 것이다. 예로 『詩經·燕燕』에 "제비 한 쌍이 날아가면서, 위아래로 날며 짹짹거리네. 아가씨는 출가하고, 남쪽에서 멀리 배웅하네."[40]라는 구절이 있는데, '南'과 '音'이 이미 변하여 叶韻되지 않았다. 沈重의 『毛詩音』에서 '南'아래에 "協句로 마땅히 反切은 乃林反이다."[41]이라는 注를 달았었는데 여기에 있는 '南'자는 마땅히 '言任'으로 읽어야 한다고 여긴 것이다. 唐代에 와서 陸德明은 協句說에 대해 의심하기 시작하였다. 그는 '南''音'의 押韻은 古人이 느슨하게 用韻하여 서로 통용될 수 있었고, 반드시 음을 고쳐 協句하지는 않았다고 여겼다.

이런 관점은 宋代 吳棫에게 자극을 주어, 吳棫이 『韻補』에서 고인의 用韻에 근거하여 처음으로 上古韻部를 크게 9개로 나누었으며, 매 類에 포괄된 『切韻』 韻類는 옛 독음과 다른 것이 아니라, 고인들은 서로 통용할 수 있다고 여겼다. 吳棫이 채집한 자료는 周秦에서 시작하여 歐陽修와 蘇軾의 詩韻에까지 이르고 있지만, 시대

40 "燕燕于飛, 上下其音, 之子于歸, 遠送于南."
41 "協句, 宜乃林反."

관념이 결핍되어 있어 그의 韻類에 대한 귀납은 많은 오류를 낳고 있다. 이후에 鄭庠의 『古音辨』에서도 上古音에 대해 개괄적인 귀납을 하였다. 『古音辨』은 이미 실전 되었지만 夏炘의 기록에 의하면 上古音을 6개의 類로 나누고 있으며, 매 류의 각 韻은 통용할 수 있다고 하였다. 만약 夏炘의 기록이 믿을 만하다면, 鄭庠이 上古音을 6개의 類로 귀납한 것은 吳棫에 비해 훨씬 정제되고 표준적인 것이다.

明代 陳第는 때에는 古今이 있고 지역에는 南北이 있으며, 글자에는 변화가 있고 音에는 轉移가 있다라고 제기하면서, 언어의 역사적 발전이라는 관점으로 古音學을 연구하여 이후의 古音연구에 새로운 이론을 세웠다. 清代의 顧炎武가 『音學五書』를 지은 것은 바로 이러한 관점을 연용한 것이다. 그는 『廣韻』의 한계를 타파하면서 귀납법을 응용하였고 『詩經』의 用韻에 근거하여 古韻을 10部로 나누었다. 이어서 江永은 다시 審音과 考古를 서로 참조하면서 古韻을 13部로 정하였다. 江永의 제자 戴震은 入聲韻部를 독립적으로 세워, 陰·陽·入 三分의 원칙을 확립하였다. 戴震의 제자 段玉裁는 前人들의 기초 위에서 더욱 연구하여 古韻을 17部로 나누었다. 이렇게 하여 上古韻部의 주요한 윤곽들이 드러난 것이다. 이후의 학자들은 이러한 기초 위에서 증보했을 뿐이다.

한자는 拼音文字가 아니기 때문에, 古代 音韻學 연구에 많은 어려움이 있었다. 그러나 清代 학자들은 音標와 語音분석의 도구가 부족한 상황에서도 수 천 년 전의 上古音에 대해 과학적인 분석을 해낼 수 있었으며, 또한 上古音의 韻部체계를 정확히 분석하여 찬란한 성과를 이루어 낼 수 있었다.

顧炎武·江永·段玉裁 三家의 韻部分合 简表

附王力先生分類和各部所包括的『廣韻』

	韻部名稱												
顧	二				三		五		四			十	
江永	二				三	十一		六	五	四		十二	十三
段	一	十	五	十六	五	四	三	二	十四	十三	十二	七	八
王力	之	脂	微	支	魚	侯	幽	宵	元	文	眞	侵	談
廣韻韻類	之哈灰尤皆脂	脂齊皆	灰哈皆微脂	齊佳支	模魚麻支	侯虞	豪肴尤幽蕭	豪肴宵蕭	寒刪山元仙先	痕魂山文先	眞山先臻	侵鹽添咸覃	談覃咸銜嚴凡添

5. 孔廣森의 古音學연구

孔廣森(1752～1786)은 淸代의 經學家이자 音韻學者이다. 字는 衆仲이며, 撝約(휘약)이라고도 한다. 號는 顨軒(손헌)이며 山東 曲阜 사람이다. 저서로는 『春秋公羊通義』, 『大戴禮記補注』, 『經學卮言』 등이 있다. 그는 문학에도 뛰어났고 駢文에도 뛰어나, 『儀鄭堂駢儷文』을 지었다. 數學에도 능통하여 『少廣正負術』 內外篇을 지었다. 古音연구에 있어서는 『詩聲類』를 지어 古韻을 18部로 나누었으며, 陰陽對轉의 설을 명확히 제시하면서 東과 冬의 分部를 주장하였으니, 이것이 그의 공헌이다. 陰陽對轉이란 古音에 항상 나타나는 陰聲字에서 陽聲字로의 변화 혹은 陽聲字에서 陰聲字로의 변화라는 語音變化현상을 가리킨다. 古代 音韻學家들은 이러한 語音변화를 陰陽對轉이라 하였다. 對轉에는 일정한 원칙과 조건이 있는데, 陽聲이 陰聲으로 변화하려면 반드시 陽聲에 상당하는 陰聲으로 변화해야 하며 반대의 경우도 마찬가지이다. 예를 들면 다음과 같다.

陰聲의 a는 陽聲의 an aŋ am에 해당된다.
陰聲의 o는 陽聲의 on oŋ om에 해당된다.
陰聲의 e는 陽聲의 en eŋ em에 해당된다.
陰聲의 i는 陽聲의 in iŋ im에 해당된다.

무릇 陰聲이란 그에 해당하는 陽聲으로 변화할 수 있으며, 陽聲도 역시 그에 해당하는 陰聲으로 변화할 수 있다.

孔廣森은 戴震의 제자로 戴震과 段玉裁의 학문을 직접 계승하고 있다. 그의 『詩聲類』와 『詩聲分例』는 古韻을 18部로 나누고 있는데, 陽聲 9부와 陰聲 9부이다.

陽聲 9부 :

(1) 原類 : 元·寒·桓·刪·山·仙.
(2) 丁類 : 耕·淸·靑.
(3) 辰類 : 眞·諄·臻·先·文·殷·魂·痕.
(4) 陽類 : 陽·唐·庚.
(5) 東類 : 東·鍾·江.
(6) 冬類 : 冬.
(7) 綅類 : 侵·覃·凡.
(8) 蒸類 : 蒸·登.
(9) 談類 : 談·鹽·添·"咸"·"銜"·嚴.[42]

陰聲 9부 :

(1) 歌類 : 歌·戈·麻.
(2) 支類 : 支·佳, 入聲麥·錫.
(3) 脂類 : 脂·齊·皆·灰, 入聲質·術·櫛·物·迄·月·沒·曷·末·黠·轄 屑·薛.
(4) 魚類 : 魚·模, 入聲鐸·陌·昔.
(5) 侯類 : 侯·"虞", 入聲屋·燭.
(6) 幽類 : 幽·"尤"·蕭, 入聲"沃"
(7) 宵類 : 宵·肴·豪, 入聲"覺"·藥.
(8) 之類 : 之·咍, 入聲職·德.
(9) 合類 : 入聲合·盍·緝·葉·"怗"·洽·狎·業·"乏".

孔廣森은 『詩聲類·序』에서 다음과 같이 말하였다.

> 나는 일찍이 唐韻에 기초를 두고 漢魏에서 시작하여 「二雅」와 「三頌」 및 「十五國風」까지 거슬로 올라가 살펴 이를 분석하고 審訂하여 항목별로 나누고 종류별로 모아 오랫동안 연구하여 결론을 얻어냈다. 즉 本韻과 通韻과 轉韻이 있는데, 通韻은 12개로 모을 수 있으니 그 끝소리가 대체로 같은 것들을 모은 것이다. 本韻은 18개로 나누며, 또한 歛侈·淸濁 등 아주 자세하게 분석하였다. 元, 耕, 眞, 陽, 東, 冬, 侵, 蒸, 談에 속하는 것이 9개의 陽聲이며, 歌, 支, 脂, 魚, 侯, 幽, 宵, 之, 合에 속하는 것이 9개의 陰聲이다. 이 9개의 音은 각기 陰聲·陽聲이 서로 배합되어 對轉할 수 있다. 그 중에는 用韻의 범위가 엄격하지 않은 것도 있으니, 耕과 眞이 통용되고 支와 脂가 통용되고 蒸侵과 冬이 통용되고 之宵와 幽가 통용되는 것이 그것이다. 그러나 여기서 통용된다는 것은 전부가 어지러이 섞여있다는 것이 아니라 간혹 몇 글자가 協韻을 借用하고 있을 뿐이라는 것이다.[43]

孔廣森은 古韻을 18부로 나누었는데 用韻의 적용이 엄격하지 않은 것도 있다. 즉 耕과 眞이 통용되고 支와 脂가 통용되고 蒸·侵과 冬이 통용되고 之·宵와 幽가 통용되는 것이다. 이러한 통용은 다만 12류 뿐이다. 孔廣森이 古韻을 나눈 주요 특징은 다음과 같다.

(1) 東·冬을 나눈 것이다. 고음학이 있은 이래로 東冬은 합운을 하였고 東冬을 나누는 것은 孔廣森에게서 시작되었다.

(2) 陰陽對轉으로, 이 점은 孔廣森이 고음학에 있어 뛰어난 공헌을 한 바이다.

---

42 ""를 한 韻은 韻目이 다른 部에 있다는 것을 의미한다.

43 "竊嘗基於唐韻, 階於漢魏, 躋稽於二「雅」三「頌」十五「國風」之而繹之, 而審之, 而條分之, 而類聚之, 久而得之. 有本韻, 有通韻, 有轉韻. 通韻聚爲十二, 取其收聲之大同; 本韻分爲十八, 乃又剖析於歛侈·淸濁, 毫釐纖眇之際. 曰元之屬, 耕之屬, 眞之屬, 陽之屬, 東之屬, 冬之屬, 侵之屬, 蒸之屬, 談之屬, 是爲陽聲者九; 曰歌之屬, 支之屬, 脂之屬, 魚之屬, 侯之屬, 幽之屬, 宵之屬, 之之屬, 合之屬, 是爲陰聲者九. 此九部者, 各以陰陽相配, 而可以對轉. 其用韻疏者, 或耕與眞通, 支與脂通, 蒸侵與冬通, 之宵與幽通; 然所謂通者, 非可全部混淆, 間有數字借協而已."

戴東原은 古韻을 9류 25부로 나누어 이미 陰陽의 배합과 通轉의 초보적 흔적을 가지고 있기는 하였으나 孔廣森에 이르러서야 비로소 명확하게 陰陽對轉을 제시하게 되었다. 그는 "이 9부는 각각 陰聲·陽聲이 서로 배합하여 對轉할 수 있다.(此九部者各以陰陽相配而可以對轉)"라고 하였고 또 "入聲이 음양대전의 중심이 된다"[44]는 설을 제기하였다. 예를 들면 '之'는 平聲字인데 上聲 '止'로 바뀌고 다시 去聲 '志'로 바뀌고 다시 入聲 '職'으로 바뀐다. 入聲 '職'에서 다시 陽聲字 '證'·'扌烝'·'蒸'으로 바뀐다. 그러므로 入聲 '職'이 '之'·'蒸'의 陰陽對轉의 중심이 됨을 알 수 있다.

(3) 孔廣森은 고대에는 入聲이 없다고 생각하였다. 그는 "入聲에 있어서는 緝·合 등의 폐구음 이외에는 모두 '支'에서 '之'의 7부로 나누어 들어간 去聲으로 바뀌어야 한다. 대체로 入聲은 南朝시대에 생겨난 것으로 중원의 구음이 아니다."[45]라고 하였다.

沈約이 南朝 사람이었기 때문에 "入聲創自江左"라고 한 것이다. 사실상 聲調는 漢語의 특징 가운데 하나로 沈約 등은 漢語의 성조를 발견한 것에 불과하다. 이밖에도 孔廣森은 북방 사람으로 당시의 北方話에는 이미 入聲이 없었기 때문에 중원 고음에도 入聲이 없으리라고 추측한 것이다. 그는 또한 주관적인 해석으로 고대에는 두 개의 去聲이 있었는데 하나는 '길게 발음 하는 것(長言之)'이고 다른 하나는 '짧게 발음 하는 것(短言之)'으로 후대의 '短言之去'가 변하여 入聲이 되었다고 하였다. 그는 성조와 入聲 등에 대해 주관적으로 추측한 것이 많아 과학적이지는 못하다.

孔廣森의 고음연구에 있어 東冬을 나눈 것과 陰陽對轉은 공헌한 바가 매우 크다. 그러나 그의 결점은 주관적으로 정연함을 추구한 것인데, 예를 들어 陰聲에 9류가 있다는 것은 陽聲에도 9류가 있다는 것으로 서로 배합을 이룬다. 陽聲 제2류와 제3류가 통용된다는 것은 陰聲 역시 제2류와 제3류가 통용된다는 말이고, 陽聲 제6, 7, 8류를 통용한다는 것은 陰聲 역시 제6, 7, 8류를 통용한다는 것이다. 이처럼 지나치게 정연한 분배법은 그의 주관적인 추측이 많이 반영된 것으로 견강부회를 면할 수 없는 것이다.

---

44 "入聲者陰陽互轉之樞紐."

45 "至於入聲, 則自緝·合等閉口音外, 悉當分隸自'支'至'之'七部, 而轉爲去聲. 蓋入聲創自江左, 非中原舊韻."

6. 王念孫의 古音學 연구

王念孫(1744~1832)은 字가 懷祖, 호는 石臞(석구)로 江蘇 高郵 사람이다. 乾隆 시기에 進士를 지냈다. 그는 淸代의 저명한 음운학자이자 훈고학자이다. 훈고 방면에 있어서는 古書의 字義를 탐구하여 성음에서부터 훈고에까지 능통하였다. 『廣雅疏證』 20권을 지었는데 이 책은 漢 이전의 고훈을 널리 수집하여 상세히 해석하였고 形·音·義 세 방면에서 고음으로 고의를 추구한 것으로 창조적인 견해가 상당히 많이 보인다. 또 『廣雅』는 당시까지 완정본이 없었고 誤字와 脫字가 매우 많아, 이에 여러 책들을 고증하고 교정하여 학술계에 공헌한 바도 매우 지대하다. 또 『讀書雜志』 82권을 지었는데 여기서 교감하고 있는 고서로는 『逸周書』, 『戰國策』, 『史記』, 『漢書』, 『管子』, 『晏子春秋』, 『墨子』, 『荀子』, 『淮南內篇』 등 9가지이다.

고음연구 방면의 저서로는 『詩經羣經楚辭韻譜』가 있는데 羅振玉이 편집한 『高郵王氏遺書』에 보인다. 또 『韻譜』와 『合韻譜』도 王念孫의 저작이나 간행되지 않았는데 이에 대해서는 陸宗達의 『王石臞先生韻譜合韻譜稿後記』[46]를 참고할 만하다. 王引之의 『經義述聞』 31권의 「古韻卄一部」항목에서는 王念孫이 古韻을 21부로 나눈 설에 대해 기술하고 있다.

> 내가 일찍이 古韻에 마음을 두었는데, 특히 顧炎武의 다섯 책에서 이미 60~70% 정도를 얻었고 미비한 것에 대해서는 江永의 『古韻標準』과 段玉裁의 『六書音均表』를 보충하여 바로 잡았다. 다만 入聲은 내가 고증한 것과 차이가 적으므로 다시 더 저술하지 않았다.[47]

이어서 王氏는 그가 고증한 것과 맞지 않는 4가지에 대해 상세히 설명하고 있다. 맨 나중에 그는 古韻을 21부로 나눌 것을 주장하였다.

> 두류로 나눌 수 있다. 東에서 歌까지의 10부를 한 류로 하는데 모두 平聲·上聲·去聲은 있으나 入聲이 없다. 支에서 宵까지의 11부를 한 류로 하는데 어떤 것은 四聲이 모두 있으나 어떤 것은 去聲·入聲이 있고 平聲·上聲이 없기도 하고 혹은 入聲은 있으나 平聲·上聲·去聲이 없는 것도 있다. 入聲은 11부에 모두 있으니 앞의 入聲이 없는 10류와 정반대가 된다. 이것은 모두 九經과 楚辭의 用韻자를 표준으로 한 것으로 『切韻』의 예를 따르지 않았다.[48]

---

46 『北京大學國學季刊』 제5권 2호 참조.

47 "某嘗留心古韻, 特以顧氏五書已得其十之六七, 所未備者, 江氏『古韻標準』·段氏『六書音均表』皆已補正之, 唯入聲與某所考者小異, 故不復更有撰述"

21部를 적어 보면 아래와 같다.

東 第1(平上去)	至 第12(去入)
蒸 第2(平上去)	脂 第13(平上去入)
侵 第3(平上去)	祭 第14(去入)
談 第4(平上去)	盍 第15(入)
陽 第5(平上去)	緝 第16(入)
耕 第6(平上去)	之 第17(平上去入)
眞 第7(平上去)	魚 第18(平上去入)
諄 第8(平上去)	侯 第19(平上去入)
元 第9(平上去)	幽 第20(平上去入)
歌 第10(平上去)	宵 第21(平上去入)
支 第11(平上去入)	

이상의 21部는 東에서 歌까지의 10부를 한 類로 하였는데 모두 平聲·上聲·去聲은 있으나 入聲이 없다. 支에서 宵까지의 11부를 한 類로 하였는데 모두 入聲이 있다. 王念孫은 21부를 고증하기 이전에 다만 顧炎武의 『音學五書』와 江永의 『古韻標準』만을 보았고, 21부를 고증한 이후에 또 段玉裁의 『六書音均表』를 보게 된 것이다. 그러므로 王念孫이 古韻을 21部로 나눈 가운데 支脂之를 셋으로, 眞諄을 둘로, 尤侯를 둘로 나눈 것은 사실상 段玉裁가 분류한 것과 大同小異하다. 이것은 이들이 취한 자료나 방법이 비교적 과학적이라는 것을 보여주는 것이다.

王念孫은 李方伯에게 보낸 편지 속에서 顧炎武·江永·段玉裁의 古韻 분류의 차이를 논하였다. 예를 들어 顧炎武에 대해 "顧炎武는 『九經』·『楚辭』에서 사용한 韻으로 韻을 정하였는데, 『切韻』의 屋承東, 德承登과 같은 예는 사용하지 않았다. 이는 탁월한 식견으로, 단지 26緝에서 34乏까지는 『切韻』의 緝承侵, 乏承凡을 따랐으니 이것이 둘의 차이이다."[49]라고 평가하였다. 이때 그는 이미 段玉裁의 『六書音均表』를 보았으므로 편지 가운데 자신의 견해를 피력하였다. 『切韻』은 質承眞, 術承諄, 月承元으로 간주하였다. 『音均表』는 術·月 두 部를 脂部의 入聲으로 여겼으니, 諄·元 두 部는 入聲이 없다. 또한 質을 眞의 入聲으로 파악하였으니 이와 같이 어지럽게 되었다.

---

48 "分爲二類: 自東至歌之十部爲一類, 皆有平上去而無入; 自支至宵之十一部爲一類, 或四聲皆備, 或有去入而無平上, 或有入而無平上去; 而入聲則十一部皆有之, 正與前十類之無入者相反. 此皆以九經·楚辭用韻之文爲準, 而不從『切韻』之例."

49 "顧氏一以『九經』·『楚辭』所用之韻爲韻, 而不用『切韻』以屋承東, 以德承登之例, 可稱卓識, 獨於二十六緝至三十四乏仍從『切韻』以緝承侵, 以乏承凡, 此兩歧之見也."

또한 『六書音均表』 속의 祭·泰·夬·廢 네 部의 글자가 모두 入聲의 月·曷·末·黠·鎋·薛과 함께 쓰인 것에 대해 다른 의견을 제기하였다.

결론적으로 王念孫은 편지 속에서 顧炎武·江永·段玉裁 세 학자와 다른 점을 피력하였는데, 맞지 않는 네 조항을 지적하였다. 첫째, 緝承侵, 乏承凡은 마땅하지 않다. 둘째, 至部는 脂部로부터 나뉘어져 다른 하나의 部를 이루어야 한다. 셋째, 祭·泰·夬·廢는 脂部로부터 나뉘어져 다른 하나의 部를 이루어야 한다. 넷째, 屋·沃·覺·燭 네 部 가운데 屋·谷·木·卜을 따르는 글자는 모두 侯部의 入聲으로 간주해야 한다. 王念孫이 지적한 네 항목 가운데, 제2항 至部를 독립시켜야 한다는 것을 제외하고는 다른 3조항이 모두 江有誥와 비슷하다는 것이 흥미롭다. 王念孫은 『韻譜』를 지을 때 古代에 去聲이 없었다는 段玉裁의 주장에 동의하여 至·祭 두 部를 質·月로 바꾸었다. 말년에 『合韻譜』를 개정하여 고대에 四聲이 있었던 것으로 생각하였으며 冬部를 추가하여 22部를 만들었다.

7. 江有誥의 古音學 연구

江有誥(?～1851)는 字가 晋三이고 安徽 歙縣 사람이다. 『音學十書』를 지어 先秦의 古韻을 21部로 나누었다. 『音學十書』는 『詩經韻讀』, 『羣經韻讀』, 『楚辭韻讀』, 『先秦韻讀』[50], 『漢魏韻讀』(未刻), 『二十一部韻讀』(未刻), 『諧聲表』, 『入聲表』, 『四聲韻譜』, 『唐韻四聲正』이다.[51] 이외에 『說文彙聲』, 『等韻叢說』, 『音學辨訛』 등이 있는데, 단지 『等韻叢說』만 『入聲表』에 덧붙여졌고 나머지는 모두 간행되지 못하였다.

經學 연구에 있어 江有誥[52]는 戴震과 段玉裁 등에 미치지 못하였으나 清代학자 중에서는 古韻을 확실하고 심도있게 연구하여 段玉裁와 王念孫의 신임을 얻었다. 그는 古韻을 王念孫과 비슷하게 21部로 나누었다.

第1 之部(平聲 之咍, 入聲 職德, 灰尤屋의 ⅓)
第2 幽部(平聲尤幽, 蕭肴豪의 ½, 沃의 ½, 屋覺錫의 ⅓)
第3 宵部(平聲 宵, 蕭肴豪의 ½, 沃藥鐸의 ½, 覺錫의 ⅓)
第4 侯部(平聲 侯, 入聲 燭, 虞의 ½, 屋覺의 ⅓)

---

50 濮之珍 원문에는 『先秦韻讀』이 빠져 있다.(譯註)
51 江有誥의 『音學十書』 總目은 수차례 바뀌었다. 王力의 『中國音韻學』을 참조.
52 濮之珍 원문에는 '江永'으로 잘못 쓰고 있다.(譯註)

第5 魚部(平聲 魚模, 入聲 陌, 虞麻의 ½, 藥鐸麥昔의 ½)
第6 歌部(平聲 歌戈, 麻의 ½, 支의 ⅓, 入聲은 없다.)
第7 支部(平聲 佳, 齊의 ½, 支紙寘의 ⅓, 麥昔의 ½, 錫의 ⅓)
第8 脂部(平聲 脂微皆灰, 入聲 質術櫛物迄沒屑, 齊與黠의 ½, 支의 ⅓)
第9 祭部(去聲 祭泰夬廢, 入聲 月曷末鎋薛, 黠의 ½, 平聲·上聲은 없다.)
第10 元部(平聲 元寒桓山刪僊, 先의 ⅓, 入聲은 없다.)
第11 文部(平聲 文欣魂痕, 眞의 ⅓, 諄의 ½, 入聲은 없다.)
第12 眞部(平聲 眞臻先, 諄의 ½, 入聲은 없다.)
第13 耕部(平聲 耕清靑, 庚의 ½, 入聲은 없다.)
第14 陽部(平聲 陽唐, 庚의 ½, 入聲은 없다.)
第15 東部(平聲 鍾江, 東의 ½, 入聲은 없다.)
第16 中部(平聲 冬, 東의 ½, 上聲과 入聲은 없다.)
第17 蒸部(平聲 蒸登, 入聲은 없다.)
第18 侵部(平聲 侵覃, 咸凡의 ½, 入聲은 없다.)
第19 談部(平聲 談鹽添嚴銜, 咸凡의 ½, 入聲은 없다.)
第20 葉部(入聲 葉帖業狎乏, 盍洽의 ½, 平聲·上聲·去聲은 없다.)
第21 緝部(入聲 緝合, 盍洽의 ½, 平聲·上聲·去聲은 없다.)

江有誥는 『音學十書』 凡例에서 "졸저가 완성된 후에야 비로소 休寧 사람 戴震의 『聲類表』를 얻었다."[53]라고 말하였다. 이로써 江有誥[54]의 古韻 분류 가운데 祭部와 脂部를 분리한 것이 戴東原의 古韻 분류와 일치하는 것은 결코 戴震의 설을 따른 것이 아니라는 것을 알 수 있다. 또 緝部, 葉部를 나누고 侯部를 독립시킨 것은 王念孫과 비슷하다. 江有誥[55]는 凡例에서 "拙著가 완성된 후에야 비로소 曲阜 孔廣森의 『詩聲類』를 얻었다. 孔廣森이 冬[56]을 둘로 나눈 것에 근거하여 21部를 얻었다."[57]라고 하였다. 江有誥는 冬을 中으로 바꾸었는데, 이는 冬部에 속하는 글자가 너무 적어서 中字를 標目으로 삼았기 때문이다. 결론적으로 江有誥의 古韻 분류는 段玉裁의 17部에 기초하고 戴震과도 같은데, 脂·祭 두 部를 나누어 나열하였다. 또 孔廣森의 설에 근거하여 冬·東 두 部를 나누었다. 이밖에 入聲 葉·緝 두 部를 만들어 모두 21部가 되었다. 王念孫의 古韻 분류는 東·冬을 나누지 않았으며 따로 至部를 만들었다. 나머지는 江有誥와 같다. 따라서 古韻을 21部로 나눈 것이다.

聲調 방면에서 江有誥는 『詩經韻讀』을 初刻할 때 일찍이 顧炎武의 四聲一貫說에 동의하였다. 『唐韻四聲正』을 지을 때, 그는 진일보하여 "古人들은 실제로 四聲을

53 "拙著既成後, 始得見休寧戴氏『聲類表』."
54 濮之珍 원문에서는 '江永'으로 잘못 쓰고 있다.(譯註)
55 濮之珍 원문에서는 '江永'으로 잘못 쓰고 있다.(譯註)
56 지금은 中으로 고침
57 "拙著既成後, 始得見曲阜孔氏『詩聲類』, 因依孔氏書分東冬爲二, 得二十一."

갖고 있었는데, 특히 古人들이 읽던 聲調와 後人들의 聲調가 다르다."[58]라고 주장하였다. 그는 王念孫에게 보낸 편지에서 다음과 같이 밝혔다.

> 古韻의 문제는 지금에 이르러 마치 태양이 중천에 걸려있는 듯합니다. 그러나 四聲의 문제는 아직 정해지지 않았습니다. 顧炎武는 古人의 四聲은 일관성이 있다고 말했고 또한 入聲을 閏聲이라고도 하였습니다. 陳第는 古代에는 四聲이 없었다고 하였습니다. 江永은 이러한 설은 근거가 충분하지 못하다고 말했었는데 그의 『古韻標準』에서 여전히 平, 上, 去, 入聲으로 구분했었는데도 불구하고 결론이 나오지 않았습니다. 段玉裁는 平, 上, 入聲만 있고 去聲은 없다고 말했었고 孔廣森은 古代에 平, 上, 去聲이 있었고 入聲은 없다고 하였습니다. 저도 처음에는 古代에 四聲이 없었다고 했고 저의 그 말은 初刻本의 범례에 실려 있습니다. 그러나 오늘날까지 계속 반복하여 살펴보고서 비로소 古人들에게 四聲이 있었고 단지 古人이 읽는 聲調가 後代와 달랐음을 알게 되었습니다. 陸法言이 韻을 편제할 때 古訓을 밝혀낼 수 없었기 때문에 주로 당시의 소리값에 따라 잘못 나눈 것입니다.[59]

편지에서 또한 글자의 예들이 열거하는 것을 보아 아마도 江有誥가 말했던 "古人이 읽는 聲調가 後代와 달랐었다.[60]"의 뜻은 "소리값의 배열"이 다르다는 뜻이 아니라 古人의 글자가 귀납했던 "調類"와 『廣韻』 중의 글자가 귀납했던 "調類"가 다르다는 것이다.

江有誥의 친구인 夏炘은 當途 사람이고 저서로 『詩古韻表廿二部集說』이 있다. 이 책에서 먼저 鄭庠이 나누었던 古韻六部를 나열하고 다음으로 顧炎武, 江永, 段玉裁, 王念孫, 江有誥 다섯 명의 古韻 부분의 학설을 순서대로 서술했고, 마지막으로 夏炘은 江有誥가 古韻을 21部로 나누었었던 것에 대해 찬성하고, 王念孫의 至部 독립도 찬성하여 古韻을 21部로 정했다.

王國維는 淸儒의 古韻 연구에 대해 결론을 내린 바가 있다. 王國維(1877~1927)는 字가 靜安이고 伯隅라고도 하고 號는 觀堂이다. 浙江 海寧 사람이다. 그는 古韻을 마땅히 22部로 나누어야 한다고 주장했는데 『周代金石文韻讀·序』에서 다음과 같이 말하였다.

---

58 "古人實有四聲, 特古人所讀之聲與後人不同."

59 "古韻一事, 至今日幾如日麗中天矣, 然四聲一說尙無定論. 顧氏謂古人四聲一貫, 又謂入爲閏聲; 陳季立謂古無四聲; 江愼齋申明其說者, 不一而足, 然所撰『古韻標準』仍分平上去入四卷, 則亦未有定見; 段氏謂有平上入而無去, 孔氏謂古有平上去而無入. 有誥初見亦謂古無四聲, 說載初刻凡例. 至今反覆紬繹, 始知古人實有四聲, 特古人所讀之聲與後人不同, 陸氏編韻時不能審明古訓, 特就當時之聲誤爲分析." 江有誥의 『再寄王石臞先生書』를 참조.

60 "古人所讀之聲與後人不同."

> 古韻學은 顧炎武, 江永, 戴震, 段玉裁, 孔廣森, 王念孫, 江有誥들로부터 시작했었는데 모두 일곱 명에 불과하다. 그러나 古音 22部의 항목은 후대에 增減할 수 없는 것이다. 訓詁學·名物學·文字學은 앞으로도 연구하는 사람이 많을 것이나, 古韻學은 예전이나 앞으로나 연구자가 없다 해도 과언이 아니다. 이 학문이 이렇게까지 完密하게 될 수 있었던 까닭을 살펴보면 자료가 群經과 漢魏시대의 韻文밖에 없었고 연구방법 또한 옛 사람의 자연스러운 用韻에 근거할 수밖에 없어 後代의 개인적인 견해가 그 사이에 끼어들 틈이 없었기 때문이라 할 수 있다. 그 도리는 극히 간단하고, 연구 또한 범위가 설정되어 있으므로 이런 경우에는 몇 번 전수되지 않아도 연구가 極點에 도달할 수 있는 것이다. …… 다만 옛 사람들에게 周代 韻文은 群經諸子, 楚辭 외에 볼 수 있는 자료가 많지 않았었다. 나는 金石에 보이는 사십여 편을 수집해 보니 그 시대는 周代 초기에서 戰國 초기까지이고, 나라별로는 杞, 鄫, 邾, 婁, 徐, 許 등이었는데 모두 詩經 國風 밖의 자료였다. 用韻을 연구할 때 시경 삼백편과 부합하지 않은 것이 없었다. 그래서 王念孫과 江有誥는 차례대로 部目의 계보를 정해놓고 연구하였으며 諸家들의 古韻書가 미흡한 부분을 단순히 보충만 하지는 않았다. 이로써 清代의 古韻學이 정확하게 된 것이 결코 쉬운 일이 아니라는 것을 알 수 있다.[61]

王國維는 清儒들의 古韻연구에 대해 자료, 방법, 성취 등에 대한 평론과 개괄을 시도하였다. 오늘날에 古韻 체계 연구에 비추어봐도 顧炎武, 江永, 段玉裁, 王念孫, 江有誥 등의 연구방법은 과학적이라고 말할 수 있다. 왜냐하면 그들은 연구 史料에 대해 객관적으로 귀납할 수 있었으므로 동일한 결론을 얻을 수 있었다. 古韻分部의 성과에 대한 王國維의 평가는 옳은 것이다. 특히 清儒들의 古韻分部의 성과는 아주 탁월하다. 아쉬운 점이 있다면 漢字에 音을 표기하지 않아서 音標가 없는 시대적인 한계가 있었기 때문에 古韻 音價 설명에 대한 한계가 있었다. 예로 段玉裁가 창립했었던 之, 脂, 支의 三部 分立에 대해 당시 학술계는 경도되고 있었지만, 段玉裁는 오히려 江有誥에게 편지를 써 말하기를 "그대는 그것이 三部로 나뉘어지는 까닭을 아십니까? 나는 나이가 이미 들었기 때문에, 그것을 듣고 죽는다면 커다란 기쁨이 아니겠습니까!"[62]라고 하였다. 하지만 漢字에 表音하지 않은 상황 하에서 清儒들이 古韻에 대한 연구가 그렇게 탁월한 성과를 얻게 된 것이 실로 쉽지 않았다고 할 수 있다. 그밖에 清儒들의 古韻에 대한 연구는 자료의 취사선택이 정교하고 연구방

---

61 "古韻之學, 自崑山顧氏, 而婺源江氏,而休寧戴氏, 而金壇段氏, 而曲阜孔氏,而高郵王氏, 而歙縣江氏, 作者不過七人, 然古音二十二部之目遂令後世無可增損. 故訓故名物文字之學有特於將來者甚多; 至古韻之學, 謂之前無古人, 後無來者, 可也. 原斯學所以能完密至此者, 以其材料不過群經諸文及漢魏有韻之文, 其方法則皆因乎古人用韻之自然, 而不容以後說私意參乎其間; 其道至簡, 而其事有涯, 以至簡入有涯,故不數傳而遂臻其極也. …… 惟昔人於有周一代韻文, 除群經諸子楚辭外, 所見無多. 余更蒐其見於金石者得四十餘篇, 其時代則自宗周以迄戰國之初; 其國別如杞·鄫·邾·婁·徐·許等, 幷出國風十五之外; 然求其用韻, 與三百篇無乎不合. 故卽王·江二家部目譜而讀之. 非徒補諸家古韻書之所未詳, 亦以證國朝古韻之學之精確無以易也." 『觀唐集林』卷8 참조.

62 "足下能知其所謂分爲三乎? 僕老耄, 倘得聞而死, 豈非大幸."

법 또한 과학적이었다. 또한 段玉裁, 王念孫, 江有誥 서로간의 서신 왕래와 학술토론을 통한 實事求是적인 학풍은 후대에도 매우 지대한 영향을 주었다고 할 수 있다.

8. 錢大昕의 古聲母 연구

錢大昕(1728～1804)은 字가 曉徵이고 號는 辛楣, 또는 竹汀이다. 江蘇 嘉定[63] 사람으로, 乾隆년간에 進士가 되었다. 乾隆 40년(1775) 후에 주로 鍾山, 婁東 및 紫陽 등 書院에서 講授하였다. 그는 많은 것을 공부하였는데 특히 音訓, 訓詁방면에서 자기의 독창적인 견해를 피력하였다. 그는 먼저 古聲母의 연구를 중시하여 이전에는 輕脣音과 舌上音이 없었다는 것을 증명했다. 그의 학설은 『潛硏堂文集』과 『十駕齋養新錄』에 기록되어 있다. 그의 『恒言錄』 속에는 늘 쓰고 있는 單語, 成語, 方言 등을 수록했고, 이들의 源流로 거슬러 올라가 19韻으로 나누고 거기에 팔백여 조항들을 기록하였다. 『廿二史考異』를 편찬하여 諸史文字, 典章, 史實을 고증했다. 또한 『元史』중의 『藝文志』, 『氏族表』를 보충하여 기존의 자료에 바탕을 두고 『元時紀事』를 편찬하였다. 그 밖에 『潛硏堂金石文跋尾』 등도 썼다.

錢大昕 이전의 陳第, 顧炎武, 江永, 戴震, 段玉裁 등 古音을 연구했던 학자들은 모두 古韻部의 연구만 치중하고 古聲母에 대해서는 언급하지 않았었다. 따라서 古聲母의 연구를 먼저 시도한 것은 錢大昕이다. 錢大昕의 연구성과는 다음의 몇 가지 점으로 요약할 수 있다.

첫째, 옛날에 輕脣音이 없었다는 주장이다. 錢大昕의 이 견해는 이미 학술계에서 공인받고 있다. 『潛硏堂文集』 卷15인 「答問」에서 그는 다음과 같이 말하고 있다.

> 問 : "현재의 輕脣音은 古人이 반드시 重脣音으로 읽었다는 것을 어떻게 알 수 있습니까?"
> 答 : "『廣韻』에서 平聲은 57部가 있는데 그 중 글자가 없는 부분을 빼면 이십여 紐만 남게 되었네. 이는 經典으로 모두 重脣音으로 읽을 수 있다는 것을 증명할 수 있다네. 예로 伏羲를 庖羲로, 伯服을 伯犕로, 士魴을 士彭으로, 扶服을 匍匐로 읽는데 ……, 今人이 말하는 輕脣音은 漢魏이전에 모두 重讀으로 읽었고 輕脣音은 고대에 있었던 것이 아닌 것을 알 수 있네. 呂忱의 『字林』에서 "穮"를 "方遙切"로 하고, "襮"을 "方沃切"로, "比 阝"를 "方代切"로 하였는데 "穮", "襮"은 모두 重舌音이기 때문에 '方'字가 重舌音임을 알 수 있었네. 呂忱은 魏 사람으로 그 당시는 反切이 시작될 때라 사람들에게 모두 알려주고 싶어할 때니, 어찌 일부러 部類를 설정하여 凡例들을 갈라서 사람들을 미혹시키려 했겠는가? 神珙의 『五音九弄反紐圖』에는 重脣音만 있고 輕脣音이 없으니, 즉 『涅槃經』에서 나열한 것은 脣吻聲이지 輕脣音은 없었네. 輕脣이라는 명칭은 대략 齊梁 이후에 나왔으며 陸法言의 『切韻』부터 시작하여 오늘

63 지금의 上海市를 말함.

날까지 전해졌다네. 그러나 두 聲母로 나누지 않았고 나눈다 해도 나눌 수 없으므로 자연스럽게 나온 것이 아니라는 것을 알 수 있다네.[64]

위에서 말하는 紐는 聲紐·字母라고 칭하기도 한다. 고대의 紐와 韻은 현대의 聲母·韻母과 완전히 같은 것은 아니다. 칼그렌의 연구에 의하면 고인들의 '紐'(혹은 母)는 輔音(자음)의 구개음과 非구개음을 포괄하고 있다. 예를 들어 구개화된 'ki'와 비구개화된 'k'는 현대에서는 두개의 聲母로 인식하고 있지만 고대에서는 同紐로 여겼다. 또한 고인들의 韻이란 대부분 主要母音부터 계산하며, 主要母音 앞의 약한 母音은 고려하지 않는다.

둘째, 古音에는 舌上音이 없다고 하였다. 錢大昕은 『十駕齋養新錄』 5권의 「舌音類隔之說不可信」이라는 항목에서, 고대에는 舌上音과 舌頭音이 구분되지 않았음을 논하고 있다. 錢大昕은 많은 예들을 열거하였으니, 예를 들어 古音의 '趙'는 '捆'와 같이, '直'은 '特'과 같이, '竹'은 '篤'과 같이, '裯'는 '禱'와 같이 읽는다는 것 등이 있다. 위에서 열거한 '捆', '特', '篤', '禱' 등의 글자들은 모두 舌頭音이므로, 舌上音이 고대에는 舌頭音과 구분되지 않았음을 알 수 있다. 따라서 錢大昕은 다음과 같이 말하였다.

古音에는 舌頭音과 舌上音의 구분이 없으니, '知', '徹', '澄' 세 聲母는 今音으로 읽으면 '照', '穿'과 구별이 없으며, 古音과 비교해 보면 '短', '透', '定'과 차이가 없다.[65]

錢大昕이 이처럼 탁월한 두 가지 발견을 할 수 있었던 까닭은 그의 字母에 대한 견해와 밀접한 관계가 있다. 그의 사상은 비교적 진보적인데 그는 『十駕齋養新錄』에서 '字母'에 대한 견해를 다음과 같이 나타내었다.

고인들은 雙聲과 疊韻에 의해 翻切을 만들어내었으니 두 글자로 하나의 음을 翻切하였다. 上字는 반드시 聲母가 같아야 하며, 下字는 반드시 韻母가 같아야 한다. 聲母가 같은 것은

---

64 "問: 輕脣之音, 何以知古人必讀重脣也? 曰: 『廣韻』平聲五十七部, 有輕脣者僅九部去其無字者, 僅二十餘紐. 證以經典, 皆可讀重脣. 如伏羲卽庖羲, 伯服卽伯犕, 士魴卽士彭, 扶服卽匍匐, …… 凡今人所謂輕脣者, 漢魏以前, 皆讀重脣, 知輕脣之非古矣. 呂忱『字林』反"穮"爲方遙, 反"襮"爲方沃, 反"　"爲方代, "穮"·"襮"皆重脣, 則方之爲重脣可知也. 忱, 魏人, 其時反切初行, 正欲人之共曉, 豈有故設類隔之例, 以惑人者乎? 神珙 『五音九弄反紐圖』有重脣; 無輕脣; 卽 『涅槃經』所列脣吻聲, 亦無輕脣. 輕脣之名大約出于齊梁以後, 而陸法言 『切韻』因之, 相承至今. 然非敷兩母, 分之則無可分, 亦可知其不出于自然矣." 濮之珍 원문에서는 마지막의 '然非敷兩母, 分之則無可分, 亦可知其不出于自然矣.' 부분이 두 번 인쇄되어 있으나 잘못된 것으로 한 번으로 고친다.(譯註)

65 "古無舌頭舌上之分, '知''徹''澄'三母, 以今音讀之, 與'照''穿'無別也, 求之古音, 則與'短''透''定'無異." 『十駕齋養新錄』 卷5 「舌音類隔之說不可信」 참조.

> 서로 반절하니, 字母의 구별이 없다. 지금 聲母가 같은 것 중에서 한 글자를 예로 들고 이를 높여 '母'라고 부른다면 이 명칭은 옳지 못하며 순리에도 맞지 않는다. 따라서 字母라고 말하는 것은 雙聲이라고 말하는 것만 못하며, 雙聲을 안 연후에야 反切을 알 수 있다.[66]

또한 字母의 數目을 배열하는 데는 일정한 법칙이 없다고 여겨, 다음과 같이 말하였다.

> 字母를 말하는 사람들이 牙音·舌音·脣音이 각각 반드시 4개이며, 齒音은 반드시 5개라고 하는데, 이는 聲音에는 出聲·送聲·收聲 3等이 있는지를 모르고 하는 말이다. 出聲은 하나뿐이며, 送聲은 淸과 濁의 차이가 있고, 收聲은 內外의 다름이 있다. 시험삼아 牙音·舌音·脣音을 살펴보면 基, 欺, 奇, 疑, 伊이라고 해도 되고, 基, 欺, 奇, 希, 奚이라고 해도 되며 東, 通, 同, 農, 隆이라고 해도 되고, 幫, 滂, 旁, 茫, 房이라고 해도 되니 반드시 4개라고는 할 수 없다. 齒音을 모아서 짧게 발음하면 昭, 超, 潮, 饒라고 해도 되며, 將, 鏘, 戕, 詳이라고 해도 된다. 그것이 반드시 5개라고는 할 수 없다.[67]

錢大昕의 '字母'에 대한 견해가 꼭 정확한 것은 아니다. 예를 들어 "字母라고 말하는 것은 雙聲이라고 말하는 것만 못하다"라는 그의 말은 字母의 탄생은 雙聲에 대한 진일보한 개괄이며, 인식의 진일보라고 해야 한다. 그러나 그는 열거한 '字母'들이 同聲字 중에서 우연히 한 글자를 들어 예로 삼은 것일 뿐이라고 보았는데, 이처럼 구속됨이 없이 개척정신으로 가득찬 사상으로 그는 古音에는 輕脣音과 舌上音이 없다는 대단히 창조적인 견해를 대담하게 제기할 수 있었다. 그가 비록 字母를 무시하기는 하였지만, 실제로 그의 발견은 等韻學家들의 36字母를 출발점으로 삼은 것이다.

이외에도 그는 또한 古人들은 舌音이 많았다고 주장하였다. 그는 "고인들은 舌音이 많으며, 후대에는 대부분 齒音으로 변하였으니, 知, 徹. 澄 세 聲母만 그런 것이 아니다."라고 하였다. 그는 照, 穿, 牀 등의 字母로 된 글자들이 대부분 古音에는 舌音으로 귀납된다고 보았다. 그가 든 예는 다음과 같다. '舟'는 古音에서는 '雕'로, '至'는 古音에서는 '疐'로, '專'은 古音에서는 '耑'으로, '支'는 古音에서는 '鞮'로 읽는다.[68] 또한 上古의 影, 喩, 曉, 匣은 雙聲이라고 주장하였다. 錢大昕은 '曉, 匣,

---

66 "古人因雙聲疊韻而制翻切, 以兩字切一音; 上一字必同聲, 下一字必同韻. 聲同者互相切, 本無字母之別. 今於同聲之中偶擧一字以爲例, 而尊之爲母, 此名不正而言不順者也. 故言字母不如言雙聲, 知雙聲而後能反語." 『十駕齋養新錄』 卷5 「字母」 참조.

67 "言字母者, 謂牙舌脣之音必四, 齒音必五, 不知聲音有出·送·收三等; 出聲一而已, 送聲有淸濁之歧, 收聲又有內外之歧. 試卽牙舌脣之音, 引而伸之, 曰基·欺·奇·疑·伊可也; 基·欺·奇·希·奚亦可也; 東·通·同·農·隆可也; 幫滂旁茫房亦可也, 未見其必爲四也. 卽齒音斂而縮之, 曰昭·超·潮·饒可也, 將·鏘·戕·詳亦可也. 未見其必爲五也." 『十駕齋養新錄』 卷5 「字母」 참조.

68 『十駕齋養新錄』 卷5 참조.

影, 喩' 古音說에 대해 다음과 같이 논하였다.

> 問: 古音에서는 曉·匣·影·喩에 대해 구별이 없는 것 같습니다. 答: 무릇 '影'母를 길게 끌면 곧 '喩'母이며, '曉'母를 길게 끌면 약간 탁해지며 곧 '匣'母가 된다. 匣母는 3,4等의 글자로, 가볍게 읽으면 역시 '喩'母와 비슷하다. 따라서 고인들은 이 네 개의 字母에 대해 그다지 구별하지 않았던 것이다. 예들 들어 '榮懷'와 '杌隉'이 모두 雙聲인데, 今人들은 곧 匣과 喩처럼 구별하고 있다. '噫嘻' '於戲', '於乎', '嗚呼'는 모두 疊韻 겸 雙聲인데, 今人들은 곧 '噫, 於, 嗚'는 影母에 넣고, '嘻·戲·呼'는 曉母에 넣고, '乎'는 匣母에 넣는다. '于', '於'는 소리도 같고 뜻도 같지만, 今人들은 '于'는 喩母에 넣고, '於'는 影母에 넣는다. 이러한 구별은 대략 東晋부터 시작되었다. 顔之推의 『顔氏家訓』을 살펴보면 다음과 같이 나와 있다. "字書에서 '焉'이라는 것은 새의 이름인데, 혹 語助辭라고도 하며, 음은 모두 於愆反이다. 葛洪의 『字苑』부터 '焉'의 字音을 나누었다. 즉 若·何·安으로 풀이할 때는 마땅히 於愆反으로 음을 달아야 하며, 만약 句末어조사 및 助詞라면 마땅히 矣愆反으로 음을 달아야 한다. 江南에는 지금까지도 이러한 구분이 있다. 그러나 河北에서는 하나의 음으로 섞이었다. 비록 古讀에 근거한다 해도 지금에는 행해질 수 없다." 顔之推의 설에 의하면, 古音에는 影·喩의 구분이 없으나 葛洪이 억지로 분별하였고, 江南학자들이 이를 따랐음을 알 수 있다. 그러나 古讀이 지금에는 행해질 수 없다고 한 것은 큰 잘못이다.[69]

이상의 네 가지가 錢大昕이 옛 聲母의 연구에 공헌한 주요한 공적이다. 특히 첫 번째와 두 번째가 가장 뛰어나니, 즉 古音에는 輕脣과 舌上音이 없다는 발견은 학술계에서 높이 평가하고 있는 탁월한 발견이다.

錢大昕의 古音연구에 있어서 주요한 점은 『詩經』에는 正音과 轉音이 있다고 제기한 점이다. 그는 「答問」에서 다음과 같이 말하였다.

> 問: 顧炎武는 古音은 모두 偏旁으로 聲母를 얻으며, 이는 『說文』의 취지와도 부합된다고 하였습니다. 그러나 또한 스스로 모순되는 점이 있습니다. 즉 '旂·沂·圻'은 모두 '斤'을 따라 古音으로 하고 있습니다. 그렇다면 '近' 역시 '斤'을 따르는 것인데, 『詩』의 "會言近止"는 '偕' '邇'와 韻하고 있으며, 古音에는 '記'라고 하였으니 마땅히 '志'韻에 들어가야 하는데, 어찌된 까닭입니까? 答: 무릇 글자에는 正音이 있고 轉音이 있다. '近'은 '斤'으로 이루어진 것으로 마땅히 其隱切이 바르며, '幾'와 같이 읽는 것은 轉音으로 正音이 아니다. 예를 들어 '碩人其頎'에서 '頎' 역시 轉音이다. 『禮記』의 '頎乎其至'에서 '頎'을 '懇'으로 읽는 것은 그 正音이다.[70]

---

69 "問: 古音於曉匣影喩, 似不分別. 曰: 凡影母之字, 引而長之, 卽爲喩母; 曉母之字, 引長之, 稍濁卽爲匣母, 匣母三四等字, 輕讀, 亦有似喩母者. 故古人于此四母, 不甚區別. 如'榮懷'與'杌隉'均爲雙聲, 今人則有匣喩之別矣. '噫嘻''於戲''於乎''嗚呼', 皆疊韻兼雙聲, 今則以'噫, 於, 嗚'屬影母, '噫, 戲, 呼'屬曉母, '乎'屬匣母. '于''於'同聲亦同義, 今則以'于'屬喩母, '於'屬影母矣. 此等分別, 大約始於東晋. 考顔之推『家訓』云:"字書, '焉'者鳥名, 或云語辭, 皆音於愆反. 自葛洪『字苑』分'焉'字音; 訓若, 訓何, 訓安, 當音於愆反; 若送句及助詞, 當音矣愆反. 江南至今行此分別, 而河北混同一音. 雖依古讀, 不可行于今也." 據顔氏說, 知古無影喩之分, 葛洪强生分別, 江南學者靡然從之, 翻謂古讀不可行於今, 失之甚矣." 『潛硏堂文集』 卷15 「答問」 참조.

소위 '正音'이란 바로 偏旁으로부터 聲母를 얻는 것이며, '轉音'이란 '소리가 의미를 따라 변하는 것' 혹은 '雙聲假借' 이다. 소리가 의미를 따라 변하는 것의 예는 『詩·小雅·節南山之什·小旻』 제 3장에 나와 있다.

> 我龜旣厭, 不我告猶. 謀夫孔多, 是用不集. 發言盈庭, 誰敢執其咎? 如匪行邁謀, 是用不得于道.
> (거북조차 이제는 싫증이 나서 올바른 점괘 일러주지 않고/ 모사들이 너무 많아 오히려 성취되는 일이 하나도 없네/ 하는 말들 조정에 가득하건만 아무도 책임지고 나서지 않으니/ 마치 길가는 이 붙잡고 의논하는 것 같아 아무것도 얻지 못하네.)

錢大昕은 "「小旻」의 '是用不集'에서 '集'을 '就(성취하다)'로 해석하니, 즉 '就'음을 轉하여 따른 것이다."[71]라고 하였다.

雙聲假借의 예 중에서 예를 들어 『易·屯象』에서 '民'과 '正'을 운으로 하였는데 이는 '民'·'冥'이 雙聲이기 때문에 '民'을 '冥'으로 읽은 것이다. 「觀象」에서 '平', '賓'과 '民'을 운으로 하였는데 이는 '平'·'便'이 雙聲이기 때문에 '平'을 '便'으로 읽은 것이다.

이상에서 열거한 것은 淸代 유학자들의 고음 연구가운데 가장 성과가 뛰어난 것으로 매우 활발한 연구 활동을 보였다. 또 예를 들면 顧炎武 전후의 고음학가로 方日升, 毛先舒, 柴紹炳, 邵長蘅, 李因篤, 毛奇齡 등이 있고, 段玉裁와 같은 시기의 고음학가로 段玉裁의 제자인 江沅이 있는데 『說文解字音韻表』를 지었고, 그 뒤에 나온 傅壽彤은 『古音類表』를 지었다. 朱駿聲은 『說文通訓定聲』을 지었는데 古韻을 18부로 나누었다. 孔廣森과 같은 시기의 음운학가로는 洪亮吉(1746~1809)이 있는데 『漢魏音』을 지었고 孔廣森 이후에 나온 嚴可均(1762~1843)은 『說文聲類』를 지어 古韻을 16부로 나누었다. 姚文田(1758~1827)의 저서로는 『古音諧』와 『說文聲系』가 있는데 古韻을 平·上·去聲 17부, 入聲 9부로 나누었다. 다시 이후에 劉逢祿이 『詩聲衍』[72]을 지어 古韻을 26부로 나누었다. 이러한 사실로 淸代 儒家들의 古音學 연구는 매우 활발하였음을 알 수 있다.

---

70 "問: 顔氏論古音皆以偏旁得聲, 合於『說文』之旨. 然亦有自相矛盾者: 如'旂·沂·圻'皆以從'斤'爲古音, 則'近'亦從'斤'也, 乃援『詩』"會言近止"與'偕''邇'韻, 謂古音'記', 當改入'志'韻, 何邪? 曰:凡字有正音, 有轉音. '近'旣從'斤', 當以其隱切爲正, 其讀如'幾'者轉音, 非正音也. 如'碩人其頎', 亦'頎'之轉音. 『禮記』"頎乎其至", 讀'頎'爲'懇'者, 乃其正音耳."

71 "「小旻」之'是用不集', 訓'集'爲'就'其轉從'就'音."

72 완성되지 못함.

『육서음운표 · 서』

대 진

운서는 처음 위나라 이등의 『聲類』로 싹을 틔워 삼백여 년이 지난 수나라 육법언의 『切韻』에 이르러 대략의 법이 갖추어졌다. 그러나 그 시대의 언어음독을 모두 다 취하여 다르고 같음을 참고하여 그 멀고, 가깝고, 넓고 세밀함을 정하였는데 자주 그 뜻을 구하는 데 있어서 뜻의 사용이 크게 지나쳐 억지로 구별을 만들었다. 虞·夏·商·周의 文에 이르러 육서의 假借, 諧聲자로 『詩』에 비슷한 음이 어울린 句로 가락을 이루니 망망하여 아직 살펴보지 못했다.

당초 육법언이 근본을 가린 것을 선비들이 선봉하여 律詩를 지을 때 그것을 사용하였는데 206운 중 자수가 많은 것은 제한하여 "獨用"하였고, 자수가 적은 것은 비슷한 두 韻 또는 세 韻으로 합하여 "同用"하였는데, 단지 글자의 수가 많고 적음으로만 계산하였다. 송나라 吳域의 『韻補』에는 운목 아래에 처음으로 "古通某", "古轉聲通某"라고 말하였다. 그 分合이 서투르고 어그러져 있었다. 鄭庠이 지은 『古音辨』에는 겨우 陽·支·先·虞·尤·覃 여섯 부만 나누었다. 곤산 고염무가 더욱 分析하여 東·陽·耕·蒸 네 韻을 나누고 魚歌를 두 개로 分析하여 10부로 나누었다. 나의 스승인 江愼修永은 眞에서 仙에 이르는 14가지 韻과 侵 이하의 9韻을 각각 두 개로 나누었다. 蕭·宵·豪 및 尤·候·幽 역시 두 가지로 나누었다. 고음의 학문은 점점 더 상세함을 더하여 이와 같았다.

9년 전 단옥재가 나에게 말하길, "支·佳는 한 부이다. 脂·微·皆·齊·灰는 한 부이다. 之는 한 부이다. 漢 나라 사람이 일찍이 빌려 통용되는 것이 복잡하여 몰랐는데 晋·宋 이후에는 그것의 거론이 적었다. 唐의 학령에 말하길 支는 脂와 注하여 '同用'이다. 佳와 皆는 '同用'이다. 灰와 咍는 '同用'이라 하였다. 이것은 옛날에 세 가지가 끊어져 그것을 아는 이가 적었다."라고 하였다. 내가 들으니 그 위대한 학문이 정밀하여 옛것을 좋아하여 높은 지식을 충분히 알고 있었다. 또 말하길 "眞·臻·先과 諄·文·殷·魂·痕을 두 개로 나누고, 尤·幽와 候를 두 개로 분리하여 17부로 나누었다.

오늘날 蜀 땅을 수년간 관리하면서 정사를 돌보고 남는 시간에 힘써서 『六書音均表』를 썼다. 다섯개 표에 그 뜻을 서술하여 표에 각 序를 말하였는데 이미 그것이 상세하였다. 그 책의 처음 이름은 『詩經音譜』, 『群經韻譜』이고 강소 嘉定 사람 錢大昕 學士가 그 序를 이루었다. 더욱 체계를 쉽게 나열하여 또한 새로운 지식을 증가해서 17부를 세웠으나 옛것(단옥재)과 같다.

나는 옛날에 "支·脂·之가 나누어진다"는 말을 느껴 계사년 봄에 절동에 살면서 고염무의 『詩本經』을 가지고 章과 句를 구별하여 분석하여 보니 調·誦·經文이 그것을 이룸이 쉽지 않음을 처음으로 탄식하여 그 후에 상세함을 더하여 그 부족한 것을 보충하니 충분히 믿을만 하다. 고염무는 候운을 虞에 포함시켰으나 강영은 虞운을 候에 넣었다. 이것은 강영이 고염무보다 우수하다. 그러나 고염무는 藥과 鐸을 나누었으나 강영은 나누지 않았는데 이것은 고염무가 강영보다 우수하다. 만약 支와 脂가 다르면 마찬가지로 淸과 眞은 다른 것이다. 之와 또한 支·脂가 다르면 마찬가지로 蒸과 淸·眞은 다른 것이다. 실로 천여 년간 그것이 없거나 생략된 것을 일단 이해하여 『三百篇』에 따라 확연히 하였으니 어찌 크게 기쁜 일이라 하지 않을 수 있겠는가?

때때로 내가 입성에 대해 간략하게 기록하였으나 아직 끝마치지 못했고 오늘날 기쁘게 책을 만들었으나 글자가 고인의 음독을 얻지는 못했고, 오히려 옛날의 뜻을 자주 알렸을 뿐이다. 허숙중이 假借를 논해 말하길 "본래 그 글자가 없는 것을 그 소리에 依託하여 일을 맡겼다." 무릇 『六經』에는 假借字가 많은데 그 소리를 잃었으니 假借된 그 뜻을 어찌 얻겠는가? 그러므로 소리로 훈하여 안팎으로 돕는다. 고로 훈으로 밝히면 『六經』은 明確해진다. 후대 유학자들이 언어문자를 알지 못하고, 가볍게 억지로 해석하여 경서를 꾸미고 어지럽히니, 나는 그것을 두려워 한 것이다. 단옥재가 『詩經小學』, 『書經小學』, 『說文考證』, 『十七部古韻表』 등의 책을 지어서 계속 이어왔다. 그 어려움을 보고서 도망가는 자와 착공하는 자 중 경을 다스리려하는데 누가 얻고 누가 잃겠는가? 건륭 정유년 맹춘에 휴녕인 대진이 서를 쓰다.

『六書音均表·序』

戴 震

韻書始萌芽於魏李登『聲類』,積三百餘年至隋陸法言『切韻』, 梗概之法乃具[1]. 然皆就其時之語言音讀, 參異同, 定其遠近洪細, 往往有意求密, 而用意太過, 强生區別[2]. 於虞夏商周之文, 六書之假借諧聲, 詩之此音協句以成歌樂[3],茫乎末之考也.

唐初因法言撰本, 爲選擧士人作律詩之用, 視二百六韻中字數多者, 限以獨用, 字數少者,合比近兩韻或三韻同用[4], 苟計字多寡而已. 宋吳域作『韻補』, 於韻目下始有古通某, 古轉聲通某之云, 其分合最爲疏舛. 鄭庠作『古音辨』僅分陽·支·先·虞·尤·覃六部. 近崑山顧炎武更析東, 陽·耕·蒸而四, 析魚·歌而二, 故列十部. 吾郡老儒江愼修永, 於眞已下十四韻·侵以下九韻, 各析而二, 蕭·宵·肴·豪及尤·候·幽亦爲二, 故列十三部. 古音之學以漸加詳如是.

前九年段君若膺語余曰[5]: "支佳一部也, 脂微皆齊灰一部也, 之一部也[6]. 漢人猶未嘗淆借通用[7], 晋宋而後乃梢有出入. 迄乎唐之功令, 支注脂之同用, 佳注皆同用, 灰注咍同用, 於是古之截然爲三者, 罕有知之." 余聞而偉其所學之精, 好古有灼見卓識. 又言眞·臻·先與諄·文·殷·魂·痕爲二, 尤幽與候爲二, 得十七部.

今官於蜀地且數年, 政事之餘,優而成是書, 曰『六書音均表』[8]. 凡爲表者五[9], 撰述之意, 表各有序說, 旣詳之矣. 其書始名『詩經韻譜』,『群經韻譜』, 嘉定錢學士曉徵[10]爲之序. 玆易其體例, 且增以新知, 十七部蓋如舊也.

余昔感於其言五支六脂七之有分, 癸巳春寓居浙東, 取顧氏『詩本音』, 章辨句析而諷誦乎經文, 歎始爲之之不易, 後來加詳者之信足以補其未逮. 顧氏轉候韻入虞, 江氏轉虞韻入候, 此江優於顧[11]; 然顧氏藥鐸有分, 而江氏不分, 此顧優於江[12]. 若夫五支異於六脂, 猶淸異於眞也; 七之又異於支脂, 猶蒸又異於淸眞也[13]. 寔千有餘年莫之或省者, 一旦理解, 按諸三百篇劃然, 豈非稽古大快事歟?

時余略記入聲之說, 未暇卒業[14], 今樂覩是書之成也, 不惟字得其古人音讀, 抑又多通其古義. 許叔重之論假借曰:"本無其字, 依聲託事." 夫六經字多假借, 音聲失而假借之意何以得. 訓詁音聲相爲表裏[15], 訓詁明, 六經乃可明. 後儒言語文字未知, 而輕憑臆解以誣聖亂經, 吾懼焉. 段君又有『詩經小學』·『書經小學』·『說文考證』·『十七部古音表』等書. 將繼是而出, 視逃其難相與鑿空者, 於治經孰得孰失也. 乾隆丁西孟春月休寧戴震序.

1 "積三百餘年"兩句: 隋나라 陸法言의 『切韻』(601년) 이전에는 각각 운서들의 分韻이 세밀하지 못하여 체제가 일치하지 못하였다. 『切韻』에서는 古今의 是非와 南北의 通塞을 논하여 이전 운서의 韻目의 내용을 종합하였으며, 체제상 먼저 四聲을 나누고 다시 韻部를 나누어 한 글자를 표제자로 삼고 각 운 중에서 같은 紐에 속하는 글자는 小韻으로 귀납하였으며 反切로 注音하였다. 이로부터 운서의 본보기가 갖추어지고 당송의 운서는 대부분 이 책을 藍本으로 한다.
2 强生區別: 戴震은 『切韻』音系는 종합체계라고 보았다. 陸法言 등은 각종 운서의 分韻 표준을 참고하였는데, 分을 따르고 合은 따르지 않아 審音, 辨音 면에서 억지로 구분하여 일부러 정밀함을 추구하였으나 당시 실제어음은 결코 이처럼 완전하지는 않았다.
3 "詩之此音"句: 『詩經』의 韻脚은 語音이 발전 변화함에 따라 어떤 것은 변하여 押韻하지 않게 되었다. 후세인들은 押韻과 諧聲을 위하여 字音을 고쳐 읽었다. '比音', '叶韻' 또는 '協句'라고도 칭한다.
4 同用, 獨用: 당나라 초에 인재를 등용하는데 시를 짓게 했는데, 선비들은 『切韻』의 分韻이 너무 세밀하여 애를 먹었다. 許敬宗 등의 논의를 거쳐 글자 수가 비교적 적은 운은 가까이에 있는 운과 同用하도록 하였다. 그러나 또한 戴震이 말한 '글자 수의 많고 적음을 따졌을 뿐'이라는 것과는 다르니, 음가가 서로 비슷해야 同用할 수 있었다. 예를 들면 江韻의 글자는 적어도 獨用하며, 鍾韻의 글자는 많은데도 冬韻과 同用하는 것이다.
5 段君若膺: 段玉裁의 字가 若膺이다.
6 "支佳一部"四句: 顧炎武와 江永의 第二部에는 支佳脂微齊皆之灰咍의 모든 운을 다 포함하고 이는데, 段玉裁는 支脂之 三分說을 제시하였다. 그는 支佳를 제16부에 귀납시켰고, 脂微齊皆灰는 15부에 之咍는 1부에 귀납시켰다. 이것은 古音 연구에 있어서 중대한 발견이다.
7 "漢人猶未嘗"句: 羅常培, 周祖謨 선생의 『漢魏晋南北朝韻部演變研究』의 韻譜에 실린 것에 근거하면, 兩漢의 之脂 合韻은 19개, 脂支 合韻은 24개이다. 그러나 총괄적으로 말하면, 支脂之 三部의 경계는 漢代까지 줄곧 분명했다.
8 均: 『說文解字』에는 '音勻''韻' 두 글자가 없으므로, 段玉裁가 '均'을 가차해 쓴 것이다.
9 凡爲表者五: 『六書音韻表』에는 모두 다섯 개의 표가 포함되어 있다. 一. 今韻古分十七部表. 매 韻部가 포함하는 『廣韻』의 韻목 및 分部의 이유, 경계를 예시하였다. 二. 古十七部諧聲表. '同聲必同部'원칙에 근거하여 매 部에 포함되어 있는 諧聲偏旁을 예시하였다. 三. 古十七部合用類分表. 6류17부를 聲音의 유사관계에 따라 앞뒤로 배열하여 근접한 부류 및 서로 짝이 되는 入聲字는 諧聲·假借·通用할 수 있음을 설명하였다. 四. 十七部表. 『詩經』이외의 先秦韻文은 17부 分韻의 韻譜에 근거하였다.
10 錢曉徵: 錢大昕의 字가 曉徵이다.
11 "此江優於顧"句: 顧炎武의 第三部에는 模魚虞侯 모둔 운을 포함하여 魚侯 두 部는 나누지 않았다. 江永은 侯韻字를 魚部로부터 분리해 내고, 또 일부의 虞韻字 역시 분리하여 侯韻과 한 부로 만들었다. 魚侯의 분리는 江永의 古音學에 대한 중대한 공헌이다.
12 "然顧氏藥鐸有分"三句: 『廣韻』의 藥鐸 두 部에는 두 개의 연원이 있다. 하나는 상고의 鐸部이고 하나는 상고의 藥部이다. 顧炎武는 이미 이 두 개의 연원을 알아보고 藥鐸部를 분리하여 제3부와 제5부로 나누었다. 그러나 江永은 오히려 이들을 한 部로 합하여 그의 제3부 陰聲韻과 짝이 되게 하였다. 이것은 顧炎武가 江永보다 나은 점이다.
13 "若夫五支異於六脂"四句: 上古音系에서는 주요모음은 같으나 韻尾가 다른 각운은 諧聲·假借·押韻할 수있다. 이것이 바로 일반적으로 말하는 陰陽對轉이다. 支와 淸, 脂와 眞, 之와 蒸이 바로 이런 관계이다. 段玉裁 이전에는 淸, 眞, 蒸은 다른 韻部에 속하는 것으로 언어학자들에게 인식되어 왔다. 그러나 支脂之 三部는 계속 혼합되어 분명하지 않다. 글 속에서 戴震은 陰陽對轉 이론을 이용하여 支脂之 역시 세 부로 나뉘어야 함을 설명하였다.
14 入聲之說: 戴震은 入聲韻을 나누어 독립적으로 部를 만들었는데, 이것은 그가 고음연구에 있어서 특출한 공헌을 한 점이다.
15 訓詁音聲相爲表裏: 중국의 문자는 周秦 兩漢시대에는 字形이 어떤 것은 아직 고정되지 않아 한 글자를 종종 同音 또는 유사한 음의 글자로 대체시킬 수 있었으나, 후대에 점점 字形이 고정되면서 매 글자에

는 고정된 상용 의미가 있게 되었다. 上古에 同音은 가차할 수 있다는 사실을 모르면 고적을 읽는데 어려움이 있게 된다. 또한 語音은 발전변화하므로 상고음에서 같은 음의 글자가 다르게 변하였다. 그래서 上古音系를 모르면, 古代 假借字에 대해 종종 오해가 생길 수도 있고 혹은 때때로 一聲之轉을 남용할 수도 있다. 그래서 戴震이 "訓詁音聲相爲表裏"를 주장한 것이다.

제4절 古代 言語學의 계승과 발전

清代는 중국 고대 언어학이 전면적으로 발전한 시기로 문자학·음운학·훈고학 등의 모든 방면에서 우수한 언어학자가 나타나서 비교적 전면적이고 심도깊은 연구로 뛰어난 성과를 이루었다. 중국 고대 언어학은 漢代에 시작되어 清代로 발전하면서 더욱 그 빛을 발하였는데 漢代 언어학 전문서인 『爾雅』, 『方言』, 『說文解字』, 『釋名』 등은 清代 학자들의 정리 교감과 고증 연구에 힘입어 더욱 빛을 발할 수 있었고 그 성과 또한 매우 풍부하고 탁월하였다.

1. 『方言』의 연구

揚雄의 『方言』은 西漢 시대의 뛰어난 고대 언어학 전문서로서 今本 『方言』은 晋 郭璞이 注한 것으로 모두 13권이다. 『方言』의 刻本은 北宋의 國子監本, 南宋의 蜀本, 閩本, 贛本이 있다. 監本, 閩本, 蜀本은 현재 전해지지 않는다. 지금 볼 수 있는 宋本은 南宋 寧宗 慶元 6년(1200) 潯陽太守 李吾傳의 刻本이다. 이 本은 아마도 蜀本의 重刻本으로, 즉 北宋 監本의 2차 傳刻本일 것이다.[1] 후에 많은 明本이 李吾傳本을 본각하였다. 『方言』은 여러 차례의 寫刻을 거쳤기 때문에 많은 착오가 있게 되었다.

1) 戴震의 『方言疏證』

清代에 이르러 戴震이 가장 먼저 『方言』을 중시하고 연구를 시작하였다. 그는 『永樂大典』의 『方言』과 明本 『方言』의 교감에 근거하고 한 걸음 더 나아가 고서에서 인용하고 있는 『方言』과 郭璞이 注한 문자를 수집하여 『永樂大典』本과 서로 대조하여 잘못을 바로잡고 빠진 부분을 보충하여 조목조목 疏證하였다. 戴震의 『方言疏證』 13권 序에서 그는 "여러 서적에서 인용하고 있는 방언 및 注들에 널리 의거하여 서로 대조한 후 정정하였으니 틀린 글자 281개를 고쳤고, 빠진 글자 27개를 보충하였으며 중복되는 글자 17개를 산거하여 조목조목 상세히 소증하였다."[2]라

---

1 周祖謨의 『方言校箋·序』 참조.

2 "廣按羣籍之引用方言及注者, 交互參訂, 改正僞字二百八十一, 補脫字二十七, 刪衍字十七, 逐條詳證之."

고 하였다. 段玉裁는『戴東原年譜』에서 '戴震이 일찍이『方言』을『說文』의 글자 위에 나누어 적었으니 그가 노력한 바를 알 수 있다.『永樂大典』은 宋本에 근거한 것이니 明本의 착오는『永樂大典』本에 근거하여 개정할 수 있다.『永樂大典』本의 착오는 宋 이전의 古書를 가지고 바로 잡을 수 있다.『四庫全書』와 武英殿 聚珍版[3] 총서의『方言』은 모두 戴震의 교본이니 이것은 淸代 사람의 첫 번째 교각본인 동시에 善本인 것이다. 후에 그는 다시『方言疏證』이라 이름하였는데 사람들의 重刻을 거쳐 더욱 광범위하게 유전되었다'라고 한 바 있다. 학술계에서의 평가도 매우 높아 이 校本이 나온 후에야『方言』을 읽을 수 있었다고 평가하고 있다.

2) 盧文弨의『重校方言』

盧文弨의『重校方言』은 서로 다른 刻本과 校本에 근거하여 많은 增訂을 하였으니 이것이 바로 淸代 사람의 제2의 校本이다. 盧文弨는 자가 김弓이고 餘姚 사람이다. 건륭 17년에 一甲[4] 進士였으며 翰林院 편수를 제수 받았고 上書房 行走를 겸임하였다. 盧文弨는 漢學에 심취하였고 戴震, 段玉裁와 우애가 깊었다. 校書를 좋아하여 "교정한『逸周書』,『孟子音義』,『荀子』,『呂氏春秋』,『賈誼新書』,『韓詩外傳』,『春秋繁露』,『方言』,『白虎通』,『獨斷』,『經典釋文』등의 善本을 판본으로 만들어 후학들에게 도움을 주었다."[5]

학술계에서는 戴震本과 盧文弨本에 대해 각기 장단점이 있다고 여기는 데, 학식면에서는 戴震이 낫고 상세함에 있어서는 盧文弨가 낫다고 평가한다. 盧文弨는 注疏와 釋文을 合刻하는 것에 대하여 오히려 의견이 엇갈리는 현상을 초래할 것이라고 여기고 아래와 같이 언급하였다.

> 唐代 사람들이 義疏한 것은 본래 단행본으로 行世하고 經典의 注와 合刻하지 않았다. 經典의 注가 단행본이라 唐代 이후에는 선본이 많이 출현하였는데 宋 이후부터 經典의 注에 疏를 덧붙이기 시작하였고 덧붙인 經典의 注는 반드시 孔穎達, 賈逵 등이 근거한 本이 아니었으니 이에 서로 의견이 엇갈리게 되었다. 南宋 후에는『經典釋文』을 注疏 사이에 붙였는데, 陸德明이 근거한 經典의 注는 孔穎達·賈逵 등이 근거한 바가 아니다. 따라서 의견이 엇갈리는 부분이 더욱 많아지게 되었다. 학문이 천박한 사람이 반드시 이를 비교해 같게 하려고, 서로

3 淸代 乾隆 38년(1773)에 四庫全書 중 일부의 善本을 활자로 인쇄한 것.(譯註)

4 과거 시험의 최종 시험인 殿試에서 1·2·3등으로 합격한 세 사람을 말함.(譯註)

5 "所校『逸周書』·『孟子音義』·『荀子』·『呂氏春秋』·『賈誼新書』·『韓詩外傳』·『春秋繁露』·『方言』·『白虎通』·『獨斷』·『經典釋文』諸善本, 鏤板惠學者."
『淸史稿』 列傳268, 儒林2 참조.

> 비교하여 改作하니 그 본래 모습을 많이 잃었는데 다행히 모두 바꾸지 않은 부분도 있어 어긋나는 설이 더욱 많아지게 되었으므로 후대에 고증하는 길을 열었다. 그래서 注疏와 釋文의 合刻은 편리한 듯하지만 古法은 아니다.[6]

戴震, 盧文弨 두 사람 이후에는 劉臺拱의 『方言補校』가 나왔다. 劉臺拱의 字는 端臨이고, 寶應 사람이다. 乾隆 35년(1770)에 擧人이 되었다. 조정에서 四庫館을 개설했을 때 劉臺拱은 수도에서 朱筠, 戴震, 邵晋涵, 任大椿, 王念孫 등과 교유하였는데, 경전과 고적을 고찰하여 밤낮으로 토론하였다. 天文, 律呂에서 聲音, 文字에 이르기까지 硏覈지 않은 것이 없다. 段玉裁는 매번 "늘 『三禮』에 몰두해도, 나는 미치지 못한다."[7]라고 언급하였다.[8] 劉臺拱의 교감은 아주 정밀한데, 안타깝게도 수십 여 항목만 남아 있다.

3) 錢繹의 『方言箋疏』

錢繹의 『方言箋疏』는 戴震, 盧文弨 두 사람을 참고하였을 뿐만 아니라, 玄應의 『一切經音義』를 근거로 교감하였다. 그는 '凡例'에서 다음과 같이 밝혔다.

> 각종 叢書에 舊本 『方言』이 판각되어 있지만 잘못된 곳이 많다. 『永樂大典』本에도 간혹 오류가 있다. 최근 戴震과 盧文弨 두 사람의 교정은 자못 정밀한데, 견해차이가 있는 것은 어쩔 수 없다. 지금 여러 사람들의 판본을 근거로 자세히 연구하여 절충함으로써 잘된 것을 택하여 따랐는데, 戴震과 盧文弨 두 사람의 판본이 다수를 차지한다.[9]

錢繹은 『方言箋疏·序』에서 이 책은 맨 처음 그의 동생이 짓기 시작하였고, 후에 자신이 계속 완성하였다고 밝혔다.

> 『方言箋疏』의 저작은 나의 동생 同人[10]이 먼저 시작하였고, 마치지 못한 상태에서 죽었다. 그 원고가 상자 속에 10여 년 동안 보관되다가 어린 조카에게 전해졌고, 그가 20살이 된 뒤에야 비로소 나에게 보여주었다. 그 판본을 읽어보니 처음과 끝이 모두 마치 검은 개미들

---

6 "唐人之爲義疏也, 本單行, 不與經注合. 單行經注, 唐以後尙多善本, 自宋後附疏于經注, 而所附之經注非必孔·賈諸人所據之本也, 則兩相齟齬矣. 南宋後又附『經典釋文』於注疏間, 而陸氏所據之經注, 又非孔, 賈諸人所據也, 則齟齬更多矣. 淺人必比而同之, 則彼此互改, 多失其眞, 幸有改之不盡, 以滋其齟齬, 啓人考核者. 故注疏, 釋文合刻, 似便而非古法也." 『淸史稿』 列傳268, 儒林2 참조.

7 "潛心『三禮』, 吾所不如."

8 『淸史稿』 列傳268, 儒林2 참조.

9 "『方言』舊本刻于各種叢書者多有舛譌, 卽『永樂大典』本亦閒有之. 近時惟戴東原, 盧文弨兩家本校訂稍精, 以亦互有所見, 不免參差, 今參衆家本而詳究之, 以折其衷, 擇善而從, 則戴, 盧兩本居多."

10 原名은 錢侗, 同人은 그의 字.(譯註)

> 을 모아 놓은 것 같고, 흰 좀벌레가 갉아 먹은 곳과 어지러이 섞여 있어서 거의 분간을 할 수가 없었다. 나는 동생이 힘쓴 것을 생각하였고, 그것이 오래되어 소실될까 봐 걱정하게 되었다. 이에 원고를 취하여 조목을 나누어 기록하고, 부족한 부분은 보충하고, 중복된 것은 산거하였으며, 미진한 부분은 자세히 하였고, 분명치 않은 것은 辨析하였다. 다른 곳과 연관되는 곳이 있으면 비슷한 종류들을 언급하여 引申하기도 하였다. …… 수년 동안 온갖 심혈을 기울여 脫稿하였다.…… 전에 毛西河의 동생이 『易傳』을 쓰다가 마치지 못하고 죽게 되자 西河가 이를 이어 완성하였으니 지금 전하는 『仲氏易』이 바로 그것이다. 나의 학문은 毛西河와 비교할 때 미칠 수 없으나, 서로 비슷한 일이라(할미새가 들에서 화급함을 알리는 것처럼) 형제간에 서로 돕는 우애를 더하고자 한다. 이에 그 인연의 시작과 책이 이루어지게 된 本末을 이와같이 기술하니, 때는 咸豐 建元 辛亥 仲春이라.[11]

이로써 『方言箋疏』는 錢繹 형제 두 사람이 이어서 완성하였으며, 錢繹이 뒤에 심혈을 기울여 그 자료 역시 풍부함을 알 수 있다.

이 밖에도 王念孫의 『方言疏證補』 1卷이 있는데, 그 견해가 아주 뛰어나다.

清代의 方言 저작에는 杭世駿의 『續方言』 2卷이 있다. 이 책은 唐宋 이전의 經, 史, 傳, 註釋書 속에 보이는 고대 方言의 어휘들을 수집하였으며, 揚雄이 지은 『方言』의 미진한 부분을 보충하였다. 이 책은 『爾雅』의 분류 차례를 따랐지만, 그 항목은 모방하지 않았다. 『方言』을 보충한 것으로는 杭世駿 외에 戴震, 程際盛, 徐乃昌, 程先甲, 張愼儀 등이 있다.

각 지방의 方言을 적은 것으로는 胡文英의 『吳下方言考』가 있다. 胡文英의 字는 繩崖이고, 江蘇 武進 사람이다. 『吳下方言考』는 모두 20卷으로 乾隆 18·19年(1753~1754)에 편찬되어, 乾隆 25年(1760)에 탈고되었고, 錢鑄庵[12]이 序를 지었으며 乾隆 48年에 출판되었다. 이 책은 淸 雍正, 乾隆年間 吳 지방의 方言 俗語를 천 항목 이상 갖추고 있고, 古訓으로 증거를 삼았으며, 기타 방언과 吳語를 서로 비교 증명한 것도 천여 조항 이상 집록하였다. 이 책은 平水韻에 따라 편찬되었으며 그 가운데는 풀이가 매우 타당한 것도 많은데 예를 들면 다음과 같다.

> 傱(音:松)은 揚雄의 『方言』에서 "隴西의 동쪽 사람들은 게으르다(嬾)를 傱이라 불렀다."라고 하였다. 傱이란, 사람들이 일을 함에 열심히 하지 않는 것을 말한다. 吳땅에서는 일을 하는데

11 "『方言箋疏』之作也, 余弟同人實首創之, 未及成而卽世. 其本藏之篋笥者十有餘年, 及賦梅姪弱冠後始出以示余. 余閱其本, 簡眉牘尾如黑蟻攢集, 相雜於白蟫鑱鑱之中, 幾不可復辨, 余憫其用力之勤, 而懼其久而散佚也. 乃取而件繫之條錄之, 凡未及者補之, 復出者刪之, 未盡者詳之, 未安者辨之, 或因此而及彼者則觸類而引申之. …… 竭數年心力始得脫稿. …… 昔毛西河有弟纂『易傳』, 未卒業而歿, 西河爲續成之, 今所傳『仲氏易』卽其本也. 余之學視西河無能爲役, 而事適相類, 亦愈以增鴿原之戚矣. 爰述其緣起及成書之本末如此, 時咸豐建元辛亥仲春."

12 字가 人鱗.

열심이지 않은 것을 '倯'이라 한다. 만든 물건이 아주 일상적인 것도 倯이라 부른다.[13] 黨은 『方言』에서 "黨, 曉, 哲은 知의 뜻이다."라고 되어있다. 내가 보기에 黨은 曉의 뜻이다. 지금 속담에서 '不曉'는 '不黨'과 통해서 쓴다. 毛注에서 "음은 董이다."라고 했고 지금의 懂과 통한다. '不黨'은 즉 '不懂'이다.[14]

胡文英의 생졸연도는 미상이며, 生平은 자세히 알려져 있지 않다. 그는 아마도 平民이었을 것이다. 王鳴盛은 『屈騷指掌』에 序文을 적어 胡文英에 대해 아주 칭찬하고 있다. 胡文英의 생활에 대해 그는 "가난하고, 비참하게 살았으나, 여러 곳을 유람하였다."라고 기록하였다. 胡文英은 사방으로 유람을 하였기 때문에 江南 吳지역의 方言 俗語를 실제로 이해할 수 있었다.

각지 方言을 기록한 것으로는 『吳下方言考』 뿐만 아니라, 孫錦標의 『南通方言疏證』, 毛奇齡의 『越語肯綮錄』, 茹敦和의 『越言釋』, 范寅의 『越諺』 등이 있다. 이밖에 方言 俗語를 고증한 것으로는 錢大昕의 『恒言錄』, 陳鱣의 『恒言廣證』, 翟灝의 『通俗編』 등이 있다.

2. 『爾雅』의 연구

『爾雅』는 故訓을 풀이한 것으로, 經典을 해석하는 열쇠이다. 戴震은 "學者가 經을 연구하는 것은 『爾雅』에서 시작된다."[15]라고 하였다. 漢 武帝때에는 經學博士에 선출되기 위해서 반드시 『爾雅』에 정통해야 했다. 이에 조정과 재야에서 이를 습독하여 일세를 풍미하였다. 따라서 樊光, 李巡의 注는 시기적절하게 생겨난 것이다. 晋代에 이르러 이를 주석한 사람들이 많이 등장하였는데, 郭璞은 여러 경전을 참고하여 주석을 가하였고 여러 사람들의 說을 바로 잡았다. 宋初에 邢昺은 『爾雅』에 대해 疏를 가하였다. 郭璞과 마찬가지로 13經을 注疏하였지만, 일찍이 없었던 수확을 거두어 郭璞보다 뛰어나다. 元明 兩代에는 經學 방면에 있어 宋代 性理學을 이어받았으므로, 『爾雅』의 學이 끊이지 않았다. 淸代에는 考證學이 흥성하여 유학자들은 『爾雅』의 연구를 중시하였다. 戴震의 『爾雅文字考』와 盧文弨의 『爾雅音義考證』에서 시작하여, 淸末 劉師培의 『爾雅逸文考』와 王國維의 『爾雅草木蟲魚鳥獸

13 "倯(音松), 揚子 『方言』 "隴右人名嬾曰倯" 案'倯', 爲人作事不用力也. 吳中謂作事不用力曰'倯', 所作之物甚平常亦曰'倯'."

14 "黨 『方言』 "黨, 曉, 哲, 知也." 案"黨", 曉也. 今諺通謂不曉爲"不黨". 胡氏注, "音董", 今通作懂. '不黨'即'不懂'."

15 "儒者治經, 宜自 『爾雅』始." 『戴震集』卷3 「爾雅文字考序」 참조.

釋例』로 이어졌다. 그사이에도 疏證하고 箋을 보충하고, 산실된 것을 고증한 것, 혹은 名物을 해석하고 體例를 탐구한 것, 音讀을 풀이한 것, 글자의 뜻을 풀이한 것 등의 범위가 넓고 많은 편폭의 뛰어난 저술이 많다.

淸儒의 여러 제자들의 『爾雅』 연구는 각기 공헌한 바가 있다. 그 중 『爾雅』에 대해 전면적이고 상세한 註解를 할 수 있었고 一家를 이룰 수 있었던 것은 주로 邵晉涵의 『爾雅正義』와 郝懿行의 『爾雅義疏』이다. 郝懿行의 『爾雅義疏』가 약 40년 늦게 나왔는데, 두 책 각기 나름대로 장점을 가지고 있으며 『爾雅義疏』가 『爾雅正義』보다 더욱 널리 전해졌다.

1) 邵晉涵의 『爾雅正義』

邵晉涵의 지은 『爾雅正義』는 모두 20권으로 되어 있다. "邵晉涵은 字가 二雲이고 餘姚 사람이며, 乾隆 36年에 進士가 되었다. 四庫館이 개관했을 때 특별히 晋涵, 그리고 歷城의 周永年, 休寧의 戴震, 仁和의 余集 등을 특별히 불러들여 편찬하게 하였다. 그들은 翰林院 庶吉士로 編修官을 제수 받았다. 邵晉涵의 왼쪽 눈은 백태에 걸렸고 몸이 쇠약했었다. 독서를 좋아했고 4部 7錄 도서 중 연구를 하지 않은 것이 없었다. 일찍이 '『爾雅』는 六藝의 중추 역할을 하였으나 邢昺의 疏가 형편없어 칭찬할 만하지 않아서 따로 『爾雅正義』 20권을 펴냈는데, 이 책은 郭璞을 주종으로 삼고 舍人, 樊光, 劉歆, 李巡, 孫炎 등 諸家의 학설을 겸하여 채용하였고 郭璞의 注가 자세하지 못한 것은 다른 사람들의 책을 참고하여 附記하였다.'고 하였다. 이때부터 젊은 학자들은 대부분 邢昺의 주석을 버리고 邵晉涵을 따랐다. 嘉慶 元年에 54세의 나이로 세상을 떠났다."[16]

『爾雅正義』는 淸代에 가장 먼저 『爾雅』에 대하여 새롭게 疏를 추가한 책이다. 邵晉涵은 『爾雅正義序』에서 "邢昺의 疏는 대부분 『毛詩正義』를 주어 모아 자신의 학설로 삼았다. 南宋에 이르러 이 책에 불만을 갖게 되어 여러 經典의 疏들을 취하여 十三經注疏를 만들 때 邢疏를 집어넣어 숫자를 채웠을 뿐이다."[17]라고 하였다. 邵晉涵은 먼저 唐石經 및 宋槧本에 근거하여 상세하게 교정했으며, 또한 널리 漢代

---

16 "晋涵, 字二雲, 餘姚人. 乾隆三十六年進士. 會開四庫館, 特詔徵晋涵及歷城周永年·休寧戴震·仁和余集等入館編纂, 改翰林院庶吉士, 授編修. 晋涵左目眚, 淸羸. 善讀書, 四部七錄, 靡不研究. 嘗謂:『爾雅』者, 六藝之津梁, 而邢疏淺陋不稱, 乃別爲『正義』二十卷, 以郭璞爲宗, 而兼采舍人·樊·劉·李·孫諸家, 郭有未詳者, 摭他書附之. 自是承學之士, 多舍邢而從邵. 嘉慶元年卒, 年五十有四."
『淸史稿』 列傳268, 儒林2 참조.

17 "邢疏多遮拾『毛詩正義』, 掩爲己說, 南宋已不滿此書, 後采列諸經之疏, 聊取備數而已."

舍人, 劉歆, 樊光, 李訓, 孫炎, 梁沈旋, 陳의 顧野王, 唐裴瑜 등의 산재된 주석본을 수집하고 郭璞注를 위주로 하여 諸家의 주석을 따로 놓았다. 郭璞注의 상세하지 못한 점을 다른 經書의 漢人注를 널리 모아 보충했다. 또한 『爾雅』에서는 '음에 따라 뜻을 해석(緣音訓義)'한 것이 극히 적은데 邵晋涵은 音이 가까운 글자를 취하여 편방을 따져 자신의 주장을 밝혔다. 이 책은 乾隆 40年에 시작하여 50년에 완성했는데 10년 동안 세 차례에 걸쳐 원고를 수정하여 완성하였다.

邵晋涵이 『爾雅正義』 20권을 완성한 후, 학술계에서 평판이 아주 좋았는데, "學士 邵二雲이 『爾雅正義』를 지었다. 邵氏는 郭注의 상세하지 못하고 생소한 설에 대해서는 모두 疏로 증명했다. 이로써 『爾雅』를 연구할 때 대부분 邢昺의 주석을 버리고 邵晋涵을 따르게 되었다."고 하였다.

『淸史稿·儒林傳』에서는 "邵晋涵은 성격이 고집스럽고 특히 史에 능하여 일찍이 會稽 사람 章學誠과 『宋史』의 宗旨를 논하였다. 그는 '宋人의 학술파벌의 폐습과 語錄이라는 용속한 유행은 참으로 비루하다할만 합니다. 그러나 立身制行은 人倫의 떳떳한 도리에서 나오는 것이니 어찌 폐할 수 있겠습니까? 士大夫가 널리 배우고 文章에 힘써 當世에 이름을 날려야 함에도 불구하고 세속의 주고받는 것과 나아가고 머무름에 있어서는 많은 俸祿을 택하지 않을 수 없습니다. 본지를 잃었는데 또한 어찌 무슨 의론을 하겠습니까? 이것이 宋史를 쓰게 된 본뜻입니다.'라고 하니 章學誠이 듣고 놀랐다. 그의 저서로는 『孟子述義』, 『穀梁正義』, 『韓詩內傳考』가 있으며 趙岐, 范寧 및 王應麟의 실수를 족히 바로잡고 그들의 누락된 부분도 보충했다."[18]라고 적고 있다.

2) 郝懿行의 『爾雅義疏』

郝懿行(1755~1823)은 經學家이며 訓詁學者이다. 字는 恂九이며 號는 蘭皐로 山東 棲霞 사람이다. 嘉慶 4년에 進士였고 戶部主事를 제수 받고 25년에 江南司主事를 역임했다. 道光 3년에 69세의 나이로 죽었다.

『淸史稿』의 기록에 의하면 "郝懿行은 사람됨이 겸손하고 어눌한 것이 마치 말을 못하는 듯하였다. 그러나 스스로 청렴과 절개를 지켜 함부로 다른 사람을 만나지

---

18 "晋涵性狷介, 尤長於史, 嘗與會稽章學誠論修『宋史』宗旨, 晋涵曰, '宋人門戶之習, 語錄庸陋之風, 誠可鄙也. 然其立身制行, 出於倫常日用, 何可廢耶? 士大夫博學工文, 雄出當世, 而於辭受取與·出處進退之間, 不能無簞豆萬鍾之擇. 本心旣失, 其又何議焉! 此著宋史之宗旨也'. 學誠聞而聳然. 著有『孟子述義』·『穀梁正義』·『韓詩內傳考』, 並足正趙岐·范寧及王應麟之失, 而補其所遺."

않았다. 평소에 알지 못하는 사람을 만나게 되면 하루 종일 한 마디도 하지 않았지만 經義를 논하게 되면 피곤함도 잊고 얘기했다. 그의 거처는 인적이 드물고 庭院엔 쑥이 늘 가득 자라고, 시중드는 아이도 없었는데 郝懿行은 편안히 거처하였다. 郎官職에 오르내렸지만 관문의 영쇠함을 보기를 마치 자신과는 아무 관계도 없는 듯이 여겼다. 그러나 온 힘을 다하여 40여 년 동안 날이 새는 줄 모르고 저술에 힘썼다. 저서로는 『爾雅義疏』 19권, 『春秋說略』 12권, 『春秋比』 1권, 『山海經箋疏』 18권, 『易說』 12권, 『書說』 2권이 있다."[19]라고 하였다.

『爾雅義疏』는 모두 19권, 37만여 글자로 郝懿行이 평생 힘을 쏟은 저작이다. 許維遹이 「郝蘭皐先生著作考」라는 문장에서 『爾雅義疏』는 "嘉慶 13년 戊辰年(1808)에 쓰기 시작하여 道光 2년 壬午年(1822)에 완성했는데 15년이나 걸렸다. 중도에 요양을 위해 3년 동안 중단했었으니 실제로 따지면 12년이 된다."[20]라고 하였다. 실제로 그가 『爾雅』를 연구한 시기는 이보다 더욱 이를 것이다. 『爾雅義疏』의 원명은 『爾雅略義』 혹은 『爾雅略』이다. 『山海經箋疏』에는 이미 "『爾雅』에 설명되어 있다."라는 내용이 있으므로, 이로부터 郝懿行이 嘉慶 4년 전후부터 일찍이 『爾雅略義』를 쓰기 시작하였음을 알 수 있다. 嘉慶 8년에 初稿를 완성했었고 잠시 멈추는 동안 『山海經箋疏』를 써 13년에 완성했다. 다시 『爾雅』를 수정하여 『義疏』를 쓰기 시작해서 道光 2년에 완성하였는데 모두 24년이 걸렸다. 『山海經箋疏』를 쓰는 기간과 요양 시간을 빼 버리면 적어도 16년 정도 걸린 셈이다. 그는 폭 넓게 자료를 채집하고 널리 고증하였으며 세심하게 연구 분석하여 『爾雅略義』를 수정 보충하여 『爾雅義疏』로 확충했다. 편찬 과정에서 매편을 완성할 때마다 그는 늘 그의 스승 阮元과 同門인 王引之, 張澍, 孫星衍, 馬瑞辰, 張聰咸 등과 반복하여 토론하고 연구하였다. 이와 같이 오랜 세월에 걸쳐 66세 때 비로소 원고를 완성하였다.

郝懿行의 『爾雅義疏』는 邵晋涵의 『爾雅正義』보다 40년 뒤에 출판되었다. 『爾雅正義』는 淸儒 중에서 최초로 전면적으로 『爾雅』를 연구한 훌륭한 저작이다. 郝懿行의 『爾雅義疏』는 늦게 나왔지만 한차례 보충을 더하여 더욱 정밀했다. 郝懿行은

19 "懿行爲人謙退, 訥若不出口, 然自守廉介, 不輕與人晋接. 遇非素知者, 相對竟日無一語, 迨談論經義, 則喋喋忘倦. 所居四壁蕭然, 庭院蓬蒿常滿, 僮僕不備, 懿行處之晏如. 浮沉郎署, 視官之榮悴, 若無與於己者, 而一肆力於著述, 漏下四鼓者四十年. 所著有『爾雅義疏』十九卷, 『春秋說略』十二卷, 『春秋比』一卷, 『山海經箋疏』十八卷, 『易說』十二卷, 『書說』二卷." 『淸史稿』 列傳269, 儒林3 참조.

20 "始于嘉慶十三年戊辰, 落成于道光二年壬午, 歷時五十五年. 中因養痾廢業三年, 擧實數言, 則云十二年也." 『淸華學報』 第10卷 第1期 참조.

두 책을 비교하여 두 가지 점을 지적했다. 그는 “邵晋涵의 『爾雅正義』는 자료 수집 폭은 넓으나 聲音과 訓詁근원 탐구에서는 여전히 막힐 때가 많으므로 명확히 밝힌 것이 적다. 지금 내가 『爾雅義疏』를 지을 때 假借되어 聲音이 변환되는 곳에서는 문장이 길어도 자르지 않았는데, 그 까닭을 밝히고자 해서이다. 나는 시골에 산지 오래인데, 나무나 풀 또는 곤충이나 물고기 중에 모르는 것을 만나면 반드시 그 이름을 물었고, 그 형상을 자세히 살폈다. 그리고는 古書에서 이를 살펴, 그것이 그런지 아닌지를 徵驗하였다. 지금 내가 쓴 疏 중에서 옛 주장들과 다른 것은 모두 직접 눈으로 관찰한 것으로 추측에 의한 것이 아니다. 이것이 내 저서와 邵晋涵의 저서가 다른 점이다.”[21]라고 하였다.

郝懿行은 『爾雅』에 대해 가장 오랫동안 노력을 기울였으며, 古訓의 차이점이나 名物의 의문 나는 부분에 대해서는 반드시 자세하게 변론을 덧붙여 증명을 분명히 하여, 여러 차례 그 원고를 수정하였다. 高郵 사람 王念孫은 이를 하나하나 살펴보고 儀徵 사람 阮元에게 부탁하여 간행하였다. 嘉慶 14년에 郝懿行이 王引之에게 쓴 편지에서 『爾雅義疏』에 대해 말하기를 “그 중에는 훌륭한 부분이 많으니 前人들이 미처 이룩하지 못했던 부분들입니다.”[22]라고 하였다. 이로써 그가 이 저서에 대해 자부심을 가지고 있음을 알 수 있다.

郝懿行은 일찍이 그의 『爾雅義疏』가 지닌 두 가지 특징을 반복해서 설명하곤 했다. 즉 聲音으로 訓詁를 꿰뚫고 있다는 것과 직접 본 것에 의해 名物을 해석하였다는 점이다. 학술계에서도 ‘직접 본 경험에 의해 名物을 해석한 것(據目驗考釋名物)’에 대해 그 성과가 뛰어남을 인정하고 있다. 그러나 ‘聲音으로 訓詁를 꿰뚫고 있다(以聲音貫串訓詁)’는 것에 대해서는 郝懿行이 ‘聲音에 소홀했기(疏于聲音)’ 때문에 그 마음만큼 성과가 따라 주지 못했다고 평가하고 있다.

직접 눈으로 본 경험에 의지해 초목이나 벌레 물고기들을 고찰하고 해석한 것은 『爾雅義疏』에서 두드러지게 뛰어난 점이다. 淸代의 小學家 중에는 訓詁에 전력을 기울인 자는 많지만 名物을 추구한 자는 적다. 따라서 『爾雅義疏』의 이 방면의 성과는 중시할 만하다. 郝懿行의 『爾雅義疏』는 아래와 같은 네 가지 특징을 지니고 있다.

---

21 “邵晋涵『爾雅正義』蒐輯較廣, 然聲音訓詁之原, 尙多壅閡, 故鮮發明. 今余作『義疏』, 於字借聲轉處, 詞繁不殺, 殆欲明其所以然. 余田居多載, 遇草木蟲魚有弗知者, 必詢其名, 詳察其形, 考之古書, 以徵其然否. 今玆疏中其異於舊說者, 皆經木驗, 非憑胸臆, 此余書所以別乎邵氏也.” 『淸史稿』 列傳269, 儒林3 참조.

22 “其中亦多佳處, 爲前人所未發.”

직접 눈으로 검증하는 것을 중시하며, **實事求是함** : 『義疏』에서 초목이나 벌레 물고기에 대한 묘사는 일반적으로 눈으로의 검증에 중점을 두고 있으며 묘사는 상세하고 정확하여, 이전의 각 학자들의 注疏를 뛰어넘고 있다. 『義疏』에서는 생물 현상들을 실제적으로 관찰함으로써 역대로 전해 오던 잘못된 견해들을 바로잡고 있다. 그가 「釋草」에서 '今驗'이라고 밝히고 있는 부분이 20여 군데에 달한다. '女羅, 菟絲' 아래에서는 다음과 같이 말하고 있다. "옛 說에 의하면 菟絲에는 뿌리가 없고 茯苓으로 뿌리를 삼는다고 하였으나, 반드시 그런 것은 아니다. 지금 살펴보면 菟絲도 처음엔 뿌리가 자라지만 덩굴이 뻗어나가면 뿌리가 점점 끊어지기 때문에 다른 것에 붙어서 자라는 것이다. ……"[23] 묘사가 구체적이며 섬세하고 정확하여 오랜 시간 세심히 관찰한 것이 아니라면 이처럼 묘사해 낼 수 없는 것이다. 「釋蟲」, 「釋鳥」 등에서도 많은 유사한 예들을 찾아볼 수 있다. 『義疏』는 몇몇 항목에서, 눈으로의 검증을 중시하고 실사구시 함으로써 漢儒이래의 '符應'[24], '災異'[25], '祥瑞'[26] 등의 비과학적인 견해들을 일소할 수 있었다. 예를 들어 「釋獸」에서는 '麟은 노루의 몸, 소의 꼬리, 뿔 하나.'[27]라고 나와 있는데, 郝懿行의 疏에서는 "고서에 의하면 麟은 기록되지 않았다. 대체로 미덕과 징험을 말할 때 가상적으로 쓰였으며, 『詩經』과 『爾雅』만이 진실로 믿을 만하다. 德은 『廣雅』에 기록되어 있다. 應은 「禮運」에 자세하게 나와 있다. 지금은 근거할 만한 것이 없으므로 취하지 않았다. 『禮記·禮運』에서는 麟을 '四靈' 중의 하나로 보고 있다. 『廣雅·釋獸』에서는 '麟'이 仁과 義를 품고 있다고 하였으며 울음은 鐘呂에 부합하고 行步는 규칙적이고 놀 때는 가려서 논다"고 하였다. 그러나 郝疏에서는 '지금에는 근거할 만한 것이 없어 취하지 않았다.'[28]고 말하고 있으니, 이는 實事求是적인 태도이다.

소리에 의해 뜻을 구함 : 郝懿行은 乾嘉시대에 태어났으며, 訓詁와 聲音은 서로 表裏의 관계임을 깊이 깨닫고 있었다. 따라서 『爾雅義疏』에서는 '옛 음에 의해 옛 뜻을 구하는'[29] 방법을 많이 이용하였으며, 형태에는 구애받지 않았다. 예를 들어 「釋詁」에는 "甫는 크다는 뜻이다.(甫, 大也)"라고 나와 있는데 郝懿行의 疏에서는

23 "舊說菟絲無根, 以茯苓爲根, 亦不必然. 今驗菟絲初亦根生, 及至蔓延, 其根漸絶, 因而附物以生. ……"
24 天命과 人事가 서로 일치함을 말함.(譯註)
25 자연재해와 드물게 보이는 자연현상을 말함.(譯註)
26 길조를 말함.(譯註)
27 "麟, 麕身, 牛尾, 一角."
28 "今旣無可依據, 亦無取焉."
29 "就古音以求古義"

“『詩經』에 ‘東有甫草’라고 하였는데 『文選·東都賦』의 注에서 『韓詩』를 인용하여 ‘東有圃草’라고 쓰고 있다. 薛漢은 말하길 ‘圃는 넓다는 뜻이니, 넓고 무성한 풀들이 있다는 뜻이다’라고 하였다. …… 博과 圃는 모두 甫의 발음을 따르며, 따라서 의미도 모두 크다는 뜻이니, 글자도 서로 통하는 것이다.”[30]라고 하였다. 그러나 郝懿行은 古音學에 대해 그다지 조예가 깊지 않았기 때문에 종종 실수를 범하였다. 王念孫의 『義疏刊誤』와 沈錫祚의 『義疏校補』 및 후인들의 문장에서는 이들을 바로잡았다.

구어나 방언을 인용하고, 지금 것으로 옛 것을 해석하다 : 郝懿行의 『爾雅義疏』는 눈으로의 검증을 중시하고 소리에 의해 뜻을 구한 것 이외에도, 구어나 방언을 많이 인용하였으며 지금의 것으로 옛것을 해석하는 郭璞注의 정신을 계승하였으니, 名物을 해석할 때에는 종종 淸代 당시의 언어나 속어를 인용하였다. 이러한 경우 종종 몇 마디 간단한 말로 일목요연하게 이해시킬 수 있었는데, 예를 들면 다음과 같다.

> 釋鳥 : 鸑, 鶌. 「郝疏」: 지금 강소 사람들은 이를 水老鴉(물까마귀)라고 한다.
> 釋獸 : 鼢, 鼠. 「郝疏」: 鼠는, 지금은 地老鼠(두더지)라고 한다.
> 釋獸 : 鼬, 鼠. 「郝疏」: 지금 속어로는 黃鼠狼(족제비)이라고 부른다.
> 釋詁 : 허물, 결점 …… 病이다. 「郝疏」: 咎라는 것은 『說文』에서는 災라고 하였다. 災란 곧 病이니, 고인들은 病을 災라고 하였으며, 따라서 『公羊傳·莊卄年傳』에서는 “大災란 무엇인가? 큰 瘠이다.”[31]라고 하였다. 何休의 주에는 “瘠이란 病이란 뜻이다. 제나라 말이다.”[32]라고 하였다. 지금 東齊 사람들은 病을 災라고 하니, 아마도 옛 말이 남아 있는 것일 것이다.

당시 賢人들의 말을 인용하며, 남의 업적을 가로채지 않는다 : 郝懿行의 『爾雅義疏』에서는 동시대 학자들의 견해를 대량으로 인용 서술하고 있으며, 그가 찬성하는 자에 대해서는 인용하여 증거로 삼고 그 사람의 성씨를 밝혀 남의 공적을 가로채지 않음을 나타내었다. 그가 찬성하지 않는 자에 대해서는 자신의 뜻을 분명히 밝혀 그로써 시비를 명확히 하였다. 顧炎武, 戴震으로부터 臧琳, 王念孫, 馬瑞辰에 이르기까지 대략 40명의 학자들을 인용하였으며, 각 학자들의 인용 횟수는 일치하지 않는다. 많은 것은 40개 항목에 달하니, 邵晋涵의 『爾雅正義』는 30여 항목을 인용하였으며, 段玉裁는 20여 항목을 인용하였고, 그의 아내 王照園의 설도 6항목을 인용하였

30 “『詩』‘東有甫草’, 『文選·東都賦』注引『韓詩』作‘東有圃草’. 薛君曰:‘圃, 博也, 有博大茂草也.’ …… 博與圃俱從甫聲, 故義皆爲大而字亦通矣.”
31 “大災者何? 大瘠也.”
32 “瘠, 病也. 齊人語也.”

다.[33] 찬성하지 않는 학자들은 10여 항목을 인용하였다.

이외에도 『爾雅』의 名物을 전문으로 해석한 저서가 있는데, 예를 들면 程瑤田의 『通藝錄』에 나와 있는 釋宮·釋草·釋蟲 등의 기록, 任大椿의 釋繒, 洪亮吉의 釋舟, 劉寶楠의 釋穀, 錢大昕의 釋人 등이다. 『爾雅』의 古注만을 모아 놓은 저서가 있으니, 臧庸의 『爾雅漢注』, 黃奭의 『爾雅古義』 등이 그것이다. 또 『爾雅』의 저작 체제를 해석해 놓은 저서가 있는데, 王國維의 『爾雅草木蟲魚鳥獸釋例』 등이다.[34]

결론적으로 漢代의 『爾雅』라는 언어학 전문서는 淸代 학자들이 200여 년에 걸쳐 각종 방면에서 연구하여 더욱 빛을 발하게 되었고 그 성과 또한 매우 뛰어났다.

3. 『說文解字』의 연구

許愼의 『說文解字』는 漢代의 탁월한 언어학 전문서이지만 그 후에 연구한 사람은 많지 않다. 五代 宋初에 이르러 徐鉉(916～991)·徐鍇(920～974)형제가 『說文』에 대해 연구하였다. 徐鉉은 句中正(929～1002) 등과 『說文解字』를 교정하여 새로 19글자를 正文에 보충하였고 또 經典에서 전해 내려오는 것과 당시 세속에서 통용되는 글자 중 『說文』에 기록되지 않은 402개의 글자를 正文 뒤에 덧붙였는데 이를 '大徐本'이라고 한다. 그의 동생 徐鍇는 『說文解字繫傳』 40권을 지었는데 이미 形聲相生, 音義相轉의 원리에 주의를 기울였다. 또 孫愐의 『唐韻』에 근거하여 『說文解字篆韻譜』 5권을 지었다. 宋 王安石이 지은 『字說』이나 鄭樵가 지은 『六書略』은 적지 않게 견강부회한 바가 있어 문자학자들이 참고하지 않았다. 南宋 戴侗이 지은 『六書故』는 『說文』 중의 篆文도 아니고 또 金文 중의 古文도 아니었으며 글자의 근거가 확실치 않는 것이 많아 학자들로부터 비판을 받았다. 明末 方以智(1611～1671)가 지은 『通雅』 52권은 『說文』을 많이 인용하였으니 明末 淸初시기에 가장

33 郝懿行의 부인 王照園은 자가 瑞玉이다. 經史를 두루 섭렵하였으며, 당시의 학자로서 '高郵王父子, 棲霞郝夫婦'(고우 지방에는 王念孫, 王引之 부자가 있고, 서하 지역에는 학의행 부부가 있다.)라는 명칭까지 있었다. 저서로는 『詩說』 1권, 『列女傳補注』 8권이 있으며 부록으로 『女錄』 1권, 『女校』 1권이 있다. 또한 郝懿行과 함께 詩로 문답한 것을 郝懿行이 『詩問』 7권으로 엮었다. 또한 『列仙傳校正』 2권도 지었다.

34 『淸史稿·藝文志』 小學類에는 『爾雅』연구와 관계된 저작들을 기록하고 있는데 다음과 같다: 『爾雅補注』 6권, 姜兆錫撰. 『爾雅補郭』 2권, 翟灝撰. 『爾雅正義』 20권, 『音義』 3권, 邵晋涵撰. 『爾雅補注』 4권, 周春撰. 『爾雅漢注』 3권, 臧庸撰. 『爾雅釋文補』 3권, 錢大昭撰. 『爾雅義疏』 20권, 郝懿行撰. 『爾雅釋地以下四篇注』 4권, 『爾雅古義』 2권, 錢坫撰. 『爾雅古義』 2권, 胡承珙撰. 『爾雅小箋』 3권, 江藩撰. 『爾雅古義』 12권, 黃奭撰. 『爾雅注疏本證誤』 5권, 張宗泰撰. 『爾雅匡名』 20권, 嚴元照撰. 『爾雅補注纂本』 1권, 劉玉𪊧撰. 『爾雅詁』 2권, 徐孚吉撰. 『爾雅郭注補正』 3권, 戴鎣撰. 『爾雅經注集證』 3권, 龍啓瑞撰. 『爾雅正郭』 3권, 潘衍桐撰. 『爾雅古注斠』 3권, 闔秀葉惠心撰.

먼저 『說文』연구를 시작한 저서라고 할 수 있다.

清代 康熙 年間에 이르러 經學家들이 점점 많아졌으나 『說文』에 대한 연구는 아직 활발하지 않았다. 乾隆 중엽에 惠棟(1697～1758)이 『讀說文記』 15권을 지었으니 이는 清代 儒家들이 『說文』을 연구한 전문서의 시작이라고 할 수 있다. 그 후에 江永과 戴震이 '六書'에 대한 토론을 벌였는데 매우 상세하였다. 戴震은 『說文』에 대하여 청년 시기부터 열심히 연구를 하였고 비록 그가 지은 전문서는 없었으나 그의 제자 段玉裁에게 심혈을 기울여 『說文』연구를 전수하여 段玉裁는 『說文』에 대하여 전문적이고도 깊이 있는 연구를 하였으니 그 성과 또한 매우 뛰어났다. 이렇게 하여 『說文』연구가 활발하게 일어나 학술계에서 매우 중요한 위치를 차지하게 되었다. 『說文解字』의 연구는 乾嘉시기에 가장 흥성하였다. 전적으로 『說文』을 연구한 사람들은 수십 명에 달하는데 만약 조금이라도 연구한 사람까지 헤아린다면 대략 200여 명에 달할 것이다. 예를 들어 『說文解字詁林』의 「引用諸書姓氏錄」에서는 清初부터 清末의 羅振玉·王國維에 이르기까지 모두 203명을 기록하고 있다. 清代 학자들은 『說文』에 대해 여러 방면에서 연구를 하였는데 총괄해 보면 대략 다음과 같은 4방면으로 나누어진다. 첫째, 『說文』에 대하여 교감과 고증 작업을 한 것으로 嚴可均(1762～1843)의 『說文校議』, 錢坫(1741～1806)[35]의 『說文解字斠詮』, 田吳炤의 『說文二徐箋異』, 承培元의 『說文引經證例』 등이 있다. 둘째, 『說文』을 바로 잡는 연구를 한 것으로 예를 들면 孔廣居의 『說文疑疑』, 俞樾(1821～1907)의 『兒笘錄』 등이 있다. 셋째, 『說文』에 대해 전면적인 연구를 한 것으로 상세히 설명한 부분이 많다. 예를 들면 段玉裁의 『說文解字注』, 桂馥(1736～1805)의 『說文解字義證』, 朱駿聲(1788～1858)의 『說文通訓定聲』, 王筠(1784～1854)의 『說文句讀』 등이다. 넷째, 선배나 동년배의 『說文』연구 저작에 대하여 보충·정정 작업을 한 것으로 예를 들면 嚴章福의 『說文校議議』, 王紹蘭(1760～1835)의 『說文段注訂補』, 鈕樹玉(1760～1827)의 『段氏說文注訂』, 徐承慶의 『說文解字注匡謬』, 徐灝의 『說文解字注箋』 등이 있다. 그 가운데에서도 段玉裁·桂馥·朱駿聲·王筠의 『說文』연구가 가장 중요하며 성과도 가장 뛰어나다. 이들 4 사람을 학술계에서 『說文』四大家라 칭한다. 이들 가운데에서도 段玉裁·朱駿聲이 가장 뛰어났다.[36]

35 濮之珍 원문에 '錢玷'으로 되어 있으나, 錢大昕의 동생인 '錢坫'을 잘못 쓴 것이다.(譯註)
36 王力의 『中國語言學史』 제11절 '說文的研究' 참조.

1) 段玉裁의 『說文』 연구

段玉裁(1735~1815)는 字가 若膺이고 號는 茂堂이며 江蘇 金壇縣 사람으로 乾隆 년간의 擧人이다. 그는 일찍이 戴震에게서 師事하였고 乾嘉學派 중의 저명한 학자이며 뛰어난 文字·訓詁學家이다. 段玉裁는 經籍에 정통하였는데 특히 音韻·訓詁 방면에 관하여 깊이 있는 연구를 하였다. 그의 저술은 매우 풍부하니 대체로 『古文尙書撰異』·『毛詩故訓傳定本』·『詩經小學』·『周禮漢讀考』·『春秋左傳古經』·『汲古閣說文訂文訂』·『六書音均表』·『說文解字注』·『經韻樓集』 등 30여 종이 있다. 그중 『說文解字注』는 그의 대표작으로 반생의 심혈을 기울여 이룩한 저작이다. 그는 "이제껏 『說文』을 연구한 사람들은 대부분 그 법칙을 깨닫지 못하고 그 이치를 연구하였다."[37], 즉 『說文解字』의 요지를 얻지 못하였다고 여겨 『說文』의 注釋작업에 심혈을 기울였다. 그는 乾隆 41년(1776)에 비교적 장편인 『說文解字讀』을 편찬하기 시작하여 19년에 걸쳐 乾隆 59년에 완성하였는데 모두 540권에 달한다. 계속하여 이 책을 기초로 하여 더욱 잘 다듬어 다시 13년에 걸쳐서 嘉慶 12년(1807)에 마침내 『說文解字注』라는 언어학 걸작을 완성하였다. 이후 8년이 지난 후인 嘉慶 20년(1815)에 이르러서야 비로소 간행되었으니 집필에서부터 인쇄에 이르기까지 40년이라는 세월이 걸린 것이다.

段玉裁의 『說文解字注』는 세상에 나오자마자 곧 학술계의 높은 평가를 얻었다. 王念孫은 『說文解字注·序』에서 다음과 같이 말하고 있다.

> 『說文』이라는 책은 문자학 저서인데 성음과 훈고도 겸하고 있다. …… 나의 친구 段玉裁는 고음의 이치를 정밀하게 관찰하고 자세히 분석하여 일찍이 『六書音均表』를 지어 17부로 총괄하였다. 여기에 근거해 『說文注』를 지어 形聲讀若으로 17부의 차이를 귀납하여 성음의 도가 크게 밝아졌다. 許愼의 설과 정의(본의) 차의(가차의)에 대해서는 법칙의 요지를 알고 그 원리를 깨달았고, 경전을 인용한 것이 금본과 다른 것에 대해서는 本字로써 가차자를 함부로 폐하지 않고 또한 가차자로써 本字를 바꾸지 않고, 여러 경전의 의미를 살펴 본서에서 例로 삼고 있는데 이것이 마치 符節을 맞춘 것처럼 잘 맞았으니 이로써 훈고의 이치가 크게 밝아졌다. 訓詁聲音이 밝아지면 小學에 밝아지는 것이요, 小學에 밝아지면 經學에 밝아지는 것이니 무릇 1700년 동안 이러한 저작이 없었다.[38]

---

37 "向來治『說文』者多不能通其條貫, 考其文理."

38 "『說文』之爲書, 以文字而兼聲音訓詁者也. …… 吾友段氏若膺, 於古音之條理, 察之精, 剖之密, 嘗爲『六書音均表』立十七部以綜核之. 因是爲『說文注』, 形聲讀若, 一以十七部之遠近分合求之, 而聲音之道大明; 於許氏之說·正義借義, 知其典要, 觀其會通, 而引經與今本異者, 不以本字廢借字, 不以借字易本字, 揆諸經義, 例以本書, 若合符節, 而訓詁之道大明. 訓詁聲音明而小學明, 小學明而經學明, 蓋千七百

許愼의 『說文解字』가 100년에 완성된 것을 염두에 두면, 王念孫은 段玉裁의 『說文解字注』가 『說文』을 연구한 모든 저작을 뛰어넘어, 許愼의 『說文解字』 자체를 이을 만한 뛰어난 저서라고 생각한 것이다. 실제로 段玉裁의 注가 발표되자, 학술계에서는 『說文』주석의 권위있는 저작으로 인정하였다.

盧文弨는 『說文解字讀·序』에서 다음과 같이 밝혔다.

> 淸朝는 文明이 크게 발달하여, 선조들은 이 책으로 후학들을 계도하였으니, 徐鉉·徐鍇의 『說文』本으로 학자들은 그 귀중함을 알았다. 그러나 이 책은 古言과 古義를 담고 있어, 가끔 쉽게 이해할 수 없는 부분이 있으며, 혹자는 이 책의 통하지 않는 부분 때문에 이 책을 의심하기도 하였다. 무릇 여러 경전에 통하지 않고서는 하나의 경전도 완벽하게 알 수 없는 것이다. 이 책은 義理와 사물의 總集인데, 부족한 지식을 가지고 사사로운 지식과 옅은 지혜를 써서 멋대로 연구함이 可하겠는가? 나의 친구 金壇의 明府 段若膺은 周秦兩漢의 책들 가운데 읽지 않은 것이 없고, 여러 소학가들의 책을 두루 살펴보지 않은 것이 없어서, 그 옳고 그름을 분별하여 선택하였다. 이에 수십 년의 노력을 들여 전문적으로 『說文』을 언급하였다. 鼎臣本은 고친 것이 매우 많으니, 許愼의 舊本을 잃지 않은 楚金本만 못하다. 그러나 그 가운데는 후인들이 고친 것, 빠뜨린 것, 차례를 잃은 것들이 있어 이를 일일이 살펴서 복원하였고, 모두 고증하였으며 억설을 일축하였다. 상세히 살피고 널리 변증하였기 때문에 그 문장이 길어지지 않을 수 없었다. 그래서 楚金本은 번잡하게 긴 것을 병폐로 여겼으나, 段玉裁의 책은 번잡하게 긴 것이 흠이 아니다. 무엇 때문인가? 하나(楚金)는 헛된 문사이고 하나(段氏)는 實證적이기 때문이다. 아마도 『說文』이래 이 책보다 훌륭한 것은 없을 것이다.[39]

『說文』은 唐宋이래 後人들이 고쳐서, 간혹 베끼면서 빠뜨리거나 바꾸어 쓴 곳이 적지 않다. 段玉裁는 徐鍇本을 근거로 하여 연구 고증하였다. 王筠은 『說文句讀·序』에서 "진실로 段茂堂이 힘써 애매한 부분을 정리하고, 許愼의 마음을 그대로 새기지 않았다면, 천하 사람들이 어찌 소위 『說文』을 알 수 있었겠는가?"[40]라고 하였다. 이로써 段玉裁의 注는 說文學이 크게 흥성하는데 결정적인 역할을 하였다는 것을 알 수 있다. 『說文解字注』는 다음과 같은 측면에서 학술적 가치가 있다.

年來無此作矣."

39 "我朝文明大啓, 前輩往往以是書提倡後學, 於是二徐『說文』本學者多知珍重. 然其書多古言古義, 往往有不易得解者, 則又或以其難通而疑之. 夫不通衆經則不能治一經, 況此書爲義理事物之所統彙, 而以寡聞尠見之胸, 用其私智小慧妄爲穿鑿, 可乎? 吾友金壇段若膺明府, 於周秦兩漢之書無所不讀, 於諸家小學之書靡不博覽, 而別擇其是非. 於是積數十年之精力, 專說『說文』. 以鼎臣之本頗有更易, 不若楚金爲不失許氏之舊. 顧其中尙有爲後人竄改者, 漏落者, 失其次者, 一一考而復之, 悉有左證, 不同肊說. 詳稽博辨, 則其文不得不繁, 然如楚金之書, 以繁爲病, 而若膺之書則不以繁爲病也. 何也? 一虛辭, 一實證也. 蓋自有『說文』以來未有善於此書者."

40 "苟非段茂堂氏力辟榛蕪, 與許君心心相印, 天下亦安知所謂『說文』哉!"

(1) 許愼의 體例를 설명하였다.

분부(分部)에 관한 예를 들면 다음과 같다.

一部 : 一에 속하는 모든 글자는 모두 一을 따른다.[41]
段注 : '凡某之屬皆从某'라고 한 것은 自序의 이른바 '部首를 나누어 서로 섞이지 않았다.'라는 것을 말한다.[42]

글자의 배열 순서에 관하여 예를 들면 다음과 같다.

一部 : 文은 다섯이고, 重은 하나이다.(一部, 文五, 重一.)
段注 : 이것은 대체로 許愼이 써 놓은 것이다. 매 部마다 써 놓았으므로, 이것으로 '모두 몇 글자'라는 것을 알 수 있다. 部의 前後는 字形이 서로 비슷한 것을 순서로 삼았고, 매 部 속의 글자의 전후는 字義가 서로 관계 있는 것을 순서로 삼았는데, 『顔氏家訓』의 이른바 '고쳐 씀에 조리가 있다.'라고 하는 바이다.[43]

해설에 관하여 예를 들면 아래와 같다.

元은 처음의 뜻으로 一이 形符이고, 兀이 聲符이다.[44]
段注 : 形符가 某이고, 聲符가 某라고 말한 것은 六書에 있어 形聲임을 말한다. 문자에는 모두 字義와 字形과 字音이 있다. 전문(篆文) 한 글자에는, 먼저 그 뜻을 풀이하였으니 '始也', '顚也'와 같은 것이 그것이고, 다음에 그 형체를 풀이하였으니 '从某, 某聲'과 같은 것이 그것이다. 그 다음에 소리를 풀이하였으니 '某聲', '讀若'과 같은 것이 그것이다. 이 세 가지를 합침으로써 하나의 전문(篆文)을 완성하였기 때문에 '字形에 관한 책'이라고 하는 것이다.[45]

聲訓에 관하여 예를 들면 다음과 같다.

天은 顚의 뜻이다.[46]
段注 : 이것은 같은 部의 疊韻으로 뜻을 풀이한 것이다. '門, 聞也.' '戶, 護也' '尾, 微也' '髮, 拔也'는 모두 이와 같은 예이다.[47]

---

41 "一部, 凡一之屬, 皆从一."

42 "段注: 凡云"凡某之屬皆从某"者, 自序所謂分別部居, 不相雜廁也."

43 "此蓋許所記也. 每部記之, 以得其凡若干字也. 凡部之先後, 以形之相近爲次, 凡每部中字之先後, 以義之相引爲次, 『顔氏家訓』所謂櫽栝有條例也."

44 "元, 始也, 从一, 兀聲."

45 "凡言'从某, 某聲'者, 謂於六書爲形聲也. 凡文字有義, 有形, 有音. 凡篆一字, 先訓其義, 若'始也''顚也'是, 次釋其形, 若'从某, 某聲'是, 次釋其音, 若'某聲'及'讀若'是. 合三者以完一篆, 故曰形書也."

46 "天, 顚也."

> 旁은 溥의 뜻이다.[48]
> 段注 : 생각건대 旁은 滂과 같이 읽으므로, 溥와 雙聲이다.[49]

古籒에 관하여 예를 들면 아래와 같다.

> 弌은 古文의 一이다. 段注: 古文이라고 한 것은 모두 倉頡이 지은 古文을 말한다. 이 책은 후세의 임금에게 법도가 되고 한나라의 제도를 존중하여 小篆을 바탕으로 삼았으나, 古文과 籒文도 겸하여 수록하였다. 이른바 '지금은 篆文으로 쓰는데, 古籒를 합하였다.'(今敍篆文, 合以古籒)라는 것이다. 小篆의 古籒에 대하여는 혹은 그대로 따르기도 하고, 혹은 생략하여 고치기도 하였다. 그대로 따른 것은 10중 8,9이고, 줄여 고친 것은 10중 1,2일 뿐이다. 그대로 따른 것은 小篆이 모두 古籒인 것이므로 다시 보이지 않았으나, 古籒가 줄여지고 고쳐진 경우는 古籒가 小篆이 아니므로 다시 보인 것이다. 一, 二, 三이 고문에 근본한 것은 분명한데, 어째서 다시 弌, 弍, 弎이 보이게 되었을까? 대체로 '古文이면서 다른 것'이라는 것은 마땅히 '古文중의 奇字'라고 해야 할 것이다.[50]

讀若에 관하여 예를 들면 다음과 같다.

> 𥜽은 급히 제사지낸다는 뜻이다. '示'가 形符이고, 聲符가 '毳'이다. '보리를 찧는 것을 𥜽라 한다'의 𥜽(此芮切)와 같이 읽는다.

段注: '讀若'이라고 말한 것은 모두 그 音을 본뜬 것이다. (경전의)傳注에 '讀爲'라고 한 것은 모두 그 글자를 바꾼 것이다. 經에 注를 달 때는 반드시 이 두 가지를 겸해야 하기 때문에 '讀爲'도 있고, '讀若'도 있다. '讀爲'는 또한 '讀曰'이라고도 하며, '讀若'은 또한 '讀如'라고도 한다. 字書에서는 다만 그 본래 글자와 본래 음을 말할 뿐이므로, '讀若'은 있지만 '讀爲'는 없다. '讀爲'와 '讀若'에 대해 唐代 사람이 『正義』를 지을 때, '爲'와 '若' 두 글자를 알지 못하여, 注 중에 때로 잘못과 혼란이 생겨났다.[51]

---

47 "此以同部疊韻爲訓也. 凡'門, 聞也.' '戶, 護也' '尾, 微也' '髮, 拔也', 皆此例."

48 "旁, 溥也."

49 "按旁讀如滂, 與溥雙聲."

50 "弌, 古文一. 段注: 凡言古文者, 謂倉頡所作古文也. 此書法後王, 尊漢制, 以小篆爲質, 而兼錄古文·籒文, 所謂"今敍篆文,合以古籒"也. 小篆之於古籒, 或仍之, 或省改之, 仍者十之八九, 省改者十之一二而已. 仍, 則小篆皆古籒也, 故不更出; 古籒省改, 則古籒非小篆也, 故更出之. 一二三之本古文明矣, 何以更出弌弍弎也? 蓋所謂"卽古文而異"者, 當謂之"古文奇字"."

51 "𥜽, 數祭也. 從示, 毳聲, 讀若舂麥爲𥜽之𥜽(此芮切). 段注: 凡言"讀若"者, 皆擬其音也. 凡傳注言"讀爲"者, 皆易其字也. 注經必兼玆二者, 故有"讀爲", 有"讀若". "讀爲"亦言"讀曰": "讀若"亦言"讀如". 字書但言其本字本音"讀若", 無"讀爲"也. "讀爲"·"讀若"之分, 唐人作正義, 已不知"爲"與"若"兩字, 注中時有譌亂."

(2) 段注는 어휘 연구 방면에서 『說文』을 더욱 자세하게 설명하였다.

段注의 특징과 성과는 단지 "그 미세한 뜻을 궁구하고, 大例에 통하게 한다."[52]라는 데에 있는 것이 아니다. 그는 許愼의 『說文』을 세밀하고 전면적으로 교감, 정리하였다. 더욱이 許愼에 대한 注釋은 漢語音韻學, 文字學, 訓詁學 및 語彙學 방면과 관련된 몇몇 중대한 문제를 제기함과 동시에 일차적으로 그 문제들을 해결하였다. 그는 비교적 과학적으로 이런 중요 언어 문제를 연구하였고, 그의 段注는 『說文』연구에 있어 校訂, 考證 방면의 기초 위에서 진일보 나아가 규칙적인 언어학 문제를 연구하였다. 비교적 두드러지는 것은 詞彙學 방면의 연구 성과로, 段注는 字와 詞의 관계를 언급하였고 단어의 音義 관계를 살폈다. 同義詞의 분석, 단어의 본뜻, 引申義, 假借義 및 詞義의 발전과 변화 문제까지도 언급하였다. 段玉裁의 분석 연구, 이론 인식의 수준은 清代 연구 가운데 가장 높은 수준에 도달하여, 지금의 漢語史, 漢語語彙學 연구에 있어서도 참고할 만한 가치를 가지고 있다.

고대 학자들은 字와 詞의 관계를 제대로 분간하지 못하여, 가끔 訓詁上의 착오를 범하였다. 그러나 段玉裁는 "모든 單字의 명칭은 雙字의 명칭과 서로 이끌려 혼동될 수 없다."[53]라는 훈고의 원칙을 정확하게 제기할 수 있었는데, 예를 들면 다음과 같다.

> 蛁는 벌레다. 段注: 벌레 이름을 말한다. 『玉篇』에서는 蛁蟧로 해석하였는데, 틀린 것이다. 蛁 자체가 곤충 이름이다. 다음 문장의 蜨 밑에는 蛁蟟가 있는데, 이는 다른 곤충의 이름이다. 무릇 單字로 이름이 된 것은 雙字로 된 이름과 혼돈해서는 안 된다. 蛁蟧는 蛁蟟이니, 이것으로 蛁를 해석할 수는 없다.[54]

또한 "무릇 두 글자로 이루어진 명칭은, 그 중의 한 글자가 다른 사물의 명칭과 같다고 해서 한 사물이라고 할 수 없다."[55]라고 하였는데 예를 들면 다음과 같은 것들이다.

> 鴞는 鴟鴞(올빼미), 寧鴂(소쩍새)이며, 形符가 鳥이고 聲符는 号이다. 段注: "鴟는 雖로 써야 하며, 雖는 소리개이다. 鴟鴞는 寧鴂이다. …… 雖는 예전에는 雖 한 글자로만 말할 수 없었으

王力의 『中國語言學史』 제11절 '說文的研究' 참조.

52 "究其微指, 通其大例." 孫詒讓의 『札迻·序』 참조.

53 "凡單字爲名者不得與雙字爲名者相牽混."

54 "蛁, 蟲也. 段注, 謂蟲名也. 按『玉篇』以蛁蟧釋之, 非也. 蛁自蟲名. 下文蜨下蛁蟟, 別一蟲名. 凡單字爲名者, 不得與雙字爲名者相牽混. 蛁蟧卽蛁蟟, 不得以釋蛁也."

55 "凡物以兩字爲名者, 不可因一字與他物同, 謂爲一物."

> 며, 鴟鴞는 한 글자로 鴞라고만 말할 수 없었다. 무릇 사물이 두 글자로 이름 지어진 경우, 그 중에 한 글자가 다른 사물과 같다고 하여 같은 물건이라고 할 수는 없다.[56]
> 琰은 玉璧에서 아름다운 색깔이 나온다라는 뜻이고, 王이 形符고 炎이 聲符이다. 段注: …… 琬琰은 美玉의 이름이며 두 글자를 합쳐 부르며, 별도의 물건이다. 『尙書』의 玉 五重과 琬琰도 같은 물건이고 『周禮』의 二圭(琬圭, 琰圭)와는 다르다.[57]

이밖에 『說文解字』의 黽, 豬 등의 글자 아래의 段注는 이러한 관점을 설명했다. 오늘날에 와서 볼 때, 段玉裁는 "連綿字는 따로 나누어서 해석해서는 안 된다."[58]라는 것에 대해 명확한 인식을 지니고 있었으며, 또한 중국어의 字와 詞의 구별 및 構詞法을 설명하는 데 있어서도 비교적 과학적인 견해를 갖고 있었다.

段玉裁의 『說文解字注』는 音譯한 외래어도 주의했다.

> 珣은 醫無閭의 珣玗璂이다. 周書에서 말한 바의 夷玉이다. 王이 形符이고 旬이 聲符이다. 玉器라고도 말한다. 段注: "『爾雅』에는 '東北의 아름다운 것으로는 醫無閭의 珣玗琪를 꼽을 수 있는데 璂와 琪는 같다. 醫無閭는 산 이름으로 지금의 盛京錦州府 廣寧縣 서쪽 10里에 있다. 屈原의 賦에서는 이를 微閭라고도 했고, 珣玗琪 석자는 합쳐 玉의 이름이다. 玗璂 두 글자는 또한 각각 本義가 있다. 그래서 그 篆字를 열거하지 않았다. 대개 醫無閭, 珣玗璂는 모두 동쪽 오랑캐의 말이다.[59]
> 珋는 돌 중에 광채가 있는 것으로 璧珋라고도 한다. 서쪽 오랑캐에서 나온 것으로 王이 形符이고 丣가 聲符이다. 段注: 璧珋는 바로 璧流離이다. 『漢書·地理志』에서는 "바다로 나아가 明珠와 璧流離를 팔았다."라고 나와 있다. 『漢書·西域傳』에서는 "罽賓國에서 벽유리가 나온다"라고 하였다. 벽유리 세 글자가 이름인데, 마치 珣玗琪가 東夷의 말인 것처럼 胡語이다. …… 今人이 流離라고 생략하여 말하는데, 글자를 고쳐 瑠璃로 썼다. 古人들은 璧珋라고 생략하여 불렀는데, 珋는 流, 瑠와 音이 같다. 揚雄의 「羽獵賦」에는 '야광 유리를 쪼개서'라는 귀절이 있으니, 옛날에도 생략해서 流離라고 하였다.[60]

段玉裁의 『說文解字注』는 連語를 詞組의 합성으로 착각하였다. 段注에서는 連語에 대해 모두 각종의 變體를 지적하였다.

---

56 "鴞, 鴟鴞 · 寧鴂也. 從鳥 · 號聲. 段注: "鴟當作雖, 雖, 雖也, 鴟鴞則爲寧鴂. … 雖舊不可單言雖, 雖鴞不可單言鴞. 凡物以兩字爲名, 不可因一字與他物同謂爲一物."

57 "琰, 璧上起美色也. 從王, 炎聲. 段注: … 琬琰美玉名, 此當合二字爲一名. 別是一物. 『尙書』玉五重 · 琬琰亦是一物, 非『周禮』之二圭也."

58 "連綿字不可分釋."

59 "珣, 醫無閭之珣玗璂. 周書所謂夷玉也. 從玉, 旬聲. 一曰玉器. 段注: 『爾雅』曰: 東北之美者, 有醫無閭之珣玗琪焉. 璂與琪同. 醫無閭, 山名. 在今盛京錦州府廣寧縣西十里. 屈原賦謂之微閭, 珣玗琪合三字爲玉名. 玗琪二字又各有本義, 故不連擧其篆也. 蓋醫無閭 · 珣玗璂, 皆東夷語."

60 "珋, 石之有光者, 璧珋也. 出西胡中, 從王, 丣聲. 段注: 璧珋, 卽璧流離也. 『地理志』曰, 入海市明珠 · 璧流離. 『西域傳』曰, 罽賓國出璧流離. 璧流離三字爲名, 胡語也. 猶珣玗琪之爲夷語. …… 省言之曰流離, 改其字爲瑠離. 古人省言之曰璧珋, 珋與流 · 瑠音同. 揚雄『羽獵賦』: 椎夜光之流離. 是古亦省作流離也."

旖는 깃발이 휘날리는 모양이다. 方人이 形符이고 奇가 聲符이다. 段注: 旖旎은 疊韻字이다. 17部에 있다. 許愼은 旗에 대해서는 旖旎라고 말했고, 木에 대해서는 檹施라고 말했고 禾에 대해서는 檹移라고 말했으며, 모두 阿那라고 읽었다. 『詩經·檜風』에서는 '깃발이 나뭇가지에서 흔들리네(猗儺其枝)'라고 나와 있고, 傳에서 猗儺는 柔順이라 하였다. 『楚辭』의 「九辨」, 「九嘆」에서는 모두 旖旎라고 했다. 「上林賦」에는 '바람에 따라 휘날리다(旖旎從風)'라고 나와 있다. 張揖은 旖旎는 阿那와 같다고 하였다. 『文選』에서 猗犯라고 했고 『漢書』에서 椅柅라고 했으며 『考工記』에서 倚移라고 했는데 許愼의 『說文解字』에 있는 禾部와 부합한다. 音으로 사용하게 되면 날로 글자가 많이 생겨남을 알 수 있다. 『廣韻』, 『集韻』에서는 婀娜, 旖旎, ……라고 말했으며, …… 이러한 것들은 모두 俗體이고 본래는 깃발이 흔들리는 유순한 모양[61]을 말하는데, 引申하여 모든 유순한 것의 명칭이 되었다. 倚移는 旖施와 같다. 許愼은 方人과 禾를 따른 것으로 이것을 구별했다.[62]

『說文解字注』에서는 詞義 문제에 대해서도 심도 있게 고찰했다. 예를 들면 引申義와 假借義에 대해서 『說文解字』에서는 本意만 다루었는데 반면 段玉裁는 引申義와 假借義를 모두 다루었고 詞의 多義性을 설명했다. 段玉裁의 제자인 江沅이 『說文解字注』의 後序에서 "『說文解字』의 요지는 文字의 本義를 밝혀내려는 것뿐인데, 선생님은 許愼의 요지를 잘 설명하여 許愼의 『說文解字』의 매 글자마다의 本義를 잘 推論하셨다. 經史百家의 글자는 가차자를 많이 사용했고 허신의 저서는 그 명칭을 해석하기 위해 本義를 전적으로 다루지 않을 수 없었다. 本義가 명확해지면 나머지 뜻들도 명확해지니 引申義, 假借義 또한 명확해진다. 形을 經으로 삼고 聲을 緯로 삼았다. 대체로 옛것을 끌어 고증할 때, 本義, 餘義, 引申義, 假借, 形, 聲 등등에 대해서 다 가리키는 바가 있었으며, 도리에 맞지 않은 것이 없었다."[63]라고 하였다.

理는 玉을 다룬다는 뜻이며, 形符는 王이고 聲符는 里이다. 段注: 『戰國策』에는 '鄭나라 사람들은 다듬지 않은 玉을 璞이라고 했다.'라고 나와 있으며, 理는 쪼갠다는 뜻이다. 玉은 단단하지만 이를 다듬어서 반들반들하게 그릇을 만드는 것은 그리 어렵지 않으니, 이를 理라고 한다. 天下에 모든 일과 사물은 반드시 그 본성에 따라 미흡함이 없을 때까지 간뒤라야 안정되는데 이를 天理라고 한다. 이것을 善治라고 부르는 것은 引申義이다. 戴震은

61 濮之珍 원문에는 '柔順之兒'로 되어 있으나 이는 '柔順之皃'로 고쳐야 맞다. '皃'자는 '貌'자와 같은 자이다.(譯註)

62 "旖, 旖施·旗貌. 从方人, 奇聲. 段注: 旖施, 疊韻字. 在十七部. 許於旗曰旖施, 於木曰檹施, 於禾曰倚移, 皆讀如阿那. 『檜風』: 猗儺其枝. 傳曰猗儺, 柔順也, 『楚辭·九辨』·「九歌」則皆作旖旎. 「上林賦」: 旖旎从風. 張揖曰旖旎猶阿那也. 『文選』作猗犯, 『漢書』作椅柅, 『考工記』則作倚移, 與許書禾部合. 知以音爲用, 制字日多. 『廣韻』·『集韻』曰婀娜·曰旖旎 …… 皆其俗體耳, 本謂旌旗柔順之皃, 引申爲凡柔順之稱. 倚移與旖施同. 許以从方人·从禾別之."

63 "許書之要在明文字之本義而已, 先生發明許書之要, 在善推許書每字之本義而已矣. 經史百家字多假借, 許書以說解名, 不得不專言本義者也. 本義明而後餘義明, 引申之義亦明, 假借之義亦明. 形以經之, 聲以緯之. 凡引古以證者, 于本義·于餘義·于引申·于假借·于形·于聲, 如指所之, 罔不就理."

『孟子字義疏證』에서 말하길 “理라는 것은 관찰하여 무슨 기미라도 있으면 구별해내는 것을 말한다.”라고 했다. 그래서 이를 分理라고 했다. 사물의 바탕은 肌理, 腠理, 文理라고 한다. 그것을 나눔에 조리가 있고 섞이지 않음을 일러 條理라고 한다. 鄭玄이 『樂記』注에서 “理는 分의 뜻이다”라고 하였다. 許愼은 “分과 理가 서로 다른 뜻이 될 수도 있음을 알 수 있다.”고 했다. 옛 사람이 말하는 天理는 무엇을 가리키나? 理라는 것은 情이 어그러지지 않음을 말한다. 情이 없으면 理를 얻지 못한다. 天理라는 것은 自然의 이치를 분별해내는 것이다. 자연의 이치를 분별해 낸다는 것은 자신의 본성으로 남의 마음을 헤아리면 평안하지 않을 수 없으니 바로 그것이다.[64]

段玉裁는 그의 스승 戴震의 견해를 참고하여 “理”의 字義에 대해 연구 분석하였다. 그는 먼저 許愼의 『說文解字』를 근거로 해서 字形偏旁으로 本義를 구했으므로 근원을 찾을 수 있었다. 또한 本義를 起點으로 引申義를 推求하였고, 引申義를 분석할 때 단계별로 심도 있게 다루었으며, 마지막에는 많은 문헌들을 조사하여 『說文解字』를 여러 책들과 서로 고증하였다. 정연한 조리로 6단계의 引申義를 분석 귀납했는데 “天理”, “分理”, “肌理”, “腠理”, “文理” 그리고 “條理” 등이다.

許愼은 『說文解字』에서 近義詞의 詞義에 대한 변별 작업에 주의를 기울였다. 보통 『說文解字』를 연구한 저작들은 이러한 점에 신경을 쓰지 않았다. 하지만 段玉裁만이 許愼의 『說文解字』에 있는 近義詞의 변별 작업에 주의를 기울였으며 이것들을 더욱 발전시켰는데, 예를 들면 다음과 같다.

覼은 구하는 눈빛이다. 段注: 求視라는 것은 구하고 탐색하는 눈빛이다.
覣은 좋게 보는 것이다. 段注: 좋아하며 보는 것과 같다.
覭은 웃는 눈빛이다. 段注: 장난하며 보는 것이다.
覞은 살피는 시각이다. 段注: 주도면밀하게 살펴보는 것이다.[65]

또한 『說文解字』에서 皿部의 盈은 ‘그릇을 가득 채우다.(盈, 滿器也)’로 나와 있고 水部의 溢은 ‘그릇이 가득 차다.(溢, 器滿也)’로 나와 있다. 段氏는 “滿器는 사람이 가득 채워 놓다는 뜻이며, 器滿는 용기가 이미 가득하다.”[66]는 뜻으로 注하였다.

---

64 “理, 治玉也. 從玉, 里聲. 段注: 『戰國策』: 鄭人謂玉之未理者爲璞, 是理爲剖析也. 玉雖至堅, 而治之得其䚡理以成器不難, 謂之理. 凡天下一事一物, 必推其情至於無憾而後卽安是之謂天理. 是之謂善治, 此引申之義也. 戴先生『孟子字義疏證』曰: 理者, 察之而幾微必區以別之名也, 是故謂之分理. 在物之質曰肌理, 曰腠理, 曰文理. 得其分則有條而不紊, 謂之條理. 鄭注『樂記』曰: 理者, 分也. 許叔重曰知分理之可相別異也. 古人之言天理何謂也. 曰理也者, 情之不爽失也. 未有情不得而理得者也. 天理云者, 言乎自然之分理也. 自然之分理, 以我之情絜人之情, 而無不得其平是也.”

65 “麗見, 求視也. 段注: 求視者, 求素之視也, 覣, 好視也. 段注: 如好之視也, 彔見, 笑視也. 段注: 嬉笑之視也, 覞, 察視也. 段注: 密察之視也.”

66 “滿器, 人滿貯之. 器滿, 謂器中已滿.”

滿器의 滿字는 動詞이며 溢은 마치 물이 가득차서 흘러넘치는 모양이다.

『說文解字注』는 常用詞에 대한 訓釋 또한 정확했는데, 예를 들면 아래와 같다.

> 牙는 壯齒다. 段注: 壯은 크다는 뜻이고, 壯齒는 큰 이빨이라는 뜻이다. 총칭하여 모두 齒와 牙라고 말한다. 분석해 보면, 앞에 있어 입술과 마주 대하는 것을 齒라고 했고, 뒤쪽 광대뼈와 턱에 있는 것을 牙라고 했다. 牙는 齒보다 비교적 크다.[67]
>
> 稻는 稌이다. 段注: 지금은 黏이라고 속칭하며 차지지 않으면서 곡물의 겨를 벗겨 내지 않은 것을 稻라고 한다. 稬(糯)稻, 秈稻, 秔(粳)稻는 모두 겨를 벗겨 내지 않은 곡물의 명칭이다. 겨를 벗겨 내면 稬米, 秈米, 秔米으로 칭했다. 옛날에 黏이라 부른 것은 稻이며, 차진 쌀을 稻로 칭했었다. 『九穀考』에서 "……孔子가 '食夫稻(쌀을 먹다)'라고 말하는 것은 黏을 지칭한 것이 아니다."라고 말했다. 내가 "稻"를 말한 것은 총칭한 것이며, "秔"과 "稻"가 상대되므로 명칭을 분석해서 말했다.[68]

段玉裁의 『說文解字注』에서 역사적 관점으로 詞義의 발전 변천을 보인 것은 다른 小學家보다 뛰어난 점이다. 예를 들면 段注는 역사 발전의 관점으로 詞義의 발전·변천을 바라보고 있는데, 이는 段玉裁가 다른 小學家들에 비해 뛰어난 점이다. 예를 들면 다음과 같다.

> 堂은 큰집(殿)이다. 土가 形符이고 尙이 聲符이다. 段注: 許愼이 殿으로 堂을 해석한 것은 漢代 용어로 옛것을 해석한 것일 것이다. 옛날에는 堂이라 하였고 漢 이후에 殿이라고 하였다. 예전에는 상하 계급 모두 殿이라고 칭했으나 唐 이후에 이르러는 신하 중에 殿이라고 칭하는 자가 없었다.[69]
>
> 代는 更(고치다)이다. 人이 形符이고 弋이 聲符이다. 段注: 更이라는 것은 바꾼다(改)는 뜻이다. 『士喪禮』『喪大記』의 注도 똑같다. 무릇 이것으로 저것을 바꾸는 것을 '代'라고 하며, 차례를 서로 바꾸는 것을 '遞代'라고 하며, 다른 말로 바꾸는 것을 '代語'라고 한다. '代'자를 假借하여 '世'로 쓰는 것은 唐人들의 避諱에서 시작되었다. '世'와 '代'는 의미가 다르다. 唐人들은 '世'를 避諱하여 代宗이 있게 되었다. 明代에 世宗이 있는데 또 代宗이 있는 것은 잘못이다.[70]

---

67 "牙, 壯齒也. 段注: …… 壯,大也. 壯齒者, 齒之大者也. 統言之皆稱齒, 稱牙. 析言之則當脣者稱齒, 後在輔車者稱牙, 牙較大於齒."

68 "稻, 稌也. 段注: 今俗皆謂黏者, 不黏者未去糠曰稻. 稬稻·秈稻·秔稻, 皆未去糠之稱也. 旣去糠則曰稬米·曰秈米·曰秔米. 古謂黏者爲稻, 謂黏米爲稻. 『九穀考』曰 "…… 孔子曰:'食夫稻', 亦不必專指黏者言." …… 玉裁謂"稻"其渾言之稱, "秔"與"稻"對, 爲析言之稱."

69 "堂, 殿也. 從土, 尙聲. 段注: 許以殿釋堂者, 以今釋古也. 古曰堂, 漢以後曰殿. 古上下皆稱殿, 至唐以後, 人臣無有稱殿者矣."

70 "代, 更也. 從人, 弋聲. 段注: 更者, 改也. 『士喪禮』『喪大記』注同. 凡以此易彼謂之'代', 次第相易謂之'遞代', 凡以異語易相易, 謂之'代語'. 假'代'字爲'世'字, 起于唐人避諱. '世'與'代', 義不同也. 唐諱言'世', 故有代宗; 明旣有世宗, 又有代宗, 斯失之矣."

段玉裁는 감히 許愼에 대해 비평하기도 하였으니, 예는 아래와 같다.

> 哭은 슬픈 소리이다. 吅이 形符이고 獄의 생략된 소리가 聲符이다. 段注: 許愼의 저서에 따라 省聲이라고 한다면 많은 의문점이 있으니, 한 편방만 취하고 전체 글자를 싣지 않고 某字의 聲이라고 하면, '家'는 '豭'의 省이고 '哭'은 '獄'의 省이라고 하는 꼴이니 모두 믿을 수 없다. …… 생각으로는 犬으로 이루어진 狡, 獪, 狂, 默, 猝, 猵, 狠, 獷, 狀 …… 같은 서른 글자들은 모두 犬이 聲符지만 사람을 묘사하는데도 쓸 수 있으니, '哭'이 본디 犬嗥를 가리키다가 사람을 묘사하는 말로 옮겨진 것이 아니라는 것을 어찌 알 수 있겠는가? 무릇 造字의 本義를 얻을 수 없는 것으로는 '禿'이 禾로 이루어진 것 같은 것이 있으며, 用字의 本義를 알 수 없는 것도 있으니 '家'가 '豕'로 이루어진 것과 '哭'이 '犬'으로 이루어진 것이 그것이다. 생각건대 '家'는 豕符에 들어가고 豕와 宀를 따르고, '哭'은 犬符에 들어가며 犬과 吅를 따르는 것이다. 이들은 모두 會意에서 변하여 사람을 묘사하는 말로 전이된 것이니, 이로써 省聲의 억지 주장을 바로잡을 수 있다.[71]

段玉裁가 『說文注』에서 이처럼 許愼을 비평한 것에 대해 당시의 학술계에서는 서로 다른 반응들이 나왔다. 徐承慶같은 이는 심하게 이를 반박하여 말하길 段玉裁는 '고집불통에 불손하며, 자신을 지나치게 과대 평가한다.'[72]라고 하였다. 반면 徐灝는 찬성을 나타내며 '段玉裁의 설이 옳다'라고 하였다. 王筠도 『說文釋例』에서 말하길 "무릇 이와 같은 것은 모두 字形이 전하지 않음에 許愼이 억지로 해석한 것이다."[73]라고 하였다.

『說文』은 字形을 위주로 한 것이지만 段玉裁는 注를 달 때 字形에만 국한하지 않고 글자로서 글자를 논하였다. 또한 언어의 실제로부터 출발하여 文字의 形音義를 분석하였다. 淸代에는 小學이 대성하여 『說文』4大家라 불리는 이들이 있었는데, 이 중 王筠의 『說文釋例』, 『說文句讀』은 비교적 字形에 중점을 두었으며, 桂馥의 『說文義證』은 義에 치우쳐 있고 朱駿聲의 『說文通訓定聲』은 音에 비중을 두고 있다. 오직 段玉裁만이 『說文解字』를 形音義 세 가지 모두 중시하여 '능히 세 가지로써 서로 추구할 수 있었으니', 이점이 바로 『說文』 四大家 중에서 특출한 부분이다. 段注는 각 글자의 形音義를 분별하여 밝히고 있는 것 외에도, 이를 이론적으로 설명하고 개괄할 수 있었다. 예를 들면 아래와 같다.

---

71 "哭, 哀聲也. 从吅, 從獄省聲. 段注: 按許書言省聲, 多有可疑者, 取一偏旁, 不載全字, 指爲某字之聲, 若'家'之爲'豭'省, '哭'之从'獄'省, 皆不可信. …… 竊謂从犬之字如狡·獪·狂·默·猝·猵·狠·獷·狀 …… 三十字皆从犬而移以言人, 安見非'哭'本爲犬嗥而移以言人也? 凡造字之本義有不可得者, 如'禿'之从禾; 用字之本義, 亦有不可知者, 如'家'之从'豕', '哭'之从'犬'. 愚以爲'家'从豕部, 从豕宀, '哭'入犬部, 从犬吅, 皆會意而移以言人, 庶可正省聲之勉强皮傅乎!"

72 "剛愎不遜, 自許太過." 徐承慶의 『段注匡謬』 卷15.

73 "凡類此者皆字形失傳而許君强爲之解."

> 禛은 참됨으로 복을 받는다는 뜻이다. 示가 形符이고 眞이 聲符이다. 段注: 이는 마땅히 示眞 둘 다 形符인 會意문자인데, 从眞을 쓰지 않은 것은 眞은 소리도 되기 때문에 말하지 않고 생략한 것이다. 소리가 의미와 근원이 같고, 따라서 諧聲字의 편방은 字意와 비슷한 것이 많다. 이처럼 會意와 形聲을 겸한 글자는 매우 많다. 『說文』에서는 이를 會意라 칭하고 그 形聲은 생략하기도 하였으며, 혹은 그를 形聲이라 칭하고 그 會意는 생략하였다. 비록 생략된 글이라 해도 실제로는 서로에게 나타나는 것이니, 이를 모르면 소리와 의미가 멀어지는 것이다. …… [74]

결론적으로, 段玉裁의 小學수양은 상당히 높았으니, 그의 『說文注』는 『說文』에 注를 단 것일 뿐만 아니라 새로운 저술이라 할 수 있고, 段玉裁의 언어학 이론의 관점이 반영되어 있다. 그는 許愼으로 許愼에 주를 달았으며, 許愼 저서의 체제를 개괄적으로 그려내었다. 그는 字와 詞를 구별하였으며, 詞義의 변별 분석과 詞義의 역사적인 발전에 대해 조예가 깊었다. 그는 古音學에 정통하였기에 '諧聲의 편방은 字意와 가깝다''같은 諧聲字는 모두 같은 部이다' 등의 이론들을 제기하였다. 이러한 것들은 모두 段玉裁가 이미 小學家의 주석, 교정, 고증의 테두리를 벗어나 언어학의 과학적인 연구로 들어섰음을 보여준다.

물론 段玉裁의 『說文注』에도 결점은 있다. 段玉裁는 注에서 감히 자기의 관점과 견해가 우세하다고 주장하였다. 그러나 주관적이고 독단에 치우친 것들은 결점이 되었다. 段注의 주요한 결점은 『說文』을 충분히 고증하지 않고 멋대로 고쳤다는 점이다. 예는 아래와 같다.

> 鈐, 鈐 는 커다란 보습(大犂)이다. 枱와 비슷하다고도 한다. 金이 形符이고 今이 聲符이다. 段注: 각기 원래 梠라고 되어 있으나 잘못이니 지금 고친다. 枱는 가래의 자루이다. 耒라는 것은 손으로 굽은 나무를 들고 경작하는 것이다. 耒, 枱와는 犂와 구별되니, 하나는 사람이, 하나는 소가 끄는 것이다.[75]

王筠은 『說文釋例』에서 段玉裁를 비판하여 말하길 "犂와 梠는 같은 물건인데, 段玉裁는 이를 살피지 않고 억지로 사람과 소로 나누었으니, 잘못이다."[76]라고 하였다.

---

74 "禛, 以眞受福也. 從示, 眞聲. 段注: 此亦當云從示, 從眞, 眞亦聲, 不言者, 省也. 聲與義同源, 故諧聲之偏旁多與字義相近. 此會意, 形聲兩兼之字致多也. 『說文』或稱其會意, 略其形聲; 或稱其形聲, 略其會意. 雖則渻文, 實欲互見, 不知此則聲與義隔. ……"

75 "鈐, 鈐鏅, 大犂也. 一曰類枱 , 从金, 今聲. 段注: 各本作梠, 誤, 今正. 枱, 耒端也. 耒者手耕曲木也. 耒枱與犂之別, 一以人, 一以牛也."

76 "犂梠一物也, 段氏不察, 而强以人牛分之, 誤."

段注는『說文』을 字形방면에서 주석하고 있는 부분에서도, 주관적으로 잘못 해석한 부분이 있다. 예는 다음과 같다.

> 昃는 해가 서쪽에 있을 때 기울어진 것이다. 日이 形符이고 仄이 聲符이다. 段注: 이는 형성으로 회의를 포함한 것이다. 예서에서는 昃라고 쓰며 㫳라고도 쓴다. 徐鍇本의 矢部에는 㫳자가 나타나니 중복된 것이다. 무릇 글자의 제작에는 각기 의미가 있는 것이니, 晏, 景, 晷, 旱은 日이 위에 있으며 모두 위치를 바꿀 수 없다. 日이 위에 있으며 干이 聲符인 것은 비가 오지 않는다는 뜻이 되며, 日이 옆에 있고 干이 聲符인 것은 늦었다는 뜻이 된다. 따라서 仄日을 日이 서쪽에 있는 것으로 풀면, 어찌 쉽게 日을 위에 바꿔 놓을 수 있는가? 형성의 안에는 상형이 없는 것이 아니다.[77]

徐灝는 그를 비평하여 “형성자는 본래 편방의 상하로 의미를 이루는 것이 있다. 그러나 그 자체를 서로 배합하는 것도 있으니 구애될 수 없다. 만약 段玉裁의 설처럼 ‘昃’의 풀이가 해가 서쪽에 있는 것으로 해가 위쪽으로 옮겨지기 어렵다고 한다면, 晢은 밝다(明)로 풀이하고 晋은 나아가다(進)로 풀이하고 㬄는 대낮으로 풀이하고 昝은 햇볕에 말린 고기로 풀이하고 있으니, 해가 마땅히 위에 있어야 함에도 어찌하여 아래에 두었는가?”[78]라고 말하였다.

결론적으로 段玉裁의『說文解字注』는 규모가 웅대하고 논리가 주도면밀한 탁월한 언어학 전문 저서이다. 비록 결점은 있지만 결점이 장점을 상쇄할 수 없는 것이다.

2) 桂馥의『說文』연구

桂馥(1736～1806)은 字가 冬卉(동회), 號는 未谷으로 曲阜 사람이다. 乾隆 55년의 進士이다.『淸史稿·儒林傳』에는, “桂馥은 여러 서적들을 두루 섭렵하였으며 특히 小學에 심취하여 聲義에 정통하였다. 그는 항상 말하길 ‘선비가 경서에 통하지 않으면 쓰이기에 부족하다; 그리고 訓詁가 不明하면 경서에 통할 수가 없다.’라고 하였다. 따라서 諸生때부터 여러 경적들에 통달하였고, 40년간 날마다 許愼의『說文』과 여러 경적들의 의미를 서로 고증하여,『說文義證』50권을 지었다. 온 힘을

---

77 “昃, 日在西方時側也, 从日, 仄聲. 段注: 此擧形聲包會意. 隸作昃, 亦作㫳, 小徐本矢部又出㫳字, 則復矣. 夫制字各有意義, 晏·景·晷·旱之日在上, 皆不可易也. 日在上而干聲則爲不雨, 日在旁而干聲則爲晚, 然則仄日訓爲日在西方, 豈容易日在上? 形聲之內, 非無象形也.”

78 “形聲之字固有以偏旁上下爲義者, 然亦有取其字體相配, 不可拘墟. 若如段說 : ‘昃’訓日在西方, 不容移日在上, 然則晢訓爲明, 晋訓爲進, 㬄訓爲晝晴, 昝爲日晞乾肉, 其日皆當在上, 何以置于下乎?”

쏟아 부은 일생의 역작이다."[79]라고 기록되어 있다.

桂馥의 『說文解字義證』 50권은 古書를 많이 인용하여 『說文』의 해설 근원을 추적하였으며, 前後의 각 설들을 서로 보충하였고 서술 배열에 질서가 있고 자료도 풍부하다.

桂馥의 『義證』은 크게 두 부분으로 나뉘는데, 첫째 부분은 어떤 글자의 本義를 예로 들어 증명한 것이고, 둘째 부분은 許愼의 설명을 참고하여 증명한 것이다. 주로 古籍의 설명과 해석을 널리 인용하여 許愼의 설명을 실증하였는데 『說文解字』의 설명을 보충하거나 또는 古籍에서 인용한 『說文解字』를 인용하고 참조하여 증명하기도 하였다. 『義證』에서는 『說文解字』의 모든 글자 아래에 古籍을 널리 인용하고 여러 견해를 나열하고 있는 것이 『經籍纂詁』체제와 비슷한데 同類의 글자들도 같이 논하였다. 예를 들면 다음과 같다.

> 穎은 벼의 끝이다. 形符는 禾이고 聲符는 頃이다. 『詩經』에서 "벼 끝이 매우 아름답네."라고 하였다.[80]
>
> 桂馥 『義證』: 『漢書·藝樂志』: "이삭을 머금고 벼 끝이 늘어져 있네"라고 하였고 『文選·晉武帝華林園集詩』中 應貞[81]의 詩에서는 "아름다운 벼는 벼 끝이 무겁구나."라고 하였고 張衡의 「思玄賦」에서는 "어제의 꿈을 나무와 벼에 띄어 보니 이미 벼 끝은 늘어져서 뿌리를 돌아보고 있네."라고 하였다. 蔡邕은 『篆勢』에서 "기울어진 모습이 마치 기장에 벼 끝이 늘어져 있는 듯하다."라고 하였고 『小爾雅』에서는 "머리를 자르는 것을 桎이라고 한다."라고 하였는데 『爾雅·釋文』에서는 이를 인용하여 '벼 끝을 자른다.'라고 하였다. '벼의 끝'이라고 한 것은 『廣韻』에서도 마찬가지이고 또 이삭이라고도 하였다. 李善이 注한 左思의 「魏都賦」에서는 本書를 인용하여 穗라고 하였다. 『文選·西都賦』에서 "오곡이 이삭을 드리우다."라고 하였는데 五臣[82]은 "穎은 이삭이다."라고 注하였다. 『詩·大雅·生民』에서 "이삭이 수그러지고 여물었네"라고 하였는데 傳에서는 "穎은 이삭이 늘어져 있는 것이다."라고 하였다. 『毛詩正義』에서는 "그 이삭이 무거워서 벼 끝이 늘어져 있는 것을 말한다."라고 하였다. 『詩』에서 "벼 끝이 매우 아름답네"라고 한 것은 「大雅·生民」중의 문장이다. 거기에서는 '役'이라 하였는데 傳에서는 '役은 줄지어 있다는 뜻이다.'라고 하였으니 本書의 뜻이 아니다.[83]

---

79 "馥博涉羣書, 尤潛心小學, 精通聲義. 嘗謂:'士不通經, 不足致用; 而訓詁不明, 不足以通經.' 故自諸生以至通籍, 四十年間, 日取許氏『說文』與諸經之義相疏證, 爲『說文義證』五十卷. 力窮根柢, 爲一生精力所在."

80 "穎, 禾末也, 从禾, 頃聲. 『詩』曰: 禾穎穟穟."

81 應貞은 應璩의 아들이다.(譯註)

82 五臣은 唐代의 李善, 呂延濟, 劉良, 張銑, 李周翰을 말한다.(譯註)

83 "桂馥 『義證』: 『漢書·禮樂志』: "含秀垂穎." 『文選·晉武帝華林園集詩』應貞詩: "嘉禾重穎." 『思玄賦』: "發昔夢於木禾, 旣乘穎而顧本." 蔡邕 『篆勢』: "頹若黍稷之垂穎." 『小爾雅』: "截顚謂之桎", 『爾雅』釋文引作"截穎". "禾末也"者, 『廣韻』同, 又曰穗也. 李善注 『魏都賦』引本書作穗也. 『文選·西都賦』: "五穀垂穎", 五臣注: "穎, 穗也." 『詩·生民』: "實穎實栗", 傳云: "穎, 垂穎也." 正義: "言其穗重而穎垂也."

위에서 알 수 있는 바와 같이 桂馥의 『說文解字義證』은 예증의 자료가 매우 풍부하고 經史子集 어느 것도 포함하지 않은 것이 없으니, 한 사람의 힘으로 이러한 거작을 완성할 수 있었다는 것은 실로 위대한 일이 아닐 수 없다.

『淸史稿·儒林傳』에서는 "桂馥과 段玉裁는 같은 시기에 나서 함께 『說文』을 연구하였으니 학자들은 桂馥·段玉裁를 함께 칭하나 이 두 사람은 서로 만난 적도 없고 책도 본적이 없으니 그 연구한 바도 서로 다르다."[84]라고 적고 있다. 또한 桂馥의 『說文解字義證』과 段玉裁의 『說文解字注』에 대해서 아래와 같이 비교하였다.

> 무릇 段玉裁의 책은 소리와 의미를 겸하여 밝혔으나 소리에 더욱 깊고 桂馥의 책은 소리도 아울러 언급하였으나 의의에 더욱 깊다. 段玉裁는 깊이 탐색하고 덧붙여 스스로 許愼의 뜻에 부합할 수 있다고 여기고, 과감히 자신 있게 스스로 一家를 이루려고 하였으므로 파격적인 해석과 독창성을 발휘한 것이 많다. 桂馥은 許愼의 설을 전적으로 따라 발휘함에 두루 통하게 하여 배우는 사람들이 운용하고 꿰뚫게 하여 그 뜻이 돌아가는 바를 스스로 깨닫게 하였다. 그러므로 段玉裁의 저서는 간략하기는 하나 갑자기 통달하기는 어렵고 桂馥의 저서는 복잡하기는 하나 찾아서 깨닫기는 쉽다. 무릇 마음속에서 얻은 바로 말한다면 段玉裁가 뛰어나고 사람들에게 편리한 것으로 말한다면 段玉裁가 桂馥을 따르지 못할 것이다.[85]

『說文解字義證』과 『說文解字注』는 모두 『說文』을 연구한 저작이나 이 두 책의 성질은 서로 다르다. 『說文解字』는 저술 가운데 창작이 있어 파격적인 해석으로 독창성을 발휘하여 스스로 一家를 이루었으나, 『說文解字義證』은 서술만을 하고 창작하지는 않았으며 오로지 古籍을 나열하여 자신의 뜻을 따로 펴지는 못했다.

桂馥의 『義證』은 자료를 중시한 책으로 王筠은 『說文釋例·自序』에서 이를 아래와 같이 평가하고 있다.

> 桂馥은 인용은 풍부하지만 맥락이 관통하고 있고, 前人의 설이 부족하면 後人의 설로 보충하고, 前人의 설에 잘못이 있으면 後人의 설로 辨正하였다. 인용한 것이 모두 차례가 있고 옳은 것을 취하여 許愼의 설을 펴는데 그쳤으니 오로지 古籍을 나열하고 자신의 의견을 펼치지 않았다. 독자들이 이를 類書(백과사전식의 工具書)로 본다면 또한 어리석은 일이 아니겠는가?[86]

『詩』曰"禾穎穟穟"者, 『大雅·生民』文. 彼作"役", 傳云: "役, 列也", 非本書義."

84 "馥與段玉裁生同時, 同治『說文』, 學者以桂·段幷稱, 而兩人從不相見, 書亦未見, 亦異事也."

85 "蓋段氏之書, 聲義兼明, 而尤邃於聲; 桂氏之書, 聲亦幷及, 而尤博於義. 段氏鉤索比傳, 自以爲能冥合許君之旨, 勇於自信, 自成一家之言, 故破字創義爲多; 桂氏專佐許說, 發揮旁通, 令學者引申貫注, 自得其義之所歸. 故段書約而猝難通闢, 桂書繁而尋省易了. 夫語其得於心, 則段勝矣; 語其便於人, 則段或未之先也."

86 "桂氏徵引雖富, 脈絡貫通, 前說未盡, 則以後說補苴之: 前說有誤, 則以後說辨正之. 凡所稱引, 皆有次第,

그러므로 桂馥의 『義證』은 자료나열을 위주로 한 저작이 아니라, 작자가 정성을 기울여 취사선택하여 질서 있고 조리 있게 배열해 놓은 것이다. 그러므로 段玉裁의 『說文注』와 桂馥의 『說文義證』은 서로 보완해 주는 역할을 하는 저서로, 후세의 『說文』연구에 가치 있는 참고서라고 할 수 있다.

桂馥의 『說文解字義證』의 주요 단점은 자신의 저작 태도가 먼저 許愼의 『說文解字』 중에서 말하고 있는 사실을 모두 옳다고 인정한 데 있다. 그는 다만 여러 古籍 중에서 예증을 뽑아 낸 것에 불과하다. 이와 같은 그의 태도는 예증을 인용하는데 있어 견강부회할 수밖에 없다. 예를 들어 『說文』에서 "爲는 어미 원숭이이다.[87]"라고 하였는데 桂馥은 『義證』에서 말하기를 "母猴라는 것은 陸機가 말한 '초나라 사람들은 그것을 沐猴라고 한다'라는 말의 沐猴라는 것으로 '沐'과 '母'의 소리가 비슷하다."[88]라고 하였다. '沐'과 '母'의 소리가 가깝다는 것으로는 '爲'를 '母猴'라고 풀이한 사실을 증명할 수가 없다. 이러한 예증이 바로 견강부회한 예이다.

결론적으로 이러한 작은 결점들을 지적해 낼 수 있음에도 불구하고, 段玉裁의 『說文解字注』, 桂馥의 『說文解字義證』의 『說文』연구는 학술계에서 높이 평가되고 있으며 후세의 『說文』연구에 지대한 공헌을 하였다.

3) 王筠의 『說文』연구

王筠(1784~1854)은 字가 貫山, 號는 菉友로 山東 安丘 사람이며 道光 元年(1821)의 擧人이다. 『說文』연구에 있어 諸家의 설을 종합 분석하여 후인들에게 入門의 길을 열어주었다. 저서로는 『說文句讀』, 『說文釋例』, 『說文解字校錄』, 『文字蒙求』 등이 있다.

王筠은 段玉裁·桂馥보다 30여 년 뒤에 활동하였는데 당시에는 『說文』을 연구하는 사람이 매우 많아 『說文解字注』는 이미 널리 유전되었고 段玉裁와 桂馥의 『說文』연구도 이미 명성이 높을 때였다. 王筠의 『說文』연구는 전인들의 성과 기초 위에 진일보하여 연구하였는데 王筠은 『說文釋例·序』 중에서 당시의 『說文』연구에 대해 다음과 같이 자신의 견해를 제시하고 있다.

> 지금 세상에 『說文』을 연구하는 사람이 많은데 온갖 정력을 기울여 연구하는 사람은 많지

取是達許說而止, 故專臚古籍, 不下己意也. 讀者乃視爲類書, 不亦昧乎!"

87 "爲, 母猴也."

88 "母猴也者, 陸機云'楚人謂之沐猴', 馥謂'沐''母'聲近."

> 않다. 내가 본 바로 말하자면 未谷 桂馥의 『說文義證』과 茂堂 段玉裁의 『說文解字注』가 가장 유행하였다. 桂馥의 저서는 인용이 풍부하지만 맥락이 관통하고 있으니 전인의 설이 부족하면 후인의 설로 보충하고 전인의 설에 잘못이 있으면 후인의 설로 辨正하였다. 인용한 것이 모두 차례가 있고 옳은 것을 취하여 許愼의 설을 펴는데 그쳤으니 오로지 古籍을 나열하고 자신의 의견을 펼치지 않았다. 독자들이 이를 類書로 본다면 또한 어리석은 일이 아니겠는가. 다만 증거를 인용한 典籍이 시대적 한계에 부딪쳤고 또한 지나치게 많은 말들로 수식을 하였으며 모두 교감하지는 못하여 처음의 취지와 맞지 않으니 이것이 그 폐단이다. 段玉裁의 저서는 규모가 크고 사고가 정밀하니 그의 通例는 전인도 알지 못하는 바이다. 다만 말이 때때로 독단적이거나 조리가 없어 견강부회한 바가 있으니 이것이 그 폐단이다. 大徐의 지식은 小徐에 미치지 못하고 小徐의 지식은 이 두 사람에게 미치지 못하니 『說文』을 연구하는 데 이 두 책을 입문서로 삼는 것도 무방할 것이다.[89]

王筠은 서언에서 당시의 『說文』연구의 상황을 분석하였고 『說文解字注』『說文解字義證』이 『說文』연구에 가장 성황을 이루어 『說文』연구에 입문서가 되었다는 것을 밝혔다. 또 그는 이 두 책의 단점에 대해 아래와 같이 말하였다.

> 나는 어려서 篆文·籀文을 좋아하였는데 正과 俗을 변별하지 못했다. 서른이 다 되어 『說文』을 읽고 매우 기뻐하였다. 매번 한 권 얻었을 때마다 처음부터 끝까지 읽었고, 또한 세속에서 펴낸 『五音韻譜』 역시 꼭 읽었다. 이렇게 되새기고 면밀히 연구하기를 20년 지나니 고인이 제작한 의도와 許愼의 저서의 체제, 천여 년 간 전사되면서 어지러워진 이유, 대신이 개인적 견해로 고쳐 놓은 잘못에 대하여 마음속에 하나하나 辨析되었다. 이에 비로소 조목조목 명확하게 분석하여 그 뜻에 통하게 하였고 체례는 모두 前人에게 구속받지 않고 나 한 사람의 말을 적은 것에 불과하다.[90]

王筠은 이러한 인식의 기초 위에서, 혼자의 힘으로 길을 개척하여 『說文』을 연구함으로써, 『說文』 4大家 중의 한 사람이 되었다.

『說文釋例』는 20卷인데, 앞부분 14卷은 '六書'및 『說文』의 條例 및 體制를 설명하였고, 뒷부분 6卷은 『說文』의 몇몇 의문점을 나열하였다. 매 卷마다 뒤에는 '補正'이란 부분을 덧붙여서, 金石과 古文을 사용하여 『說文』의 체제와 설명을 보충하였다.

---

89 "今天下之治『說文』者多矣, 莫不窮思畢精以求, 不可加矣. 就吾所見論之, 桂氏未谷『說文義證』, 段氏茂堂『說文解字注』最盛也. 桂氏書徵引雖富, 脈絡貫通, 前說未盡則以後說補苴之, 前說有誤則以後說辨正之, 凡所稱引皆有次第, 取足達許說而止, 故專臚古籍, 不下己意也, 讀者乃視爲類書, 不亦昧乎. 惟是引據之典, 時代失于限斷, 且泛及藻繢之詞而又未盡加校改, 不皆如其初恉, 則其蔽也. 段氏書體大思精, 所謂通例, 又前人所未知; 惟是武斷支離, 時或不免, 則其蔽也. 大徐之識遜於小徐, 小徐之識又遜二家, 治『說文』者以二書爲津梁, 其亦可矣."

90 "筠少喜篆籀, 不辨正俗, 年近三十, 讀『說文』而樂之. 每見一本必讀一過, 卽俗刻『五音韻譜』亦必讀也. 羊棗膾炙積二十年, 然後於古人制作之意, 許君著書之體, 千餘年傳寫變亂之故, 鼎臣以私意竄改之謬, 犂然辨晳具於胸中, 爰始條分縷析爲之疏通其意, 體例所拘無由沿襲前人, 爲吾一家之言而已."

卷1에서 卷5까지는 주로 六書의 條例를 설명하였는데, 卷3 「形聲」편에서 王筠은 다음과 같이 기록하고 있다.

> 許慎은 敍에서 '세 번째는 形聲인데, 形聲이란 그 나타내는 사물을 이름으로 하고 나타내는 소리를 서로 합친 것을 말하는 것으로 江, 河가 그 예이다.'라고 하였다. 工과 可를 생각해 보면, 단지 그 소리를 취한 것으로 아무런 뜻이 없으니, 이러한 예들이 가장 확실한 것이다. 이것을 확장하면, '뜻을 겸하는' 것이 있다. 亦聲은 반드시 뜻을 겸하고, 省聲 및 단지 聲을 말하는 것은 兼意가 많다. 形聲字에 뜻이 있는 것을 聲에 意를 겸했다고 하지만 聲이 主이다. 會意字 가운데 聲이 있는 것을 意에 聲을 겸했다고 하지만 意가 主이다. 설명한 말은 같지만, 뜻은 같지 않은 것이다.[91]

王筠은 한걸음 더 나아가 언어와 문자의 관계를 다음과 같이 지적하였다.

> 聲은 천지와 같이 시작하였다. 문자가 있기 전에는 먼저 소리가 있어서, 소리를 본떠서 글자를 만들었으니 소리란 문자 안에서 기탁하는 것이다. 그러므로 形聲 한 분야만이 그러한 것이 아니다. 먼저 日月과 같은 명칭이 있었고, 뒤따라 日·月이라는 글자를 만들게 된 것이다. 먼저 上下의 단어가 있었고, 上·下라는 글자를 만든 것이다.[92]

『說文釋例』 卷6에서 卷11까지는 주로 重文, 疊文, 列文, 說解, 讀若 등의 條例를 설명하였다. 예를 들어 卷10을 보면 다음과 같다.

> 正例를 설명 : 許慎은 먼저 字義를 설명하고 나중에 字形을 설명하였다.[93]
> 變例를 설명 : 설명한 예는 먼저 字義를 설명하고, 다시 字形을 풀이한 것이다. 즉 설명하지 않아도 저절로 분명해지는 것도 반드시 설명을 하였으니, 체제가 그러하기 때문이다. 예를 들어 '天은 顚이다. 帝는 諦이다.'라고 하였는데, 天과 帝는 사람들이 모두 아는 것이므로, 雙聲疊韻의 방법으로 설명한 것이다.[94]

『說文釋例』 卷12에서 卷14까지는 주로 挩文, 衍文, 誤字, 補篆, 刪篆, 改篆, 糾徐[95] 등과 같은 교감 방면을 설명하였다. 卷15에서 卷20까지는 모두 의문을 제기한

---

91 "許君敍曰, 三曰形聲. 形聲者, 以事爲名, 取譬相成, 江河是也. 案工可第取其聲, 毫無意義, 此例之最純者. 推廣之, 則有兼意者矣. 亦聲必兼意, 省聲及但言聲者, 亦多兼意. 形聲字而有意, 謂之聲兼意, 聲爲主也. 會意字而有聲, 謂之意兼聲, 意爲主也. 說解之詞雖同, 而意固有不同矣."

92 "夫聲之來也, 與天地同始, 未有文字以前, 先有是聲, 依聲以造字, 而聲卽寓文字之內. 故不獨形聲一門然也. 先有日月之名, 因造日月之文. 先有上下之詞, 因造上下之文."

93 "說解正例: 許君說解, 必先字義而後字形."

94 "說解變例: 說解之例, 必先說字義, 再說字形, 卽不待說而自明者, 亦必說之, 體例固然也. 如天, 顚也. 帝, 諦也. 天·帝人所共知, 故說以雙聲疊韻之法."

95 徐鉉, 徐鍇의 설을 바로잡음.(譯註)

것이다. 이로써 王筠이 지은 『說文釋例』의 대체적인 내용은 『說文』의 조례, 체제 등을 설명하였고, 후에 『說文』연구에 선구적 역할을 하였음을 알 수 있다.

『說文句讀』 30卷은 주로 段玉裁의 『說文解字注』와 桂馥의 『說文義證』 및 기타 여러 학자들의 『說文』연구를 모아 놓은 것인데, 중복된 것을 산거하고 요점을 뽑아 놓아 초학자에게 편리하다. 王筠은 序에서 다음과 같이 밝히고 있다.

> 기존에 지어진 것이 통례가 되었지만(段玉裁의 『說文解字注』를 말함), 체제면에서 제한을 받아 상세히 갖추지 못하였다. 그러므로 나는 전문 저서(『說文釋例』를 말함)를 지어 이것과 차별을 두었고, 許愼의 오묘한 취지를 조금이나마 밝히기를 원해서, 段茂堂[96]의 미비한 점을 보충하였는데 할 만한 일이라 하겠다. 또 道光 辛丑年(1841)에 나는 『說文』을 전사함에 있어 원모습과 달랐고, 여러 책에서 인용한 것 가운데 보충할 바가 있다고 생각하고, 段茂堂 및 嚴鐵橋[97], 桂未谷[98] 세 사람이 수집한 것을 취하고 여기에 내가 수집한 자료를 합하여, 때론 더하고, 빼고, 고침으로써 초학자들이 학습하는데 편리하게 하였다. 고로 '句讀'라 이름한 것이나, 疏解하지 않았으니 이는 처음에 마음먹은 뜻이다.[99]

王筠은 '凡例'에서 다음과 같이 밝혔다.

> 이 책을 처음 지을 때는 다만 그 句讀를 밝히고자 할뿐이었다. 이미 三卷에 이르렀는데, 陳雪堂, 陳頌南이 편찬을 재촉하여, 『說文義證』『說文解字注』를 취하고, 복잡한 것을 빼고 요점만을 간추려 이 책을 짓게 된 것이다. 때론 두 학자의 설이 같을 때에는 대부분 桂馥의 설을 채용하였다. 桂氏의 책이 통행되지 않아 그 대략적인 내용만이라도 전해지기를 바랐고, 또 정연하게 나누어 분석하는 데는 未谷이 더욱 뛰어났다. 두 사람에게 미흡한 부분은 이를 스스로 설명하였는데, 불과 1100여 건이다. 두 사람이 인용한 것 중에 원서와 살펴보아 맞지 않는 것은, 舊文을 고쳐 나의 주장을 펼쳤다. 그러나 인용한 것이 많고 아득하여, 훗날 다시 바로잡을 것을 기대한다.[100]

王筠의 『說文』 연구는 '釋例' 방면, 즉 『說文』의 체제 방면을 개괄하였는데 아주 뛰어나다. 이외에도 字形, 字義를 해석함에 있어 아주 독창적이다. 예를 들어 『說文』에서

---

96 茂堂은 段玉裁(1735～1815)의 號이다. 懋堂이라고도 한다.(譯註)

97 鐵橋는 嚴可均(1762～1843)의 號이다.(譯註)

98 未谷은 桂馥(1736～1805)의 號이다.(譯註)

99 "惟既創爲通例, 而體裁所拘, 未能詳備. 余故輯爲專書, 與之分道揚鑣, 冀少明許君之奧旨, 補茂堂所未備, 其亦可矣. 道光辛丑, 余又以『說文』傳寫多非其人, 羣書所引有可補苴, 遂取茂堂及嚴鐵橋, 桂未谷三君子所輯, 加之手集者, 或增, 或刪, 或改, 以便初學誦習. 故名之曰句讀, 不加疏解, 猶初志也."

100 "此書之初輯也, 第欲明其句讀而已. 已及三卷, 而陳雪堂, 陳頌南迫使通纂, 乃取『說文義證』,『說文解字注』, 刪繁擧要以成此書. 其或二家說同, 則多用桂氏說. 以其書未行, 冀少存其梗概, 且分肌擘理, 未谷尤長也. 惟兩家未合者, 乃自考以說之, 亦不過一千一百餘事. 惟是二家所引, 檢視原書或不符, 此改舊文以就己說也. 然所引浩如烟海, 統俟它日覆核之."

"甘은 口가 一을 물고 있는 모양이다. 一은 道이다."[101]라고 하였다. 王筠은『說文釋例』와『文字蒙求』두 卷에서 "一"이란 머금고 있는 물상을 본뜬 것이므로, 會意로써 指事를 정한 것이다. 이러한 字形의 해석은 許愼에 비해 명확하다. 예를 들어『說文』에서 "底란 산의 위치를 말하는데, 一은 아래를 말한다."[102]라고 하였다. 王筠은『說文句讀』에서 '낮다'의 '底'가 즉 '高低'의 '低'라는 것을 지적하였다.『說文』段注는 '山居'를 '止居'로 바꾸어야 한다고 여겼는데, 王筠은 段玉裁의 注에 동의하였다. 段注는 '낮다'의 뜻에 대해 '아래는 底이고 위는 蓋인데, 지금 속어에서도 마찬가지이다. 하나의 뜻이 서로 보충되는 것이다.'[103]라고 보았으나, 王筠은 이러한 견해를 받아들이지 않았다. 이렇게 王筠은 당시『說文』연구의 대가들을 존중하기도 하고 자기 자신의 견해를 주장하기도 하였다.

王筠은 또한『說文繫傳校錄』30卷과『文字蒙求』4卷을 지었다.『文字蒙求』는 문자를 처음 배우는 어린이들을 위해 지은 것이다. 王筠은 序에서 陳雪堂의 말을 인용하여 "사람이 글자를 알지 못한다는 것은 분별하지 못하는데 원인이 있는 것이다. 한 글자를 여러 글자로 나눌 수 있으면, 점이나 획을 더하거나 뺄 필요가 없으며, 기억하기 쉽고 잊혀지지 않게 된다. 그러나 어린이들에게 먼저 어떤 것이 象形이고, 어떤 것이 指事인가를 알도록 하며, 會意字는 이 두 가지를 합하여 만든 것이며, 形聲字란 이 세 가지를 합하여 만든 것이라는 것을 배우게 하니, 이는 간단한 것으로 복잡한 것을 다스리는 것이 아니고 무엇이겠는가?"[104]라고 언급하였다. 따라서『文字蒙求』4卷은, 卷1이 象形, 卷2가 指事, 卷3이 會意, 卷4가 形聲이다. 이 책은 문자를 학습하는 입문서이다. 그러므로 王筠의『說文』연구는 문자학을 널리 이해시키고 보급하는데 주력했음을 알 수 있다.

王筠은『說文』學을 30년간 연구하였는데,『淸史稿』에서는 그를 평가하여 "그 책은 독창적으로 길을 개척하여 이를 절충하고 다른 사람들을 따르지 않았다. 논자들은 그를 許愼의 공신이요, 桂馥과 段玉裁의 경쟁자라고 평했다."[105]라고 기록하고 있다.

101 "甘, 从口含一. 一, 道也."
102 "底, 山居也, 一曰下也."
103 "下爲底, 上爲蓋, 今俗語如是, 與一義相足."
104 "人之不識字也, 病于不能分; 苟能分一字爲數字, 則點畫必不可以增減, 且易記而難忘矣. 苟于童蒙時, 先令知某爲象形·某爲指事, 且會意字卽合此二者以成之, 形聲字則合此三者而成之, 豈非執簡御繁之法乎?"
105 "其書獨闢門徑, 折衷一是, 不依傍於人. 論者以爲許氏之功臣, 桂段之勁敵."

4) 朱駿聲의『說文』연구

朱駿聲(1788～1858)은 字가 豐芑[106]이고, 號는 允倩으로 江蘇省 吳縣 사람이다.『淸史稿·儒林傳』에서는 다음과 같이 기록하고 있다.

> 朱駿聲은 字가 豐芑이고, 吳縣 사람이다. 13세에『說文解字』를 배우고, 금방 읽고 이해하였다. 錢大昕에게서 배울 때, 錢大昕은 단번에 그를 기이하게 여겨, '학문의 전수가 장차 그대에게 있도다.'라고 하였다. 嘉慶23年에 擧人이 되어, 黟縣의 訓導를 맡았다. 咸豐 元年에는 知縣을 버리고 서울에 올라와『說文通訓定聲』,『古今韻準』,『柬韻』,『說雅』등 40卷을 바쳤다. 文宗이 보고 아주 흡족히 여겨 國子監 博士를 내렸다. 揚州 府學敎授로 천거 받았으나, 병환으로 인해 부임하지 못하였다. 咸豐 8年에 71세로 생애를 마쳤다.[107]

朱駿聲은 諸子百家에 통달하여 읽지 않은 것이 없었다. 그의 제자 朱鏡蓉이『說文通訓定聲序』에서 말하기를 "783개 별자리를 가리켜 이름을 말할 수 있고 九章算術을 추론했고 十經之義에 통달했고 三史와 十子, 그리고 楚辭·賦에 모두 익숙하여 암송했다."[108]라고 말했다. 그의 손자인 朱師轍도 "經史詞章, 百家九流에 대해 탐구하지 않은 것이 없다. …… 그가 修學하는 순서는 小學에서 시작하여 經史와 詞章을 통해 天文, 地理, 曆算, 醫卜 등을 다 망라하였는데 모두 실용에 속했다."[109]라고 말했다.

朱駿聲은 일생 동안 백여 종의 저술을 펴냈고 20여 종의 간행물도 펴냈다. 이 중의 일부를『傳經室文集』에 넣었는데 대부분이 四書五經, 天算曆像, 訓詁名物 등을 연구했던 논저들이다. 小學방면의 저술은『小學識餘』,『說解商』,『經韻樓說文注商』,『假借經徵』등이 있으나 한평생 동안의 정력을『說文通訓定聲』저작에 기울였다.

『說文通訓定聲』18卷 외에『柬韻』1卷도 있는데, 道光 13년에 완성했다. 그때 그는 이미 46세였다. 그는『自敍』에서 "반평생의 시력을 다하여 정력은 점점 없어졌

---

106 濮之珍 원문에는 芑(기)자가 苣(사)자로 잘못 적혀 있다.(譯註)

107 "朱駿聲, 字豐芑, 吳縣人. 年十三, 受許氏『說文』, 一讀卽通曉. 從錢大昕游, 錢一見奇之, 曰, '衣鉢之傳, 將在子矣.' 嘉慶二十三年舉人, 官黟縣訓導. 咸豐元年, 以截取知縣入都, 進呈所著『說文通訓定聲』及『古今韻準』,『柬韻』,『說雅』共四十卷. 文宗披覽, 嘉其洽, 賞國子監博士銜. 旋遷揚州府學教授, 引疾, 未之官. 八年, 卒, 年七十一."『淸史稿·儒林傳』卷481 참조.

108 "七百八十座之星能指而名之, 九章之術能推而衍之, 十經之義則淹而通之, 三史十子騷選皆孰而誦之."

109 "于經史詞章, 百家九流, 靡不探賾?. …… 其修學次弟, 始其小學, 縱以經史, 緯以詞章, 旁及天文·地理·曆算·醫卜之屬, 皆屬於實用."『傳經室文集』跋文 참조.

고, 10년 동안 마음고생을 다하여 비로소 업적이 나타나기 시작했다."[110]라고 말했다. 62세, 즉 道光 29년(1849)에 『說文通訓定聲』이 비로소 安徽省 黟縣에 있는 學舍에서 版木에 새겨졌으나, 발행 부수가 적어서 널리 유전되지는 않았다. 咸豐元年(1851)에 朱駿聲은 『說文通訓定聲』, 『古今韻準』, 『柬韻』과 『說雅』 등 모두 40卷을 올렸고 文宗(咸豐)이 그것을 살펴보고 國子監博士라는 직함을 봉하였다. 同治 9年(1870) 朱駿聲이 죽은 지 12년 후에 그의 아들이 친구의 도움을 받아 다시 이 책을 간행해서 조금씩 流傳되기 시작했다. 『說文通訓定聲』이 발행 된 후에 朱駿聲의 아들은 손으로 직접 교감 고정하여 800여 조항을 다시 보충하여 교정했다. 光緖 8年에 그의 아들인 孔彰이 조사하여 『說文通訓定聲補遺』 두 권을 간행했다.

『說文通訓定聲』은 주로 『說文解字』의 9,000여 字에 근거하고 또한 7,000여 字를 增補하여 그 중에 形聲 聲符 1,137개를 분석하였다. 다시 古韻으로 18部를 합병하여 『說文解字』의 體例를 바꾸었는데, 이것은 古韻 및 形聲聲符에 따라 배열한 것이다. 『說文通訓定聲』은 고증 해석 방면에서 먼저 字形구조에 대해 本義를 밝히고 다음에 古書 중의 通用義로서 "轉注", "假借", "別義" 등의 항목을 나누어 열거했는데 "聲訓", "古韻"을 모두 기재했다. 朱駿聲은 轉注를 字義의 引申에 속하는 것으로 여겼는데, 이는 『說文解字』의 해석과는 다르며, 聲音과 訓詁가 서로 통하는 이치로써 『說文解字』를 밝혔다.

그는 책머리에서 『說文通訓定聲』이란 책이름에 대해 설명했는데 세 가지 내용을 포함하는 것으로, 첫째는 說文, 둘째는 通訓, 셋째는 定聲이었다.

"說文" : 朱駿聲의 『說文通訓定聲』은 『說文解字』의 9,000여 字에 근거하였는데 『說文解字』의 내용을 기초로 삼았으며, 또한 7,000여 字를 증보하여 보충하고 예를 들었다. 『說文解字』는 9,353개의 글자를 수록하고 있다. 朱駿聲의 통계에 의하면 이중에 諧聲字가 8,057개가 있는데 朱駿聲은 이 중에 1,137字의 形聲 聲符를 분석했다. 許愼의 『說文解字』에서 말하는 本義를 朱駿聲의 『說文通訓定聲』에서는 本訓이라고 하였는데 이것이 바로 本義이다. 따로 別義가 있는데 『說文解字』 중의 "一曰"이 바로 또 다른 하나의 本義이다. 朱駿聲의 『說文通訓定聲』에서 어떤 "別義"는 『說文解字』에서 언급하지 않았던 부분이었다. 주로 本義에 치중하였기 때문에 이 부분은 주로 六書 중의 四書, 즉 象形, 指事, 會意, 形聲을 말한다.

"通訓" : 通訓은 訓詁를 通釋하는 것인데 주로 轉注와 假借를 말하는 것이다.

---

110 "竭半生之目力, 精漸銷亡: 殫十載之心稽, 業才草創."

朱駿聲은 "假借를 알지 못하면 古書를 볼 수 없다. 古音을 알지 못하면 假借를 충분히 인식할 수 없다."[111]고 말하였는데 이것이 朱駿聲의 『說文通訓定聲』중에서 가장 뛰어난 부분이다. 朱駿聲이 말하는 轉注, 假借는 許愼이 말하는 것과 다르다. 許愼은 "전주라는 것은 뜻이 같은 글자들을 모아 놓고 그 중에서 하나를 대표로 삼아 같은 뜻은 서로 받는 것으로 考, 老가 그것이다. 가차라는 것은 본래 그 글자가 없기 때문에 소리를 빌어 뜻을 기탁하는 것으로 令, 長이 그것이다."[112]라고 하였다. 朱駿聲은 "轉注라는 것은 바꾸지 않고 뜻을 끌어다가 서로 주고받는 것인데 令長이 그것이다. 假借라는 것은 원래 뜻이 없는데 소리에 의거하여 글자를 빌려쓰는 것으로 朋, 來가 그것이다."[113]라고 하였다. 朱駿聲의 견해로는 轉注는 바로 引申이고 假借는 바로 同音通假인데 "重言形況字"[114], "連語"[115]를 포함한다. 그리고 "聲訓"도 假借의 類로 놓았다.

朱駿聲은 『說文解字』와 『爾雅』에서 轉注, 假借를 언급하지 않았다고 보고 이 부분을 중심으로 "내가 이 책을 편찬하는 것이 『說文解字』에 轉注, 假借를 생략했던 점을 보충하는 것이고 여러 經典과 子와 史의 用字들을 살펴 융통했다."[116]고 말했다.

"定聲" : 定聲은 分韻이며 朱駿聲은 『說文解字』의 9,353개 글자 중에 諧聲字가 8,057개가 있지만 또한 7,000여자를 증가시켰다. 그 중에 形聲 聲符인 1,137개를 분석했다.[117] 다시 古韻에 의해 18部로 합병했다. 『說文通訓定聲』의 편집 순서를 체계화하여 『說文解字』의 體例를 바꾸었는데 『說文解字』의 540部를 채택하지 않고 古韻 18部로 10,324字를 배열했다. 朱駿聲의 이러한 새로운 배열 체계는 편리하게 諧聲字의 배열과 쉽게 轉注와 假借字를 밝혀내려는 것이다. 그는 『自敍』에서 "부수로 18개로 표시하여 세분하여 분석했다. 字母를 1,000개로 열거하고 聲은 經으로 삼고 義를 緯로 삼았다. 옛 책을 읽는 사람으로 하여금 소리를 맞추어 문장 중에 매끄럽지 못한 의혹을 없애고 經을 다스리는 자로 하여금 근원을 거슬러 올라가 마치 자유자재로 운용할 수 있는 즐거움이 있도록 하였다."[118]고 말했다. 그는

111 "不知叚借者, 不可與讀古書. 不知古音者不足以識叚借."
112 "轉注者, 建類一首, 同意相受, 考老是也; 假借者, 本無其字, 依聲托事, 令長是也."
113 "轉注者, 體不改造, 引意相受, 令長是也; 假借者, 本無其意, 依聲托字, 朋來是也."
114 疊字를 말함.
115 "聯綿字"와 "托名標識字"라는 고유명사를 말함.
116 "專輯此書, 以苴『說文』轉注·假借之隱略, 以稽羣經子史用字之通融."
朱駿聲의 『說文通訓定聲』「奏折」 참조. 王力의 『中國語言學史』 123쪽 인용.
117 朱駿聲은 "聲母"라고 칭했다.

『易經』의 卦名으로 18개 韻部를 명명했다. 이것은 당시 古韻 연구의 현실을 벗어난 것이며 사용자에게 다시 찾게 하는 불편함을 주었다. 이러한 점을 그는 나중에 가서야 인식하게 되었다. 朱駿聲은 「古今韻準自敍」에서 南宋 劉淵의 『韻略』, 元 陰氏[119]의 『韻府群玉』이 古韻과 맞지 않고 『廣韻』을 혼란시켰다고 비판하면서 "후학자로 하여금 『廣韻』으로부터 古韻을 거슬러 가도 깨닫지 못하게 하였으니 어찌 천고의 죄인이 아니겠는가?"[120]라고 하였다.

결론적으로 朱駿聲의 "說文", "通訓", "定聲"은 실제로 字形, 字義, 字音의 세 방면을 종합하는 것으로, 形, 音, 義 세 방면에서 詞義를 종합적으로 연구한 것이다. 예를 들면 다음과 같다.

> 紟紟絵, 옷고름(衣系)이다. 系가 形符이고 今이 聲符이다. 籒文에서는 金이 聲符이며, 絵라고 쓰기도 한다. 『禮記·內則』에는 "紟纓綦屨(옷고름 메고 신발을 들메다)"라고 나와 있으며 注에는 "結과 같다"라고 나와 있다. 글자는 '衿'이라고도 쓴다. '衿'은 '裣'의 俗字이며 '衾'과는 다르다. 『儀禮·士昏禮記』에는 "毋施紟結帨(옷고름을 풀지 말고 수건을 메어라)"라는 구절이 나오는데 이는 허리띠를 메는 것을 말한다. 『漢書·揚雄傳』에는 "衿芰茄之綠衣兮(마름과 가지로 된 인연의 옷을 묶다)"라고 나오는데 주에는 '묶다'라고 나와 있다. 『荀子·非十二子』에는 "其纓禁緩(갓끈을 느슨하게 묶다)"이라고 나와 있는데 '禁'으로 대신한 것이다. 『禮記·玉藻』에는 "紳韠結三齊(큰 띠와 폐슬을 세 번 묶는다.)"라고 나와 있는데 '結'로써 대신한 것이다. '紟''結'은 一聲之轉[121]이다. [別義] 『儀禮·士喪禮』에는 "緇絞衿紟二(청적색 무늬 홑이불 두 개)"라고 나와 있는데 주에서는 "홑이불이다"라고 하였다. 『禮記·喪大記』에는 '布衿'이라고 나오는데 皇氏는 말하길 "홑이불이다"라고 하였다. [聲訓] 『釋名·釋衣服』에는 "紟亦禁也, 禁使不得解散也(紟은 禁이라고도 하니, 禁은 흩어지지 못하도록 하는 것이다)"라고 나와 있다.[122]

朱駿聲의 『說文通訓定聲』은 詞義를 해석하는데 있어서 가장 공헌이 크다. 한 詞가 여러 의미를 지니는 것은 언어에서 자주 보이는 사실인데, 許愼의 『說文解字』는 字形을 위주로 한 저서로서 本義를 전문으로 논하고 있다. 그러나 朱駿聲의

118 "部標十八, 派以析而之以分; 母列一千, 聲爲經而義緯. 將使讀古書者應弦合節, 無聱牙詰詘之疑. 治經者討葉沿根, 有掉臂游行之樂."

119 元代의 陰時夫를 가리킨다.(譯註)

120 "幾令後之學者欲由『廣韻』以上溯古音而幷不可得, 豈非千古之罪人哉."

121 聲母가 같은 轉語이다.(譯註)

122 "紟紟絵衣系也. 從系, 今聲. 籒文從金聲, 字亦作"絵." 『禮記·內則』:"紟纓綦屨." 注:"猶結也." 字亦以"衿"爲之. "衿"者"裣"之俗, 與"衾"別. 『儀禮·士昏禮記』:"毋施紟結帨." 謂系佩帶也. 『漢書·揚雄傳』: "衿芰茄之綠衣兮." 注:"帶也." 『荀子·非十二子』:"其纓禁緩." 以"禁"爲之. 『禮記·王藻』:"紳韠結三齊." 以"結"爲之. "紟""結"一聲之轉. 「別義」『儀禮·士喪禮』:"緇絞紟衾二", 注:"單被也." 「聲訓」『釋名·釋衣服』:"紟亦禁也, 禁使不得解散也.""

『說文』연구는 실제에 의거하여 창작된 것인 듯하다. 詞義를 해석하는데 있어서 朱駿聲은 비록 『說文』의 本義를 준수하고 있지만 발전시킨 부분도 있으니, 즉 朱駿聲은 引申義와 假借義의 중요성을 인식한 것이다. 그는 말하길 "叔重은 만여 글자의 本訓을 밝혀냈으나, 轉注와 假借에 대해서는 잘 말하지 못했다. 『爾雅』는 전체 『詩經』을 설명하고 해석하였으나 轉注와 假借에 대해서는 역시 끝내 애매하게 처리했다. 이러한 취지를 나타내고자 함에 전문 저서가 있음이 필요하다."[123]라고 하였다. 그리하여 그는 『說文通訓定聲』을 지었으니 『說文』을 연구한 저작이기도 하며, 『說文』의 기초 위에서 자신의 특색을 발전시킨 전문 저서이기도 하다.

朱駿聲의 저작은 詞義 방면에 중점을 두었으며, 詞義의 해석에 대해서는 모두 근거를 갖고 있었으니 예증과 前人의 訓詁가 그것이다. 그는 고대 經史子集의 訓詁를 모두 수집하였다. 그 풍부함은 阮元이 主編한 『經籍纂詁』에 비길 만하다. 더구나 『經籍籑詁』는 단지 자료를 쌓아 놓는 저서에 불과하여 더 이상의 연구가 없었으나, 朱駿聲의 『說文通訓定聲』은 古訓에 대해 연구하여 한층 발전적으로 어느 것이 本義이고 어느 것이 別義인지, 어느 것이 轉注·引申義인지, 또한 어느 것이 假借義이고 어느 것이 聲訓인지를 제기할 수 있었다. 따라서 朱駿聲의 『說文』연구는 詞義방면의 연구에 있어서 과학적이며 가장 큰 공헌을 남기고 있는 저작이다.

朱駿聲의 결점은 다음과 같다. 첫째로 朱駿聲은 假借에 대한 인식에 정확성이 결여되어 있었다. 許慎은, "가차라는 것은 본래 그 글자가 없기 때문에 소리를 빌어 뜻을 기탁하는 것으로 令·長이 그것이다."[124]라고 하였다. '令''長' 두 글자를 예로 든 것은 비록 타당하지 않지만 그러나 '본래 그 글자가 없어 소리에 의해 뜻(사물)을 기탁한다'라는 정의는 옳은 것이다. 朱駿聲은 許慎의 정의를 "본래 그 의미가 없어 소리에 의해 글자를 기탁한다."[125]라고 고쳤으니, 이는 許慎의 정의만큼 명확하지는 못하다. 許慎은 假借의 인식에 대해 '字'로부터 '본래 그 글자가 없는 글자'를 설명하고 있으니 이는 옳다. 朱駿聲은 '意'로부터 설명하여, 어느 글자가 '본래 그 의미가 없다'하여 다른 의미가 된다라고 설명하고 있다. 그러나 이와 같은 설명은 사람들에게 '본래 그 글자가 있는 글자'라는 느낌을 갖게 한다. 실제로 글자를 만들던 초기에는 문자가 적어서 동음으로 가차하는 일은 항상 본래 그 글자가 있는 글자였다.

123 "夫叔重萬字, 發明本訓, 而轉注假借則難言; 『爾雅』一經, 詮釋全『詩』, 而轉注假借亦終晦. 欲顯厥旨, 貴有專書."

124 "假借者, 本無其字, 依聲托事, 令長是也."

125 "本無其意, 依聲托字."

둘째로 朱駿聲의 저서는 轉注·假借·別義·聲訓간의 경계에 대해 때로 구분이 분명치 못하였다. 王力은 『中國語言學史』에서 다음과 같이 지적하였다.

> 또한 本字의 관념에 문제가 있다. 예를 들어 '狗'자의 別義 항목에서는 『爾雅·釋獸』의 '熊虎醜, 其子狗(곰과 호랑이는 못생겼으며 그 새끼는 狗라고 한다)'를 인용하고 있으며 또한 '글자는 豿라고도 쓴다'라고 설명하고 있다. 그러나 이것은 본래 가차 항목에 들어가야만 하는 것이다. 다만 『說文』에 豿자가 없기 때문에 '狗'를 '豿'의 가차라고 하기 곤란하여, 別義라고 할 수밖에 없었던 것이다.[126]

王力은 또한 다음과 같이 지적하였다.

> 실제로 本意 이외에는 두 가지 상황만이 있다. 하나는 글자를 고치지 않고 같은 의미를 서로 주고받는 것으로, 이를 朱駿聲은 轉注라고 말하지만 우리는 引申이라고 말한다. 다른 하나는 '본래 그 글자가 있으나 소리나 사물에 의탁한다.'이다. 이를 우리는 소위 가차라고 말하는데 許愼이나 朱駿聲의 견해와는 다르다. (許愼은 예가 옳지 않고 朱駿聲은 정의가 옳지 않다.) 朱駿聲이 말하는 別義란 사실은 일종의 本字가 없는 가차이다. 실제로 '本字'는 대부분의 상황에서 後起字가 아닌 확실한 '本字'이다. 따라서 別義와 假借는 두 종류로 나누어서는 안 된다. 聲訓에 있어서는 만약 이치가 그럴듯하다면 곧바로 轉注나 假借에 귀납시켜야 하며, 만약 그 이치가 맞지 않는다면 그에 신경 쓸 필요가 없다.[127]

셋째로, 王力이 『中國語言學史』에서 지적한 것처럼 朱駿聲의 『說文』에 대한 수정, 즉 '省聲'의 이론에 관한 것들은 그 타당성이 결핍되어 있다. 예를 들어 『說文』에서는 "宋은 거처하다는 뜻이며, 宀과 木으로 이루어진 회의이며, 送으로 읽는다."[128]라고 나와 있는데, 이에 대해 朱駿聲은 그의 견해를 덧붙여 "생각건대, 松의 省聲이다."[129]라고 말하였다. 王力은 '省聲'의 설은 항상 주관적인 억측의 결과라고 여겼으며, 段玉裁가 許愼을 비평한 말이 옳다고 여겼다. 朱駿聲의 본질 왜곡은 매우 심하여, 字形이 잘 해석되지 않을 때는 항상 '省聲'에 의지해 해결하였으니, 이는 연구방법에 있어서의 착오인 것이다.

---

126 "主要還是'本字'的觀念在作怪. 例如'狗'字別義欄引『爾雅·釋獸』:'熊虎醜, 其子狗', 并說'字亦作豿'. 這本來應該歸入假借一欄的, 只因『說文』沒有'豿'字, 不好說'狗'是'豿'的假借, 就只能算作別義了."

127 "其實本義之外, 只有兩種情況: 一種是字不改造, 同意相受, 這是朱氏所謂轉注, 我們所謂引伸; 一種是'本無其字, 托聲托事', 這是我們所謂假借, 與許·朱都不相同(許擧例不當, 朱正義不當). 朱氏所謂別義, 其實就是一種缺乏本字的假借. 實際上, 我們認爲'本字'在多數情況下不是後起字, 就是硬指的'本字', 所以別義與假借不該分爲兩類. 至於聲訓, 如果是有道理的, 就應該歸入轉注或假借, 如果是向壁虛造的,就可以不管它了."

128 "宋, 居也, 从宀, 从木, 讀若送."

129 "按, 宋省聲."

4. 王念孫과 王引之의 언어 연구

王念孫은 字가 懷祖이며 高郵州 사람이다. 아버지 王安國은 吏部尙書의 관직을 지냈으며 文肅이란 시호를 받았고 傳이 있다. 8세에 『十三經』을 다 읽었고, 역사책도 두루 섭렵하였다. 高宗이 남쪽을 순행할 때 大臣의 자제로써 임금의 가마를 맞았으며, 文冊을 바쳐 擧人을 제수 받았다. 乾隆 40년의 進士이며, 翰林院 庶吉士에 뽑혔고, 다시 工部主事로 옮겼다. 嘉慶4년 仁宗이 親政하여, 이 해에 直隷의 永定河道를 제수 받았다. 잠시 후 山東運河道를 제수 받아 6년간 재임하였고 永定河道로 옮겼다. 마침 東河 총독을 할 때 山東의 巡撫가 황하를 끌어들여 운하를 이롭게 하는데 대해 異議를 제기하였다. 이에 그들을 수도로 불러들여 그 是非를 해결하였다. 王念孫은 황하를 끌어들여 湖水에 넣을 것을 주장하면서 모래 퇴적물을 줄여야만 한다고 上奏하였다. 그리하여 잠시 시행해 보고 해가 없자 조서를 내려 허락하였다. 그 뒤 永定의 강물은 이상하도록 넘쳤으니 6년간의 홍수와 같았다. 王念孫은 스스로 죄를 청하여 관직을 물러났다. 道光 5년 鹿鳴[130]에 참가하였다가 죽었다. 나이 89세였다.[131]

王念孫은 어려서 休寧 사람 戴震에게서 聲音·文字·訓詁의 학문을 배웠다. 戴震은 그를 칭찬하여 '그대의 재주는 못할 일이 없구나'[132]라고 하였다. 또한 『淸史稿』에서는 "관직을 물러나자 날마다 저술로 스스로를 즐겼으며 『讀書雜志』를 지었는데, 이는 「逸周書」, 「戰國策」, 「管子」, 「荀子」, 「晏子春秋」, 「墨子」, 「淮南子」, 「史記」, 「漢書」, 「漢隷拾遺」로 나누어져 모두 82권으로 되어 있다. 옛 뜻의 모호함에 대해, 필사의 오류에 대해, 멋대로 고친 부분에 대해 교수하면서 모두 일일이 바로잡았다. 한 글자의 증거를 위해 만 권에서 두루 구하였으니 그 교수의 정교함이 이와 같다."[133]라고 하였다.

130 옛날 향시 합격자를 발표한 다음날의 합격자와 시험관의 합동 연회를 말함.(譯註)

131 『淸史稿』 列傳268, 儒林2 참조.

132 "君之才竟無不可"

133 "旣罷官, 日以著述自娛, 著『讀書雜志』, 分『逸周書』·『戰國策』·『管子』·『荀子』·『晏子春秋』·『墨子』·『淮南子』·『史記』·『漢書』·「漢隷拾遺』都八十二卷. 於古義之晦, 於鈔之誤寫, 校之妄改, 皆一一正之. 一字之證, 博及萬卷, 其精于校讎如此."
『淸史稿』 列傳268, 儒林2 참조.

1) 王念孫의 『廣雅疏證』

王念孫이 지은 『廣雅疏證』 20권은 이제껏 『廣雅』에 대한 善本이 없고 訛脫된 글자가 매우 많아 이에 대해 여러 서적들을 고증, 정정한 것이다. 漢 이전의 古訓을 다시 널리 수집하여 古音으로 古義를 구하였는데 독창적인 견해가 매우 많다.

王念孫은 학자적 소양이 풍부하고 治學 정신이 투철한 대학자로 『廣雅』에 소증을 한 작업은 당시의 실제 상황에서 출발한 것이다. 그는 段玉裁와 같은 시기의 사람이니 바로 乾嘉학파 전성 시기의 학자로, 인재를 배출하여 漢學을 계승 발전시켰는데 연구 성과가 매우 뛰어났다. 段玉裁가 『說文』을 연구하여 『說文解字注』를 지음에 王念孫은 자신이 지은 『說文考正』의 연구 작업을 포기하였고, 邵晋涵이 10년 동안 힘을 다하여 완성한 『爾雅正義』를 乾隆 53년에 펴내자 王念孫은 더 이상 『爾雅』에 뜻을 두지 않았으며, 일찍이 연구 교정한 적이 있는 『方言』도 스승 戴震의 『方音疏證』이 먼저 나오자, 王念孫은 후에 단지 『方言疏證補』 1권을 지었을 뿐이다. 『說文』·『爾雅』·『方言』 3책은 漢代의 가장 중요한 언어학 전문서로 이미 전문가들이 연구를 하였기 때문에 王念孫은 『廣雅』의 소증에 전력을 기울였던 것이다. 『淸史稿』上卷에는 다음과 같이 기록되어 있다.

> 또 邵晋涵이 먼저 『爾雅正義』를 짓자 이에 『廣雅疏證』을 지었다. 매일 세 글자를 소증하는 것을 일과로 삼고 10년 동안 정력을 기울인 후에 책이 완성되었으니 모두 32권이다. 이 책은 古音으로 古義를 구하고 引申하여 비슷한 類까지 두루 접하였고 『爾雅』·『說文』을 보충하여 모든 면을 두루 갖추고 있다. 그리하여 聲音·文字부분의 엄밀함은 한 곳도 잘못된 곳이 없다. 대개 張揖의 책을 빌려 諸家의 설을 받아들였으나 실제로는 張揖이 알지 못하는 바가 많으며 또한 같은 시기의 惠棟·戴震도 따르지 못하는 바이다.[134]

王念孫이 『廣雅』에 疏證을 한 것은 乾隆 53년(1788) 그가 45세 되던 해부터였다. 그는 『廣雅』에 疏證하는 것을 일과로 삼고 항상 매일 세 글자씩 소증하여 乾隆 60년에 완성하였다.[135] 嘉慶 元年(1796) 1월에 그는 『廣雅疏證』 序를 썼는데 이 序는 『廣雅』를 소증한 소결이다.

王念孫은 『廣雅疏證·自序』에서 자신이 『廣雅』를 注한 원칙을 다음과 같이 논술

---

134 "又以邵晋涵先爲『爾雅正義』, 乃撰『廣雅疏證』. 日三字爲程, 閱十年而書成, 凡三十二卷. 其書就古音以求古義, 引申觸類, 擴充於『爾雅』·『說文』無所不達. 然聲音文字部分之嚴, 一絲不亂. 蓋藉張揖之書以納諸說, 而實多揖所未知, 及同時惠棟·戴震所未及."『淸史稿』 列傳268, 儒林2 참조.

135 제10권은 아들 王引之가 쓴 것이다.

하고 있다.

> 생각건대 훈고의 종지는 소리에 근본을 두고 있다. 그러므로 소리는 같으나 글자가 다르고 소리는 비슷하나 의미가 같은 경우가 있는 것이다. 비록 혹 같은 종류끼리는 모으고 다른 종류는 분류한다고 해도 실제로는 또 같은 항목에 있게 된다. 예를 들면 가죽옷을 떨 때는 반드시 그 깃을 잡고, 그물을 들어올릴 때는 반드시 그 벼리를 잡는 것과 같다. 그러므로 '근본이 서야 道가 생겨난다.'고 하고, '천하의 지극한 심오함을 알아 혼란스럽지 않다'라고 하는 것이다. 이것을 깨닫지 못하면, 글자마다 음이 다르고 음마다 뜻이 다른 경우가 있어 혹은 글자만 보고 마음대로 만들어 옛 뜻에 어긋나거나, 혹은 古訓만을 묵수하여 통하는 바가 적게 되니 쉽고 간단한 이치를 이미 잃어 버려 큰길에 갈림길이 많아졌다. 이제 古音으로 古義를 구하고 引申하여 비슷한 류까지 두루 논하였으며 형체에 얽매이지 않았다.[136]

王念孫의 『廣雅疏證』은 먼저 『廣雅』에 대하여 상세한 교감 작업을 하였다. 王念孫은 「自序」에서 아래와 같이 밝히고 있다.

> 무릇 이 책의 잘못된 것이 오래 되어 지금 눈과 귀가 미치는 바에 따라 여러 서적을 두루 고증하고 그것으로 이 책을 교감하였으니 잘못된 글자 580개, 빠진 글자 490개, 연자(중복된 글자) 39개, 앞뒤가 맞지 않는 글자 123개, 정문이 음에 잘못 들어간 글자 19개, 음안의 글자가 정문에 잘못 들어간 글자 57개를 다시 항목에 따라 보충하고 바로잡아 그 까닭을 상세히 나열하였다.[137]

교감을 한 후에 王念孫은 풍부한 문헌에 의거하여 『廣雅』에 대해 상세하고 명확하게 소증하였다. 『廣雅』 원본은 江式의 『古今文字表』에 의하면 단지 18,150자로 되어 있다. 『廣雅疏證』은 『廣雅疏證補正』까지 더하면[138] 모두 50만 자에 달한다. 王念孫 父子는 자료에 있어 唐 이전의 문헌을 보편적으로 고찰하고 또 唐 이후의 비슷한 서적과 『一切經音義』 등을 참고하였다. 『廣雅疏證』에서는 제가의 설을 취하였으나 옳은 것을 추구하여 옛 것에 어긋나지 않았으며, 또 지금 것을 경시하지 않았다. 고대 문헌을 대량 운용하여 같은 시대의 학자들에 대해서도 취할 만한 학설이 있으면 모두 수집하였다. 예를 들면 方以智(1611～1671)의 『通雅』, 顧炎武의 『杜注補正』, 惠棟(1697～1758)의 『毛詩古義』, 戴震의 『方言疏證』·『毛鄭詩考證』·『屈原賦注』, 邵晋涵의 『爾雅正義』, 程瑤田(1725～1814)의 『通藝錄』 등에서 모두

136 "竊以詁訓之旨, 本于聲音. 故有聲同字異, 聲近義同; 雖或類聚羣分, 實亦同條共貫. 譬如振裘必提其領, 擧網必挈其綱, 故曰"本立而道生", "知天下之至嘖而不可亂也". 此之不寤, 則有字別爲音, 音別爲義, 或望文虛造而違古義, 或墨守成訓而尟會通, 易簡之理旣失, 而大道多歧矣. 今則就古音以求古義, 引申觸類, 不限形體."

137 "蓋是書之訛脫久矣, 今據耳目所及, 旁考諸書, 以校此本, 凡字之訛者五百八十, 脫者四百九十, 衍者三十九, 先後錯亂者百二十三, 正文誤入音內者十九, 音內字誤入正文者五十七, 輒復隨條補正, 詳擧所由."

138 293항목을 보충하고 바로잡았다.

예를 들고 있다. 또 錢大昕·段玉裁·阮元 등의 설도 인용하였다.

王念孫의 『疏證』은 눈으로 본 경험을 중시하였다. 예를 들면 『廣雅·釋草』에서 "土瓜는 순무이다."[139]라고 하였는데 『疏證』에서는 "생각건대 陸德明의 『經典釋文』에서 비와 물은 복과 비슷하다고 한 것은 鄭玄의 『毛詩箋』, 孫炎의 『爾雅注』와 같고, 또 『方言』을 고증해 보면 눈으로 직접 본 것으로 근거를 삼을 수 있다."[140]라고 하였다. 劉岳云은 『食舊德齋雜著·答潘伯琴書』에서 말하기를 "듣건대 王氏가 지은 『廣雅疏證』은 화초·대나무·새·짐승·벌레·물고기 등을 모두 집에 사다 놓고 태어나면서부터 그것이 자랄 때까지의 모습을 살펴 그것으로써 옛 사람들이 말한 모습을 교감하였다고 한다."[141]라고 하였다. 劉岳云의 말이 모두 사실이라고 할 수는 없으나 이는 王念孫이 직접 관찰하는 것을 중시하였다는 사실을 증명해 준다.

王念孫의 『疏證』은 고증이 정확하고 소증이 상세할 뿐만 아니라 훈고학 연구에 있어서도 두드러지며 독창적이다. 그는 "고음으로 고의를 추구하고 인신하여 비슷한 류까지 두루 언급하였으며 형체에 얽매이지 말것"[142]을 제기하였다. 예를 들면 다음과 같다.

> 躊躇, 猶豫也. 『疏證』: 이는 쌍성으로 서로 비슷한 것이다. '躊'와 '猶', '躇'와 '豫'는 첩운이고 '躊'와 '躇', '猶'와 '豫'는 쌍성이다. 『說文』에서 "躊는 주저하는 것이다."라고 하였고 『楚辭·九辯』에서는 "오랫동안 머물면서 주저한다."라고 하였고 「七諫」의 注에서는 "躊躇는 가지 않는 모습이다."라고 하였다. '猶豫'는 또 '猶與'라고 쓰기도 하는데 따로 한 글자씩 말할 때는 '猶'라고도 하고 '豫'라고도 한다. 『楚辭·九歌』에서 "한 마음으로 주저하지 않네." 라고 하였는데 王逸은 이에 대해 "豫는 주저하는 것이다."라고 주하였다. 『老子』에서는 "머뭇거리는 것이 겨울에 강을 건너 듯하고 주저하는 것이 사방을 두려워하는 듯하다."라고 하였고 『淮南子·兵略訓』에서는 "주저할 때 공격하고 머뭇거리는 것을 틈탄다."라고 하였다. 합하여 말할 때는 '猶豫'라고 하는데 전하여 '夷猶'라고 하기도 하고 또 '容與'라고 하기도 한다. 『楚辭·九歌』에서 "그대는 가지 않고 머뭇거리네."라고 하였는데 王逸은 이에 "夷猶는 머뭇거리는 것이다."라고 주하였다. 「九章」에서는 "그러나 머뭇거리면서 의심하고 있네."라고 하였는데 '容與'도 '猶豫'와 같은 뜻이다. 『禮記·曲禮』에서는 "복서라는 것은 옛날에 聖王이 백성으로 하여금 의심을 해결하고 주저함을 정하게 하던 것이다."라고 하였고 「離騷」에서는 "마음은 머뭇거리면서 의심하고 있네."라고 하였고 『史記·淮陰侯傳』에서는 "맹호의 머뭇거림은 벌과 전갈이 쏘는 것만 못하고 천리마의 주춤거림은 둔한 말이 편안히 걷는 것만 못하며, 맹분의 의심은 필부(평범한 사람)가 반드시 목적을 달성하는 것만 못하다."라고

139 "土瓜, 芴也."

140 "案『陸疏』說菲芴似葍, 與鄭氏『詩箋』, 孫氏『爾雅注』合, 又考之『方言』, 得之目驗爲可據也."『廣雅疏證』卷10의 上 참조.

141 "聞王氏作『廣雅疏證』, 花草竹木鳥獸蟲魚皆購列于所居, 視其初生與其長大, 以校對昔人所言形狀." 殷孟倫(1908～1988)의 「王念孫父子『廣雅疏證』在漢語硏究史上的地位」에서 인용.

142 "就古音以求古義, 引申觸類, 不限形體."

하였다. "嫌疑", "狐疑", "猶豫", "躊躇"은 모두 쌍성자이다. "嫌疑"와 "狐疑"는 聲母가 같은 轉語일 뿐이다. 후인들은 "狐疑" 두 글자를 잘못 읽어 여우는 의심이 많기 때문에 "狐疑"라고 한다고 생각하였다. 또 「離騷」에서 "狐疑"와 "猶豫"가 서로 대칭이 되어 문장을 이루고 있으므로, '猶'는 개의 이름으로 개는 사람을 따라 가고 항상 미리 앞에서 사람을 기다리다가 오지 않으면 또 마중을 나가니 이 때문에 "猶豫"라고 한다고 하였다. 혹은 또 '豫'자가 '象'을 따르므로 '猶' '豫'를 모두 의심이 많은 짐승이라고 하였다. 이상의 여러 가지 설들은 모두 『水經注』·『顔氏家訓』·『禮記正義』 및 『漢書注』·『文選注』·『史記索隱』[143] 등에 보인다. 무릇 쌍성자는 본래 소리에 따라 뜻을 나타내는 것인데 그것을 여러 소리에서 구하지 않고 여러 글자에서 구하였으니 그 설에 천착이 많은 것도 당연하다 할 것이다.[144]

따라서 王念孫의 疏證은 字形을 벗어날 수 있었고, 소리가 있는 언어 그 자체에서 출발하였으며, 소리로써 뜻을 구하였음을 알 수 있다. 이점은 訓詁學에 있어서 가치가 있다. 王念孫과 段玉裁는 동시대 사람으로 모두 戴震의 제자이다. 당시는 乾嘉의 極盛 시대로 '段王의 학문'은 乾嘉 시대를 대표한다고 할 수 있다. 段玉裁의 『說文解字注』와 王念孫의 『廣雅疏證』은 18C 중국 언어학 연구가 이미 새로운 단계로 접어들었음을 상징하는 것이다. 段玉裁는 『廣雅疏證序』에서 다음과 같이 말하였다.

小學에는 形, 音, 義가 있는데, 이 세 가지는 상호 보완하며 하나를 들면, 그 둘을 얻을 수 있다. 古形, 今形, 古音, 今音, 古義, 今義 등 여섯 가지는 상호 보완되는 것으로 하나를 알면, 나머지 다섯을 얻게 된다. 『爾雅』, 『方言』, 『釋名』, 『廣雅』는 轉注, 假借의 항목이다. 義가 形에 속하면, 轉注이고, 義가 聲에 속하면 假借이다. 稚讓[145]은 魏博士가 된 후 『廣雅』를 지어, 魏 이전 경전 속요의 形, 音, 義를 이에 모아 놓았다. 古形, 古音, 古義에 익숙지 않아, 그 설명이 존재하는 것들은 자세히 살피지 않았고, 설명이 이미 사라진 것들은 추론하지 않았다. 字形이 없으면, 『說文』 밖의 글자라고 말해 버릴 수 있다고 하였고, 音이 없으면 字母 七音에 미혹되었다고 말할 수 있으니, 마치 실을 풀려다 더 엉키게 한 꼴이 되었다. 字義가 없으면 『說文』에서 설명한 본의에 얽매여 그 假借字를 버리고, 혹은 假借를 말하지만

143 濮之珍 원문에 『史記索引』으로 되어 있으나 『史記索隱』의 잘못이다.(譯註)

144 "躊躇, 猶豫也. 〔疏證〕: 此雙聲之相近者也. "躊"·"猶"·"躇"·"豫"爲疊韻; "躊""躇"·"猶""豫"爲雙聲. 『說文』: "躊, 躊躇也." 『楚辭·九辯』"蹇淹留而躊躇." 『七諫』注云: "躊躇, 不行貌." "猶豫", 字或作"猶與", 單言之則曰"猶"·曰"豫". 『楚辭·九歌』: "壹心而不豫兮." 王注云: "豫, 猶豫也." 『老子』云: "與兮若冬涉川, 猶兮若畏四鄰." 『淮南子·兵略訓』云: "擊其猶猶, 陵其與與." 合言之則曰"猶豫", 轉之則曰"夷猶"曰"容與". 『楚辭·九歌』: "君不行兮夷猶." 王注云: "夷猶, 猶豫也". 『九章』云: "然容與而狐疑." "容與", 亦"猶豫"也. 案 『曲禮』云: "卜筮者, 先聖王之所以使民決嫌疑, 定猶與也." 『離騷』云: "心猶豫而狐疑兮." 『史記·淮陰侯傳』云: "猛虎之猶豫, 不如蜂蠆之致螫; 騏驥之躕躅, 不如駑馬之安步; 孟賁之狐疑, 不如庸夫之必至也." "嫌疑"·"狐疑"·"猶豫"·"躕躅", 皆雙聲字. "狐疑"與"嫌疑"一聲之轉耳. 後人誤讀"狐疑"二字, 以爲狐性多疑, 故曰"狐疑"; 又因 『離騷』"猶豫""狐疑"相對成文, 而謂"猶"是犬名, 犬隨人行, 每豫在前, 待人不得, 又來迎候, 故曰"猶豫". 或又謂"猶"是獸名, 每聞人聲, 卽豫上樹, 久之復下, 故曰"猶豫". 或又以"豫"字從"象", 而謂"猶""豫"俱是多疑之獸. 以上諸說, 具見于 『水經注』·『顔氏家訓』·『禮記正義』及 『漢書注』·『文選注』·『史記索隱』等書. 夫雙聲之字, 本因聲以見義; 不求諸聲而求諸字, 固宜其說之多鑿也."(卷第六上)

145 稚讓은 張揖의 字이다.(譯註)

> 古音에 어두웠으니, 이는 모두 小學에 부합되지 않았다. 懷祖[146]은 세 가지를 가지고 상호 보완하였고, 여섯을 가지고 서로 보완하였으며, 더욱이 古音으로 경전의 뜻을 구하는데 아주 뛰어났으니, 아마도 천하에 이 한 사람뿐일 것이다.[147]

이른바 古音으로 古義를 구하고, 인신하여 같은 類를 나누어 놓은 것은 淸代 유학자들의 소학을 다루는데 있어서의 커다란 공적이다. 또한 이러한 연구는 高郵 王氏 父子가 가장 정통하였다. 『廣雅疏證』은 王念孫이 왕성한 정력과 깊은 학식을 쏟아 부어 완성한 것이다. 그는 『廣雅』를 이용하여 그 구하는 바를 증명하였으니, 실로 高郵 王氏學의 精華라 할 수 있다.

2) 王引之의 『經義述聞』

王引之(1766~1834)는 字가 伯申이고 號는 曼卿이며, 王念孫의 아들이다. 嘉慶 때 進士가 되어 벼슬이 工部尙書에 이르렀다. 부친의 音韻訓詁學을 이어받아, 세칭 高郵 王氏 父子라고 불린다. 저서로는 『經義述聞』, 『經傳釋詞』 등이 있다. 『淸史稿』에서는 王念孫에 대해 다음과 같이 기록하고 있다.

> 일찍이 아들 引之에게 말하기를 '訓詁의 종지는 聲音에 있고, 글자의 소리가 같고 가까우면, 經傳에서는 자주 假借하였다. 배우는 사람은 소리로써 뜻을 구하고, 假借字를 뛰어넘어 本字를 읽으면, 명쾌하게 해석이 된다. 만약 假借字를 억지로 풀이하려고 한다면 뜻이 통하지 않게 될 것이다. 毛亨 『詩傳』은 대부분 假借字로 바꾸어 本字를 풀이하였으니, 이미 讀音을 바꾸는 선례가 되었다. 鄭康成(鄭玄)은 시경을 전하고, 『三禮』를 注하면서, 누차 某는 某로 읽는다라고 말하여, 假借의 방법이 두드러졌다. 후인 또는 康成이 글자를 깨뜨렸다고 비난하는 사람들은 古字 가운데 가차가 많이 쓰였다는 사실을 모른다.'라고 하였다. 또한 이르길 '경전을 설명하는 사람은 그 경전의 뜻을 얻기를 바랄 뿐이지, 一家만을 고집할 필요가 없다.'라고 말하였다. 이에 引之는 부친의 가르침을 넓혀 『經義述聞』15卷, 『經傳釋詞』10卷을 완성하고, 『周秦古字解詁』, 『字典考證』을 저술하였다. 論者는 淸 經術이 천고에 뛰어나 그중 高郵 王氏 一家의 학식이 三世에 전해져서 長州 惠氏와 견줄 만하다고 하였다.[148]

---

146 懷祖는 王念孫의 字이다.

147 "小學有形, 有音, 有義, 三者互相求, 擧一可得其二. 有古形, 有今形, 有古音, 有今音, 有古義, 有今義, 六者互相求, 擧一可得其五. 『爾雅』·『方言』·『釋名』·『廣雅』者, 轉注·假借之條目也. 義屬于形, 是爲轉注, 義屬于聲, 是爲假借. 稚讓爲魏博士, 作『廣雅』, 蓋魏以前經傳謠俗之形音義彙綷于是. 不孰于古形, 古音, 古義, 則其說之存者, 無由甄綜, 其說之已亡者, 無由此推測, 形失則謂『說文』之外字皆可廢, 音失則惑于字母七音, 猶治絲棼之, 義失則梏于『說文』所說之本義而廢其假借, 又或言假借而昧其古音, 是皆無與于小學者也. 懷祖氏能以三者互求, 以六者互求, 尤能以古音得經義, 蓋天下一人而已矣!"

148 "嘗語子引之曰:'訓詁之旨, 存乎聲音, 字之聲同·聲近者, 經傳往往假借. 學者以聲求義, 破其假借之字而讀本字, 則渙然冰釋. 如因假借之字强爲之解, 則詰籲不通矣. 毛公『詩傳』多易假借之字而訓以本字, 已開改讀之先. 至康成箋『詩』注『禮』, 屢云某讀爲某, 假借之例大明. 後人或病康成破字者, 不知古字之多假借也.' 又曰:'說經者, 期得經意而已, 不必墨守一家.' 引之因推廣庭訓, 成『經義述聞』十五卷, 『經傳

王引之는 阮元의 제자로, 그는 家學을 계승하고, 古音으로써 古義를 찾을 것을 주장하면서 다음과 같이 말하였다.

> 許愼의『說文』에는 六書의 假借를 논하여 '본래 그와 같은 글자가 없는데, 소리에 의하여 사물을 기탁하는 것이니 令과 長이 그것이다'라고 하였다. 대개 本字가 없는데, 그 후에 다른 글자를 빌리는 것으로서, 이것은 문자를 만든 시초를 이르는 말이다. 경전의 古字에 이르러서는 소리가 비슷하면 通하였으니, 글자가 없는 假借에 국한되지 않았다. 왕왕 本字는 남아 있지만, 古本에서는 本字를 쓰지 않고 소리가 같은 글자를 썼다. 배우는 사람들이 本字로 고쳐서 읽는다면 이치가 통하게 되지만, 借字에 의하여 풀려고 하면 문자 때문에 말을 해치게 된다. 그렇기 때문에 漢代의 經師들은 注를 지을 때, ~로 읽는다(讀爲), 또는 마땅히 ~라고 해야 한다(當作)라는 조례가 있었다. 이는 모두 소리가 같거나 비슷한 것을 따라서 뜻으로 거슬러 올라가 그 本字를 아는 것이다. 이른바 배우기를 좋아하고 깊이 생각하여 마음으로 그 뜻을 알았던 것이다. 그러나 또한 고치기를 다하지 못한 것도 있다. 이제 글의 뜻을 살피고 古音을 참조하면, 오히려 고치고 바로잡아 마음의 편안함을 얻을 수 있을 것이니, 전인들이 빠뜨린 것을 보완하고자 한다.[149]

『經義述聞』 32卷은 嘉慶 2年(1797)에 완성되었다. 이 책은『周易』,『尙書』,『毛詩』,『周禮』,『儀禮』,『大戴禮記』,『左傳』,『國語』,『公羊傳』,『谷梁傳』,『爾雅』 등 여러 책에 대해 句讀, 誤字, 衍文, 脫簡 등을 確定하였다. 이 가운데 訓釋의 대부분은 모두 王念孫 父子의 說이므로『經義述聞』이라 칭한 것이다.『經義述聞』은 文字, 訓詁, 音韻을 연구하는 중요한 참고서이다. 책 속에서 부친 王念孫의 說을 인용할 때는 '家大人曰'[150]이라고 칭하였고, 자기의 견해를 피력할 때는 '引之謹案'[151]이라고 칭하였다. 어떤 때는 명확하게 칭하지 않았다. 아래에 예를 들면 다음과 같다.

> 聳, '품행을 권장하다.(聳之以行)'[152] 杜預의 注에는 "聳은 '두렵다'는 뜻이다"라고 하였다.『漢書·刑法志』에는 聳이 雙으로 되어 있는데, 顔師古의 注에는 '雙은 장려한다는 말이다'라고 하였다. 家大人은 顔氏의 설이 옳다고 하였다. '聳之以行'은 선행을 들어 권장한다는 것을 말한다. 그래서 楚語에는 '춘추를 가르치고 또한 선을 장려하고 악을 억제함으로써

釋詞』十卷,『周秦古字解詁』,『字典考證』. 論者謂有淸經術獨絶千古, 高郵王氏一家之學, 三世相承, 與長州惠氏相埒云."『淸史稿』 列傳268, 儒林2 참조.

149 "許氏『說文』論六書假借曰, '本無其字, 依聲托事, 令長是也'. 蓋無本字而後假借他字, 此謂造作文字之始也. 至于經典古字, 聲近而通, 則有不限于無字之假借者. 往往本字見存, 而古本則不用本字而用同聲之字. 學者改本字讀之, 則怡然理順, 依借字解之, 則以文害辭. 是以漢世經師作注, 有讀爲之例, 有"當作"之條, 皆由聲同聲近者, 以意逆之而得其本字. 所謂好學深思, 心知其意也. 然亦有改之不盡者, 迄今考之文義, 參之古音, 猶得更而正之, 以求一心之安, 而補前人之闕."
王引之의『經義述聞』 卷32,「經文假借』條 참조.

150 "아버님께서 말씀하시기를"(譯註)

151 "삼가 내 생각으로는"(譯註)

152『左傳·昭公6年』 참조.

그 마음을 경계한다.'라고 하였다. 韋昭는 '聳은 奬의 뜻이다.'라고 注하였다. 『方言』에서는 '關西와 秦晋 사이에서는 서로 권하는 것을 聳이라고 하고, 혹은 奬이라고 한다.'[153]

弔, 삼가 내가 살펴보건대, '弔'자에는 '상서롭다'라는 뜻이 있지만, 배우는 사람들은 모두 그것을 살피지 않는다. 淑과 弔는 옛날에는 글자가 통하였다. 『左傳·哀公 16년』에는 '하늘이 상서롭지 못함을 걱정한다.'라고 하였는데, 鄭衆[154]의 『周官·大祝』에는 이 말을 인용하여 '閔天不淑'이라고 하였다. 후인들은 弔의 음이 '丁擊反'인 것은 이르다(至)라고 뜻을 달고, '多嘯反'인 것은 '가슴아프게 생각한다.'(閔傷)고 뜻을 달아 억지로 구별하고 있지만, '弔'가 '善'의 뜻인 것은 결국 아는 사람이 없었다.[155]

3) 王引之의 『經傳釋詞』

『經傳釋詞』 10卷은 周, 秦, 西漢의 古書에서 虛字 160개를 수집하여 各字에 대한 용법을 먼저 설명하고 후에 예증을 인용함으로써 그 기원을 거슬러 올라 그 演變을 밝혀내었는데, 그 論斷이 대부분 정확하다. 이 책은 어법 연구에 선구적 역할을 하였다. 清代 孫經世의 『經傳釋詞補』와 『經傳釋詞再補』 그리고 吳昌瑩의 『經詞衍釋』 등은 모두 王引之의 『經傳釋詞』를 보충한 것이다. 王引之는 『經傳釋詞·自敍』에서 다음과 같이 말했다.

> 나는 庚戌年부터 수도에 들어갔으며, 아버지와 함께 經義를 논의함에, 비로소 『尙書』 28편을 얻어 답을 찾았는데, 詞의 發句, 助句를 보고 古人들은 實義로 해석하였는데, 자주 따져 보아 잘못임을 알았다. 나는 일찍이 이러한 것을 사적으로 설명하였으나, 감히 결정을 내리지는 못했다. 아버지께서 『毛詩』의 '終風且暴', 『禮記』의 '此若義也' 등의 조항을 논하시는 것을 듣고, 그 뜻이 분명히 드러나, 마치 얼음이 녹듯이 의문이 녹았다. 그리고 따르는 바를 얻어 더욱더 법칙으로 삼아, 이에 인용하고 펼침으로써, 뜻의 종류를 다 하게 되었다. 『九經』, 『三傳』 그리고 周, 秦, 西漢의 책으로부터, 모든 助語之文을 모아 편집해서 정밀하고 자세하게 검토하고 分字編次하여 『經傳釋詞』 10卷을 완성했는데 모두 160 字이다. 前人이 언급하지 않았었던 부분을 보충하고 오해되었던 부분을 바르게 잡았다. 쉽게 이해가 된 부분은 생략하여 논하지 않았다. 감히 舊說을 버리고 신기한 것을 중시하지 않았으며, 또한 古人의 뜻을 살피고자 함으로써, 학자들이 선택할 수 있도록 갖추어 놓았을 따름이다.[156]

---

153 "聳之以行杜注曰, "聳, 懼也." 『漢書·刑法志』, 聳作慫, 師古注曰, '慫, 謂奬也.' 家大人曰, 顔說是也. '聳之以行', 謂擧善行以奬勸之, 故 『楚語』, '敎之春秋, 而爲之聳善而抑惡焉, 以戒勸其心.' 韋注曰, '聳, 奬也.' 『方言』曰, 自關而西, 秦晋之間, 相勸曰, '聳', 或曰'奬'" 『經義述聞』 卷19 참조.

154 仲師는 鄭衆의 字이다.(譯註)

155 "引之謹案, '弔'字有祥善之義, 而學者皆弗之察. '淑''弔'古字通. 哀十六年『左傳』"閔天不弔", 鄭仲師注 『周官·大祝』引作'閔天不淑'. 後人, '弔'音丁擊反者訓爲'至', 多嘯反者訓爲'閔傷', 强加分别, 而'弔'之爲'善', 卒無知之者." 『經義述聞』 卷31 참조.

156 "引之自庚戌歲入都, 侍大人質問經義, 始取 『尙書』廿八篇紬繹之, 而見其詞之發句·助句者, 昔人以實義釋之, 往往詰籟爲病; 竊嘗私爲之說, 而未敢定也. 及聞大人論 『毛詩』: '終風且暴', 『禮記』 "此若義也" 諸條, 發明意恉, 渙若冰釋, 益復得所遵循, 奉爲稽式, 乃遂引而伸之, 以盡其義類. 自 『九經』·『三傳』及周, 秦, 西漢之書, 凡助語之文, 編爲搜討, 分字編次, 以爲 『經傳釋詞』十卷, 凡百六十字. 前人所未及者捕

王引之의 스승인 阮元은 『經傳釋詞』를 위해 序를 썼는데, 다음과 같다.

> 『經傳釋詞』 중의 實字는 쉽게 해석할 수 있는 반면 虛詞는 해석하기 힘들다. 『顔氏家訓』에 비록 「音辭篇」이 있지만 古訓에 대해서는 설명이 매우 드물다. 『爾雅』, 『說文』 두 책에 의해 옛 聖賢의 經傳의 詞氣를 해설하였는데, 가장 옛 것에 가깝다. 그러나 『說文』은 다만 특별히 만든 글자(예: "虧", "白"따위)말을 해석하고, 假借字는 언급하지 않았다.(예: "而", "雖") 『爾雅』의 해석은 완전하지 않고 독음도 많이 틀렸다. 이 때문에 오직 "攸"를 "所"로 訓詁하는 것만 알고 "迪"과 동일하다는 것은 몰랐다. "言"을 "我"로 訓詁하는 것만 알고 "閒"으로 訓詁하는 것은 몰랐다. 비록 毛亨·鄭玄은 古訓에 뛰어났지만, 많은 오해가 있었는데, 하물며 나머지 사람들이야. 王氏 父子는 經訓 및 詞氣에 관통하였다. 예전에 "終風" 등 諸說들을 들을 때마다 웃음이 나왔으며, 王引之에게 책 한 권으로 엮여 내라고 권했다. 이제 20년이 되어 侍郎 王引之가 비로소 『釋詞』10권을 완성했다. 내가 읽어보니, 孔穎達, 鄭玄 등에게 가서 함께 이 快論을 共證할 수 없음이 한스럽다.[157]

阮元이 열거했던 예는 다음과 같다.

> 與, 鄭注의 『禮記·檀弓上』에서 "與는 及이다"라고 말하였으며, 이것은 常用語이다. 與는 以와도 같다. 『易·繫辭傳』에는 "이런 까닭으로 서로 술잔을 주고받고 벗할 수 있다."라고 나와 있으니, 이는 술잔을 주고받으며 벗할 수 있다고 말하는 것이다. 『禮記·檀弓上』에서 "殷나라 사람이 두 기둥 사이에 빈소를 설치하였으니, 상주와 문상객이 마주보게 하는 것이다."라고 말하였으니, 이는 문상객과 상주가 이를 사이에 두고 있다는 말이다. 「玉藻」에서 "大夫는 가는 곳이 있으면 반드시 公士로써 賓[158]을 삼았다."고 말하였는데, 이것은 반드시 公士로서 擯을 삼았다는 말이다. 『中庸』에서 "먼 것의 가까움을 알고 바람의 근원을 알고 미세한 것의 현저함을 알면, 덕으로 들어갈 수 있다."고 말하였는데 이것은 가히 入德할 수 있다는 말이다. 『論語·陽貨』篇에서 "비천한 사람이 어찌 군자를 모실 수 있겠는가?"라고 말하였는데 군자를 모실 수 없다는 말이다.[159]
> 부친께서 말씀하시길, "與는 爲와 같다. 이 때의 爲는 平聲으로 읽는다. 『韓子·外儲說左』篇에서 "名與多與之, 其實少."라고 하였는데, 이는 '명분은 많고, 실체는 적다'라는 뜻이다. 「西周策」에는 "秦이 천하와 더불어 고달프게 되어, 周에서 횡행하지 못하게 되었다."라고 기록되어 있는데, '秦이 천하에 의해 피곤하게 됨'을 말한다. 「秦策」에는 "吳王 夫差가 會稽에서 쉬고 있을 때 艾陵에서 齊를 이기고, 마침내 句踐은 붙잡혀 干隧에서 죽었다."라고

之, 誤解者正之, 其易曉者則略而不論. 非敢舍舊說而尙新奇, 亦欲窺測古人之意, 以備學者之採擇云爾."

157 "經傳中實字易訓, 虛詞難釋. 『顔氏家訓』雖有『音辭篇』, 於古訓罕有發明, 賴『爾雅』『說文』二書, 解說古聖賢經傳之詞氣, 最爲近古. 然『說文』惟解特造之字(如"虧"·"白".)而不及假借之字; (如"而""雖".) 『爾雅』所釋未全, 讀者多誤. 是以但知"攸"訓"所", 而不知同"迪"; 但見"言"訓"我", 而忘其訓"閒". 雖以毛·鄭之精, 猶多誤解, 何況其餘. 高郵王氏喬梓, 貫通經訓, 兼及詞氣. 昔聆其"終風"諸說每爲解頤, 乃勸伯申勒成一書; 今二十年, 伯申侍郎始刻成『釋詞』十卷. 元讀之, 恨不能起毛·孔·鄭諸儒而共證此快論也."

158 賓은 손님을 대접하는 관리를 말한다.(譯註)

159 "與 鄭注『禮記檀弓』曰, "與, 及也." 常語也. 與, 猶以也. 『易繫辭傳』曰, "是故可與酬酢, 可與祐神矣." 言可以酬酢, 可以祐神也. 『禮記檀弓上』曰, "殷人殯於兩楹之間, 則與賓主夾之也." 言以賓主夾之也. 『玉藻』曰, "大夫有所往, 必與公士爲賓也." 言必以公士爲賓也. 『中庸』曰, "知遠之近, 知風之自, 知微之顯, 可與入德矣." 言可以入德也. 『論語陽貨』篇曰, "鄙夫可與事君也與哉!" 言不可以事君也."

되어 있는데, 이는 句踐이 붙잡혔음을 말한다.[160]

王引之의 『經傳釋詞』는 漢代 이전의 고문헌에서 자료를 수집하여 虛詞의 성질, 작용에 대한 종합적인 연구를 진행하여, 이후 古漢語 어법 연구의 선구가 되는 『馬氏文通』에 상당한 영향을 주었다.

『經傳釋詞』에도 틀린 못한 부분이 있는데, 章炳麟은 「王伯申新定助詞辯」이라는 문장에서 다음과 같이 지적하고 있다.

> 謂는 奈이다. 『召南·行露』에는 "어찌 새벽 밤을 가리랴 마는 길에 이슬이 많기도 하여라."라고 하였다. 이는 이른 아침에 길을 떠나고자 하나 길에 이슬이 많이 있어서 떠날 수 없다는 것을 말한다. 『小雅·節南山』에는 "권세가 당당한 태사 尹公의 한편으로 치우친 정사 어이하리"라고 하였는데, 이는 '태사 尹公의 정치가 불공평하니 어찌한단 말인가'라는 뜻이다. 章炳麟은 '奈'를 '謂'로 訓하였다. 비록 「齊策」의 注에 보이지만, 『節南山』의 箋에는 '謂何'를 '云何'로 풀이하였으며, 단어의 뜻도 통하지 않는 바가 없는데, 王引之가 어찌해서 이를 바꾸어 놓았는지 모르겠다. 만약 『行露』의 '謂'를 '曰'로 풀이하였다면, '云'이 생략된 것으로 이것은 스스로 '새벽 밤을 가려고 하느냐?'라는 물음에 '길에 이슬이 많다'라고 자답하는 것이 된다. 길에 이슬이 많으므로, 떠날 수 없다는 뜻이 드러난다. 또한 '何謂'라고 말하는 것은 명분에 근거해서 실질을 구하는 것이고, '謂之何'라고 말하는 것은 실질에 근거해서 명분을 찾는 것이다. '謂之'라고 말하는 것은 실질에 근거해서 그 명분을 정하는 것이다 王引之는 '謂之何'를 '奈之何'로 풀었으므로, '何謂'와 '謂之'를 장차 어떻게 해결할 것인가?[161]

---

160 "家大人曰, 與, 猶'爲'也. 此'爲'字讀平聲. 『韓子·外儲說左』篇曰, "名與多與之, 其實少." 言名爲多與之, 而其實少也. 『西周策』曰, "秦與天下罷, 則令不橫行於周矣." 言秦爲天下所疲也. 『秦策』曰, "吳王夫差棲越於會稽, 勝齊於艾陵, 遂與句踐禽, 死于干隧." 言爲句踐所禽也."

161 "謂, 奈也. 『召南·行露』曰, "豈不夙夜, 謂行多露". 言豈不欲夙夜而行, 奈道中多露何哉! 『小雅·節南山』曰, "赫赫師尹, 不平謂何". 言師尹不平, 其奈之何也! 炳麟案, 以'奈'訓'謂', 雖見『齊策』高注, 然『節南山』箋訓'謂何'爲'云何', 辭氣本無不順, 不知王何故易之? 若『行露』之'謂'當訓爲'曰', 亦與訓'云'略同, 此乃自作問答, 言豈不欲夙夜而行邪? 曰道中多露耳. 道中多露, 則不可行之意自見. 又凡言'何謂'者, 據名而求其實也, 凡言'謂之何'者, 據實而求其名也. 凡言'謂之'者, 據實而定其名也. 王於'謂之何'悉解爲'奈之何', 然則'何謂', '謂之'又將何解邪?"
章炳麟 『王伯申新定助詞辯』 참조. (『章太炎文錄』 속편 卷1에 보임.)

『광아소증·서』

단옥재

소학에는 形·音·義가 있는데, 이 세 가지는 서로 구하는 것으로 하나를 들면 두 가지를 얻을 수 있다. 옛 형태가 있고 지금의 형태가 있으며, 옛 음이 있고 지금의 음이 있으며, 옛 의미가 있고 지금의 의미가 있으니, 여섯 가지는 서로 구하는 것으로 하나를 들면 다섯 가지를 얻을 수 있다. 古今이라는 것은 정해지지 않은 이름이다. 三代가 '古'이면, 漢이 '今'이다. 漢魏晋이 '古'이면, 唐宋 이하가 '今'이다. 성인이 글자를 만들 때, 뜻이 있은 후에 음이 있었고, 음이 있은 후에 형태가 있게 되었다. 학자들이 글자를 고찰할 때, 형태로 음을 얻고, 음으로 의미를 얻는다. 경학을 연구하는데 있어서 뜻을 얻는 것보다 중요한 것은 없으며, 뜻을 얻는 데 있어서 음을 얻는 것보다 분명한 것은 없다.

『周官』의 六書에서 指事·象形·形聲·會意 네 가지는 形이고 轉注·假借 두 가지는 形을 다스리는 것이며 음과 뜻이라고 하였다. 夏殷周 三代의 소학책은 전하지 않으며 지금 전하는 것 중 '形'에 관한 책으로는 『說文』이 으뜸이고, 『玉篇』이 그 다음이다. '音'에 관한 책으로는 『廣韻』이 으뜸이며, 『集韻』이 그 다음이다. '義'에 관한 책으로는 『爾雅』가 으뜸이며, 『方言』·『釋名』·『廣雅』가 그 다음이다. 『爾雅』·『方言』·『釋名』·『廣雅』는 轉注·假借의 책들이다. 義는 形에 속하니 이것이 轉注이고, 義는 聲에 속하니 이것이 假借이다.

稚讓은 魏의 박사가 되어 『廣雅』를 지었다. 대체로 魏 이전의 경전 속의 形音義는 이 책에서 합쳐졌다. 古形·古音·古義에 익숙치 못하면 그것을 말해주는 사람이 있어도 근본을 살필 방법이 없고, 이미 그 사람이 죽고 없다면 이러한 예를 추측할 도리가 없다. 形이 그릇되면, 『說文』 이외의 글자를 모두 없앨 수 있으며, 音이 잘못되면, 字母七音에 현혹되어 오히려 문제를 더욱 복잡하게 만들게 되며, 義가 잘못되면 『說文』에서 말한 本義에 구속되어 假借를 없애게 되고 또한 혹시 가차를 말해도 古音에 어둡게 되는 것은 모두 소학자들과 더불지 않았기 때문이다.

懷祖氏는 세 가지로 서로 구하고 여섯 가지로 서로 구하여 특히 古音으로 경서의 뜻을 얻었으니, 대저 천하에 한 사람 뿐이다. 『廣雅』를 빌어 그 얻은 바를 증명하고 주석을 정제시켰으니, 子雲이 다시 살아온다면 반드시 그를 알아볼 것이다. 감히

懷祖氏에게 묻고 아울러 만천하 후세에 소학을 말하는 사람들에게 묻는다. 건륭 신해년 8월 금단에서 단옥재 쓰다.

『廣雅疏證·序』[1]

段玉裁

小學有形有音有義, 三者互相求, 擧一可得其二; 有古形, 有今形, 有古音, 有今音, 有古義, 有今義, 六者互相求, 擧一可得其五. 古今者, 不正之名也. 三代爲古, 則漢爲今; 漢魏晉爲古, 則唐宋以下爲今. 聖人之製字, 有義而後有音, 有音而後有形. 學者之考字, 因形以得其音, 因音以得其義; 治經莫重於得義, 得義莫切於得音.

『周官』六書[2]: 指事·象形·象聲·會意四者, 形也; 轉注·假借二者[3], 馭形者也, 音與義也. 三代小學之書不傳, 今之存者: 形書『說文』爲之首, 『玉篇』以下次之; 音書『廣韻』爲之首, 『集韻』以下次之; 義書『爾雅』爲之首, 『方言』·『釋名』·『廣雅』以下次之. 『爾雅』·『方言』·『釋名』·『廣雅』者, 轉注[4]·假借之條目也. 義屬於形, 是爲轉注; 義屬於聲, 是爲假借.

稚讓爲魏博士, 作『廣雅』. 蓋魏以前經傳謠俗之形音義彙粹於是. 不執於古形·古音·古義, 則其說之存者無由甄綜, 其說之已亡者, 無由此例推測. 形失, 則謂『說文』以外字皆可廢[5]; 音失, 則惑於字母七音猶治絲棼之[6]; 義失則梏於『說文』所說之本義而廢其假借, 又或言假借而昧其古音[7], 是皆無與於小學者也.

懷祖氏以三者互求, 以六者互求, 尤能以古音得經義, 蓋天下一人而已矣. 假『廣雅』以證其所得, 其注之精粹, 再有子雲必能知之[8]. 敢以是質於懷祖氏幷質諸天下後世言小學者. 乾隆辛亥八月金壇段玉裁撰.

1 이 글은 段玉裁가 王念孫(字는 懷祖)이 지은 『廣雅疏證』을 위해 지은 서문이다. 段玉裁는 古音연구에 있어서 『六書音韻表』를 지었으며, 『說文』의 諧聲體系로 古韻의 分部를 증명하여 6류 17부를 얻었다. 또한 '支''脂''之' 三部의 분리, '眞''文' 두 部의 분리, 그리고 '侯'部의 독립을 연구해 냈는데, 모두 그의 독창적인 견해이다. 淸代 고음학 연구는 顧炎武가 그 기초를 세우고 江永·戴震·段玉裁·王念孫 등의 지속적인 연구를 거쳐 기본이 완성되었다. 段玉裁는 또한 더 나아가 음운으로 문자를, 王念孫은 음운으로 훈고를 꿰뚫었다. 그들은 고음학의 연구성과를 분별하여 문자학, 훈고학에 운용하였는데, 모두 큰 성과를 거두었다. 그래서 소학의 흥성시기는 건륭·가정 연간에 '段王之學'으로 세상에 일컬어졌다. 서문에서 段玉裁는 분명히 문자의 形·音·義 세방면에 모두 古今의 차이가 있음을 지적했으며, 서로의 관계는 밀접하여 연구할 때 반드시 서로 탐구해야 하는데, 그 중 특히 '得音'을 중요시하였다. 그는 『廣雅』의 가치는 魏나라 이전의 古形·古音·古義를 보존하고 있는 것이라고 생각했다. 王念孫의 '疏證'의 주요한 성과도 바로 '古音으로 經義를 얻었다'는 데에 있다. 陳第·顧炎武는 字音에 古今의 차이가 있음을 인식하고 宋人의 詩叶音說을 비판하였다. 段玉裁는 더 나아가 字音에 古今의 차이가 있을 뿐만 아니라, 字形·字義에도 古今의 차이가 있음을 인식하였다. 그는 이미 문자의 形

·音·義의 역사발전적 관점을 수립하였으며, 그리하여 언어과학의 연구를 추진시켰다. 王念孫은 음운을 훈고학의 연구방법에 관철시켜 훈고학 연구에 역시 추진역할을 하였으며, 이러한 방법은 어음으로부터 동의자·반의자 간의 관계를 연구, 훈고학의 몇가지 어려운 문제들을 해결하여 훈고학을 고대의 비교적 조잡했던 고훈에서 비교적 체계적인 연구로 발전시켰다. 그러나 주의해애 할 점은 어음과 어의는 필연적인 연관이 없다는 것이다. 그러므로 만약 알맞게 사용하지 않으면, 주관적인 억측을 낳을 수도 있다. 여기의 『廣雅疏證』에서도 역시 어쩔 수 없는 것이어서, 후세에 이러한 형식을 남용한 훈고학 저서들이 나오게 되어 문제가 더욱 많아졌다.

2 『周官』: 『周禮』로 儒家 經典 중의 하나이다.

3 轉注: 『說文序』에, "轉注란, 한 우두머리를 세워 같은 뜻은 서로 받는 것으로, 考·老가 이것이다"라고 하였다. 段玉裁는, 轉注字는 字形으로부터 연관된 것이므로 "義는 形에 귀속된다"고 생각했다. 假借: 『說文序』에, "假借란, 본래 글자가 없는 것으로 소리에 의거해 사물을 기탁하는 것이다"라고 하였다. 段玉裁는, 假借字는 字音으로부터 연관되는 것이므로 "義는 音에 귀속된다"라고 보았다.

4 轉注, 假借之目也: 轉注, 假借를 통해 뜻을 해석한 책을 말한다.

5 "形失"兩句: 段氏는 古形을 모르면, 『說文』에 실리지 않은 글자를 모두 錯字로 잘못 여겨 제외시킬 수 있다고 여겼다.

6 "音失"兩句: 段氏는 古音을 모르면, 中古音(字母七音을 대표로 함)을 上古音으로 잘못 알 수 있다고 생각했다.

7 "義失"兩句: 段氏는 古義를 모르면, 『說文』에서 말한 本義에 구속을 받아 假借를 모를 수도 있다고 보았다. 혹은 비록 假借를 말할 수 있어도, 古音관계에 근거하지 않고 假借 를 인식하게 된다.

8 子雲: 揚雄의 字가 子雲이다.

제5절 語法研究의 興起

1. 概 況

어법 연구는 중국에서도 일찍이 싹트기 시작했는데, 예를 들어『春秋』僖公 元年의 "邢이 陳儀로 옮긴다"[1]에 대해『公羊傳』에서는 "遷은 무엇인가? 스스로 옮기는 것이다. 遷之는 무엇인가? 스스로 옮기는 것이 아니다."[2]라고 하였는데 이는 어법에서의 자동사와 타동사의 차이점을 나타내는 것이다. 여기서 말한 "遷"은 邢이 스스로 원하는 것으로 자동의 의미이다. 만약 무엇을 옮기다라는 식으로 말한다면, 예를 들어 莊公 10년 "宋人遷宿"의 예와 같이 "遷邢"이라 말한다면, 이는 邢 스스로 원해서 옮기는 것이 아니니, 바로 타동의 의미가 미치는 대상이 된다. 또한『墨子·小取』篇에서 "한 마리 말은 馬이고 두 마리 말도 馬이다. '馬四足'이라는 것은 한 마리의 말에 4개의 다리가 있다는 뜻이지, 두 마리 말에 4개의 다리가 있다는 것이 아니다. '馬或白'이라는 것은, 2마리 말 중에 白馬가 있다는 것이지, 1마리 말이 白馬라는 것이 아니다."[3]라고 하였는데 이것은 어법에서의 名詞의 單複數의 변별이라고 할 수 있다.[4]

漢代에 와서 訓詁學 연구가 흥기하기 시작하여 古代 文獻에 보이는 文頭와 文尾 혹은 語頭에 있는 해석하기 힘든 字를 "詞" 혹은 "辭"라고 칭하고 설명을 덧붙였는데, 이것이 바로 古代 중국어 어법의 "虛字" 혹은 "助字"에 대한 연구의 시작이다. 예를 들면 다음과 같다.

> 『大雅·文王』에 "思皇多士, 此生王國(뛰어난 많은 선비들이 이 왕국에서 태어나길)"라고 하였는데,『毛傳』에서 "思는 어조사이다"라고 하였다.『鄭風·山有扶蘇』에 "子都를 보지 못하면, 이내 미친다"라고 하였는데『毛傳』에서 "且는 어조사이다."라고 하였다.
> 『書·金縢』에 "對曰, 信, 噫!.(대답하여 말하기를 정말입니다. 아아!)"라고 하였는데,『孔安國傳』에서 "噫는 탄식하는 말이다."라고 하였다.
> 『禮記·檀弓上』에 "檀弓曰, 何居.(단궁이 말하기를 어찌된 일인가)"라고 하였는데,『鄭玄注』

---

1 "邢遷于陳儀."

2 "遷者何? 其意也. 遷之者何? 非其意也."

3 "一馬, 馬也; 二馬, 馬也. 馬四足者, 一馬而四足也, 非兩馬而四足也. 馬或白者, 二馬而或白也, 非一馬而或白."

4『陳望道文集』제3권 347쪽 참조.

에서 "居는 語助이다"라고 풀이하였다.
許愼의 『說文解字』에서는 "者는 사물을 구별하는 단어다."라고 하였고, "矣는 말을 끝맺는 말이다."라고 하였다.[5]

魏晉 이후에 이르러서는 더 나아가 '助字'를 몇 가지 종류로 나눈 후에 이를 총괄적으로 설명하였다. 이와 동시에 각 종류의 '助字'간의 차이에 대해서도 주의를 기울여 연구하기 시작하였다. 예를 들어 張揖의 『廣雅釋詁』에서는 "曰, 吹, 惟 …… 也, 乎, 些, 只는 詞이다."[6]라고 하였으며, 周興嗣의 『千字文』 下卷에서는 "語助라는 것은 焉, 哉, 乎이다."[7]라고 하였다. 劉勰의 『文心雕龍』 7권 「章句篇」에는 "夫, 惟, 蓋, 故라는 것은 처음에 시작하는 말이며, 之, 而, 于, 以라는 것은 '공문서의 옛 체제'이며, 乎, 哉, 矣, 也는 '끝말의 일상적인 항목'이다."[8]라고 하였다. 이로써 劉勰은 이미 虛字의 작용에 주의를 기울이고 있었음을 알 수 있다.

唐代 柳宗元은 『覆杜溫夫書』에서 다음과 같이 말하였다.

> 사용되는 助字만을 보면 법칙에는 맞지 않지만, 이것으로써 (문장의 어기를) 알려준다. 소위 乎, 歟, 耶, 哉, 夫라는 것은 의문 조사(疑辭)이다; 矣, 爾, 焉, 也라는 것은 종결 조사(決辭)이다. 오늘날에 생겨나면 그 중의 하나이다. 전인들이 사용하던 바를 고찰해야 마땅하며, 우리의 종류와 다른 것은 신중히 생각해야 이익이다.[9]

'助字'를 '疑', '決' 두 종류로 나누었으니, 『馬氏文通』에서 助字를 '傳信', '傳疑' 두 종류로 나눈 것은 이 영향을 받은 것이다.

宋代에는 '實字' '虛字'라는 것의 연구가 일시 유행했었다. 당시의 각종 詩話, 詞話에서는 글자의 虛實구별을 기초로 한 토론을 볼 수 있다. 예를 들어 張炎의 『詞源』에서는 '虛字'항목에 다음과 같이 나와 있다.

> 詞와 詩는 다르니, 詞로 이루어진 문장에는 2, 3, 4글자에서 6, 7, 8글자까지 있다. '實字'를

---

5 『大雅·文王』: 思皇多士, 此生王國. 『毛傳』: 思, 辭也. 『鄭風·山有扶蘇』: 不見子都, 乃見狂且. 『毛傳』: 且, 辭也.
『書·金縢』: 對曰, 信, 噫. [孔安國傳]: 噫, 恨辭也.
『禮記·檀弓上』: 檀弓曰, 何居. [鄭玄注]: 居, 語助也.
許愼『說文解字』中的"者, 別事詞也". "矣, 語矣詞也".
6 "曰·吹·惟…… 也·乎·些·只, 詞也."
7 "謂語助者, 焉哉乎也."
8 "至于夫·惟·蓋·故者, 發端之首唱; 之·而·于·以者, 劄句之舊體; 乎·哉·矣·也亦送末之常科."
9 "但見生用助字, 不當律令, 惟以此奉告. 所謂乎·歟·耶·哉·夫者, 疑辭也; 矣·爾·焉·也者, 決辭也. 今生則一之. 宜考前人所使用, 與吾類且異, 愼思之, 則一益也."

쌓는다면 읽어도 뜻이 통하지 않는데, 하물며 藝妓들이 읊어 대는 글이야? '虛字'를 합용하여 서로 호응하는 것으로는 한 글자로 된 것은 '正'·'但'·'甚'·'任' 같은 것이 있으며, 두 글자로 이루어진 것은 '莫是'·'還又'·'那堪' 같은 것이 있다. …… 이러한 虛字들은 모두 적절하게 사용해야 한다.[10]

이는 모든 글자를 '實'과 '虛' 두 종류로 구분한 것으로, 『馬氏文通』 등에서 나타나는 虛實 양분법의 선구라 할 수 있다. 논의의 시야가 넓어 글자의 전부분에 걸쳐서 虛實 양류의 쓰임을 논하고 있을 뿐만 아니라, 또한 매우 분명하게 파악하고 있다. 이는 중국 어법 연구사에 있어서 일대 진전이라 할 것이다. 그 후에 元代 劉鑒이 動靜字를 연구하였는데, 이 역시 어법 연구에 영향을 주었다.[11]

元代에는 또한 漢語語法學史上 최초로 虛字연구를 전문으로 한 저서가 나왔는데, 바로 盧以緯의 『語助』이다. 盧以緯는 자가 允武로 元代 永嘉[12] 사람이다. 『語助』는 백여 개의 語助辭를 수집하여 그 의미를 분명히 해석하고 그 용법을 분석하여 중국 虛字용법 연구에 있어 최초의 전문 저서가 되었다. 지금 전하는 것으로는 明 嘉靖년간에 간행된 『奚囊廣要』 叢書本과 萬曆년간 胡文煥이 편집한 『格致叢書』本이 있다. 奚囊本은 泰定 원년(1324)에 胡長孺가 序를 썼으며, 格致本은 『新刻助語辭』로 이름을 바꾸어 胡序를 빼 버리고 내용도 간략히 줄였다.

清代는 小學의 전성기로, 乾嘉의 박학한 大師들이 중국 고대 언어학 연구를 흥성시기로 이끌었다. 清代 유학자들의 언어, 문자에 대한 연구는 文字, 訓詁, 音韻 등의 제방면에까지 미쳤다. 어법 연구에 있어서는 '助字'에 대한 연구가 그 넓이와 깊이에 있어서 모두 이전의 연구들을 초월하고 있다. 劉淇, 袁仁林, 段玉裁, 王引之, 兪樾 등의 유명한 학자들이 출현하여 수십 권의 저작을 남겼는데, 그 중에서 劉淇의 『助字辨略』, 王引之의 『經傳釋詞』, 兪樾의 『古書疑義擧例』 등이 가장 대표적이다.

『助字辨略』 5권은 清 劉淇가 지은 것이다. 劉淇는 자가 武仲이며 龍田이라고도 한다. 號는 南泉이며 確山[13] 사람이다. 이 책에서는 宋元 이전의 經傳, 子, 史 및 속어 중의 虛詞 400여 개를 두루 수집하여 四聲으로 나누어 편집 배열하였다. 正訓, 反訓, 通訓, 借訓, 互訓, 轉訓 등의 방법을 사용하여 해석한 것으로, 虛詞 연구의

---

10 "詞與詩不同, 詞之句語有二字三字四字至六字七八字者. 若堆疊'實字', 讀且不通, 況付之雪兒乎? 合用'虛字'呼喚, 單字如'正''但''甚''任'之類, 兩字如'莫是''還又''那堪'之類, …… 此等虛字都要用之得其所."

11 『陳望道文集』 제3권 348쪽 참조.

12 지금의 浙江 溫州를 말함.

13 지금의 河南을 말함.

중요한 자료가 된다.

劉淇는 『助字辨略·自序』에서 다음과 같이 말하였다.

> 文을 구성하는 도는 實字와 虛字 두 가지에 불과하다. 實字는 그 몸체요 虛字는 그 성정이다. 대저 문장은 말을 대신하여 그대로 전달할 수 있어야 하는데, 어기의 높고 낮음과 정태를 나타내는 輕重은 대체로 다르므로, 虛字 하나가 어긋남에 따라 확연히 달라지니, 柳宗元이 杜溫夫에게 웃음을 지은 까닭이다. 또한 무릇 한 글자가 잘못되면 한 문장이 어긋나고, 한 문장이 잘못되면 전체의 글을 읽는 데 막힘이 있다. 토론은 이처럼 결여될 수 있다. 나는 무지몽매하고 어리석어, 뜻은 있으나 아는 바가 적기 때문에 일찍이 한가할 때 여러 서적들을 두루 구하여 모두 합해 한 集으로 만들었으니, 이를 『助字辨略』이라 하였다.[14]

劉淇의 '助字'에 대한 연구는 전인에 비해 진일보하여 수록한 글자가 476자로 비교적 많으며, 이를 종합적으로 연구하였다. 그는 自敍에서 "『助字辨略』은 30가지로 나누어져 있다. 즉 重言, 省文, 助語. 斷辭, 疑辭, 急辭, 緩辭, 發語辭, 語已辭, 設辭, 別異之辭, 繼事之辭, 或然之辭, 原起之辭, 終竟之辭, 頓挫之辭, 承上, 轉下, 語辭, 通用, 專辭, 僅辭, 歎辭, 幾辭, 極辭, 總括之辭, 方言, 倒文, 實字虛用이다."[15]라고 하였다. 劉淇는 "한 글자가 잘못되면 한 문장이 잘못되고, 한 문장이 잘못되면 한 편을 잘못 말하게 된다."[16]는 것을 알 수 있었던 것이니, 즉 '助字'가 문장을 이루고 글을 이루는 데 있어서 얼마나 중요한지를 인식한 것이다.

王引之의 『經傳釋詞』 10권은 經書를 위주로 하고 子書 및 기타 서적들을 참고로 하여 자료를 모았으며, 시대는 漢代이전까지를 경계로 하여 이러한 古書들에 나타난 虛字 160개를 연구하였다. 經傳의 본문과 注文에 나타난 '互文', '連語' 및 기타 자료들을 근거로 하여 각 글자들의 의미와 용법을 설명하였으며 이후에 예를 들어 증명하였다. 그 원류를 추구하였으며 다시 그 변천을 밝혔는데, 논단이 대부분 정확하여 어법 연구에 있어서 선도적인 역할을 하였다. 胡適은 『國語文法槪論』에서 다음과 같이 밝혔다.

---

14 "構文之道, 不過實字, 虛字兩端; 實字其體骨, 而虛字其性情也. 蓋文以代言, 取肖神理, 抗墜之際, 軒輊異情, 虛字一乖, 判於燕越, 柳柳州所由發晒于杜溫夫者邪. 且夫一字之失, 一句爲之蹉跎; 一句之誤, 通篇爲之梗塞. 討論可闕如乎! 蒙愧顓愚, 義存識小, 閒嘗博求衆書, 捃拾助字, 都爲一集, 題曰『助字辨略』."

15 "『助字辨略』其類凡三十 : 曰重言·曰省文·曰助語·曰斷辭·曰疑辭·曰急辭·曰緩辭·曰發語辭·曰語已辭·曰設辭·曰別異之辭·曰繼事之辭·曰或然之辭·曰原起之辭·曰終竟之辭·曰頓挫之辭·曰承上·曰轉下·曰語辭·曰通用·曰專辭·曰僅辭·曰歎辭·曰幾辭·曰極辭·曰總括之辭·曰方言·曰倒文·曰實字虛用."

16 "一字之失, 一句爲之蹉跎; 一句之誤, 通篇爲之梗塞."

> 淸代 王引之의 『經傳釋詞』는 귀납법을 이용하여 古書의 '詞'의 용법을 연구하였으니, 일종의 문법서라 칭할 만하다. 그러나 王引之의 연구는 문법학의 술어와 조리가 부족하였으므로, 『經傳釋詞』는 단지 문법학이 성립되기 이전의 참고서에 불과하며 문법학의 지위에 이르지는 못하였다. 馬建忠의 『馬氏文通』이 세상에 나오자 비로소 중국의 문법학이 생기게 되었다.[17]

郭紹虞도 아래와 같이 지적하였다.

> 『經傳釋詞』는 비록 의미를 배치하는 虛字의 연구에 중점을 두고 있지만, '釋'이라 칭하고 있는 것으로 보아 훈고학 방면의 저작일 뿐이다. 특히 '經傳'이라 칭하는 것으로 보아 이 저서가 經傳의 詞를 해석하는데 중점을 두고 있으며, 古書를 읽기 위한 것이지 글을 쓰기 위한 것이 아님을 더욱 분명히 알 수 있다. 따라서 虛字의 해석에 대해서는 虛字의 개별적인 의미만을 구하고 있으며, 虛字의 배치 의미에 대해서는 중점을 두지 않았다. 비록 그의 방법이 많은 동류의 문장 형식을 귀납하여 다시 그것의 의미를 추구한 것이라 할지라도, 그의 목표는 虛字가 문장의 조직과 배치 속에서 갖는 개별적인 의미를 밝히는 것일 뿐이며, 배치 관계에는 중점을 두지 않았다. 이는 매우 중요한 분별이다.[18]

그러므로 虛字의 해석에 대해서도 다만 그것의 개별적인 의의만을 구하였을 뿐 그것의 배치 의의에 대해서는 중점을 두지 않았다. 비록 그의 방법이 단지 많은 같은 종류의 구형을 귀납하여 다시 그것의 의의를 추구한 것이라 하더라도 이것의 목표는 이러한 虛字가 어구의 조직 분배에서 가지는 개별적인 의의에 있을 뿐 분배 관계에 있지 않으니 이는 하나의 중요한 구별이다.[19]

이상에서 『經傳釋詞』는 虛字 연구 방면에 있어 매우 성과가 컸지만, '語法'저작은 아니었고 다만 이후의 어법 연구에 대해 계도적이고 참고적인 역할을 하였음을 알 수 있다.

다음으로 淸代 兪樾의 『古書疑義擧例』 7권이 있다. 兪樾은 周·秦·兩漢시대 문헌의 문장 구조와 쓰인 낱말이 후세와 크게 다른 점을 파악하였다. 그는 『古書疑義擧例·序』에서 다음과 같이 언급하였다.

---

17 "淸朝王引之的『經傳釋詞』, 用歸納的方法來硏究古書中'詞'的用法, 可稱得一部文法書. 但王氏究竟缺乏文法學的術語和條理, 故『經傳釋詞』只是文法學未成立以前的一種參考書, 還不曾到文法學的地位. 直到馬建忠的『文通』出世, 方才有中國的文法學."

18 "『經傳釋詞』雖則是硏究重在配置意義的虛字的書, 但是稱之曰'釋', 可見只是訓詁學方面的著作, 稱之曰'經傳'更可見得此書是重在解釋經傳之詞, 爲讀古書服務, 幷不是爲寫作服務的. 所以對于虛字的解釋也只是求它的個別意義, 幷不重在求它的配置意義. 儘管他的方法, 是歸納了很多同類之句型再去推求它的意義, 但是目標所在, 只是這個虛字在語句的組織配置中的個別意義, 幷不重在配置關係. 這是一個很重要的分別." 『從『馬氏文通』所想起的一些問題』, 『復旦學報』 1959년 제3기 참조.

19 『從『馬氏文通』所想起的一些問題』, 『復旦學報』 1959년 제3기 참조.

> 무릇 周·秦·兩漢 시대는 오늘날과 거리가 매우 멀다. 지금 사람은 문법에 있어 자구에 구애되어 이치를 깨닫지 못하고 周·秦·兩漢의 서적을 읽고 있으니 이는 마치 산이나 들에 있는 사람을 붙잡고 훌륭한 문장의 뛰어남을 논하는 것과 같다.[20]

그러므로 그는 문장의 의의를 깨닫는 것에서부터 일련의 문장 규칙에 이르기까지 모두 그 例를 취하여, 독자들이 하나를 보면 다른 것도 미루어 알 수 있도록 하였다. 도치문의 예를 보면 다음과 같다.

> 고인들은 대체로 도치문으로 이루어지는 문장을 많이 사용하였는데 이런 경우에는 순서대로 읽으면 제대로 해석할 수 없다. 『左傳』 僖公 23년에서 말하기를 "그와 같이 나라를 안정시킬 수 있는 사람이 몇이나 되는가?"라고 하였고 昭公 19년에서는 "세속에서 말하기를 '집에서 화를 내고 길에서 사람들에게 안색을 보인다.'라고 한다."라고 하였는데 이는 모두 도치문이다.[21]

결론적으로 이상의 저작들은 어법 연구면에서 말하자면 단편적이고 체계적이지는 못하지만 어법 연구의 맹아 단계라고 할 수 있으며, 1898년 중국 언어학사상 최초의 어법 연구 전문서인 『馬氏文通』이 출현한 이후에야 비로소 중국어 어법 연구는 하나의 획을 긋는 새 장을 열게 되었다.

2. 馬建忠의 『馬氏文通』

馬建忠(1845~1900)은 字가 眉叔으로 江蘇 丹徒 사람이다. 1875년에 프랑스에 파견되어 유학하여 프랑스 파리 대학을 졸업하고 주불 대사관 통역관으로 근무하였다. 귀국한 후 李鴻章을 도와 洋務派를 변호하여 釐金稅를 폐지하고 관세를 올리며 상공업을 진흥시킬 것 등을 주장하였다. 학술면에 있어서는 小學의 바탕이 매우 좋았고 또 라틴어와 불어에도 능통하였다. 그는 서양 어법의 영향을 받아 『馬氏文通』을 지었는데, 이는 중국 최초의 비교적 전면적이고 체계적인 어법 저작으로 중국 언어학사의 어법 연구 방면에 있어 창시적인 뛰어난 공헌을 한 것이다.

『淸史稿』에서는 馬建忠이 『馬氏文通』을 저술하게 된 동기를 다음과 같이 적고 있다.

---

20 "夫周·秦·兩漢, 至於今遠矣. 執今人尋行數墨之文法, 而以讀周·秦·兩漢之書, 譬猶執山野之夫, 而與言甘泉建章之巨麗也."

21 "古人多有以倒句成文者, 順讀之則失其解矣. 僖二十三年『左傳』: 其人能靖者與有幾. 昭十九年, 諺所謂: 室於怒, 市於色者, 皆倒句也."

> 馬建忠은 박학하고 고문에도 능하였으며 특히 유럽의 말에 능하여 영국·프랑스가 현재 사용하고 있는 문자에서부터 희랍·라틴 고문에 이르기까지 두루 통하지 않는 바가 없었다. 구미 각국에는 모두 학문의 격식을 갖춘 서적이 있는데 중국의 경적들은 비록 규칙은 있으나 모두 그 안에 감추어져 있고 특히 그것을 비교하여 나타낼 수 있는 것이 없어 학자들이 문장을 해독하는 데 어려움을 논하게 되었으며, 문장의 의미는 이해하나 그것이 왜 그러한지는 알지 못하게 되었다. 이에 발분하여 『文通』을 지었다. 구미의 문장에는 이미 규칙이 있으니 경적에서 같고 다른 바를 구함에 증거가 잘못되고 인용이 번잡하여 中文의 義例의 소재를 확실히 알게 함으로써 학자들이 명확히 구별하는 데 힘쓰게 하였고, 나중에 문장에 그것을 적용하여 각기 마땅한 바를 얻게 하였다. 이는 古文詞를 공부하는 데 있어 두루 겸비하는 오묘함을 갖게 하니, 즉 구미의 古今文字를 모두 배울 수 있을 뿐만 아니라 또한 정통하여 통달하게 되는 것도 어렵지 않을 것이다. 책이 출판되자 학자들이 모두 그 정통함을 칭찬하여 古今간에 뛰어난 창시적인 책이라 하였다.[22]

1) 『馬氏文通』의 내용과 체제

『馬氏文通』 10권은 모두 네 부분으로 나뉘어져 있다. 첫 번째 부분 界說은 각종 어법 술어에 대한 정의를 내린 것으로 모두 23개 界說로 되어 있다. 두 번째 부분 實字는 名字·代字·動字·靜字·狀字의 5류로 나뉘어져 있다. 세 번째 부분 虛字는 모두 介字·連字·助字·嘆字의 4류로 나뉘어져 있고 네 번째 부분은 句·讀[23]이다.

2) 『馬氏文通』의 성과 및 그 영향

첫째는 그의 어법 연구에 대한 노력과 성취이다. 10여 년간 열심히 탐구하여 책을 완성한 오랜 그의 연구 정신과 연구 성과는 과거에 비해 깊이 있고 훌륭하여 이제껏 없었던 최대의 찬사를 받았으니 이는 현재에도 긍정되는 바이다. 어법에 대한 인식은 1898년 馬建忠의 『馬氏文通』이 출판된 이후에 시작된 것이라 할 수 있으니 이는 『文通』의 영향이라 하겠다. 『文通』은 중국 최초의 체계적인 어법서로 영향이 매우 지대하여 일반 사람에게도 어법 연구의 중요성을 알게 하였고 후대 한어 어법 연구의 풍조를 열었다. 『文通』은 최초로 고대 중국어 어법 구조를 밝혀

---

22 "建忠博學, 善古文辭; 尤精歐文, 自英·法現行文字以至希臘·拉丁古文, 無不兼通. 以泰西各國皆有學文程式之書, 中文經籍雖有規矩隱寓其中, 特無有爲之比儗而揭示之, 遂使學者論文困於句解, 知其然而不能知其所以然. 乃發憤創爲『文通』一書, 因西文已有之規矩, 於經籍中求其所同所不同者, 曲證繁引, 以確知中文義例之所在, 務令學者明所區別, 而後施之於文, 各得其當, 不唯執筆學爲古文詞有左宜右有之妙, 卽學泰西古今一切文字, 亦不難精求而會通焉. 書出, 學者皆稱其精, 推爲古今特創之作." 『淸史稿』 列傳233 참조.

23 讀의 音은 dòu이며, 지금은 逗로 쓴다.

낸 저작으로 사람들에게 초보적인 '어법' 관념을 갖게 하였다. 과거 글을 읽는 사람은 언어와 문장에 어떤 '법칙'이 있다는 사실을 인식하지 못했고 다만 문장을 외우고 숙독하는 중에 문장의 의의와 寫作方法을 체득했을 뿐이니 이것이 바로 소위 "천편을 읽으면 그 義가 저절로 보인다."[24], "唐詩 三百首를 읽으면 詩를 읊을 줄 모르던 사람도 읊을 줄 알게 된다."[25]는 것이다. 馬建忠은 『馬氏文通·前序』에서 다음과 같이 말하였다.

> 어린아이가 서당에 들어가면 먼저 四書를 받아서 종일 글 읽는 소리만 듣는 것을 개탄하는 바이다. 자라서는 스승이 되어 책에 대한 설명만을 늘어놓게 되니, 매 글자 부분마다의 차이점과 字와 字가 서로 배합되어 문장을 이루는 뜻, 또 동일한 글자가 문장 앞에도 놓이고 문장 뒤에도 놓이는 것과 句讀 앞뒤의 어지러운 연유에 대해서는 선생님들도 전혀 알지 못하기 때문이다. 또한 經師라고 자처하는 한 두 명의 스승과 고문에 능하다고 하는 사람도 이에 대해 말할 때는 모두 신비한 것이라 하여 말로 전할 수 없다고 한다. 아아! 이 어찌 당연하다고만 여기고 그것이 어떻게 그러한지는 가르치지 않는 것이 아니겠는가? 후생들이 장차 어찌 법도를 생각하고 도를 묻겠는가?[26]

馬建忠은 이러한 "神而明之, 未可言傳"의 전통적인 견해에 반대하고 "일정한 규율이 그 안을 꿰뚫고 있다."[27]고 생각하였다. 이리하여 그는 語文構造의 신비함을 밝혀내고자 하였던 것이다.

따라서 십여 년 동안 열심히 연구함에 위로는 經史를 살피고, 널리 諸子百家에까지 두루 미쳤는데 字句가 가지런하였다. 그리하여 문자가 있던 이래로 지금까지 펼치지 못했던 신비를 탐구하여 그 봉함을 열었고, 후인들을 계도하여 길을 닦았다. 그의 인식은 비교적 과학적이었으며 끈질긴 탐구 정신을 가지고 있었기 때문에 새로운 연구 영역을 개척할 수 있어 어법 연구의 제1인자가 되었다.

둘째, 연구 목적과 방법이다. 그의 어법 연구 방법의 목적은 명확하니, 바로 語文의 규칙을 드러내어 어문 학습에 편리하도록 하는 것이었다. 그는 『馬氏文通·後序』에서 매우 분명하게 설명하고 있다.

---

24 "書讀千遍, 其義自見."

25 "熟讀唐詩三百首, 不會吟詩也會吟."

26 "慨夫蒙子入塾, 首授以四子書, 聽其終日伊吾；及少長也, 則爲之師者, 就書衍說, 至于逐字之部分類別, 與夫字與字相配成句之義, 且同一字也, 有弁于句首者, 有殿于句尾者, 以及句讀先後參差之所以然, 塾師固昧然也. 而一二經師自命與攻乎古文詞者, 語之及此, 罔不曰此在神而明之耳, 未可以言傳也. 噫戲! 此豈非循其當然而不求其所以然之敎也哉! 後生學者, 將何考藝而問道焉!"

27 "有一成之律貫乎其中."

> 天下에는 道가 아닌 것이 없어, 文으로 이를 실었다. 사람의 마음에는 이치가 아닌 것이 없어, 文으로 이를 밝혔다. 그러나 文으로 道를 실었으나 道가 아니고, 文으로 이치를 밝혔으나 이치에 어긋났다. 文이라는 것은 이것을 좇아 지금에 이르렀으니, 이르지 못한 바는 君子가 배움으로써 그 道를 이끌었다. 나는 서양의 어린이들이 학문을 시작할 때, 그 순서를 좇아 나아가고 학문에 뜻을 두지 않았던 때라 하더라도 책을 보고 文을 만들어 확실히 익히지 않는 것이 없는 것을 보았다. 그러나 후에 그 성질이 비슷한 것을 관찰하여 마음껏 數理, 格致, 法律, 理性 등 여러 학문에 전문적으로 정통하게 되었다. 그러므로 그 나라에는 배우지 않은 사람이 없고, 사람마다 각각 쓰일 수 있는 학문을 배웠다. 우리나라를 놓고 보면, 어린 나이에 글을 읽을 수 있는 자가 거의 드물고, 글을 읽어도 문장을 지을 수 있는 자는 더욱 드물다. 때에 맞춰 문장을 짓고 그 餘年에는 道와 理致를 강의하고 밝힘으로써 다른 때 쓰일 것을 준비하는 자는 만에 하나도 없을 것이다. 무릇 중국어의 점획 구조는 서양말의 음절보다 어렵고, 중국의 文法이나 句法은 서양의 그것과 구별된다. 또한 先後 倒置가 가능하여 그 뜻이 다양해지기가 쉽다. 서양의 언어는 원래 어렵지만 중국어보다 배우기가 쉽고, 중국어는 본래 쉽지만 서양 것보다 배우기가 어렵다. 따라서 서양의 언어는 일정한 규칙이 있어 배우는 사람은 그 순서를 따라 서서히 접근하므로 그 경지를 안다. 중국어는 비록 경적 가운데 그 규칙이 은연중 드러나지만, 특별히 비교하여 드러낼 만한 것이 없다. 마침내 結繩 이후에 사천 년간의 지혜와 재력을 모아 道를 싣고 理를 밝히는 데 힘을 쏟지 않은 것이 없는데, 이치를 밝히지는 못하였다. 道를 밝히고 이치를 밝힌 서양 사람들과 각축을 벌였는데 그 현명함과 우열은 말할 필요가 없다.[28]

馬建忠은 漢文과 서양어를 대비하여 연구하였다. 그는 서양 아이들에게는 語文 규칙이 있어, 학습할 때 이를 따라 서서히 접근하며 그 효과가 아주 지대하다는 것을 관찰하였다. 따라서 그는 漢文의 결합 규칙을 제시하고 漢文을 학습하는 데 편리하도록 하였으니, 이러한 연구 목적은 지금 보아도 긍정할 만하다.

馬建忠은 프랑스에서 유학하였기 때문에 서양 어법은 그가 지은 『文通』에 상당히 선구적인 역할을 하였다. 그는 중국어와 서양어를 비교 연구하였고, 語文 학습의 실제 상황을 연계하여 중국어 語法 연구의 영역을 개척하였다. 그는 「例言」에서 다음과 같이 밝혔다.

> 이 책은 서양에 있어서 grammar에 해당한다. grammar라는 것은 음이 원래 라틴에서 온

---

28 "天下無一非道, 而文以載之; 人心莫不有理, 而文以明之. 然文以載道而非道, 文以明理而非理. 文者所以循是而至于所止, 而非所止也, 故君子學以致其道. 余觀泰西童子入學, 循序而進, 未及志學之年, 而觀書爲文, 無不明習. 而後視其性之所近, 肆力于數度·格致·法律·理性諸學而專精焉. 故其國無不學之人, 而人各學有用之學. 計吾國童年能讀書者固少, 讀書而能文者又加少焉. 能及時爲文, 而以其余講道明理, 以備他日之用者, 蓋萬無一焉. 夫華文之點畫結構, 視西文之切音雖難, 而華文之字法句法, 視西文之部分類別, 且可以先後倒置, 以達其意度波瀾者則易. 西文本難也, 而易學如彼, 華文本易也, 而難學如此者, 則以西文有一定之規矩, 學者可循序漸近, 而知所止境, 華文雖經籍亦有規矩隱寓其中, 特無有爲之比擬而揭示之. 遂使結繩以後, 積四千餘載之智慧材力, 無不一一消磨于所以載道所以明理之文, 而道無由載, 理無暇明. 以與夫達道明理者之西人相角逐焉, 其賢愚優劣, 有不待言矣."

> 것으로, 풀이하면 字式이니, 학문의 格式과 같은 것이라고 할 수 있다. 각국은 모두 자기 나라의 문법을 가지고 있고 그 종지는 대략 비슷하며, 다른 것은 단지 音韻과 字形일 뿐이다. 이 책은 grammar에 따라 지은 것이다.[29]

문화 교류의 역할 때문에 馬建忠은 grammar를 본따서 『文通』을 지었다. 그는 反傳統的인 문자 배열을 하였고, 詞法, 句法 분류에 따라 근대 語法 체계를 논술하였으므로 새로운 차원의 篇章構造가 생겨났으니, 이것은 중국 언어학사상 語法 연구 방면의 시작인 것이다.

馬建忠은 비록 서양 語法을 모방하여 『文通』을 지었지만, 그는 비교 연구 가운데 중국어의 몇몇 특징을 발견하였다. 그는 품사 분류에 있어, 중국과 서양 모두 名詞, 代名詞, 動詞, 形容詞, 副詞, 介詞, 連詞, 歎詞 여덟 종류가 있다는 것을 지적하였고, 또한 중국어에만 있는 助詞를 분류해 냈다. 馬建忠은 助字를 두 류로 나누어 13개의 常用助字 및 약간의 複合助字를 연구하였다. 이것은 중국어 語法學史의 일대 공헌이며, 助字를 나누어 한 類로 독립시킨 것은 그 후 중국 語法學界의 보편적인 인식이 되었다.

馬建忠이 助字를 한 류로 나눈 것은 中·西 語法을 비교한 것이다. 그는 助字를 정의하길 "무릇 虛字는 實字와 句讀를 연결하는 데 사용되므로 助字라고 일컫는 것이다."[30]라고 하였다. 또한 "서양 문자는 음절에 근원을 두고 있기 때문에 소리로써 뜻을 살피고, 모든 동사의 끝음은 語氣를 따라 변한다. 동사에는 변화가 있기 때문에 助字라는 분야가 없다. 助字는 중국어에만 있는 것이다. 그러므로 動詞不變의 부족함을 도와준다."[31]라고 설명하였다.

馬建忠은 助字의 정의에 대해 기본적으로 전인들의 견해를 받아들였다. 다만 助字가 文頭에 위치할 수 없다는 것을 주장하였다. 馬建忠의 助字에 대한 견해를 살펴보면, "동사 불변의 부족함을 도와주는"[32] 역할을 한다고 주장하였으니 이는 전인들이 언급하지 않은 것으로 매우 독창적이다. 馬建忠은 助字란 문장의 語氣를 완벽하게 해주는 요소라고 인식하였는데, 이는 중국어의 실제 상황과 부합하는 것이

29 "此書在泰西名爲葛郎瑪. 葛郎瑪者, 音原希臘, 訓曰字式, 猶云學文之程式也. 各國皆有本國之葛郎瑪, 大旨相似, 所異者音韻與字形耳.此書係仿葛郎瑪而作."

30 "凡虛字用以結煞實字與句讀者, 曰助字."

31 "泰西文字, 原于切音, 故因聲以見意, 凡一切動字之尾音, 則隨語氣而爲之變. 唯其動字之有變, 故無助字一門. 助字者, 華文所獨, 所以濟夫動字不變之窮."
인용문은 모두 章錫琛 校注本 『馬氏文通』에 근거하였다. 本注는 412쪽에 보임.

32 "濟夫動字不變之窮."

다. 왜냐하면 중국어의 결합 구조와 어의의 세밀한 차이는 가끔 단어의 순서 및 허사의 語法 형식으로 나타내기 때문이다. 馬建忠은 語法 규칙을 가지고 助字를 관찰하는 방법을 구사하였으니 이는 이전의 훈고를 이용한 개별적인 助字 용법 연구보다 진일보 발전한 것이다. 이 밖에도 助字는 단지 동사에만 도움을 줄 뿐 아니라, 靜字(형용사)에도 도움을 준다. 단지 "동사 불변의 부족함을 도와준다."[33]라고만 한 것은 실제로 인도·유럽어의 "動詞 中心說"의 영향을 받은 것이다. 그러므로 馬建忠은 독창적인 면과 모방적인 면을 모두 가지고 있었다.

馬建忠은 中·西 어법을 비교하여 중국어의 실제와 연계하였고, 중국어 介詞의 특수 작용을 인정하였으며, 또한 介詞와 動詞의 차이를 분석하였다. 馬建忠은 "서양의 문자, 즉 희랍어, 라틴어 등은 주로 主語와 賓語라는 2차적 관계 이외에, 4차 관계를 만들어 實字가 서로 연결되는 상황을 돕는다. 그러므로 명사와 대명사는 6차로 바뀐다. 중국의 문자는 변화가 없어 介詞가 부족한 것을 돕는다."[34]라고 하였다.[35] 馬建忠은 서양 언어 가운데 實詞가 서로 연관되는 상황을 보아 형태 변화 등 語法 형식을 이용하여 나타냈다. 예를 들어 實詞의 '소유'에 있어 독일어는 第2格으로 나타내고, 영어는 's'를 사용하고 전치사로는 'of'로써 표시한다. 중국어는 介詞 '之'로 나타낸다.[36] 實詞는 본래 소유의 상황을 나타낼 수 없다. 馬建忠은 중국어의 介詞가 實詞의 어려움을 도와주는 중요한 역할을 한다고 지적하였고, 이는 중국어와 서양어를 비교한 것이며, 또한 중국어의 실제를 연계한 결과이다.

더 나아가 馬建忠은 또한 介字와 動字와의 관계를 분석하였다. 介字는 動字가 虛化하여 형성되었다. 古漢語 중에 어떤 動字와 介字는 서로 혼용될 수 있는데 예를 들면 『史記·項羽本紀』에는 "이때 楚나라 군대가 諸侯들을 압승했다."[37]라고 하였고, 『漢書·高帝紀』에는 "앞에 큰 범이 좁은 길을 막고 있다."[38]라고 하였는데, 앞 구절의 "當"은 介字이고 뒤 구절의 "當"은 動字이다. 馬建忠이 말하기를 "介字의 용법은 外動字와 거의 비슷하다. 그래서 外動字의 용법은 介字와 같고, 역으로 介字의 용법이 動字와 같은 것도 있다."[39] 또한 "介字는 '之'字를 제외하고, 本義는 모두

33 "濟夫動字不變之窮."

34 "泰西文字, 若希臘, 拉丁, 于主賓兩次之外, 更立四次, 以濟實字相關之情, 故名代諸字各變六次. 中國文字無變也, 乃以介字濟其窮."

35 『馬氏文通』 313쪽 참조.

36 馬建忠은 之를 介詞에 넣었다.

37 "當是時, 楚兵冠諸侯."

38 "前有大蛇當徑."

39 "介字用法與外動字大較相似. 故外動字有用如介字者, 反是, 而介字用如動字者, 亦有之." 『馬氏文通』

動字로 쓸 수 있는데 '與' 등의 字가 바로 그러하다. …… 그러므로 '以'·'與' 2字가 動字로 쓰일 때 本義와 차이가 없다. 유독 '之'字가 動字로 쓰이면 往이나 至로 해석하는데, 이는 本義와 거리가 멀다. 또한 '用', '由' 등의 글자와 같이 介字, 動者로 같이 쓰이는 것도 자주 있다."[40]라고 언급하였다.

서양 언어에서는 動字와 介字의 구별이 매우 분명하여 혼용할 수 없다. 馬建忠은 중국어의 실제 현상에서 출발하여, 몇몇 介字가 혼용되는 경우를 지적하였다.

馬建忠은 중국어에 主語가 없는 문장을 지적하였다.

馬建忠은 문장의 성분을 詞로 칭하였는데, 『文通』에서는 주로 起詞, 語詞, 止詞, 그리고 轉詞의 4개를 논술하였다. 馬建忠은 "무릇 말로 사물을 이야기하는 것이 '起詞'이다.[41]"라고 하고, 또한 "무릇 句讀는 각기 起詞가 있는데, 起詞로는 名, 代, 頓, 讀이 자주 보인다."[42]라고 하였다. 馬建忠은 서양 언어와 중국어를 비교하여 "서양의 古今方言에는 句讀에 起詞가 없는 것이 없다."[43]라고 하였다. 그러나 중국어는 일반적으로 句讀에 각기 起詞가 있지만 특수한 상황에서는 句讀에 起詞가 없을 수도 있다. 馬建忠은 중국어의 실제 상황에 근거하여, 중국어 특유의 3가지 無起詞句를 지적하였는데, 즉 일과 道를 議論하는 문장, 변화를 기록하는 문장, 그리고 '有', '無'가 들어 있는 문장이다.

馬建忠은 "일과 道를 의론하는 데에서의 句讀나 대답하는 말에서는 起詞를 생략할 수 있다."[44]라고 하였다. 예를 들면 『論語·學而』에 "孔子가 말하기를 '千乘의 나라를 다스리려면, 敬事를 신중히 하여 믿게 하고, 절약하여 사랑하고, 때로써 백성을 부려야 한다.'고 하셨다."[45]라는 구절이 있는데 이에 대해 馬建忠은 "대저 의론하는 句讀는 泛稱으로, 起詞가 없으니 이것은 중국어에만 있는 것이다. …… 史籍에서 일과 道를 의논하는 句讀에는 대개 起詞가 없다."[46]라고 하였다. 또 예를 들면 『論語·公冶長』에서 "孔子가 말하기를 '나라에 충을 다하였다고 할 수 있느니라.' 하니, 말하기를 '어질다고 할 수 있겠습니까?'라고 하니, 말씀하시길 '잘 모르겠다. 어찌

352쪽 참조.

40 "介字除'之'外, 其本義皆可用如動字, '與'等字是也. ……故'以''與'兩字, 用爲動字, 與本義無異. 惟'之'字之爲動字, 則解往也, 至也, 與本義遠矣. 又'用''由'等字, 介·動兩用者, 往往而有." 『馬氏文通』 367쪽 참조.

41 "凡以言所爲語之事物者, 曰'起詞'." 『馬氏文通』 10쪽 참조.

42 "凡句讀各有起詞, 爲起詞者, 名·代·頓·讀皆習見焉." 『馬氏文通』 490쪽 참조.

43 "泰西古今方言, 凡句讀未有無起詞者." 『馬氏文通』 492쪽 참조.

44 "議事論道之句讀, 如對語然, 起詞可省."

45 "子曰: 道千乘之國, 敬事而信, 節用而愛人, 使民以時."

46 "大抵論議句讀皆泛指, 故無起詞. 此則華文所獨也.……史籍凡議事論道, 其句讀概無起詞也."

어질다고 하겠느냐?'"[47]라고 하였는데 모두 대화문의 형식으로, 起詞가 앞에 있기 때문에 뒷 문장에서는 起詞를 생략하였다.

『文通』卷4 "無屬動字"章에서는 "動字는 이른바 행위를 기록하는 것이고 행위는 반드시 기인하는 바가 있으니 기인하는 바가 바로 起詞이다. 그러나 행동을 보고 그 기인하는 바를 알 수 없으면, 이를 바로 '無屬動字'라고 한다. 이것은 動字가 자발적이지 않음을 말한 것이며, 변화를 기록할 때는 모두 無屬動字를 쓴다."[48]라고 강조하였다. 또한 "'無屬動字'의 문장에는 본래 起詞가 없다. '有', '無'는 때로 같은 용법으로 쓰인다."[49]라고 하였다. 그는 『公羊傳』의 "隱公 9年 3月 癸酉일, 큰 비와 지진과 번개가 있었다."[50]라는 예와 또 "庚辰일에 큰 비와 눈이 내렸다."[51]라는 문장을 예로 들었다. 여기서 雨, 電, 雪 3字는 모두 天變인데 그 天變의 근원을 알지 못하므로 起詞가 없는 것이다. 起詞가 없으면 동작의 행위가 속한 바가 없다.[52]

『文通』卷4의 "同動字"章에서는 "有와 無 2字의 용법이 같지 않다. 만약 인물의 有無를 기록하는데 누가 있고 누가 없다라는 것에 대해 명확하게 밝히지 않는다면, 止詞는 있지만 起詞가 없는 것이 보통이다."[53]라고 언급하였다.

馬建忠은 이상 3가지 起詞가 없는 문장이 중국어의 특징이라고 지적하였다.

서양 문장 중에서는 祈使句를 제외하고는 항상 起詞가 있다. 馬建忠은 중국어의 실제 상황에 근거하여 비교 연구하여 이상과 같은 중국어 특유의 3종류의 無主句를 발견했다.

『馬氏文通』이 출판된 후 끼친 영향은 지대했다. 그러나 후세 사람들의 『馬氏文通』에 대한 비판 또한 있었으니, 주로 서양문법을 모방했다는 지적이었다. 王力은 다음과 같이 말하였다.

> 본래 語法學을 연구하는 초기 단계에서는 西洋語法을 모델로 삼아 語法을 연구하는 것이 피할 수 없는 일이다. 우리가 주의해야 할 것은 당시의 역사 조건하에서는 馬建忠의 저작이 훌륭하다는 점이다.[54]

---

47 "子曰: '忠矣'. 曰: '仁矣乎?' 曰: '未知, 焉得仁!'"

48 "動字所以記行, 行必有所自; 所自者, 起詞也. 然有見其行而莫識其所自者, 則謂之'無屬動字', 言其動之無自發也, 凡記變, 槪皆無屬動字."

49 "無屬動字, 本無起詞; '有''無'兩字, 間亦同焉."『馬氏文通』496쪽 참조.

50 "隱公九年三月癸酉, 大雨震電."

51 "庚辰, 大雨雪."

52『馬氏文通』241쪽 참조.

53 "有·無兩字, 用法不一. 若記人物之有無, 而不明言其爲何者所有, 何者所無, 則有止詞而無起詞者常也."『馬氏文通』229쪽 참조.

54 "本來, 在語法學的初期, 以西洋語法作爲模特兒來硏究語法, 是不可避免的事. 我們所要注意的是: 在當

王力은 구체적으로 다음과 같이 세 가지 점을 지적했다. 첫째로, 馬建忠은 라틴어와 불어에 정통했기 때문에 서양 언어를 중국어와 비교하는 것이 전면적이고 주도면밀하였다. 둘째로, 馬建忠은 고대 중국어에 정통하였기 때문에, 이 책은 고대 중국어를 대상으로 삼았다. 셋째로, 『馬氏文通』에는 많은 독특한 면이 있으니, 독창적인 어법저작이라고 할 수 있다.

馬建忠의 『馬氏文通』은 최초의 어법학 저작이나 역시 미흡한 점이 있다. 예를 들면 서양어법을 많이 모방한 것, 그리고 貴古賤今의 태도 등이다. 그는 「例言」에서 "문장을 짓는 道는 古人이 今人보다 훨씬 뛰어났다."[55]라고 하였다. 그러나 총체적으로 볼 때, 그는 語法硏究의 영역을 개척하여 中國言語學史上 최초의 語法學 전문서적을 편찬했으니 그의 공헌은 지대하다.

그 후에 語法學 연구가 활발히 일어나 많은 語法書籍이 출판되었는데, 이 중에 비교적 큰 영향을 미친 것으로는 陳承澤의 『國文法草創』, 楊樹達의 『高等國文法』, 『詞詮』, 『馬氏文通刊誤』 및 黎錦熙의 『新著國語文法』 등이 있다.

淸代는 中國言語學 발전의 흥성기로 뛰어난 "小學"家와 言語學 저작들이 나와 큰 성과를 이루었으며, 또 段玉裁와 王引之로 대표되는 乾嘉學派를 형성하였다.

淸代 言語學이 古代 言語學을 계승 발전시켜 전대미문의 업적이 나올 수 있었던 원인은 주로 다음과 같다.

첫째, 사회 발전에 따라 사상 인식이 향상되었다.

淸代의 樸學풍조를 처음으로 연 사람은 顧炎武로서, 그는 '小學'家일 뿐만 아니라 明末淸初의 걸출한 思想家이기도 하였다. 그는 '經世致用'을 제창하면서 '心·理·性·名'의 空談을 반대하였다. 그는 宋明의 理學 중에서 주관적이고 唯心적인 학문을 반대하며 객관적인 학문을 제창하였고, 실천을 중시하였으며, 자료는 양적인 면에서는 풍부함과 완비를, 질적인 면에서는 치밀함과 확실함을 갖추어야 한다고 주장하였다. 그의 사상과 인식은 훌륭했으므로 학문을 하는 태도에 있어서는 후인들의 모범이 되었고, 연구하는 학문 분야에 있어서는 후인들에게 새로운 길을 개척해 주었다. 따라서 당시의 학술 풍조는 그로 인해 一變하였으며, 2, 3백년간 그가 개척한 길을 따랐다.

戴震은 고고학의 대가일 뿐만 아니라, 걸출한 思想家였다. 戴震이 살았던 시대는 1723년에서 1777년까지로, 淸 乾隆시대이다. 당시는 생산이 발전하여 浙江·安徽

時的歷史條件下, 馬建忠的著作算是傑出的."

55 "爲文之道, 古人遠勝今人."

·江西 등지의 실·차·도기의 생산지에서는 상품 경제가 활발하였으며, 자본주의가 싹트고 있었다. 이밖에도 당시의 학자들은 자연과학에도 흥미를 갖고 있었는데, 戴震 같은 이는 天文·數學·歷史·地理 등에 대해 모두 깊이 연구하였다. 『淸史稿』에는 "曆書로 『原象』 1권, 『迎日推策記』 1권, 『句股割圜記』 3권, 『曆問』 1권, 『古曆考』 2권, 『續天文略』 3권, 『策算』 1권」이 있다."[56]고 기록되어 있다. 天文·數學에 대한 연구는 사상 인식의 발전에 도움이 되었다. 戴震은 40세 이전에는 고증학과 훈고학에 정력을 기울여 고증학의 대가가 되었지만, 만년에는 고증학의 한계를 뛰어넘어 聞道에 뜻을 두었으며, 더 나아가 철학 이론의 추구에 주의를 기울였다. 戴震의 학문은 聲音·文字로써 訓詁를 구하고, 訓詁로써 義理를 구하는 것이었다. 즉 字로써 詞에 통한 것이며, 詞로써 道에 통한 것으로, 그 목적은 道를 밝히는 데 있었으니, 객관 세계의 규율을 탐구한 것이다.

戴震은 또한 수많은 걸출한 제자들을 양성하였으니, 小學에서는 高郵의 王念孫과 金壇의 段玉裁가 이를 전하였고, 曆算學에서는 曲阜의 孔廣森이 이를 전하였으며, 典章制度의 학문은 興化의 任大椿이 이를 전하였으니, 이들이 모두 그의 제자이다.[57] 王力은 『中國語言學史』에서 다음과 같이 말하였다.

> 淸代의 연구는 '스승에게 이어받는 漢學의 전승'이라 하니, 이는 매우 일리 있는 말이다. 小學방면에 있어서, 江永의 제자로 戴震이 있고 戴震의 제자로 段玉裁, 孔廣森, 王念孫이 있으며, 王引之와 王念孫은 부자 관계이다. 俞樾은 王氏부자를 私淑했고, 俞樾의 제자로는 章炳麟이 있으며 章炳麟의 제자로는 黃侃이 있다. 기타의 사람들은 비록 스승과 제자의 관계가 없더라도, 학술에 있어서는 서로 깊은 영향을 주고 받았다. 이러한 一脈相傳은 우수한 학문을 계승해 내려가는 데 유리하다. 왜냐하면 학문을 하는 것은 땔감을 쌓는 것과 같아 나중에 오는 이가 위에 놓이게 되기 때문이다. 따라서 제자들은 반드시 스승보다 못한 것은 아니며, 스승이 반드시 제자보다 현명한 것은 아니다. 淸代 학술 발달의 원인가운데 이것도 한 이유가 된다.[58]

따라서 乾嘉학자들의 학문 연구는 이론 인식면에서 매우 발전하였다. 段玉裁는 "古形이 있으면 今形이 있고, 古音이 있으면 今音이 있으며, 古義가 있으면 今義가

56 『淸史稿』 列傳268, 儒林2 참조.
57 『淸史稿』 列傳268, 儒林2 참조.
58 "淸代硏究'漢學師承', 這是很有道理的. 就小學方面說: 江永的弟子有戴震, 戴震的弟子有段玉裁, 孔廣森, 王念孫, 而王引之與王念孫則是父子關係. 俞樾是私淑王氏父子的, 俞樾的諸子有章炳麟, 章炳麟的諸子有黃侃. 其他各人, 卽使是沒有師生關係, 也是在學術上遞相接受了深刻影響的. 這樣一脈相傳, 有利于把優良的東西繼承下來; 爲學如積薪, 後來居上, 所以諸子不必不如師, 師不必賢于諸子. 淸代學術的發達, 這也是原因之一."

있다."[59]라고 하여, 자신이 역사 발전적인 관점을 지니고 있음을 설명하였다. 王念孫은 "古音으로써 古義를 구한다."[60], "훈고의 취지는 聲音에 근본을 둔다."[61]라고 하여 자신이 언어와 문자의 관계를 인식하고 있음을 설명하였다. 즉 유성 언어는 문자의 물질적인 기초이니 그러므로 "古音으로 古義를 구하며, 같은 類로 인신해 나가는 데 형체에 제한 받지 않는다."[62]라고 말한 것이다. 錢大昕은 "문자가 있은 후에야 훈고가 있으며, 훈고가 있은 후에야 義理가 있다. 훈고에서 의리가 생겨나니, 훈고 외에서 나오는 의리가 따로 있는 것이 아니다."[63]라고 하면서, 훈고를 통해서만 고인의 사상을 이해할 수 있음을 설명하였다. 그는 "宋賢들이 갑작스런 깨달음을 좋아하고 학문을 묻는 것을 지리멸렬하다 비웃으며 注疏를 조잡스럽다고 하며 버리는"[64] 태도에 반대하고 박실한 학풍을 주장하였다.

결론적으로, 이론 인식의 향상으로 인해 學術에 있어서의 우수한 전통들이 서로 영향을 끼쳤으니, 이는 淸代 언어학 발전의 중요한 원인이 되었다.

둘째로, 淸代 언어학이 흥성하여 큰 열매를 맺게 된 원인은 淸儒들이 민주적인 토론이라는 우수한 학풍을 지니고 있었기 때문이다. 顧炎武가 지은 『音學五書』 같은 것은 張力臣이 수 십 군데를 개정하였는데, 顧炎武는 "사람들의 말을 감히 무시할 수는 없으니, 군자란 겸손한 연후에야 더불어 학문에 나아갈 수 있는 것이다."[65]라고 하였다. 戴震은 段玉裁의 스승인데, 두 사람은 15년간 서로 韻을 논하였다. 段玉裁는 古韻의 支·脂·之 3部를 나누어야 한다는 설을 제기하였으나, 戴震은 다른 의견을 제시하여 古韻을 9類 25部로 정하고, 段玉裁에게 편지를 써서 "대작이 아직 출판되지 않았으니, 혹 너의 뜻을 굽히고 나의 뜻을 참고해 보기 바란다."[66]라고 하였는데 평등하게 서로 상의하였음을 알 수 있다. 나중에 戴震은 "古韻을 한번 고증하고 정정하여"[67], "이로부터 논의를 확정지을 수"[68] 있었다. 또한 段玉裁, 王念孫은 江有誥와 서신을 주고받으며 古韻에 대해 토론하였는데, 당시 段玉裁와 王念孫은 이미 대스승이면서도 江有誥에 대해서는 후진을 격려하기 위한 노력을 아끼지

59 "有古形, 有今形, 有古音, 有今音; 有古義, 有今義." 段玉裁의 『廣雅疏證·序』 참조.
60 "就古音以求古義."
61 "訓詁之旨, 本于聲音."
62 "就古音求古義, 引申觸類, 不限形體."
63 "有文字而後有詁訓, 有詁訓而後有義理. 詁訓者, 義理之所由出, 非別有義理出乎詁訓之外者也."
64 "宋賢喜頓悟, 笑問學爲支離, 棄注疏爲糟粕"
65 "時人之言亦不敢沒其人, 君子之謙也, 然後可與進于學." 『日知錄』 卷20 '述古'條 참조.
66 "顧及大著未刻, 或降心相從而參酌焉."
67 "將古韻考訂一番"
68 "斷從此說爲確論"

않았다. 또한 江有誥는 段玉裁의 古韻 17部를 수정하였으니, 段玉裁 역시 '자신의 뜻을 굽히고 남의 뜻을 따를 수'[69] 있었던 것이다. 이러한 민주적인 토론의 학풍은 진리의 정신에 복종한 것으로, 배울 만한 가치가 있는 풍조이다.

셋째로, 清儒의 연구 방법이 비교적 과학적이었다는 사실이다. 顧炎武로부터 清代의 考證 학풍이 시작되었으며, 학문을 하는 데 있어서 치밀한 자료 수집과 현실에서 출발하여 현실과 연계됨을 중시하였다. 예를 들어 郝懿行의 『爾雅義疏』, 王念孫의 『廣雅疏證』 같은 것들은 눈으로 경험하는 것을 중시하였다. 자료를 충분히 파악하고 그 기초 위에서 비교 연구한 후에 결론을 얻어냈다. 예를 들어 古韻部에 대한 연구는 방법이 비교적 과학적이고 체계적이어서 얻어낸 결론 역시 확실하다. 清儒들은 또한 학문을 하는 데 있어서 수십 년을 하루같이 굳건하게 탐구하는 정신을 지니고 있었다. 梁啓超는 『清代學術概論』에서 乾嘉學風에 대해 다음과 같이 논하였다.

1. 한 의론을 세우기 위해서는 반드시 증거에 의지한다.
2. 증거를 선택하는 데 있어서는, 漢唐으로는 宋明을 증명하기 어렵지만, 宋明의 증거들로 漢唐을 증명하기는 어렵지 않다. 經으로 經을 증명하려면 모든 것이 전하기 어려워진다.
3. 하나의 증거로는 설을 세우지 못한다.
4. 숨어 있는 증거나 곡해된 증거들은 옳지 않다.
5. 같은 사항의 것들을 나열하여 비교 연구한 후 공적인 법칙을 얻어내는 것이 가장 좋다.
6. 옛 설들을 채용하는 데 있어서는, 반드시 그것을 인용함을 밝혀야 하며 설을 없애는 것은 매우 옳지 않다.
7. 살펴본 것이 자신의 견해에 부합하지 않으면 서로 변호하고 비판하며, 비록 제자가 스승을 비난하기는 어렵지만 그러나 피할 수 없는 일이다. 또한 이를 당하는 자도 스승에 대한 거역이라고 생각하지 않는다.
8. 어떤 문제를 범위로 하여 변호하고 비난할 때는, 말을 돈독하고 온후하게 해야 하며 다른 사람의 의견을 존중해야 한다.
9. 한 가지 일에 전념하여 좁고 깊게 연구하기를 좋아한다.
10. 문체는 박실하고 간결하며 지엽적인 말을 하지 않는다.

중국의 고대 언어는 漢代부터 清代에 이르기까지 전면적인 발전을 이루었다. 清代의 언어학 저작에 대해서는 좀더 연구 분석해야 하며, 清儒들의 학문을 다루는 정신과 우수한 학풍은 앞으로도 더욱 빛을 발할 것이다.

---

69 "降心相從"

제6장

'5·4' 운동 이후 중국의 현대 언어학

1919년의 '5·4' 학생 애국 운동은 후에 점차 서구화의 경향을 띤 新文化 운동으로 발전하였다. 이 운동은 현대 중국 문화와 사상의 계몽 운동으로 중국에 대한 영향이 매우 컸다. 이 운동은 내부의 사유적인 것에서부터 외부의 문자 표현에 이르기까지 오랜 기간 거의 변화가 없던 현상을 모두 일신하였다. 언어학 방면에 있어 '5·4'운동이 끼친 영향도 매우 컸다.

제 1절 '5·4'운동과 중국 현대 언어학의 탄생

중국 언어 연구는 淸末의 '小學'에서 '5·4' 시기로 발전하면서 '5·4' 운동의 영향으로 매우 큰 변화와 발전이 있었다. 일반적으로 '5·4' 이후의 언어학을 중국 현대 언어학이라고 부른다.

1. 중국 현대 언어학의 탄생

중국의 언어 연구는 유구한 역사를 가지고 있는데 오랜 세월 동안 고대 언어 연구를 小學이라 칭하여 왔다. 소위 '小學'이라는 것은 漢代의 문자학을 말하는 것이다. 隋唐 이후에 범위가 더 넓어져서 文字學·訓詁學·音韻學을 총칭하게 되었다.

淸末에 章炳麟(1869.1～1936.6)은 '小學'이라는 명칭이 불명확하므로 '言語文字學'으로 바꾸어 부를 것을 주장하였다. 章炳麟은 文字·訓詁·音韻 세 방면을 언급하며 다음과 같이 말하였다.

> 이 세 가지를 합하면 언어문자학이 된다. 이는 본래 아동들이 다 알아야 하는 것이 아니다. 그러나 여전히 小學이라 이름하는 것은 옛 명칭을 그대로 사용하여 쉽게 나타낸 것으로 실제로는 언어문자학이라 지어야만 더욱 확실하고 적절해질 것이다.[1]

이는 다만 명칭상의 개칭 문제일 뿐만 아니라 당시의 언어학자가 사상과 이론적인 면에서 언어학이라는 학문에 대해 ‘현대화’의 인식을 갖고 있었음을 반영해 준다. 이는 중국 현대 언어학의 시작을 나타내며 章炳麟이 언어문자학을 개척한 대스승으로 인식되고 있음을 보여주고 있다.

중국 고대 언어학, 즉 小學은 역사가 유구하고 역대로 언어학자와 언어학 전문서가 있었다. 그러나 오랜 기간 고대 언어학자들은 小學이란 經學을 위한 학문, 즉 글자를 아는 것은 經에 밝기 위한 것이고 經에 밝은 것은 치용을 위한 것이라고 인식하여 왔다. 이와 같이 객관적인 면에서 언어학 연구의 대상을 분명히 하는데 영향을 끼쳤을 뿐만 아니라 언어학 연구의 범위를 분명히 정하도록 하였다. 중국의 언어 연구는 淸代에 이르러 매우 크게 발전하였고 그 성과도 매우 두드러졌다. 그 예로 매우 큰 명성을 떨친 ‘乾嘉學派’를 들 수 있다. 그러나 乾嘉學派 후기에 가서는 段玉裁·王念孫 이후의 학자들이 다시 고증 작업을 하였는데 어느 정도 성과는 있었으나 실제 상황에서 크게 벗어났고 번다한 고증을 더하게 됨으로써 중국 고대 언어학을 마무리하게 되는 계기가 되었다. 이를 대신하여서 ‘5·4’운동 시기의 충격으로 인하여 중국 고대 언어학은 새로운 면모를 갖게 되어 계속 발전하게 되었다. 章炳麟이 제기한 ‘언어문자학’이 ‘小學’을 대신한 것은 전통적인 ‘小學’의 종결과 중국 현대 언어학의 시작을 나타내 주고 있는 것이다.

章炳麟이 ‘小學’을 ‘언어문자학’으로 대신하자고 제기할 수 있었던 것은 우연한 일이 아니라 그 사회 발전과 언어학 발전의 역사에 원인이 있다. 19세기 말 ‘5·4’ 이전까지 중국은 舊民主主義 혁명 시대에 처하고 있었으며 당시 몇몇 일본에 있던 학자와 일본에 유학 중인 학생들이 일본에서 서양의 보통 언어학 학설을 접하게 되었고 이에 서양의 보통 언어학이 중국 언어학계에 영향을 미치기 시작하였으며, 이로써 언어학 이론 연구가 크게 흥성하게 되었다. 예를 들면 서양 보통 언어학 가운데 언어 기원이 擬聲이라는 설과 感歎이라는 설에 관하여 章炳麟·劉師培(1884.6～1919.12) 및 그 이후 여러 학자들의 문장에서 모두 나타나고 있다. 예를

1 “合此三種乃成語言文字之學. 此固非兒童占畢所能盡者, 然猶名爲小學, 則以襲用古稱, 便于指示, 其實當名語言文字之學, 方爲塙切.” 『國粹學報』, 「論語言文字之學」(1906년) 참조.

들면 章炳麟은 『國故論衡』에서 '언어기원설(語言緣起說)'을, 劉師培는 『正名隅論』에서 언어의 기원과 유관한 문제를 다루고 있다. 1913년 胡以魯(1888~1917)가 『國語學草創』을 완성하였는데[2] 이는 중국 최초의 언어학 이론 저작으로 언어의 기원·발전·방언·공동어 및 언어학에 있어서의 國語의 지위 등 여러 가지 이론 문제를 논술한 것이다. 이는 사실상 당시의 언어학자가 언어학 이론 문제에 대해 연구를 시작하였음을 구체적으로 설명해 준다. 바로 당시의 언어학계는 사상과 이론에 있어 인식이 향상되는 시기였으므로 章炳麟은 비로소 '小學'의 명칭이 부정확하다고 여겨 '小學'을 '언어문자학'으로 바꿀 것을 주장할 수 있었던 것이다.

명칭이 확실해지자 중국 현대 언어학 연구의 대상도 더욱 명확해졌다. 전통 '小學'은 주로 識字·明經·致用을 위한 것이었으므로 기본적으로 글말을 연구 대상으로 삼았다. 그러나 '언어문자학'은 이와 달랐다. 이 명칭은 그 자체로 중국 현대 언어학 연구의 대상이 문자뿐만 아니라 언어까지도 포괄하게 됨을 가리키고 있는데, 이러한 변화의 의의는 매우 중대한 것이다. '5·4' 이후 중국 현대 언어학은 중국 고대 언어학의 우수한 전통을 계승하였을 뿐만 아니라 언어학 이론 연구를 개척하여 살아 있는 말의 연구를 중시하였는데, 이는 중국 현대 언어학의 연구 범위를 확대하여 중국 현대 언어학이 '5·4' 시기에 百花齊放의 번영된 국면을 맞이할 수 있도록 하였던 것이다.

2. 중국 현대 언어학 연구 방법의 발전

중국 고대의 語音 연구에는 古音學, 今音學, 等韻學 등의 분야가 있는데, 淸代에 이르러 古音 연구를 중시하게 되었고 많은 성과를 이루었다. 고대 음운학자들은 경전이나 고적 속에 보이는 韻文과 한자의 諧聲 偏旁에 근거하여 古韻의 分部를 고증하였다. 顧炎武에서 章炳麟, 黃侃(1886.2~1935.10)에 이르면 分韻이 더욱 자세해진다. 古韻을 나누는 방면에서 그들의 성과는 두드러졌다. 고대 음운학자들은 고증을 중시하여, '樸學'의 정신을 제창하였다. 樸學은 연구 방법에 있어, 재료와 고증을 중시하고, 實事求是하는 장점이 있으므로 본받을 만하다. 그러나 漢字는 表音文字가 아니기 때문에 고대 음운학은 音을 해석하는 데 혼동되는 부분이 있고, 또한 비과학적이어서 고대 음운학의 발전을 저해하였다. 따라서 전통 음운학 연구는

2 1913년 이전에 초고를 완성하였고 1923년 출판하였다.(譯註)

章炳麟, 黃侃에 이르러 古韻의 分部에 대한 연구가 정점에 다다랐다고 말할 수 있으나, 또한 종결로 치달았다.

'5·4' 운동이 과학과 민주라는 슬로건을 내세우면서, 당시의 언어학계 역시 활동이 활발하였다. 서양의 언어학 이론과 연구 방법이 대량으로 中國에 유입되기 시작했는데, 칼그렌으로 대표되는 서양 언어학자들은 '音標'의 방법을 도입하였고, 역사비교 언어학의 이론과 방법을 운용하여 중국어 음운학을 연구하였다. 이것은 중국 현대 언어학의 연구에도 많은 영향을 주었다.

예를 들면 音標를 만들었기 때문에 音韻 및 音價 연구, 특히 고음의 音價[3]를 재구하는 면에서 상당한 진전이 있었다. 錢玄同(1887.9～1937.1), 汪榮寶, 羅常培(1899.8～1958.12), 魏建功(1901.11～1980.2) 등은 章炳麟, 黃侃의 樸學精神과 엄격한 治學態度를 받아들이는 한편, '5·4' 운동의 영향을 받아 구속을 탈피하고 널리 서양 언어학 연구의 방법을 수용하였다. 이로써 현대 음운학 연구 방면에서 새로운 성과를 얻게 되었는데, 錢玄同의 『文字學音篇』, 汪榮寶의 『歌戈魚虞模古讀考』(1923), 魏建功의 『古音系研究』 등이 그러한 예이다. 전통적인 고음 연구에서는 중국어 속에 본래 저모음 [a]가 없다가 후에 [a]음이 출현하였는데, 이는 西域의 영향이라고 인식하였다. 汪榮寶는 이러한 견해에 반대하여 태어날 때 처음 내는 소리가 [a]이고, 세계 각국의 자모는 대부분 '阿'가 처음이라고 생각하였다. 그는 '阿'음이 모든 음의 근본이고, 이것이 언어학의 공통적인 견해라는 주장을 제기하였다. 그는 또한 魏晋 六朝의 梵語와 중국어의 대조음 및 일본어 가운데 가차된 중국어, 고대 서양인들이 기록한 견문록에서 역음한 한자의 독음 등을 고증하였다. 이처럼 대조 연구를 통하여 汪榮寶는 "동일한 語音인데, 唐宋 이전에는 歌·戈韻을 써서 譯音하였고, 魏晋 이전에는 대부분 魚·虞·模韻을 써서 定하였으니, 이로써 漢魏시대의 魚·虞·模, 즉 唐宋 이전의 歌·戈·麻 역시 [a]로 끝나는 것이지 [u]나 [ü]로 끝나는 것은 아니다."[4]라고 하였다.

汪榮寶의 『古讀考』가 발표된 후에 이와 다른 의견들이 나오기도 했다. 汪榮寶의 글은 자료 수집면에서 결점이 있었다. 즉 漢譯梵音, 日譯吳音은 대체적으로 魏晋六朝시기에 속하고, 日譯漢音은 隋唐시기에 해당되므로, 이것으로 先秦의 歌戈魚虞模의 古音을 읽는다는 것은 틀림없이 잘못된 것이다. 그러나 汪榮寶의 『古讀考』가

---

3 切韻音系를 말함.

4 "同一語音, 而在唐宋以上用歌·戈韻字譯對音者, 在魏晋以上多用魚·虞·模韻字爲之, 因恍然于漢魏時代之魚·虞·模, 卽唐宋以上之歌·戈·麻, 亦皆收[a]而非收[u][ü]者也." 『國學季刊』 제1卷, 2期 참조.

발표되자 중국어 音韻 연구는 새로운 면모를 갖추게 되었다. 첫째, 淸代의 학자들이 나눈 韻部의 재구가 구체적인 音價를 갖게 되었고 둘째, 연구 재료가 중국어와 외국어의 대비음 및 역음까지 확장되었으며 셋째, 전인들이 고증한 기초 위에 역음의 대비, 교감을 이용하여 "중국어와 梵語의 대비 교감이 바로 고음 고증의 최상의 방법"[5]이라는 것을 제기하였다.[6]

또한, 劉復(1891.5～1934.7)은 프랑스에 유학하여 語音學을 전공하여, 實驗語音學을 주창하였다. 그의 『四聲實驗錄』에서는 먼저, 音高, 音强, 音長, 音質의 네 요소와 聲音 변화의 관계를 서술하였다. 다음으로, 실험 방법 및 실험 결과를 서술하고 북경, 남경 등 12종류 방언의 四聲 실험 기록을 열거하였다. 또한 이에 근거하여 중국어 성조의 특징을 결정하였다. 實驗語音學의 방법을 운용하여 중국어 성조를 연구한 것은 未曾有의 일이다.

결론적으로 전통 음운학과 현대 음운학을 비교하면, 이론과 방법면에서 커다란 발전을 이루었다. 연구 재료면에서 현대 방언 및 외래어의 가차, 譯音 등에 주의하기 시작하여, 이들을 이용한 역대의 음운을 연구하였다. 연구 방법에서는 서양의 역사비교법을 수용하여 고대 중국어의 音系 및 音價를 재구하였다.

그들은 현대 語音學의 방법과 音標를 이용하여 전통 언어학에서 혼동되고 있는 명사술어를 해석하였다. 예를 들면 羅常培의 『釋重輕』·『釋內外轉』 등이 있다. 그들은 또한 音韻學에 있어서 몇몇 주요 문제에 관해 토론하여 성과를 얻었다. 이 시기에는 칼그렌과 그의 『中國音韻學硏究』가 상당한 영향을 미쳤다. 칼그렌은 스웨덴의 언어학자로 그가 지은 『中國音韻學硏究』는 1915년에 시작하여 약 10년의 작업을 거쳐 1926년에 완성되었다. 이 책은 趙元任(1892.11～1982.2), 羅常培, 李方桂(1902.8～1987.8) 등 세 사람이 중국어로 번역한 책이다. 譯者 가운데 한 사람인 羅常培는 이 책을 평가하여 "이 책의 기본 방법은 중국 언어학사의 고대 재료와 현대 방언의 살아 있는 재료를 융합하여 중국의 고음을 재구하는 것이다."[7]라고 하였다.

한자는 表意文字이므로 본래는 확정된 音價가 없고 단지 글자의 古音 讀法을 추정할 뿐이다. 옛 서적에서 주석한 反切과 韻部에 근거하면, 이 글자와 다른 몇몇 글자가 음이 같거나 가깝다는 관계를 얻어낼 수 있을 뿐, 그 글자에 대한 당시의

5 "華梵對勘, 尤考訂古音之無上法門."

6 『國學季刊』 제1卷, 2期 참조.

7 "高書的基本方法, 就是融貫中國語言學史的舊材料, 和現代方言的活材料, 來構擬中國的古音."

진정한 음가를 확정할 수는 없다. 따라서 매 글자마다 古音上의 音價를 재구하려면 音標라는 도구를 채용해야 할 것이다. 재료면에서는 反切 등에 의거해야만 할 뿐 아니라 현대 각 지역의 방언도 중시해야 한다. 왜냐하면 현대 방언은 모두 고대 언어로부터 변화 발전한 것이므로, 현대 방언의 비교 연구에 의존해야만 고대의 언어를 종합하고 그 음독 체계를 재구할 수 있기 때문이다. 이러한 연구방법은 인도·유럽어의 비교언어학으로부터 생겨난 것이다. 서양 언어학자는 각종 인도·유럽어를 비교 연구하여, 원시인도·유럽 母語의 音讀 형식을 추측하였다. 하지만 칼그렌은 역사 비교언어학 방법을 운영하여 현재 방언연구로부터 중국 語音의 체계를 추측하고, 나아가 중국의 上古音까지 재구하여 중국어 음운 방면에 크게 공헌하였다.

칼그렌은 뛰어난 언어학자, 漢學者이지만 부족한 면도 있다. 그의 『中國音韻學研究』에는 적지 않은 착오와 타당하지 못한 점이 있어 과거에 많은 사람들이 이를 비평하였다. 趙元任, 羅常培, 李方桂의 번역본은 칼그렌의 原文과 비교해 보면, 번역본이 원본의 많은 곳을 수정하고 있다. 그밖에 칼그렌은 『中國語與中國文』에서 중국어를 單音節語, 孤立語라고 잘못 여겼다. 이러한 견해는 과거 서양 언어학계에 좋지 않은 영향을 끼쳤다. 그럼에도 불구하고 칼그렌과 그의 『中國音韻學研究』를 언급하는 것은 '5·4' 시기 문화 교류가 가져온 영향을 설명하고자 함이다. 중국 현대 언어학의 語音 연구 면에서 칼그렌을 대표로 하는 많은 언어학자들이 '音標'와 비교 언어학 연구 방법을 이용하였으므로, 중국어 語音 연구에 있어서 매우 큰 발전을 가져왔다.

예를 들면 淸代 段玉裁는 '支, 脂, 之'가 고음에서 따로 세 개의 韻部여야 한다는 이론을 도출해냈다. 그러나 왜 틀린가, 어떻게 틀린가에 대해서는 설명하지 못하였다. 그래서 그는 80세 가까이 되어 江有誥에게 편지를 써서, 나는 이미 늙었으니, '支, 脂, 之'가 왜 세 개의 韻部로 나뉘어야 하는지를 알 수 있다면 얼마나 즐거울 것인가라고 말한 적이 있다. 애석하게도 段玉裁는 죽을 때까지 '支, 脂, 之' 古音이 셋으로 나뉘는 까닭을 알지 못했다. '5·4' 시기에 이르러 문화교류와 音標, 그리고 비교 연구 방법이 있었기 때문에 후세 언어학자는 '音標'로써 '支, 脂, 之' 세 韻部의 서로 다른 音價를 표기할 수 있었다.

3. 중국 현대 언어학 연구 범위의 확대

중국 현대 언어학은 언어학 이론 연구의 흥기로 인해 언어학의 연구 대상을 명확하게 밝혔고 또한 언어학 연구 방법의 발전으로 인해 '5·4' 시기 중국 현대 언어학의 연구 범위를 확대시켰다. 예를 들어, 語法學과 修辭學의 흥기 및 수립, 甲骨文과 金文의 연구, 그리고 方言 조사, 중국내 소수 민족 語文 조사 등을 들 수 있다.

1) 語法學의 흥기

馬建忠의 『馬氏文通』은 중국의 어법학을 선도하였다. 『馬氏文通』의 영향을 받아 '5·4' 운동을 전후로 폭넓은 어법학 연구가 진행되어 다양한 종류의 어법 저작이 출판되었다. 처음에는 주로 고대 어법을 연구 대상으로 삼다가 '5·4' 시기에 이르러서는 白話文 運動의 흥기로 어법학의 연구 대상도 점차 古文[8]에서 國語[9]로 바뀌어 많은 현대 중국어 어법의 저작들이 계속 출판되었다.

그 중 黎錦熙(1890.2~1978.3)의 『新著國語文法』의 영향이 가장 지대하였다. 黎錦熙는 '5·4' 시기에 적극적으로 '國語運動'에 참여하였으며 잇따라 『國語學講義』(1919), 『新著國語學概說』(1922), 『新著國語文法』(1924) 등의 저서를 발표하였는데 그 영향은 상당하였다.

『新著國語文法』은 『馬氏文通』과 달리 句法 연구에 치중하여 현대 중국어의 어법 구조를 연구 대상으로 삼았으니, 이는 중대한 혁신과 발전이다. 그 밖에도 이 책은 어법 지도와 어법 실천을 비교적 중시하였다.

결론적으로 '5·4' 시기에는 언어학 이론 연구가 생겨나 어법 연구에 반영됨으로써, 기계적인 서양 어법 모방을 반대하고 중국어 자체의 어법체계를 세우고자 노력하였다. 그 후에 비교적 우수한 어법학 저작들이 나왔다. 王力(1900~1986)의 『中國文法學初探』(1936), 呂叔湘(1904.12~)의 『中國文法要略』 등이 있다. 1938년에 陳望道(1890.12~1977.10)가 上海에서 몇몇 語文學者와 함께 '文法革新'의 토론을 전개하였다. 그 밖에 고대 중국어 어법 연구의 방면에서 楊樹達(1885.6~1956.2)은 『高等國文法』(1930)과 『馬氏文通刊誤』을 지었는데, 이 두 저서는 『馬氏文通』을 상세히

---

8 古代 중국어를 말함.
9 現代 중국어를 말함.

교정하였을 뿐만 아니라 품사 분류를 중심으로 하는 어법 체계를 수립하여, 어법학 사상 튼튼한 토대를 이루었으니 이로부터 어법학 연구가 활발해지고 흥성하게 되었다.

2) 修辭學의 흥기

修辭學은 중국에서도 유구한 역사를 갖고 있지만 古籍 중에서는 修辭와 文學言語와 관련된 議論이 단편적으로 보일 뿐이다. 梁代 劉勰의 『文心雕龍』 가운데 보이는 몇몇 문장은 修辭, 風格 및 문학 언어에 관한 議論들이다. 元代에는 전문적으로 修辭를 강론한 『修辭鑒衡』이 있었다. 그러나 이러한 저작들은 시종 문학 이론과 문학 비평의 범위를 탈피하여 언어학의 각도에서 수사 및 修辭學을 연구하지 못하여 언어학에서 하나의 독립적인 학문 분야로 발전하지 못하였다.

'5·4' 시기에 이르러 修辭를 논한 문장과 서적들이 많이 등장하였는데, 이 중 唐鉞(1891～1947)의 『修辭格』과 鄭奠(1896～1968.11)의 『中國修辭學研究法』이 대표적이다. 『修辭格』은 서양의 수사학 이론을 이용하여 중국어의 수사 현상을 설명하였기 때문에 중국어 자체의 수사적인 규율에는 미치지 못하였다. 鄭奠의 『中國修辭學研究法』은 전통적인 修辭學說을 輯錄하는데 치중하여 이론적 개괄이 결여되어 있다.

영향이 가장 큰 修辭學 저작은 陳望道의 『修辭學發凡』이다. 체계가 완정하고 내용도 풍부하다. 중국어 修辭 현상에서부터 수사 규칙을 총괄했을 뿐만 아니라, 修辭 규칙의 운영 원칙도 지적하였다. 그리고 중국어의 修辭 현상에 대해 靜態的인 분석을 하였을 뿐만 아니라 중국어 修辭의 動態的인 발전도 지적하였다. 실례뿐만 아니라 이론도 풍부하다. 예문에는 고대 중국어뿐만 아니라 현대 중국어도 싣고 있다. 언어학계에서는 『馬氏文通』을 중국 최초의 어법학 저작으로, 『修辭學發凡』을 중국 최초의 修辭學 저작으로 간주한다. 왜냐하면 이로부터 修辭學이 문학 평론과 분리되었으며, 어법학과도 분리되어 하나의 독립적인 분야를 이루었기 때문이다.

3) 古文字學의 흥기

앞에서도 살펴보았듯이 고대에는 文字, 音韻, 訓詁를 칭하여 '小學'이라고 하였다. 文字學에서는 許愼의 『說文解字』가 가장 영향이 크다. 唐宋 이후 문자의 연구는 許愼의 견해를 따라 '六書'의 분류를 연구할 뿐 창조적인 견해는 매우 드물었다.

宋代에 古器物이 출토되면서 鐘鼎文 연구의 풍조가 일어났다. 그러나『說文』만을 따랐기 때문에 성과는 크지 못했다.

‘5·4’ 시기를 전후하여 문화가 교류되고 사상이 자유로워졌다. 甲骨卜辭의 출토는 한자연구의 새로운 장을 열었으며 고문자 연구를 흥기시켰다. 章炳麟은 ‘小學’이라는 명칭을 ‘言語文字學’으로 바꿀 수는 있었으나 당시에도『說文』을 신봉하고 있었기에 甲骨卜辭에 대해 회의적이었다. 그의 제자 錢玄同은 ‘小學’을 ‘言語文字學’으로 바꾸는 문제에 있어서 스승 章炳麟을 신봉하였다. 그러나 甲骨卜辭 등의 고문자 문제에 있어서 그는 ‘나는 나의 스승을 사랑하지만 진리를 더욱 사랑한다’[10] 라는 태도로 스승의 방법에 반대하며 출토된 甲骨·鐘鼎文字를 이용하여『說文』의 잘못된 부분을 교정하였다. 이와 같은 사실에서 우리는 ‘5·4’ 시기 학술 사상의 활약상을 알 수 있다.

갑골문 연구는 孫詒讓(1848～1908)이 최초이며 이후 羅振玉(1866.8～1940.6) 등이 나왔다. 이로부터 문자학 연구에서 甲骨文, 金文을 연구 대상으로 한 고문자학은 독립적인 분야를 이루게 되었다. 이후 고문자에 관한 저술이 매우 많이 나왔는데, 그중 郭沫若(1892.11～1978.6)은 마르크스·레닌주의, 역사 유물주의 관점을 이용하여 고문자를 연구하고자 시도하였으니, 지엽적인 글자나 단어를 고증 해석하는 데 머물지 않고, 殷商 사회와 연관시켜 고찰하여 창조적인 견해가 매우 많았다. 주요 저작으로는『卜辭通纂』과『甲骨文字硏究』가 있다.

4) 현대 方言學과 少數 民族語

중국에서의 방언 연구는 유구한 역사를 지니고 있는데, 일찍이 2천 년 전에 벌써 揚雄의『方言』이 있었다. 그후 杭世駿(1696～1773)의『續方言』, 張愼儀의『蜀方言』, 翟灝의『通俗編』, 錢大昕(1728～1804)의『恒言錄』 등이 나왔다. 章炳麟의『新方言』은 전통 방언학의 종결이라 할 수 있다.

‘5·4’시기 서양 보통 언어학의 영향 아래 중국의 방언 연구는 새로운 단계로 들어섰다. 趙元任의『現代吳語的硏究』는 현대의 언어 연구 방법을 운용한 것으로 현대 중국어 방언 연구의 시작이다. 이 저서는 비교적 전면적으로 吳語의 語音체계를 묘사하였고 古音, 國音과도 비교하였다. 이와 같은 방언 연구는 전대미문의 것으로 그 영향이 지대하였다. 羅常培의『廈門音系』,『臨川音系』, 丁聲樹 등의『湖北方

10 “吾愛吾師, 吾尤愛眞理.”

言調査報告』 등등 그 영향을 받지 않은 것이 없다. 이로부터 방언을 독립적인 연구 대상으로 삼게 되었으며, 또한 중국 전통 음운학의 성과를 결합·운용하여 중국 현대 방언학 건립의 기초를 닦았다.

중국은 통일된 다민족 국가이다. 19세기말 수많은 서양 선교사들이 중국 西南 소수 민족 지역으로 깊숙이 들어갔으며, 그들은 라틴 字母[11]를 이용하여 소수 민족 언어 재료들을 기록하고 몇 권의 서적도 편찬하였다. 비록 이것이 어떤 과학적인 가치는 없지만, 소수 민족 언어에 대한 조사의 시작이라고 할 수는 있다. 抗戰시기에 이르러 중국의 몇몇 언어학자들은 西南 내륙으로 옮겨갔으며, 그들은 西南의 소수 민족 지역에서 직접 조사하여 이를 문장으로 남겼다. 그러나 전체적으로 볼 때, 당시의 소수 민족에 대한 시책이 부정확하였으며 또한 갖가지 제한들이 있어 그다지 잘 전개되지는 못하였다. 근래에 와서 각 방면의 노력을 통해 비로소 소수 민족에 대한 연구 조사가 중시되고 발전되고 있는 실정이다.

결론적으로 '5·4' 운동 시기는 언어학의 영역에 매우 커다란 영향을 미쳤다. 우선 '小學'을 '言語文字學'으로 고쳐 중국 현대 언어학이 독립된 학문 분야가 되도록 하였다. 다음으로는 연구 대상이 고대중국어에서 현대 중국어로 발전하였다. 연구 방법에서는 문화 교류를 중시하여 '音標'를 채용하였고 서양의 비교언어학 연구영역을 운용하였는데, 語法學·修辭學의 생성과 건립, 古文字學과 方言의 조사, 소수 민족 언어 조사 등이 그것이다. 이러한 사실들을 볼 때, '5·4'운동 시기의 영향으로 인해 중국 현대 언어학이 세워지고 아울러 백가제방의 국면이 도래하였다고 할 수 있다.

---

11 로마 字母라고도 함.

제2절 새로운 語文改革의 개척

'5·4'운동 시기는 언어의 과학적 연구에 커다란 영향을 끼쳐 전통 '小學'을 중국 현대 언어학으로 발전시켰을 뿐만 아니라, 한편으로 그 흐름의 영향으로 언어·문자 개혁 운동이 활발히 전개됨으로써 중국 현대 언어학이 중국어문 改革문제를 연구하는 새로운 영역을 개척토록 하였다.

현대 언어·문자 개혁 작업은 '5·4'시기에 시작된 것은 아니다. 일찍이 淸代 말엽에 제국주의의 침략으로 인해 진보적인 지식인들은 중국의 낙후를 통감하였고 이에 민족의식과 민주사상이 대두하기 시작하였다. 그들은 현대 과학기술을 익히고 교육을 보급함으로써 정치개선을 주장하였다. 이에 '教育救國'이라는 구호 아래 언어, 문자 개혁 운동이 병행되었다. '崇白話' '廢文言'을 주장하면서 '正音書院'을 설립하여 '官話'작업을 추진하였다. 이것이 바로 현대의 '白話文運動'과 '國語統一運動'의 선구가 되었다. 盧戇章(1854~1928)의 『一目了然初階』(1892), 王照(1859~11933)의 『官話合聲字母』(1900)는 중국어 拼音文字史의 시작이라 할 수 있다. 그러나 이 시기의 문자 개혁 작업은 당시의 역사적인 조건으로 인해 절실하게 행해지지는 못하였다. '5·4'운동 시기에 이르러서 언어·문자 개혁 작업은 신문화 운동의 一翼을 담당하게 되었으며, 이때서야 비로소 발전하기 시작하여 다방면의 성과를 거둘 수 있었다.

1. 書面語의 개혁

언어는 인류의 교제와 사상의 교류에 있어 가장 중요한 도구로서 사회의 발전과 함께 발전하였으며 문자가 생겨난 이후로 언어는 口語(입말)와 書面語(글말)라는 두 가지 형식으로 사회를 위하여 봉사하여 왔다. 書面語는 口語를 기록하는 것으로서 이치대로 따지자면 마땅히 口語의 기초 위에 끊임없이 발전해 왔어야 하는 것이지만 장기간 사회와 떨어져 있었던 까닭에 書面語와 口語는 점차 심각한 분리 현상을 일으키게 되었다. '5·4'시기로 접어들어 書面 용어로 쓰이던 文言文은 이미 교육 보급 및 민족 과학 문화의 발전을 가로막는 요소가 되었다. 이 때문에 書面語에 대한 개혁이 新文化 運動을 따라 제기되었던 것이다.

중국의 新文化運動은 '5·4' 운동의 전야에 발생하여 『新青年』 잡지를 주무대로 하여 점차적으로 발전하였다. 1915년 9월 陳獨秀(1879~1942)는 『新青年』 창간호에 「敬告青年」이라는 글을 발표하여 여섯 가지 조항을 주장하였고, 1917년 1월 胡適(1891.12~1962.2)은 『新青年』에 「文學改良芻議」를 발표하였으며, 같은 해 2월 陳獨秀는 「文學革命論」을 발표하여 정식으로 '문학혁명'의 기치를 올렸다. 계속하여 1918년 4월 魯迅(1881~1936)이 최초의 백화소설 『狂人日記』[1]를 발표하였다. 이처럼 신문화 운동은 신문학 운동을 주요 내용으로 하였으니 舊道德의 반대와 新道德의 제창, 그리고 舊文學의 반대 및 新文學의 제창을 문화혁명의 양대 구호로 삼았음을 알 수 있다. 중국의 신문학 운동은 이로써 나날이 활기차게 발전하고 전개되었다.

'5·4' 시기의 신문화 운동은 내용상으로는 반봉건을, 형식상으로는 文言文의 사용에 반대하고 白話文을 사용할 것을 제기하였는데, 이는 중국어 書面語의 개혁 문제를 제기한 것이다. 『新青年』에 발표된 陳獨秀, 錢玄同 등의 문학혁명에 관련된 문장 가운데 중요한 것은 문학 형식에도 구어체 백화를 사용하자고 제기한 것이다. 소위 '白話文'이란 두 가지 의미를 내포하고 있다. 첫째는 백화문을 하나의 書寫 문체로 보는 것으로 더 많은 사람들이 口語와 기본적으로 일치하는 書面語를 익힐 수 있도록 하는 것이고, 둘째는 백화문을 하나의 문학 언어로 보아 새로운 사상을 전달하고 신문학을 발전시키는 데 편리하도록 하는 것이다. 書面語의 개혁을 실현하고 백화문을 보급하는 데 있어 '5·4' 신문화 운동의 기수인 魯迅은 지대한 공헌을 하였는데, 그는 당시의 갖가지 봉건 복고주의 사상에 대하여 격렬한 논쟁을 벌였다.

백화문체를 응용하고 문언문체를 폐지한 것은 '5·4' 시기 書面語 개혁의 중대한 성과이다. 현대의 백화문은 비록 宋人의 話本과 明淸 시기의 白話小說에서 출발한 것이지만 당시의 사회에서는 大雅之堂에 오르지 못한 '小唱'이나 '小說' 같은 류에 해당되었다. '5·4'라는 새로운 역사시기에 이르러 백화문체는 비로소 최종적으로 중국어 書面語 형식이라는 지위를 뛰어 넘을 수 있었던 것이다. 당시에 문언문체는 '경직되어 생기가 없는 언어'[2]로 선포되어 그 사용 빈도가 갈수록 줄어드는 시기였으며 또한 점차 言文基本一致의 백화문체로 대체되는 시기였다. 이렇게 되자 백화문체는 그 표현에 있어 응용 범위가 점차 넓어졌고 그 체계도 나날이 풍부하게 발전되어 갔다. 현대의 사상 문화와 과학기술을 반영하는 단어가 대량으로 생겨났고

---

1 5월에 출간된 『新青年』에 수록되어 있음.

2 "僵死的語言"

외래어와 방언 등도 끊임없이 증가하였다. 그러므로 '5·4' 시기의 '新白話'는 이미 明淸 小說式의 '舊白話'와는 달라진 것이다. 이로써 書面語의 개혁 작업은 漢民族 공동어를 다양하게 발전시키는 데 유리한 조건을 만들어 주었음을 알 수 있다.

2. 공동어의 표준에 대한 탐색

현대 중국어 민족 공동어의 표준은 '5·4' 시기에 '國語'라고 하였고 이것의 음계는 '國音'이라고 하였는데 당시는 '國音國語'의 연구 탐색 시기였다.[3] 이 작업은 1913년에 소개된 '讀音統一會'를 시작으로 하여 1932년에 발표된 北京語音을 표준으로 하는 『國音常用字彙』가 발표된 시기까지로 본다면 20년간 계속되었다고 할 수 있다. '國語統一'이나 공동어의 규범화를 실현하기 위해서는 먼저 명확한 표준을 확립해야 한다. 당시의 연구 작업은 주로 '國語'의 어음 체계 문제를 해결하는 데 주력하였다. '國音' 논쟁의 초점은 '남북의 언어를 두루 통합한'[4] '普通音'을 근거로 할 것인지, 아니면 단일한 '北京音'을 표준으로 할 것인지에 모아졌다. 1920년에 쌍방의 논쟁이 끝이 나지 않자 당시 교육부는 행정 수단을 취하여 '普通音에 근거'한 '國音'으로 결정하였다. 또 "普通音이란 바로 예전의 官音이다. 이러한 官音은 수백 년 동안 전국에서 공동으로 사용한 독서 正音으로 바로 官話에서 쓰이던 음이다."[5]라고 선포하였다. 당시에 이러한 규정에 근거하여 편찬된 『國音字典』에서 注音한 것에 北京音系에 없던 음절이 포함되어 있는데 예를 들면 'ㄪㄟ', 'ㄫㄛ', 'ㄗㄩ', 'ㄉㄛ', 'ㄅㄨㄥ', 'ㄐㄧㄞ', 'ㄐㄩㄛ', 'ㄓㄝ' 등과[6] 北京音系에 없던 入聲調類 같은 것이다.

그러나 공동어의 어음 표준은 반드시 자연 언어의 어음 체계를 근거로 하여 수립되는 것이며 인위적으로 규정한 음계는 통행되지 못하는 것이다. 그러므로 공동어의 표준에 대한 다년간의 연구와 논쟁을 통하여 얻어진 결과는 언어의 사회적 작용이 사람들의 인식을 발전시킨다는 것이다. 이에 대해 黎錦熙는 매우 의미있는 말을 하였다. 그는 아래와 같이 인식하였다.

---

3 國語와 國音을 사용하여 중국어와 중국어 어음을 서술하는 것은 타당하지 못하므로 여기서는 歷史詞로 沿用하였다.

4 "南腔北調"

5 "普通音卽舊日所謂官音, 此種官音, 卽數百年來全國共同遵用之讀書正音, 亦卽官話所用之音."

6 원래의 '注音字母'에 근거하였다.

> 30년의 경험을 통하여 많은 언어문자학, 어음학 전문가들의 가르침을 받았고, 많은 교육가들의 어문교학에 있어서의 실험을 참조하였는데 民國 21년(1932)에 이르러 우리는 비로소 단호하게 지방어를 국어의 살아 있는 표준으로 삼을 것을 공포하여 '莫須有(혹 있을 지도 모른다)', '莫巴鼻(근거가 없다)'같은 普通話를 조정, 수정하여 확실한 핵심이 있도록 하였다.[7]

지금 살펴보면, 그는 北京語를 사용하여 漢民族 공동어의 전면적인 표준을 만들었으나 이론적으로 부족한 면이 없지 않다. 왜냐하면 北方 方言은 漢民族 공동어의 기초 방언이기 때문이다. 黎錦熙는 普通話는 '莫須有'이고, '沒巴鼻'는 漢民族 공동어 어휘와 어법의 실제와 부합하지 않는다고 말하였다. 그러나 공동어의 어음 체계를 말하자면, 北京語音을 표준으로 삼는 것이 이미 인정을 받았고, 수년간의 연구탐색을 거쳐 발전하였다. 따라서 1920년 '全國教育會聯合會'는 北京音을 國音으로 정해야 한다고 주장하였다. 1926년 '全國國語運動大會'는 北京語를 표준 국어로 정한다고 선포하였다. 1932년 '國語統一籌備委員會'는 北京의 보통 독법을 표준으로 하는 『國音常用字彙』를 결정하였다. 이것은 모두 현대 중국어 민족공동어인 普通話에 대한 초기 연구로서 상당한 공헌을 하였다.

3. 拼音方案의 연구 제작

明代와 서양 각국 간의 통상이 성행하였고, 萬曆 연간(1573~1620)에 이르러 몇몇 천주교도 역시 전도를 위하여 계속 중국에 도착하였다. 그들은 중국 어문을 학습하기 위하여 상용 로마 자모를 가지고 漢字의 독음을 注音하였다. 이렇게 하여 한자도 자모를 가지고 注音하고 拼音할 수 있다는 생각을 갖게 되었고, 이러한 추세가 발전하여 200년 후에 注音字母 및 拼音字母를 만들어 내는 조류를 형성하였다. 明末 프랑스 예수회 트리고 신부는 明 天啓 6년(1626)에 『西儒耳目資』를 출판하였는데, 이것이 대표적이다.

일찍이 清末에 拼音方案의 연구 제작이 시작되어, 光緒 18년(1892) 盧戇章의 첫 번째 저작인 『一目了然初階』가 출판되었다. 이 책은 廈門音을 강술하는 것을 위주로 하였는데, 廈門 일대에서 꽤 유행하였다. 閩지방을 여행하는 사람들은 또한 대부분 그 학문을 전하였는데, 간단하고 쉽다고들 하였다. 『一目了然初階』의 출판

7 "積三十年之經驗, 接受了許多語文學·語音學專家的詔示, 參證了許多教育家語文教學上的實驗, 到了民國二十一年, 我們才毅然決然公布這種地方語(按指北京話)爲國語的'活'標準, 把那'莫須有'·'莫巴鼻'的普通話, 給以調整·修改, 讓它能有個確實的核心."

에서부터 辛亥革命에 이르기까지 개개인이 제기한 자모 방안이 약 20~30여 종에 이른다. 자모 형식은 한자필획 방식, 라틴어 자모 방식이 있고, 速記 등 기타 방식이 있다. 拼音으로 쓴 音系에는 官話가 있고, 각종의 方言이 있다. 그러나 현대 어문 운동이 아직 생기지 않아 이러한 拼音方案은 큰 영향을 주지 못하였다. ‘5·4’ 시기에 이르러 연이어 생겨난 注音字母, 國語羅馬字와 라틴화식 문자는 각기 달랐지만 각각의 특징이 있어서 실천적인 효과도 있었고 그 영향도 상당하였다. 이에 대해 전문가와 학자들은 일찍이 “근 40여 년 동안의 拼音字母 운동에 대해 注音字母 역시 선구적 역할을 하였으며, 라틴식 신문자와 국어 로마자는 중국인 자신이 만든 라틴 자모식의 중국어 拼音方案 가운데 비교적 완정한 방안이다. 현재의 拼音方案을 논하자면, 이들의 공로를 인정하지 않을 수 없다.”[8]라고 평가하였다.

注音字母[9]는 1913년에 만들어졌고, 1918년에 국가가 공식적으로 공포하였다. 이는 중국에서 법으로 제정한 첫 번째 중국어 拼音字母이다. 이는 識字교육과 독음통일 및 拼音지식의 보급에 많은 작용을 하였다. 주음부호가 채택한 것은 한자 필획방식의 自製字母로서, 기본적으로 하나의 자모가 하나의 음소를 대표한다. 그러나 ‘ㄞ’, ‘ㄟ’, ‘ㄠ’, ‘ㄡ’, ‘ㄢ’, ‘ㄣ’, ‘ㄤ’, ‘ㄥ’와 같은 것들은 多音素를 나타내는 字母로, 완전히 音素化하지는 못하였다. 注音字母는 성모, 운모의 拼音方案을 채용하였지만, 중국 전통의 反切拼音法을 계승한 것이다. 이것은 중국어 음계 특징에 부합한 것으로, 당시에도 효과적인 중국어 拼音方案이었다.

國語羅馬字는 錢玄同, 黎錦熙, 趙元任 등이 만든 것으로 1928년 南京에 있는 대학에서 정식으로 공포되었고, 국어 자모의 제2식이 되었다. 라틴식 신문자는 瞿秋白(1899~1935), 吳玉章(1878.12~1966.12) 등이 만든 것으로, 1931년에 발표되었다. 이 두 가지 拼音方案은 비록 늦게 만들어졌지만, 音素化된 자모를 채택하였기 때문에 注音字母에 비해 훨씬 발전된 것이다. 동시에 라틴 자모를 채용하였기 때문에 소수 민족 자모의 공통 기초와 국제 문화 교류에 도움을 주는 부호 체계이다. 결론적으로 ‘5·4’ 시기는 拼音方案의 연구 제정에 있어 漢語拼音方案의 기초를 닦은 시기였다.

---

8 “對于近四十年來的拼音字母運動, 注音字母也起了開創的作用. 拉丁化新文字和國語羅馬字是中國人自己創製的拉丁字母式的漢語拼音方案中比較完善的兩個方案.在談到現在的拼音方案的時候, 不能不承認他們的功勞.”

9 후에 注音符號로 개칭됨.

4. 현대 중국어의 규범화 문제

'5·4' 시기에는 문예 대중화로 인해 제기된 大衆語가 있었는데, 본래는 문학 언어의 문제였다. 그 중 유럽식 어법과 방언의 문제를 토론한 것도 있었는데 현대 중국어의 규범화 문제까지 다루었다. 비록 당시 인식 조건의 한계로 인해 체계적인 연구가 불가능했지만, 몇몇 실제적인 경험과 유익한 견해는 현대 중국어 규범화에 어느 정도 역할을 하였다.

서양 문화의 영향과 번역 작품의 전파로 유럽식 어법은 계속해서 출현하였는데, 이는 중국어에 대한 외국어의 영향이다. '5·4' 시기에는 백화문을 제창하고 문화 교류를 중시하였기 때문에 중국어에 적지 않은 외국어 성분이 흡수되었다. 어휘 방면에서 邏輯[10], 托辣斯[11], 愛克斯光[12] 등이 그것이다. 어법 방면에서는 동사 뒤에 着이나 了를 붙이는 용법이 등장하였고, 那·哪의 용법 차이, 的·地·底의 용법 차이 및 他·她·牠의 書面上 구별 등이 생겨났다. 그러나 동시에 몇몇 기계적인 모방이 출현하였는데, 중국어 민족 습관을 고려치 않은 것이 있다. 예를 들어 어떤 사람은 他·她·牠가 口語에서 讀音이 'ta', 'yi', 'tuo'로 구별된다고 하였다. 또 어떤 사람은 중국어 이름을 적는데 있어, 姓을 이름 뒤에 놓기도 하였다. 또 어떤 이는 서양 어법을 그대로 모방하기도 하였는데, 중국어에서 습관적으로 말하는 "그녀는 과부로, 두 명의 딸과 한 명의 아들이 있다."[13]라는 문장을 서양화하여 "두 명의 딸과 한 아들을 가지고 과부가 된 그녀."[14]라고 말하기도 하였다.

이처럼 비규칙적인 어문 현상에 대해 瞿秋白, 魯迅 등은 명확한 의견을 내놓았다. 瞿秋白은 "현대 普通話의 새로운 중국어는 정확한 방법을 적용하여 서구화를 이루어야 한다. 중국어 자체의 어법을 밝혀야 하고, 중국 어법에 근거하여 서구의 인도게르만 어족의 어법을 채용해야 한다."[15]라고 하였다. 그는 또한 모방만 하고 중국어의 민족적 습관을 고려하지 않은 句法을 "지극히 잘못된 중국어"[16]라고 비난했다.

---

10 Logic(論理)의 중국어 표기.(譯註)
11 Trust(信賴)의 중국어 표기.(譯註)
12 X-Ray(뢴트겐선)의 중국어 표기.(譯註)
13 "她是一個寡婦, 有兩個女兒一個兒子."
14 "有着兩個女兒一個兒子做着寡婦的她."
15 "現代普通化話的新中國文, 應當用正確的方法實行歐洲化. … 應當明白中國言語自己的文法, 根據中國文法來採用歐洲'印度日耳曼語族'的文法."
16 "極惡劣的中國話"

魯迅도 "유럽식 문장을 지지할 수 있다고 주장했지만 그러한 주장은 '치밀한 이론을 세우기' 위한 것이지 혼란을 일으키기 위한 것은 아니다."[17]라고 하였다. 어떻게 외국어의 유용한 성분을 흡수할 것인가에 대한 이러한 견해는 현대 중국어의 규범화에 대해 계몽적 의미를 갖고 있다.

방언어휘의 규범에 관해 魯迅은 두개의 전형적인 예를 들어 標準語와 방언의 운용에 있어서의 취사선택원칙을 설명하였다. 그는 "上海에서는 '打'[18]를 '吃生活'[19]로 말하는데 上海 사람들끼리의 대화에서는 사용할 수 있지만, 작자들이 글로 쓸 때는 필요가 없다. 왜냐하면 '打'라고 해도 노동자도 알아들을 수 있기 때문이다."[20]라고 말하였다. 또 '回到窩裏向罷'[21]의 경우, 魯迅은 '回到家里去'[22]보다 뜻이 명확하지 않다"고 말하였다. 이것으로 보아, 표준어 속에 있는 많은 단어들이 같은 효과를 나타낼 수 있다면 方言을 사용할 필요가 없다고 제시하였다. 방언에 있는 이러한 '의미가 매우 깊은 말'[23]에 대해 魯迅도 이러한 말을 표준어에 흡수할 수 있다고 주장하였다. 사실 '5·4' 시기에 어떤 방언 어휘들은 이미 공동어 어휘에 들어갔는데 예로 '擺設'[24], '甭'[25], '垃圾'[26], '貨色'[27], '哭鼻子'[28], '老伴兒'[29] 등이 있다. 공동어가 풍부하게 발전하려면 반드시 각 方言에서 유용한 성분을 끊임없이 흡수해야 한다. 瞿秋白은 현대 普通話를 새로운 중국 글로 만들 것을 제창하는 동시에 또한 "각 지방의 토속어가 필요할 때 마땅히 표준어 문장 속에 흡수하여야 비로소 더욱더 생생한 언어 표현을 구사하게 된다."[30]라고 언급하였다.

현대 중국어가 어떤 방식으로 외국어 성분 및 方言 성분 등을 수용하는 가에 관해 이상의 많은 의견들은 오늘날 현대 중국어 규범화의 문제에 대해 계도적인 역할을 하고 있다.

---

17 "可以'支持歐化式的文章', 但那爲的是'立論的精密', 而不是'故意胡鬧'."
18 '일하다.'(譯註)
19 '노동하다.'(譯註)
20 "上海叫'打'爲'吃生活', 可以用于上海人的對話, 却不必特用于作者的敍事中, 因爲說'打'工人也一樣的能够聽懂."
21 '집으로 향하다.'(譯註)
22 '집으로 돌아가다.'(譯註)
23 "很有意味深長的話."
24 장식품을 말함.(譯註)
25 北京方言 '不用'의 合音.(譯註)
26 쓰레기를 말함.(譯註)
27 上海方言으로 '놈, 자식'을 가리킴.(譯註)
28 훌쩍거리며 울다.(譯註)
29 東北方言으로 '노부부'를 가리킴.(譯註)
30 "各地方的土話在特別需要的時候, 應該加入普通話的文章裏, 才更加能够表現現實的生活."

이상에서 대략 '5·4' 시기 언어·문자개혁 작업에 대해 개괄하였는데 이밖에도 언어·문자개혁 작업을 담당한 것들이 있다. 예를 들면 漢字 簡化문제에 대한 劉復·李家瑞(1922~)의 『宋元以來俗字譜』가 있고, 번역명 규범 문제에 대한 胡以魯의 『論譯名』 등이 있다. 이상의 여러 상황을 종합해 볼 때, '5·4' 이래 언어·문자개혁 작업은 전에 없던 새로운 양상으로 진행되었음을 알 수 있다.

參考書目

『史記』(中華)
『漢書』(中華)
『後漢書』(中華)
『隋書·經籍志』(中華)
『舊唐書·經籍志』(中華)
『新唐書·藝文志』(中華)
『淸史稿·儒林傳』(中華)
范文瀾,『中國通史簡編』(人民)
郭沫若,『中國史稿』(人民)
『尙書』(中華,『十三經注疏』本)
『春秋』(中華,『十三經注疏』本)
『左傳』(中華,『十三經注疏』本)
『大戴禮記』(四部叢刊)
『毛詩注疏』(商務)
『易經·繫辭』(中華,『十三經注疏』)
『諸子集成』(中華)
『爾雅』(商務·四部叢刊)
揚雄, 『方言』(商務·萬有文庫)
許愼, 『說文解字』(中華)
劉熙, 『釋名』(商務)
史游, 『急就篇』(四部叢刊續編)
張揖, 『廣雅』(商務·叢書集成·小學類)
顧野王,『玉篇』(四部叢刊)
王國維手抄唐寫本,『切韻殘卷』(線裝)
王仁煦,『刊謬補缺切韻』
陸德明,『經典釋文』(中華)
顔之推,『顔氏家訓·音辭篇』(上海古籍)
『廣韻』(中華·四部備要)
『集韻』(中華·四部備要)
周德淸,『中原音韻』(中華)
『韻鏡』(叢書集成·語文學類)
鄭樵, 『通志·七音略』(商務)
『切韻指掌圖』(四部叢刊)
『四聲等子』(叢書集成)
勞乃宣,『等韻一得』(木刻線裝本)
王應麟,『玉海』(『四庫全書』子部類書類)
封演, 『聞見記』(中華)
顧炎武,『音學五書』(中華)
『日知錄』(上海古籍)
戴 震,『戴震集』(上海古籍)

段玉裁, 『經韻樓集』(『皇淸經解』)
　　　　『六書音均表』(上海古籍)
江 永, 『古韻標準』(渭南嚴氏用貸園叢書本)
孔廣森, 『詩聲類』(中華)
錢大昕, 『十駕齋養新錄』(商務)
王念孫, 『廣雅疏證』(中華)
陳 灃, 『切韻考』(成都書局用東塾叢書本校鐫)
　　　　『切韻考外篇』(中國書店)
江有誥, 『音學十書』
『四庫全書總目提要』
謝啓昆, 『小學考』
戴 震, 『方言疏證』(萬有文庫)
盧文弨, 『重校方言』(叢書集成·語文學類)
錢 繹, 『方言箋疏』(積學齋刊本)
杭世駿, 『續方言』(萬有文庫)
邵晋涵, 『爾雅正義』(皇淸經解)
郝懿行, 『爾雅義疏』(皇淸經解)
段玉裁, 『說文解字注』(上海古籍)
桂 馥, 『說文解字義證』(連筠簃叢書)
王 筠, 『說文句讀』(萬有文庫)
　　　　『說文釋例』(萬有文庫)
朱駿聲, 『說文通訓定聲』(世界書局)
畢 沅, 『釋名疏證』(萬有文庫)
王引之, 『經傳釋詞』(中華)
　　　　『經義述聞』(中華)
劉 淇, 『助字辨略』(萬有文庫)
兪 樾, 『古書疑義擧例』(中華)
馬建忠, 『馬氏文通』(商務)
章炳麟, 『國故論衡』(章氏叢書本)
梁啓超, 『中國近三百年學術史』(中華)
王國維, 『觀堂集林』卷八(『王國維遺書』)
錢玄同, 『聲韻學講義·文字學音篇』(手抄影印本)
汪榮寶, 『歌戈魚虞模古讀考』(『國學季刊』一卷二號)
陳寅恪, 『從史實論切韻』(『嶺南學報』九卷二期)
　　　　『四聲三問』
胡樸安, 『中國訓詁學史』(商務)
　　　　『中國文字學史』(商務)
顧 實, 『中國文字學』(商務, 『東南大學叢書』)
黃 侃, 『黃侃論學雜著』(上海古籍)
　　　　『文字聲韻訓詁筆記』(上海古籍)
高本漢, 『中國音韻學硏究』(商務)
『羅常培語言學論文選集』(九思叢書)
魏建功, 『古音系硏究』(北京大學出版社)
林語堂, 『語言學論叢』(開明)

羅常培 · 周祖謨 合著, 『漢魏晋南北朝韻部演變硏究』(科學)
董同龢, 『漢語音韻學』(台北文史哲出版社)
王 力, 『中國語言學史』(山西人民出版社)
『中國音韻學』(商務)
『龍蟲並雕齋文集』(中華)
陳望道, 『陳望道文集』(上海人民)
『修辭學發凡』(上海人民, 上海教育)
張世祿, 『中國音韻學史』(上海書店)
『廣韻硏究』(香港太平書局)
『張世祿語言學論文集』(學林)
黃粹白, 『慧琳一切經音義反切聲類考』(中央硏究院歷史語言硏究所集刊第一本第二分冊)
趙蔭棠, 『中原音韻硏究』(商務)
『等韻源流』(商務)
周祖謨, 『問學集』(中華)
『方言校箋』(科學)
岑麒祥, 『語言學史概要』(科學)
殷孟倫, 『子雲鄕人類稿』(齊魯書社)
洪 誠, 『中國歷代語言文字學文選』(江蘇人民)
湯姆遜 (V. Tomsen), 『十九世紀末以前的語言學史』(黃振華譯, 科學)
裴特生 (H. pedersen), 『十九世紀歐洲語言學史』(錢晋華譯, 科學)
羅賓斯, 『語言學簡史』(趙世開, 『語言學動態』1977年2期有簡介)

後 記

60년대 초에 '中國言語學史'라는 과목을 처음 개설하였다. 당시 復旦大學 중문과에 '言語專門化' 과정이 설치되었으므로 '言語專門化' 과정을 공부하는 학생들은 마땅히 중국 고대 언어 연구의 역사를 이해해야 한다고 생각했고, 교수 연구회에서 나에게 이 과목을 개설하도록 요청하여, 열심히 준비해서 '中國言語學史'를 강의하기 시작하였다.

수년간 수업을 하면서 중국 고대 언어 연구에는 풍부한 업적이 있었고 역대로 우수한 언어학자와 언어학 저술이 있으므로 계승하고 발전시켜야 한다는 생각이 들었다. 후에 외국의 언어학자들을 만나면 "외국 대학에는 언어학사라는 과목이 개설되어 있지만 중국 언어학사 부분만 빠져 있다"는 소리를 듣고는 매우 안타깝게 생각했었다. 당시에 그들에게 간단하게 중국 언어학 연구의 개황을 설명해 주면 그들은 매우 흥미를 느끼고 앞으로 많은 것을 소개해 달라고 요청했었다. 제자 가운데 한 학생이 졸업 후 미국에서 유학을 했었는데 여름방학 때 내게 인사하러 와서는, 미국에서 '중국 고대 언어 연구'에 관한 학술 보고서를 몇 차례 발표해서 환영을 받았다고 했다.

중국 고대 언어 연구는 역사가 유구하고 영역도 다양하지만 중국 언어학사에 대한 연구는 많지 않다. 이러한 상황에서 『中國言語學史』를 써내는 것은 어려운 일이었다. 하지만 중국 고대 언어 연구는 문자·훈고·음운 등의 방면에서 연구 성과가 두드러졌고, 이미 王力 선생이 『中國言語學史』를 편찬하였으며, 게다가 많은 전문가들의 연구 저작을 참고 자료로 활용할 수 있으므로 수업과 잘 결합하면 『中國言語學史』를 집필할 수 있는 조건이 어느 정도 갖추어진 것이라 생각하였다.

저술 과정에서 물론 적지 않은 어려움을 경험하였다. 역사가 길고 영역이 다양하므로 개인의 능력으로는 한계가 있었다. 예를 들면 分期 문제를 들 수 있는데 '역사'라 했으므로 역사 발전의 시대에 의거하여 시기를 나누어야 했지만 연구 내용면에서 볼 때 시대에 따라 구분하면 어려운 점이 있었다. 그래서 학술계에서는 고대 '小學'을 연구할 때 대체로 내용에 의거하여 문자학·훈고학·음운학으로 나누었다. 내가 '언어학사'를 쓰는 것은 학생들에게 중국 고대 언어 연구에 대하여 역사 발전적인 면모를 볼 수 있게 하는 것이 목적이었으므로 역사 발전에 의거하여 章을 나누었다. 그러나 연구 내용 때문에 편폭이 일정치 않아 章節의 구분이 불균형하였다. 저술 내용 또한 불균형한데, 이해가 충분히 된 문제에 대해서는 충실하게 쓴 반면 간략하게 쓴 내용도 있다. 제 6장은 복단대학에서 거행되었던 개교 기념 과학보고회에서 "5·4운동과 중국 현대 언어학"이란 제목으로 발표한 것으로 중국 고대 언어학이 어떻게 현대 언어학으로 발전되었는가에 대한 내용이었다. 이 학술 보고의 주요 내용을 제 6장으로 하여 이 책의 結語로 삼았다.

수년 동안 '중국언어학사'라는 과목의 강의를 잘하고 '中國言語學史'를 잘 집필하고 싶었다. 왜냐하면 중국 고대 언어 연구는 업적이 뛰어나 세계 언어학사와 비교해도 전혀 손색이 없고, 일부 연구 성과는 탁월하기 때문이다. 예를 들면 西漢의 揚雄(58B.C.~A.D.18)을 들 수 있다. 그는 세계 최초로 西漢 시대 각 지역의 方言을 연구 조사한 언어학자로서 그의 『方言』은 학술계에서 높이 평가받고 있다. 또 東漢 시대의 許愼(58~147)을 들 수 있는데, 그는 『說文解字』를 지어 漢字의 구조 규칙을 분석하고 部首를 만들었다. 지금까지 2,000년이 흘렀지만 字典을 찾을 때 여전히 그가 만든 部首를 사용한다. 2,000년을 뛰어넘는 생명력을 가지고 있는 저작은 세계 언어학사에서 찾아보기 드문 일이다. 또한 淸代 언어 연구의 학풍을 연 학자들로 顧炎武, 戴震, 段玉裁, 王念孫을 들 수 있다. 그들의 이론은 당시보다 진일보한 것이었고, 방법도 비교적 과학적이었다. 특히 학술 문제를 연구할 때 동등한 위치에서 토론하여 상대방을 설복시킨 좋은 학풍은 우리가 본받을 만하다.

중국 고대 언어학은 중국의 찬란한 문화 중의 귀중한 유산이지만 연구가 적었고 비평과 소개 작업이 적었다. 1982년 10월 '兩市一省理論語言學' 第一次 討論會가 廣州에서 거행되었는데, 본인이 중국 언어학사에 관련된 몇 가지 문제를 발표하여 열렬한 환영을 받았다. 여러 학자들은 중국 고대 언어 연구의 성과에 대해 깊이 있게 연구하여 많은 비평과 소개를 해야 하며, 외국의 언어 연구도 소개해야 할 뿐만 아니라 중국의 언어 연구 업적도 다른 나라에 소개해야 한다고 말하였다. 학자들의 적극적인 발언에 나는 매우 고무되어 최근 자매 연구원이나 학교로부터 초청 강연을 요청 받으면 매번 중국 언어학사에 관한 문제를 얘기한다. 왜냐하면 더욱 많은 학생들이 중국 언어학사에 대해 깊이 연구하고 발전시킬 수 있기를 바라기 때문이다.

『中國言語學史』는 본래 교육부의 '1978~1983 文科敎材編選計劃'에 포함되었던 교재였는데 上海 古籍出版社에서 출판하기로 동의하였다. 1984년 가을에 초고가 완성되었고 또한 교정 작업도 끝났다. 60년대 초 처음 이 과목을 개설한 후 어느덧 20여 년의 세월이 흘렀다.

1986년 7월 20일

濮 之 珍

찾아보기

■ 書名

ㄱ

ㄴ

ㅇ

■ 人名

ㅊ

저자

濮之珍

1922년 安徽省 蕪湖에서 태어나 1945년 國立女子師範大學 중문학과를 졸업하고 1950년 南京大學 중문학과 석사반을 졸업하였다. 그 이후 上海 復旦大學 중문학과 교수로 재직 중이다. 남편인 蔣孔陽 교수도 같은 학과의 박사지도교수로 재직 중이며 美學 방면의 전문가이다. 濮之珍은 上海語文學會 회장직과 上海市 政協 常務委員 및 中國農工民主黨 上海市委 副主委의 직책을 맡고 있다. 주로 언어학 이론 및 중국언어학사의 教學과 연구 방면에 종사하고 있다. 저서로는『語言』,『中國語言學史』등이 있고, 논문으로「中國語言學史研究中的幾個問題」,「『方言』母題重見研究」등이 있다.

역자

金鉉哲 연세대학교 중문학과 교수(중국어법학 전공)
金愛英 안양대학교 중국어학과 교수(중국문자학 전공)
閔載泓 덕성여대 중문학과 교수(중국어법학 전공)
劉性銀 연세대 학부대학 교수(중국어법학 전공)
金賢晶 연세대 중문학과 강사(중국음운학 전공)
金　博 KBS 국제방송국 중국어반 프로듀서(중국어법학 전공)
申芝言 영산대학교 중국학과 교수(중국목록학 전공)

중국 언어학_오래된 이야기

1판 1쇄 발행_1977년 12월 20일
2판 3쇄 발행_2006년 12월 20일
3판 2쇄 발행_2018년 8월 30일

역　　자 • 김현철 · 김애영 · 민재홍 · 유성은 · 김현정 · 김박 · 신지언
발 행 인 • 정 현 걸
발　　행 • 신 아 사
인　　쇄 • 대명프린팅
출판등록 • 1956년 1월 5일 (제9-52호)
주　　소 • 서울특별시 은평구 통일로 59길 4 (2F)
전　　화 • (02) 382-6411 • 팩스 (02) 382-6401
홈페이지 • www.shinasa.co.kr
E-MAIL • shinasa@daum.net

ISBN 978-89-8396-837-1(93720)

정가 *18,000*원